CARL AUER

Erickson in Europa

Burkhard Peter/Gunther Schmidt (Hrsg.)

Europäische Ansätze der Ericksonschen
Hypnose und Psychotherapie

1992

DTP-Management: Peter W. Gester
Satz und Diagramme: Melonie Drißner
Printed in Germany 1992
Gesamtherstellung: Druckerei Zimmermann, Balve

Erste Auflage, 1992

Die Deutsche Bibliothek - CIP-Einheitsaufnahme

Erickson in Europa : Europäische Ansätze der Ericksonschen
Hypnose und Psychotherapie / Burkhard Peter ; Gunther Schmidt (Hrsg.) -
1. Aufl. - Heidelberg : Carl-Auer-Systeme,
1992
ISBN 3-927809-15-2
NE: Peter, Burkhard [Hrsg.]

Inhalt

Vorwort

Kaum ein Denk- und Handlungsmodell hat in den letzten 20 Jahren so viel Einfluß im Bereich der Psychotherapie gewonnen, wie das von Milton H. Erickson. Erickson gilt als *die* geistige Orientierungsgestalt für die Hypnotherapie des 20. Jahrhunderts. Der Einfluß seiner Arbeit beschränkt sich aber keineswegs nur auf das Gebiet der Hypnose und Hypnotherapie; er läßt sich vielmehr zunehmend in allen wichtigen zeitgenössischen psychotherapeutischen Schulen feststellen. Daneben zeigt es sich, daß wichtige Kommunikationsstrategien und Denkmodelle des Ericksonschen Ansatzes auch in den Bereichen der Pädagogik, Medizin, Zahnmedizin und in anderen Disziplinen mehr und mehr geschätzt werden. Diese Entwicklung begann zunächst in den USA und setzt sich seit Mitte der 70er Jahre auch in Europa fort. Gerade im deutschsprachigen Raum fand sie besonders großen Widerhall.

Um aber einen europäischen Austausch genießen zu können, mußten interessierte Europäer lange Zeit erst einmal nach Amerika fahren, zum Beispiel auf Kongresse der *Milton H. Erickson Foundation*. Nachdem 1984 dann der *Erste Deutsche Kongreß für Hypnose und Hypnotherapie nach Milton H. Erickson* mit über 400 Teilnehmern an der Universität München stattgefunden hatte, beschloß die *Milton Erickson Gesellschaft für Klinische Hypnose (M.E.G.)*, 1989 den *Ersten Europäischen Kongreß für Hypnose und Psychotherapie nach Milton H. Erickson* abzuhalten. Über 1000 KollegInnen kamen hierzu nach Heidelberg. Diese Resonanz überwältigte uns. Besonders die vielen bereichernden Begegnungen der „Westler" mit KollegInnen aus dem damals noch ziemlich abgeschotteten Osteuropa waren ein schönes Zusatzgeschenk zu dem vielfältigen Programmangebot.

Dieser Kongreß machte auch deutlich, wieviel Kompetenz bezüglich Ericksonscher Hypnose und Psychotherapie in Europa still vor sich hinblüht und wieviel Aufgeschlossenheit bei Vertretern der sogenannten traditionellen Hypnose und anderer Psychotherapierichtungen besteht. Damit ein transparenter und für viele nutzbarer Kommunikationsfluß entsteht, entschlossen wir uns, die wichtigsten Beiträge dieses Kongresses in dem vorliegenden Band zusammenzufassen.*

Viele Entwicklungen, die zu fördern wir mit dem Kongreß uns erhofften, haben inzwischen einen positiven Verlauf genommen, insbesondere die verbesserten Lern- und Arbeitsbedingungen in Osteuropa. So kommt das Buch gerade richtig, um diese nun „geöffneten Muster" mit neuen Informationen zu versehen.

Es wird in diesem Buch sicher auch deutlich werden, daß die Ericksonschen Konzepte kein schulartiges Instrumentarium darstellen. Sie können vielmehr als außerordentlich vielseitige Denk-, Arbeits- und Lebensmethode verstanden werden, welche der Einzigartigkeit unserer KlientInnen, aber auch der TherapeutInnen gute Möglichkeiten bietet, effektiv und lustvoll das bisher schon Bewährte mit Neuem zu verbinden und so vorhandenes Potential zu aktivieren.

In diesem Sinne wünschen wir uns, daß die LeserInnen an diesem Buch ihre Freude haben werden.

Danken wollen wir auch den vielen HelferInnen auf dem Kongreß selbst sowie den ÜbersetzerInnen der englischen Artikel für dieses Buch.

Burkhard Peter, Gunther Schmidt

* Die Herausgeber- und Autorenhonorare für dieses Buch fließen *der M.E.G.-Stiftung zur Förderung der klinischen und experimentellen Hypnose* zu.

Einführung

Es hat schon so viele Schulgründungen in der Psychotherapie gegeben, daß ihr Nebeneinander zum Gerangel geworden ist. Die Originalität jedes dieser Einzelkonzepte ist fragwürdig, ebenso die Einzigartigkeit ihrer Erfolge; dies zeigen Vergleichsstudien und Metaanalysen. Eine neue Ära schulübergreifender Interventionsformen ist längst überfällig. Aber die Vertreter der einzelnen Therapieformen lassen nur schwer von ihren Dogmen. Eklektizismus ist in den Ohren vieler Fachleute ein Schimpfwort. Puristische Haltungen mit dem Anspruch, allein die Wahrheit zu vertreten, halte ich aber für quasireligiös und für unwissenschaftlich. Ist die Ericksonsche Therapie und Hypnotherapie auch nur wieder eine neue Schule mit neuen Dogmen und Anhängern?

In der Psychotherapie wird oft alter Wein unter neuen wohlklingenden Etiketten verkauft. Dies ist zwar den meisten Interessierten bekannt, verfehlt aber dennoch nicht seine erfolgreiche Wirkung. Was unterscheidet zum Beispiel den Dialog mit dem „leeren Stuhl" in der Gestalttherapie von der „Teilearbeit" in der Hypnotherapie; was das „Skript" in der Transaktionsanalyse von der „Lerngeschichte" in der Verhaltenstherapie; was „Empathie" der Gesprächspsychotherapie vom „Pacing" in der Hypnose – abgesehen vom Allgemeinheitsgrad? Aber jede Schule bewahrt sich ihre Fetische; die Psychoanalyse die Traumdeutung, die Verhaltenstherapie die Exerzitien, die Gesprächstherapie das Verständnisvolle, die Gestalttherapie die Kontaktepisode, die Primärtherapie die Katharsis, die Familientherapien die Umdeutungen, die Symptomverschreibungen und die Hypnotherapie die Befragungen des „Unbewußten". Trägt die Therapieform, die mit dem Namen von Milton Erickson verbunden ist, zur Überwindung des Fetischismus bei? Oder etabliert sie nur neue Fetische?

Bedenklich an der historischen Entwicklung der Psychotherapie ist ihre Schnellebigkeit – nicht unbedingt, daß sie kurzlebig ist. Schnell entstehen immer wieder neue Therapieformen. Glücklicherweise hat sich Erickson nicht so weit auf eine Explikation seines therapeutischen Handelns eingelassen, daß sich daraus leicht ein konsistentes theoretisches oder methodisches Gebäude ableiten ließe. Vielleicht hat er sich auch von etwas Unklarheit ein längeres Rätseln und eine heterogene Exegese bei seinen Nachfolgern und damit mehr Beschäftigung mit der Sache der Psychotherapie erhofft. Aber dadurch wurde auch der Fehler anderer Therapieschulen vermieden, daß nämlich die verbale Explikation in ihrer Verkürzung sich leicht selbst ad absurdum führt. Denn Wohlbefinden und Leiden sind Erfahrungen, Erfahrungen sind aber in Worten nicht vollständig wiederzugeben, ebensowenig wie die angeblichen Mechanismen der Pathogenese und der Therapie. Aber *ein* Ausrutscher ist Erickson wohl doch unterlaufen: Der für alles verantwortliche Homunculus des Unbewußten scheint ein schwaches Konstrukt, welches auf Grund seiner unklaren Definition in Ericksons Schriften dauernd überstrapaziert wird (jedenfalls, wenn man es für eine konsistente Theoriebildung nutzen will).

Was ist daraus in den Händen seiner Nachfolger geworden? Erickson als Stratege, als Verhaltenstherapeut, als Humanist, als Psychodynamiker? Therapie als suggestive Manipulation, als arrangierte Erfahrung, als Anstoß zur Selbstorganisation? Und der Therapeut? Wird aus ihm ein Erzieher, ein Gärtner, ein Guru, Provokateur, Vater oder Omnipot? Von allem ist etwas in den Schriften der Nachfolger zu finden. Eine Therapieschule voller Widersprüche und Ungereimtheiten. Das ist im Sinne traditioneller Wissenschaftlichkeit unerwünscht. Eine andere Qualität aber scheint dadurch gefördert zu werden, nämlich Kreativität und Vielfalt des Denkens und Handelns wie bei keiner anderen Therapieschule. Vielleicht ist für das Überleben eines Gedankens wesentlich bedeutsamer als vieles andere der Effekt, daß er heuristisch wirksam ist. Dieses Buch gibt eine Kostprobe von der Vielfalt des Theoretisierens, des praktischen Einfallsreichtums und der differenzierten ethischen Überlegungen, die im Bereich der Ericksonschen Tradition entwickelt wurden.

Professor Dr. Dirk Revenstorf, Universität Tübingen
Vorsitzender der M. E. G.

1. Anwendungsspektrum

1. Systemische und hypnotherapeutische Konzepte für die Arbeit mit psychotisch definierten Klienten

Dr. Gunther Schmidt
Milton-Erickson-Institut Heidelberg

I. Einleitung

In dieser Arbeit soll beschrieben werden, wie ein integratives systemisch-hypnotherapeutisches Konzept genutzt werden kann für die Arbeit mit Klienten, die als schizophren diagnostiziert wurden. Ähnlichkeiten und Unterschiede in der Arbeit mit Klienten, die als schizoaffektiv oder manisch-depressiv diagnostiziert wurden, können aus Platzgründen hier leider nicht diskutiert werden.

Unter „systemisch" sollen hier die sogenannten systemisch-familientherapeutischen Konzepte verstanden werden, die besonders mit der Arbeit der Mailänder Gruppe (Selvini, Boscolo, Cecchin, Prata) und mit dem sogenannten „Neuen Heidelberger Modell" (Stierlin, Simon, Weber, Schmidt, Retzer u.a.) verbunden sind. Die hypnotherapeutische Basis dieser Arbeit sind die Ericksonschen hypnotischen und strategischen Konzepte und die aus ihnen abgeleiteten diversen Folgekonzepte. Ericksonsche und die genannten systemischen Konzepte sind in ihren Prämissen sehr verwandt. (Für die ausführliche Diskussion der Prämissen siehe z.B. O'Hanlon 1986, Schmidt 1985 a, 1985 b, Lankton 1983). Ihre Verbindung hat sich in meiner Arbeit seit langem bewährt. Dabei verstehe ich die Ericksonschen Strategien als wichtige Interventionsergänzungen, in der Arbeit mit psychotisch definierten Klienten stellt der systemische Ansatz aber die zentrale Basis dar. Mein heutiges Vorgehen verdankt dabei Entscheidendes der langjährigen Mitarbeit im Team der Abteilung für Familientherapie an der Universität Heidelberg (Leiter: H. Stierlin).

Dort war immer ein wichtiger Arbeitsschwerpunkt die Forschung und Therapie mit Familien mit psychotisch definierten Indexpatienten (IP = der/die jeweilige ProblemträgerIn). Die Ergebnisse dieser Arbeit sind andernorts ausführlich beschrieben (Stierlin et al. 1986; Simon et al. 1989; Retzer et al. 1989; Weber et al. 1987).

Hier sollen die einzeltherapeutischen Bemühungen mit den genannten Klientengruppen im Vordergrund stehen. Grundsätzlich sprechen unsere Erfahrungen dafür, daß in der Psychotherapie von Psychosen in aller Regel ein familientherapeutisches Setting das Mittel erster Wahl ist (jedenfalls für den größten Teil der Zusammenarbeit, besonders am Anfang), da die IP meist derartig stark in die Bindungsdynamik ihres Systems verstrickt sind, daß eine Arbeit ohne direktes Einbeziehen seiner Bezugspartner wesentlich schwieriger ist für Therapeut und Klient. Da aber die Beteiligten nicht immer bereit oder in der Lage sind, direkt mitzuarbeiten, erscheint eine einzel- oder gruppentherapeutische Arbeit durchaus auch sinnvoll. Systemisches Arbeiten läßt sich dafür sehr gut auf den einzeltherapeutischen Kontext übertragen.

Da sich die hier beschriebenen Konzepte deutlich von den traditionellen psychiatrischen Auffassungen unterscheiden, soll zunächst gezeigt werden,wie aus systemisch-hypnotherapeutischer Sicht psychotische Prozesse im Kontext des jeweiligen Beziehungssystems verstanden werden können. In der hier dargestellten Arbeit werden schizophrene Psychosen nicht, wie im klassischen Psychiatrieverständnis, als Ausdruck von Unfähigkeit und Pathologie gesehen, sondern als wichtige verdeckte Beziehungsfähigkeiten im systemischen Kontext. Die auf dieser Sicht aufbauenden Interventionsschritte werden nur verstehbar auf der Grundlage dieser Annahmen. Daß diese Annahmen sinnvoll sind, hat sich in vielen effektiven Therapieprozessen bestätigt (siehe z.B. Retzer 1990, Retzer et al. 1989).

Aus systemischer Sicht gewinnt jedes Phänomen seinen Sinn und seine Bedeutung erst in seinem jeweiligen Kontext. Um es zu verstehen, muß also immer der Kontext beleuchtet werden, in dem es auftritt. Dies gilt auch für die Verhaltens- und Erlebnisweisen, die als schizophrene Psychose etikettiert werden.

Die systemische Analyse und Beschreibung des Beziehungskontexts und der Interaktionsmuster, in die psychotisches Verhalten eingebettet ist, ist an sich schon eine sehr wesentliche therapeutische Intervention. Direkte Versuche der Symptomveränderung, die den Beziehungskontext des IP nicht berücksichtigen, haben gerade bei psychotischen IP selten eine Chance. Die Perspektive des systemischen Zusammenhangs ihrer Symptomatik wird in unserer Arbeit den Klienten direkt und indirekt immer wieder angeboten und verändert ihre problemstabilisierenden Defizit- und Pathologiesichtweisen meist sehr effektiv. Sie soll deshalb hier differenziert dargestellt werden.

II.1. Ergebnisse der Familientherapieforschung

Die Erforschung von Familiensystemen mit psychotischen IP war und ist ein zentraler Bereich der Familientherapie seit den 50 er Jahren. Postuliert wird dabei von vielen AutorInnen übereinstimmend, daß es in solchen Systemen typische, sich regelhaft wiederholenden Interaktions- und Kommunikationsmuster gibt. Als besondere Charakteristika gelten:

1. widersprüchliche Erwartungen, denen die IP ausgesetzt seien, (z.B. durch die Eltern) und die zur Konfusion und schließlich zur Psychose führen könnten (double bind) (Bateson et al. 1956).
2. unklare, verwirrende familäre Kommunikation mit Leugnung von Konflikten (Pseudogegenseitigkeit) oder übertriebener und unechter Betonung von Konflikten (Pseudofeindseligkeit) (Wynne et al. 1969);
3. Unfähigkeit der Familien, einen gemeinsamen Aufmerksamkeitsfokus zu erhalten (Wynne u. Singer 1965), einhergehend mit psychosefördernder Verwirrung besonders beim IP;
4. massive Verwischung innerfamiliärer und individueller Grenzen mit diffuser Kommunikation, bezeichnet als „kollektives kognitives Chaos" und als „undifferenzierte Familien-Ich-Masse" (Bowen 1960);
5. der IP werde von seinen Eltern mystifiziert; diese beanspruchten z.B., besser als der IP zu wissen, was er wirklich fühle und denke (Laing et al. 1964). Der IP unterliege einer starken Bindung auf der Ich-Ebene (Stierlin 1978).

Auch in den gegenwärtig sehr einflußreichen psychiatrischen Konzepten der sogenannten „psychoedukativen Ansätze" und der „expressed emotions" (Vaughn, Leff 1976) werden familiäre Prozesse als Faktoren angesehen, die das psychotische Geschehen beeinflussen. Die Familienmitglieder, so die Aussage dieser Arbeiten, kommunizieren in so belastender, grenzüberschreitender und abwertender Weise miteinander, daß die IP dabei dekompensieren. Vom jeweiligen IP wird angenommen, daß er auf Grund seiner Disposition besonders vulnerabel ist und deshalb die massiven Konflikte seine Streßverarbeitungskapazität überschreiten und es zu seinem Zusammenbruch kommt (Zubin et al. 1977, Falloon 1991).

Trotz vieler Unterschiede stimmen die genannten Familientherapiemodelle und die psychoedukativen Ansätze in dem wichtigen

Grundverständnis überein, daß es sich bei den beschriebenen Prozessen um Pathologie und Defizit handelt. Von der früher vor allem im Individuum postulierten Störung wird nur übergegangen zum Postulat familiärer Störung und Unfähigkeit (bei den psychoedukativen Ansätzen wird dazu noch von der defizitären Disposition des IP ausgegangen).

2. Von der „Familienpathologie" zur ressourcenorientierten systemischen Therapie und Hypnotherapie

Die jeweiligen Erklärungskonzepte implizieren auch mit ihnen konsistente Behandlungsstrategien. In der Tradition der Familientherapie war entsprechend wichtiges Ziel, die familiären „Störungen", die „Familienpathologie" aufzuarbeiten und „gesündere" Strukturen anzuregen. Im psychoedukativen Ansatz wird angestrebt: Überwachung regelmäßiger Medikation des IP, bevorzugt wenig Kontakt des IP zu Familienmitgliedern, die zum Streß beitragen; dazu viele Hilfen, damit der IP soziale Kompetenzen durch Üben erwerben kann, und Anleitungen, um bessere Problemlösungsstrategien und streßfreieres Kommunizieren zu erlernen. (Falloon 1991)

Nachteile dieser Modelle: Pathologieorientierte Konzepte suggerieren meist, daß die Probleme Ausdruck von Defiziten, von Unvermögen, von Krankheit (und damit Fremdverantwortlichkeit) sind. Auch die Lösung der Probleme erscheint dabei entweder unmöglich oder enorm langwierig, dazu oft nur möglich mit viel Engagement von außen; die Bedeutung der Helfer wird so als sehr groß erscheinen.

Häufige Folgen solcher Prämissen: Wenn die Familie als „Herd der Störung" angesehen und so behandelt wird, bewirkt dies bei den Angehörigen der IP häufig Angst, Gefühle, angegriffen zu werden, Schuldgefühle und bestenfalls massive Abwehr, wodurch aber die Kooperationsbasis mit ihnen belastet wird. Die IP geraten dabei häufig in große Loyalitätskonflikte zwischen Familie und Therapeuten und reagieren nicht selten darauf wieder symptomatisch.

Hypnotische Prozesse können verstanden werden als systematische Fokussierung von willkürlicher, vor allem aber unwillkürlicher Aufmerksamkeit auf bestimmte Erlebnisbereiche. In einer ressourcenorientierten Hypnotherapie ist zentrales Ziel jeweils die Fokussierung auf die Erlebnis- und Handlungspotentiale, die zur Lösung im Sinne der Klienten beitragen.

Pathologieorientierte Konzepte bewirken Fokusgestaltungen, die den Blick verstellen für die Ressourcen der Klienten. Jemand, der von sich glaubt, keinen eigenständigen Einfluß auf Teile seines Erlebens zu haben, wird aber dann auch keinen Einfluß darauf nehmen und sich gerade so aber wieder das alte Defizitglaubenssystem bestätigen. Pathologieorientierung trägt so oft, wenn auch ungewollt, zur Stabilisierung der „Problemhypnose" bei.

Wir haben aber bisher noch in keinem einzigen Fall unserer klinischen Arbeit erlebt, daß tatsächlich die Lösungsressourcen bei den Beteiligten gefehlt hätten, auch wenn sie sich zunächst sehr geschädigt und unfähig gezeigt hatten. Will man diese Ressourcen aber wahrnehmbar für sich und andere machen, ist dafür erforderlich, daß TherapeutInnen spezifisch nach ihnen fragen und auch prüfen, in welcher Weise die sogenannten Defizite wieder als Kompetenz verstanden werden können.

3. Systemische Betrachtung des Beziehungskontexts und der Beziehungsdynamik

In den aktuellen Konzepten systemischer Therapie, insbesondere im „Neuen Heidelberger Modell" werden die Interaktionsprozesse in Systemen mit Psychosephänomenen verstanden als Ausdruck von spezifischen Fähigkeiten. Die beschriebenen Familienphänomene (z.B. Verwirrung, Verschiebung des Fokus, kognitives Chaos, unklare Beziehungsdefinitionen) werden ebenfalls konstatiert, aber anders gewertet (und damit anders behandelt) (siehe dazu Stierlin et al. 1986, Retzer 1991; Simon 1990, Schmidt 1985).

Kurz gesagt gehen wir nicht davon aus, daß die Familien unfähig sind, klar zu kommunizieren, sondern daß sich Familiensysteme mit psychotischen IP dadurch auszeichnen, daß sie die Fähigkeit haben, ausgezeichnet unklar zu kommunizieren (Simon 1990). Was sie dazu bewegt, diese Fähigkeit unklaren Kommunizierens zu praktizieren, wird deutlich durch die von uns in vielen Therapien erfaßten Sichtweisen der Familienmitglieder (idealtypisch zusammengefaßt):

Ein Grundthema scheint in den betreffenden Systemen der Kampf darum zu sein, in den als wichtig erachteten Beziehungen die Position zu haben, die zur Definition der gültigen Realität ermächtigt. Den Beteiligten erscheint ihre Position offensichtlich meist sehr gefährdet.

Häufige Glaubenshaltung der Beteiligten: Es gibt nur ein „Richtig", alles andere ist unberechtigt.

Unterschiedliche Positionen schaffen dann brisante Situationen. Nur der, dessen Sicht als richtig anerkannt wird, wäre ja berechtigt, bei seiner Position bleiben zu dürfen, während alle anderen ihre Position zugunsten dieser einen aufzugeben hätten. Meinungsunterschiede geraten so oft zu (als gefährlich erlebten) Dominanz-Unterwerfungskämpfen mit massiven symmetrischen Eskalationen. Würde man sich nicht schnell wehren, so die oft berichtete Befürchtung, würde die eigene Position in der Wahrnehmung der Beteiligten ihre Berechtigung verlieren. Also versucht man, nicht in die Unterwerfungsposition zu kommen; hierzu wird jeweils die Position der Antagonisten kontinuierlich abgewertet.

Schon in den Herkunftsfamilien der Eltern lassen sich meist solche Muster finden. Oft steht auch zumindest einer der beiden Ehepartner in einer solchen Familie noch in einer intensiven Loyalitätsbindung, die es ihm um so schwerer macht, auf andere Sichtweisen einzugehen, da dies in der Wertewelt seiner Herkunftsfamilie als massiver Loyalitätsbruch angesehen würde.

Bei den massiven symmetrischen Eskalationen pendeln die Beteiligten in ihrem Erleben häufig zwischen den Extrempolen einer drohenden völligen Entwertung der eigenen oder der Position des Partners einerseits und andererseits der Gefahr des Beziehungsabbruchs. Mit diesem „Pendeln" einher geht oft die Annahme, man sei ständig unterschwellig bedroht. Wechselseitiges Mißtrauen und der Glaube, man solle sich besser nicht in seinem Denken, Fühlen und Handeln klar und offen zeigen, herrschen vor.

Dabei fühlen sich die Beteiligten meist sehr abhängig voneinander. Entsprechend erscheint ein potentielles Ende der Beziehung als existentielle Gefahr.

Um die beschriebenen Gefahren abzuwenden, regulieren die Familien ihre Kommunikation und Beziehungsgestaltung nach den schon beschriebenen Mustern.

Die vermeintlichen Unfähigkeiten in der Kommunikation zeigen sich so als intuitive Schutzmaßnahmen (individuell und für den Erhalt der Beziehung). Sie werden besonders genutzt, wenn es um heikle Beziehungsthemen geht. Man scheint sich unwillkürlich an Regeln zu orientieren wie: „Eines ist klar, es darf nichts klar werden

...", oder: „Eine Regel gilt, nämlich die, daß letzlich keine Regel eindeutig gilt ..." Der gemeinsame Grundglaube scheint zu sein, daß man unbedingt vermeiden müsse, sich in Beziehungen klar und selbstverantwortlich zu definieren. Dies gilt besonders für das Verhalten des IP. Diese Regelungsfähigkeiten haben aber den hohen Preis von Leid und Entwicklungsblockaden.

4. Die Situation des psychotisch reagierenden IP

Oft siedeln sich die späteren IP schon früh in ihrem Beziehungssystem in einer Position zwischen verschiedenen Parteien an, die sich in massiven Pattsituationen befinden.

Um der Qual des Patts zu entgehen, wird der spätere IP einbezogen, bezieht sich aber auch selbst aktiv als Dreieckspartner in dieses Patt ein (Triangulation); häufig wirkt er als Koalitionspartner (manchmal verdeckt) einer Seite. Manchmal wird er dafür unterschwellig oder offen privilegiert von den Koalitionspartnern; er soll zum positiven Gegenbeispiel der abgelehnten Seite werden, mit der Implikation, diese dabei abzuwerten. Nicht selten gibt es auch die Konstellation, daß sich der IP aufgerufen fühlt, als Ausgleicher, „Retter" beider Konfliktparteien zwischen diesen zu vermitteln, quasi in eine „Großelternfunktion" zu gehen).

Dann aber erfüllt der IP nicht die Parteinahmeerwartungen (auch hierzu dienliche Erfolgserwartungen) der koalierten Partei, sondern er erleidet eher „Mißerfolge". Diese „Mißerfolge" erweisen sich oft aber schon als verzweifelte Lösungsversuche, da der IP sich verdeckt doch loyal der offiziell abgelehnten Partei (z.B. einem Elternteil) gegenüber fühlt und verhindern will, daß durch seinen eigenen Erfolg dieser abgewertet würde. Die bisherige Koalitionspartei ist durch die „Mißerfolge" so enttäuscht, daß sie sich emotional vom IP abwendet.

Die pseudoprivilegierte Beziehung zur bisherigen Koalitionspartei des IP verliert nun ihre Basis. Der IP fühlt sich betrogen; wenn Geschwister da sind, bekommt er oft auch noch Revanchereaktionen zu spüren, da diese sich früher zurückgesetzt fühlten und auf ihn neidisch waren (wichtige Anregungen zu dieser Beschreibung bei Selvini 1991).

Wollte der IP beiden Seiten gleichermaßen gerecht werden, zeigen sich nun beide Seiten ihm gegenüber sehr enttäuscht, da er nicht einseitig zu ihnen steht.

Oft spitzt sich die Krise für die IP zu, wenn sie sich auf Grund ihres Alters und ihrer beruflichen Entwicklung vor die Aufgabe gestellt sehen, sich abzulösen.

Die IP erleben diese Situation als Dilemma. Weil sie sich betrogen und mißachtet fühlen, empfinden sie oft archaische Wut auf die Eltern. Verbissen versuchen sie dann (manchmal bis zur Selbst- oder Fremdzerstörung) die Anerkennung zu erkämpfen, die ihnen ihrer Meinung nach von seiten der Eltern zusteht. Dabei versuchen sie aber, die Anerkennung dadurch zu bekommen, daß sie die Eltern dazu nötigen wollen, einzugestehen, was sie alles falsch gemacht haben.

Dies bringt wieder die Eltern in Dilemmata. Würden sie den IP Anerkennung auf diese Weise geben (eine andere Art würden die IP aber meist nicht anerkennen), so würden sie sich als schlechte, schuldige Eltern definieren. Das, dies signalisieren sie deutlich, könnten sie nicht ertragen. Dies wieder macht den IP starke Schuldgefühle. So pendeln die IP zwischen Wut und Kampf einerseits und Schuldgefühlen andererseits, zwischen Impulsen, das Beziehungsfeld zu verlassen und dem inneren Druck, unbedingt bleiben zu müssen. Ihr Bleiben erscheint ihnen nötig einerseits für die anderen, von denen sie denken, die bräuchten sie doch unbedingt, aber auch deshalb, weil sie das Weggehen als vernichtende Niederlage erleben würden, so als würden sie dann auf die ihnen zustehende Anerkennung etc. verzichten und sich ihre eigene Wertlosigkeit dadurch beweisen. Oft schwanken sie zwischen Grandiosität („Ohne mich geht gar nichts.") und dem Gefühl völliger Wertlosigkeit, selbst meist noch ganz abhängig von den Beziehungspartnern. In quälenden inneren Suchprozessen entwickeln sie immer mehr Konfusion, quasi eine „Konfusionstrance", die ihre Aufmerksamkeit verstärkt weg von der „Konsensusrealität", hin in ihre innere Phantasiewelt lenkt.

6. Das psychotische Erleben als Induktion einer Problemtrance

Aus hypnotherapeutischer Sicht können psychische und psychosomatische Symptome als Ausdruck einer selbstinduzierten Quasi-Trance angesehen werden. Dies gilt gerade auch für das Symptom psychotischen Erlebens. Als Tranceprozesse werden übereinstimmend solche Erlebnisweisen angesehen, bei denen das Unwillkürliche im Erleben vorherrscht. Wenn jemand seine Hand willkürlich erhebt, gilt dies vielleicht als Gymnastik, aber nicht als Trancephänomen. Erlebt er aber ein unwillkürliches Höhergehen seiner Hand und seines Arms, so, als ob nicht er selbst, sondern „es" sich wie von alleine hebt, wird dies üblicherweise als Trancephänomen definiert, zumal dann, wenn jemand direkt oder indirekt dazu passende Suggestionen angeboten hat.

Symptomprozesse werden von ihren „Trägern" so gut wie immer auch als nicht selbstgesteuert, sondern als Erleben der Qualität „es passiert" (womöglich wie von alleine) wahrgenommen. Was dabei an aktiven Prozessen selbst mit dazu beigetragen wurde, um dieses Ergebnis zu erhalten, wird nicht bewußt registriert, sondern dissoziiert. So fühlen die IP sich eher als Opfer einer anderen gestalterischen Kraft (z.B. des herzlosen Partners, der Krankheit etc.). Die Symptome können also als äquivalent zum Ergebnis einer inneren Selbstinduktion verstanden werde, in der die IP sich selbst über ihre Phantasiebilder, inneren Kommentare etc. in den Symptomzustand hineinsuggerieren, allerdings meist vorbewußt, auf der Ebene ihrer unwillkürlichen Selbstregulation. (Zum Konzept, Symptome als Trancephänomene zu behandeln, siehe Schmidt 1987, 1989, Gilligan 1991). Als besonders problemstabilisierend wirken dabei die unwillkürlichen, quasi-automatisierten Beiträge (Assoziationsmuster, innere Schlußfolgerungen, ideomotorische Verhaltensbeiträge etc.). Die Impulse, welche für die offiziell geltenden Wertsysteme nicht akzeptabel sind, werden ins Unwillkürliche dissoziiert. Von dort steuern diese Regungen aber das Verhalten; genau das wird aber schließlich als Krankheit oder Unfähigkeit definiert. So wird der Blick immer mehr verstellt für Erfahrungen, die Lösungspotentiale enthalten.

Gerade bei psychotischen Episoden erleben die IP oft stark den Aspekt des Ich-Fremden, Fremdgemachten etc. Die Dissoziation, die auch bei sogenannten neurotischen Symptomen auftritt, dort aber noch relativ tragfähige Wahrnehmungsbrücken zur sogenannten Konsensusrealität läßt, ist beim psychotischen Prozeß viel stärker, bis hin (im Extremfall) zu einer fast völligen Abkoppelung von der Konsensusrealität.

Für die Therapie ist es wichtig, sowohl die Resultate (die Trancephänomene) in ihren Auswirkungen zu beleuchten als auch die Selbstsuggestionen deutlich zu machen, die dissoziiert unterschwellig zu diesen Phänomenen führen.

Typische innere Selbstsuggestionen bei ihren Psychoseinduktionen, die die IP berichten, sind zum Beispiel:

„Ich muß allem völlig gerecht werden, sonst passiert Schlimmes, aber ich muß mich endlich eindeutig für und gegen was entscheiden (z.B. für Ablösung, Beruf, Erwartungen eines Elternteils). Tue ich das aber, passiert eine Katastrophe. Von mir hängt alles ab, ich darf deshalb nichts falsch machen, sonst bin ich schuldig. Aber eigentlich zähle ich nichts, bin wertlos."

Mit den Interaktionspartnern kommt es bei diesen Dilemmata oft zu gefährlichen Eskalationen. Auch sie kommunizieren verwirrend, was den IP veranlaßt, sie zur Klarheit zwingen zu wollen.

Diese Dynamik kann zu völliger innerer Konfusion führen (nicht nur beim IP, sondern bei allen Beteiligten), gerade dadurch, daß versucht wird, eine Lösung zu finden, die allen Widersprüchlichkeiten gleichzeitig gerecht wird (was möglich ist). Der dabei praktizierte, immer schneller werdende Gedankenkreisel bewirkt, daß die Aufmerksamkeit des IP immer mehr nach innen gerichtet wird. Dies geht mit immer intensiverer Dissoziation von außen (von der „Konsensusrealität") einher.

Die „Konfusionstrance" resultiert aber nicht daraus, daß der IP etwa ungenügende kognitive Kompetenzen hätte, mit denen er die Flut widersprüchlicher Informationen ordnen könnte. Im Gegenteil sehen wir jeweils, daß gerade der IP Interaktionszusammenhänge sehr gut erfassen und Unstimmigkeiten klar und kritisch beurteilen kann. Dies bestätigen oft auch die anderen Systemmitglieder (z.B. in Familiengesprächen). Die IP sind auch oft diejenigen im System, die, wenn sie wollen, am klarsten kommunizieren können. Zur Konfusion kommt es nur deshalb, weil die IP im Prozeß der Eskalation immer mehr dazu übergehen, ihre eigene klare Wahrnehmung abzuwerten und ihr zu mißtrauen. Dies wieder tun sie, weil sie unterschwellig befürchten, sie würden es eventuell zum Beziehungsabbruch kommen lassen (den sie sich aber strikt verbieten), wenn sie ihrer Wahrnehmung weiter vertrauen würden.

(In der Therapie wird es deshalb zu einem zentralen Metaziel, die IP zu ermutigen, ihrer Wahrnehmung wieder mehr zu vertrauen, dabei aber differenziertere Schlußfolgerungen – das heißt dritte Wege zwischen Unterwerfung und Beziehungsabbruch – zu suchen).

Schließlich findet der IP doch noch eine Lösung, die alle Widersprüche auflöst; er findet sie in seinem Wahnsystem. Dort mag die

Welt manchmal sehr bedrohlich erscheinen (z.B. in einer massiven Paranoia-Entwicklung). Aber: So schrecklich und belastend ein solches Erleben für den IP auch sein kann, er hat wieder ein zumindest ihm sinnmachendes Erklärungssystem. Dabei ernennt er sich indirekt auch wieder zu der Autorität, welche die gültige Realität definiert. Hierbei läßt sich jemand, der gerade psychotisch reagiert, auch durch noch so stichhaltig geführte „vernünftige" Argumentationen nicht von seiner „verrückten" Realitätssicht abbringen. Denn für ihn würde das erst einmal die Aufgabe seiner Autonomie bedeuten.

8. Psychotisches Verhalten als beziehungsgestaltende Intervention und als Lösungsversuch

In seinem verwirrenden Beziehungsverhalten vermeidet der IP klare Beziehungsdefinitionen. Er versucht so, den als gefährlich eingeschätzten Entscheidungssituationen zu entgehen. Schon Haley (1963) wies darauf hin, daß jemand, der psychotisch kommuniziert, das, was er inhaltlich vermittelt, auf der Beziehungsebene wieder disqualifiziert.

Trotz ihres Leidaspekts wirkt diese Konfusion auch als Entlastungsversuch in Krisen. Denn wo niemand eindeutig erkennen kann, wer man ist, wo man steht etc., da kann man auch nicht verantwortlich gemacht werden oder ein bedrohtes Gleichgewicht zerstören oder durch eindeutige Positionen jemanden verletzen. Psychotisches Verhalten kann also als Lösungsversuch verstanden werden (im Sinne eines Sowohl-als-auch).

Auch die Phänomene, die in der Psychopathologie zum Beispiel als „Denkstörungen" beschrieben werden, können aus dieser Perspektive als aktive Leistung der IP verstanden werden.

Diese Aussage bedeutet nicht, daß der IP sein psychotisches Erleben strategisch willkürlich einsetzen würde. Die Psychose ist mehr Ausdruck einer intuitiven, unwillkürlich-unbewußten Regulation.

Daß ihm dabei sein Erleben sogar als von außen gemacht erscheinen kann, hat auch zwei Seiten: Einerseits wirkt es oft ängstigend auf den IP, andererseits definiert es die Verantwortung für sein Erleben auch nach außen. Er kann aber damit nur noch wahrnehmen, welche Ergebnisse in der Beziehungsgestaltung zustandekommen, wenn man uneindeutig kommuniziert. Dies wieder stärkt meist die problemstabilisierenden Glaubenshaltungen und führt zu weiterer Uneindeutigkeit. Denn er kann nicht prüfen, ob eindeutigere Kommunikation nicht bessere Ergebnisse bringen würde, da er sie ja nicht nutzt.

Sein Verhalten wirkt sich aber nicht nur auf ihn selbst aus, sondern ist ein intensiver Beitrag zur Beziehungsgestaltung. Je mehr er uneindeutig wird und sein Erleben als fremdgesteuert definiert, desto mehr wirkt dies als Suggestion für die meisten Beteiligten, daß es sich um eine Krankheit handeln muß (also auch um Ich-fremden Einfluß). Die Fokussierung auf ein Krankheitskonzept wiederum bewirkt meist eine intensive Fokusverschiebung weg von den belastenden Ursprungskonflikten.

Zeigt ein IP psychotische Symptome, so bewirkt dies fast immer quasi automatisch eine abrupte Unterbrechung der Muster „normaler“ Kommunikation. Wer psychotisches Erleben wahrnimmt, reagiert meist darauf, indem er seine Aufmerksamkeit auf dieses Verhalten richtet. Damit wird von anderen Themen weggelenkt. Dies kann so weit führen, daß eine Amnesie für das vorher Kommunizierte auftritt. Ging es dabei um brisante Themen, kann dies intuitiv als Entlastung erlebt werden und so als wichtiges Regulativ gelernt werden. Nicht nur die Wahrnehmung der Familien, sondern auch der Therapeuten kann dadurch massiv beeinflußt werden.

Beispiel 1:
In einem Familiengespräch fragte ich den bis dahin völlig klar und kongruent kommunizierenden IP (35 Jahre) danach, welche Auswirkungen auf die Beziehung der Eltern zueinander es haben würde, wenn er wie geplant in eine therapeutische WG ausziehen würde. Der IP antwortete nicht direkt, zeigte sich aber plötzlich annähernd kataleptisch und keuchte schließlich heraus, er höre genau, daß die Russen kommen, mit Panzern (dies war noch vor der „Wende“), ob ich es denn auch hören würde. Für die nächsten zehn Minuten waren „die Russen“ das zentrale Gesprächsthema. Erst dann merkte ich überhaupt erst wieder, daß wir vorher bei anderen Fragen waren und mir fiel auf, daß nicht nur die Familie, sondern auch ich völlig den „roten Faden“ verloren hatte. Als ich darauf den Bruder des IP fragte, ob denn „die Russen“ in der Wahrnehmung des IP auch gekommen wären, wenn ich keine Fragen zur Beziehung der Eltern gestellt hätte, wurde diesem plötzlich klar, daß „die Russen“ so gut wie immer kamen, wenn es um der Familie brisant erscheinende Themen ging. Die halluzinatorische Leistung, die Russen kommen zu lassen, wirkte wie die Intervention einer hypnotischen Konfusionstechnik mit dem Angebot einer strukturierten Amnesie.

So schrecklich die Sichtweise oft für die Familien ist, daß der IP krank im Sinne einer „endogenen Psychose" sein könnte, es ermöglicht oft auch eine Deeskalation der anderen Konflikte. So muß es nicht verwundern, daß nach der Verkündung der Diagose „Schizophrenie" auch eine merkwürdige Form der Erleichterung oder Ruhe in den Familien zu beobachten ist („closure" i.S. von Scott 1976). Die durch die „Krankheit" entstandene Krisensituation bietet den bisherigen Konfliktparteien sogar oft die Möglichkeit eines Aufeinanderzugehens, einer Kooperation im Dienste des „Kranken" und damit einen Ausstieg oder eine Unterbrechung der Kämpfe ohne Gesichtverlust. Ist das Konzept „Krankheit" aber erst einmal „installiert", wirken leider oft viele Interaktionsbeiträge wie hypnotische Induktionen mit dem Ergebnis des Trancephänomens Dissoziation, wobei der „Ich"-Bereich des IP und der Krankheitsbereich dissoziiert werden. In den Bereich „Krankheit" wird dann alles, was nicht mit den alten Systemregeln kompatibel ist, hineingepackt und damit fremdverantwortlich, also auch nicht selbst gestaltbar, definiert.

9. Zur Rolle der diagnostizierenden Institutionen

Die beschriebene Dynamik hat eminente Bedeutung für den therapeutischen Prozeß mit psychotischen IP. Sie macht verständlich, weshalb die IP sich oft zunächst hochambivalent und voller Widerstand gegenüber den therapeutischen Bemühungen zeigen. Auch dies erweist sich aber als Fähigkeit, wenn man bedenkt, was sie auf Grund ihrer Beziehungserfahrungen zunächst von Klarheit und eindeutig erkennbaren Kompetenzen halten.

Die Hinwendung zum Erklärungskonzept „Krankheit" stellt in seiner Auswirkung ja einen Beitrag zur Abwendung bedrohlicher Krisen dar. Die „Krankheit" wird quasi zum Familienmitglied, welches die Verantwortung für Konflikte übertragen bekommt, die sonst direkt zwischen den Beteiligten ausgetragen würden.

Die Rolle der psychiatrischen Institutionen ist hierbei sehr wichtig. Denn meist sind sie es, die als Autorität zur Erteilung der Krankheitsetikette fungieren. Sie erhalten also in dem typischen Kampf darum, wer befugt ist, die „richtige" Realität zu definieren, häufig eine Schlüsselstellung. Ihnen wird zumindest offiziell die Autorität zugeschrieben, „richtige" (d.h. richtungsweisende) Aussagen machen zu können.

Die Defizitdefinitionen klassischer Psychiatrie haben noch in anderer Hinsicht Verführungskraft. Aus ihnen wird zum Beispiel oft gefolgert, daß in Krisen Klinikaufenthalte sinnvoll und notwendig seien. Dies führt dazu, daß die Familien die Psychiatrie als Konfliktregulator einbauen. Bei häuslichen Eskalationen werden Klinikaufenthalte von den Familien häufig als Entlastung und als Nähe-Distanz-Regulation genutzt, wobei zu Hause die alten Regeln beibehalten werden können. (Schmidt 1986, Weber et al. 1987)

Die üblicherweise angebotenen Pathologieerklärungen sind für die Familien unbewußt attraktiv, wirken aber wie eine hypnotische Induktion des Problemmusters.

Mit den „alten" problemstabilisierenden Annahmen muß in der Therapie immer wieder Kontakt hergestellt werden. Ressourcenorientierte TherapeutInnen müssen dabei nicht nur mit dem Defizitglauben der Klientensysteme arbeiten, sondern auch mit den sie verstärkenden Sichtweisen der Institutionen; diese gehören also häufig zum für die Therapie relevanten System, ähnlich wie Familienmitglieder.

III. Therapeutische Interventionsmöglichkeiten

1. Direkte oder indirekte Trancearbeit? Problem-oder Lösungsorientierung?

So defizitär sie zunächst manchmal wirken mögen, unserer Erfahrung nach weisen die Familien praktisch immer alle Kompetenzen auf, die notwendig (die Not wendend) erscheinen. Aber: Wenn sich die Familie und/oder der IP in einem Kontext wähnen, in denen sie eindeutige Zuschreibungen als gefährlich für sich ansehen, kommunizieren sie meist sofort wieder in der bekannten verwirrenden Weise.

Deshalb muß sehr sorgfältig darauf geachtet werden, daß die IP die Therapie als vertrauenswürdigen, ungefährlichen Kontext erleben können (siehe dazu III.2.)

Des weiteren sollte an Stelle einer einseitig problemorientierten Interviewführung eine lösungsorientierte Pseudoorientierung in der Zeit genutzt werden, das heißt Altersre- oder -progression in die erfolgreiche Zielzeit (Erickson 1980), und hierbei bevorzugt die lösungsorientierte Interviewführung ohne direkte offizielle Tranceinduktion, wie sie unter anderem von de Shazer aus Ericksons Ansatz weiterentwickelt wurde (de Shazer 1985, 1988).

Hierzu ist notwendig, daß TherapeutInnen von Anfang an konsequent nach Ausnahmen von Problembeiträgen und nach den Kriterien der gewünschten Lösungen fragen. Die Entwicklung der Zielsituationen kann gut als indirekt-suggestive Induktion genutzt werden. Viele Fragen danach, woran der IP (in Erlebnisdetails von Kopf bis Fuß und im Verhalten) erkennen würde, daß die gewünschte Lösung erreicht ist, bewirken eine willkürliche und unwillkürliche Fokussierung der Wahrnehmung des IP auf diesen gewünschten Bereich. Dadurch wird eine Bewußtseinsgestaltung in die Lösungsrichtung angeregt.

Wir ziehen die lösungsorientierte Pseudoorientierung in der Zeit in der Form vor, die nicht auf offizielle direkte Tranceinduktionen abzielt. Denn: Für IP mit psychotischen Mustern bieten sich zumindest für lange Strecken der Zusammenarbeit indirekte Fokussierungsangebote mehr an als direkte hypnotische Induktionsrituale. In der klassischen Literatur zur Hypnose wird häufig betont, daß Psychosen eine wesentliche Kontraindikation gegen Hypnose darstellen würde (z.B. Langen 1972, Schultz 1979). Argumentiert wird dabei unter anderem mit der Prämisse, daß psychotische IP als besonders Ich-schwach anzusehen sind und die regressiven Prozesse in Hypnose dies noch verstärken könnten. In dieser Allgemeinheit trifft dies aus ressourcenorientierter Sicht auf keinen Fall zu.

Das Kontraindikationsargument enthält dennoch einen wesentlichen Hinweis. Psychotisches Erleben kann, wie gezeigt, als massive Form eines regressiven Prozesses mit zunehmender Innenfokussierung und damit einhergehender Abkoppelung von der sozialen Konsensusrealität verstanden werden. Tranceinduktionen, die früh einseitig zur Innenfokussierung und zur Regression anregen, stellen nicht im mindesten eine konstruktive Neuinformation für den IP dar. Sie verstärken im Gegenteil das Problemmuster. Dies spricht aber nicht gegen Tranceinduktionen allgemein, sondern nur gegen das einseitige Angebot klassischer Trancerituale, bei denen der IP in passiv-rezeptiver Manier in primärprozeßhafte (z.B. auch kataleptische) Bereiche eingeladen wird. Tranceinduktionen, die den IP seine aktive Selbststeuerungsfähigkeit, seine Beweglichkeit und seine Ich-Kompetenz erleben lassen, sind dagegen sehr hilfreich.

2. Therapeutische Metaziele

Alle systemischen und hypnotherapeutischen Interventionen zielen auf Musterveränderung ab: Musterunterbrechungen, Überladungen, Neuinformation ins Problemmuster auf den Ebenen des Verhaltens und der Bedeutungsgebung (Erickson/Rossi 1978, Selvini et al. 1977, Haley 1978, Schmidt 1984). Dabei sollte der Fokus auf die Lösungsressourcen gerichtet werden.

Grundsätzlich sind zwei unterschiedliche therapeutische Zielrichtungen zu beachten:

Für die Arbeit mit den problemstabilisierenden Assoziations- und Verhaltensmustern gilt, daß vom Aspekt des unwillkürlichen Erlebens weg und hin zur willkürlicheren Gestaltung solcher Prozesse gearbeitet werden sollte. Die Problemmuster wirken ja als unwillkürlich-selbsthypnotischer Prozeß. Das heißt, für das Problemerleben gilt: (Problem-)Tranceexduktion statt Induktion.

Dabei müssen psychotische Phänomene nicht vermieden werden. Dies würde eine ängstliche Beobachterhaltung begünstigen, bei der ständig darauf geachtet würde, ob man nicht doch etwas Psychotisches wahrnimmt. Es gibt aber kaum eine wirksamere Hypnoseinduktionsmöglichkeit als Angebote der Art: „Achten Sie nicht auf den blauen Elefanten, auf keinen Fall darauf achten." (siehe hierzu z.B. Zitat GEO 12/89, S. 190).

Einstellungen wie diese stabilisieren die Problemmuster besonders stark.

Wesentlich konstruktiver ist es, Aufmerksamkeit dafür zu entwickeln, wie man jederzeit wieder aus einem unangenehmen Muster aussteigen kann. Diese Fragestellung bewirkt eine mehr ressourcenorientierte Fokussierung und begünstigt Erfahrungen eigener Gestaltungsfähigkeit. Werden dann wieder einmal psychotische Erfahrungselemente entwickelt, verändert sich auch deren suggestive Bedeutung. Eine problemphobische Haltung bewirkt Amnesie für die eigenen Bewältigungspotentiale, aber Hypermnesie für die vergangenen als Mißerfolg definierten psychotischen Erlebnisse und für Phantasien über deren zukünftige Wiederholung.

Durch die Fokussierung darauf, wie man wieder aus dem Psychosemuster aussteigen kann, wird das psychotische Erleben zu einem Ressourcenanker, die Amnesie für die eigenen Potentiale wird aufgehoben, die eigene Steuerungsfähigkeit wird durch die psychotischen Elemente sogar geweckt. Denn die Reorientierungspotentiale (Ausstieg aus der Psychose) werden mit den beginnenden psychotischen Muster „verwebt" oder verankert (Utilisation der Problemanker für eine Verwebung mit Lösungsressourcen).

Für den Bereich der gewünschten Lösungsressourcen gilt: Je unwillkürlicher sie verfügbar gemacht werden können, desto hilfreicher, schneller und müheloser sind sie wieder im Bedarfsfall im Alltag später für den IP verfügbar. Zur Unterstützung der unwillkürlichen Verfügbarkeit bieten sich auch Tranceprozesse an. Hierfür muß genau geprüft werden, und zwar vom Klienten, welche Induktionsangebote jeweils die aktive Selbststeuerungskompetenz des IP stärken können.

Als wichtige allgemeine Ziele für den Bereich der Lösungsressourcen kristallieren sich bei Befragung der IP meist heraus:

- Entwicklung von Sinn und Anerkennung für das bisherige (auch für das psychotische Verhalten) der IP;
- Stärkung des Vertrauens in die eigene Wahrnehmung und der Bereitschaft der IP, sich die Achtung ihrer Wahrnehmung wieder mehr zu erlauben;
- konstruktiver und differenzierter Umgang mit der eigenen Ambivalenz (Entwickeln „dritter Wege" zwischen Selbstabwertung und Beziehungsabbruch = „bezogene Individuation" oder Autonomie vereinbart mit Bindungskompetenz);
- Nutzung der Fähigkeit, unklar zu kommunizieren, in angemessenen Kontexten;
- Unterstützung von Verhalten des IP, mit dem er sich klarer und mehr selbstverantwortlich in Beziehungen definiert (um die Perspektive zu stärken, daß er in der Lage ist, Situationen auch mit klarer Position zu bewältigen);
- Therapeuten sollten nicht versuchen, die IP dazu zu bringen, ihre abweichende Weltsicht aufzugeben. Dies würde für die IP eine Wiederholung der familiären Kämpfe (es gibt nur eine „richtige" Sicht) implizieren und würde nur zur Wiederholung ihrer alten Problemmuster einladen. Für die IP bewährt sich mehr, sie dabei zu unterstützen, daß sie (wie jeder andere Mensch auch) ihre eigene Sicht pflegen und dabei die Brücke zum sozialen Konsens synchron bewahren. Dies kann auch heißen, sie

unterstützend darin zu begleiten, wie sie ihre „Privatwelt" beibehalten können, die üblicherweise als psychotisch definiert würde. Da sie ohnehin nicht bereit waren, sie aufzugeben, waren diese IP eher dazu motiviert, gewissermaßen zweigleisig zu fahren nach dem Prinzip der doppelten Buchführung (welches allerdings in der klassischen Psychiatrie häufig pathologisiert wird). Spielt man mit ihnen aber in der beschriebenen Weise die „Folgekosten" einer offensiven Vertretung ihres Außenseiter-Weltmodells durch, sind sie oft erstaunlich stark motiviert, ihre Fähigkeiten wieder mehr zu nutzen, die zu ihrer Integration in die Konsensusgesellschaft beitragen.

3. Lösungsimagination als zirkulär orientierte Einstreutechnik

Die Lösungsimagination ohne offizielle Trancerituale unterstützt die wache Orientierung der IP in die Konsensusrealität und wirkt so sehr hilfreich für eine Exduktion aus der Problemtrance. Gleichzeitig bewirkt sie meist effektiv die Fokussierung auf gewünschte Muster klarer Steuerungs- und Beobachtungsfähigkeit des IP. So kann auch vermieden werden, daß der IP sich fremdgesteuert und ausgeliefert fühlt. Beste Erfahrungen machen wir mit vielen hypothetischen Fragen danach, woran der IP merken würde, daß er sich klar und sicher und mit Überblick und Handlungsfähigkeit erleben würde, voll integriert in die soziale Konsensusrealität. Je konkreter solche Fragen angeboten werden, bis zu differenziertesten Details des Erlebens, desto schneller entwickelt der IP ein entsprechendes Erleben im Hier und Jetzt.

Die lösungsorientierte Befragung kann als effektive Einstreutechnik (Erickson 1980) gestaltet werden. Jede Schilderung des IP, bei der er sich für eine erfolgreiche Zusammenarbeit motiviert zeigt, wird mit einer konsistenten Körperhaltung und Stimmlage (Lösungsphysiologie) des Therapeuten verankert, jeder Problembericht mit einer anderen konsistenten Physiologie.

Jeder positive Bericht des IP kann vom Therapeuten in ähnlichen Worten wiederholt werden (pacing). Nutzt der Therapeut dabei jeweils die konsistente Körperhaltung und Stimmlage, welche mit den Lösungsberichten der Klienten verankert wurden, wirkt das Pacing meist als effektive Einstreuinduktion (Schmidt 1985). Denn wann immer über Lösungsressourcen geredet wird, laden Stimmlage und Körperhaltung des Therapeuten den IP zu der erfolgsmotivierten Haltung ein, mit der sie verankert worden ist. Bei ihrer Schilderung werden die analog markierten Berichte zu Lösungssuggestionen für die unbewußte, unwillkürliche Wahrnehmung des IP.

Besonders effektiv sind zirkuläre Fragen, das heißt solche, die sich auf die interaktionellen Auswirkungen der Lösungsentwicklungen beziehen: „Nehmen wir an, Sie erlauben sich in dieser Situation, ganz sicher innerlich diese Haltung einzunehmen, woran würden Sie das merken, woran würde Ihr Vater das merken? (etc.)" Das sogenannte bewußte Denken wird dabei eingeladen, die Auswirkungen eines solchen Verhaltens anzuschauen. Analog markiert wird aber der direkte Einladungsteil der Botschaft (z.B. durch Verknüpfung mit der „Lösungsstimmlage- und Körperhaltung") „... sie erlauben sich ... ". Diese Einladungen sind gerichtet an die Lösungspotentiale des IP, die auf vorbewußter Ebene ja mit der Lösungsphysiologie des Therapeuten verankert worden sind (Zum zirkulären Fragen siehe auch weiter unten).

Eine konsequente einstreutechnische Befragung dieser Art wirkt fast immer wie eine intensive imaginative Reise in die Lösungssituation, also als indirekte Induktion einer Lösungstrance. Eine Antwort auf sie setzt das Imaginieren der erfragten Situation voraus. Gleichzeitig können die systemischen Auswirkungen einer Nutzung von Lösungsressourcen geprüft werden; zeigt sich dabei Ambivalenz (z.B. Phantasien über bedrohliche Auswirkungen der gewünschten Lösung), bietet dies Material für positive Konnotationen des bisherigen Verhaltens (welches so einer Selbstverweigerung des Lösungsverhaltens gleichkommt).

Die Befragung der Lösungszukunft ermöglicht TherapeutInnen und KlientInnen auch ein klares Bild von den in der Therapie anzustrebenden Zielen und den dafür hilfreichen Schritten zu bekommen. Dies macht es für beide Seiten von Sitzung zu Sitzung möglich, zu überprüfen, ob und was die Kooperation gebracht hat.

Therapie, die bevorzugt auf Problemerfassen und „Durcharbeiten" fokussiert, wirkt leider meist wie eine Problemhypnose, die Wahrnehmung stärkt Defizitbilder der IP. Sie suggeriert dazu, daß die Ressourcen erst aktivierbar wären, nachdem das Problem bearbeitet wurde (was nachweislich nicht stimmt).

Fast immer antworten die IP auf Fragen danach, woran sie ablesen würden, wenn das Gewünschte eingetreten sei, mit Negativbeschreibungen („Wenn das und das weg ist, ich keine Angst mehr habe, keine Stimmen mehr höre ..." etc.). Solche Negativbeschreibungen wirken besonders stark als problemhypnotische Suggestionen, denn sie richten die Aufmerksamkeit unwillkürlich auf die Problembereiche. Will der IP zum Beispiel überprüfen, ob er keine Stimmen mehr hört, muß er in sich hineinhören, ob gerade „noch welche da sind". Es gibt kaum eine intensivere Suggestion für die Wahrnehmung von „Stimmen", auch für sogenannte „normale" Menschen. Auch sie können schnell „Stimmen" wahrnehmen, wenn sie genau darauf hören, ob auch „wirklich" keine da sind. Denn dadurch wird die Aufmerksamheit hypnotisch genau auf diese Phänomen gelenkt.

Es sollte also genau darauf geachtet werden, wie und ob die Zielbeschreibungen der IP den Wahrnehmungsfokus auf den Ressourcenbereich oder den Problembereich richten. Die Zielformulierungen sollten entsprechend positiv im Sinne von „dies ist dann da ..." an Stelle von „dies ist weg ..." formuliert sein.

Je detaillierter dann die verschiedenen Erlebniselemente der Lösungssituation beschrieben werden können, desto mehr werden sie schon im Hier und Jetzt erlebbar. Dadurch wird die selbstinduzierte Problem-„Trance" meist schon wirksam relativiert.

Die lösungsorientierten Einstreutechniken können gut ergänzt werden durch Erzählungen über andere mit ähnlichen Zielvorstellungen (My-friend-John-Technik, Erickson 1980) oder durch hypothetische Gespräche über gewünschte Erlebnisse und Lösungserfahrungen.

4. Aspekte des „Pacing"

Eine der wichtigstens Maximen Ericksonscher Arbeit ist es, den Klienten in ihrem Bezugsrahmen zu begegnen (pacing), das heißt, TherapeutInnen sollten Änderungssuggestionen erst anbieten, wenn sie sich in die Weltsicht der Klienten eingestimmt haben und die Neuinformationen stimmig auf die bisherige Weltsicht aufbauen.

Die vielen Beispiele gelungenen Pacings von M. Erickson mit psychotischen Klienten sind so bekannt, daß sie hier nur kurz skizziert zu werden brauchen. Wenn er zum Beispiel einem paranoid reagierenden Patienten, der aus Angst vor Feinden seine Fenster verbarrikadierte, anbot, mit ihm darin zusammenzuarbeiten, die Fenster noch effektiver zu verbarrikadieren; oder wenn er mit einem

Patienten, der nur in einer Privatsprache kommunizierte, die niemand verstand, stundenlang in einer isomorphen Privatsprache antwortete, bis der Patient wieder begann, „normal" zu sprechen, sind das imponierend kreative Interaktionsangebote. Viele TherapeutInnen nehmen solche Beispiele als Anstoß dafür, ähnlich clever und strategisch geschickt vorzugehen. Die komplexe Dynamik zwischen inhaltlicher Interventionsgestaltung und damit einhergehender Beziehungsgestaltung wird über der Faszination für Ericksons Techniken leider nicht selten unberücksichtigt gelassen.

So effektiv sie bei einem Therapiegenie wie Erickson gewesen sein mögen, solche Pacing-Techniken sollten bei psychotisch reagierenden IP nur mit größter Vorsicht angewandt werden. Wie gezeigt, haben die IP fast immer eine lange Geschichte mit verwirrender uneindeutiger Kommunikation hinter sich; diese hat den Glauben bei ihnen gestärkt, daß solche Interaktionen meist indirekten Unterwerfungsversuchen gleichkommen. Kommunizieren TherapeutInnen nun so, als ob sie auch an die psychotische Weltsicht glauben, nehmen ihnen dies die IP nicht ab. Denn die IP wissen auf einer dissoziierten Wahrnehmungsebene, was als Konsensusrealität gilt, und auch, was deren Repräsentanten (also z.B. die TherapeutInnen) über das psychotische Realitätsgebäude üblicherweise denken, nämlich, daß es eben nicht „wirklich" stimmt. Ihr Erleben während des psychotischen Prozesses weist für mich Ähnlichkeit mit der Funktionsweise des „hidden observers" (Hilgard u. Hilgard 1975) auf; Hilgard hat ja gezeigt, daß viele Personen in intensiver Trance zum Beispiel Schmerzen nicht mehr spüren, obwohl sie auf einer dissoziierten Wahrnehmungsebene weiter die schmerzerzeugenden Reize registrieren (der „hidden observer").

Psychotisch reagierende IP sind Spezialisten dafür, Unstimmigkeiten zu registrieren. Versuchen TherapeutInnen, einseitig Pacing für das psychotische System zu gestalten, werten dies die IP als unstimmig. Außerdem suggeriert ein solches Pacing, daß jeweils nur eine Weltsicht gelten könne, nun eben die psychotische, denn nur auf diese würden die TherapeutInnen ja bei solchem Pacing Bezug nehmen. Dies würde die ohnehin schon erhebliche Dissoziationsdynamik bei den IP noch verstärken. Die Angebote der TherapeutInnen sollten aber den Fokus der Wahrnehmung wieder darauf richten, daß die IP die Dissoziation aufheben können und ihre kritisch prüfenden kognitiven Konsensusrealitäts-Instanzen zu ihrer Primärprozessdynamik gleichrangig „dazuschalten". Hierfür eignet sich kaum etwas besser als völlige Aufrichtigkeit der TherapeutInnen. Sie sollten nicht so tun, als ob sie auch die psychotische Sicht teilen würden, sondern deutlich vermitteln, daß sie die Sicht der IP respektieren und gut nachvollziehen können, wie diese reagieren, wenn sie sich anteilnehmend in deren Weltsicht einstimmen, andererseits aber auch deutlich machen, daß sie selbst diese Sicht nicht teilen (falls dies so ist). Sinnvolles Pacing hier heißt also die Realität der IP akzeptieren und der Konsensusrealität gegenüberstellen, aber nicht mit der Haltung, die IP müßten sich dieser unterwerfen, sondern mit dem Angebot, ihr Weltmodell immer wieder mit anderen Modellen zu vergleichen und darauf zu prüfen, was ihnen wann letztlich als am meisten stimmig erscheint und zu welcher Sicht sie sich autonom entscheiden wollen. Wenn TherapeutInnen „clevere StrategInnen" sein wollen, um Erickson nachzueifern, werden sie von den darauf besonders spezialisierten IP nur als manipulativ erlebt; um ihre Autonomie zu wahren, werden sie dann eher uneindeutig gegenregulieren.

Bei Pacing-Strategien mit IP sollten TherapeutInnen weiter unbedingt berücksichtigen: Um stimmiges Pacing zu praktizieren, muß man sich dem entsprechenden Assoziationsgebäude sehr annähern. Dies bewirkt häufig, daß man sowohl psychische als auch somatische Prozesse erlebt, die denen der IP ähneln können. Eine psychotische Kommunikationsweise hat meist sehr hypnotisch absorbierende symbiotische Effekte, wenn man sich intensiv auf sie einläßt. Pacing sollte sich also nicht darauf beschränken, dem Weltmodell der IP gerecht zu werden, sondern sollte auch das Wohlergehen der TherapeutInnen mitberücksichtigen. Dies heißt hier, daß die TherapeutInnen viele Sicherheitsanker für sich beachten sollten, mit denen sie sich immer wieder in innere Balance bringen können und ihre Abgrenzungsbedürfnisse den IP gegenüber genauso wichtig nehmen wie die Empathie für diese. Sonst können sie selbst in einen Sog geraten, in dem ihre Orientierungskoordinaten zu verschwimmen beginnen.

5. Klärung des Therapiekontexts und der Rolle des Therapeuten und die Schöpfung eines kooperativen Kontexts

Psychotherapie mit psychotischen IP muß noch mehr als mit anderen Klienten sich selbst zum Gegenstand der Zusammenarbeit machen. Bearbeitet man die Beziehungsthemen des IP, spielt sich auch dies in einem Kontext ab, der den Verlauf dieser Bearbeitung entscheidend bestimmt. Wir können nie wissen, wie ein IP „wirklich" ist, sondern nur, wie er sich uns als Beteiligte in unserem gemeinsamen Kontext zeigt (Kybernetik 2. Ordnung, siehe z.B. Keeney 1983). Alle Interventionen können nur dann konstruktiv wirken, wenn der IP den Kontext, in dem sie gegeben werden, stimmig erlebt. Vor allen anderen therapeutischen Maßnahmen muß deshalb als erste Intervention der Therapiekontext stimmig gestaltet werden (und während der ganzen Therapie immer wieder neu auf Stimmigkeit geprüft werden).

Gehen wir von der Prämisse aus, daß auch bei psychotischen IP die Lösungsressourcen durchaus auffindbar, wenn auch bisher nicht ausreichend genutzt sind, wird Therapie in erster Linie zum Kontext, in dem der IP in der Kooperation Angebote erhält, die ihn ausreichend (intrinsisch) motivieren, seine Ressourcen zu nutzen. Deshalb ist die Klärung des Kontexts keineswegs nur die Vorbereitung für die „eigentliche" Therapie, sondern eine der wichtigsten Phasen in ihr überhaupt.

Der Kontext „Therapie" wird oft von IP und Angehörigen als gefährlich interpretiert (wenn auch nicht immer bewußt). Denn nach ihrem Verständnis geht es dort darum, herauszufinden, was die Ursache für die Psychose war, das heißt für sie, wer schuld war. Therapeuten werden metaphorisch also als „Detektive" erlebt, der Kontext „Therapie" meist als Tribunal. Solange diese Kontextbedeutung bleibt, wählen die Familien und die IP ihre bewährten Vernebelungsstrategien aus. Wer definiert sich schon gerne klar in einem Tribunal, wenn man selbst oder andere, für die man sich auch verantwortlich fühlt (auch wenn man sie als Täter sieht), am Ende als Schuldiger mit entsprechendem Urteil herauskommen könnte. Unklarheit ist hierfür die klarste und angemessenste Lösung.

Therapeuten haben also als erstes die zentrale Aufgabe, den Kontext mit den KlientInnen zusammen so zu gestalten, daß überprüfbar klar wird, daß die vermeintliche Bedrohung unbegründet ist und sogar eher Befreiendes aus einer Zusammenarbeit erwachsen könnte, eine Zusammenarbeit also sinnvoll sein kann.

Die Kooperation soll ja bestimmten Zielen dienen. Hier stellt sich die Frage, wer diese Ziele definieren sollte. Legt man eine Pathologieorientierung zugrunde, beantwortet sich die Frage quasi von selbst. Denn dort werden ja in der Pathologiedefinition implizit auch Maßstäbe für Nicht-Pathologie oder „Gesundheit" postuliert, und zwar mit der Hypothese, diese seien für alle Menschen gleichartig. Leider wird dabei meist viel Raum für die Definition der Pathologie (oder Abweichung), aber wenig Konkretes zu überprüfbaren Maßstäben für Gesundheit gesagt.

Da aber Allgemeingültigkeit postuliert wird für die Gesundheitsnormen, werden diese implizit zur Definitionsautorität der therapeutischen Ziele. Der Therapeut wird so indirekt zum Agenten der „Normalität". Da aber das psychotische Verhalten des IP unter anderem auch als Abgrenzungsgefecht gegen eben diese Normalität verstanden werden kann (s.o.), sollte der Therapeut versuchen, sich von dieser „Agentenrolle" zu befreien. Sonst reiht ihn der IP in die Garde derer ein, welche er als vermeintliche Bedroher seiner Position bekämpft. Therapie wird dann für ihn auch zur Bedrohung. Selbst wenn er sie sehr wünscht, birgt sie für ihn dann die Gefahr, daß Besserung einer Unterwerfung unter die Bekämpften gleichkommen könnte. Dann wird der IP aber seine bewährten Muster auswählen, das heißt Scheinkooperation und unterschwellige Gegenregulation über Symptome, psychotisches Kommunizieren etc.

Zudem schaffen in der Einzeltherapie die Beteiligten meist zunächst wieder einen symmetrischen Kampfkontext. Die Angehörigen definieren den IP als „verrückt" und die Therapie als den Ort, an dem er endlich wieder zurechtgerückt werden soll, und zwar meist nach ihren Vorstellungen entsprechenden Kriterien (sie verstehen sich als die Vertreter der „richtigen" Realitätssicht).

Beispiele 2 und 3:
„Herr Doktor, ich hoffe so sehr, daß sie meinen Jungen wieder gesund machen", äußerte sich entsprechend zum Beispiel eine Mutter. Ihre Haltung ist verständlich und anerkennenswert. Sie will sicher nur das sogenannte „Beste" für ihn. Der Junge aber (ein 30jähriger Mann) erlebt seine Mutter, bei der er noch wohnt und von der er sich sehr abhängig fühlt, als die eigentliche „Ursache" seiner Misere. Er bezeichnet sie als „Hexe" und wirft ihr vor, ihn sein ganzes Leben lang gegängelt zu haben und ihm seine Autonomie geraubt zu haben. Die Zusammenarbeit mit dem Therapeuten wird so zunächst für ihn zur Wiederholung seines Grunddilemmas. Einerseits will er etwas dabei für sich erreichen; da er ähnliche Vorstellungsnormen von „Gesundheit" wie die Mutter hat, erscheinen ihm

ähnliche Ziele wie ihre sinnvoll. Gleichzeitig aber sieht er in ihrer Verwirklichung den endgültigen Vollzug seiner Unterwerfung unter ihre Wünsche, was er mit allen Mitteln zu verhindern trachtet.

Eine 35jährige IP, die wegen eines „paranoiden Beziehungswahns" und anderer als paranoid-schizophren diagnostizierter Verhaltensweisen mehrfach in stationärer Behandlung war und nun noch bei ihren Eltern lebte, kam zur Einzeltherapie. Als die Gespräche zunächst keinerlei Fort- oder Rückschritt brachten, fragte ich sie differenziert nach den Bedeutungen und Erwartungen, die sie und ihre Familie mit den Gesprächen verbanden. Es zeigte sich, daß es zu Hause oft massive Konflikte zwischen den Eltern und ihr gab, wobei der Streit meist darum ging, wer von beiden Seiten denn nun „das Problem und verrückt" sei. Die Streitigkeiten endeten häufig mit der Bemerkung der Eltern, die IP solle mir endlich ausrichten, ich solle sie wieder zur Normalität (aus der Sicht der Eltern) führen. Sonst müßten die Eltern schließlich doch Konsequenzen ziehen und die IP zum Auszug auffordern. Die angekündigten Konsequenzen wurden also immer wieder auf die Zukunft, wenn ich es endlich mit der IP geschafft hätte, vertagt. So blieb der Interaktionsbeitrag zum Problemmuster der Etern immer wieder gleich. Die IP ihrerseits kam zu den Gesprächen mit der Erwartung, ich würde hier als Experte ihr das Zertifikat ausstellen, daß sie so, wie sie sich verhielt, ganz in Ordnung sei (also auch nichts zu verändern brauche), die Eltern aber das Problem seien.

Therapie kann unter solchen (sehr häufigen) Konditionen zum stabilisierenden Dreiecksfaktor (Triangulation) werden. Sie wird dann zum hypnotischen Faktor mit Suggestionen im Sinne von „wir selbst verändern nichts und schauen gebannt auf den Therapeuten, dessen Angebote wir aber sofort ausbremsen sollten, denn wer was verändert an seinem Beitrag, beweist damit, er sei das Problem gewesen ...". Für die Konflikte zu Hause bekommt die Idee der Therapie die wichtige Funktion eines Abbrechpunktes bei Eskalationen (im Sinne Batesons). Eine Änderung zuzulassen, auch wenn sie für sie selbst hilfreich wäre, erscheint der IP dann zu brisant, da sie damit öffentlich zugeben würde, sie sei das Problem gewesen, sonst hätte sie ja nichts zu verändern gehabt.

Sie wäre unter diesen Umständen erst motiviert, in der Therapie selbst etwas zu verändern, wenn sie sich vorher etwas unabhängiger von der Meinung ihrer Eltern gemacht hätte (dies wäre also das erste Ziel in einer Kooperation).

Häufig bringt Therapie aber auch andere Schwierigkeiten für die IP, gerade, wenn TherapeutInnen familientherapeutisch orientiert sind im klassischen Sinne (mit der Sicht, die Familie sei „Herd der Störung"). In der Therapie wird dann versucht, den IP aus seiner Familie abzulösen (da diese ja als „krankheitsfördernd" angesehen wird). Dies bringt die IP in massive Loyalitätskonflikte. Sie verbinden Ablösung außerdem zunächst mit enormem Erwartungsdruck auf sie, so, als ob sie dann „immer alles alleine machen" müßten. Sie steuern dann dagegen, indem sie Symptomeskalationen erzeugen (bis hin zu Klinikeinweisungen, die den Kontakt zum Therapeuten unterbrechen).

Prozesse der Bedeutungsgebung für den Therapiekontext, wie hier beschrieben, werden aber selten von den IP selbst spontan berichtet. Die IP scheinen meist davon auszugehen, daß der Therapeut ohnehin eher auf der Seite der „Normalen" steht und sie deshalb keine faire, neutrale Reaktion von ihm zu erwarten haben. Der Therapeut sollte deshalb aktiv und strukturiert von sich aus eine systematische Klärung des gemeinsamen Arbeitkontextes durch Fragen anbieten.

Sehr wichtig ist es, zu klären, wer die Idee für eine Psychotherapie hatte. Häufig sind es bei Psychoseproblemen nicht die IP selbst, sie werden eher geschickt. Die Einstellungen der Beteiligten (Familien, IP, aber vor allem auch Behandler) zur Frage, ob Psychotherapie bei Psychosen (noch dazu eine eventuell hypnotherapeutisch orientierte Arbeit) möglich und sinnvoll ist, sind ganz anders als bei Problemen, die in unserer traditionellen Psychotherapiekultur als neurotisch definiert werden.

Der IP sieht sich hierbei in einer ganz ähnlichen Situation wie bei den Konfliktkontexten zu Hause. Die Meinungen sind völlig widersprüchlich, ebenso die Empfehlungen. Viele IP berichten, daß besonders biologisch-psychiatrisch orientierte KollegInnen sie intensiv vor einer Psychotherapie gewarnt haben, zum Teil mit düsteren Prognosen; die Psychiaterin eines IP zum Beispiel: „Wenn Sie das tun, wird ihr schwaches Ich vollends zusammenbrechen; dort werden ja nur Konflikte aufgedeckt, die sie nicht verkraften werden und die dazu führen werden, daß sie in kurzer Zeit wieder Stimmen hören werden." Welche interessanten Formen von hypnotischen Suggestionen solche Kommentare enthalten, kann jeder hypnotherapeutisch Interessierte selbst eruieren.

Der IP erlebt sich dann aber wieder in einer Falle. Hat zum Beispiel ein gutmeinender Elternteil (oder Arzt, oder Bekannter) Psychotherapie empfohlen, der behandelnde Psychiater aber hat Bedenken, ängstigt dies den IP schnell; wie üblich entwirft er in seiner Phantasiewelt Schreckensszenarien, in denen er seine ihm wichtigen

Beziehungen abbrechen sieht etc. Besonders kompliziert erlebt er es meist dann, wenn ein Elternteil Psychotherapie gut findet, ein anderer aber nicht. Der Elternteil, welcher Psychotherapie ablehnt, versucht nicht selten, eine Koalition mit den pathologieorientierten Behandlern der Psychiatrie einzugehen. Erlaubt sich der IP dann eine effektive Kooperation in der Psychotherapie, rekonstelliert er seine altvertraute Zwickmühlensituation. Durch einen Erfolg, so seine Furcht, würde er ja jemand Wichtigen verprellen.

Es muß also eine Sicht entwickelt werden, die den IP ermutigt, seinen Erfolg unabhängiger von solchen Interpretationen zu sehen. Gelingt dies nicht, wird sich der IP klar ersichtliche (auch für ihn selbst) Erfolgsentwicklungen nicht erlauben.

Typische Fragen zur Kontextklärung sind zum Beispiel: „Wer ist auf die Idee einer Einzeltherapie hier gekommen?" Wenn dies nicht der IP selbst war: „Wenn ich Ihre Mutter (Vater etc.) fragen könnte, was würde sie gerne als Ergebnis der Therapie haben? Wenn Sie nach Hause kommen, woran würde Ihre Mutter ablesen, daß das von Ihr von der Therapie Gewünschte herausgekommen ist? Wie würde sie reagieren, wenn Sie sich so verhalten würden, wie sie es wünscht? Was spielt sich denn in Ihnen ab, wenn Sie daran denken, daß Ihre Mutter diese Erwartungen hat? Nehmen wir an, Sie würden nicht in die Therapie gehen. Wie würde Ihre Mutter (Vater etc.) dann reagieren? Welche Auswirkungen in den Beziehungen zu Hause hätte das? Was, denken Sie, sollte ich (der Therapeut) nach dem Wunsch der Mutter (etc.) tun? Nehmen wir an, ich würde mich so verhalten. Wie würde sich das auf unsere Zusammenarbeit auswirken? Was würde sich ergeben, wenn ich mich nicht so verhalten würde? ..."

Oft stimmen die vom IP angestrebten Ziele partiell mit den offiziell von den Eltern definierten überein. Dies erzeugt gerade Ambivalenz beim IP. Hier sind Fragen nach den Auswirkungen eines möglichen Therapiererfolgs wichtig, zum Beispiel:

„Wenn die von Ihnen angestrebten Ziele in unserer Zusammenarbeit erreicht wären, was würde Ihr Vater (etc.) dazu sagen? Wie wäre das für Sie? Was löst die Vorstellung in Ihnen aus, daß diese Menschen dann Genugtuung empfinden könnten?" Häufig phantasieren die Klienten aber eher, daß jemand sehr belastet durch die Zielverwirklichung wäre: „Was läuft in Ihnen ab, wenn Sie davon ausgehen, Ihr Erfolg hätte so problematische Auswirkungen? ..." Die Klärung solcher Dynamik bietet meist schon viele Chancen dafür, die

Symptomatik des Klienten zu rekontextualisieren. Meist reagiert er nämlich bei der Betrachtung solcher Fragen verwirrt, resignativ oder er zieht sich aus dem Kontakt zurück und antwortet vieldeutig. Kontextorientierte Unterschiedlichkeitsfragen bringen den IP oft schnell Informationen über ihre Gestaltungsmöglichkeiten und über Zusammenhänge, in denen die Symptomatik von ihnen aktiviert wird. Da die auftretende Verwirrung meist damit zusammenhängt, daß die IP eben nicht nur ihr eigenes Wohlergehen im Auge haben, sondern sich massiv Verantwortung für andere auferlegen, bietet sich an: „Wann reagieren Sie nach Ihrer Erfahrung mehr verwirrt –eher, wenn Sie viel Verantwortung für die Eltern übernehmen oder eher, wenn Sie sich erlauben, die Eltern als selbstverantwortliche, mit Ihnen gleichrangige Wesen zu behandeln? Wie müßten Sie an mögliche Entwicklungen in der Zukunft denken, wenn Sie sich sehr verwirren wollten und schließlich in Resignation und Angst landen wollten? Wäre es dafür wirksam, die Eltern als völlig auf Sie angewiesenes hilfloses Bündel anzusehen oder was eher?“ Die Klienten berichten dann oft schnell über ihre schweren Dilemmasituationen, daß sie sich völlig hin- und hergerissen erleben zwischen Wünschen nach Eigenständigkeit, aber auch Angst davor, dies selbst nicht zu schaffen, vor allem aber der Angst, daß sie verheerende Auswirkungen für andere auslösen könnten, wenn sie gut für sich sorgen würden.

Beispiel 4:
Ein IP berichtete zum Beispiel, er sei bei seiner Großmutter aufgewachsen, weil seine Eltern sich getrennt hatten und ihn dort untergebracht hatten. Er war der Großmutter sehr dankbar, war auch ihr Hauptgesprächspartner und „Seelentröster“, gerade dann, wenn sie wieder mit dem Großvater heftige Streitigkeiten hatte (was sehr häufig vorkam). Als der IP mit 20 Jahren begann, sich für Frauen zu interessieren, warnte ihn die Großmutter beschwörend davor; Frauen, insbesondere ja auch seine Mutter (ihre Tochter also) seien alle Flittchen, und es würde etwas Schreckliches passieren, wenn er sich doch mit ihnen einlassen würde. Er begann dennoch eine Freundschaft, nach ca. vier Wochen bekam die Großmutter massive Herzrhythmusstörungen und blutige Durchfälle; außerdem klagte sie über Lähmungserscheinungen. Als dann seine neue Freundin den IP unter Druck setzte, sich für sie zu entscheiden und mit ihr in eine andere Stadt zu ziehen, reagierte er psychotisch. Seine Zukunftsphantasien hinsichtlich eigener Erfolgsschritte waren so stark mit Schreckensvisionen verankert. Hätte der Therapeut einseitig das Ziel „Gesundung“ des IP im Auge, würde der IP die Therapie als Faktor interpretieren, der zur Ablösung von der Großmutter und damit zu deren Lebensbedrohung beitragen wolle.

Klärt man aber solche Zusammenhänge, kann schnell Anerkennung für die große Loyalität der Klienten entwickelt werden und die Symptomatik auch schon in einen positiveren Bezugsrahmen gesetzt werden (z.B.: nicht Krankheit, sondern anerkennenswerter Lösungsversuch, um loyal sein zu können).

In aller Regel wird dann deutlich, daß den Klienten nicht gedient wäre, wenn man den zunächst offiziell von ihnen definierten Auftrag zur Basis eines Kooperationskontrakts machen würde. Denn er stellt eben meist nur die einseitige Repräsentation einer Seite der Strebungen der Klienten dar. Die gegen Auflösung der Symptommuster gerichteten Strebungen erscheinen zunächst dissoziiert und werden im bewußten Denken von den Klienten nicht als wertvoll angesehen. Würde der Therapeut den Auftrag annehmen, nur auf das Ziel „persönliches Wohlergehen des IP" hinzuarbeiten, würde er den Kontakt zu den symptominduzierenden Kräften im IP schnell verlieren. In dieser Zusammenarbeit müssen also differenzierte Zielvisionen miteinander erarbeitet werden; diese sollten eher eine konstruktive Balance zwischen Selbständigkeitsstrebungen des IP und Strebungen nach loyaler Verwobenheit (auch Abhängigkeitswünschen) berücksichtigen. Auch die Katamnesen unserer systemischen Therapie mit Familien mit psychotischen IP zeigen, daß die IP eher schwierigere Verläufe zeigten, die schnell auf Unabhängigkeit hinstrebten, dies aber eher ein Überspringen der immer zu findenden Ambivalenz war; gelang es uns, eine ausgewogene Balance zwischen Ablösung und bleibender Bindung anzuregen, waren die langfristigen Ergebnisse sehr gut (Retzer 1991).

Auch die Ambivalenz oder das Mißtrauen dem Therapeuten gegenüber sollte dabei nicht problematisiert werden, sondern als sinnvolle Abgrenzungskompetenz der IP utilisiert und anerkannt werden. Sich in einer Therapie einzulassen und konstruktiv zu öffnen bedeutet für IP aus „psychotisch" kommunizierenden Systemen meist auch eine Art Tabubruch, da ja die familiären impliziten Regeln eher untersagten, nach außen in einen wichtigen Kontakt einzutreten.

6. Metaphorische Interventionen für die Kontextgestaltung

Bei der Klärung der Therapiesituation können indirekt-hypnotische Strategien sehr hilfreich sein. Da die IP ohnehin meist hervorragende Imaginationspotentiale aufweisen (in ihrer Symptomatik kommt die ja kräftig zum Ausdruck), bietet es sich an, dies zu nutzen (Utilisationsansatz).

Der psychotische Prozeß eines IP kann jeweils auch als Kommunikation verstanden werden, die viele metaphorische Elemente enthält. Ein entscheidender Unterschied zwischen einer „normalen" Kommunikation, die sich Metaphern bedient, und einer „psychotischen" ist hauptsächlich der, daß im „Normalfall" die Beteiligten sich darauf einigen, die Metaphern als „So-tun-als-ob"-Beschreibungen zu behandeln, die für etwas Anderes stehen. Auf einer Metaebene werden die Metaphern also relativiert und nicht als die eigentliche Bedeutung der Kommunikation qualifiziert. Hierdurch kann man sich in schützender Weise von ihr distanzieren. Im psychotischen Prozeß hingegen wird so getan, als ob die Metapher die eigentliche Wahrheit wäre, sie wird wortwörtlich als Realität genommen. Die Distanz zum Gehalt der Metapher (auch die Metaebene der Betrachter) wird aufgehoben, sie kann sich ganz unmittelbar und viel weniger gefiltert emotional auswirken. Die große Fähigkeit der Klienten zur metaphorischen Kommunikation kann nun für die Therapie gut genutzt werden, indem man sie zu metaphorischen Beschreibungen ihres Situationserlebens einlädt. Durch die Einigung darauf, daß dies eine sinnbildliche Beschreibung der Beteiligten ist, die miteinander „darüber" reden (nicht darin oder darunter), führt man automatisch eine Metaebene ein, die Distanz zum ängstigenden Erleben schaffen kann. Gleichzeitig können die Metaphern in ihrer Mehrdeutigkeit intensive Suchprozesse beim Klienten anregen (Erickson u. Rossi 1983, Zeig 1983, Lankton 1982, Rosen 1984). Besonders dann, wenn man die vielfältigen Implikationen einer Metapher hinsichtlich der in ihr enthaltenen Beziehungswechselwirkungen in ihren hypothetischen Variationsmöglichkeiten durchspielt.

Beispiel 5:
Ein IP, der sich mehrfach (mit dem Ergebnis von Klinikeinweisungen) als Jesus erlebte und sich so in Beziehungen präsentierte, zeigte sich im Erstinterview sehr ängstlich, sprang häufig vom Stuhl auf und sagte: „O Gott, ich glaube, es beginnt wieder." (Dies immer dann, wenn ich ihn nach wichtigen Beziehungszusammenhängen fragte). Er bat mich auch mehrfach, ihn unbedingt am Ende des Interviews in einer Klinik stationär unterzubringen.

Als er erwähnte, er habe das Empfinden, daß es überall an ihm zerre und er bald zerissen werde, lud ich ihn ein, seine momentane Situation metaphorisch zu beschreiben. Ich fragte ihn, wer oder was denn wo und wie an ihm zerre. Nach einigem Zögern beschrieb er, daß seine Frau ihn nach vorne, seine Mutter nach links, sein Vater nach rechts, die ihn behandelnde niedergelassene Psychiaterin in seinem Heimatort ihn nach hinten zerren würde. „Nach vorne" hieß in seinem Bild, seine Frau setzte ihn sehr unter Druck, wieder arbeiten zu gehen und „seinen Mann zu stehen", das heißt Verantwortung zu übernehmen und sich auch ihr gegenüber wieder selbstbewußt und durchsetzungsfähig zu zeigen. Die Therapie, so wurde dann deutlich, ging sehr auf die Initiative seiner Frau zurück. Aktiv in der Therapie an Zielen zu arbeiten, die zwar offiziell seine waren, vor allem aber von seiner Frau definiert waren, brachte ihn in eine Art „Sei-spontan"-Paradoxie; wäre er zum Beispiel dem Wunsch seiner Frau nachgekommen, sich gegen sie durchzusetzen, wäre er gerade dadurch ein besonders willfähriger „Junge" gewesen, der sich so gerade nicht gegen sie durchgesetzt hätte.

„Nach hinten" bedeutete, daß die Psychiaterin ihm gesagt hatte, er müsse noch monatelang krankgeschrieben bleiben, weil er noch zu geschwächt sei und sonst ein Rückfall zu erwarten sei. An beiden Seiten zogen die geschiedenen Eltern, jeder gab dabei dem anderen Mitschuld an der Psychose des IP, vor allem aber beschuldigten sie die Frau des IP (woran dieser nicht unbeteiligt war, denn bei der ersten Klinikeinweisung hatte er sie angerufen und erzählt, seine Frau sei eine Hexe und habe ihn auf betrügerische Art in die Klinik gebracht). Dann fragte ich ihn, wo denn ich in diesem Bild wäre, ob ich auch irgendwo ziehen würde.

Er berichtete, er sähe mich an der Seite seiner Frau nach vorne ziehen. Nach seinen Reaktionen auf dieses Gezerre befragt, schilderte er, er versuche verzweifelt, sich in keine Richtung zu bewegen, da sonst er zerissen oder jemand abgerissen werden und ins Leere fallen könnte. Als ich ihn fragte, was dann passieren würde, wenn er nun in eine Klinik eingewiesen würde und wie man dies sinnbildlich beschreiben könne, ging ein erleichtertes Aufatmen durch seinen Körper. Die Klinik visualisierte er „oben", eher über sich und den anderen. In seinem Bild zog und hob ihn die Klinik aus diesem Getöse auf eine ruhigere Lichtung. Wir tauften die Klinik daraufhin gemeinsam in „Naturschutzgebiet" um, allerdings eines mit einem Kreuz, nämlich dem der psychotischen Ängste und den von ihm sehr verabscheuten Neuroleptika. Deutlich wurde auch, daß er jeweils bisher versucht hatte, zum Preis des Bewegungsverlustsk, allen gerecht zu werden. Ich sagte ihm daraufhin, ich verstehe jetzt besser, weshalb ihm sein kluges Unbewußtes (therapeutische Verdinglichung) die Beschreibung „Jesus" geliefert hätte. Er habe sich ja oft wie Jesus verhalten und sich für andere aufgeopfert, mit einem Quasi-Kreuz als Ergebnis. Zunächst sah der Klient sich dieser Situation ganz ausgeliefert; er bemerkte, er wolle sich gar nicht mehr aufopfern, sehe aber keine andere Möglichkeit.

Um festgefahrene Sichtweisen zu flexibilisieren, bietet sich an, verschiedene hypothetische Alternativgestaltungen der metaphorischen Beschreibungen der Klienten gemeinsam zu entwickeln. Man erzählt quasi seine „Geschichte", die als Vorlage dient, mit unterschiedlichen weiteren Verläufen. Als Startvariation (nach der Problemmetapher) ist fast immer zu empfehlen, mit dem IP eine Vorstellung davon zu entwickeln, was seine Wunschlösung (im Bild der Metapher ausgedrückt) wäre. Je detaillierter diese Zielbeschreibung wieder ist, desto erlebnisnaher im Hier und Jetzt wird sie schon (indirekte Konversationstrance). Von diesem Lösungsszenarium als Orientierungspunkt aus können dann diverse Alternativen durchgespielt werden, die dem IP mehr Optionen anbieten können.

Als ich so mit dem IP verschiedene Alternativen auch meines Beitrags durchspielte, konnte er bald selbst direkt und deutlich formulieren, welche Haltung von mir für ihn die hilfreichste wäre. Er definierte klar, daß er es am besten brauchen könne, wenn ich behutsam und ohne Erwartungen an ihn ihm als klärender Begleiter fungieren würde, der ihm helfen würde, allmählich herauszuarbeiten, wie er sich aus seinen Fesseln lösen könnte, ohne die Bindungen ganz abzuschneiden.

7. Die Induktion des „Wunsch-Unbewußten"

Neben indirekten Angeboten können aber durchaus auch direkte Tranceinduktionen angeboten werden. Entscheidend dabei ist nur, daß sie nicht den Eindruck einer Fremdsteuerung erzeugen, wie dies bei klassischen Induktionen oft der Fall ist.

Die üblichen Ericksonschen Angebote im Sinne von „Vertraue Deinem gesunden, kreativen Unbewußten" etc. sind aber nicht von vornherein sinnvoll. Wenn jemand psychotisch reagiert hat und durch eine pathologieorientierte Sozialisation gegangen ist (Reaktion von Angehörigen, Psychiatrie etc.), hat er meist keine vertrauensvolle und stolze Beziehung zu seinem sogenannten „Unbewußten". Er orientiert sich entweder einseitig an seinem Primärprozeß und wertet dabei die Konsensusrealität ganz ab; dann wären Angebote wie „Vertraue Deinem Unbewußten" für ihn nur Aufmunterungen, sich noch mehr abzukoppeln vom sozialen Konsens. Oder er hat sich schon massiv dissoziiert und paßt sich auf bewußter Ebene authentisch der sozialen „Normalität" an (wobei vorbewußt seine psychotische, verrückte und verrückende „Seele" dagegen ankämpft). Dann wird der IP eine sehr schlechte offizielle Meinung über sein sogenanntes Unbewußtes haben und immer verkrampfter reagieren, je mehr er zu Vertrauen in diese für ihn gefährlich, dschungelartig anmutende Instanz eingeladen wird. Die Erfahrung eines „vertrauenswürdigen, hilfreichen Unbewußten" sollte also erst einmal rekonstruiert werden.

Sie stärkt das Vertrauen in die eigene Wahrnehmung sehr und ist damit eine zentrale Änderung des psychotischen Musters.

Sehr gute Erfahrungen haben wir mit folgendem Modell: Wir fragen in der beschriebenen indirekt-hypothetischen Art danach, ob der IP jemals Erfahrungen gemacht hat, die ihm deutlich bestätigten, daß er seinem Organismus (oder seiner „inneren Stimme" etc.) und seinem intuitiven Wissen mit Recht trauen konnte; ob er also erlebt hat, daß ihm die Achtung solcher organismischer Signale geholfen hat und sich sein damit vermitteltes intuitives Wissen als wichtige Hilfe für eine gute konstruktive Abstimmung mit der Konsensusrealität bewährt hat. Bisher konnte noch jeder IP entsprechende Erfahrungen berichten.

Um diesen Ressourcenbereich noch zu stärken, laden wir die IP ein, in der gemeinsamen Konversation zu imaginieren, wie sie sich ihre „Wunschintuition", ihr „Wunsch-Unbewußtes" oder die optimale „Teamarbeit" zwischen kognitiven und intuitiven Instanzen vorstellen. Diese Kreation einer imaginativen „Wirklichkeit" wird so detailliert als möglich auf allen denkbaren Erlebnisebenen und Submodalitäten durchgespielt.

Gleichzeitig machen die IP so wieder zunehmend mehr Erfahrungen, die ihr Vertrauen in ihre eigene Wahrnehmung stärkt; sie erfahren dabei auch, wie sie wertschätzenden Kontakt „nach innen" mit konstruktiver Beziehung „nach außen" verbinden können, ganz gelassen, locker und „wie von selbst". Die Abgrenzung über Psychose wird so indirekt durch konstruktivere Alternativen ersetzt.

Die Tranceinduktion kann vom IP als modellhafte Lernerfahrung für den Prozeß „bezogener Individuation" (Stierlin 1980) verwertet werden.

Die „innere Prüfinstanz" (andere häufige Metaphern: „innere Stimme", „innere Goldwaage" etc.) des IP wird so zum autonomen Quasi-Supervisor der Kooperation zwischen Klient und Therapeut. Abschweifen, Irritationen oder Verwirrung des IP, Angst etc. können jeweils codiert werden als Barometer für zu wenig Rapport und Pacing. Der IP kann so permanent überprüfen, daß er selbst den Prozeß der Kooperation weitgehend bestimmen kann. Der therapeutische Kontakt wird dadurch gefördert.

8. Rekontextualisierung des psychotischen Prozesses

Das psychotische Erleben wird von den IP und anderen meist so erlebt, als käme es wie von alleine, ohne sinnvolle Situationszusammenhänge. Die eigenen Beiträge dazu, die es erst konstituieren, aber auch die Interaktionsfaktoren, die den IP dazu einladen, erscheinen oft völlig dissoziiert. Solange noch keine Experteninstitution unseres Gesundheits- (oder besser Krankheits-) Systems eingeschaltet ist, pendeln sie meist zwischen Erklärungen im Sinne von Böswilligkeit und Krankheit hin und her, nach Einschaltung von Experten fixieren sie sich meist auf Krankheitsmodelle.

Psychotisches Verhalten kann quasi gleichbedeutend gesetzt werden damit, das situationsspezifische Reagieren aus seinem konkreten Kontext zu reißen, es zu dekontextualisieren oder in einen bizarr und für die Beziehungspartner irreal erscheinenden Kontext zu stellen.

Die traditionelle, an Psychopathologie orientierte psychiatrische Diagnostik verstärkt diesen Prozeß noch sehr. Viele meiner KlientInnen (oft mit langer Psychiatriekarriere) haben die diagnostischen Konstrukte der Psychiatrie schon übernommen und verwenden dafür fast immer Generalisierungen, zum Beispiel „Ich habe eine Psychose"; „Ich habe eine Schizophrenie, eine schizophrene Erkrankung", „Ich höre Stimmen" ...

Beschreibungen dieser Art weisen alle Merkmale auf, die im sogenannten Meta-Modell (Grinder/Bandler 1975) ausführlich beschrieben sind. Alle denkbaren Situationsunterschiede werden dabei eingeebnet, der Aspekt zeitlicher Entwicklung fällt ganz heraus, jeder Kontextbezug fehlt.

Solche Etikettierungen wirken wie massive problemhypnotische Induktionen. Implizit wird meist Unveränderbarkeit, Chronizität, Unfähigkeit, Stigma etc. durch sie suggeriert. Dadurch erscheint der psychotische Prozeß völlig verdinglicht, aus einem lebendigen, situationsbezogenen Gestaltungsprozeß wird quasi ein „Ding", eine eigenständige Wesenheit, genannt „Psychose". (Schmidt 1985, Simon 1990, Weber et al. 1987, Weber u. Simon 1988). Wird diese Wesenheit dann noch als Krankheit definiert, erscheint der IP noch mehr als Opfer, das Geschehen unveränderbar.

Eines der wesentlichsten Ziele systemischen Arbeitens ist es, den spezifischen Kontextbezug und den lebendigen Fluß interaktioneller Entwicklung wieder zu rekonstituieren. Systemisch gesehen bekommt jedes Phänomen seine Bedeutung und Wirkung jeweils immer erst durch seinem Kontextbezug. Die differenzierte Beschreibung von Unterschieden in Beziehungspositionen, Situationsgestaltungen, Koalitionspraktiken etc. gehört dementsprechend mit zu den Hauptaufgaben eines systemisch geführten Interviews, ebenso die Auflösung des „betonierten" Krankheits- und Defizitkonstrukts.

Im systemischen Verständnis werden sogenannte Charaktereigenschaften nicht als feste Strukturen und als Aussage über ein Individuum verstanden, sondern als Resultat eines hochkomplexen Interaktionsprozesses und als dabei entwickeltes soziales Realitätskonstrukt angesehen. Dies gilt auch für das Konstrukt „Psychose".

Der psychotische Prozeß muß deshalb wieder in seinen Situationszusammenhang gestellt werden, wobei besonders auf differenzierte Beschreibung von Unterschieden in Beziehungssituationen und damit einhergehende unterschiedliche Bewußtseins- und Verhaltensergebnisse Wert gelegt wird.

Herausgearbeitet werden soll, wie Situationen gestaltet werden, die mit dem Resultat „Psychose" einhergehen, aber auch, wie Situationen gestaltet werden, die mit „gesünderem" Ergebnis einhergehen. Je mehr solche unterschiedlichen Situationen deutlich werden und einem detaillierten Vergleich unterzogen werden können, desto stärker kann das quasi betonierte problemstärkende Suggestivsystem „Psychosekrankheit" aufgelöst werden und der Fokus auf hilfreiche Ressourcen gestärkt werden.

Eine differenzierte Rekontextualisierung kann als die wichtigste therapeutische Aufgabe in der Arbeit mit psychotischen IP angesehen werden. Gelingt sie, wird damit schon das wesentlichste problemstabilisierende Muster, eben die verwirrende, Beziehungsdefinitionen vermeidende Dekontextualisierung verändert; der therapeutische Erfolg steht und fällt mit ihr.

Für eine Rekontextualsierung werden viele zirkuläre Fragen gestellt, welche die Interaktionszusammenhänge beschreibbar machen (zum Konzept des zirkulären Fragens siehe z.B. Stierlin 1990, Schmidt 1989, Selvini et. al. 1980, Penn 1986, Tomm 1989).

Typische Fragen hierfür sind zum Beispiel: Wer definiert was, wann, auf welche Art als psychotisch? Wer sieht das anders? Wann, wo, wie, in wessen Beisein praktiziert der IP die sogenannte Psychose? Welche Auswirkungen hat dies auf die Beziehungen? Wer reagiert wie darauf? Gibt es Unterschiede dabei bei Beteiligten? Wie wirken diese sich auf die Beziehungen aus? Wer hat für das Verhalten des IP welche Erklärungen? Welche Maßnahmen? Unterschiede bei Beteiligten? Wie wirken die sich aus? Wer rückt wem näher, wer geht in Koalition mit wem, wer steht gegen wen, wenn „die Psychose" auftritt? Wann reagiert der IP mehr so, wann weniger? Wie lassen sich Unterschiede dabei erklären? Wie wirkt es sich unterschiedlich aus, wenn der IP mehr oder weniger oder gar nicht psychotisch reagiert? Verhindert sein psychotisches Verhalten bestimmte anstehende Entwicklungen, zum Beispiel Ablösung, Änderung alter Koalitionen, Auseinandersetzung anderer? Welche Reaktionen des IP und anderer begünstigt eher psychosefreies Verhalten? Welche Auswirkungen hätte es, wenn dies mehr beachtet und gelebt würde? In welchen Beziehungen würde die kontinuierliche Nutzung dieser günstigeren Interaktionen welche Veränderungen bringen? Was würde passieren, wenn das Verhalten des IP nicht mehr als Krankheit, sondern als selbstverantwortliches Verhalten angesehen würde? Wer müßte was tun, damit der IP wieder mit psychotischem Verhalten reagieren würde? Welche Lösungsversuche gab es bisher schon, welche davon haben welche Ergebnisse gebracht, für den IP, aber auch in seinem Beziehungssystem? etc. etc. etc.

Beispiel 6:
In der achten Sitzung mit ihm sprach ich mit dem IP (31) über seine hochsymmetrische Beziehung zu seiner Mutter. Bei ihr, sie war seit langem Witwe, lebte der IP. Er gab meist ihr alleine die Schuld an allen seinen Problemen, erlebte es aber als unmöglich, sich von ihr zu lösen. Seine Beschreibungen luden mich zu dem metaphorischen Vergleich ein, diese Beziehung komme mir vor wie die eines alten, hadernden Ehepaars. Der IP stimmte dem zu. Im weiteren Gesprächsverlauf äußerte er den dringenden Wunsch, nun endlich diese „Ehe" aufzulösen. Der IP traute seiner Mutter aber nicht zu, daß sie das verkraften würde; die Mutter aber, so berichtete er auf mein Fragen, betonte, sie sei jetzt in der Lage, die Ablösung des Sohnes gut zu verkraften, und sie wolle auch, daß sie endlich stattfinde.

Ich versuchte, ihn zu langsamen und behutsamen Schritten dabei zu bewegen (viele Erfahrungen mit verdeckter Ambivalenz im Gedächtnis). Er bekundete aber seine Entschlossenheit zum Vollzug der Ablösung.

Drei Tage darauf rief mich der IP überraschend an. Bis dahin war er in unseren Begegnungen immer völlig klar und „gesund" aufgetreten. Nun konfabulierte er in höchst bizarrer Weise und wirkte sehr psychotisch am Telefon. Schnell stellte ich für mich den Bezug zum Kontext unseres letzten Gesprächs her. Ich versuchte dementsprechend, sein jetziges psychotisches Verhalten zu kontextualisiern. Ich fragte ihn, wie es sich auswirken würde, wenn er seiner Mutter und seinem behandelnden Psychiater gegenüber so auftreten würde. Ob die sein Verhalten als wichtigen Entwicklungsschritt auf dem Weg der Verselbständigung oder eher als Zeichen von Krankheit werten würden? Der IP antwortete nach einigem Zögern, beide würden sagen, er sei wieder psychotisch. Der Psychiater würde versuchen, ihn wieder stationär einzuweisen. Nun fragte ich ihn, wie sich eine solche Einweisung denn auf das deklarierte Vorhaben der „Ehescheidung" von seiner Mutter auswirken würde; ob es diese beschleunigen oder verlangsamen würde? Der IP antwortete, nun wieder kognitiv sehr klar, aber widerwillig, es würde die Ablösung natürlich stoppen. Ich sagte ihm darauf, wenn er sich weiter psychotisch verhalten würde, würde ich dies als klare Entscheidung von ihm werten, die geplante Ablösung zu vertagen. Ich könne diese Entscheidung gut respektieren, würde es aber bedauern, daß er dafür einen Weg mit so hohem Preis auswählen würde. Für mich würde dies auch deutlich seinen Auftrag verändern. Sein jetziges Verhalten würde ich schon als Aufruf an mich werten, die Ablösung doch nicht zu forcieren, sondern langsam vorzugehen. Würde er gar in die Klinik gehen, hieße dies für mich auch, er wolle unsere Zusammenarbeit auf Sparflamme setzen. Darauf sprach der IP wieder sehr differenziert mit mir und meinte, wir sollten wohl doch noch einmal in Ruhe die Implikationen einer schnellen Ablösung bearbeiten.

Im weiteren Verlauf reagierte er wieder völlig orientiert; nur einmal, als er wieder seine eigene Ambivalenz überspungen hatte und mich verdächtigte, ich wolle ihn zu schnell in eine Berufsmaßnahme „schubsen" (was nicht meine Intention war), reagierte er wieder ähnlich. Auch dabei konnten wir dies als Feedback und Handlungsanweisung an den Therapeuten rekontextualisieren, worauf das psychotische Verhalten wieder verschwand.

Nutzt man das psychotische Verhalten auf diese Weise, kann es sogar ein wichtiges Potential für die Zusammenarbeit werden. Dem IP kann so außerdem klar werden, daß er mit seiner Psychose in Beziehungen interveniert; die damit erlebbare beziehungsgestaltende Kompetenz kann wieder sein Selbstbewußtsein stärken. Sehr deutlich kann ihm so auch immer wieder in Erinnerung gerufen werden, zu welchen Beziehungs-„Kosten" er sich entscheidet in unserer Gesellschaft, wenn er den psychotischen Lösungsversuch auswählt, jedenfalls so, daß er ihn quasi veröffentlicht.

9. Nutzung der Dissoziationsfähigkeit des IP

Der psychotische Prozeß weist ein hohes Maß an Dissoziation von den üblichen Konsensusrealitätsregeln auf. In keinem Fall habe ich es erlebt, daß ein IP auf Befragen nicht wußte, wie die üblichen Verhaltensregeln wären, deren Beachtung einen Menschen als „normal" ausweisen. In der psychotischen Phase dissoziiert der IP aber seine inneren Steuerungsinstanzen mehr oder weniger weitgehend von seinen eigenen Fähigkeiten, sich „regelkonform" zu verhalten und zu erleben. In der Ericksonschen Arbeit versucht man, die Dissoziationsfähigkeit zu utilisieren (siehe auch Kap. III.5). Gerade die im Symptomprozeß zu beobachtenden Prozesse und Organisationsstrukturen können besonders gut für Lösungen genutzt werden (Gilligan 1991). Erlebt zum Beispiel jemand visuelle Halluzinationen, wird er wahrscheinlich besonders leicht Suggestionen für visuelle Erlebnisse umsetzen können; hört jemand Stimmen, wird er gut in der Lage sein, auditive Induktionselemente nutzen zu können;weist der Symptomprozeß eines IP auf dissoziative Elemente hin, wird er gut auf das Angebot des Trancephänomens Dissoziation eingehen können (etc.) Die IP sind oft erstaunlich schnell bereit, in diesem Sinn zu kooperieren.

Für die therapeutischen Ziele muß diese Prozeßfähigkeit aber inhaltlich anders als im psychotischen Prozeß gestaltet werden.

Hierzu muß die obige Beschreibung noch ergänzt werden. Jedes Phänomen (wie z.B. Dissoziation) entwickelt sich im dialektischen Wechselspiel mit seinem Gegenpol. Im psychotischen Erleben wird nicht nur von den „Ich-Instanzen" dissoziiert, welche die kognitive und regelkonforme Verbindung zur sozialen Konsensuswelt erhalten. Zu dieser wird quasi eine kommunikative Grenze aufgebaut. Gleichzeitig wird massiv einseitig assoziiert, und zwar mit den primärprozeßhaften Erlebnisbereichen; zu ihnen wird eine intensive Durchlässigkeit erzeugt, die Filterfunktionen können so weit aufgehoben sein, daß der Primärprozeß als einzig „wirklich" gültige Wirklichkeit erlebt wird.

Therapeutisches Ziel sollte also sein, wieder zu unterstützen, daß der IP seine Dissoziationsfähigkeit nutzt, aber um sich vom psychotischen Erleben zu dissoziieren und um sich, wenn er das will, mit der Erlebnisweise der Konsensusrealität mehr zu assoziieren.

Neben der geschilderten Rekontextualisierung bieten sich für die direktere Arbeit mit dem psychotischen Prozeß noch andere Dissoziationstechniken an. Die verschiedenen Strategien haben alle das gleiche Grundziel, nämlich dem IP eine Position außerhalb des psychotischen Prozesses anzubieten.

Metaphorisch kann man die IP die psychotische Situation so beschreiben lassen, als ob sie einen Film (etc.) gedreht hätten oder einer Filmvorführung (oder einem Konzert etc.) beiwohnen würden, sich dabei aber allmählich in den Film oder auf die Bühne hineinbewegt hätten, dann aber vergessen hätten, daß dies eine solche Vorstellung ist und diese dann (quasi distanzlos) als einzig gültige Realität erleben. Die Klienten werden dann eingeladen, sich allmählich wieder von der Bühne weg oder aus dem Film (etc.) herauszubewegen, auf einen gut gesicherten, behaglichen „Logenplatz", von dem aus das Geschehen mit Interesse verfolgt werden kann, wenn gewünscht, aber eben in einer Position gebührender Distanz.

Da die IP meist schon viele Mißerfolgserfahrungen hinter sich haben, kann man zunächst selten direkt Rapport zu diesen Potentialen der Person herstellen. Die gewohnte Denkhaltung der IP repräsentiert meist Minderwertigkeitsansichten über sich selbst und den starken Glauben an die eigene Unfähigkeit zum erfolgreich steuerenden Umgang mit psychotischen Erlebnissen. Hilfe wird nur noch von außen phantasiert (z.B. Neuroleptika etc.). Auch dies verstärkt wieder den Glauben an die eigene Unfähigkeit. Die Instanz des sicher und klar beobachtenden „Ichs" (diese Bezeichnung ist natürlich eine Verdinglichung), welches distanziert mit dem psychotischen Material umgehen kann, muß also erst wieder in den Fokus der Aufmerksamkeit gerückt werden.

Der IP wird zunächst danach gefragt, ob er es als sinnvolles Ziel ansehen würde, wenn er aus einer solch sicheren Beobachter- und Handlungsposition heraus auf kritische Situationen reagieren würde. Die Zielbestimmung sollte unbedingt von ihm kommen (Autonomie des IP sollte immer gewürdigt werden).

Stimmt er zu (was bisher in meiner Arbeit immer der Fall war), können alle Erlebnisse, die Elemente dieses Zielbewußtseins enthalten, für eine fokussierende Befragung genutzt werden. Dies müssen nicht unbedingt direkte Erfahrungen in Beziehungen sein, hilfreich sind z.B. auch Erlebnisse, in denen der IP ein aufwühlendes Fernsehspiel oder einen Film gesehen hat, aber in relativ distanzierter Haltung.

Bewährt haben sich hypothetische Fragen danach, woran der IP merken würde, daß er sich klar und sicher und mit Überblick und Handlungsfähigkeit erleben würde, voll integriert in die soziale Konsensusrealität. Je konkreter solche Fragen angeboten werden, bis zu differenziertesten Details des Erlebens, desto schneller entwickelt der IP ein entsprechendes Erleben im Hier und Jetzt (Fragen als lösungsorientierte Einstreutechnik, Kap. III.2).

Bevor ich diese Fragen stelle, lade ich die IP dazu ein, sich in das Erlebnismuster der „Wunschtrance" zu begeben (siehe Kap. III.5), mit dem Vorschlag, sich ihre hilfreiche Intuition als Imaginationshilfe zu aktivieren.

Wesentlich ist auch, auf Situationen zu fokussieren, in denen sie schon relativierend und gut kompensierend mit psychotischen Erfahrungen umgehen konnten (solche lassen sich immer finden).

Imaginationen der hilfreichen Muster können also genutzt werden, um die Position des handlungsfähigen Beobachters, der den Überblick hat, zu etablieren. Hat der IP dieses Erleben entwickelt, schlage ich ihm vor, dies sicher zu verankern. Hilfreiche Anker sind oft einige wohltuend tiefe Atemzüge, einige absichtliche Blinzelbewegungen der Augenlider, eine selbst durchgeführte einfache Berührung oder eine typische unauffällige kleine Geste des IP (z.B. eine Körperhaltung, die symbolisch die Ressourcenposition ausdrückt), die wie eine rituelle Erinnerung wirkt.

Weiter lade ich ihn ein, eine Erfahrung zu entwickeln (Bild etc.), welche eine sichere Kooperationsverbindung mit mir enthält (z.B. eine Sicherheitsleine etc.). Dies gewährleistet, daß unser Kontakt auch in eventuellen kritischen Momenten tragfähig bleibt. Da die IP ja im Problemmuster oft dazu neigten, aus dem direkten Kontakt auszusteigen, ist dies einerseits schon eine hilfreiche Modellerfahrung dafür, im sozialen Kontakt in kritischen Momenten angekoppelt zu bleiben, außerdem stärkt es die Kooperation und macht auch den Therapeuten sicherer, daß er „am Ball" bleiben kann.

Der IP stellt sich dann vor, wie er sich in einer sicheren Distanz sitzen/stehen etc. sieht. Er imaginiert also, wie er sich selbst (z.B. wie in einem Film) beobachtet. Diese Imagination dient dazu, eine wirksame „Pufferzone" zwischen dem Beobachter und seinem beobachteten Gefühlsprozeß aufzubauen, damit ihn die Gefühlsprozesse nicht überfluten und zum vorherrschenden Erlebnis werden. (Dieses Verfahren bewährt sich ja auch bei anderen Problemstellungen, z.B. bei der Revision kindlicher Traumata oder bei Therapie von Mißbrauchserfahrungen).

Berichtet der IP, daß er sich „da drüben" so wahrnehmen kann und dabei noch kongruent seine sichere Beobachterposition hält, schlage ich ihm vor, sich nach und nach verschiedene Szenen anzuschauen, in denen er psychotisch reagiert hat.

Dabei kann es sinnvoll sein, die damit einhergehenden Situationszusammenhänge anzuschauen; dies immer dann, wenn man die Kontextbezogenheit und Sinnhaftigkeit der Symptomatik erfahrbar machen will und daraus Suchprozesse ableiten will, wie man in ähnlichen Situationen ähnlich wirksam kommunizieren könnte, aber ohne Symptomatik und Etikettierung (Visualisierung der äußeren Systemmuster).

Meist erweist es sich aber auch als wesentlich, die internale Dynamik zu beleuchten. So wird die Verfügbarkeit eigener Möglichkeiten zum Umgang mit der Psychose erlebbar.

Der IP sieht sich dann selbst, wie er in das psychotische Erleben „eintaucht" und was er im Einzelnen tut, so daß dies weitergeht.

Um dies plastischer zu machen, kann der IP eingeladen werden, die psychotischen Erlebnisinhalte auch in dem Bild zu imaginieren (z.B. Stimmen oder andere halluzinatorische Qualitäten szenisch im Bild darzustellen). Ein IP zum Beispiel visualisierte sich und dann Pfeile, die auf ihn in dem Bild zuflogen und ihn durchbohrten.

Je nachdem, wie massiv die Erlebnisse sind, sollte immer wieder Zwischenfeedback darüber eingeholt werden, ob der IP die Szene noch in seiner sicheren Beobachterposition erlebt oder sich ins Bild hineinziehen läßt. Gibt es dafür Anzeichen, schlage ich sofort vor, daß wir das Bild ausschalten, besser aber noch, daß wir es so weit wegschieben, verdunkeln, verkleinern, den Ton ausschalten etc. (Arbeit mit Submodalitäten, siehe z.B. Bandler 1988), bis es wieder in sicherem Abstand ist und der IP die klare, sichere Metaposition wieder einnimmt.

Meist gelingt dies recht leicht. Zeigen sich Schwierigkeiten, ermöglicht der Kontakt zum Kooperationsanker zwischen Klient und Therapeut wieder den konstruktiven Schwenk.

Die beschriebene Abweichung von der Beobachterposition stellt kein Problem dar, sondern bietet viele Chancen. Denn wenn es gelingt, die erlebte Bedrohlichkeit des Bildes wieder durch Änderung der Submodalitäten umzugestalten und zu einer sicheren Beobachterhaltung zurückzukehren, hat man schon genau das Muster erprobt, welches für den Ausstieg aus der Psychose hilfreich ist.

Wenn der IP eine erlebnisnahe „Psychose-Szene" in der sicheren Distanz visualisieren konnte, schlage ich ihm vor, zunächst einmal dieses „Video" (Bühnenszene etc.) anzuhalten, den Beobachter davon wegrücken zu lassen und mit mir über die Szene zu sprechen. Dieser Schritt kommt einer fraktionierten Induktion im Sinne von O.Vogt gleich.

Wir überlegen dann, wie ein handlungsfähiger, kreativer Regisseur und Autor nun diese Szene weiter-„schreiben" und inszenieren könnte, so daß die nächsten Szenen zeigen, wie der Betroffene in der Szene mit diesem psychotischen Prozeß anders umgehen könnte. Diesen Regisseur (meist das gleiche Erlebnismuster wie der klar gestaltungsfähige Beobachter) imaginiert der IP dann als nächstes, so konkret als möglich. Zeigt der IP, daß er sich diese Gestalt stimmig vorstellen kann, platziert er sie an einem stimmigen Platz im Bild von vorhin. Dann imaginiert der IP wieder in seiner sicheren Beobachterhaltung die psychotische Szene, wobei dieses Mal der „Regisseur" dem IP „dort" hilfreiche Anweisungen gibt, wie man mit dem bedrohlichen Geschehen umgehen könnte; hierbei steht der Regisseur quasi in „Funkverbindung" mit uns „hier", der IP (Beobachter) und ich sind die „Supervisoren" des Regisseurs und des (noch) leidenden IP „dort". Wir transzendieren den Problemfilm also in einen Lösungsfilm.

Meist gelingt es erstaunlich schnell, daß der (Beobachter-)IP berichtet, wie sich eine neue konstruktivere Lösung entwickelt.

Ist diese einigermaßen stabil etabliert, schlage ich dem IP vor, daß er mehrfach als Beobachter in das Bild „einsteigt" und nach kurzer Zeit wieder auf seine Beobachterposition zurückkehrt (indirektes Proben des Ausstiegs aus dem Problemmuster). Auch bei diesem Prozeß installieren wir wieder Erinnerungsanker und Unterbrecher des Problemmusters, wie zum Beispiel eine kleine symbolische Geste für den konstruktiven Ausstieg oder einen angenehmen Summton dafür etc.

Die katamnestischen Befragungen ergeben meist, daß der IP in relativ kurzer Zeit akute psychotische Episoden, auf die er vorher panisch reagiert hat, nun nach kurzer Irritation selbst recht gut bewältigen kann. Jeder selbstgestaltete „Ausstieg" aber verstärkt sein Wissen um seine Kompetenz und verbessert damit sein Selbstbild; dies wieder hat generalisierende Wirkungen auf viele Lebensbereiche.

Beispiel 7:
(Illustriert weitere typische Schritte; dargestellt wird der zusammengefaßte Ablauf über mehrere Sitzungen)
Ein 30jähriger IP berichtet, er habe schon als Kind oft alptraumartige Erlebnisse (auch während des Tages) gehabt, welche ihm fürchterliche Angst gemacht haben. Seit seinem 19. Lebensjahr habe sich dies massiv verstärkt (neben diversen

anderen Halluzinationen), und er sei dabei oft so panisch und verwirrt geworden, daß er mehrfach annähernd oder völlig kataton in die Klinik gekommen sei. Die Erlebnisse waren immer wieder ähnlich: Er glaubte, an einer Stelle in einem engen Raum zu sein, von der er sich nicht wegbewegen konnte, da eine sehr große Eisenkugel über ihn hin- und herpendelte. Diese Kugel hatte Ähnlichkeit mit den schweren massiv eisernen Abbruchs- „Birnen", mit denen alte Häuser demoliert und abgetragen werden.

Er erlebte diese Kugel, welche an einer Eisenkette festgemacht war (wobei er nicht sagen konnte, woran sie festgemacht war), so, als ob sie real über ihm hin- und herschwingen würde. Er entwickelte bei diesem Erleben extreme Angst davor, zerschmettert zu werden. Wenn er versuchte, sich wegzubewegen, zum Beispiel an eine Ecke oder ganz an einer Wand entlang, erlebte er oft noch dazu, daß die Wände um so enger wurden, so, als ob sie sich zusammenschoben. Einen Ausgang konnte er nirgens entdecken. Die einzige Chance, die er in diesem Erlebniszustand noch sah, war es, völlig still und so flach als möglich am Boden zusammengekauert zu verharren, in der Hoffnung, daß die Kugel gerade noch hauchdünn über ihm vorbeischweben würde. Als ich ihn fragte, warum er denn zum Beispiel nicht aus dem bedrohlichen Feld wegrücken würde, berichtete er, daß um ihn überall Dunkelheit sei und er das als sehr engen Raum erlebe, ohne Ausweg.

Zunächst kooperierten wir wie beschrieben (Aufbau der Beobachter-Position, Etablierung von „Sicherheitsleinen", Variationen der Distanz zum Problem-„Film" bis zu sicherem Abstand. Dann lud ich ihn ein, den bisherigen Bildablauf zu verändern.

Ich schlug ihm vor, auszutesten, ob denn der unter der Kugel Liegende nicht wenigstens ans Ende der Amplitude der Kugel robben könnte. Er war über diese (für mich naheliegende) Frage sehr verblüfft. Er war selbst noch nie auf diese Idee gekommen.

Dies zeigte für mich kein geistiges Unvermögen, sonder wies mich darauf hin, daß er sich im Bild in eine Altersstufe hineinbewegt hatte, in der ihm dieser differenzierende Blick auf die Situation noch nicht zur Verfügung stand. Ich bat ihn deshalb, zunächst wieder aus dem Bild auszusteigen. Wir besprachen gemeinsam, wie alt sich diese Person „da drüben" fühlen würde. Er sagte, die fühle sich wie circa 5 Jahre, dabei völlig alleine und verzweifelt. Die Schilderung dieses Erlebens war für uns beide sehr bewegend; es wurde deutlich, daß der IP bisher in seiner Verzweiflung meist nur mit Angst und schließlich mit mörderischem Selbsthaß reagiert hatte, da er sich vorwarf, solche Gefühle zu haben. Ich fragte ihn, was ein solch verzweifelter kleiner Junge denn brauche; ob es ihm denn helfe, wenn er noch beschimpft würde? Wie alle IP, die ich kenne, wußte er sehr genau, was der kleine Junge brauchen würde; er hatte sich schließlich jahrzehntelang danach gesehnt. Er berichtete an dieser Stelle auch, er sehe sich jetzt als kleinen Jungen. Bisher hatte er in dem psychotischen Bild nie sich selbst gesehen, sondern war immer ganz fixiert auf das bedrohliche Pendel.

(Solche Wahrnehmungsprozesse, in denen ein IP den Kontakt zur Selbstwahrnehmung fast aufgibt und völlig außenfixiert wird, lassen sich bei psychotischen IP oft finden).

Nun lud ich ihn ein, sich erst einmal eine Situation vorzustellen, in der der verzweifelte kleine Junge Besuch von seinem erwachsenen „Beobachter" bekam. Ich bat ihn, auszuprobieren, wie es für den kleinen Jungen wäre, wenn der „Beobachter" (also der IP in seiner Erwachsenenkompetenz) tröstend, liebevoll und schützend mit dem kleinen Jungen umgehen würde. Nach anfänglichem Zögern begann der IP, ein Bild zu imaginieren, in dem der „Beobachter" den kleinen Jungen streichelte und tröstete. Der IP begann zu weinen, und in einer recht langen Phase der Sitzung lebte der IP diese tröstende Begegnung aus. Der IP berichtete dann, daß ihm klar geworden sei, daß er sich nach solcher Unterstützung schon als Kind immer sehr gesehnt hatte, dies aber nie bekommen habe.

Nach dieser tröstenden „Begegnung mit sich selbst" war der Kontakt dichter, klarer.

Ich schlug ihm vor, seinen „erwachsenen Helfer" mit in das Bild hineinzunehmen, damit er zum Beispiel vielleicht das bedrohliche Pendel anhalten könnte. Gequält berichtete sein „Beobachter" aber, daß dies nicht gehe, da der Raum, in dem der vom Pendel bedrohte „Kleine" verharre, wie eine ganz enge Zelle mit dunklen Wänden sei, da passe nichts mehr hinein.

Berichte wie diesen höre ich von IP relatv häufig, wenn man nur in ihrem vorgegebenen Bild bleibt. Zunächst ist es sinnvoll, zu versuchen, Veränderungen im ursprünglichen Bild selbst anzuregen. Diese Bilder sind aber Wahrnehmungskonstrukte der IP aus ihrer Position im problemhypnotischen Feld , in dem ihr Blickfeld eingeengt ist (Tunnelvision). So ist es nicht verwunderlich, daß Elemente des Problembilds, die ihnen besonders bedrohlich und unveränderbar erschienen (und damit zu ihrem Opfererleben beitrugen) auch nach Einladungen des Therapeuten zunächst weiter unbeeinflußbar erscheinen.

Da die „Horrorfilme" des IP nicht generell auftraten, sondern situationsspezifisch (dies ist immer so), empfahl sich eine Rekontextualisierung.

Als Beitrag dazu lud ich den IP also ein, mit mir quasi „über das Kuckucksnest zu fliegen", das heißt, sein Beobachter-Ich und ich schauten uns die bedrohliche Szene von oben an, so, als ob wir die Szene aus der Vogelperspektive betrachten würden (Metaebene). Hierbei lud ich ihn ein, einmal zu schauen, was oder wer die Wände des engen, dunklen Raumes, in dem der bedrohte IP mit dem Pendel kämpfte, so eng und stabil machte. Nach längerem Suchen berichtete er, er sehe seine Mutter, seinen Vater und die Großeltern jeweils an einer Wandseite von außen schieben. Je mehr einer von ihnen schob, desto mehr schoben die anderen dagegen, was aber den IP jeweils immer mehr einengte.

Ich schlug ihm vor, auch zu beleuchten, wie denn das bedrohliche Pendel zum Schwingen komme, von wem oder was es bewegt wurde. Auch hierbei dauerte es einige Zeit, bis der IP berichtete, er sehe zwar nicht, wer das sei, aber er höre immer wieder die Stimme des „Pendelschwingers". Diese sage immer „Du bist schuld, du bist schuld, du hast versagt, bald ist es aus ..." und ähnliches. Ich lud ihn ein, eine Gestalt, die noch am ehesten dazu passen würde, zu entwerfen. Er schilderte einen unglaublich wütenden älteren Mann mit ganz zornverzerrtem Gesicht.

Hierauf schlug ich vor, wieder aus dem Bild herauszugehen und in einer wieder mehr kognitiv orientierten Besprechung dieser Interaktionen deren Dynamik zu beleuchten (kognitive Metareflektion als fraktioniertes Modell für Ausstieg aus dem Problemmuster).

Es zeigte sich, daß dieses Bild das Muster des hochsymmetrischen Kampfes miteinander wiederspiegelte. Schon seit er denken konnte, so berichtete er, seien seine Eltern meist miteinander im Clinch gelegen, hätten auch oft über Trennung geredet, dies aber nie vollzogen. Bei diesen Streitigkeiten mischten sich auch die Großeltern (Mutter des Vaters und Vater der Mutter) oft ein, wodurch die wechselseitigen Abwertungen noch heftiger wurden. Nun wurde auch deutlich, daß der IP bevorzugt dann seine psychotischen Muster entwickelte, wenn die Eltern und Großeltern in symmetrische Kämpfe miteinander gingen.

Der Therapeut sollte dabei auch den eigenen Beitrag des IP sehr in den Fokus rücken. Hier zeigte es sich, daß der IP immer dann in die furchtbare Situation geriet, welche das Bild mit dem Pendel ausdrückte, wenn er sich selbst auferlegte, er müsse die Probleme lösen, welche die Eltern und Großeltern untereinander hatten. Schon als kleiner Junge glaubte der IP, wenn er nicht aufpassen würde, würde die Ehe der Eltern zerbrechen. Die psychotische Situation entwickelte sich immer dann, wenn er sich innerlich suggerierte, er sei schuld an der Misere der Familie und alles würde zusammenbrechen, wenn er nicht sein Leben dafür zur Verfügung stellen würde. Er merkte also in unserem Gespräch, daß er selbst der war, der das Pendel bewegte und sich die orakelartigen Schuldzuweisungen gab.

Mittels zirkulärer Fragen lud ich dann den IP zum Vergleich von Situationen ein, in denen der IP auf Eskalationen psychotisch reagierte, und solchen, in denen er sich ausnahmsweise aus dem Geschehen heraushielt. Dieser Vergleich ergab, daß die Eltern und Großeltern auch selbst zur konstruktiven Regulation in der Lage waren, wenn niemand für sie einsprang (ressourcenorientierter Problem-/Lösungsvergleich).

Es wurde also klar, daß sein psychotischer Lösungsversuch eine konstruktive Lösung ohne Psychose eher verhinderte.

Im weiteren Verlauf bearbeiteten wir seine Ambivalenz der Möglichkeit gegenüber, seine psychotische Position aufzugeben. Mit ihr verband er nämlich (wie viele IP) die Hoffnung, seine verdiente Anerkennung durch Eltern und Großeltern doch noch zu erzwingen. Als er sich von dieser Hoffnung mehr löste, kam er in Kontakt mit enormer Wut gegen Eltern und Großeltern. Metaphorische Interventionen (z.B. Dampfkochtopf als Beispiel für konstruktiven Umgang mit starken Energien etc.) unterstützten ihn bei der Entwicklung differenzierten Umgangs mit seiner Wut. Die Erfahrungen in unserer Kooperation halfen ihm auch dabei, mit seinen anderen halluzinatorischen Erfahrungen eigenständig erfolgreich umzugehen.

Eine sehr hilfreiche Dissoziationsmethode, die gleichzeitig eine konstruktive systemische Organisation anregt, besteht darin, die widersprüchlichen Strebungen des IP als innere „Teilpersönlichkeiten" zu imaginieren. Auch im Reframing-Modell des NLP oder in der Gestalttherapie symbolisiert man einzelne Strebungen als sogenannte Anteile. Versucht man mit psychotischen IP so zu arbeiten, daß man einen symptominduzierenden Teil im Sinne des Reframing-Modells für seine gute Absicht anerkennen will, löst dies oft sehr symmetrische Abwertungskämpfe der verschiedenen „Seelen" in der Brust des IP aus. Diese Dynamik ist vergleichbar damit, daß ein Therapeut in einer Familientherapie einseitig Partei für eine Seite ergreift. Im internalen System des IP kämpfen ja mehrere widersprüchliche Seiten miteinander; wird eine anerkannt, reagiert der IP so, als ob gegen seine anderen Seiten koaliert worden wäre.

Systemisch gesehen besteht das Hauptproblem des IP nicht darin, so unterschiedliche Strebungen zu haben, sondern in dem gnadenlosen symmetrischen Kampf der unterschiedlichen Seiten gegeneinander. Gelingt es, den IP anzuregen, daß er mit seinen kontroversen Strebungen konstruktiver umgehen kann, wird aus den Widersprüchlichkeiten sogar eine Bereicherung. Eine ausführliche Beschäftigung mit den verschiedenen Anteilen in der Art des Reframing-Modells wird auch so komplex, daß der IP nur noch verwirrter würde (zum Reframing-Konzept siehe z.B. Bandler, Grinder 1983).

Angeregt durch V. Satirs Idee der „parts party" habe ich ein Modell entwickelt, um mit der „inneren Familie" des IP eine konstruktive Konferenz zu führen. Die diversen widersprüchlichen Anteile werden symbolisiert als kontroverse Fraktionen eines „inneren Parlaments" oder einer „inneren Familie". Dann lade ich die IP ein, verschiedene Stile des Umgangs der Anteile miteinander zu vergleichen. Es zeigt sich meist schnell, daß die psychotische Symptomatik dann auftritt, wenn die Anteile immer schneller und härter miteinander kämpfen und dabei jeweils versuchen, einseitig die Macht zu bekommen, das heißt, als einzig gültige Sicht vom IP behandelt zu werden. Gelingt eine Konferenz mit mehr Koexistenzdynamik der Anteile, erweist sich dies als hilfreich.

Fast immer kämpfen die Anteile miteinander, wenn das „Ich" des IP sich einseitig mit einem von ihnen verbündet oder wechselnde Koalitionen eingeht oder wenn ihr „Ich" sich ganz überfluten läßt von den einzelnen Anteilen.

In der metaphorischen Beleuchtung der Dynamik schlage ich den IP dann vor, eine Konferenz zu imaginieren, in denen sie sich darauf konzentrieren, daß die Konferenz der Anteile geleitet wird von einem klar strukturierenden Konferenzleiter, der fair dafür sorgt, daß jede Fraktion gehört wird, aber auch (wie z.B. ein richtlinienkompetenter Bundeskanzler) entscheiden kann, wenn Dissens auftritt. Die IP werden eingeladen, die Konferenz so zu imaginieren, daß sie selbst jeweils der Leiter (z.B. auch Dirigent o.ä.) sind, die diversen Anteile dann so plazieren, daß eine übersichtliche Konferenzleitung möglich ist (vorher erleben die IP oft Anteile als von hinten an ihnen zerrend, sie würgend etc., also schlechte Voraussetzungen für eine gute Konferenzleitung).

Dadurch, daß sie die Anteile in gebührendem Abstand von sich positionieren, erleben sie oft sehr schnell Entlastung und Klarheit. Ihre kognitiven Ich-Instanzen werden zudem stark durch die Funktionssuggestionen für den Konferenzleiter unterstützt (Schmidt 1992)

10. Die Psychose als Familienmitglied

Eine therapeutisch hilfreiche Rekontextualisierung und ressourcenfördernde Dissoziation kann auch metaphorisch genutzt werden. Dies stellt eine für die KlientInnen, aber auch die TherapeutInnen besonders schöne, spielerische und humorvolle Möglichkeit hilfreicher Zusammenarbeit dar.

Analysiert man die Beschreibungen der IP, aber auch die ihrer Beziehungspartner, so fällt auf, daß das psychotische Verhalten meist wie eine eigenständige Wesenheit beschrieben wird: „Meine Tochter ist so ein lieber Mensch, aber wenn die Psychose kommt ..."

Das psychotische Verhalten wird nicht der Person IP selbst direkt zugeschrieben, sondern eher einer fremden Kraft, eben der Krankheit Psychose. Manchmal wird sie charakterisiert, als handele es sich um einen Dämon oder ähnliches. Sie wirkt sich sehr konkret aus, genau so, als ob ein zusätzliches menschliches Mitglied in das System eintreten würde. Dabei erleben die Beteiligten dieses neue Mitglied häufig als stärker als alle anderen zusammen, als fürchterlichen Tyrannen. Der IP selbst erlebt die Beziehung zu diesem „Tyrannen" meist als sehr ambivalent. Einerseits leidet er unter ihm, er fühlt sich von ihm vielleicht sogar völlig beherrscht. Andererseits teilt dieser Beziehungspartner „Psychose" zum Teil sehr aggressiv an die anderen im System aus, mit denen der IP in heftigem Clinch liegt und gegen die er auch oft massive Wut empfindet. Im Moment des psychotischen Erlebens aber erscheint ihnen diese Wesenheit meist als ihnen gegenüber übermächtig, sie fühlen sich von ihr überflutet, nicht sie (ihr Ich) bestimmt dann ihr Leben, sondern die fremde Macht „Psychose". Hilfreich ist entsprechend, wenn das Erleben wieder gestärkt werden kann, daß die Beziehung zur Psychose, auch die

Distanz zu ihr, beeinflußbar ist und damit auch ihre Wirkkraft verändert werden kann.

Mit folgendem Vorgehen konnten wir sehr hilfreiche Entwicklungen bei den IP anregen:

Die Psychose wird, unter Beachtung der verschieden Submodalitäten, detailliert beschrieben, als ob es sich tatsächlich um ein Wesen handelte. Die Patienten wählen dafür unterschiedliche Gestalten aus, manche beschreiben sie als Mensch, viele eher als Fabelwesen, Tiere, Monster, Drachen etc.

Dann malen wir genau aus, wie das Auftreten dieses Wesens die Beziehungen (auch die des IP zu sich selbst) verändert. Dabei kann lokalisiert werden, neben wem, zwischen wem etc. die Psychose ihren Platz einnimmt und welche Auswirkungen dies hat. Wichtig dabei ist es, auch die Reaktionen der anderen (und des IP) diesem Wesen gegenüber zu beschreiben. Denn dadurch wird oft viel schneller als im rational orientierten Gespräch klar, welche Reaktionen gerade dazu beitragen, daß die Psychose überhaupt an Wirkkraft gewinnt. Wenn zum Beispiel ein IP merkt, die Psychose gewinnt dadurch die Überhand, daß er sich immer mehr zusammenkauert, wenn er sie wahrnimmt, und daß sie ohnehin viel eher kommt, wenn er sich anderen gegenüber vorher schon sehr klein gemacht hat, dann gibt ihm dies oft schon alleine viele Anregungen, was er tun kann, um sie zu vermeiden. Oder: Wenn er merkt, daß das „Psychosewesen" gerade dadurch so stark wird, daß er es immer wieder hinter sich stehen läßt und es schließlich auf seinen Rücken hüpft und ihn hetzt, kann er schnell erleben, welche erstaunliche Änderung es bringt, dieses Wesen vor sich hinzusetzen und dabei auch noch die Distanz zu ihm zu vergrößern (Arbeit mit Submodalitäten). Wenn ich dann noch dazu einlade, daß er das Wesen die gleichen Sätze, die es bisher (als Stimmen, die er hörte) in für ihn sehr ängstigender Weise zu ihm sagte, nun einmal singen läßt, womöglich noch mit vertrauten, komischen Weisen, überzeugt die sofort erlebte Veränderung den IP viel mehr von seinen eigenständigen Gestaltungsmöglichkeiten als viele kognitiv orientierte Gespräche.

Dieses metaphorische Vorgehen bietet noch weitere Vorteile. Häufig versuchen wir ja, als wichtige Musteränderung, die Bedeutung der Symptomatik umzugestalten, zum Beispiel im Sinne von positiven Konnotationen (ähnliches geschieht im Reframing-Konzept, siehe Grinder u. Bandler 1983). Viele Klienten akzeptieren aber dieses Angebot nicht. Sie bleiben dabei, daß die Psychose nur schlimm und eine Krankheit sei. Dies ist besonders dann der Fall, wenn ein IP aus einer Umdeutung schließen würde, er sei „schuld" an der Psychose und an ihren leidvollen Auswirkungen, oder wenn er lange sehr unter ihr gelitten hat und dieses Leid noch sehr akut ist.

Bliebe der Therapeut dann bei seinen Reframing-Ideen, würde er nur die Beziehung zu den Klienten gefährden, niemand wäre damit gedient. Beschreiben wir die Psychose nun metaphorisch, können wir dabei auch die Krankheitsdefinition akzeptieren und gleichzeitig utilisieren. Bewährt hat sich das Bild, daß diese fürchterliche Krankheit dann zwar ohne Zutun des IP kommt, mit ihrem Kommen aber Einladungen und Aufforderungen an den IP ausspricht. Nachdem ich dieses Bild angeboten habe, erzähle ich von anderen Klienten, die das Auftreten der Psychose auch nicht verhindern konnten, es wohl aber geschafft haben, die Einladungen dieses Wesens abzulehnen. Einladungen, ja sogar Befehle, könne man schließlich annehmen oder ablehnen. Dann malen wir plastisch aus, wie der IP die Einladungen ablehnen könnte, aber auch, was er tun müßte, um sie wie selbstverständliche Verpflichtungen anzunehmen. Dadurch wird ihm oft schnell deutlich, was auch bisher schon problemstabilisiernde Reaktionen von ihm waren und wie er die vermeiden könnte.

Die Idee, man könne die Einladungen der „Krankheit" ablehnen, haben wir als Team während eines Forschungsprojekts mit manisch-depressiv diagnostizierten IP entwickelt. (Zum Team gehörten F. Simon, H. Stierlin, G. Weber und ich.)

Mit dem Konzept der metaphorischen Familienmitglieder arbeite ich seit circa 1980, ermutigt durch einige persönliche Anmerkungen von Milton Erickson. M. White hat ein ähnliches Vorgehen entwickelt, für die Arbeit mit Problemen von Kindern, aber auch in seinen Therapien mit psychotischen Klienten (White 1990, Tomm 1989). Die von ihm „Externalisierung" genannte Strategie weist viele Ähnlichkeiten mit den hier diskutierten indirekt-hypnotischen Dissoziationstechniken auf. White geht aber in einem für mich entscheidenden Punkt anders dabei vor. Er versucht, die Familienmitglieder zu motivieren, miteinander das externalisierte Problem zu bekämpfen. Er erzielt damit oft gute Erfolge. Aus meiner Sicht hat dieses Vorgehen aber den Nachteil, daß die eventuelle sinnhafte, auch positive Seite des psychotischen Verhaltens nicht berücksichtigt wird. Wie schon deutlich wurde, kann es als Lösungsversuch in verzeifelter Zwickmühlenlage verstanden werden. Im psychotischen Verhalten sind in verdichteter und indirekter Form meist auch wichtige Informationen über wesentliche Bedürfnisse der IP enthalten, die bisher nicht berücksichtigt waren. Bekämpft man die Psychose, ist die Gefahr groß, daß der IP unbewußt den Eindruck bekommt, man bekämpft auch diese Bedürfnisse von ihm, die ihm dann auch wieder als tabu erscheinen. Das aber würde gerade wieder seine Tendenz stärken, sie verdeckt, quasi im Untergrund, auszuleben.

Wie sehr dieses fürchterliche Wesen in schillernder Weise auch andere, positive Seiten repräsentiert, läßt sich oft schnell erfahren. Im Rahmen der metaphorischen Darstellung des „Psychosewesens" lade ich die IP auch ein, hypothetisch durchzuspielen, daß das „Psychosewesen" in Situationen, in denen es bisher verläßlich erschien, plötzlich nicht mehr käme und auch noch ausrichten ließe, es würde von nun an nie mehr kommen, es würde „den Job kündigen". Sehr häufig reagieren die IP darauf gar nicht begeistert, sondern eher erschreckt, so, als ob eine wichtige Schutzperson verschwinden würde. Diese Reaktion der IP macht dann auch schnell möglich, die Psychose positiver umzudeuten und mit den IP in Ruhe durchzuspielen, was beachtet werden müßte, damit die wichtigen „Leibwächter"-Aufgaben der Psychose mindestens genau so wirksam von einem angenehmeren Muster ersetzt werden könnten.

Deutlich wird mit diesem Konzept auch schnell, welche hypnotischen Suggestionen „die Psychose" für Beziehungspartner des IP enthält. Denn tritt sie auf, ruft sie diese Partner schnell auf, unwillkürlich anders als sonst zu reagieren, das heißt, sie entwickeln die entsprechenden Komplementärphänomene („Wesen") zum „Psychosewesen". Diese Auswirkungen sollten in die systemische Befragung einbezogen werden.

Im Rahmen dieser metaphorischen Arbeit erweisen sich daraus abgeleitete symbolische Aufgaben, Rituale mit Symbolen oder Spielzeugfiguren, die die Psychose und andere metaphorische Familienmitglieder darstellen, als wichtige und hilfreiche Interventionen.

11. Die Konstruktion kleiner, lösbarer Probleme

Das psychotische Geschehen kann, wie gezeigt, als Antwort verstanden werden auf vom IP erlebte Situationen, in denen er vielen, zum Teil völlig widersprüchlichen Anforderungen gleichzeitig gerecht werden will. Das dabei praktizierte Denkmuster des IP wird von ihm mit großer Wahrscheinlichkeit auf neue Entwicklungsschritte angewandt, auch auf solche, die im Prozeß der Therapie angeregt werden. Will der IP zum Beispiel im Verlauf der Zusammenarbeit sich beruflich entwickeln, oder will er Kontakte zu Gleichaltrigen aufbauen (z.B. auch zu eventuellen Liebespartnern), kann man immer wieder beobachten, daß er dies als maximalistische Anforderung interpretiert und mit perfektionistischen Ansprüchen an sich zu lösen versucht. Dadurch werden solche Entwicklungsschritte aber zu ähnlich unlösbaren Problemkonstruktionen wie die, die den IP zur Psychose einluden. Dann erscheinen dem IP die selbstgestellten Anforderungsmaßstäbe als so überwältigend und die angestrebten Ziele als so weit entfernt, daß er schnell wieder jede Motivation verliert und in gewohnter Mutlosigkeit endet.

Mit der Bewältigung der Psychoseprozesse hört die therapeutische Kooperation also nicht auf, sie sollte unbedingt dadurch ergänzt werden, die IP dabei zu unterstützen, sich von solchen perfektionistischen, unerfüllbaren Zielvorgaben zu befreien.

Hierfür werden die bisherigen Lösungsvorstellungen dekonstruiert und in kleine, überschaubare Schritte unterteilt. Diese Schritte sollten handlungsorientiert definiert sein, dabei jeweils kurzfristig realisierbar und auch vom IP direkt überprüfbar. (Siehe dazu Schmidt 1991, de Shazer 1990, Dörner 1989). Nach meiner Erfahrung am besten sind weiter solche Zieldefinitionen, die Beziehungsaspekte enthalten. Zum Beispiel : „Was wäre ein nächster kleiner Schritt, den Sie im Verhalten ihrem Ausbilder in der Reha-Maßnahme gegenüber von heute an bis morgen nachmittag umsetzen würden? Was wäre eine kleine Verhaltensreaktion von ihnen ihrem Zimmernachbarn gegenüber, zum Beispiel heute Abend, und Ähnliches morgen, welcher ihnen wieder ein wenig mehr in Erinnerung ruft, daß Sie ihre Bedürfnisse klar und konstruktiv vertreten können? ..."

Hierdurch wird den IP immer wieder die Perspektive angeboten, daß viele kleine Schritte allmählich eine ganze Bergbesteigung ermöglichen und daß langsame Fortschritte keineswegs ein Zeichen für Impotenz oder Versagen sind, sondern als adäquate Erfolgsschritte verstanden werden können.

Besonders der Aspekt der handlungsorientierten Überprüfbarkeit unterstützt den IP, sein üblicheres Verhaltens- und Wahrnehmungsmuster zu transformieren, welches ja eher gekennzeichnet war durch viel Uneindeutigkeit und die Tendenz, sich nicht klar zu definieren, meist nicht einmal sich selbst gegenüber. Dabei muß allerdings besonders darauf geachtet werden, daß der Therapeut nicht der Versuchung erliegt (die hierbei nicht gering ist), selbst zum Überprüfer und Kontrolleur des Vollzugs der „kleinen Lösungsschritte" zu werden. Geht der Therapeut in eine Kontrolleurshaltung, schafft er dadurch schnell einen Kontext, welcher den IP einlädt, wieder seine psychotischen Interaktionsbeiträge abzurufen, denn diese wurden ja als effektive Gegensteuerungsmaßnahmen genutzt, wenn der IP sich „in der Ecke" fühlte („In the corner-lifestyle"; White 1990).

Die Überprüfbarkeit bietet eine wesentliche Informationshilfe für die Kooperation zwischen Klient und Therapeut. Berichtet der IP zum Beispiel, daß er die von ihm in der vorherigen Sitzung ja selbst definierten „kleinen Schritte" nicht praktiziert hat, kann der Therapeut dies als wichtiges Feedback für den momentanen Stand der Zusammenarbeit werten. Der Nichtvollzug der Schritte wird nicht als Versehen oder gar als Versagen gewertet, sondern als wichtiges Signal dafür, daß etwas Wesentliches noch nicht genug berücksichtigt worden war; genau dies herauszuarbeiten, wird dann zum nächsten zentralen Schritt der Zusammenarbeit. Der Therapeut kann also jedes Ergebnis als Handlungsanweisung für sich verwerten; hat der IP die von ihm definierten kleinen Schritte umgesetzt, wird geklärt, ob das heißt, man kann weitere kleine Schritte entwickeln. Hat er sie nicht umgesetzt, wird gefragt, was dies übersetzt als Botschaft und indirekten Auftrag an den Therapeuten heißen könnte. So wird vermieden, daß der IP unter Leistungsdruck gerät; der Therapeut kann zudem nah am momentanen Prozess des Klienten bleiben.

12. Der Aspekt der sozialen Kontrolle in der Beziehung zwischen Klient und Therapeutstrategien für die Kooperation in derAkutphase und im stationären Kontext

Findet die Zusammenarbeit mit psychotischen Klienten im stationären Setting statt, impliziert dies erheblich andere Regelungen als im ambulanten Kontext. (Hier kann nur auf einige wesentliche Aspekte Bezug genommen werden.) Im ambulanten Kontext, jedenfalls dann, wenn die potentiellen Probleme des Überweisungskontexts berücksichtigt wurden und keine akut florierende Symptomatik vorliegt, kann von Freiwilligkeit der Zusammenarbeit ausgegangen werden. Dies wirkt sich auf die Verteilung der Verantwortlichkeit entsprechend aus. Der Therapeut übernimmt die Verantwortung für seine Angebote, der Klient wird behandelt als selbstverantwortliche und dem Therapeuten gleichrangige Persönlichkeit. Nur von dieser Basis der Kooperation aus macht der beschriebene Umgang mit den psychotischen Verhaltensweisen überhaupt Sinn; das psychotische Verhalten wird letztlich als Wahl, als Entscheidung (wenn auch nicht als willkürlich-bewußte) gewertet, damit auch als Entscheidung für bestimmte Auswirkungen. Dann ist es nur logisch, daß der Therapeut zum Beispiel auch detailliert mit den Klienten durchspielt, was sie tun müßten, um wieder eine Klinikeinweisung zu erwirken etc.

(Auflösen der Unwillkürlichkeit, Quasi-Symptomverschreibung). Praktiziert ein IP wieder einmal psychotische Muster, wird ihm selbstverständlich Hilfe angeboten, wenn er dies wünscht, aber es wird viel Aufmerksamkeit darauf verwendet, herauszuarbeiten, was ihn zu dieser Wahl eingeladen haben könnte. Die jeweiligen Folgen seiner psychotischen Wahl werden systemisch detailliert mit ihm durchgearbeitet, er wird aber nicht kontrolliert oder irgendwie reguliert dafür, es wird auch keinerlei Zwang ausgeübt.

Diese Regelung kann aber auch ambulant nur so lange aufrechterhalten werden, wie das Verhalten des IP nicht selbst- oder fremdgefährdende Implikationen hat; das jeweilige Unterbringungsgesetz, dem der Therapeut unterliegt, hat dafür klare Definitionen, auch für die Rolle der TherapeutInnen, die im Falle der Gefährdung Verantwortung für den Klienten zu übernehmen haben und Kontrollmechanismen wie zum Beispiel Klinikeinweisung in Gang zu setzen haben. Der therapeutische Kontext wird dann vermischt mit dem Kontext sozialer Kontrolle, dieser hat dabei erste Priorität. Bis die Belange sozialer Kontrolle berücksichtigt sind, hört der Therapeut auf, ob er will oder nicht, in der Rolle des Therapeuten zu sein, er wird zum Sozialkontrolleur. Im therapeutischen Kontext vermeidet der Therapeut gerade, den IP zu etwas zu nötigen oder womöglich gegen seinen Willen zu etwas zu bringen. Im Kontext sozialer Kontrolle muß der Therapeut den IP direkt zu etwas bringen, nämlich dazu, selbst- oder fremdgefährdendes Verhalten aufzugeben oder, tut der IP es nicht, entsprechenden Zwang einzuleiten.

Im stationären Kontext wirkt sich diese Kontextvermischung ständig aus. Die Position des Therapeuten wird dadurch zumindest zweideutig, ja sie weist strukturell die gleichen Widersprüchlichkeiten auf, die der IP in seinem familiären Umfeld in den Positionen der Eltern wahrgenommen hat. Würde der Therapeut versuchen, eine Haltung einzunehmen, die die Verhaltenswahl des IP jeweils ganz respektiert, könnte er dies spätestens dann nicht mehr durchhalten, wenn der IP die Regeln des sozialen Konsens durchbricht. Dann muß er reglementieren oder ist zumindest Teil des reglementierenden Systems. So zu tun, als ob er damit nichts zu tun hätte (z.B. dadurch, daß die soziale Kontrolle von Teamkollegen ausgeübt wird), trägt nur zur Mystifizierung bei und ist gleichgestaltig zur psychotischen Kommunikation des IP, wenn dieser sich nicht klar in Beziehungen definiert.

In der Rolle als Therapeut könnte er das Verhalten des IP zum Beispiel positiv konnotieren, als Sozialkontrolleur müßte er im nächsten Moment Zwangsmaßnahmen dagegen anwenden oder die Symptome mit Neuroleptika zu unterdrücken versuchen. Neuroleptikagaben aber wirken in ihrer üblichen Bedeutungsgebung als intensive Defizitsuggestionen; sie werden ja mit der Annahme gegeben, daß der IP ohne ihre Hilfe nicht mit seinen Symptomen konstruktiv umgehen könne. Die Kompetenz dafür, die Symptome zu meistern, wird also den Medikamenten und nicht dem IP zugeschrieben. Die Symptome werden suggestiv als Pathologie definiert. Dies ist eine der hier beschriebenen Ressourcenarbeit völlig entgegengesetzte Kommunikationsrichtung. Gibt ein Therapeut also Neuroleptika und läßt die traditionelle Bedeutungszuschreibung der Medikamente bestehen, macht er seine Ressourcenarbeit geradewegs wieder zunichte. Die Handlungen des Therapeuten/Sozialkontrolleurs wirken dann wie eine intensive Konfusionstechnik.

Viele therapeutisch orientierte KollegInnen im psychiatrischen Kontext leiden unter ihrer Doppelrolle. Sie versuchen sie dadurch zu lösen, daß sie die (von ihnen innerlich abgelehnten) Sozialkontrollmaßnahmen, deren Durchsetzung die Gesellschaft und die Institution von ihnen verlangt, nicht als solche definieren wollen. Sie versuchen dem Patienten zu vermitteln, solche Interventionen seien als therapeutisch notwendige Schritte zu seinem Wohle zu verstehen. Der Patient erlebt dies aber als ähnliche Kommunikation, wie wenn er sich zu Hause Unterwerfungsversuchen ausgesetzt sah, diese aber als sein Bedürfnis definiert und damit mystifiziert wurden (z.B.: „Wenn du wütend auf Mutti bist, meinst du das ja gar nicht so, in Wirklichkeit zeigst du Mutti damit, daß du von ihr besonders gesagt bekommen willst, was du zu tun hast ..."; „Ich will, daß du ins Bett gehst, aber nur, weil ich weiß, daß du müde bist, auch wenn du selbst dies nicht merkst ..."). Die Sozialkontrollmaßnahmen erlebt der Patient eben nicht als etwas zu seinem Wohl, sondern als ihm aufgezwungene Beherrschungsaktion. Dies gilt häufig auch für die Medikamentengabe.

Um die Frage, ob der IP Medikamente einnehmen soll, gibt es, besonders in akuten Phasen, in den betroffenen Familien oft heftige Kämpfe. Die IP vertreten dabei die Meinung, ihre Realitätssicht sei richtig, eher die anderen seien das Problem; deshalb sei nicht einzusehen, warum sie Medikamente nehmen sollten. Würden sie dies tun, würde ihnen die Einnahme als Unterwerfung erscheinen, sie würden ihrer Ansicht nach dann ihre ihnen berechtigt erscheinende Weltsicht verraten. Die Angehörigen wieder werten die Weigerung des IP als Beweis seiner wieder zunehmenden Krankheit (Schmidt 1989, Simon u. Weber 1992).

TherapeutInnen können andererseits auf solche Maßnahmen wie zum Beispiel Medikamentenverordnung oder Verlegung auf geschlossene Stationen nicht verzichten, wenn sich der IP in regelverletzender Weise verhält, da sie sonst die Aufträge mißachten, für die sie bezahlt werden und zu denen sie gesetzlich verpflichtet sind. Verhält sich der IP also regelverletzend, bringt er den Therapeuten damit in eine Situation, die seiner psychosefördernden Zwickmühlenposition in seinem Bezugssystem ähnlich ist.

Während meiner Tätigkeit als Stationsarzt in der Psychiatrie erlebte ich selbst einige Male, wie schwierig dies für den Therapeuten werden kann. In einem Fall zum Beispiel konnte ich in einer Familiensitzung dem noch stationär verweilenden IP mit viel von der Familie berichtetem Material sein psychotisches Verhalten als sinnvoll und als anerkennenswerten Dienst für die Familie konnotieren. Zwei Tage später bekam ich aber heftigste Vorwürfe vom Pflegeteam (mit Recht), denn der IP hatte sein psychotisches Verhalten auf der Station wiederholt, dabei ein Bett anzuzünden versucht und danach den PflegerInnen mitgeteilt: „Dr. Schmidt hat doch gesagt, mein Verhalten sei sehr anerkennenswert ..."

Diese Zwickmühle kann aufgelöst werden, sie kann sogar als Modellerfahrung dafür, wie Regelungsprozesse in unserer Gesellschaft getätigt werden, in der Zusammenarbeit genutzt werden. Der Therapeut muß dafür dem IP gegenüber eindeutig seine beiden widersprüchlichen Rollen definieren und dem IP auch klar mitteilen, welche Prioriät er im Zweifelsfalle dem IP gegenübersetzen wird, nämlich die, zuerst dem Aspekt sozialer Kontrolle gerecht zu werden, zu dem er verpflichtet ist. Beste Erfahrungen habe ich (und viele KollegInnen, die sich auf meinen Vorschlag hin ähnlich verhalten) mit folgender Haltung:

Zunächst wird dem IP klar vermittelt, welche Regeln in der Institution gelten, zum Beispiel, was erlaubt und nicht erlaubt ist, aber auch, was üblicherweise institutionsgemäß auf psychotisches Verhalten erfolgt. Arbeiten die TherapeutInnen in einer üblich fungierenden Psychiatrie, heißt dies meist, psychotische Reaktionen ziehen Neuroleptika oder ähnliches nach sich, jedenfalls ab einer gewissen Intensität. Dem IP muß deutlich vermittelt werden, was er für welche Reaktion zu erwarten hat (damit das Muster der Uneindeutigkeit verändert wird). Dies kann ähnlich einem „Flensburger Punktekatalog" (für Verkehrsteilnehmer) mit ihm durchgesprochen werden. Deutlich werden muß auch, daß der Therapeut selbst ebenso diesen Regeln unterstellt ist, aber auch, daß er konsequent solche Maßnahmen durchführen wird, wenn der IP sich entsprechend verhält.

Dem IP sollte dann klar gemacht werden, daß der Therapeut viel lieber nach den Regeln des therapeutischen Kontexts mit dem IP zusammenarbeiten würde, daß er aber vom IP dessen Mithilfe braucht, um überhaupt vorrangig als Therapeut mit ihm arbeiten zu können. Verhält sich der IP psychotisch und stark regelverletzend, zwingt er den Therapeuten förmlich dazu, seine Therapeutenposition zu verlassen und soziale Kontrolle auszuüben. Dieser Zusammenhang muß deutlich werden, damit der IP seine eigenen Beiträge zur Zwangsinteraktion sehen kann und dies nicht als übliche Unterwerfungsaktion definiert, mit deren Auslösung er nichts zu tun hat (Auflösung der Opferdefinition).

Entscheidend ist dabei, daß dem IP diese sozialen Regeln nicht „verkauft" werden als etwas, was um seinetwillen geschieht; denn der IP sieht sie selbst durchaus nicht als seinem Wohl entsprechend. Würde man dies so vertreten, würde man sich anmaßen, man wisse besser als der IP selbst, was für diesen gut sei. Genau dies wäre eine Wiederholung der psychosefördernden Interaktionen aus dem Familiensystem. Man muß schon selbst die Verantwortung für diese Regelsetzungen übernehmen, zum Beispiel indem man klar macht, daß diese Regeln von der Institution gebraucht werden (was ja stimmt) oder eben von der Gesellschaft willkürlich bestimmt wurden (was ja auch stimmt, auch wenn dies nicht mehr jedermann klar ist). Die Einhaltung der Regeln erfolgt also zum Wohl der Gesellschaft oder der psychiatrischen Institution. Dies ist selbstverständlich auch legitim und braucht vom Therapeuten nicht mit Schuldgefühlen beantwortet zu werden. Entwickelt er diese dennoch und erkennt, daß er nicht hinter diesen Regeln stehen kann, sollte er besser den Kontext Psychiatrie verlassen und auch aufhören, ambulant mit psychotischen IP zu arbeiten, da er sonst in verwirrender Weise unterschwellig den IP einladen könnte, in eine subversive Kollusion gegen die Konsensusregeln einzutreten.

Das hier vertretene Modell heißt keineswegs, daß der IP zu kritikloser Übernahme der Konsensuregeln gedrillt werden soll. Er kann gerade so konstruktive Unterstützung erhalten dafür, seine (auch abweichende) Weltsicht weiter leben zu können und die vorherrschende Meinung kritisch in Frage zu stellen, aber auf eine Weise, die ihn nicht mehr in selbstdestruktiver Weise als pathologisch stigmatisiert.

Stellungnahmen der Therapeuten könnten zum Beispiel so sein: „Ich möchte Ihnen die hier in unserer Gesellschaft und in unserer Klinik geltenden Regeln noch einmal in Erinnerung rufen; intensives aggressives Verhalten, sich selbst oder anderen gegenüber, hat bei uns üblicherweise die geschlossene Abteilung zur Folge; noch stärkere Agitiertheit wird mit medikamentöser oder mechanischer Ruhigstellung beantwortet. Massive psychotische Symptome werden bei uns in der Regel mit entsprechender Neuroleptikadosierung beantwortet. Dies entspricht überhaupt nicht meinen Wunsch in der Zusammenarbeit mit Ihnen. Ich möchte lieber mit Ihnen daran weiter arbeiten, daß erkennbar wird, daß Sie ein kompetenter, selbstverantwortlicher Mensch sind, mit dem man gleichrangig kooperieren kann. Ihre psychotisch genannten Symptome haben sich ja auch als sinnvolle Lösungsversuche in ihren Beziehungen verstehen lassen. Dennoch reagiert unsere Gesellschaft auf solche Lösungsversuche, so sinnvoll sie für sie selbst auch sein mögen, ganz anders, wie Sie wissen. Ich bin hier auch mit der Aufgabe betraut, Sie zu unterstützen, daß Sie diese Regeln wieder konsequent beachten. Und dieser Teil meiner Aufgaben hat im Zweifelsfall Vorrang, auch für mich selbst, da ich sonst meinem Job nicht gerecht werde. Reagieren Sie also in Zukunft regelverletzend psychotisch, heißt dies eindeutig für mich, daß Sie mich in die Rolle des sozialen Kontrolleurs rufen, was ich dann auch ausführen werde. Ich möchte lieber als Therapeut mit Ihnen arbeiten. Dazu brauche ich aber ihre Mithilfe, in der Weise, daß Sie einigermaßen regelkonformes Verhalten zeigen. Bitte helfen Sie mir doch, daß wir therapeutisch zusammenarbeiten können ..."

Der Therapeut kann mit einer solchen Kommunikation seinen beiden Rollen gerecht werden. Einerseits kann er anerkennend signalisieren, welch sinnvoller, ressourcenträchtiger Beitrag das psychotische Verhalten im familiären Kontext des IP sein kann. Dementsprechend kann er, wie schon beschrieben, mit dem IP zusammen die Symptomatik therapeutisch in Lösungsmuster transformieren.

Er kann so aber auch vermitteln, daß im sozialen Kontext andere Regelungen als in der Familie des IP gelten und daß dessen psychotisches Verhalten im sozialen Kontext einen entsprechenden hohen Preis hat, auch im Kontext der therapeutischen Kooperation. Denn verhält sich der IP einigermaßen orientiert an die sozialen Konsensusregeln, erlaubt er damit therapeutische Arbeit und ermöglicht eine entsprechende intensive Zusammenarbeit mit höheren Erfolgschancen. Verletzt er diese Regeln, wirkt dies (in seiner Auswirkung) wie eine eindeutige Entscheidung, von der Allgemeinheit wie ein Kranker und nicht mündiger Mensch behandelt zu werden.

Jede Reaktion des IP kann mit solchen Definitionen eindeutig im Kontakt zum Therapeuten codiert werden. Zeigt sich der IP von seiner „gesunden“ Seite, kann dies als Auftrag an den Therapeuten gewertet werden, ressourcenorientiert nach Regeln des Therapiekontexts mit ihm zu kooperieren. Zeigt er sich von seiner „kranken“ Seite, kann dies als eindeutiger Aufruf an den Therapeuten gewertet werden, seine Therapeutenrolle zu verlassen und der sozialen Kontrolle Priorität zu geben. Klar codiert wird so auch, daß der IP sich damit für fremdverantwortliche Reglementierung entschieden hat.

Mit dem hier vorgeschlagenen Modell kann das psychotische Verhalten transformiert werden in klare, selbstverantwortliche Entscheidungsprozesse des IP im Kontext seiner Umweltbedingungen. Der Therapeut kann so auch wieder frei handeln, ohne daß er die ihm auferlegten Regeln verletzt und ohne daß er dem IP als willkürlicher Vertreter der feindlichen Umwelt erscheint.

2. Dauerhypnose: Neue Anwendungsbereiche einer alten Methode

Moris Kleinhauz[1]

Die ersten Berichte über die Anwendung von Dauerhypnose wurden von Wetterstrand (1902), Rothenberg (1928) und der Pawlowschen Schule (Platonov 1955) veröffentlicht. Das Verfahren wird noch einmal von Kuriyama (1968) erwähnt; seither jedoch wurde unserer Kenntnis nach kein weiterer Beitrag in der wissenschaftlichen Literatur zur Anwendung der Dauerhypnose geleistet.

Dauerhypnose als individualisierte Therapie[2] ist ein neuer Ansatz zur Behebung verschiedener Problemstellungen einschließlich persistierender Schmerzen. Bei diesem Verfahren wird eine hypnotische Reaktion induziert und/oder es wird dem Patienten beigebracht, diese selber herbeizuführen. Sie wird über Tage, Wochen oder für eine unbestimmt lange Zeit aufrechterhalten, während der ein individueller und flexibler Therapieplan bereitsteht.

Theoretische Vorbemerkungen

Unserem Verständnis nach liegt der Dauerhypnose ein Modell zugrunde, das den Menschen als eine sich entfaltende bio-psychosoziale Einheit betrachtet, die wiederum auf seinem konstitutionellen Wesen beruht. Das konstitutionelle Wesen setzt sich aus den Einflüssen der genetischen Struktur sowie den pränatalen und/oder perinatalen Parametern zusammen. Wir nehmen weiterhin an, daß fehlangepaßte Reaktionen die Aktivierung psychophysiologischer Coping-Mechanismen darstellen, die durch sehr intensive oder langanhaltende Stimuli ausgelöst werden. Diese Stimuli können aus dem biologisch-physiologischen (somatischen), dem mental-emotionalen (psychologischen) oder dem umweltbedingt-sozialen (ökologischen) Bereich stammen. Deshalb können Faktoren, die die Reaktionen des Organismus beeinflussen, von den Stimuli dieser grundlegenden Dimensionen abgeleitet werden. Die somato-psycho-ökologisch belastenden Stimuli beziehen sich auf external und internal bedeutsame Stimuli, die bewußt und/oder unbewußt von der Person

1 Übersetzung aus dem Englischen von Caroline Meiller und Christian Kinzel
2 deutsche Übersetzung von „Prolonged Hypnosis Individualized Therapy"

als belastend wahrgenommen werden und somit das Wohlbefinden, die Gesundheit und das Überleben des Individuums bedrohen.

Um mit dieser Bedrohung fertig zu werden, werden Coping-Mechanismen mobilisiert; hierbei können zwei Coping-Systeme getrennt voneinander oder gleichzeitig aktiviert werden: Das psychologische (Ich-Abwehr-System) und das physiologische (sympathische/parasympathische, neuroendokrine, immunologische) System. Es wird angenommen, daß die Stimuli und die Aktivierung der Coping-Mechanismen in reziproker und interaktionaler Beziehung stehen: Die Aktivierung einer der beiden dient als Stimulus für die Aktivierung des anderen.

Aus funktionalen Gründen wird ferner angenommen, daß sich durch die belastenden Stimuli hypothetische „Türen" zur Streßwahrnehmung[3] öffnen. Haben sich diese geöffnet, wird Streß wahrgenommen, der zur Aktivierung der korrespondierenden psychologischen/physiologischen Coping-Mechanismen führt. Sind diese einmal aktiviert, besteht deren Funktion darin, den Organismus in sein vorhergehendes Gleichgewicht zurückzuführen oder in ein neues, gesünderes Gleichgewicht zu bringen. Sind jedoch die belastenden Stimuli von sehr großer Intensität und/oder von langanhaltender Dauer, können sie eine Dekompensation der Funktionen des Organismus verursachen, die die Manifestation der Symptomatik fördert; diese fungiert dann wiederum selber als ein anhaltender belastender Stimulus. Ein Teufelskreis ist entstanden, da die Manifestation der Symptomatik Reaktionen der psychologischen, physiologischen und sozialen Systeme hervorrufen kann. Diese Reaktionen können wiederum als streßauslösende Stimuli fungieren, die wiederum die „Türen" zur Streßwahrnehmung öffnen.

Legt man dieses Modell zugrunde, so ist es unser Ziel, den Patienten von allen externalen und internalen streßauslösenden Stimuli für einen längeren Zeitabschnitt „abzukoppeln", ihren Einfluß auszuschließen und in der Folge diese hypothetischen „Türen" zu schließen. Auf diesem Weg kann der Teufelskreis durchbrochen, das Symptommuster aufgelöst und besser angepaßte Verhaltensweisen errichtet werden.

Die wesentliche Methode, die es möglich macht, die „Türen" der Streßwahrnehmung zu schließen, ist die Entspannungsreaktion mit

3 deutsche Übersetzung von „Gates of Stress Perception"

ihren Begleiterscheinungen (Benson & Klipper, 1976): der „gefühlsberuhigende“ Effekt und die kognitive Hemmung hinsichtlich des psychologischen Bereichs sowie die Hemmung der sympathischen Reaktion bezüglich des physiologischen Bereichs. Aus diesem Grunde ist die Entspannungsreaktion ein wirksames therapeutisches Werkzeug und eine besonders nützliche Methode, um mit Streß und seinen Folgen richtig umgehen zu können.

Die Entspannungsreaktion wird zusammen mit den suggestiven Verfahren und der strukturierten Imagination angewandt und dient der Dauerhypnose sozusagen als Basis. Die suggestiven Verfahren gehen auf einen Ich-stärkenden Ansatz (Hartland 1982) zurück, der durch einen individualisierten, spezifischen Plan ergänzt wird, der auf die Verbesserung der gegenwärtigen Symptomatik (Erickson 1980) und die Erarbeitung konstruktiverer Coping-Strategien abzielt. Diese Suggestionen werden den zugrundeliegenden Persönlichkeitsmerkmalen des Patienten und seinem psychodynamischen Profil angepaßt. Die strukturierten Imaginationsverfahren, die auf die eigenen Metaphern und Vorstellungsrepräsentanzen des Patienten zurückgreifen, werden miteinbezogen. Man vermutet, daß die Produktion von Vorstellungen zu denselben psychologischen und physiologischen Reaktionen führt, welche sie selber repräsentieren.[4]

Das Ziel ist, entsprechend den zugrundeliegenden Persönlichkeitsmerkmalen des Patienten und dessen psychodynamischen Profils nach besser angepaßten Reaktionen zu suchen. Man nimmt an, daß durch die Anwendung dieser Grundsätze die vorhandenen inneren Ressourcen des Patienten, die zu einer gesünderen Reaktion und einer besseren Lebensqualität beitragen, mobilisiert und aktiviert werden können.

Methode

Die allgemeinen Grundzüge der Dauerhypnose sind dieselben wie bei jeder anderen hypnotherapeutischen Intervention auch; allerdings werden spezifische Elemente, die auf die jeweilige Behandlung zurückgehen, hinzugefügt. Dauerhypnose stützt sich auf folgende Schritte:

4 Ideoaktives Prinzip: die Vorstellung (Idee) eines bestimmten Prozesses aktiviert diesen schließlich (Anm. d. Hrsg.)

1. Der Zeitplan der Dauerhypnose soll flexibel sein; er kann also Tage, Wochen oder einen unbestimmt langen Zeitraum beinhalten.

2. Dem Patienten, seiner Familie und dem Krankenhauspersonal (falls der Patient im Krankenhaus liegt) werden sachliche Informationen bezüglich des theoretischen Hintergrundes und der anzuwendenden Verfahren gegeben. Es wird besonders ausführlich erklärt und hervorgehoben, daß sich der Patient die meiste Zeit in einem schlafähnlichen Zustand befindet und gleichzeitig in der Lage sein wird, seine physiologischen Grundbedürfnisse (Trinken, Essen, Zähneputzen, Ankleiden, Körpepflege etc.) zu erfüllen. Dadurch, daß all diese Tätigkeiten während der Hypnose durchgeführt werden, kann es gut sein, daß die Außenstehenden nicht bemerken, daß sich der Patient unter Hypnose befindet.

3. Die Induktionsmethode soll individuell gestaltet werden und zum psychodynamischen Profil des Patienten passen – vor allem in Bezug auf die Faktoren Selbstkontrolle und Abhängigkeit/Unabhängigkeit –, um die tiefstmögliche Entspannung zu erreichen.

4. Gleichzeitig wird der Patient in Selbsthypnose mittels ausgewählter Induktionssignale und in Dehypnotisierung unterrichtet. Jedes der Signale soll vom Patienten immer dann eingesetzt werden, „wenn er möchte oder wenn er das physiologische oder emotionale Bedürfnis danach hat". Dies ist vor allem dazu gedacht, das Kontrollbewußtsein des Patienten zu stärken. Es wird suggeriert, daß „dieselben Signale jederzeit vom Therapeuten oder dessen Stellvertreter gegeben werden können" (zwecks Überwachung der Reaktionen des Patienten und zur Verstäkung). Die Suggestionen, die sich auf die Fähigkeit des Patienten beziehen, seine physiologischen Bedürfnisse zu erfüllen, werden entsprechend der oben erwähnten Richtlinien verstärkt.

5. Die Familie und/oder das Krankenhauspersonal werden so lange in Induktion, Vertiefung und Dehypnotisierung unterwiesen und ausgebildet, bis wiederholt festgestellt werden kann, daß der Patient entsprechend reagiert.

6. In diesem Stadium werden therapeutische Suggestionen hinzugefügt, die auf Ich-Stärkung, die Veränderung von Einstellung und Bedeutung hinsichtlich des Symptoms, Symptombeseitigung bzw. -verbesserung und Symptomersatz abzielen.

7. Falls die Notwendigkeit besteht, werden strukturierte metaphorische Imaginationsverfahren eingeführt.

8. Sollten weitere Hypnosephänomene (Dissoziation, Zeitverzerrung, Altersregression, explorative Altersprogression, Hypalgesie oder Analgesie, Veränderung des Muskeltonus, Intensivierung und Verschiebung von Emotionen etc.) erforderlich sein, werden sie jetzt eingesetzt.

9. Bei einigen Patienten benützt man eine jeweils individuell aufgezeichnete Kassette mit dem Wortlaut der therapeutischen Intervention.

10. Die Familie und/oder das Krankenhauspersonal werden zu eingehender Beobachtung und Baufsichtigung aufgefordert, um mögliche Komplikationen zu vermeiden.

11. Die Dauerhypnose wird schrittweise beendet, um eine angemessene Rückgewöhnung an die Realität zu ermöglichen.

12. Die Behandlung wird evaluiert und der Plan zur Nachuntersuchung erstellt.

Zur näheren Verdeutlichung dieses Verfahrens werde ich nun einige Fallschilderungen präsentieren.

Fallbeschreibungen

Fall 1:
Dieser Fall liegt ungefähr 25 Jahre zurück. Es handelte sich um ein 17jähriges Mädchen, das unter persistierenden Schmerzen eines Zwölffingerdarmgeschwüres litt. Nachdem die medikamentöse Behandlung wirkungslos geblieben war, entschied man sich für einen chirurgischen Eingriff innerhalb der nächsten 48 Stunden. Unter diesen Umständen beschloß die Station, sich über die Möglichkeiten der Hypnose aufklären zu lassen und es wurde Dauerhypnose empfohlen.

Bei der Anamnese berichtete die Patientin von einer belastenden Situation mit einhergehender emotionaler Reaktion, als sie sich von ihrem Freund trennte. Entsprechend den Formulierungen und den metaphorischen Assoziationen des Mädchens wurde darum eine Szene induziert, in welcher sie sich vorstellte, entspannt „wie eine Prinzessin" im warmen Badewasser zu liegen. Es wurden Ich-stärkende Verfahren und entsprechende Suggestionen zur Linderung der Schmerzen eingesetzt. Das Krankenhauspersonal wurde geschult, die hypnotische Reaktion durch eine posthypnotische Suggestion erneut zu induzieren. Falls nötig, konnte jeder einzelne des Personals sie wieder in eine tiefe hypnotische Entspannung versetzen, indem er einfach von eins bis zehn zählte. Außerdem wurden Suggestionen derart eingesetzt, daß sie, „wann immer es notwendig sei, aktiv werden würde, um ihre physiologischen Grundbedürfnisse erfüllen zu können, ohne den Zustand hypnotischer Entspannung zu verlassen". Die Dauerhypnose wurde ununterbrochen 14 Tage lang aufrechterhalten; in dieser Zeit war sie schmerzfrei. Von Zeit zu Zeit wurde sie natürlich aufgeweckt, um zu überprüfen, ob sie noch Schmerzen habe. Am 16. Tag wurde sie aus dem Krankenhaus entlassen.

Fall 2:
Ein 50jähriger Arzt hatte aufgrund eines Autounfalls mehrfache offene Brüche an beiden Beinen und benötigte gegen seine sehr starken Schmerzen Beruhigungsmittel. Dem Gebrauch von Narkotika stand er aber skeptisch gegenüber und bat deshalb um hypnotherapeutische Unterstützung. Da sein Bedürfnis, selbständig und in ständiger eigener Kontrolle zu sein, eines seiner grundlegenden Persönlichkeitsmerkmale war, wurde ein Ansatz ausgewählt, bei dem man ihm ein selbstkontrolliertes Induktionsverfahren beibrachte. Zuerst brachte man ihm bei, die Hypnose wieder aufzuheben (durch Schließen und Öffnen der Fäuste). Erst nachdem er sich seiner Kontrolle über diesen Vorgang sicher war (indem er, wann immer er es wünschte, wieder zu Bewußtsein zu kommen, seine Fäuste öffnete und schloß), induzierte er selber mittels entsprechender Vorstellungsszenen einen tiefen Entspannungszustand. Gleichzeitig wurde ihm beigebracht, Analgesie zu induzieren; zuerst Handschuh-Analgesie, anschließend Analgesie verschiedener Körperteile und letztendlich Analgesie in beiden Beinen. Anschließend wurde er in Dauerhypnose unterrichtet. Er wandte diese während der ersten paar Tage erfolgreich an und erwachte von Zeit zu Zeit, um seine physiologischen Grundbedürfnisse zu erfüllen. Außerdem wurde Zeitverzerrung angewandt, um die subjektiv empfundene Zeit zu verkürzen, wenn ihn Schmerzen beeinträchtigten.

Er äußerte den Wunsch, ausgewählte Literatur zu lesen und Besuch empfangen zu dürfen, und es gelang ihm beides, obwohl er sich in einem tiefen hypnotischen Bewußtseinszustand befand.

Diese Technik wandte er jeweils zwei Tage vor und zwei Tage nach den drei orthopädisch-chirurgischen Eingriffen immer erfolgreich an. Er benötigte keine Narkotika; nur kleine Mengen Diazepam waren erforderlich, um den Erfolg zu verstärken. Zu einem späteren Zeitpunkt bat das Personal um eine weitere Intervention, um seine Kooperationsbereitschaft hinsichtlich des physiotherapeutischen Rehabilitationsprozesses zu steigern. Diesmal allerdings waren alle Anstrengungen vergebens; es wurde keine hypnotische Reaktion mehr erzielt.

Fall 3:
Ein 34jähriger Mann wurde bei einem Autounfall schwer verletzt. Er wurde bewußtlos in ein Krankenhaus eingeliefert und einer neurochirurgischen Operation unterzogen. Nach drei Wochen erlangte er das Bewußtsein wieder und wurde anschließend in eine Rehabilitationsklinik verlegt. Bei der Entlassung lautete die Diagnose: Schwere cranio-zerebrale Verletzung, Schädelbasisbruch, Fraktur des linken fronto-orbitalen Knochens, Fraktur des rechten parietalen

Knochens, bilaterales epidurales Hämatom, Kontusion der linken Hemisphäre, Amaurose am linken Auge, rechte Hemiplegie und Aphasie. Kurz nachdem er sein Bewußtsein wiedererlangte, entwickelte sich ein sehr eigenartiges Syndrom. Es begann sich ein periodisches Singultus-Syndrom[5] zu manifestieren; d.h. sieben bis neun Tage Singultus und danach sieben bis neun Tage Beschwerdefreiheit. Diese Periodizität hielt ungefähr ein Jahr an. Während der Anfälle war der Schluckauf sehr belastend, störend, laut und kontinuierlich, ohne jegliche Unterbrechung, auch im Schlaf, mit einer Sequenz von 27 Mal in der Minute (seine Familie zeichnete dies an seinem Bett auf). Die konventionelle pharmakologische Behandlung blieb erfolglos. Allmählich wurde er depressiv, der Rehabilitationsprozeß war rückläufig und in seiner Hoffnungslosigkeit versuchte er, sich zweimal das Leben zu nehmen.

Zu diesem Zeitpunkt, ein Jahr nach Einsetzen des Syndroms, wurde der Wunsch nach einer möglichen hypnotherapeutischen Intervention geäußert. Er war stark motiviert und es gelang ihm, trotz seiner schweren Hirnverletzung eine tiefe hypnotische Entspannungsreaktion herbeizuführen. Es wurden angenehme Szenen (die er sich vorstellen konnte), Ich-stärkende Suggestionen und spezifischere Suggestionen mit dem Ziel der Verbesserung der Symptomatik bzw. für einen Symptomersatz gegeben. Nachem sich keine unmittelbaren Erfolge abzeichneten, entschloß man sich gemeinsam mit der Familie des Patienten und dem zuständigen Personal, mit einem länger anhaltenden, ununterbrochenen hypnotischen Zustand fortzufahren. Obwohl dies die Dauer der Singultus-Episoden zunächst nicht signifikant verkürzte, gab es dennoch während dieser Episoden einige Stunden, in denen er symptomfrei war. Das Personal und die Familie bemerkten außerdem eine Verbesserung hinsichtlich der Intensität des Schluckaufs, der Lautstärke und Häufigkeit. Der Patient berichtete, daß er sich weniger Sorgen mache und weniger leide. Es wurde beschlossen, daß man ihn von Beginn bis zum Ende dieser spezifischen Episode hypnotisieren würde, wenn es zu weiteren Episoden kommen sollte. Während der Episode sollten dieselben suggestiven Verfahren durch das Personal und/oder die Familie angewandt werden; eine angemessene Betreuung sollte ihm ermöglichen, seinen physiologischen Grundbedürfnissen nachzugehen und potentielle Komplikationen zu vermeiden. Das neue Erscheinungsbild der symptomfreien Zeit während der Episode mit Verbesserungen hinsichtlich der Intensität, Häufigkeit und Lautstärke des Schluckaufs und dessen psychischer Belastung wurde aufrechterhalten und allmählich verbessert. Gleichzeitig setzte der Rehabilitationsprozeß aufgrund des neuen Optimismus des Patienten erneut ein.

Zu diesem Zeitpunkt, zwei Monate nach der ersten hypnotherapeutischen Intervention, wurde er aus dem Krankenhaus entlassen. Nachdem er nicht genügend in Selbsthypnose unterrichtet worden war, gab man den Familienmitgliedern genaue Anweisungen, um ihn von Anfang bis zum Ende jeder Episode zu hypnotisieren. Am ersten Tag jeder Singultus-Episode wurden von uns

5 Schluckauf

„Verstärkungssitzungen“ abgehalten. Im folgenden Monat wurde die Dauer der Episode weiter reduziert, die symptomfreie Zeit verlängert und der Schluckauf wurde schwächer. Drei Monate nach der ersten hypnotherapeutischen Intervention trat der Singultus unregelmäßig auf und dauerte ein bis drei Tage, die weitgehend symptomfrei waren. Seither, sechs Monate nach der ersten Intervention, kam es zu keinen weiteren Episoden. Der Patient ist nun seit vier Jahren symptomfrei (Follow-Up 1989). Er leidet aber offensichtlich noch unter einer anderen spezifischen Symptomatik, die in Zusammehang mit der schweren Hirnverletzung steht.

Fall 4:
Eine 34jährige Frau wurde von ihrem Gynäkologen angewiesen, sich über die Anwendung von Hypnose bezüglich habitueller Fehlgeburten beraten zu lassen. Sie hatte keine Kinder und machte während der letzten neun Jahre acht spontane Fehlgeburten durch, die auf frühzeitige uterine Spasmen während der ersten 18 - 22 Schwangerschaftswochen zurückzuführen waren. Sie war äußerst pessimistisch, aber auf Druck ihres Mannes hin willigte sie ein, es „noch einmal und zum letzten Mal“ zu probieren. Als sie überwiesen wurde, war sie in der 14. Woche schwanger.

Die bisherige Behandlung bestand aus medizinischen Interventionen und einer psychoanalytisch orientierten Therapie. Der Bericht des Gynäkologen schloß somato-pathologische Befunde aus.

Beim klinischen Interview traten auch keine massiven pathologischen Befunde zutage. Passiv-aggressive Merkmale und ein großer Mangel an Selbstsicherheit dominierten. Ihr Verhalten und ihre Erscheinung während des Interviews beeindruckten uns. Sie war sehr wachsam, nahm eine sich verteidigende Haltung ein und war ordentlich, aber auffallend maskulin gekleidet (männlich wirkende Bluse, Hose und Sandalen). Ein kurzer, knabenhafter Haarschnitt wies ebenfalls auf ein möglicherweise männliches Rollenverständnis hin. Zugleich hatte sie ein eher feminines Lächeln, eine weiche, zarte Stimme und zeigte ein Verhalten, das auf ein weibliches Rollenverständnis schließen ließ. Dieser Eindruck von miteinander in Konflikt stehenden Rollenverständnissen wurde durch die Tatsache noch verstärkt, daß sie ihr vorheriger Therapeut „mit der Frage konfrontiert hatte, ob sie tatsächlich Mutter werden und ob sie wirklich ihre Rolle als Frau annehmen wolle“. Diese Annahmen wurden später mit in den therapeutischen Ansatz aufgenommen: „Natürlich wollen Sie ein Baby bekommen, sonst hätten Sie nicht Jahre voller Bemühungen verbracht und hätten nicht all die medikamentösen Behandlungen mit monatelanger Bettruhe mitgemacht.“ Hiermit war beabsichtigt, die weibliche Seite des vermuteten Rollenkonfliktes zu stärken.

Bezüglich des Faktors Abhängigkeit/Unabhängigkeit war eine ambivalente Haltung ersichtlich; um diesen Konflikt zu lösen, wurde ihr später eine besprochene Kassette gegeben.

Der Behandlungsplan für diese Patientin, die inzwischen Mutter eines zweijährigen Kindes ist, sah eine ärztliche Behandlung (die sich qualitativ nicht von der vorangegangenen unterschied und auf der Gabe von Hormonen und uterinen Muskelrelaxantien beruhte) sowie Hospitalisierung inklusive Bettruhe und medizinische Betreuung bis zur Geburt vor. Dies war zwar auch schon bei den früheren Schwangerschaften der Patientin verordnet worden, aber sie hatte eine langzeitige Hospitalisierung aufgrund der großen Belastungen und aus Angst abgelehnt; allein der Gedanke daran sei ihr unerträglich. Die Ursache für diese Reaktion war hauptsächlich in ihrer mangelnden Selbstsicherheit zu sehen, die es ihr unmöglich machte, das Pflegepersonal während ihrer Bettruhe auch nur um die geringste Hilfe zu bitten.

Man entschied sich, die medizinische Intervention durch einen hypnotherapeutischen Ansatz zu ergänzen. Der erste Schritt bestand darin, die Patientin auf die Hospitalisierung vorzubereiten. Während der nächsten vier wöchentlichen Besuche in der Ambulanz wurde ein Plan erstellt, der eine tiefe Entspannung beinhaltete, in die sie einfach mittels Visualisierung beruhigender Szenen gelangen sollte; es folgte das „Ankern" dieser Erfahrung durch ein bestimmtes Signal und explizite und implizite Suggestionen in bezug auf die Mutterschaft und die Neutralisation ihrer Erwartung eines weiteren Mißerfolges. Eingesetzt wurden hierfür metaphorische Imaginationen des Erfolges und der Mutterschaft, obwohl wir uns der möglichen Konsequenzen im Falle einer Fehlgeburt bewußt waren. Um ihrer Selbstunsicherheit zu begegnen, bediente man sich geeigneter Ich-stärkender Suggestionen und einer explorativen Altersprogression, in der sie visualisieren sollte, wie sie das Pflegepersonal um Hilfe bittet. Schließlich war sie für die Hospitalisierung bereit; ihrem Wunsch nach gelegentlichen Besuchen durch den Therapeuten wurde natürlich entsprochen.

Da sie auf Hospitalisierung mit einer intensiven Streßreaktion und Angst reagierte, wurde Dauerhypnose vorgeschlagen und sie gab ihre Zustimmung. Während der ersten zwei Wochen der Hospitalisierung befand sie sich die meiste Zeit in einem tiefen, hypnotischen Entspannungszustand. Das Vorgehen beruhte auf den bereits beschriebenen allgemeinen Regeln und wurde durch eine individuell aufgezeichnete Kassette ergänzt, die bei Bedarf als Verstärker benutzt werden konnte. Dies komplettierte die Besuche des Therapeuten und wurde in Kooperation mit dem Krankenhauspersonal eingesetzt.

In der 26. Schwangerschaftswoche entschieden sich die Ärzte, Beta-Mimetika zu verabreichen, um die Reifung der Lungenfunktion des Foetus zu unterstützen. Diese präventive Maßnahme muß in Zusammenhang mit ihren früheren uterinen Kontraktionen gesehen werden. Sie reagierte mit Streß und Angst und Uterusspasmen folgten. Dank der vorangegangenen Instruktionen und der posthypnotischen Suggestionen gelang es ihr mit Hilfe der Kassette, sich in eine Dauerhypnose zu begeben, die dieses Mal nur wenige Stunden dauern sollte. Gemäß den früheren Instruktionen verwandte sie zusätzlich strukturierte Imaginationen, nämlich eine Szene, in der sich ein rauhes Meer langsam in ein ruhiges, besänftigendes Meer verwandelt. Die Uterusspasmen legten sich. Man gab ihr die Anweisung, daß sie bei jedem Anzeichen einer Kontraktion, die sie auf dem Monitor verfolgen konnte, an den sie zweimal täglich für je eine Stunde angeschlossen war, eine Abflachung der Kurve visualisieren solle; der Monitor wurde auf diese Weise zu einem Bio-Feedback-Gerät. Zwei Wochen später, nachdem sie Beta-Mimetika verabreicht bekommen hatte, traten während der Beobachtungszeit erneut uterine Spasmen auf. Aber sie wandte die Methode mit Erfolg an, und trotz weiterer medizinischer Interventionen, die ihrer Einschätzung nach Streß und Angst hätten hervorrufen können, kam es zu keinen weiteren Zwischenfällen. Nach 36 Wochen Schwangerschaft kam ihr Baby mit Kaiserschnitt zur Welt.

Fall 5:
Ein 22jähriger Mann wurde mit metastasiertem Krebs hospitalisiert. Bereits vor 15 Jahren hatte man ihm den rechten Hoden aufgrund maligner Teratome an den rechten Testikeln entfernt; nun erhielt er eine intensive Chemotherapie. Es stellten sich schwere persistierende Schmerzen ein, die durch Druckreizung des Femoralnervs hervorgerufen wurden. Man verabreichte ihm alle 4 bis 6 Stunden intravenös 100 mg Pethidin HcL. Als Nebeneffekt zu dieser Behandlung kam es zu einem intensiven Erbrechen, so daß 75 mg Chlorpromazin zu je drei bis vier Dosen täglich verschrieben wurde. Dies wiederum führte zu einem akuten extrapyramidalen Syndrom und er mußte mit fremder Hilfe ernährt werden. Zu diesem Zeitpunkt wurde der Vorschlag gemacht, Dauerhypnose anzuwenden. Den allgemeinen Richtlinien entsprechend und unter medizinischer Aufsicht durchgeführt, war nach 24 Stunden erfolgreicher Anwendung der Dauerhypnose nur noch eine einmalige Dosis Narkotika und später sogar nur noch eine gelegentliche Gabe notwendig.

Zugleich verbesserten sich die extrapyramidalen Symptome und eine optimistische Einstellung trat an die Stelle des bisherigen depressiv-hoffnungslosen Zustandes des Patienten. Eine Kassette mit dem Wortlaut der therapeutischen Interventionen wurde ihm zur Verfügung gestellt und Dauerhypnose wurde noch sieben Tage lange weitergeführt, während deren er sich seiner Umwelt bewußt war und selbständig seine physiologischen Bedürfnisse befriedigen konnte. Auf seinen Wunsch hin wurde er unterrichtet, während des hypnotischen Bewußtseinszustandes zu lesen und sozialen Interaktionen nachzugehen. Nach diesen sieben Tagen entließ man ihn aus dem Krankenhaus mit der Instruktion, die Kassette zu benutzen, wann immer er ihrer bedürfe. Zwei Wochen später mußte er aufgrund einer plötzlichen und schwerwiegenden Verschlechterung seines Gesundheitszustandes, die auf seine maligne Krankheit zurückzuführen war, erneut hospitalisiert werden. Die Kassette hatte ihre Wirksamkeit verloren, und das Personal weigerte sich, wegen seines schlechten Gesundheitszustandes erneut Dauerhypnose zu induzieren. Der Patient starb fünf Tage später.

Fall 6:
Es handelt sich um eine 62jährige Musikerin, die an Schmerzen litt, die von einem generalisierten metastasierenden Karzinom ausgingen. Konventionelle Techniken zur Schmerzkontrolle verringerten den Schmerz und verstärkten ihre Kon-

trollüberzeugung, was hinsichtlich ihrer Persönlichkeit ein essentielles Bedürfnis für sie war. Sie wandte erfolgreich durch Musik induzierte Selbsthypnose an, so daß sie nur noch tolerierbare Schmerzen fühlte. Mit fortschreitender Krankheit verschlechterte sich allerdings ihr Gesundheitszustand und zwei Monate später bekam sie sehr starke Schmerzen. Die hypnotischen Techniken zur Schmerzkontrolle, die sie bereits kannte, vermochten die Schmerzen nicht mehr zu lindern, und sie wurde in ein Krankenhaus eingeliefert. Aufgrund ihres Bedürfnisses nach Kontrolle und danach, ein ästhetisches Aussehen zu behalten, weigerte sie sich, Narkotika zu nehmen. Sie ersuchte um andere Hilfe, und in Zusammenarbeit mit den Ärzten entschloß man sich, Dauerhypnose anzuwenden. Bevor dies jedoch geschah, führten wir mit der Patientin ein offenes Gespräch, in dem ihre Ängste und der immer wahrscheinlicher werdende Tod ausführlich zur Sprache kamen. Danach war sie imstande, in Hypnose ihren Schmerz zusammen mit allen anderen streßvollen Emotionen in ihre Faust zu verschieben und diese nur dann zu öffnen, wenn „sie bereit ist, Schmerz, Ärger, Frustrationen und ähnliche andere Gefühle loszulassen". Die allgemeinen Richtlinien und Vorsichtsmaßnahmen von Dauerhypnose wurden dabei kontrolliert. Die Patientin behielt in dieser Zeit ihre Kontrollüberzeugung und war in der Lage, eigenständig ihre physiologischen Bedürfnisse zu befriedigen, sich um ihre äußere Erscheinung zu kümmern, anspruchsvolle Literatur zu lesen und sich mit ihrer Familie und engen Freunden zu unterhalten. Sie starb zwölf Tage nach ihrer Einlieferung in Frieden.

Diskussion

Wir wissen, daß die Ägypter bereits vor 4000 Jahren den „heiligen Schlaf" für therapeutische Zwecke einsetzten; wie lange dieser Schlaf dauerte, wissen wir allerdings nicht. Auch im Griechenland des 4. Jahrhunderts v. Chr. waren die „Schlaftempel des Asklepios" weit verbreitet.

Die frühen wissenschaftlichen Berichte über die Anwendung von Dauerhypnose beinhalten meist auch Mitteilungen über die Möglichkeit, sie zur Erlangung eines tiefen, verlängerten Schlafes mit oder ohne zusätzliche Schlafdrogen einzusetzen. Den Berichten zufolge kann diese Intervention über mehrere Tage aufrecht erhalten werden (Wetterstrand 1902; Rothenberg 1928).

Die Pawlowsche Schule experimentierte mit „hypnotischem Schlaf" unter der Annahme, daß eine vollständige Ruhigstellung eine maximale Aktivation der regenerativen Funktionen des Neo-Cortex nach sich ziehe. Um die Wirksamkeit zu erhöhen, wurde die Methode in wiederholten Sitzungen vermittelt, welche mehrere Stunden dauerten und an aufeinanderfolgenden Tagen stattfanden; verbale therapeutische Suggestionen wurden zusätzlich gegeben (Platonov 1955). Mears (1960) berichtet über die Anwendung von „hypnotischem Dauerschlaf" über den Tag hinweg, und Kuriyama (1968) über Hypnose, die einige Stunden oder den halben Tag bzw. die halbe Nacht andauerte. Er erwähnt auch die Möglichkeit, Dauerhypnose über einen längeren Zeitraum hinweg einzusetzen und diskutiert einen Fall, bei dem ein 12jähriger Junge mit Asthma fünf Tage lang unter Hypnose stand.

Das Neue an unserem Vorgehen ist, daß der Patient, während er sich in der hypnotischen Trance befindet, dahingehend unterrichtet wird, sich seiner Umwelt bewußt zu sein und relativ autonom zu werden. Unterstützende und suggestive Interventionen sind dabei eingeschlossen. Seither findet sich unseres Wissens in der wissenschaftlichen Literatur kein Bericht mehr über die Anwendung von Dauerhypnose. Wie die Fallberichte illustrieren, ist in der vorliegenden Studie Dauerhypnose Bestandteil eines individualisierten hypnotherapeutischen Vorgehens, das tiefe Entspannung und einen schlafähnlichen Bewußtseinszustand beinhaltet und sich auf zeitgenössische hypnotherapeutische Techniken wie Selbsthypnose und individuell aufgezeichnete Kassetten stützt. Des weiteren enthält Dauerhypnose suggestive Techniken, die auf Symptombesserung, Symptombeseitigung, Symptomersatz und Ich-Stärkung abzielen; Techniken wie strukturierte Vorstellungen, Zeitverzerrung, explorative Altersprogression, Altersregression sowie andere spezifische Techniken hypnotherapeutischen Vorgehens.

Im allgemeinen eignet sich Dauerhypnose für alle Probleme, bei denen eine hypnotische Intervention denkbar ist. Genauer gesagt läßt sich Dauerhypnose insbesondere in solchen Fällen anwenden, in denen andere hypnotherapeutische Methoden nur Teilerfolge erzielen oder ganz versagen. Dauerhypnose wird als ein erfolgreiches Vorgehen bei der Behandlung von resistenten Gewohnheiten wie Tics, Rauchen oder Fettleibigkeit angesehen. Darüber hinaus fand es als begleitende Behandlungsmethode bei anderen Krankheiten medizinischer, psychosomatischer oder psychischer Genese Verwendung, so unter anderem bei Colitis ulcerosa, Schwangerschaftserbrechen, behandlungsbedingtem Erbrechen bei Chemotherapien, langfristigen Erschöpfungszuständen oder schweren Schmerzen, auch wenn diese Folgeerscheinungen schmerzvoller medizinischer Interventionen sind, wie etwa bei Patienten mit Verbrennungen. Da viele solcher und ähnlicher anderer Fälle nicht detailliert aufgezeichnet wurden, fanden sie keinen Eingang in den vorliegenden Bericht. Nichtsdestotrotz waren unseres Erachtens die Ergebnisse befriedigend.

Wir glauben, daß Dauerhypnose eine geeignete Technik ist, um hypnotische Reaktionen zu vertiefen. Sie kann nützlich sein, wenn eine „normale" hypnotherapeutische Intervention das spezifische Phänomen, auf das es abzielt, nicht gänzlich in Erscheinung zu bringen vermag und somit nur einen Teilerfolg erreicht (vgl. hierzu insbesondere Fall 5, Hodenkrebs).

Dauerhypnose eignet sich als zusätzliches, verstärkendes Vorgehen während eines hypnotherapeutischen Prozesses, kann aber auch einer weiteren psychotherapeutischen Intervention vorausgehen, ähnlich wie es in Fall 1 gezeigt wurde. Unglücklicherweise liegt für diesen Fall keine radiologische Aufzeichnung der Entwicklung des Zwölffingerdarmgeschwüres vor. Nichtsdestotrotz verringerte sich der Schmerz und die Operation konnte aufgeschoben werden. Ein ambulanter, medizinischer und psychotherapeutischer Behandlungsplan wurde erstellt und die Patientin aus dem Hospital entlassen.

Dauerhypnose kann sowohl als untergeordnete oder ergänzende Behandlungsmöglichkeit bei medizinischen Problemen wie in Fall 4 eingesetzt werden, aber auch als einzige Maßnahme des Behandlungsplanes, wie die Fallbeispiele 1, 2, 3, 5 und 6 zeigen, in denen Schmerzkontrolle bzw. Symptomverbesserung das einzige Ziel war. In Fall 3 (Schluckauf) ist es durchaus denkbar, die Symptomverbesserung als Ergebnis einer spontanen, graduellen Remission anzusehen. Nach einer langen Symptomgeschichte fiel die Verbesserung zwar zeitlich mit der Anwendung von Dauerhypnose zusammen; dennoch bleibt es uns aus diesem Grunde und aus ähnlichen, aber sehr seltenen Begebenheiten heraus untersagt, dieser Methode die Rolle des einzigen Wirkfaktors zuzuschreiben. Trotzdem sind wir überzeugt, daß sie bei persistierendem Schluckauf angewandt werden kann.

Von besonderem Interesse ist Fall 4 (Fehlgeburten). Hier wurde Dauerhypnose eingesetzt, um die Zustimmung der Patientin zur Hospitalisierung zu stärken und die medizinische Behandlung zu unterstützen bzw. zu ergänzen. Dies wurde schließlich erreicht und das Pflegepersonal berichtete, daß sich die Patientin während der viermonatigen Bettruhe ruhig und kooperativ zeigte. Noch im Krankenhaus, so um die 30. Schwangerschaftswoche, äußerte sie den Wunsch, ihr Aussehen zu verändern; bei ihrem letzten Besuch zusammen mit ihrem Baby wies sie einige sehr angenehme Veränderung auf: Sie wirkte sanft, trug eine feminine Frisur und sehr feminine Kleidung. Ihr neues Erscheinungsbild läßt einen spekulieren, ob nun ihr früheres Aussehen das Ergebnis ihrer vorangegangenen Mißerfolge war und nicht deren Ursache, oder ob die erfolgreiche Schwangerschaft und die Mutterschaft zumindest teilweise ihren Identifikationskonflikt lösten. In diesem Fall läßt sich der wesentliche Wirkfaktor der erfolgreichen Schwangerschaft offenbar nicht mit Bestimmtheit feststellen. So könnte es sein, daß a) die medizinische Intervention schließlich doch noch effektiv war, obwohl sie früher versagte, b) die Bettruhe, c) Dauerhypnose oder d) eine Kombination der hier aufgeführten Faktoren von entscheidender Bedeutung waren, oder daß e) keine Intervention für das Ergebnis von Bedeutung war. Die einzig zuverlässigen Tatsachen sind darin zu sehen, daß Dauerhypnose die Einwilligung der Patientin zur Hospitalisierung ermöglichte, und daß sie durch Kaiserschnitt einem 1790 Gramm schweren Baby das Leben schenkte.

Auf die Verwendung individuell aufgezeichneter Kassetten sollte noch hingewiesen werden, da es einigen Patienten die Ausführung erleichtert, wenn sie die Stimme des Therapeuten hören. Dies gilt insbesondere für Patienten mit einer ambivalenten Ausprägung des Abhängigkeits-/Unabhängigkeits-Vektors ihres Persönlichkeitsprofils. Fall 4 ist repräsentativ für dieses Vorgehen. Ebenfalls empfiehlt sich eine Kassette bei schweren Erschöpfungszuständen, die die Selbsthypnose des Patienten erschweren (vgl. Fall 5).

Berücksichtigt werden sollte die Einbeziehung anderer hypnotischer Phänomene wie Analgesie und Zeitverzerrung (Fall 2), Verschiebung von Emotionen und Symptomersatz (Fall 6), explorative Altersprogression (Fall 4) und andere erwünschte spezifische Phänomene.

Die Motivation ist ein wichtiger Faktor. Aufgrund der großen Not und des Leidens der Patienten sind sie hoch motiviert, so daß sie leicht und nach wenigen Minuten der Induktion in Hypnose versetzt werden können. Fall 2 (Arzt mit offenen Brüchen) ist hierfür beispielhaft. Nach den chirurgischen Eingriffen wurde um eine neue Intervention ersucht, um die Kooperation des Patienten zu der physiotherapeutischen Rehabilitation zu verstärken. Wie bereits erwähnt, waren alle Anstrengungen vergebens, und es konnte keine hypnotische Reaktion mehr erzielt werden. Aufgrund des starken Bedürfnisses des Patienten nach Unabhängigkeit und Selbstkontrolle hätte man dieses Ergebnis durchaus vorhersagen können.

Abschließend soll noch auf das Ausmaß der Trennung des Patienten von externen Stimuli eingegangen werden. Im allgemeinen versucht man, eine hypnotische Reaktion zu erzielen, in der der Patient unabhängig und in der Lage ist, nicht nur seine grundlegenden physiologischen, sondern auch seine persönlichen emotionalen Bedürfnisse zu erfüllen. Dies wird besonders in den Fallbeispielen 2, 4, 5 und 6 deutlich, in denen die Patienten den Wunsch äußerten, während des hypnotischen Zustandes in der Lage zu sein, normale Aktivitäten ausführen zu können wie zum Beispiel zu lesen und Besuche von engen Freunden und Familienmitgliedern zu empfangen. Dies war trotz eines tiefen hypnotischen Bewußtseinszustandes möglich. Dieses Verfahren kann nicht nur verwendet werden, um mögliche Komplikationen auf ein Mindestmaß zu reduzieren, sondern auch bei einem Einsatz von Dauerhypnose im nicht-ambulanten Bereich, so etwa im häuslichen Bereich des Patienten.

Vorsichtsmaßnahmen

Zusätzlich zu den üblichen Vorsichtsmaßnahmen bei hypnotischen Verfahren sollten bei einer Entscheidung zugunsten von Dauerhypnose noch einige spezifische Maßnahmen berücksichtigt werden. In Abhängigkeit von dem medizinischen Problem und dem Ausmaß an Passivität, das notwendig ist, um einen therapeutischen Effekt zu erzielen, sollte eine Hospitalisierung erwägt werden. Diese empfiehlt sich hauptsächlich, um zwei möglichen Komplikationen vorzubeugen. Bei Patienten, die sich in einem ununterbrochenen, tiefen und passiven, hypnotisch erzeugten Entspannungszustand befinden, besteht die Gefahr, daß sie einen Decubitus entwickeln und während des Essens oder Trinkens aspirieren. Diese Komplikationen können durch ein sauberes Vorgehen bei der Selbsthypnose oder aber durch korrekte Anweisungen an die Familie des Betreffenden umgangen werden. Es ist auch möglich, den Patienten, seine Familie und/oder das Pflegepersonal zu unterrichten, zu bestimmten Zeiten durch Dehypnotisierung einen vollständig wachen Zustand wiederherzustellen. Nichtsdestotrotz können sich auch diese Vorsichtsmaßnahmen als ungenügend erweisen. Nach dem Zurücknehmen aus einer tiefen Dauerhypnose kann der Patient zeitweilig in einem Zwischenstadium sein, das heißt sich in einem nur halbwachen Bewußtseinszustand befinden.

Aus all diesen Gründen sollte man bei nicht-hospitalisierten Patienten Vorsichtsmaßnahmen der eben beschriebenen Art treffen und sicherstellen, daß sie sich auch als effektiv erweisen. Falls dies nicht möglich sein sollte, ist eine Unterbringung im Krankenhaus vorzuziehen und in bestimmten Fällen sogar notwendig, um eine ständige medizinische Aufsicht und Betreuung zu gewährleisten. Dies beinhaltet nicht nur die Kontrolle von Puls, Blutdruck, Temperatur, Nahrungsaufnahme, Urin und der inneren Vorgänge, sondern zusätzlich auch adäquate Maßnahmen, um der Entwicklung eines Decubitus bzw. der Aspiration und/oder dem Erbrechen während der Nahrungsaufnahme vorzubeugen.

Falls diese Vorsichtsmaßnahmen erfüllt werden, erweist sich Dauerhypnose bar jeglicher Gefahr als eine Methode, die sich für bestimmte Probleme, wie in den Fallbeispielen aufgezeigt, sehr empfiehlt.

3. Posttraumatischer Stress: Die Entwicklung eines Konzeptes und neuere Therapiemöglichkeiten

Gisela Perren-Klingler

Geschichtlicher Überblick

Als 1980 im DSM3, dem Diagnostic Statistical Manual der American Psychiatric Association (APA), die Post Traumatic Stress Disorder (PTSD) als eigene nosologische Kategorie eingeführt wurde, war zum ersten Mal ein schon lange bekannter Symptomkomplex offiziell als diagnostische Einheit definiert worden.

Schon immer aber war die psychische Traumatisierung als ein pathogener Mechanismus betrachtet worden. Freud hatte Anfang dieses Jahrhunderts die Theorie der Traumatisierung in der frühen

Kindheit aufgestellt, um neurotische Störungen bei Erwachsenen zu erklären (Freud 1915-1917). Später verließ er allerdings diese Theorie wieder. Während und nach dem Ersten Weltkrieg wurden zum ersten Mal die Kriegsneurosen als Reaktionen auf Kriegshandlungen beobachtet (Freud 1919). Gewisse Autoren nahmen dabei an, daß diese Reaktionen auf Exposition gegenüber Kriegshandungen durch „physische Läsionen" im Gehirn zurückzuführen seien („shell shock"; Mott 1919), andere führten sie auf psychische Ursachen zurück. Kurz vorher war die Aufmerksamkeit auf Traumen gelenkt worden, die in friedlichen Situationen wie zum Beispiel duch Eisenbahnunglücke („railway spine"; Clevenger 1989), aber auch durch Arbeitsunfälle zustande kamen. Zum ersten Mal wurden solche Traumen nun auch mit finanziellen Abgeltungen kompensiert. Das Konzept der Kompensationsneurose (Erichsen 1882) entstand im Zusammenhang mit der Einführung von Gesetzen zur Kompensation von solchen Schäden. Schon 1941 nahm Kardiner an, daß der Krieg ein einziges psychologisches Syndrom hervorrufe. Für ihn waren „shell shock", „Kriegsneurose" und „combat exhaustion" alles Symptome ein und derselben Ursache; alles beziehe sich auf die gleiche Störung als Reaktion auf den Kriegsstreß.

Als nach dem Zweiten Weltkrieg in Nordeuropa Überlebende von Kriegsgefangenschaft und Konzentrationslagern und, hauptsächlich in den USA, jüdische Überlebende des Holocaust sich über primär somatische, später aber immer mehr auch über psychologische und psychosomatische Symptome zu beschweren begannen, wurde zum ersten Mal in großem Maß die Aufmerksamkeit der Medizin, immer mehr aber auch die der Psychiatrie, auf Folgen von schweren Traumen gelenkt (Krystal 1968; Nadel u. Vollhardt 1979; Niederland 1964; Trautman 1971). In Israel und in den USA wurden hauptsächlich psychoanalytisch orientierte Psychotherapieformen angeboten, um den Opfern des Holocaust bei der Bewältigung ihrer Vergangenheit beizustehen (Danieli 1985; Niederland 1981). In den 60er Jahren wurden diese Therapeuten mit der zweiten Generation der Opfer des Holocaust konfrontiert, die in der Adoleszenzphase Schwierigkeiten mit der Ablösung von daheim zeigten (Danieli 1982; Epstein 1979; Klein 1974). In den 70er Jahren kamen Berichte von Psychoanalytikern aus Südamerika nach Europa, wo von der Schwierigkeit der psychoanalytischen Behandlung bei Opfern von Folter berichtet wurde (Amati 1977; Becker 1989).

In diesem Rahmen stehen auch die Erfahrungen der Autorin, die als ärztliche Delegierte des Internationalen Komitees vom Roten Kreuz (IKRK) zwischen 1980 und 1985 in Südamerika, dann auch im Nahen Osten, Europa und in Afrika mit politischen Häftlingen zu tun hatte. Fast überall auf der Welt werden politische Häftlinge nach ihrer Gefangennahme schweren Mißhandlungen ausgesetzt, wobei bezüglich der Ziele der Mißhandler verschiedene Interpretationen gefunden werden können. Angefangen vom Vernichten des Feindes auf psychologischer Ebene bis zur Rechtfertigung der Folter für eine schnellere Informationsbeschaffung sind alle Haltungen möglich, wobei die Garantie des physischen Überlebens in den meisten Fällen bereits von einer etwas humaneren Haltung (aus welchen Gründen auch immer) des Täters zeugen. Solange Opfer von ihren Folterknechten einfach umgebracht werden, können keine Folgesymptome festgestellt werden (Thorvaldsen 1989).

Erst nachdem die USA begonnen hatte, ihre Truppen aus Vietnam abzuziehen, und eine große Anzahl von Vietnamveteranen Probleme bekam, die nicht einfach mit der Herkunft oder der psychischen Auffälligkeit vor der Mobilmachung erklärt werden konnten, wurde langsam deutlich, daß massiver psychischer Streß durch Krieg, Folter oder andere Extremsituationen immer wieder zu den gleichen Symptomen führt (Figley 1978). Es ist das Verdienst des Kampfes der Vietnamveteranen in den USA, daß die amerikanischen Psychiater dafür sensibilisiert wurden, die häufigsten Symptome der Veteranen auf sozio-, psycho- und biophysiologischer Ebene zusammenzustellen und eine diagnostische Einheit zu formulieren, das Syndrom des Posttraumatischen Stresses (PTSD, Posttraumatic Stress Disorder; American Psychiatric Association 1987).

Folgende Kriterien sind nötig, um die Diagnose eines PTSD zu stellen: (1) Die Person hat ein Trauma erlebt; das heißt, sie muß eine Erfahrung gemacht haben, die außerhalb der normalen menschlichen Erfahrung liegt wie zum Beispiel Bedrohung der physischen und psychischen Unversehrtheit (der Person selbst oder von nahen Familienmitgliedern), natur- oder Mensch-bedingte Katastrophen, Gewalt wie zum Beispiel Krieg, Folter oder familiäre Gewalt. (2) Die traumatische Erfahrung wird immer wieder durchlebt in Erinnerungen, Träumen, Flashback-Episoden und/oder bei Ereignissen, die eine symbolische Bedeutung des Traumas beinhalten. (3) Persistierende Vermeidung von Stimuli, die in Zusammenhang mit dem Trauma stehen oder „numbing", gefühllos sein. (4) Persistierende Symptome einer erhöhten Erregung und Erregbarkeit wie Schlafstörungen, Gedächtnis- oder Konzentrationsstörungen, Überlebensschuld.

Von akutem PTSD wird gesprochen, wenn die Symptome innerhalb von sechs Monaten nach einem Trauma auftreten, aber weniger als sechs Monate dauern. Chronischer PTSD besteht dann, wenn die Symptome mehr als sechs Monate dauern. Verspätet auftretende PTSD wird dann diagnostiziert, wenn plötzlich Symtome auftreten – sechs oder mehr Monate nach der traumatischen Erfahrung.

Persönliche Erfahrungen der Autorin

Im Rahmen ihrer Tätigkeit als Arzt-Delegierte des Internationalen Komitees vom Roten Kreuz wurde die Autorin wähend der letzten zehn Jahre in verschiedenen Ländern mit der psychischen Gesundheit von politischen Gefangenen konfrontiert. Diese Gefangenen sind normalerweise alle nach ihrer Festnahme für unbestimmte Zeit ohne Kontakt zur Umwelt und der Folter unterworfen, die mehr oder weniger ausgeklügelt und später nicht immer somatisch nachweisbar ist. Meistens werden diese Gefangenen nachher in Hochsicherheitsgefängnissen verwahrt. Zu ihrem Erstaunen fand nun die Autorin neben den psychisch kranken Gefangenen immer wieder viele, die trotz Folter, langer Haftzeit in Hochsicherheitsgefängnissen und vielen anderen Einschränkungen psychisch stabil und gesund erschienen. Dadurch neugierig gemacht, begann sie sich mehr für ein „salutogenetisches Modell" (Antonovsky 1979, 1989) im Gegensatz zu dem in der Medizin üblichen pathogenetischen Modell zu interessieren. Sie begann, die Gefangenen dahingehend zu interviewen und versuchte, deren Fähigkeiten zu eruieren, mit vergangenen und aktuellen Traumen umzugehen. Dazu war eine spezifische Vertrauensatmosphäre zwischen Autorin und Gefangenem zu schaffen. Mit der Zeit kristallisierten sich immer klarer spezifische Coping skills dieser Personen heraus. Nachdem die Autorin diese für sich konzeptualisiert hatte, begann sie mit dem Versuch, diese Fähigkeiten anderen Gefangenen zu übermitteln, die unter PTSD litten.

1. Coping skills der politischen Gefangenen:

a) Dissoziation: Dies ist die Fähigkeit, die auch bei der hypnotisch induzierten Schmerzkontrolle wesentlich ist. Das Individuum visualisiert sich selbst als außerhalb des leidenden Körpers und macht es sich so möglich, vom Körper wahrgenommene Schmerzen psychisch nicht wahrzunehmen (Erickson 1980). Analytische Autoren haben dies als Depersonalisation beschrieben (Jacobson 1974). Wie politische Gefangene sich von der Folter dissoziieren können, sollen die zwei folgenden Beispiele illustrieren.

Ein circa 30jähriger Mann schilderte, wie er auch während der Folter fähig gewesen sei, sich selbst zu beobachten, als ob er außerhalb seines Körpers gewesen wäre und der Folter nur zugesehen hätte. Er fügte an, daß er während dieser Zeit Gefühle von Triumph und Glück gespürt habe, da er seine Sache nicht verraten habe. Eine knapp 30jährige Frau schilderte, daß sie sogar im größten Schmerz nie den Tod gefürchtet hätte, da die Anwesenheit eines Arztes ihr die Sicherheit gegeben habe, daß sie nicht sterben sollte, und daß die Schmerzen dadurch die Gewalt über sie verloren hätten.

b) Zugang zu Erinnerungen vor der Gefangennahme durch Assoziation: Assoziation ist die der Dissoziation entgegengesetzte Fähigkeit, sich mitten in einem vergangenen oder gewünschten Zustand zu fühlen und die dabei auftretenden angenehmen Gefühle richtig zu erleben. Individuen, die den traumatischen Streß gut überstanden, konnten jederzeit Zugang zu ihren Erinnerungen vor der Gefangennahme finden. Für diese Individuen hatte die Folter nicht den Effekt, sie von ihren früheren guten Erfahrungen abzuschneiden; damit hatten sie Zugang zu Ressourcen aus ihrer Vergangenheit.

Eine Gefangene erzählte der Autorin, daß sie jedes Mal, wenn sie in Einzelhaft gesetzt wurde, sich Märchen erzählte oder Kinderlieder sang, die sie von ihrer Mutter gehört hatte. So konnte sie Einzelhaft bis zu 120 Tage ohne größere Traumatisierung hinter sich bringen und mußte den Gefängnisbehörden, ihrem Feind, nicht nachgeben. Ein anderer Gefangener schilderte, wie er vor seiner Inhaftierung seine Kampfeinheit geführt habe und wie diese Einheit gut funktioniert habe. Ein weiterer Gefangener fragte die Autorin, wo sie wohne. Als er herausfand, daß sie im selben Viertel wohnte, wo er aufgewachsen war, fragte er sie nach speziellen Orten und Menschen und war glücklich, daß sie gemeinsame Bekannte hatten. Überhaupt jedesmal, wenn die Gefangenen von ihrer Zeit vor der Gefangennahme berichteten, leuchteten ihre Gesichter auf, änderte sich der Tonfall, und es war so, als ob sie nochmals einen sehr wichtigen und signifikanten Zustand aus ihrer guten Vergangenheit wiedererlebten, voll assoziiert in diese Ressourcen.

c) Zugehörigkeit mit einer größeren signifikanten Gruppe: In Kulturen, in denen das Zugehörigsein zu einer Familie und einer größeren Gruppe einen signifikanten Anteil der Lebenserfahrung ausmacht, wie zum Beispiel in Kulturen des Mittleren Ostens, bedeutet das Wissen, mit diesen Menschen verbunden zu sein, eine wichtige Ressource.

Ein Gefangener, der seit 16 Jahren in einem Hochsicherheitsgefängnis war, antwortete der Autorin auf ihre Frage, was er getan habe, um nach so langer Haft noch so gut dran zu sein, daß er in Frieden sei, weil er wisse, daß seine Brüder (und das bedeutet einen größeren Kreis als nur die leiblichen Brüder) und ihre Söhne seinen Kampf fortführten und daß sie eines Tages das erhalten würden, wofür sie alle kämpften. Ein anderer Gefangener wurde der Autorin vorgestellt, weil er seit vier Monaten jede Nacht unbehandelbare Angstattacken bekam. Die Vorgeschichte war folgende: Dieser junge Mann war ausgeglichen, bis er vor vier Monaten in dieses Hochsicherheitsgefängnis verlegt wurde. Als religiöser Moslem hatte er täglich die vorgeschriebenen Gebete verrichtet, so wie es auch sein Vater tat. Die neue Gruppe, in die er nun gekommen war, bestand aus Marxisten und hatte ihn überzeugt, daß es keinen Gott gebe, daß Gebete darum nicht sinnvoll seien, das heißt, sie hatten ihn zum Marxisten „bekehrt". Von nun an litt er unter seinen nächtlichen Angstattacken - nach Überzeugung der Autorin deshalb, weil er sich nicht mehr zu seiner signifikanten Gruppe zugehörig und assoziiert gefühlt hat.

d) Loslassen von Wut oder Verzeihen: Als die Autorin von einem Gefangenen zum ersten Mal zu hören bekam, daß Verzeihen wichtig sei, war sie erstaunt über diese Aussage. Dies schien ihr besonders schwer nach durchgemachter Folter, wo eines der Ziele doch häufig darin besteht, den Feind in seiner Persönlichkeit zu brechen.

Ein Gefangener sagte, der Peiniger habe ihm seine Absicht deutlich gemacht, daß er sich jeden Tag an ihn und an die von ihm zugefügten Schmerzen erinnern und dadurch wahnsinnig werden solle, und dies noch zehn Jahre nach der Folter. Um diese Absicht wirkungslos zu machen, habe er seine Wut über diesen Folterknecht loslassen müssen, denn dies sei wie ein Gift für ihn gewesen.

Ärger und Wut, die zum hohen Erregungszustand im PTSD und zu den vielen psychosomatischen Symptomen führen, bewirken gleichzeitig, daß der Aggressor permanent im Gedächnis behalten wird. Diese Identifikation mit dem Aggressor (A. Freud 1980) führt zu einer Verewigung desselben als internalisiertes pathogenes Objekt. Nur durch Verzeihen, Inneren-Frieden-Schließen oder Loslassen der Wut kann dieser pathogene Mechanismus überwunden werden

2. Übertragen von Coping Skills auf Gefangene, die unter PTSD litten

Trotz der speziellen Situation in den Gefängnissen, in der eine traditionelle Therapie unmöglich war, beschloß die Autorin, die Coping skills den Opfern von PTSD zu übertragen. Daß dies nicht nur auf einer rein kognitiven Ebene geschehen kann, war von Anfang an klar (Haley 1976).

Der erste Patient war ein 60jähriger Mann aus einer Gewerkschaft, der sein ganzes Leben politisch aktiv war. Er war sechs Jahre zuvor gefangengenommen und gefoltert worden. Er hatte sich eben von einer Hemiplegie erholt und zeigte keine neurologischen Symptome mehr. Umso mehr litt er unter PTSD: Er war übererregt und verband seine Hemiplegie mit der Tatsache, daß er der Folter ausgeliefert war. Gleichzeitig zeigte er Flashbacks mit massivem Leiden. Seine Fähigkeit, auf andere einzugehen, war eingeschränkt (numbing). Er war ständig geängstigt, nicht mehr lebend aus dem Gefängnis zu kommen, obwohl er nur gerade noch ein Jahr vor sich hatte, um die Strafe abzusitzen. Jedes Mal, wenn es schien, ein Wächter gehe an seiner Zelle vorbei, reagierte er mit Schreckreaktionen.

Nachdem ein guter Rapport hergestellt worden war – durch Interesse der Autorin an seiner eben überstandenen Krankheit und durch Aussprechen ihrer Überzeugung, daß er in einem Jahr aus dem Gefängnis kommen werde – benützte die Autorin hypnotische Techniken, um Patienten seine Folter nochmals – in dissoziierter Weise – visualisieren zu lassen, während er sich gleichzeitig hier und jetzt mit ihr, der ersten Frau in seiner Zelle, sicher fühlen konnte. Es wurde dem Gefangenen möglich zu realisieren, daß die Folter wirklich in seiner Vergangenheit lag. Sein ruhiges Atmen zeigte der Autorin, daß er dabei war, sich von dieser traumatischen Erfahrung zu dissoziieren. Darauf fragte sie ihn nach seiner glücklichsten Erinnerung aus seiner Vergangenheit. Nach einem Moment erinnerte er sich – mit großem Erstaunen, weil er sich nie mehr daran erinnert habe – an die Geburt seines ersten Sohnes. Die Autorin ließ ihn das ganze Geschehen im Detail erzählen mit der Instruktion, ganz in der Szene zu sein, zu sehen, zu hören, zu riechen, zu schmecken und zu spüren, genau so wie damals, als es tatsächlich geschehen war. Das versteinerte Gesicht des Gefangenen begann sich zu bewegen. Er begann zu schluchzen und gleichzeitig zu lachen, und er lebte die Geburt seines Sohnes nochmals durch.

Er begann, sich dafür zu interessieren, was die Autorin denn so anders gemacht habe als der Gefängnispsychiater, der ihn auch behandle, wenn er so geängstigt sei. Diese Neugier wurde von der Autorin benützt, um den Mann nochmals in die Szene zurückzuführen und ihm zu zeigen, daß er dies jederzeit auch selbst tun könne, gleichzeitig mit der Aufgabe, mindestens einmal pro Tag diese oder auch andere gute Erinnerungen durchzuleben. Mit dieser Sicht wurde es ihm auch möglich, die Zeitspanne bis zu seiner Befreiung realistischer wahrzunehmen und daran zu denken, wie er seine Familie mit all den inzwischen geborenen Enkeln antreffen werde. Als die Autorin diesen Gefangenen verließ, hatte sich etwas Signifikantes für ihn geändert. Dieser Zustand hielt auch noch eine Woche später an, da wieder Hoffnung in sein Leben zurückgekehrt war.

Leider war es nicht möglich, eine Katamnese mit solchen Gefangenen durchzuführen. Auch wenn die akute Situation gebessert werden konnte, ist anzunehmen, daß diese Gefangenen nach ihrer Freilassung eine weitere Therapie zur Beseitigung des PTSD nötig hätten, denn diese Freiheit ist dann häufig mit der neuen Traumatisierung durch das erzwungene Exil verbunden.

3. Benützung der gleichen Technik in der Schweiz

Erst durch die Auseinandersetzung mit der Traumatisierung durch Folter und deren Therapie bei politischen Gefangenen wurde die Autorin auch in der Schweiz hellhörig auf die Schilderungen von PTSD, besonders bei Frauen, die in ihrer Jugend sexuell mißbraucht worden waren oder die nach einer Vergewaltigung wegen ihrer Symptomatik in Behandlung kamen. Immer mehr wurde die Autorin nun auch aufmerksam auf PTS-Symptome bei Patienten, die als Kinder den Zweiten Weltkrieg miterlebt hatten. Auch bei Leuten, die nach Unfällen auf der Straße, bei der Arbeit oder im Gebirge darunter litten. Je nachdem ob PTSD akut oder chronifiziert war, standen andere Symptome im Vordergrund (Garrison 1986). Doch es gelang der Autorin, auch diesen Patienten in wenigen Sitzungen die Coping skills der politischen Gefangenen zu übermitteln und sie von der sehr beeinträchtigenden Symptomatik zu befreien. Inzwischen hat sie eine Technik entwickelt, die verschiedene Schwerpunkte setzt, abhängig davon, ob die Symptomatik akut oder chronisch ist, sich eher somatisiert oder mehr auf der psychologischen Ebene darstellt. Die Katamnesen der am längsten zurückliegenden Behandlungen vor fünf Jahren sind stabil. Die Patienten erinnern sich zwar noch an das Trauma, erleben aber keine für PTSD typischen Reaktionen mehr.

Fall 1:

Nicole, 12 Jahre alt, war von einem Großonkel seit dem Alter von 9 Jahren sexuell mißbraucht worden. Der Instruktionsrichter ließ die Autorin schon bei der ersten Einvernahme des Kindes anwesend sein, und sie übernahm es, das Kind, das schon bei der ersten Frage flashbackartig mit Zittern, weiten Pupillen, Atemnot und Weinen reagierte, zu beruhigen und es dann dissoziiert durch die ganze Angelegenheit zu führen. Die dabei anwesende Mutter war danach leicht zu überzeugen, tags darauf mit dem Kind in die Praxis zu kommen, um einerseits die Untersuchung beim Gynäkologen vorzubereiten, andererseits das Trauma soweit bearbeiten zu lassen, daß das Kind in Schule und Freizeit wieder normal und unbeschwert sein konnte. Mit der unterdessen weiter ausgearbeiteten Technik von doppelter Dissoziation, Assoziieren an positive Ressourcen und Auflösen des automatisierten Ablaufs von Bildern des Traumas innerhalb einer Sitzung ging Nicole ruhig zum Gynäkologen und nachher nach Hause.

In der Schule wurde schnell sichtbar, daß das Mädchen wieder aufpassen konnte, daheim war es wieder unbeschwert; drei Monate später meldete die Mutter, daß Nicole auf ihre Frage, was denn mit der Erinnerung an den Großonkel sei, geantwortet habe, Frau Doktor habe gesagt, diese Begebenheit sei beendet und in ihrer Praxis im Schrank aufbewahrt. Selbstverständlich muß abgewartet werden, ob Nicole, wenn sie in die Adoleszenz kommt, eine normale Beziehung zum andern Geschlecht finden kann; doch konnte mindestens die akute Reaktion auf das Trauma mit all den einschränkenden Folgen behoben werden.

Fall 2:
Diese Patientin, 32 Jahre alt und kinderlos, war nach ihrer Scheidung in einer längeren Psychotherapie, bei der es hauptsächlich um Trauerarbeit, Integration in den Arbeitsprozeß und Loslösung von der Herkunftsfamilie ging. Angeblich litt die Patientin zugleich unter einer Epilepsie, die in verschiedenen EEGs nie eindeutig diagnostiziert worden war und auch bei abruptem Absetzen der Medikation durch die Patientin nie exazerbiert war. Mit 1,5 mg Lexotanil abends konnten diese Zustände gebannt bleiben. Wenn die Patientin das Lexotanil aber nicht nahm, hatte sie Attacken, in denen sie fürchtete, ein fremder Mann käme in ihre Wohnung. Gleichzeitig hatte sie Probleme, sobald sich ein Mann für sie zu interessieren begann. Sie lehnte auch die Sicht der Autorin ab, daß sie in der Zukunft wieder eine Beziehung zu einem Mann aufnehmen würde. Die Autorin begann deshalb zu vermuten, daß in der Kindheit irgend etwas mit der Patientin geschehen war; diese wollte aber um keinen Preis darüber reden. Dies änderte sich, als die Patientin notfallmäßig in die Praxis kam, weil sie vergewaltigt worden war.

Nach Aufarbeitung der akuten Symptomatik mittels der gleichen oben schon angedeuteten Technik war die Patientin ruhig und sagte, daß sie jetzt gerade auch noch über das reden könne, was ihr mit 14 Jahren einige Male passiert sei: Zwei ihrer älteren Brüder und deren Freunde hätten sie sexuell mißbraucht. Auch diese Erinnerung wurde aufgearbeitet und so wurde es der Patientin möglich, den Ärger und die Wut auf „die Männer“ wegzulegen, nachdem sie Distanz zu den alten und neuen Erlebnissen erhalten hatte.

Ein typisches Zeichen des chronifizierten PTSD, der Wiederholungszwang, in phantasierter (nächtliche Angstphantasie) und agierter Weise (Vergewaltigung) hatte diese Patientin schließlich gezwungen, sich mit dem Trauma auseinanderzusetzten. Seit dieser Sitzung kann sich die Patientin auch ohne Lexotanil abends daheim wohlfühlen; in Beziehungen zu Arbeitskollegen ist sie umsichtiger, gleichzeitig genießt sie es, wenn sie Erfolg bei ihnen hat.

Bei beiden Patientinnen ist in der kurzen therapeutischen Arbeit um das Trauma das gleiche geschehen: Aus Opfern wurden Überlebende

(Figley 1985), die sich zwar an das Trauma erinnern können, doch nun soviel Distanz dazu gewonnen haben, daß sie auch diese Erfahrung für ihr weiteres Leben benützen können.

Schlußbemerkung

Katamnesen über fünf Jahre haben gezeigt, daß bei erwachsenen Frauen die Bearbeitung eines sexuellen Traumas zu einer Verbesserung in ihren Beziehungen zu Männern, hauptsächlich zum Partner, und eine Offenheit gegenüber den Gefahren, denen ihre eigenen Töchter ausgesetzt sind, gebracht haben. Was bei Kindern in einer späteren Lebensphase weiter behandelt werden muß, ist heute noch unklar. Da die Technik zeitlich nicht aufwendig ist, stehen ihr viele Anwendungsmöglichkeiten offen, besonders wenn Lehrer und Richter, aber auch Eltern sich bewußt werden, daß die Behandlung nicht, wie bis jetzt postuliert (Lunde et al. 1989), langdauernd ist, sondern nur aus wenigen Sitzungen bestehen kann.

Es scheint der Autorin wichtig, daß mit unserem Wissen über Diagnose und Behandlung der PTSD mehr in der kurzfristigen Behandlung und Prävention von chronifiziertem PTSD gemacht werden kann. Dadurch wird es vielleicht möglich, in unserem so gewaltträchtigen Jahrhundert mehr Menschen nicht als Opfer zu belassen, sondern zu Überlebenden (Figley 1985) von Traumen zu machen. Überlebende, die das Trauma überwunden haben, nehmen eine andere Haltung gegenüber Gewalt ein, müssen nicht mehr im Wiederholungszwang (Freud 1920) ihrer chronifizierten PTSD weiterleben und können so vielleicht dazu beitragen, daß unsere Welt etwas friedlicher wird.

4. Hypnose und systemische Therapie in der Inneren Medizin

Martin Bökmann

Dieser Beitrag soll zeigen, daß hypno- und systemtherapeutische Verfahren auch in Krankenhäusern der allgemeinmedizinischen Versorgung anwendbar sind und daß dadurch das Bemühen um ganzheitliche Medizin unterstützt werden kann. Ferner möchte ich Kollegen ermuntern, trotz wissenschaftlicher und institutioneller Zwänge diese Methoden einzusetzen.
Folgende Prämissen versuche ich bei meiner Arbeit einzuhalten:

- Der Patient trägt eine Mitverantwortung für seinen Genesungsprozeß. Dies ist in der Medizin nicht selbstverständlich.
- Negative Suggestionen werden möglichst vermieden.
- Die Zeitlichkeit der Erkrankung wird, wenn möglich, hervorgehoben.
- Außerdem wird versucht, Diagnosen nicht als feste Wahrheiten zu beschreiben, sondern mit Mara Selvini Palazzoli zwischen Krankheiten „haben" und Krankheiten „zeigen" zu unterscheiden. Verweist man auf das Zeigen, so deutet sich die Möglichkeit an, auch anderes zu zeigen. Dies führt eher auf den Patienten und seine Beteiligung am Veränderungsprozeß zurück. Es betont auch die Zeitlichkeit des Geschehens. Haben sich irreversible organische Veränderungen eingestellt, so geht es darum, mit ihnen umzugehen.

Mein Arbeitsfeld umfaßt eine allgemeininternistische Krankenstation mit circa 34 Patienten, die ein Kollege und ich betreuen. Relativ ungestörte Gespräche kann ich nur im Aufenthaltsraum der Patienten führen. Wir behandeln alle internistischen Krankheitsbilder, wie Herzinfarkt, Bluthochdruck, Asthma bronchiale, Bauchspeicheldrüsenentzündungen, Lungenentzündungen, Nierenkrankheiten, außerdem führen wir Chemotherapien bei bösartigen Erkankungen durch und versorgen Sterbende. Meine psychotherapeutische Arbeit wird von chefärztlicher Seite akzeptiert, manchmal in Anspruch genommen. Unterstützung durch Entlastung anderer Aufgaben erfahre ich nicht. Die meisten Schwestern begrüßen es, daß ich auf die Patienten anders eingehe, einige sind verwundert über die schnelle Veränderung bei manchen Patienten.

Grundsätzlich erhält jeder Patient die therapeutischen Standards der Inneren Medizin. Die Indikation zur zusätzlichen hypno- und/ oder systemtherapeutischen Intervention richtet sich nach folgenden Kriterien:

- Der Patient macht deutlich, daß er Probleme hat, die er im Zusammenhang mit seiner Erkrankung sieht.
- Während des stationären Aufenthaltes wird den Schwestern oder mir offensichtlich, daß die Erkrankung mit anderen Problemen zusammenhängt.
- Die Verarbeitung der Krankheit gelingt nicht.
- Die üblichen Therapieschemata greifen nicht erwartungsgemäß.
- Der Patient hält an seinen Symptomen fest.

Methoden in Diagnostik und Therapie

Die Krankenhausaufnahme erfolgt in der Regel durch einen einweisenden Arzt, oftmals auch notfallmäßig. Für viele Patienten stellt die Aufnahme eine Ausnahmesituation dar, die für therapeutische Neuorientierungen gut nutzbar ist. Im Aufnahmegespräch empfiehlt es sich daher, nicht nur die körperlichen Beschwerden zu erfassen, sondern auch die soziale Situation zu eruieren. Sind Angehörige anwesend, können auch schon erste Erwartungsmuster erfaßt werden. Im Vordergrund der Anamnese steht das Erfassen von Handlungsverläufen, die aufzeigen, wie es zu den Beschwerden kam, und die darauf abzielen, positive frühere Erfahrungen, in denen der Patient erinnert, daß er schon einmal diese oder andere Beschwerden überwunden hatte, zu aktivieren. Fragen dazu: Was war genau vor dem Auftreten der Symptome? Was ist geschehen als die Beschwerden auftraten? Was hat Ihr Partner gemacht? Wie haben Sie reagiert? Was haben Sie früher schon einmal gemacht, daß es Ihnen besser ging? Vertiefung: Wie haben Sie das gemacht? Suche nach Ressourcen: Was hat Ihnen dabei am meisten geholfen? Von wem haben Sie sich unterstützen lassen? Oder Einsatz von Pacing und Leading: Sie haben sicherlich wie die meisten Menschen die Erfahrung gemacht, daß es Ihnen manchmal schlechter ging und dann wieder besser geht. Wie ist das bei Ihnen genau? In der Anamnese kann auch schon der pathologische Zirkel herausgearbeitet werden mit den Fragen: Was müssen Sie machen, damit Sie noch mehr Beschwerden haben? Danach können therapeutische Suchprozesse initiiert werden durch Fragen wie: Was muß passieren, daß die Beschwerden langsam abklingen? Wer kann Ihnen dabei helfen? Wie macht er das? Beim Ausweichen auf diese Fragen empfiehlt es sich, zwischen Bewußtem und Unbewußtem zu unterscheiden. Antwortet der Patient, daß er nicht wisse, was ihm helfe, um zu genesen, so führt die Gegenfrage, was er meine, was ihm helfe , häufig weiter. Auch die Verwendung des Konjunktivs kann ergiebig sein: Wer wüßte, was Ihnen hilft? Was würde derjenige tun? Auch während der Anamnese kann schon ein Refraiming der negativen Focussierung eingesetzt werden. Beispiel: Wo haben Sie keine Schmerzen? Wo haben Sie ein angenehmes Gefühl? Wie lange haben Sie das? Es empfiehlt sich, die angegebenen Körperstellen zu wiederholen.

Pacing der ungewohnten Situation und Orientierung auf unbewußte Kräfte mittels kontingenter Suggestionen kann die Mitarbeit des Patienten an der Genesung ebenfalls aktivieren. Beispiel: Auch wenn Sie es hier im Krankenhaus nicht so angenehm finden, so sollten Sie sich doch die Zeit der Entlastung gönnen, um Ihre Kräfte zu sammeln und bald zu genesen. Dieser Aspekt kann auch gut durch die Arbeit mit Teilen eingeführt werden. Beispiel: Während vielleicht ein Teil in Ihnen über die Krankenhausaufnahme beunruhigt ist, so merkt ein anderer Teil in Ihnen, daß er hier die Entlastung und Versorgung erhält, die er braucht, um schnell zu genesen. Einige Patienten äußerten am Ende des Krankenhausaufenthaltes, daß diese Sichtweise es Ihnen erleichtert habe, sich ganz ihrer Genesung zu widmen und sich von häuslichen und beruflichen Anforderungen zu distanzieren.

Klare Therapievereinbarungen, wie sie bei psychotherapeutischen Behandlungen üblich sind, aktivieren ebenfalls die Mitarbeit des Patienten. Dadurch entgeht man auch am ehesten der Paradoxie des Hilfesuchens und der gleichzeitigen Ablehnung der angebotenen Hilfe. Fragen: Was sollen wir, was soll ich für Sie tun? Was wollen Sie dazu beitragen, gesund zu werden? Wie kann ich Ihnen helfen? Die Einführung einer neuen Sichtweise gelingt auch leicht durch die Frage: Woran merken Sie, daß Sie gesund sind?

Häufig sind die Angehörigen bei der Krankenhausaufnahme und der Anamnese anwesend und warten auf erste Diagnosen und Prognosen. Liegt ein Einverständnis des Patienten vor, können die Angehörigen je nach Krankheitszustand des Patienten in den diagnostischen und therapeutischen Prozeß einbezogen werden. Zur Aktivierung innerer Ressourcen können hier zirkuläre Fragen und indirekte Suggestionen dienen. Fragen dazu: Was meinen Sie, wie es dazu kam, daß Ihr Mann/Ihre Frau diese Beschwerden bekam? Was bedeutet für Ihre Begleitperson diese Diagnose? Wie lange braucht er/sie normalerweise, um sich zu erholen? Was hilft ihm/ihr am meisten, um schnell gesund zu werden? Ihr Mann/Ihre Frau ist im Moment sehr krank, aber Sie werden überrascht sein, wie schnell er/sie die akute Phase überwinden kann.

Sehr gute Erfahrungen habe ich mit der Ziel- und Zukunftsorientierung gerade im Erstkontakt gemacht. Werden die Patienten gebeten, die Dauer ihrer Erkrankung einzuschätzen, oder werden sie gefragt, was sie nach dem Krankenhausaufenthalt machen, wird die Krankheit selbst als ein zeitlich vorübergehendes Ereignis interpretiert. Krankheit wird so zur Episode.

Fallbeispiel: Zielorientierung

Ein 71jähriger Patient wurde wegen eines blutenden Magengeschwürs operiert. Es entstanden Komplikationen, so daß er zehn Wochen lang intensivmedizinisch und chirurgisch versorgt werden mußte. Eine ausgeprägte Herzschwäche und Herzrhythmusstörungen verkomplizierten das Krankheitsbild. Schließlich konnte er jedoch zur weitern Behandlung zu mir verlegt werden. Nach der körperlichen Untersuchung und Durchsicht der Akte hielt ich es für erforderlich, den Patienten zur weiteren Genesung zu motivieren. Ich sagte ihm, daß er außerordentlich schwer krank gewesen sei, die längste Zeit seines Krankenhausaufenthaltes aber wohl hinter sich habe. Er sei zwar jetzt auch noch krank, aber ich wolle gern wissen, was er meine, wie lange er brauche, um wieder nach Hause gehen zu können. In völliger Selbstüberschätzung antwortete er: „In einer Woche, da ich schon zehn Wochen hier bin." Ich erwiderte, daß ich das für unwahrscheinlich hielte, und nannte einen Zeitraum von frühestens drei Wochen. Der Patient verkürzte auf zwei Wochen. Schließlich willigte ich mit der Einschränkung ein, daß wir in zwei Wochen über die Entlassung sprechen werden. Die täglichen Visiten zeigten im wesentlichen keine Befundbesserung. Wiederkehrende nächtliche Luftnotattacken und ein fortgesetzt unregelmäßig schlagendes Herz beherrschten das Bild. Relativ unerwartet berichtete der Patient auf einer Visite, daß es ihm seit der letzten Nacht besser gehe, und er sprach mich auf unsere Vereinbarung an. Ich zählte die Tage in der Krankenakte, und es waren tatsächlich genau 14 Tage vergangen. Er fühlte sich besser, obwohl medizinisch seit acht Tagen die gleiche Situation vorlag. Wir sprachen über eine mögliche Entlassung. In der folgenden Woche besserten sich die klinischen Befunde, so daß er bald die Klinik verlassen konnte.

Visite

Eine systemisch-hypnotherapeutische Visite muß in der Regel nicht länger dauern als eine ausführliche internistische Visite. Der Unterschied liegt auch hier in der Orientierung. Innere Ressourcen und Kompetenzen lassen sich gerade in der täglich durchgeführten Visite gut entwickeln und/oder verstärken. Fragen: Wie haben Sie es gemacht, daß es Ihnen besser geht? Ich wundere mich, wie gut Sie mit Ihrer Erkrankung umgehen, wie machen Sie das? Häufig werden dann Medikamente oder der Arzt als Ursache des Genesungsprozesses benannt. Dem stimme ich kurz zu und frage wiederum nach dem Beitrag des Patienten. Innere Suchprozesse lassen sich gut durch Fragen provozieren, deren Beantwortung erst auf der folgenden Visite erwartet wird. Beispiel: Darf ich Sie morgen fragen, was Sie zu Hause unternehmen werden? Ich möchte Sie bitten, sich bis morgen zu überlegen, was Ihnen am besten hilft, die Beschwerden zu verringern oder hinter sich zu lassen.

Da die meisten Patienten im Krankenhaus in Mehrbettzimmern untergebracht sind, ist fast jede Visite eine Gruppenvisite. Viele Patienten hören gespannt auf die Neuigkeiten vom Patienten im Nachbarbett. Daher kann man auf der Visite sehr gut mit indirekten Suggestionen arbeiten. Am Nachbarbett werden die Themen des zuvor visitierten Patienten in allgemeiner Form wieder aufgegriffen. Beispiel: Manche Patienten sind sehr schmerzempfindlich, aber früher oder später wundern sie sich, daß entgegen ihrer Annahme eine Veränderung eintritt.

Da die Visite in der Regel mit einer Schwester, die über das Befinden des Patienten aus pflegerischer Sicht berichtet, durchgeführt wird, kann diese Situation ebenfalls für indirekte Suggestionen genutzt werden. Schwester und Arzt unterhalten sich über den Patienten, ohne ihn einzubeziehen, wie es häufig im Krankenhaus sowieso geschieht, jedoch sollte hier das Gespräch mit einer Grundhaltung stattfinden, die Perspektiven eröffnet (positive Konnotation). Berichtet die Schwester über eine Besserung, Verschlechterung oder einem Gleichbleiben des Gesundheitszustandes des Patienten, so kann man sich darüber wundern, über Vor- und Nachteile der Änderung/Nichtänderung mutmaßen oder über die Zeitspanne spekulieren, die es noch dauern mag, bis eine Veränderung eintritt. Man kann Möglichkeiten erörtern oder Gründe suchen, die eine Änderung eintreten lassen. Die Reaktionen des Patienten werden beobachtet und bei Folgekommunikationen verwendet.

Mit Symptomverschreibungen und Syptomverschiebungen lassen sich manche Krankheiten ebenfalls gut beeinflussen. Fragen: Ich möchte Sie bitten, genau die Beschwerden, die Sie gestern abend hatten, noch einmal zu bekommen, wenn ich auf der Station bin, so daß ich Sie untersuchen kann! Wann bekommen Sie die Beschwerden in der Regel? Können Sie sie etwas früher / später bekommen, so daß ich Sie während der Visite untersuchen kann? Ist es Ihnen möglich, Ihre heftigen Atembeschwerden auf zwei oder drei kleinere Attacken zu verteilen?

In diesem Sinne wirkt auch sehr gut das Protokollieren der Beschwerden und natürlich der beschwerdefreien Zeit. Aufforderung: Bitte schreiben Sie stündlich auf – unsere Schwestern geben Ihnen Stift und Papier – wann Sie Schmerzen haben und wann Sie ein angenehmes Gefühl haben.

Sehr effektiv lassen sich auch Spaltungen einsetzen, in denen die Berufsrolle von der Person des Arztes unterschieden werden. Beispiel: Als Arzt bin ich der Meinung, daß Ihre Krankheit gut heilbar ist, als Mensch bin ich eher skeptisch, weil ich sehr gut Ihre Gründe verstehe, sich mit der Genesung noch Zeit zu lassen. Oder: Medizinisch gesehen, sind Sie sehr krank, als Mensch habe ich aber den Eindruck, daß Sie die Kräfte haben, mit der Erkrankung zu leben.

Das Verwenden metaphorischer Bilder ist gerade auf Visiten gut einsetzbar, weil jeden Tag ein wenig an den Bildern verändert werden kann.

Fallbeispiel: Einsatz von Metaphern

Eine 55jährige Patientin, deren rechte Brust wegen eines fortgeschrittenen Karzinoms entfernt worden war, hatte an der Stelle eine nicht verheilende und sich immer wieder entzündende Wunde. Außerdem wußte sie, daß sie Knochenmetastasen hatte, die sich trotz Chemotherapie vermehrten. Sie wurde wegen eines starken Drehschwindels eingeliefert, konnte nicht mehr selbständig gehen und schlief nur noch sitzend im Bett, da im Liegen der Schwindel unerträglich wurde. Zum Ausschluß von Hirnmetastasen sollte eine Computertomographie des Kopfes durchgeführt werden. Da die Untersuchung im Liegen durchgeführt werden muß, fürchtete sie sich sehr davor. Auf einer Visite sagte ich, daß ich sehr gut verstehe, daß sie so schwindelig sei. Ihre Krankheit sei schon weit vorangeschritten und die offene Wunde sei außerdem sehr lästig. Sie balanciere am Rande eines Abgrunds, und wenn sie hinunterschaue, sei es kein Wunder, daß ihr schwindelig werde. Vielleicht könne sie ein paar Meter vom Abgrund zurückweichen, um sicheren Boden unter den Füßen zu haben. Dieses Bild wurde von der

Patientin gut aufgenommen. Am folgenden Tag berichtete sie, daß ihr zwar noch schwindelig sei, sie aber schon flach habe schlafen können. Die computertomographische Untersuchung ein paar Tage später überstand sie problemlos. Hirnmetastasen lagen nicht vor.

Trancen lassen sich in der Inneren Medizin gut am gewohnten Erwartungsmuster der Patienten induzieren, indem zum Beispiel die Lunge mit dem Stethoskop abgehört wird. Dabei wird der Atemtakt bestimmt und nach dem Abhören eine Trance folgendermaßen eingeleitet: Vielleicht achten Sie einmal darauf, wie die Luft durch die Nase strömt und sich tief in der rechten und linken Lunge ausbreitet. Vielleicht bemerken Sie, wie schwer und angenehm Sie im Bett liegen usw.

Auch das Tasten des Pulses gehört zum klinischen Alltag. Während oder nach dem Pulstasten kann die Hand an den Knöcheln noch etwas festgehalten werden und eine Trance durch körperliche Dissoziation induziert werden.

Schlußbemerkung

Der Einsatz hypno- und systemtherapeutischer Methoden erweitert sehr gut die internistischen Therapiemöglichkeiten. Die dargestellten Beispiele sind nur Ansätze und Anregungen zum Einsatz dieser Methoden. Oftmals bin ich selbst über die Effektivität der Veränderung des Krankheitsverlaufs und über den Wechsel der Sichtweisen der Patienten überrascht. Die Möglichkeiten des Einsatzes dieser Methoden sind bei weitem nicht ausgeschöpft. Interessante Anwendungsgebiete sehe ich bei chronischen Erkrankungen, bei schweren Krankheitsverläufen, bei Tumorerkrankungen, aber auch zum Beispiel bei Autoimmunerkrankungen.

5. Hypnotherapie und systemische Therapie bei Abhängigen

Wolfgang Beiglböck und Senta Feselmayer

„Normalerweise schicke ich Patienten, die Alkoholiker sind, zu den Anonymen Alkoholikern, da sie eine bessere Arbeit leisten können als ich." (Milton H. Erickson, zit. nach Rosen 1982). Dieser Satz von Milton Erickson war für uns, die wir gerade eine Ausbildung in

Hypnotherapie abgeschlossen hatten, nicht sehr ermutigend, als wir versuchten, diesen Ansatz in der täglichen Arbeit in unserer Suchtklinik zur Anwendung zu bringen. Aber immerhin überliefert Rosen in seiner Sammlung von Lehrgeschichten von Milton Erickson zwei kurze Vignetten aus einer Therapie von Alkoholikern. Im ersten Beispiel schlägt Erickson einem Patienten, der ihn auffordert, etwas gegen sein Trinken zu tun, folgendes Verfahren vor: „Gehen Sie in den Botanischen Garten. Sehen Sie sich dort alle Kakteen an und bestaunen Sie diese Kakteen, die drei Jahre ohne Wasser überleben können und ohne Regen, und denken Sie einmal gut nach." In seinem zweiten Beispiel schlägt Erickson einem Patienten auf dieselbe Aufforderung folgendes vor: Er möge mit seiner Frau in ein einsames Waldhaus ziehen und dort zwei bis drei Wochen ohne Alkohol verbringen, denn er weiß, „daß Sie nicht 10 Meilen durch die Wildnis laufen werden, um Alkohol zu besorgen." Bei dieser letzten Aufforderung wurde es dem Patienten klar, daß er gar nicht mit dem Trinken aufhören wollte.

Diese beiden Beispiele sind vielleicht ein Beleg für das therapeutische Genie Milton Erickson; die Kakteen-Metapher scheint auch ein gutes Beispiel für eine indirekte Suggestion in der Arbeit mit einem alkoholabhängigen Patienten zu sein. Für die tägliche therapeutische Arbeit in einer großen Suchtklinik finden sich jedoch hier nur beschränkte Umsetzungsmöglichkeiten.

Im folgenden werden wir drei Teilbereiche vorstellen, in denen wir Hypnotherapie in unserer Institution bei der Behandlung Suchtkranker einsetzen: zur Beschleunigung der Rehabilitation im noopsychischen Bereich, zur Schulung der Wahrnehmung innerer Vorgänge und im Rahmen der systemischen Familientherapie.

1. Verbesserung noopsychischer beziehungsweise kognitiver Leistungen durch tranceartige Zustände

Das durch die Suchtmittel hervorgerufene hirnorganische Psychosyndrom mit seiner Beeinträchtigung kognitiver Leistungsparameter stellt sehr häufig eine Stigmatisierung dar, durch die der Patient als unmündiges Wesen eingestuft wird, das der dauernden Bevormundung einer Therapie bedarf, was in der Folge eine Rückkehr in das normale Leben erschwert. Diskussionen über Ausmaß und Dauer dieser Leistungsbeeinträchtigung werden im Bereich der wissenschaftlichen Suchtforschung sehr emotionell geführt. Wir konnten bereits in einigen Untersuchungen (z.B. Feselmayer et al. 1985) zeigen, daß in der dritten Woche nach Absetzen des Suchtmittels ein Drittel der Patienten deutliche hirnorganische Beeinträchtigungen aufweist, daß sich aber nach sechs Wochen nurmehr bei circa zehn Prozent der Patienten eine derartige Beeinträchtigung nachweisen läßt.

Da unser Behandlungsprogramm auf eine nur kurzfristige stationäre Behandlung ausgerichtet ist und einen hauptsächlich psychotherapeutischen Schwerpunkt hat, haben wir uns mit der Frage beschäftigt, wie Patienten bereits früher in den psychotherapeutischen Prozeß miteinbezogen werden können. Wir haben uns dazu der sogenannten Ergopsychometrie bedient. Unter Ergopsychometrie ist die Erhebung kognitiver Leistungsparameter mittels einer psychologischen Testung sowohl in Ruhe als auch unter physischer und/oder psychischer Belastung zu verstehen. Erhebt man kognitive Parameter wie zum Beispiel Reaktionszeit oder Merkfähigkeit einmal in einer neutralen streßfreien Situation und darauffolgend in einer Situation, in der der Patient unter Streßbelastung steht, so zeigen sich folgende Ergebnisse: Während in der Durchschnittsbevölkerung nur circa 43 Prozent ein deutliches Absinken ihrer kognitiven Leistungsfähigkeit in der Belastungssituation gegenüber der Ruhesituation aufweisen, so sind es unter Alkoholkranken 82 Prozent, die auf eine psychische Belastung mit einem Abfall ihrer kognitiven Leistungsfähigkeit reagieren. Der Vollständigkeit halber sei erwähnt, daß bei Hochleistungssportlern ein derartiger Leistungsabfall nur bei 20 Prozent der Untersuchten zu beobachten ist. Wir haben nun mit einem Teil unserer Patienten über drei Wochen zwei bis drei mal wöchentlich ein intensives Entspannungstraining durchgeführt (Hauk u. Beiglböck 1989). Wir verwendeten das Integrierte Entspannungstraining nach Peter und Gerl (1991). Dabei zeigte sich, daß in jener Gruppe von Patienten, die dieses integrierte Entspannungstraining regelmäßig übte, bei der nachfolgenden Untersuchung nach drei Wochen nur mehr 25 Prozent schlechtere Leistungen unter Belastung aufwiesen, während in einer Kontrollgruppe, die dieses Training nicht erhielt, der Prozentsatz gleichblieb. Ausgehend von diesen Daten kann auch testdiagnostisch belegt werden, daß der Restitutionsverlauf durch ein intensives tranceähnliches Entspannungstraining beschleunigt werden kann. Wir nehmen an, daß die Patienten durch dieses Entspannungstraining in die Lage versetzt werden, ihre vegetativen Funktionen bzw. ihr Aktivierungsniveau in Belastungssituationen besser zu regulieren. In weiteren Untersuchungen wollen wir diesen Effekt auch mittels elektroenzephalografischer Befunde stützen.

2. Die Schulung der Gefühlswahrnehmung

In der Begegnung mit Alkohol- und Drogenabhängigen setzt uns Psychotherapeuten die immer wieder beobachtbare emotionale Kommunikationsschwäche und Phantasiearmut dieser Patienten in Erstaunen. Das dürfte auch mit ein Grund sein, daß Suchtkranke in verschiedenen psychotherapeutischen Schulen als besonders schwierige Klientel gelten und von vielen Psychotherapeuten nicht in Behandlung genommen werden.

Wenn auch bis jetzt noch keine sicheren empirischen Befunde vorliegen, haben verschiedene Autoren (vgl. Burian 1985) die Auffassung vertreten, daß für die oben beschriebene Symptomatologie das sogenannte Alexithymiekonzept anwendbar ist. Burian (1985) faßt die Ansichten der verschiedenen Schulen, die recht einheitlich erscheinen, zusammen und erachtet folgende drei Aspekte als besonders wichtig: (1) Schwierigkeit beziehungsweise Unfähigkeit, Gefühle zu benennen, zu differenzieren und auszudrücken. Die Phantasie der Patienten ist oft gering entwickelt und ihre Sprache eingeengt und sehr häufig an gegenständliche, konkrete Details gebunden. (2) In ihren Beziehungen sind die Patienten oft symbiotisch an den Partner gebunden, der ihre Stabilität sichert. (3) Ihre Abhängigkeit von einem Partner zeigt sich besonders in einer Unsicherheit beim Durchsetzen eigener Wertvorstellungen bei einem recht hohen Maß an sozialer Anpassung.

Aus diesen drei Aspekten ergibt sich logischerweise die Notwendigkeit psychotherapeutischer und familientherapeutischer Interventionsstrategien. Aber als Vorbereitung für systemische Therapie oder jede andere Psychotherapie scheint es notwendig, daß der Patient lernt, seine Affekte wahrzunehmen und auch zu artikulieren bzw. in Symbole umzusetzen und symbolisiert zum Ausdruck zu bringen (Springer 1986). Dies wird in der Literatur immer wieder als besonders schwieriges Unterfangen beschrieben.

Wir haben recht gute Erfahrungen, es den Patienten mit Hilfe von Trancezuständen zu erleichtern, ihre Affekte wahrzunehmen und zu unterscheiden. Durch langsames Hinführen und durch Fixierung der Aufmerksamkeit auf innere Zustände können sie lernen, mit der Angst vor den eigenen Gefühlszuständen besser umzugehen. Da das Hauptgewicht unserer psychotherapeutischen Bemühungen auf der Gruppentherapie liegt, wird ein Großteil der Tranceübung auch in Gruppen durchgeführt.

Nach einer üblichen Gruppentranceinduktion werden zuerst positive Resourcen angesprochen. Der Patient soll sich in Trance an einen ihm angenehmen Ort versetzen, wobei alle Sinnesmodalitäten angesprochen werden. Danach wird er mittels einer direkten Suggestion mit verschiedenen Gefühlszuständen wie etwa Trauer, Wut oder Liebe konfrontiert. In diesen einzelnen Gefühlszuständen werden alle Sinnesmodalitäten und Körperwahrnehmungen einzeln angesprochen und somit dem Patienten die Möglichkeit gegeben zu erleben, wo er in seinem Körper die verschiedenen Gefühle lokalisieren kann. Nach Beendigung des Trancezustandes – in einer Feedback-Runde – berichten die Patienten über ihre Erlebnisse in Trance. Für sie ist es oft sehr beeindruckend zu erleben, wie sie längst verschüttete Gefühlszustände wahrnehmen und letztendlich auch verbalisieren können. Diese Übungen in Gruppentrance sind zwar sicher keine revolutionären Neuerungen in der Hypnotherapie; wir haben jedoch erlebt, daß gerade bei unserer Klientel eine derartige Vorgehensweise die weitere psychotherapeutische Arbeit günstig beeinflussen kann.

3. Systemtherapie und Hypnotherapie

Im folgenden wollen wir einige Gedanken zum systemischen Zugang in der Arbeit mit Suchtkranken vorstellen und am Schluß die Verbindung mit der Hypnotherapie herausarbeiten.

Gregory Bateson war es, der als erster Ende der 60er Jahre eine umfassendere Theorie des Alkoholismus aus kybernetischer bzw. systemischer Sicht darlegte. Zum Verständnis dieser Theorie sind zwei Begriffe aus der Kybernetik von Bedeutung, die wir kurz vorstellen wollen, nämlich die Begriffe der Symmetrie und der Komplementarität. Wenn in einer Zweierbeziehung das Verhalten von einer Person und das Verhalten einer anderen Person gleichartig sind und so miteinander verknüpft, daß mehr von dem Verhalten der Person A mehr davon bei B auslöst und umgekehrt, dann ist diese

Beziehung im Hinblick auf dieses Verhalten symmetrisch. Ist hingegen das Verhalten zweier Personen ungleichartig, aber so einander wechselseitig angepaßt, daß mehr von A's Verhalten mehr von B's dazupassendem Verhalten auslöst, dann ist die Beziehung in Hinblick auf dieses Verhalten komplementär.

In unserer abendländischen Kultur besteht nun schon bezüglich unserer normalen Trinkgewohnheiten eine starke Tendenz der Symmetrie; unabhängig von einer Abhängigkeitsentwicklung neigen wir dazu, wenn wir Alkohol trinken, stets mit den anderen mitzuhalten und so symmetrisch zu reagieren. Denken Sie zum Beispiel an Stammtischrunden oder an die Peer-Gruppe, wo das „Mithalten" den Initiationsritus für das Erwachsenwerden darstellt. Wird nun eine Abhängigkeitsentwicklung eingeleitet, so verschiebt sich der symmetrische Kampf oder die Rivalität auch noch auf eine andere Ebene. Die soziale Umwelt des Trinkers wird versuchen, diesem sein Trinken als Schwäche oder Labilität vorzuhalten, die er doch irgendwie beherrschen müsse. Dadurch aber wird der Alkoholiker gezwungen, sich und der Umwelt zu beweisen, daß er weiterhin „normal" trinken kann. In weiterer Folge bleibt der symmetrische Kampf aber nicht nur auf die soziale Umwelt, auf die Freunde und Bezugspersonen oder den Partner beschränkt, sondern er weitet sich auf den Alkohol als solchen aus. Der Alkoholkranke wird in einen tödlichen Konflikt mit dem Alkohol verstrickt. Er muß beweisen, daß ihn der Alkohol nicht umbringen kann, daß er von der Flasche nicht besiegt wird.

Tritt jetzt in diesen Zweifrontenkampf, nämlich gegen die Umwelt und gegen den Alkohol, auch noch der Therapeut hinzu, der dem Alkoholkranken möglichst drastisch die negativen Folgen des Alkoholkonsums vor Augen führt, ihn dahingehend zu beeinflußen versucht, dem Alkohol abzuschwören, und ihm Vorwürfe bezüglich seiner Rückfälle macht, so eskaliert auch dieser symmetrische Kampf; der Alkoholkranke wird auch dem Therapeuten zu beweisen versuchen, daß er dem Alkohol nicht unterliegt, womit ständige Rückfälle und Frustrationen sowohl auf Seiten des Therapeuten als auch auf der des Patienten garantiert sind. Daher meint Bateson, daß eine wirkungsvolle therapeutische Interaktion erst dann beginnen kann, wenn der Alkoholiker vor dem Alkohol kapituliert hat und zugibt, wirklich alkoholkrank zu sein, das heißt wenn er davon abgeht, den symmetrischen Kampf mit dem Alkohol und seiner Umwelt weiterzukämpfen und in die Komplementarität geht. Daher muß auch das oberste Ziel des Suchttherapeuten sein, nicht in einen symmetrischen Konflikt mit dem Alkoholkranken zu geraten. Alle, die mit Abhängigen arbeiten, werden es auch schon erlebt haben, daß diese rasch versuchen, die Flasche durch den Therapeuten zu ersetzen und diesen sich durch Grenzüberschreitungen ebenso jederzeit verfügbar zu machen wie das Suchtmittel. Versucht sich nun der Therapeut, ohne das Geschehen zu reflektieren, aus der therapeutischen Beziehung zurückzuziehen und derart übermäßige Beziehungsangebote abzulehnen, so ist die Folge ein erneuter symmetrischer Kampf zwischen Patient und Therapeut. Je vehementer der Patient versucht, Zuwendung zu erlangen, desto vehementer wird sich der Therapeut aufgrund seiner Überforderung zurückziehen.

Aber auch als nicht-systemisch arbeitender Therapeut sollte man beachten, daß der Abhängige nicht nur mit ihn abhängig machenden Substanzen zu kämpfen hat, sondern sich meist auch in einem auf den ersten Blick irrationalen Rivalitätszustand mit seiner Bezugsperson befindet. Der Alkohol erhält in der Paarbeziehung einen wichtigen Stellenwert. In vielen Fällen läuft die Kommunikation in Partnerschaften, in denen ein Partner alkoholabhängig ist, nur mehr über den Alkohol. Der eine Partner versucht, den anderen dazu zu bewegen, abstinent zu sein, wodurch ein symmetrischer Konflikt, wie eben dargestellt, eskaliert. Der andere Partner hat aber auch in seiner Alkoholabhängigkeit ein sehr potentes Machtmittel, um auf diese Beziehung Einfluß zu nehmen. Aussagen wie „wenn du nicht bald zu trinken aufhörst, verlasse ich dich wirklich", oder, von der anderen Seite, „ich könnte ja schon zu trinken aufhören, wenn du etwas liebevoller zu mir wärst", stehen auf der Tagesordnung. Aus all dem Gesagten ergibt sich die Notwendigkeit, den systemischen Ansatz in der psychotherapeutischen Arbeit mit Abhängigen einzuführen, sowohl in der Partnertherapie als auch in der Familientherapie.

In diesem Zusammenhang ist auch aus der Literatur bekannt, daß der auffällig hohe Prozentsatz an nicht vorhandenen Vätern bei Abhängigen ein Faktum darstellt, das heißt daß der Vater entweder real oder zumindest emotional abwesend ist. Wir konnten in einer Studie mit alkoholabhängigen Jugendlichen auch psychodiagnostisch zeigen, daß die Mutter idealisiert und mit allen erdenkbaren positiven Attributen ausgestattet wird, der Vater hingegen mit männlichen, aber keineswegs väterlichen und emotionalen (Feselmayer u. Beiglböck 1988). Diese Diskrepanz in den Elternfiguren kann wohl kaum ein funktionierendes Elternsubsystem bedingen. Eine derart erlebte Diskrepanz bezüglich der emotionalen Eigenschaften ihrer Elternteile läßt aber nicht nur Rückschlüsse auf eine eventuell nicht funktionierende Elternebene sondern auch auf eine möglicherweise belastete Paarebene zu. Eine derartig in ihren Grundstrukturen beeinträchtigte Familie birgt eine starke Tendenz zum Zerfall in sich. Im Rahmen der systemischen Theorie kann somit das Symptom des Jugendlichen, nämlich seine Abhängigkeit, den Versuch darstellen, das aus der Homöostase geratene Familiensystem zu retten. Wenn sich schon die Eltern als Paar nichts mehr zu sagen haben, so können sie wenigstens in der Sorge um ihr Kind und in der Bekämpfung seiner Abhängigkeit eine gemeinsame Basis finden. Dadurch wird im Sinne einer positiven Rückkoppelung gerade das Symptom des Jugendlichen wieder aufrechterhalten. Je mehr die Eltern versuchen, den Jugendlichen zu retten, desto mehr sieht er Bemühungen, die Eltern zusammenzuhalten, von Erfolg gekrönt. Dies stellt zwar keine charakteristische familiäre Bedingung des alkoholkranken Jugendlichen dar, denn die Funktion des Symptoms als systemerhaltende Maßnahme findet sich auch bei anderen psychiatrischen Familien, wie Lynn Hoffman (1981) betont; es dürfte jedoch ein wesentlicher Faktor bei der Aufrechterhaltung der Alkoholabhängigkeit sein. Die Aufdeckung dieser beiden Umstände, nämlich das Fehlen eines funktionierenden Elternsubsystemes und die Funktion des Symptoms des Jugendlichen als systemerhaltende Maßnahme, sind also die wichtigsten Aufgaben in der familientherapeutischen Arbeit mit den Familien abhängiger Jugendlicher.

In den letzten Jahren läßt sich eine zunehmende Tendenz feststellen, systemische familientherapeutische Ansätze mit der Hypnotherapie nach Milton Erickson zu kombinieren. Trenkle und Schmidt (1985) haben Möglichkeiten der Kombination dieser beiden therapeutischen Verfahren aufgezeigt und dargelegt, welche indirekten Suggestionselemente schon im ursprünglichen systemischen Ansatz der Mailänder Schule enthalten sind und wie diverse indirekte Suggestionstechniken im Therapieprozeß gezielter eingebaut werden können.

Auch Araoz und Negley-Parker liefern in ihrem neuen Buch „The New Hypnosis in Family Therapy" (1988) konkrete Anweisungen, wie hypnotherapeutische Verfahren in die Familientherapie eingeführt werden können. Ähnlich wie DeShazer (1985) beschreiben sie Techniken, die typischerweise in der Mitte und in der letzten Phase der Familientherapie zur Anwendung kommen. Im wesentlichen sind dies folgende Verfahren: Altersregression, Zielvorstellungen für die ganze Familie erarbeiten, schrittweises Einführen von Veränderungen im Familienprozeß, Aufdecken von Ressourcen aus der Vergangenheit, das Arbeiten mit Reframing – zum Teil in Trance mit der gesamten Familie oder mit den Mitgliedern einzeln durchgeführt. Dies sind keine wesentlichen Neuerungen in der Hypnotherapie, doch zeigen Araoz und Negley-Parker in ihrem Buch sehr schön auf, wie diese Verfahren in die Familientherapie eingebaut werden können.

Die Gefahr des Einbaus hypnotherapeutischer Elemente in die Familientherapie bzw. in systemische Therapien ist aber unserer Meinung nach die, daß die systemische Sichtweise zu sehr in den Hintergrund rückt und, wie im klassisch-psychiatrischen Denken, der Indexpatient in den Vordergrund. Deswegen haben die Autoren folgende Regeln erarbeitet, die unserer Meinung nach in diesem Zusammenhang von Wichtigkeit sind: Hypnotherapie darf in familientherapeutischen Sitzungen nur dann eingesetzt werden:

1. wenn die Kommunikation im Familiensystem gefördert werden soll;
2. wenn die Familie ambivalent gegenüber Veränderungen ist;
3. wenn es in der Familie „langweilig“ wird, d.h. wenn Intellektualisierung droht; in diesem Zusammenhang wird Hypnose als erlebnisaktivierendes Verfahren eingesetzt;
4. wenn in der Familie die Notwendigkeit besteht, Hoffnung auf Erfolg zu verstärken;
5. wenn es in der Familie notwendig wird, neue Möglichkeiten der Veränderung zu suchen;
6. um der Familie die wechselseitige Interaktion zwischen Körper und Psyche zu demonstrieren.

In unserer klinischen Arbeit begegnen wir, wie erwähnt, häufig Subsystemen und Restfamilien. In 50-60 Prozent aller Fälle ist die Herkunftsfamilie bei jugendlichen Abhängigen nicht mehr intakt. In solchen Familien hat es sich sehr bewährt, auch mit der Einzelperson „systemisch“ zu arbeiten. Dazu bietet die Hypnotherapie mit dem Verfahren der Altersregression sehr gute Möglichkeiten. Der ursprüngliche Konflikt, für den der Jugendliche als Umleiter fungiert hat, wird oft durch die Altersregression bewußt und kann dann psychotherapeutisch aufgearbeitet werden.

Abschließend möchten wir festhalten, daß es uns hier nur möglich war, ein kurzes Streiflicht auf dieses große Feld der hypnotherapeutischen beziehungsweise systemischen Arbeit mit Abhängigen zu werfen. Aus unserer praktischen, klinischen Arbeit erscheint uns aber der Einsatz der Hypnotherapie bei der Arbeit mit Abhängigen vor allem in den drei dargestellten Bereichen als wesentlich.

6. Hypnose und Depression

Patrick Bellet [6]

In diesem Beitrag soll Depression nicht neu definiert werden. Ich möchte nur einige persönliche Beobachtungen und Überlegungen anbieten, um eine Form des Ericksonschen Ansatzes für die Behandlung bestimmter Depressionen zu illustrieren. Hierbei beschäftigt mich die Frage: Behandeln wir die Person oder die Depression?

Die menschliche Dimension ist das Zentrum der Therapie; und die Tatsache, daß wir den mit dem Problem einhergehenden Schmerz als Teil des beruflichen, sozialen und familiären Umfelds ansehen, wird uns dazu veranlassen, uns mehr mit dem Kranken als der Krankheit selbst zu beschäftigen.

Wer durch die Krankheit geht, die wir Depression nennen, wird in Konfusion gestürzt, die die Bereiche von Handlung, Reflektion und Moral verändern, sowohl auf materieller als auch intelektueller und spiritueller Ebene. Die Zustandsbeschreibungen, welche die Klienten machen, geben uns viele Informationen, welche uns besser befähigen, ihnen zu helfen. Hier muß betont werden, wie wichtig es ist, die Behandlung in einen besonderen, bedeutsamen Kontext zu stellen. Das Gespräch im Behandlungszimmer hat nur dann Wert für die betroffene Person, wenn es für ihre spezifische Lebenssituation und ihre bestimmte alltägliche Umgebung Sinn macht.

Die Vielschichtigkeit der Bedeutung, die wir unseren Sätzen geben können, und ihre verschiedenen Interpretationsmöglichkeiten geben uns die Gelegenheit, metaphorisch zu kommunizieren. Die Effektivität der Kommunikation hängt davon ab, ob der Therapeut fähig ist, die Sprache des Patienten zu sprechen.

6 Übersetzung aus dem Englischen von Gunther Schmidt.

In diesem Beitrag versuche ich zu erklären, wie wir mit Worten spielen können. Die französische Sprache war die am meisten genutzte Sprache im Feld der Diplomatie; der Grund erscheint einfach: Die gleichen Worte können unterschiedliche Bedeutungen haben, alle Diplomaten konnten in einer gemeinsamen Sprache jeweils die Bedeutungen finden, die ihnen genehm waren, wobei sie denken oder sich vormachen konnten, die anderen würden ihre Meinung teilen. Natürlich ist es sicher mehr als ein Schritt zwischen einer Ericksonschen Hypnosesitzung und einer diplomatischen Verhandlungssituation.

Depressive zu behandeln bedeutet, daß wir ihnen helfen, zur Erleichterung ihres Erlebens beitragen und sie eventuell heilen wollen. In diesem Prozeß übernehmen wir Verantwortung; eine effektive Behandlung ist eine bindende Beziehung in der Therapie, das Engagement des Arztes für den Patienten.

Während einer Hypnose erhöht sich die Sensibilität des Patienten für die nonverbale Dimension, die therapeutische Beziehung kann so intensiviert werden. In meiner Praxis messe ich den Worten des Patienten größte Bedeutung zu. Diese reflektieren seinen Bewußtseinszustand und wir können dann versuchen, die negativen Ausdrücke des Patienten durch neutrale zu ersetzen. Diese Technik hat den Vorteil, diskret zu sein. Sie verletzt nicht die Überzeugungen des Patienten, da sie nicht radikal den Sinn und Empfindungsgehalt seiner Worte verändert. Und sie erlaubt, fortlaufend von Negativem zu Positivem überzugehen. Die neuen Formulierungen müssen die Überzeugung des Patienten respektieren; auf diese Weise wird eine natürliche Veränderung seines Bewußtseins erfolgen. Zum Beispiel können im Französischen Begriffe wie „Rückzug", „sich verschließen" ersetzt werden durch „Distanz aufbauen". Erickson sagte, ein Patient sei unfähig, auf Grund gelernter Limitationen seine unbewußten Fähigkeiten zu nutzen. Seine Devise war ja deshalb: „Vertraue Deinem Unbewußten!"

Im Fall eines depressiven Menschen können wir uns die Frage stellen: „Ist dessen Unbewußtes depressiv?" Wenn wir das Unbewußte als ein Reservoir ungenutzter Ressourcen und Fähigkeiten betrachten, können wir diese Frage verneinen. Das würde bedeuten, daß der Patient einen Anteil hat, der nicht depressiv ist, und diese Ansicht könnte dem Therapeuten eine Arbeitsbeziehung mit dem Patienten erlauben.

Da wir nun wissen, wie sehr hypnotische Trancearbeit eine besondere Form der Kommunikation ist, sind wir verpflichtet, sehr genau auf die non-verbalen Implikationen zu achten, die wieder Vertrauen hervorrufen können. Das Element des Vertrauens wird von depressiven Patienten sehr gebraucht. Oft wird Depression beschrieben als ein bewegungsloser und monolitischer Wesenszustand. Alles ist farblos, schwarz (im Französischen werden zu depressiven Zuständen Sprachassoziationen gebildet, wie z.B. „schwarze Ideen haben"); aber einige meiner Freunde, die als Künstler tätig sind, sagten mir, daß Schwarz keine Farbe sei! Oft gehen die Patienten von der Vorannahme aus, daß eine völlige Veränderung ihres Zustandes notwendig ist, damit es ihnen wieder besser gehen kann. Dieser Glaube aber ist der Ursprung des Mißerfolges. Die Lösungsvorstellungen, die von den Patienten in Erwägung gezogen werden, stehen oft in direkter Beziehung zur „Tiefe" der Depression (i.S. von „je tiefer, desto radikaler muß die vorgestellte Veränderung sein"). Gelegentliche oder regelmäßige Widerstände gegen Angebote des Therapeuten können so leicht zustande kommen. Die indirekten Aspekte des EricksonschenAnsatzes ermöglichen uns, solche Widerstände zu umgehen. Dabei sind gerade solche Interventionen besonders interessant, durch die sehr kleine Veränderungen initiiert werden können, die so diskret sind, daß sie möglicherweise nicht einmal bewußt gemerkt werden. Die Situation des Patienten kann so trotzdem verbessert werden, neue Bewegung kann ermöglicht werden. Dabei wird der Patient in vielen Fällen sogar bezweifeln, daß überhaupt eine Intervention stattgefunden hat; unter solchen Umständen ist es schwierig, Widerstand zu entwickeln. Es wäre sehr viel leichter, mit Widerstand gegen massive Veränderungen zu reagieren. Es ist aber eine ganz andere Geschichte, wenn sich der Patient ablehnend verhalten würde gegen ein ganz alltägliches oder sogar absurdes Element, welches in seinen Augen überhaupt keine Relevanz zu haben scheint. Einer der größten Verdienste des Ericksonschen Ansatzes ist sicher, Diskretion und Respekt für die Wertvorstellungen des Patienten konsequent zu achten.

Im Einklang mit Ericksonschen Therapieprinzipien versuchen wir, ungenutzte Ressourcen nutzbar zu machen; das Ziel des Therapeuten ist es, dem Patienten zu vermitteln, wie er diese Ressourcen nutzen kann. Eine mögliche Strategie dafür ist es, die Sprache des Patienten zu sprechen. Diese schwierige Aufgabe wird dadurch erleichtert, daß man einen analog orientierten, indirekten Weg wählt, um die Pathologie zu erreichen. Viele Patienten kommen zu uns mit der Diagnose „Depression"; zu ihrer persönlichen Erfahrung kommt dabei häufig ein medizinisches Verständnis ihrer Krankheit dazu. Wenn wir zum Beispiel metaphorische Beschreibungen anbieten wollen, ist es wichtig, diesem Aspekt Rechnung zu tragen. Unsere Fragen werden wir deshalb orientieren an Gestaltungselementen im Sinne von „Was und Wie". Zum Beispiel mit Fragen wie: „Als ähnlich mit was läßt sich Ihre Depression beschreiben? Gibt es irgendeinen Gegenstand, oder einen Platz, der Ihre Depression repräsentieren könnte? Was ist Ihrer Ansicht nach etwas, was Ihrer Depression mit Sicherheit nicht ähnelt?"

Sehr häufig bringen die Patienten darauf spontan ihre Metaphern ein. Die Überraschung, die durch ungewöhnliche oder ausgefallene Fragen bei den Patienten ausgelöst werden kann, hat den Vorteil, destabilisierend auf sie zu wirken, was wieder den Beginn einer Hypnose erleichtern kann. Die analoge Beschreibung seiner Krankheit hilft den Patienten, sich von den Symptomen und vom Schmerz zu distanzieren. Diesem Schmerz eine nichtmedizinische Bedeutung zu geben, kann dem Patienten helfen, seine Haltung dem Schmerz gegenüber zu verändern. Die Sprache der Medizin ist dem Patienten sehr selten vertraut. Leicht kann er sich durch sie verloren fühlen; analoge Beschreibungen ermöglichen wieder den Zugang zu persönlichen Erfahrungen, bei denen er sich angenehmer fühlen kann. Somit kann er wieder beginnen, aktiv zu werden und Möglichkeiten zu sehen, den depressiven Zustand zu verlassen.

Eine Patientin, Bankangestellte, präsentierte eine Vielzahl von Symptomen, mit denen Selbstzweifel, Schuldgefühle, Angst und Niedergeschlagenheit assoziiert waren. Trotzdem konnte sie weiter zur Arbeit gehen. Die Art ihrer Tätigkeit und die Ressourcen, die darin enthalten waren, machten es möglich, Begriffe wie Soll und Haben, Schuld und Verdienst zu nutzen, Begriffe, mit denen sie auch in ihrer täglichen Arbeit immer zu tun hatte. Durch die Anwendung dieser Begriffe wurde es möglich, ihr Leben neu zu strukturieren und in einen neuen Bezugsrahmen zu setzen, wobei sowohl die Passiva (das Soll, die Schulden) als auch die Aktiva (das Haben, die Fähigkeiten) berücksichtigt werden konnten, die ihr zur Verfügung standen, um diese Passiva auszugleichen. Ich erinnere daran, daß in vielen Sprachen ökonomische Krisen ebenfalls mit „Depression" bezeichnet werden. In der Arbeit mit ihr spielte dann der Begriff „Kreditaufnahme" eine große Rolle. Diesen Kredit aber nahm sie bei sich selbst auf, anders gesagt, sie gab sich selbst Kredit, das heißt zunächst Kredit und nach einiger Zeit auch wieder Vertrauen.

Bei einer so komplexen Pathologie wie einem depressiven Syndrom haben wir es natürlich mit vielfältigen Metaphern zu tun. Die gleiche Patientin beschrieb zum Beispiel ihr Leben als einen langen und sehr beschwerlichen Gang durch einen engen Korridor. Diese Problembeschreibung nutzten wir nun, um neue Optionen zu entwickeln, indem wir die natürlicherweise zu einem solchen Phänomen gehörenden Bestandteile berücksichtigten. In einem Korridor kann man zum Beispiel Türen finden. Sie konnte diese Idee von Türen in den Wänden akzeptieren, wobei wir zunächst nicht spezifizierten, ob diese Türen offen oder geschlossen wären. Während wir uns diese Möglichkeit für später offen ließen, präzisierten wir zunächst die Lage der Türen, wobei wir wieder auf ihr Problem anspielten. Ich wies sie darauf hin, daß es Unterbrechungen in ihrer Problemerfahrung gab und daß diese den Stellen entsprächen, an denen die Türen im Korridor angebracht wären. Üblicherweise bringt man ja an Wänden zum Beispiel Leisten an, welche bei Türen aufhören. Hier bieten sich im Französischen verschiedene Wortspiele an (pliente = Leiste, plainte = Beschwerde, Problem; beide Worte werden im Französischen ähnlich ausgesprochen). Ihre Probleme wurden verändert und in einen anderen Bezugsrahmen gesetzt dadurch, daß wir die Aufmerksamkeit auf die Türen und implizit auf die Möglichkeit der Öffnung fokussierten: Öffnungen haben den Aspekt, Unterbrechungen ihrer Beschwerden (Probleme) darzustellen.

Eine Behandlung in kleinen Schritten durchzuführen, ist ein bißchen ähnlich, wie wenn man einen großen Baumstamm in kleine Stücke spaltet. Man muß dazu nicht unbedingt ein sehr kraftvolles oder ausgefeiltes Werkzeug haben. Wenn wir den Baum mit Spaltkeilen durch kleine Hiebe spalten, wird dies die Arbeit erfolgreich ohne große Anstrengungen ermöglichen. Wiederholte kleine Hiebe werden den Spalt vergrößern und sich allmählich über den ganzen Baum ausdehnen.

Mit dieser Metapher führen wir auch den Aspekt der Zeit ein, welcher eine sehr wesentliche Dimension für den Patienten ist. Die Baumstamm-Metapher ermöglicht uns auch, Assoziationen wie Zeit und Raum anzuregen. Zeit wird nicht zu einem Feind, sondern eher zu einer Ressource, eine Unterstützung für die Intervention. Fragen wie zum Beispiel „Wie lange wird die Behandlung dauern? Wann wird es mir besser gehen?“ kann man dann beantworten in Begriffen wie Handlung und Kontinuität, welche zu einem guten Ergebnis führen. Zum Beispiel: „Am Anfang werden die Sitzungen in kürzeren Abständen erfolgen, mit zunehmender Besserung werden sie dann weniger häufig werden."

Erickson hat viele Dinge entdeckt. Er hat uns Flexibilität gelehrt und intensiv darauf hingewiesen, unsere Kreativität zu nutzen. Die Orientierungslinien sind didaktisch und nicht therapeutisch. Ist alles negativ im depressiven Patienten? Hat er niemals irgendwelche Erfolgserlebnisse gehabt? Wir sollten uns darauf konzentrieren, nach positiven Elementen in seinem Leben zu forschen und so seinen Standpunkt zu verändern durch die überzeugenden Hinweise kleiner Unterschiede in seinem Erlebniszustand. Die Suche nach den Ausnahmesituationen (ohne Problemerleben) könnte der holzspaltende Keil in einem Baumstamm sein. Es ist gut, wenn wir dem Patienten Zweifel in seinen negativen Glauben über seine Zustandsmöglichkeiten einführen können. Wir müssen diese von ihm als Gewißheit erlebten Ansichten erschüttern und verkleinern. Denn sie sind bahnende Vorurteile in Richtung seiner Verschlechterung. Die Situationen, die Ausnahmen vom Problemerleben darstellen, sind der Schlüssel zu einem neuen Raum.

Eine mögliche Technik kann auch die Erweiterung seiner Fähigkeiten auf andere Bereiche sein, welche bisher unverändert waren. Hypnose kann durch ihre innere Dynamik ein ausgewähltes Instrument werden, um den Zugang zu vergessenen Erfolgserlebnissen zu ermöglichen und zu vertiefen. So kann wieder Selbstvertrauen aufgebaut werden. Die benutzten Metaphern werden die Brücke, die das alte Wissen mit der gegenwärtigen und schwierigen Situation verbindet und sie so veränderbar machen.

Manchmal fragt der Patient nach Erklärungen für die Behandlung: „Wie wird sie stattfinden, wie lange wird sie gehen?" usw. Solche Fragen sind eine Chance für die Behandlung, denn sie zeigen ein gewisses Interesse daran, was geschehen kann. Sie sollten unbedingt berücksichtigt werden.

Da ich in einer ländlichen Umgebung lebe, nutze ich oft Metaphern und Aufgaben, deren Ausführung bäuerliche Tätigkeiten beinhalten, vom Pflügen bis zur Ernte, ganz zu schweigen von der Saatzeit und anderen Arbeiten, die ich hier nicht näher ausführen möchte. Solche Metaphern stellen eine sehr konkrete Möglichkeit der Erfahrungsrepräsentation dar, welche auf den Lebenszusammenhang von Menschen abgestimmt ist, die in ländlicher Umgebung leben. Sie verbinden Begriffe von Arbeit, Raum und Zeit und sind nützlich für therapeutische Ziele. Den Patienten in diese Richtung zu führen, erlaubt ihm, ihre Bedeutungen aufzugreifen. Indem wir Bezugspunkte und Wegrichtungen vorschlagen, definieren wir neue Bezugsrahmen, in denen der Patient Kriterien mit mehr Wertschätzung entwickeln kann. Wenn diese Elemente akzeptiert werden, sind die Bedingungen für eine Veränderung gegeben und die therapeutische Strategie führt in die Richtung, die sich der Therapeut vorstellt.

Der Patient und der Therapeut haben damit eine gemeinsame Sprache oder wenigstens eine gemeinsame Übersetzungsmöglichkeit für die Probleme der Patienten. Dies ist von außerordentlicher Wichtigkeit, da es in der therapeutischen Beziehung einen positiven Kontext herstellt. Das Gefühl des Patienten, daß ihm zugehört wird und er verstanden wird, muß in einer therapeutischen Situation vor allem anderen beachtet werden. Wenn dies erlebt wird, ist es an sich schon eine Verbesserung. Im Fluß einer solchen Beziehung können wir unsere eigene Überzeugung von Vertrauen kommunizieren und das Teilen dieses Erlebens wird den Patienten nicht verletzen.

Wenn wir mit Hypnose und mit Metaphern arbeiten, arbeiten wir im Bereich der Erfahrung des Patienten. Aus Ericksonscher Sicht hat diese Methode den Vorteil, daß sie ein neues Verständnis der Dinge ermöglicht, die der Patient schon kennt. Diese Überlegung führt dazu, die pathologische Situation und den Blickpunkt von Handlungsmöglichkeiten zu beleuchten. Und hypnotische Trance ist ein bevorzugtes Mittel, um die bisher ungenutzten Möglichkeiten zu aktivieren.

Hierfür ein Beispiel: Ein Patient, Elektriker, 35 Jahre alt, litt seit 15 Jahren unter Depressionen. Er konnte über die Umstände des Beginns der Krankheit, über die Höhen und Tiefen seines Zustands, über Behandlungsmaßnahmen und Klinikaufenthalte berichten, aber von all dem mit einer resignierten Haltung, als ob er gar nicht richtig davon betroffen wäre. Dennoch war sein Schmerz deutlich sichtbar.

Er beschrieb seinen Zustand als eine Situation, in der er keinerlei erfreuliche Erfahrung machte, in der es keine Abwechslung in seiner Umgebung gab, auch keinerlei Bezugspunkte, die seine Aufmerksamkeit erregten oder sein Interesse fanden. Dieser Zustand war, als ob er anästhesiert wäre, und eine sehr schmerzerfüllte Gemütsverfassung machte wiederholte Arbeitsunterbrechungen notwendig. Dieser Patient wünschte sich sehr, seine Vitalität wieder zu finden, um wieder arbeiten und wieder normal leben zu können.

Metaphorisch konnte seine Krankheit beschrieben werden, als ob er sich in einem dunklen und ganz stillen Raum befinden würde (auf diese Weise konnte er die Idee akzeptieren, daß er selbst auch dunkel und schweigsam war). Dieser Raum enthielt alles, was nötig war, um darin angenehm zu leben, aber auf Grund seiner völligen Dunkelheit war es nicht möglich, diese angenehmen Elemente zu würdigen. In derselben Weise wurde die Behandlung als kleine elektrische Birne angeboten, wobei der schmale Lichtkegel dieser Birne nur kleine Ausschnitte dieses Raumes ausleuchten konnte. Nach und nach konnte er dann die verschiedenen Steckdosen entdecken, welche hinter den Vorhängen versteckt waren. Diese Steckdosen ermöglichten ihm, daß er mit ihrer Energie zunächst allmählich das Radio anstellen konnte, dann die Hi-Fi-Anlage, dann die Lampen anschalten konnte, wodurch er wieder den behaglichen Lehnstuhl sehen und wertschätzen konnte. Schließlich konnte er die Fenster und die Läden öffnen und die wunderbaren Düfte der Natur riechen.

Diese Metapher gab uns die Möglichkeit, uns mit den Schwierigkeiten zu beschäftigen, die man bekommt, wenn elektrische Leitungen fehlerhaft sind. Sie führen zu allen möglichen Problemen. Unser Patient aber konnte als Elektriker fehlerhafte elektrische Leitungen sehr wohl selbst reparieren. Dieser Elektriker konnte von nun an selbständig an der Behandlung teilnehmen und seine resignierte Haltung durch eine aktiv-reparierende Kooperation ersetzen. Natürlich genügte diese Metapher allein nicht, um den Patienten zu behandeln, aber sie erlaubte ihm, ein Verlangen, eine Motivation für die Heilung zu entwickeln.

Es könnte sein, daß in gewissen Fällen Depression das Resultat eines Mißverständnisses ist, des Glaubens, daß jemand nicht wirklich eine schwierige Situation meistern kann. Gehen wir von der Annahme aus, daß die verschiedenen Anzeichen der Depression (Anzeichen, die das logische und gewohnte Denken einengen und behindern) letztlich einen Mangel an Verständnis für die eigenen Potentiale ausdrücken, dann können wir gerade Hypnose wieder als hervorragende Möglichkeit nutzen, solche Potentiale auf unbewußter Ebene zu stimulieren und den Übergang von der einen zur anderen Ebene zu fördern.

Die Idee, daß kleine Veränderungen ausreichen können, um wichtige Veränderungen im Lebensprozeß eines Patienten auszulösen, kann an einer recht alltäglichen Erfahrung illustriert werden:

Einer meiner Patienten, ein Bauer, beschrieb zum Beispiel seine Depression als „das Gefühl, daß meine Beine abgeschnitten sind". Die einfache Metapher, wie es denn „mit den Kieselsteinen in seinen Schuhen" wäre, förderte bei ihm ein tieferes Verstehen, ebenso eine konkretere Beschreibung seiner Krankheit und der Behandlung. Mit einem Stein im Schuh zu laufen, vielleicht sogar einem kleinen scharfkantigen Stein, ist eine sehr eindrückliche und vertraute Erfahrung für den Patienten. Auf diese Weise können wir ihm das Unbehagen verdeutlichen, das sich bis auf seine Beine und Füße hin erstreckt. Somit konnten auch der Mangel an Kraft, die zunehmende Erschöpfung, ein permanent auftretender scharfer Schmerz, kurz alle Arten von Symptomen gewürdigt werden, die mit einem depressiven Syndrom einhergehen.

Ein solches Angebot hatte zum Ziel, dem Patienten folgendes zu zeigen: Sein Zustand war nicht so schwerwiegend und hoffnunglos, wie es ihm bisher erschienen war; es ging auch nicht darum, einfach den Stein aus seinem Schuh zu entfernen, sondern eher darum, einen weniger störenden Platz für ihn zu finden, ihn dann abgerundeter und kleiner zu machen, so daß er schließlich so wenig störend wirken konnte, daß er sogar nicht einmal mehr merkte, daß der Stein noch da war; dadurch war er wieder in der Lage, seine Kraft zurückzugewinnen.

Es muß wohl betont werden, daß es hier nicht um ein Standardrezept geht, auch nicht um eine typische Technik; der Therapeut braucht nur sorgfältig zu beobachten, wie sich die Sitzung entwickelt, in anderen Worten, er braucht nur dem Patienten und seinen Angeboten zu folgen. Er sollte sich auf die Metaphern des Patienten einstimmen, aber er sollte auch auf seine eigenen Reaktionen auf die verschiedenen Ansinnen oder auf die therapeutischen Interventionen achten.

Ein Beispiel: Frau R., 36 Jahre alt, reagierte depressiv im Zusammenhang mit der Arbeitslosigkeit sowohl ihres Mannes als auch von ihr selbst. Sie kam zu mir, um eine Psychotherapie zu vermeiden! Während der Sitzung weinte sie sehr heftig; sie konnte dies kaum an sich ertragen, da sie sich normalerweise als starke Frau ansah. Es war wichtig, ihr eine metaphorische Repräsentation ihrer emotionalen Reaktion vorzuschlagen, damit sie in der Lage war, die Zukunft auf positive Weise anzusehen. In Frankreich haben wir einen weitverbreiteten Ausdruck dafür, den wir gebrauchen, wenn wir mit jemand auf sehr aktive Weise sprechen: wir sagen, daß diese Person „geschüttelt wird wie ein Pflaumenbaum". Ich bot ihr die Idee an, daß sie offensichtlich „geschüttelt wie ein Pflaumenbaum" sei, sie akzeptierte diese Art von Wertschätzung. Von da an war es mir möglich, sie darauf aufmerksam zu machen, daß dies auch bedeutet, daß man als Ergebnis dieses Prozesses Früchte ernten kann und daß es solche Früchte auch gibt! Dank dieser Intervention konnten wir die Patientin auf eine neue Ebene führen, gerade unter Zuhilfenahme ihrer emotionalen Reaktion; die Behandlung machte so Fortschritte. Frau R. konnte mit Genuß alle Pflaumen essen, einige konnten gleich verspeist werden, einige wurden aufgehoben, um später gegessen zu werden, zum Beispiel als Marmelade oder als getrocknete Früchte. So wurde auch deutlich, daß sie nützliche Reserven für die Zukunft hatte!

Nutzt man Ericksonsche Techniken für den Umgang mit Patienten, ist dies vergleichbar mit dem Prozeß, wenn Wasser einen Stein erodiert, wenn es die Erde auswäscht und schließlich im angeschwemmten Boden versickert. Es gibt nichts flexibleres als Wasser, aber es gibt auch nichts stärkeres. Wasser löst auf und zerstört, aber baut auch auf andere Weise wieder auf; es teilt und vereint wieder. Hypnotische Interventionen sollten nicht schockieren, sondern den Patienten helfen; sie sollten ihren Linien folgen und die kleinsten

Unterbrechungen nutzen, um zu helfen, den Weg für die Patienten zu bahnen.

So könnte „gleiten" den Charakter indirekter Interventionen beschreiben. Wortspiele erlauben, sorgfältig diesen Übergang von einem Zustand in den anderen zu vollbringen.

Hier noch ein anderes Beispiel einer Konfusionstechnik, in diesem Fall mit einer jungen Frau, welche auf brutale Weise von ihrem Ehemann verlassen worden war. Frau D. war eine hübsche, elegante und tatkräftige Frau, aber im Moment unserer Begegnung völlig zurückgezogen; sie vernachlässigte sich sehr, kaute ihre Fingernägel und achtete nicht mehr auf ihr Äußeres. Die brutale Trennung von ihrem Ehemann hatte sie in einen außerordentlich starken Zustand von Selbstabwertung gestoßen. In Hypnosesitzungen entwickelten wir eine Reise auf einem Segelboot. Diese Reise erforderte sehr sorgfältige Vorbereitungen für eine lange Zeit des Unterwegsseins, wobei sehr darauf geachtet werden mußte, was nützlich oder wesentlich für sie sein könnte. Natürlich war dies eine Reise zu sich selbst. Die Suggestion war so formuliert, daß sie gleichzeitig sie selbst betraf und ebenso Material, von dem ich wußte, daß sie den Kontakt mit ihm schätzte. Auf französisch kann der Laut „soi" sowohl verstanden werden als Beschreibung einer Beziehung zu sich selbst, kann aber auch Seide (soie) bedeuten. Beide Worte werden auf die gleiche Art ausgesprochen. Indem wir auf Seide anspielten, wurde es möglich, Bezüge zu etwas sehr Intimem und Persönlichem herzustellen - der Begriff „Seide" kann hinweisen auf den angenehmen Kontakt, den man mit diesem Stoff haben kann, auf seine Wärme, Feinheit und Eleganz und alle die anderen Aspekte sehr femininer Seidenkleider, kann besonders anspielen auf Seidenunterwäsche. Das Wortspiel, mit seiner Doppelbedeutung, ermöglicht es dann auch, ähnliche Bedeutungen sich selbst gegenüber zu assoziieren, als Hilfe dafür, daß die Patientin wieder Zugang zu wohltuenderen inneren Zuständen finden konnte. Indem sie so wieder Geschmack daran fand, sich mit mehr Sorgfalt und Pfiff zu kleiden, machte sie einen Schritt in Richtung Besserung; die Art, in der ihre Mitmenschen sie wieder als attraktive Frau wahrnahmen, gab ihr Selbstvertrauen und erlaubte ihr, die Krise zu überwinden.

Zum Abschluß möchte ich sagen, daß Erickson uns viele Methoden gelehrt hat, um unseren Patienten zu helfen und Erleichterung zu verschaffen. Diese Techniken gewinnen ihre Substanz aus der therapeutischen Beziehung, das heißt aus dem Raum, welchen Patient und Therapeut miteinander teilen. So stellt die Arbeit mit Ericksonschen Techniken ein gemeinsames Engagement von Patient und Therapeut dar und gibt uns den Mut, Forschung zu betreiben und unsere eigenen kulturellen Ressourcen zu nutzen. Erickson hat uns geholfen, wieder mehr von unserer menschlichen Kreativität zu endecken, aber auch ihre Grenzen.

7. Schwimmweste und Sicherheitsgurt: Die Behandlung von Ängsten bei Kindern und Jugendlichen mittels hypnotischer Techniken

Susy Signer-Fischer

Ich arbeite in einer Erziehungsberatungsstelle im Emmental, also in einer ländlichen Gegend. In den letzten Jahren ist mir folgendes aufgefallen: Ich bitte die Kinder bei einer Legasthenieabklärung aufzuschreiben, was sie sich wünschen würden, wenn sie drei Wünsche frei hätten. Diese Kinderwünsche änderten sich im Laufe der Zeit. Früher wurde mehr positiv formuliert und Materielles gewünscht, zum Beispiel ein ferngesteuertes Auto, ein Fernseher, ein Helikopter. Eine Zeitlang schrieben fast alle Kinder, sie wünschten, daß uns keine Atombombe trifft. Jetzt schreiben sie häufig: daß der Wald nicht sterbe, daß wir genug Luft haben werden, daß uns keine Umweltkatastrophe trifft.

Hat ein Kind so große Angst, daß es darunter leidet und / oder der Umgebung auffällt, ist seine innere und äußere Sicherheit nicht mehr groß genug, um seine Angst auszugleichen. Angst und Sicherheit müssen in einem für das Kind sinnvollen Gleichgewicht sein. Zu große Sicherheit kann bewirken, daß Gefahren nicht gesehen werden; das Kind kann deswegen sozial auffallen oder zu wenig beweglich sein. Zu große Angst kann bewirken, daß das Kind zu wenig Boden unter den Füßen spürt. Die Angst kann die Sicht auf Lösungen verdecken, und das Kind fühlt sich im Handeln eingeschränkt. Wird ein Kind beispielsweise auf dem Schulweg von einer schwarzen Gestalt stark bedroht, kann es daran gehindert werden, in die Schule zu gehen oder gut auf den Verkehr aufzupassen. Ziel der Therapie ist es daher, Angst und Sicherheit in ein sinnvolles Gleichgewicht zu bringen, nicht Angst wegzutherapieren. Angst kann auch ein Freund sein, Schutz bedeuten. Ein gewisses Maß an Angst kann Spannung und Abenteuer bringen. In Krisensituationen sieht man oft nur eine Handlungsmöglichkeit. Das Kind soll das Gefühl bekommen, handeln zu können, mehrere Handlungsmöglichkeiten zur Verfügung zu haben. Das Symptom Angst hat oft eine bestimmte Funktion im Familiensystem. Es gilt abzuwägen, ob das Schwergewicht auf der Familienbehandlung oder auf der Behandlung des einzelnen Kindes liegen soll. Meist ist irgendeine Form der Kombination sinnvoll.

Ich gehe hier vor allem auf die zweite Situation ein, in der die Eltern oder näheren Bezugspersonen das Kind nicht stützen können oder dies allein nicht ausreicht. Oft reicht es, den Eltern Hilfe zu leisten, mehr oder weniger Struktur in ihren Alltag zu bringen und damit auch dem Kind zu mehr Sicherheit zu verhelfen, beispielsweise konsequenter zu sein in der Erziehung, mehr Regelmäßigkeiten im Essen, Schlafen etc. einzuführen und Ereignisse wenn möglich vorauszusagen. Ich denke, es ist Aufgabe des Therapeuten oder der Therapeutin, abzuklären, wie stark ein Kind gefährdet ist, um je nachdem noch andere Maßnahmen für die Sicherheit des Kindes zu treffen. Ein Kind wird beispielsweise auf dem Schulweg von einer Gestalt bedroht. Lauert ihm vielleicht wirklich jemand auf oder handelt es sich eher um eine symbolische Angst? Nicht immer kann die Gefahr sicher abgeklärt werden. Ich denke, in gewissen Fällen hilft es dem Kind bereits, wenn es mehr innere Sicherheit gewinnt.

Angst kann diffus sein oder sich auf etwas oder jemanden ganz Bestimmtes richten. Auch wir Erwachsenen haben manchmal lieber eine kleine Angst und stecken unsere Energie da hinein, als uns der großen Angst bewußt zu werden. So können wir zum Beispiel lieber Angst haben, bestohlen zu werden, als Angst haben vor einer Umweltkatastrophe. Die vordergründige, bewußte Angst kann metaphorische, symbolische Bedeutung haben.

Therapeutisches Vorgehen

1. Ankern

Sicherer Ort: Das Kind sucht in Trance einen sicheren Ort, den es tatsächlich gibt, den es gab oder der in seiner Vorstellung existiert. Ist es dort angelangt, spürt es die Sicherheit und die Kraft, die dieser Ort ihm geben kann. Entweder wird dieses Gefühl durch den Therapeuten oder die Therapeutin mit einem Zeichen (z.B. Druck auf das Handgelenk) geankert oder das Kind kann diese Sicherheit und Kraft in seine Hand legen und sie schließen. Daraufhin kommt es aus der Trance zurück. Wieder in Trance, versetzt es sich erneut in die es ängstigende Situation. Hier wird entweder der Anker des sicheren Ortes eingesetzt oder das Kind fühlt, wo es in seinem Körper die Angst vor allem spürt, führt dann seine geschlossene Hand an diesen Körperteil (z.B. Hals), öffnet seine Hand und läßt die darin enthaltene Kraft des sicheren Ortes dorthin strömen.

Erlebte Situationen: Situationen, in denen sich das Kind sicher fühlte, können in ähnlicher Weise eingesetzt werden. Außerdem hat es die Möglichkeit, die Kraft der sicheren Situation in seine rechte, die Unsicherheit der ängstigenden Situation in die linke Hand zu legen und daraufhin in Trance die Hände zusammenführen und die Kraft in der rechten Hand auf die andere wirken zu lassen.

2. Helfer

Lebende oder erlebte Personen: „Wer, denkst du, könnte dir helfen, wenn er oder sie hier wäre?" Darauf beschreibt das Kind diese Person und läßt sie in der Vorstellung kommen. In Trance geht es in die es ängstigende Situation und läßt diese Person kommen. Vielleicht gibt sie ihm die Hand oder sagt ein gutes Wort. Diese Person kann die Mutter sein, der Pate oder auch die verstorbene Großmutter.

Tiere: „Hast du auch ein Lieblingstier? Was gefällt dir an ihm?" Wir sprechen dann allgemein über dieses Tier, seine besonderen Eigenschaften, sein Aussehen und betrachten Bilder von ihm. Vielleicht gibt es auch Geschichten und Sagen über dieses Tier. Daraufhin stellt sich das Kind das Tier vor, läßt es neben sich kommen, streichelt es und spürt seine Kraft und seine hilfreichen Eigenschaften. In Trance versetzt es sich in die kritische Situation, läßt sein Schutztier kommen und spürt seine Kraft und seinen Schutz. Manchmal bekommt das Kind noch ein Holztier, damit es sich besser erinnern kann; dieses Tier hat Erfahrung im Helfen: „Wenn du es nicht mehr brauchst, bringe es mir zurück, damit es wieder einem anderen Kind helfen kann." Wir besprechen auch genau, wo das Holztier hinkommt (in den Hosentasche, auf das Nachttischchen, unter das Kopfkissen).

Fallbeispiele:

Ein zwölfjähriger Knabe fühlte sich bedroht, vor allem von zwei Mitschülern, aber auch von der ganzen Klasse, so daß er täglich Angst hatte, zur Schule zu gehen; seine Schulleistungen sanken. Er hatte den Wunsch, selber mit dieser Situation fertig zu werden. Am Ende der Therapiestunde erzählte ich ihm von Völkern, die Schutz bei Tieren suchen. Er suchte für sich einen schwarzen Panther aus. Nachdem wir über die Eigenschaften des Tieres gesprochen hatten, und er es mit seiner Kraft spüren konnte, wählte er zur Erinnerung einen aus Holz geschnitzten Panther aus, den er unter das Kopfkissen legen und auf den Schreibtisch stellen wollte.

Einem zwölfjährigen Mädchen, das im Ganzen verunsichert war und Angst hatte, sterben zu müssen oder daß sein Vater sterbe (wenn der Vater den Kopf drehte, hatte es Angst, der Kopf falle ihm ab), half neben Familiengesprächen ein Löwe.

Figuren aus Geschichten oder imaginäre Freunde: Kleinere Kinder schaffen sich oft selber imaginäre Freunde. Bei meiner Tochter zum Beispiel wohnte der Windfred auf dem Kasten. Diese Fähigkeit kann genutzt werden. In der Kinderliteratur kommt dieses Phänomen häufig vor. Sie kennen wahrscheinlich „Karlson vom Dach" von Astrid Lindgren. Aus der Literatur können sich Kinder Helfer suchen, wie Jim Knopf, Lukas der Lokomotivführer, Ronja, Pipi Langstrumpf oder Knight aus dem Fernsehen.

Fallbeispiel:
Ein zwölfjähriges Mädchen lebte mit Winnetou in seiner Welt und konnte die verschiedenen Welten nicht mehr genau auseinanderhalten. Wir machten ab, daß sie die Geschichten, die sie mit ihm in seiner Welt erlebte, in ein dafür reserviertes Heft schrieb. Sie lernte in einem ersten Schritt, Winnetou in Gedanken zu Hilfe zu rufen, wenn sie in ihrer Alltagswelt Angst hatte, andererseits die Welt ohne Winnetou als die reale zu erkennen.

3. Schutzsymbole

Zeichen und Symbole: Diese sind ganz praktisch, da man sie jederzeit zur Hand hat: Daumen drücken, Zeichen in die Luft machen, sich bekreuzigen.

Fallbeispiel:
Einem siebenjährigen Mädchen half ein Pentagramm (nachdem sie von Faust gehört hatte) auf der Türschwelle gegen die nachts eindringenden schwarzen Männer. Sie schloß am Abend mit einer Drehbewegung ihr Zeichen und öffnete es am Morgen wieder. So ein Zeichen muß dort angebracht werden, wo die bedrohenden Gestalten einzudringen pflegen, zum Beispiel am Fensterkreuz, am Türrahmen etc.

Gegenstände: Auch Gegenstände können symbolische Bedeutung bekommen, wie zum Beispiel das Kreuz an der Halskette, das Medaillon mit Foto, Schmuck etc. In meinem Büro habe ich immer eine Sammlung von besonderen Steinen, Muscheln, glänzenden Marmeln und kleinen farbigen Gummibällen. So kann ich dem Kind etwas mitgeben, einen Talisman und Glücksbringer, sei es zum Schutz oder zur Erinnerung an seine Kraft und seine Möglichkeiten, sich zu helfen, die meist in der Therapiestunde erarbeitet worden sind.

Fallbeispiele:
Einem zehnjährigen Mädchen, das sich vor schlimmen Träumen fürchtete, vor allem vor einem bestimmten, und das mit diesem Traum nicht arbeiten wollte, half eine Muschel.

Einem neunjährigen Knaben, der Angst hatte, in der Schule zu versagen, vor allem im Diktat und im Werken, half ein kleiner Ball. Vorher stellte er sich eine Situation vor, die er gut meisterte: Er schoß ein Tor im Fußballturnier und nahm diese gute Kraft in seine rechte Hand. Darauf stellte er sich in Trance den Montagmorgen vor: Der Lehrer kommt herein und sagt: „Nehmt die Hefte hervor“, und diktiert. Dabei spürt der Knabe, wie sich sein Hals verschnürt. Er führt die rechte Hand zum Hals, öffnet sie und legt sie auf die enge Stelle. Dabei spürt er die Kraft, und der Hals erweitert sich leicht. Nach dieser Übung bekommt er zur Erinnerung einen kleinen Gummiball.

4. Rituelle und symbolische Handlungen

Verunsicherte Eltern und Kinder kommen häufig und fragen: Was können wir tun? Was sollen wir machen? Das „Tun und Machen" an und für sich kann schon Sicherheit geben. Außerdem wird mit der rituellen oder symbolischen Handlung auch die Frage nach dem „Was“ beantwortet. Ich verstehe unter einer rituellen Handlung eine, die räumlich und zeitlich begrenzt und relativ eng umschrieben ist.

Der Prozeß verläuft auf zwei Ebenen, nämlich (1) auf der Ebene der konkreten Handlung, des äußeren Geschehens, und ist stark vorgeschrieben, und (2) auf der Ebene des Symbolgehalts, der inneren Vorgänge, die genug Raum bietet für das innere Geschehen und die individuelle Bedeutung.

Diese Handlungen sind entweder einmalig in einer bestimmten Situation (z.B. Prüfung) oder werden jedes Mal in einer bestimmten Situation durchgeführt (z.B. jedes Mal, wenn der Geist kommt) oder werden immer zu einer bestimmten Zeit durchgeführt (Tageszeit, Monat, Jahreszeit, z.B. immer vor dem Zubettgehen). Rituelle Handlungen werden entweder dem Kind allein verschrieben oder den Eltern gemeinsam mit dem Kind oder können auch in der Therapiestunde durchgeführt werden.

Regelmäßige Handlungen ohne Symbolgehalt zähle ich nicht zu den rituellen Handlungen. Allerdings können auch gewisse alltägliche Handlungen eine rituelle Bedeutung bekommen. Alltägliche Tätigkeiten können individuell symbolisch besetzt werden, zum Beispiel das Zubettgehen; das Ausziehen kann bedeuten, den Tag auszuziehen, den Tag abzulegen; das Duschen heißt vielleicht, sich reinigen vom Tag; und das Pijama-Anziehen kann heißen, das Kleid der Nacht anzuziehen. Ähnlich verhält es sich mit dem Zur-Schule-Gehen. Manchmal kann mit solchen Handlungen gearbeitet werden, denn Kinder nutzen schon spontan solche rituellen Handlungen zur Vergrößerung ihrer Sicherheit, zum Beispiel dreimal über die linke

Schulter spucken, dann nimmt mich der Lehrer heute nicht dran. Konstruierte und verschriebene rituelle und symbolische Handlungen sollen zum Kind, dessen Familie und zum kulturellen, religiösen Hintergrund passen, sonst werden vielleicht religiöse Gefühle verletzt.

Fallbeispiel:
Ein sechsjähriges Mädchen, dessen Familie aus dem Wallis stammt und katholisch ist, fürchtete sich vor einer aus dem Boden wachsenden Hand, die es in der Nacht packen und mitreißen wollte. Nach einer Therapiestunde für Mutter und Kind verschrieb ich folgende rituellen Handlungen: Eine Fotokopie ihrer eigenen starken Hand soll oberhalb des Bettes aufgehängt werden, damit die Geisterhand auch sieht, daß das Kind eine starke Hand hat (auch wenn es sie während des Schlafes unter die Bettdecke hält). Das Mädchen trägt nachts seine Kette mit dem Kreuz, um sich auch an Gottes starke Hand zu erinnern. An der Stelle, an der die Hand herauszukommen pflegte, soll ein dickes Brett gelegt werden, ins Brett wird ein Messer gesteckt. Zur letzten Verschreibung wurde kein Kommentar gegeben. Am Telefon sagte die Mutter später, daß das Brett am wirksamsten war, denn das Messer hätte schon nach circa einer Woche weggelassen werden können, und auch das Brett war nach circa drei Wochen nicht mehr nötig.

Noch etwas zur Dauer einer Verschreibung: Manchmal verschreibe ich für die Dauer bis zur nächsten Therapiestunde oder bis es nicht mehr nötig ist. Manchmal ist die Dauer der Verschreibung schon durch äußere Umstände gegeben, wie im folgenden Beispiel.

Fallbeispiel:
Ein elfjähriger Knabe mußte sich einer viertägigen Prüfung für die Aufnahme in die Sekundarschule unterziehen. Der Mutter und dem Knaben gab ich folgende rituelle Handlungsanweisung: Jeden Morgen vor der Prüfung muß der Junge genug Eiweiß zu sich nehmen (Eiweiß ist ja gut für die Gehirntätigkeit). Die Mutter sorgt dafür, daß dies möglich ist, und weiß somit, wie sie ihren Sohn unterstützen kann. Der Knabe bestand die Prüfung und erzählte mir, daß ihm die Mutter an jedem Prüfungstag am frühen Morgen ein Kotelett briet, das er vor den Augen der ganzen Familie verspeiste.

Manche Verschreibungen enthalten weniger rituelle, sondern allenfalls noch symbolische Inhalte, wie:

die Anweisung an ein achtjähriges Mädchen mit ausgeprägtem Schleck-Tic, das die lustfeindliche Lebenshaltung seiner Eltern schon stark übernommen hat. Es hat Angst vor Kontakten mit anderen Kindern und davor, sich falsch zu verhalten. Ich fordere die Mutter auf, dem Mädchen große Mengen von zuckerlosen Kaugummis zu kaufen. Das Mädchen kennt wiederum ein anderes Mädchen, von dem es lernen kann, Blasen zu machen. Es muß täglich üben, zum Teil mit dem anderen Kind, und mir in der nächsten Sitzung vorführen, wie gut es schon mit dem Kaugummi umgehen kann.

Die Mutter hat in dieser Verschreibung eine elterngemäße Aufgabe. Das vereinsamte Kind hat die Möglichkeit, etwas von einem anderen Kind zu lernen, es darf etwas „Sinnloses und Nutzloses" tun, da es ja verschrieben wurde. Außerdem wird der Zungen- und Mundbereich aktiviert und zum Spielen verleitet.

Dem zehnjährigen Knaben, der auf seinem einstündigen Schulweg von einer schwarzen Gestalt mit Hut ohne Gesicht bedroht wurde, verschrieb ich folgendes: Der Vater mußte auf dem Polizeiposten des Dorfes eine Signalpfeife besorgen, die der Knabe immer um den Hals tragen und damit pfeifen mußte, wenn er von der Gestalt bedroht wurde. Dies half für circa sechs Monate, bis die Mutter anrief und klagte, der Sohn werde wieder bedroht. Ich fragte: „Trägt er die Pfeife noch mit sich?" – „Nein, das ist wahr, das haben wir vergessen." – „Also muß er sie wieder hervornehmen und täglich tragen, bis er sich nicht mehr bedroht fühlt." Daraufhin kam die Gestalt nicht mehr zurück.

Gelegentlich führe ich auch während der Therapiestunde mit dem Kind eine rituelle oder symbolische Handlung durch.

Ein sechsjähriger Knabe, einziges Kind einer Witwe, der sich vor dem Liftfahren fürchtete, bekam die Aufgabe, in die nächste Stunde einen Rucksack, eine stärkende Zwischenverpflegung, eine Taschenlampe, gute Schuhe, gute Kleidung und sein Lieblingsplüschtier für eine Expedition mitzubringen. In meinem Rucksack befand sich neben einem Tau eine Polaroidkamera und eine Feldflasche mit einem Gipfeltrunk. In Burgdorf, wo ich arbeite, gibt es einen einzigen öffentlich zugänglichen Lift, nämlich in einem Warenhaus. Nachdem ihm die Mutter viel Glück für die Expedition gewünscht hatte, zogen wir los in die Stadt. Vor dem Warenhaus riet ich ihm, schon einen Bissen seines stärkenden „Znünis" zu sich zu nehmen, damit er genug Kraft haben würde. Als wir den Lift betraten, riet ich ihm, seinem Plüschhasen gut zuzureden, damit er sich sicher fühle. Am Anfang drückte ich auf den Knopf, um hinauf- und hinunterzufahren, später drückte der Knabe selber. Ich machte Fotos von ihm im Lift für die Mutter und sein Fotoalbum. Zuoberst (in der Spielwarenabteilung) bekam er seinen Gipfeltrunk. Daraufhin bekam er die Aufgabe, täglich Lift zu fahren, seiner Mutter seine neue Fähigkeit vorzuführen und diese Fähigkeit möglichst zu behalten. Seither fährt er oft Lift.

Schlußbemerkung

Die ganze Zeit über sprach ich von den Kindern. Natürlich haben auch wir Erwachsene solche Möglichkeiten: Wogegen sind Sie versichert? Haben Sie einen Feuerlöscher, eine Feuerdecke, ein Sicherheitsschloß, eine Schwimmweste und einen Sicherheitsgurt? Da fühlen Sie sich doch gleich sicherer. Da gibt es auch Sicherheitskleidung: Stöckelschuhe für die Dame, um den Überblick zu behalten, eine Kravatte für den Herrn; falls ihm das Wasser bis zum Hals reicht, ist dieser geschützt. Warum also sollen Kinder auf solche Hilfsmittel verzichten?

8. Zahnmedizin ohne Spritze

Albrecht Schmierer

Ich arbeite in meiner zahnärztlichen Praxis seit 1982 mit Hypnose. Meine Frau Gudrun ist 1985 unter anderem als Hypnoseassistentin dazugekommen. Als ich mit der Hypnose begonnen habe, dachte ich damals etwa: Jetzt will ich mir diese Scharlatanerie einmal anschauen; wer weiß, was dahinter steckt. Aber mich selbst lasse ich unter keinen Umständen hypnotisieren, ich lasse mir doch keinen fremden Willen aufzwingen. Aber es wäre doch ganz schön, wenn man ein bißchen mehr Macht über die Patienten bekommen könnte.

Inzwischen, nach fast zehn Jahren Erfahrung mit Hypnose, hat nicht meine Macht über andere Menschen, wohl aber mein Respekt vor den ungeheuren Begabungen und Fähigkeiten unserer Patienten zugenommen.

Arbeit mit Patienten, die uns „wegen Hypnose" aufsuchen

Ein Teil der Patienten, die zu uns in die Praxis kommen, äußert den Wunsch, in Hypnose behandelt zu werden. Nur etwa ein Drittel dieser Hypnosepatienten möchte ganz ohne Spritze behandelt werden. Die anderen zwei Drittel der Patienten kommen mit verschiedenen anderen Anliegen zum Hypnose-Zahnarzt. Tabelle 1 zeigt eine Übersicht über die in unserer Praxis am häufigsten vorkommenden Indikationen.

Die Behandlung ohne chemische Anästhesie steht erst an fünfter Stelle der Häufigkeit der Hypnoseanwendung in unserer Praxis. Damit wird deutlich, daß wir nicht jeden Tag Behandlungen ohne chemische Anästhesie durchführen. Dies wäre bei vielen Patienten auch nicht oder nur mit einem großen Aufwand an Sitzungen und Energie möglich. Daraus ergibt sich die Frage nach den Indikationen für eine Behandlung mit hypnotisch induzierter Anästhesie, die in Tabelle 2 aufgeführt sind.

Tab. 1: Indikationen für zahnärztliche Hypnose,[7] nach ihrer Häufigkeit gestaffelt

1. Zahnarztangst
2. Parafunktionen (z.B. Bruxismus)
3. Kinderbehandlung
4. Würgereiz
5. Behandlung „ohne Spritze“
6. chronische Schmerzen
7. Parästhesien (z.B. Zungenbrennen)
8. Prothesenunverträglichkeit

Tab. 2: Indikationen für zahnärztliche Behandlung „ohne Spritze“

1. Patienten, die den Wunsch nach Hypno-Anästhesie haben und die eine ausreichende hypnotische Anästhesie entwickeln
2. Patienten mit Allergien auf Lokalanästhetika
3. Patienten mit Spritzenphobie
4. Patienten mit starker Kreislaufreaktion auf Lokalanästhetika

Um den Eindruck zu vermitteln, wie eine Behandlung unter Hypnose ablaufen kann, wurde ein Fall mit Video demonstriert. Motiv des Patienten für eine Behandlung ohne Spritze war seine frühere Medikamentenabhängigkeit mit Nierenschäden in der Folge. Er faßte eines Tages den Entschluß, sich Medikamenten überhaupt nicht mehr auszusetzen, und kam deshalb zu uns in Behandlung. Der erste Eingriff, den wir bei ihm vorgenommen haben, war die operative Entfernung eines toten und zerstörten oberen Molaren.

Wir führen, insbesondere wenn ohne Spritze behandelt werden soll, keine Leerhypnosesitzung durch, sondern induzieren nach dem Vorgespräch und dem Einverständnis des Patienten für dieses Vorgehen gleich in der ersten Sitzung eine hypnotische Anästhesie. Noch

7 Eine ausführliche Übersicht über die verschiedenen Indikationen und den Zeitbedarf für die zahnärztliche Hypnose ist in Schmierer (1991) veröffentlicht.

in der ersten Sitzung wird dann ein chirurgischer Eingriff vorgenommen. Gelingt der Eingriff schmerzfrei, so ist der Patient auch in Zukunft sicher in Hypnose zu behandeln. Durch posthypnotische Suggestion und Ankern gelingen die weiteren Induktionen schnell und problemlos. Der Patient verläßt die Praxis mit einem großen Erfolgserlebnis; wir vermeiden damit die Spannung und den Angstaufbau vor dem nächsten Besuch und kommen mit einem sehr geringen Zeitaufwand aus.

Die Induktion wird individuell nach dem Prinzip des Pacing und Leading durchgeführt; üblicherweise arbeiten wir mit einer Handschuhanästhesie und einem Rückmeldesystem (z.B. Handlevitation; nähere Details s.u.). Der erste Stich mit dem Skalpell ist dann unser Test für die Wirksamkeit der Anästhesie. Wir beziehen in die Induktion schon die Hinweise mit ein, daß der Patient am Beginn des Eingriffs durchaus noch eine gewisse Empfindung, ein Kitzeln oder einen Druck erleben kann, daß er aber dieses Gefühl benützen kann, um tiefer zu gehen. So ist unserer Erfahrung nach der Eingriff selbst die beste Motivation für das Gelingen der Hypnose.

Gelingt beim ersten Versuch keine ausreichende Anästhesie, so wird dies dennoch als ein guter Erfolg für die erste Sitzung dargestellt. Dann sind anschließend Leerhypnosesitzungen zum Angstabbau und zum Erreichen einer genügenden Anästhesietiefe erforderlich. Wir geben den Patienten Tonbandprotokolle ihrer Sitzungen mit Anleitung zur Selbsthypnose für häusliches Üben mit und motivieren sie damit, daß wir Ihnen die Hypnose als Selbsthypnose anbieten, die sie auch außerhalb unserer Praxis für sich verwenden können.

Entgegen den statistischen Untersuchungen über Hypnotisierbarkeit, die eine relativ geringe Anzahl von geeigneten Versuchspersonen aufweisen, haben unserer Erfahrung nach die meisten Patienten die Fähigkeit, eine hypnotische Anästhesie zu entwickeln, wenn eine entsprechende Motivation für die Behandlung ohne Anästhesie vorliegt. Deshalb stellen wir die besonderen Vorteile einer Behandlung ohne Anästhesie heraus. Die Alternative einer Vollnarkose und die Möglichkeit, einen gefürchteten zahnärztlichen Eingriff auch angenehm zu erleben, sind neben den in Tabelle 3 aufgeführten Vorzügen der Hypnosebehandlung starke Motive für das Gelingen der hypnotischen Anästhesie.

Für den Zahnarzt selbst ist eine gelungene Hypnosebehandlung ebenfalls ein intensives Erlebnis, das durch Konzentration (Arbeitstrance) auf einen Patienten zu besseren Ergebnissen und zu größerer Zufriedenheit führt.

Patienten, die unsere Praxis ohne Wunsch nach einer Hypnose-Behandlung aufsuchen

Es gibt natürlich auch Patienten in unserer Praxis, die eine Hypnosebehandlung nicht wünschen. Es ist für uns auch ganz angenehm, nicht den ganzen Tag mit Hypnose arbeiten zu müssen. Solchen „normalen" Patienten bieten wir aber immer folgende drei Möglichkeiten an, wenn zum Beispiel eine Operation, eine Präparation oder eine Parodontosebehandlung ansteht: daß wir (1) diese Behandlungen mit Spritze, also ganz normal mit pharmakologischer Anästhesie machen können, daß es aber (2) auch die Möglichkeit gibt, die Anästhesie mit Entspannungstechniken zu kombinieren, und daß (3) darüberhinaus die Möglichkeit besteht, den Eingriff auch vollkommen ohne Spritze, das heißt nur mit Hilfe der hypnotischen Analgesie durchzuführen. Gerade wenn die operative Entfernung eines Weisheitszahnes ansteht, reagieren die Patienten zunächst verblüfft auf das Angebot, dies ohne Spritze durchzuführen. Deshalb ist es stets nötig, diesen Patienten die Vorteile dieser Behandlungsart darzulegen. Diese Vorzüge einer Hypnosebehandlung werde ich im folgenden näher erläutern (siehe auch Tabelle 3).

Tab. 3: Vorteile einer Zahnbehandlung „ohne Spritze"

1. Der Patient lernt Schmerzkontrolle
2. Entspannung während des Eingriffs
3. geringere Gewebstraumatisierung
4. Schutz vor Verletzungen
5. weniger Nachbeschwerden
6. geringere Schwellung
7. Raschere Heilung
8. Durchblutungssteuerung während des Eingriffs
9. Sensibilität und Funktion nach dem Eingriff intakt
10. Möglichkeit der Zeitverzerrung
11. Möglichkeit der retrograden Amnesie

1. Der Patient lernt Schmerzkontrolle

Einmal erlernt der Patient durch die Behandlung ohne Spritze eine neue Möglichkeit, mit Schmerzen umzugehen. Es ist heutzutage ja weit verbreitet, daß jeglicher Schmerz sofort durch Pharmaprodukte betäubt wird. Aber es gibt inzwischen doch eine zunehmende Anzahl von Menschen, die gerade in diesem Bereich etwas lernen wollen, die das Bedürfnis haben, nichtmedikamentöse Schmerzkontrolle auch selbst anwenden zu können. Ein ernsthafter chirurgischer Eingriff ist sicherlich eine Möglichkeit, sich damit auseinanderzusetzen.

2. Entspannung während des Eingriffs

Ein Patient, der in Hypnose behandelt wird, ist während des Eingriffes vollkommen entspannt; er läßt seinen gesamten Körper passiv, seine Wange und seine Zunge sind locker, das heißt er gibt dem Zug der Halteinstrumente nach. So müssen wir weniger Kraft aufwenden, um zum Beispiel den Mundwinkel abzuhalten.

3. Geringe Gewebstraumatisierung

Durch diese Entspannung des Patienten kommt es in einem geringeren Maße zur Gewebstraumatisierung, das heißt wir haben ganz selten eingerissene Mundwinkel oder Verletzungen der Weichteile, die ja zumeist aus Abwehr- und Anspannungsreaktionen des Patieten resultieren.

4. Schutz vor Verletzungen

Ein für mich recht wichtiger Aspekt der Behandlung ohne Spritze ist, daß es nicht zu unbeabsichtigten Verletzungen kommen kann. Der Patient entwickelt zwar unter Hypnose eine vollständige Anästhesie, zum Beispiel im Unterkiefer rechts bei der Entfernung eines Weisheitszahnes, aber er meldet sich durch Unruhe, durch ein kleines Zeichen von Unwohlsein, wenn zum Beispiel die Helferin auf der anderen Seite aus Versehen die Wange mit dem Sauger einklemmt. Da weiß der Patient: Das ist ein Schmerz, der nicht sein muß, und er reagiert automatisch mit Unruhe. Bei einer etwas schwierigen Wurzelspitzenresektion an einem unteren Prämolar in der Gegend des foramen manibualae habe ich beispielsweise den Patienten gebeten, daß er dann, wenn er ein komisches elektrisches Kitzeln oder Brennen in der Unterlippe fühlt, sich melden solle. Er solle dann seine levitierte Hand ein bißchen absinken lassen. So hatte ich ein Feedbacksystem für den Fall, daß der Nerv irritiert würde. Der Patient konnte dies auch ganz genau wahrnehmen und gab nach der Operation an, daß er überlegt hätte, ob er die Hand hätte herunterlassen sollen, weil es schon ein wenig gekitzelt hätte, aber so stark sei es dann auch wieder nicht gewesen.

Die Fähigkeit des Patienten, „notwendigen" von „unnötigem" Schmerz zu unterscheiden, bringt natürlich eine erhöhte Anspannung für das Behandlungsteam mit sich. Die Angst jedoch, daß durch einen Fehler die Hypnose schlagartig beendet wäre, ist unbegründet. Selbst als mir einmal eine Lindemann-Fräse in die Wange des Patienten hinein abgerutscht war, hat das die Hypnose nicht schlagartig beendet. Die levitierte Hand senkte sich und der Patient wurde etwas unruhig. Nach Vertiefen der Trance konnte der Eingriff ohne weitere Probleme abgeschlossen werden.

5. Weniger Nachbeschwerden

Die Patienten, die wir ohne Spritze behandelt haben, meinten alle übereinstimmend, daß sie keine Nachbeschwerden und fast keine Schwellungen hatten. Dieses Ausbleiben von Nachbeschwerden führen wir zum einen auf die entsprechende posthypnotische Suggestion zurück. Zum anderen müssen wir sehr schonend arbeiten, wenn der Patient in Trance ist, weil er unbeabsichtigte Verletzungen nicht so leicht toleriert.

6. Geringere Schwellung

Ein dritter Grund scheint mir plausibel für das geringere Auftreten von Nachbeschwerden. Bei der pharmakologischen Anästhesie durch Injektion wird die lokale Durchblutung vorübergehend gestört; der normale Abtransport des Wundsekretes ist dadurch nicht gegeben. Ohne chemische Anästhesie dagegen funktioniert der kontinuierliche normale Abtransport des Wundsekrets; dadurch kommt es nicht zu den sonst üblicherweise auftretenden Schwellungen. Es ist ja auch bekannt, daß postoperativ geringere Schwellungen und geringere Nachbeschwerden zu erwarten sind, wenn in Vollnarkose operiert wird.

7. Raschere Heilung

Durch das geringere Trauma, durch die sofortige Durchblutung schon während des Eingriffes und durch das Ausbleiben der Schwellung hat man natürlich eine viel raschere und bessere Heilung.

8. Durchblutungssteuerung während des Eingriffs

Während des Eingriffs können wir die Durchblutung suggestiv steuern. Wenn Sie selbst noch gar keine Erfahrung mit Hypnose haben, dann können Sie bei einer zu starken Blutung mit folgendem kleinen Experiment Ihre Suggestivwirkung testen. Bei dem nächsten operativen Eingriff, den Sie durchführen, geben Sie Ihren Patienten folgende Anweisung: „Stellen Sie die Durchblutung unten rechts jetzt ab!" Lassen Sie sich überraschen, so wie der Patient überrascht sein wird, was passiert. Sie gehen ja kein großes Risiko ein. Wenn es weiterblutet, dann haben Sie entweder selbst Zweifel gehabt und diese nonverbal übermittelt, oder Ihr Patient ist gering suggestibel. Wenn die Blutung nachläßt, werden Sie selbst am meisten verblüfft sein, daß so etwas funktionieren kann.

Man kann eine solche überraschende Suggestion als eine „Konfusions-Induktion" werten. Sie geben dem Patienten eine nicht erwartete, aber sehr bestimmte Suggestion aus heiterem Himmel. Er weiß nicht so recht, was er damit anfangen soll, und beginnt auf jeden Fall darüber nachzudenken. Er könnte zum Beispiel denken: „Ist der Zahnarzt denn verrückt, wenn er so etwas sagt. Das geht doch gar nicht!" und er geht auf einen inneren Suchprozeß und beschäftigt sich mit dem Phänomen: „Ich soll in meinem rechten Unterkiefer die Durchblutung abstellen. Das geht doch gar nicht!" Auf jeden Fall aber denkt er darüber nach. Und wie die Blutungskontrolle schließlich tatsächlich funktioniert, das weiß bis heute kein Mensch. Dennoch funktioniert diese Technik sehr häufig und sehr schön.

9. Sensibilität und Funktion nach dem Eingriff intakt

Sofort nach dem Eingriff ist die normale Funktion und die normale Sensibilität vorhanden. Als posthypnotische Aufforderung raten wir den Patienten, die Stelle, an der der Eingriff durchgeführt wurde, noch so lange etwas unempfindlicher und kühler zu halten, bis die Heilung abgeschlossen ist. Die natürlichen Schutzreflexe seien dadurch aber nicht beeinträchtigt, sie seien vielmehr wichtig zur Schonung der Wunde während der Abheilphase.

Wir hatten einen Fall, da hat unser Freund und Kollege Thomas Stöcker eine Patientin zu uns nach Stuttgart gebracht, bei der eine erforderliche Zahnentfernung (nach einer ganzen Reihe von in Hypnose gelungenen Maßnahmen) nicht mehr gelingen wollte. Meine Frau und ich haben eine Doppel-Induktion durchgeführt, in der wir sie aufgefordert haben, dem Zahn einen Namen zu geben, den sie gerne loswerden wollte; Thomas Stöcker hat den Zahn gezogen, und wir haben zehn Minuten später zusammen mit der Patientin Kaffee getrunken. Das sollte man normalerweise nach einer Extraktion nicht machen. Wenn aber keine Spritze vorausging, bleiben die normalen Schutzreflexe wirksam und der Patient kaut automatisch auf der gesunden Seite.

10. Möglichkeit der Zeitverzerrung

Viele Patienten, die wir in Hypnose behandeln, sind verblüfft, daß der Eingriff schon beendet ist. Manchmal fehlt ihnen jedes Zeitempfinden während der Operation. In einem Fall (bei einer operative Entfernung von Zahn 49!) kam der Patient nur unwillig aus der Trance, weil er der Meinung war, wir hätten noch gar nicht angefangen. Auch bei langdauernden Präparationssitzungen ist die Zeitverkürzung für die Patienten sehr angenehm.

11. Möglichkeit der retrograden Amnesie

Ein Teil der Hypnosepatienten zeigt während der Behandlung Zeichen von Schmerzen, wie zum Beispiel Anspannen der Muskulatur oder Stöhnen. Wir fragen in diesen Fällen mit Ja/Nein Signalsystemen wie Fingerzeichen oder Kopfnicken/Kopfschütteln, ob wir die Behandlung abbrechen sollen. Zur Sicherheit wird dann noch einmal nachgefragt, ob die Behandlung fortgesetzt werden soll. Häufig wünscht der Patient dann eine Fortsetzung der Behandlung ohne Anästhesie. Wir fordern ihn auf, noch tiefer zu gehen, wenn er weniger empfinden will. Erstaunlicherweise berichten diese Patienten dann nach der Behandlung, daß sie (fast) nichts gespürt hätten, daß vielleicht einmal etwas unangenehm gewesen sei, aber das hätten sie schon vergessen. Es ist also anzunehmen, daß ein Teil der Schmerzbewältigung auch über die retrograde Amnesie abläuft.

Der Vollständigkeit halber will ich im folgenden auch die Nachteile der Behandlung ohne Spritze darstellen (siehe auch Tabelle 4).

Tab. 4: Nachteile der Behandlung ohne Spritze

1. Anästhesie manchmal nicht ausreichend
2. erhöhter Zeitaufwand
3. erhöhter Kostenaufwand
4. erhöhte Belastung für das Behandlungsteam
5. Unterbrechung der Behandlung schwierig

1. Ungenügende Anästhesie

Die Behandlung ohne Spritze bringt natürlich auch Nachteile. Der Hauptnachteil der Behandlung ohne Spritze ist das Problem der ungenügenden Anästhesie. Nicht jeder Patient entwickelt eine Anästhesie, auch wenn er in einer guten Hypnose ist. Es gibt wissenschatliche Untersuchungen, die besagen, daß nur etwa 60 Prozent der Patienten, die in Hypnose sind, auch die Fähigkeit haben, eine Anästhesie zu entwickeln. Bei uns kommt es in circa zehn Prozent der Hypnosefälle vor, daß ein Patient doch Schmerzen empfindet, wenn wir mit dem Eingriff anfangen. Wir testen das ganz bewußt nicht vorher, weil es ein Unsicherheitszeichen wäre, wenn man fragt: „Spüren Sie das?" Wir fangen einfach an. Und der erste Piekser beweist, ob der Patient wirklich fähig ist, eine Anästhesie zu entwikkeln oder nicht. Wenn er keine ausreichende Anästhesie entwickelt hat, dann äußert er sofort Schmerzen und verliert an Hypnosetiefe. Wir sagen dann: „Wir merken, daß Sie doch noch etwas spüren. Wollen Sie, daß wir weitermachen? Sie können mit dem Kopf nicken, wenn Sie wollen, daß wir weitermachen. Sie können den Kopf schütteln, wenn Sie nicht wollen, daß wir weitermachen. Wenn Sie jetzt doch eine Spritze haben wollen, dann nicken Sie mit dem Kopf."

Wenn es notwendig ist, wird dann eben eingespritzt. Der Patient kann dabei trotzdem in der Entspannung bleiben. Das einzige Risiko, daß man eingeht, wenn man ohne Spritze arbeitet, ist also, daß es doch wehtut und daß man doch noch einspritzen muß, allerdings dann mit sehr geringen Dosen des Lokalanästhetikums. Wir haben schon untere Aufklappungen nur mit der intraligamentären Spritze durchgeführt, mit 0,2 ml Anästhesielösung für einen Eingriff, der über eine Stunde gedauert hat. Ich habe oft den Eindruck, wenn man diesen allerersten Schmerz, der den Patienten manchmal ein bißchen aus der Hypnose herausreißt, mit einer kleinen Injektion besänftigt, dann entwickelt sich die Anästhesie im Verlauf des Eingriffes und dieser ist dann doch noch einer ohne Anästhesie.

2. Erhöhter Zeitaufwand

Ein Nachteil ist natürlich auch, daß es ohne Spritze etwas mehr Zeit kostet, sowohl für uns wie auch für den Patienten. Das Vorgespräch, die Induktion, das schonende Vorgehen und die Rückkehrphase benötigen insgeamt mindestens den doppelten Zeitaufwand einer zahnärztlichen Routinebehandlung. Durch das Delegieren von Teilen dieser zeitintensiven Abschnitte an eine Hypnoseassistentin läßt sich der Zeitbedarf für den Behandler jedoch bis circa zehn Prozent an eine Routinebehandlung annähern.

3. Erhöhter Kostenaufwand

Weil es mehr Zeit kostet, sind auch die Kosten ein wenig höher. Wir sind nicht mehr bereit, unsere Zeit unentgeltlich zur Verfügung zu stellen, nachdem wir jahrelang Hypnose umsonst gemacht haben. Erst wenn man sich in einer Sache sicher fühlt, sollte man beginnen, dafür auch Geld zu verlangen. Unserer Erfahrung nach übernehmen die Kassen zum Beispiel bei Allergikern die Kosten für die Hypnose, wenn damit eine Vollnarkose vermieden wurde.

4. Erhöhte Belastung für das Behandlungsteam
Die Behandlung in Hypnose stellt an alle Beteiligten einen weitaus höheren Anspruch an Konzentrationsfähigkeit, an Sorgfalt und Einfühlungsvermögen. Obwohl wir seit Jahren Behandlungen mit Hypnose durchführen, ist keine Routine möglich; jeder Patient benötigt eine auf ihn ausgerichtete Zuwendung. Wir sind alle nach einem Eingriff in Hypnose mehr erschöpft als nach einer Behandlung mit „Spritze".

5. Schwierige Unterbrechungen
Behandlungsunterbrechungen sind bei Hypnosebehandlungen sehr unangenehm; weniger wegen der Trance des Patienten – der kann durchaus für zehn Minuten unter der Kontrolle einer Helferin eine Ruhepause genießen – als vielmehr wegen der „Trance" des Behandlers. Für diesen ist es schwierig, aus seiner Arbeitstrance herauszugehen und hinterher (z.B. nach einem Telephongespräch) sich wieder rasch auf die Hypnosetiefe des Patienten einzustellen. Nach unserer Erfahrung beruht bei Hypnoseeingriffen sehr viel auf Übertragung, auf unbewußter Gemeinschaft mit dem Patienten, die während der ganzen Zeit aufrechterhalten werden sollte.

Induktionstechniken und Behandlungsverlauf

Wie verläuft nun eine solche Behandlung ohne Spritze? Die Art der Induktion ergibt sich aus der Anamnese sowie aus einem Suggestibilitätstest; daraus erhalten wir eine Diagnose, welche Induktionsart geeignet ist (siehe Tabelle 5).

Tab. 5: Induktionstechniken
1. direkte („klassische") Induktionen
2. Selbsthypnosetechniken
3. indirekte Induktionstechniken
4. Induktions-Tonbänder
5. Musik-Tonbänder

1. Direkte („klassische") Induktionen

Wenn wir damit die Erwartungen des Patienten utilisieren können, wenden wir für die Anästhesieinduktion eine direkte, klassische Hypnoseinduktion an. Wir beginnen meist mit einer Blickfixation, mit Vertiefung der Atmung, mit Einstellung der Schwere und mit Entspannungssuggestionen.

Dann folgt eine Armlevitation, weil der erhobene steife Arm für uns das nötige Feedbacksystem darstellt. Wir machen die levitierte Hand zur kalten Hand, die der Patient dann immer kühler empfinden soll. Die andere Hand, die völlig entspannt daliegt, machen wir zur warmen Hand; die warme Hand soll der Patient als Blitzableiter benutzen, weil sie hypersensibel ist. Er kann, wenn er noch ein Gefühl verspüren sollte, während des Eingriffes dieses Gefühl auf den Nägeln brennen lassen und es dann über die warme, liegende Hand „hinausatmen".

Die kalte, levitierte Hand soll er dann pelzig und gefühllos machen. Dies funktioniert sehr einfach: Wenn eine Hand eine Zeitlang in der Luft schwebt, wird sie physiologischerweise kühler. Deshalb installieren wir die Handschuhanästhesie in dieser Hand.

Als nächstes soll der Patient dieses pelzig kalte Unempfindlichkeitsgefühl von der levitierten Hand auf die Stelle im Mund übertragen, die für den Eingriff gefühllos werden soll. Häufig machen wir es so: Der Patient wird gebeten, daß er in der Zeit, die er braucht, um die Anästhesie in seinem Mund zu entwickeln, die pelzig kalte Hand auf diese Stelle ganz von allein zugehen lassen soll, so daß er selbst das Zeitmaß vorgibt, das er braucht, um dieses Gefühl wirklich auf die gewünschte Stelle im Mund übertragen zu können.

Dann geben wir ihm Kältesuggestionen zur Blutungskontrolle, also zum Beispiel die Aufforderung, er solle sich einen großen Absperrhahn vorstellen, ein Handrad, das er zudrehen kann, mit dem er die Blutzufuhr zu der Stelle, an der operiert werden soll, verringern kann. Er soll die winzigen Muskeln in den kleinen Blutgefäßen aktivieren, damit die großen Muskeln in seinem Körper passiv werden können. Er soll sich ein eiskaltes Lieblingsgetränk vorstellen und überprüfen, wie dieser Cocktail ihm schmeckt, um damit seinen Mund abzukühlen.

Zur Vertiefung verwenden wir Suggestionen wie: „Je tiefer Du in die Hypnose hineingehst, um so weiter weg kannst Du gehen aus diesem Raum, aus dieser Zeit, umso weniger bekommst Du mit von dem, was hier geschieht."

Als Anästhesiesuggestion sagen wir etwa folgendes: „Du kannst nachher, neben der angenehmen Kühle, anfangs vielleicht noch eine Berührung, einen Druck oder ein Kitzeln wahrnehmen; das wird dir helfen, die Stelle vollends taub und pelzig zu machen. So ein Gefühl, daß sich der (zum Beispiel) rechte Unterkiefer ganz fremd anfühlt, so wie wenn du am Ellenbogen den Nerv geklemmt hast und der Arm sich anfühlt, als ob er nicht mehr zu dir gehören würde. Mach den Mund jetzt ganz pelzig, ganz taub, ganz fremd."

Häufig sagen wir auch: „Geben Sie Ihren Mund zur Reparatur ab", um ein Bild zu geben für die Dissoziation. Wir schlagen dem Patienten vor, daß er sich einen Entspannungsort sucht, wo er sich während der Behandlung imaginativ aufhalten kann; daß er sich zum Beispiel seinen nächsten Urlaubsort vorstellt und sich dort besonders wohlfühlt, während hier sein Mund bearbeitet wird.

Wir wenden auch eine sogenannte Hebelinduktion gerne an, indem wir sagen: „Je weniger Sie spüren wollen, um so tiefer müssen Sie atmen und um so tiefer müssen Sie in Ihre Hypnose gehen. Und wenn Sie doch einmal zwischendurch etwas spüren sollten, ist das ganz normal. Jede Hypnose verläuft in Wellenbewegungen. Mal bekommen Sie mit, was hier geschieht, und mal sind Sie ganz weit weg an Ihrem Urlaubsort. Und an Ihrem Urlaubsort ist es sicher schöner als hier. Also, wenn Sie etwas merken, gehen Sie einfach wieder etwas tiefer."

Der Trancezustand wird auch durch Berühren der Schulter, über den Entspannungsort und dessen Namen, den Geruch/Geschmack am Entspannungsort und dem Zentrum des guten Gefühls im Bauch geankert. Wir haben zur Kontrolle der Trancetiefe immer das Feedbacksystem über die levitierte Hand. Wenn sie sich absenkt, wird der Anker an der Schulter betätigt; Suggestionen, den Entspannungsort noch genauer wahrzunehmen, führen wieder tiefer.

2. Selbsthypnosetechniken

Neben dieser direkten Induktion, die wir für operative Eingriffe meistens gebrauchen, verwenden wir für einfachere Eingriffe, für normale Füllungen usw. sehr häufig Selbsthypnosetechniken. Hierbei hat nämlich der Patient die Verantwortung dafür, daß er in Hypnose geht. Er bekommt nur eine kleine Anleitung, wie er sich selbst in Trance versetzen kann. Wir verwenden als häufigste Selbsthypnosetechnik die Zählmethode unter Einbeziehung der vier Gefühlsbereiche, also Sehen, Hören, Riechen und Schmecken sowie Fühlen.

3. Indirekte Induktionstechniken

Dann gibt es die Möglichkeit indirekter Induktionstechniken, zum Beispiel das Erzählen von Metaphern, die je nach Schwere des Eingriffs zur Anwendung kommen. Das Geschichtenerzählen macht mir eigentlich im Moment mit am meisten Spaß. Wenn ich beispielsweise eine Karies mit dem großen Bohrer ausräume, der so langsam läuft, erzähle ich gerne eine Anekdote: „Also wissen Sie, gestern bin ich mit meinem Auto zur Praxis gefahren. Und da war ein kleiner Stau. Und da vorne haben die Preßlufthämmer gearbeitet. Und ich sitze in meinem Auto und möchte in die Praxis und kann nicht vor und zurück, und hinter mir ein Auto und vor mir ein Auto. Ich muß einfach da bleiben, wo ich bin, und dann dieser Höllenlärm von den Preßlufthämmern. Und das hat mich ganz nervig und angespannt gemacht. Und nach einer Weile bin ich draufgekommen: Du kannst ja nicht anders; machst das Radio an, lehnst dich zurück, genießt die Pause, die du unfreiwillig hast, und läßt mal die da vorne rattern und arbeiten, während ich selbst ganz faul in meinem Autositz lehne und mir angenehme Gedanken mache." Das wäre ein Beispiel für eine indirekte Induktion. Der Patient fällt damit nicht automatisch in eine tiefe Hypnose, aber er versteht entweder bewußt oder auch unbewußt den Sinn dieser Erzählung und kommt damit auf die Idee, daß er sich andere Gedanken machen kann, daß er anders mit den Sensationen umgehen kann, die er bei uns erlebt. Es gibt noch viele andere Metaphern, zum Beispiel mit einem Geländemotorrad den Strand entlangfahren, daß es so ungeheuer rüttelt und so laut ist; fliegen mit dem Düsenjäger; das Pfeifen eines exotischen Vogels usw. Der Phantasie sind da keine Grenzen gesetzt.

4. Induktionstonbänder

Wir bieten Patienten, die bereits mit Entspannungstechniken vertraut sind (z.B. Autogenes Training, Yoga, Hypnoseerfahrung) Tonbänder mit indirekten Induktionen an; die Verbalsuggestionen sind hier mit Entspannungsmusik unterlegt. Diesen Patienten geben wir bereits im Wartezimmer das Band über einen Walkman zur Einstimmung, damit sie sich mit Hilfe des Bandes in Selbsthypnose versetzen können. Nach etwa fünfzehn Minuten wird der Patient dann ins Behandlungszimmer geführt und nach den Worten: „Sie können jetzt, während wir die Behandlung beginnen, sich noch mehr auf das Tonband konzentrieren und noch tiefer gehen, damit sie von der Behandlung nur so viel mitbekommen, wie Ihnen angenehm ist", wird die Behandlung unverzüglich begonnen. Dies ist für uns die angenehmste und rationellste Möglichkeit für die zahnärztliche Behandlung ohne Spritze.

Bei Kindern verwenden wir das Tonband sehr häufig. Diese Technik nennen wir „Daumen-Fernsehen". Die Kinder dürfen sich ein Märchentonband zum Beispiel mit Alf oder der Biene Maja aussuchen. Die Induktion lautet dann: „Schau in deinen linken Daumennagel; kannst du dir vorstellen, daß dies ein kleiner Fernsehschirm ist? Ja, gut! Wenn du jetzt in deinem Daumenfernseher das siehst, was du hörst, dann spürst du nichts. Du spürst dann vielleicht noch ein Kitzeln, aber das fühlt sich ganz lustig an." In der linken Hand, die den Daumen-Fernseher darstellt, entwickelt sich dann eine Katalepsie, und das Kind führt damit eine ganz natürliche Blickfixation durch, während es mit der Rechten damit beschäftigt ist, die Lautstärke zu regulieren. Dies führt durch Überladen zu einer Dissoziation.

5. Musiktonbänder

Ein kleiner Teil unserer Patienten empfindet die besprochenen Tonbänder als hinderlich bei der Selbsthypnose. Diese Patienten greifen lieber auf selbst mitgebrachte oder von uns angebotene Musik zurück. Bereits diese einfache Dissoziationsmöglichkeit mit Hilfe von Musik reicht für einige Patienten aus, um jeden Eingriff ohne Anästhesie zu bewältigen.

Schlußbemerkung

Abschließend sei die Frage noch einmal gestellt: Warum Zahnheilkunde ohne Spritze? Eigentlich stellt es einen Honorarverlust für den Zahnarzt dar. Er kann ja die Spritze nicht abrechnen. Es kostet mehr Zeit. Es kostet sicher auch teilweise mehr Energie und Kraft. Und es funktioniert auch nicht immer. Das ist natürlich auch ein Problem, Dinge zu tun, die nicht immer funktionieren. Warum tun wir es in unserer Praxis dennoch?

Zum einen ist einfach ein Bedarf da. Wir haben Patienten, die besonders gesundheitsbewußt leben, die sagen: „Ich möchte ohne Gift leben und deshalb probiere ich, ob ich das nicht auch ohne Spritze kann." Wir haben Patienten, die allergisch sind auf Lokalanästhetika, und wir ersparen diesen Patienten die Vollnarkose.

Wir haben ferner die Erfahrung gemacht, daß sich die Compliance sehr stark erhöht, wenn wir mit Hypnose arbeiten. Die Patienten fühlen sich der Praxis mehr verbunden. Der Patient hat viel mehr Vertrauen zu uns. Er fühlt sich verstanden und sicher durch das individuelle Eingehen auf ihn. Er fühlt sich nach der Behandlung wohl und erholt. Wir führen manchmal drei- bis vierstündige Behandlungen durch, und der Patient sagt hinterher: „Ich habe mich heute morgen bei Ihnen richtig erholt."

Wir haben durch die Arbeit mit der Hypnose keine Zwischenfälle in der Praxis. Während der ganzen Jahre habe ich keinen Kreislaufkollaps gehabt. Es kam schon vor, daß ein Patient sagt: „Mir wird's aber ein bißchen komisch." Und dann sagen wir: „Das ist ja prima. Werden Sie doch bitte gleich ohnmächtig. Dann können wir ungestört arbeiten. Wir können damit umgehen." Ohne Spritze haben wir keine Nachbeschwerden, keine Nachblutung, keine Schwellung. Die Zahl der Schmerzfälle ist auf diese Art und Weise gering, wir brauchen keine Sedativa und Analgetika. Außerdem kann der Patient sofort nach dem Eingriff essen und arbeiten – oder zum Beispiel auch küssen.

9. Warum nicht auch Mozart und Mesmer: Die Kombination von Imagination und anderen Techniken in der zahnärztlichen Praxis

Peo Wikström[8]

Im folgenden werde ich verschiedene Möglichkeiten vorstellen, mit veränderten Bewußtseinszuständen zu arbeiten. Ich gebrauche nicht das Wort Hypnose; denn wie soll man es beispielsweise bezeichnen, wenn ein Musikliebhaber mit geschlossenen Augen ein Konzert genießt und völlig dissoziiert ist von der äußeren Welt? Ist dies Selbsthypnose, sind es Tagträumereien, ist es Meditation oder was sonst? Mein eigener Weg ist seit Jahren durch eine Vielzahl von Therapeuten geprägt worden, die auf ganz unterschiedliche Weise Bezug nahmen auf so verschiedene Aspekte der „Hypnose" wie zum

8 Übersetzung aus dem Englischen von Sylvia Kämmerer und Burkhard Peter.

Beispiel Entspannungsreaktion, Reagieren auf Suggestionen, tiefe innere Erfahrungen, Meditation, ideomotorische Techniken, Dissoziationen, Schmerzkontrolle, Aufheben von Repressions- und Widerstandsbarrieren oder auch imaginatives Involviertsein; darunter befanden sich auch Imagination und Musik: Musik allein oder in Kombination mit imaginierten Vorstellungen, Musikhalluzinationen, manchmal kombiniert auch mit kinästhetischen Berührungen, den Mesmerschen „Passes".

Mein Interesse an Musik bzw. in die Macht der Musik stammt nicht nur aus meiner Studentenzeit, als ich als Musiker mein Geld verdiente. Dr. Lozanow aus Bulgarien hat auf seine Weise auch damit zu tun; jeder von uns kennt die Suggestopädie, seine Methode, das Lernen einer fremden Sprache dadurch zu beschleunigen, daß der Lernende sich entspannt, indem er klassischer Musik lauscht; währenddessen spricht der Lehrer die Worte, die der Student lernen soll, in einem speziellen Rhythmus, ähnlich dem in der Barockmusik. Rhythmus ist wichtig, nicht nur für den Jazzfan oder für den Tänzer. Wir alle kennen den ablenkenden und oft schlafinduzierenden Effekt, den eine monotone Stimme beim Gottesdienst in einer Kirche haben kann; das regelmäßige Rütteln eines Zuges, das Brausen oder Tosen von Wellen. Töne und Rhythmus gehören zur selben Familie. Und gerade auch in meinem eigenen Leben, der täglichen Routine eines Zahnarztes, haben Töne eine große Bedeutung.

Stimme, Ton und Rhythmus

Daß bestimmte Geräusche für einen Patienten Gefahr signalisieren können, wie zum Beispiel das Geräusch des Bohrers, dies sind Faktoren von großer Bedeutung, wenn man mit einem Patienten mit einer Zahnarztphobie arbeitet. Töne sind wichtig bezüglich Schmerzkontrolle und Schmerzschwelle. Es gibt unterschiedliche Arten von Tönen. Die meisten meiner zahnärztlichen Kollegen würden mit mir darin übereinstimmen, daß der donnernde Verkehr draußen die Trance überhaupt nicht stören wird, während dagegen das Hantieren der Zahnarzthelferin mit den Instrumenten, die Gefahr für den Patienten symbolysieren, sofort Reaktionen beim Patienten hervorrufen. Das wichtigste „Geräusch" jedoch ist das, was wir selber produzieren, nämlich unsere Stimme. Viele Hypnodentisten vertreten die Auffassung, daß monotones Sprechen der effektivste Weg sei, eine Hypnose zu induzieren. Damit stimme ich nicht überein. Bedenken Sie bloß, wie ein Schauspieler seine Stimme einsetzt, um eine Phantasie, eine Vorstellung zu kreieren, und damit in Rapport zu seinem Publikum kommt. In ähnlicher Weise hat auch in Hypnose die Modulation, der Rhythmus und Klang der Stimme einen großen Einfluß. Beim Zahnarzt ist es nicht so wichtig, was gesagt wird; aber die Art und Weise, wie wir etwas sagen, ist von großer Bedeutung, nämlich der Klang der Stimme und die Musik der Sprache. Auch wenn wir nicht die Fähigkeit haben, mit Worten zu malen, so kann es doch eine große Hilfe sein, wenn wir mit Musik malen (Gabei 1968, 1969, 1971).

Induktionstechniken mit Musik

Ich diskutiere oft mit meinen Patienten über Musik und Kunst; und diejenigen unter ihnen, die daran interessiert sind, unter dem Einfluß von Musik zu entspannen, sind herzlich dazu eingeladen. Ich überprüfe zunächst den besonderen Musikgeschmack jedes Patienten und beginne dann mit einer simplen Atemtechnik. Dann lasse ich den Patienten mit seinem Kopfhörer alleine, so daß er sich mehr und mehr entspannen und sich ganz in die Musik seiner Wahl versenken kann. Um den Patienten auf seinem Weg der Entspannung zu begleiten, rede ich in einfachen Worten über Entspannung, spreche von Ruhe und Vertrauen, von Innenerfahrung und Selbstvertrauen. Widerstand kann auf diese Weise oft sehr leicht ausgeschaltet werden. Dann, in der zweiten und dritten Sitzung, erreichen wir tiefere Ebenen. In den anschließenden Diskussionen berichten die Patienten, daß sie sich oft meiner Stimme und dessen, was ich sagte, gar nicht bewußt waren. Dies deutet auf Dissoziation und Amnesie hin. Musik als Fokus der Wahrnehmung zur Verfügung zu stellen ist also ein Weg, Barrieren zu überwinden. Für sich selbst genommen ist Musik eine effektvolle Vertiefungstechnik und speziell wertvoll für hochhypnotisierbare Personen, die in Hypnose tiefer gehen wollen und bei denen es therapeutisch auch angezeigt ist, die aber in einem Autonomiekonflikt stehen.

Das Folgende mag als Beispiel für mein Vorgehen dienen. Nach irgendeiner formalen Induktion könnte meine Wortwahl so aussehen:

„Nun hören Sie aufmerksam zu. Eine Zeitlang werden wir Musik auf eine ganz besondere Weise verwenden. Gleich werde ich die Musik anmachen, und Sie können auf eine ganz besondere Weise zuhören. Sie werden der Musik erlauben, ihren Geist zu nehmen und eine Weile zu tragen. Die Musik wird Ihren Geist auf einen ganz speziellen Weg der Töne heben und ihn weiter und tiefer hinein in Hypnose tragen. Und während Sie der Musik lauschen, werden Sie mehr und mehr versinken in die Erfahrung mit dieser Musik und ihre inneren Reaktionen darauf. Es kann sein, daß Sie, ausgelöst durch die Musik, wunderschöne Bilder sehen; Sie können fühlen, wie sie tiefer und tiefer in Hypnose gehen und wie die Musik Sie weiter und weiter trägt. Ihre Erfahrung wird wunderbar sein ... Wenn Sie eine tiefere Bewußtseinsebene erreicht haben, suggerieren Sie sich selbst, daß sie auf einer Sommerwiese sitzen, nahe einem Strom unter einem schattigen Baum ... Sie sind frei, frei von allen Verpflichtungen für heute. Sie haben die Freiheit, zu entspannen und einfach zu sein ... Der Friede dieser Wiese erfüllt Sie. Sie können die Töne der Natur hören ... das Blubbern des Wassers ... das Rauschen der Blätter ... das Summen von Insekten ... Aber Sie haben eine tiefere Sehnsucht: Sie wünschen, daß Ihnen diese Wiese ihre Bedeutung mitteilen könnte, noch tiefer ... daß sie Sie einladen würde zu tieferen Erfahrungen, zu einem Austausch von Gefühlen. Vertiefen Sie Ihren Zustand, indem Sie bis 10 zählen; so können Sie tief genug kommen zu erfahren, was die Natur Ihnen mitteilen möchte. Lassen Sie sich von der Musik an Orte tragen, an denen Sie niemals zuvor gewesen sind. Lassen Sie sich von diesen Tönen tiefere Bewußtseinsebenen zeigen, als Sie sie jemals erfahren haben ..."

Wenn die Musik endet, wird der Patient gebeten zurückzukehren. Die Art der Musik, die ich verwende, um Hypnose zu vertiefen, ist das Resultat von Versuch und Irrtum. Speziell extrem hypnotisierbare Personen beschreiben die Qualität ihrer Musikerfahrung in Hypnose als ganz unterschiedlich vom Wachzustand; einige von ihnen erfahren auch Farben viel lebendiger.

Musik, Imagination und kinästhetische Imagination

Ich finde es höchst lohnend, mit Patienten imaginativ zu arbeiten; wenn dies mit kinästhetischen Erfahrungen kombiniert werden kann, um so besser. Die Vorstellung einer Wanderung kann eine sehr wirksame kinästhetische Erfahrung sein, mit so vielen Sinneseindrücken wie möglich. Nach der oben bereits angeführten Induktion könnte dies dann folgendermaßen ablaufen:

„Es ist früh am Morgen, und Sie stehen an einem Strand; soweit das Auge reicht ist kühler feiner Sand ... ein Himmel voller Sonne, genau über dem Ozean, über einer ruhigen See. Da stehen Sie und schauen auf das Meer, wie sich die Wellen formieren, wie mehr und mehr Wellen kommen, sich brechen und den Strand mit einem cremigen Schaum waschen. Wie sie sich dann wieder zurückziehen und den Sand glasig zurücklassen, so daß der blasse blaue Himmel sich darin widerspiegeln kann ... Sie können sich vorstellen, daß Sie dort stehen, ruhig und entspannt, einfach nur beobachten ... die Farben der wasserblauen See, gefärbt mit dem Orange der Sonne, die vom Horizont aufsteigt; der Himmel darüber türkis, übergehend in ein sanftes rosiges Gold. Aber hauptsächlich sind es die Wellen ... sie rollen heran, brechen sich, waschen den Strand und fließen zurück. Sie tauchen mehr und mehr ein in die Vorstellung dessen, was Sie sehen und fühlen. Währenddessen lassen Sie sich weiter und tiefer in Hypnose gleiten."

Wieviele Details Sie für eine solche Imagination vorgeben, ist abhängig von dem individuellen Patienten und dessen Bedürfnissen. Es ist immer möglich, hier aufzuhören, indem man sagt:

„So ist es gut, lassen Sie die Bilder wieder verschwinden und hören Sie zu, was ich Ihnen zu sagen habe ..."

Und dann können Sie geeignete Suggestionen geben. Aber wenn Sie noch mehr kinästhetische Imaginationen hinzufügen möchten, dann können Sie folgendermaßen weiterfahren:

„Und nun gehen Sie los ... sehen Sie sich selbst, wie Sie auf dem festen, kühlen Sand gehen. Vielleicht sind Sie barfuß. Ich möchte, daß Sie das Gefühl bekommen, wie Sie gehen, wie Sie einen Fuß vor den anderen setzen ... ein angenehmer leichter Gang ... Stellen Sie sich den nassen, festen Sand unter ihren Füßen vor. Vor allem aber spüren Sie Ihren leichten, schwingenden Gang ... [diese oder ähnliche Sätze mehrmals wiederholen] ... Und die Geräusche der Seemöven, die brechenden Wellen, all dies formt sich zu einem Hintergrund von Musik ... Musik der Natur ... Gehen Sie weiter mit ihrem eigenen monoton schwingenden Gang, der Sie weiter und tiefer in Hypnose trägt ..."

Ich verwende Musik also als therapeutisches Vehikel, um imaginatives Involviertsein zu fördern. Je nach Bedürfnis und Persönlichkeit des jeweiligen Patienten verwende ich Musik natürlich ganz unterschiedlich. Manchmal bleibe ich bei kinästhetischen Imaginationen und ende dann mit einem Spaziergang zu einem turbulenten Strom, gewissermaßen als „stille Katharsis". Eine aufdeckende Technik. Während die Musik noch im Hintergrund spielt, suggeriere ich, daß das Problem wie eine starke Spannung in eine Hand hineinfließen wird, daß der Patient es dann fest in die Hand nimmt und es anschließend in tiefes Wasser wirft. So kann er dann beobachten, wie sein traumatisches Problem wie ein schmutziger Klumpen wegfließt (Haley 1967).

Imagination und Ichstärkung: Mesmersche Techniken

Es ist nicht so, daß ich dem Patienten exakte Anweisungen gebe, wie er auf die Musik reagieren soll; aber mit Imaginationen werden natürlich auch einige Richtlinien vorgegeben hinsichtlich dessen, was wie erlebt werden soll und worauf die Aufmerksamkeit zu richten ist. Üblicherweise suggeriere ich angenehme, sinnliche Bilder, eine Bereicherung und Vertiefung von innerem Erleben, das Heraustreten aus den augenblicklichen Problemen und das Aufladen der „mentalen Batterien". Während der Patient mehr und mehr involviert ist und sich von der Musik einhüllen läßt, können ihm eine ganze Reihe von Gefühlen suggeriert werden; Gefühle von Frieden, Verwunderung, Heiterkeit, Freude und Glück, Hochstimmung oder Interesse; im Gleichklang mit der Musik auch eine neue Stärke und auch, daß die Möglichkeiten, die als Reaktion auf die Musik entwikkelt wurden, sehr leicht auf wichtige Situationen seines Lebens übertragen werden können (Hartland 1971).

Während der letzten Jahrzehnte (Black 1964, 1969; Tinterow 1970; Bongartz 1988) wurde gezeigt, daß die therapeutischen Methoden alter, außergewöhnlich begabter Kliniker wie zum Beispiel Mesmer, Braid und Esdaile durchaus ihren Wert haben. Da ihre Fähigkeiten durch die Forschung aber nicht bestätigt werden konnten, fielen sie dem Vergessen anheim. Seit 20 Jahren benutze ich eine einfache Vertiefungstechnik, die aus Mesmerschen „Passes" besteht, das heißt aus einem Streichen entlang der Arme des Patienten nach einer festen Berührung an der Schulter. Dieses Streichen ist abgestimmt auf das Ausatmen des Patienten, und der Effekt ist erstaunlich. Ich glaube, daß diese zusätzliche taktile Stimulation mit anderen sensorischen und auditiven Reizen eine Art Überladung des lymbischen Systems bewirkt. Diese „Passes" kann man mit oder ohne Musik verwenden (vgl. auch Lowen 1975; Jencks 1977; Esdaile 1850).

Auditive Ablenkungen und Musikhalluzinationen

Einer hypnotisierten Person können bekanntlich sowohl extreme auditive Wahrnehmungen als auch Taubheit suggeriert werden. So jemand kann dazu gebracht werden, einen bestimmten Ton so uninteressant wie eine auf den Boden fallende Nadel zu finden; wir können bei ihm aber auch eine viel beeindruckendere Reaktion erzielen, wenn wir diese extreme Wahrnehmungsfähigkeit mit Musik verbinden. Viele Patienten mögen die Injektion zwar nicht, aber sie können sie aushalten. Die meisten Patienten aber fühlen sich unwohl, wenn gebohrt wird. Sogar nach einer Injektion kann dieses Geräusch noch Angst verursachen, denn das Geräusch des Bohrens informiert darüber, wie nahe am Nerv die Behandlung geschieht. Eine geräuschlose Behandlung wäre da schon sehr ideal.

Ich habe verschiedene Möglichkeiten ausprobiert, um unterschiedliche Geräusche, Musik und Hypnose miteinander zu kombinieren. Hierbei hat sich Halkers (1986) Rapid-Induction-Technik als höchst hilfreich herausgestellt, wenn sie mit Ebrahims (1986) Secluded-Room-Technik kombiniert wurde. Eine Musikhalluzination erfordert zumindest eine Trance von mittlerer Tiefe. Ein Fingersignal des Patienten zeigt an, wann die Halluzination wahrgenommen wird. Der Klang fließenden Wassers im Speibecher der Zahnarztpraxis wird als Hintergrund für die Suggestionen verwendet und hilft, die Musikhalluzination zu erzeugen. Nach einer Anfangs-Induktion könnte ich beispielsweise sagen:

„Nun sind Sie in ihrem geistigen Raum; dieser Raum ist gefüllt mit Ruhe; und mit jedem Ausatmen können Sie das Wort Ruhe sagen, mit dem Sie diesen Raum mehr und mehr anfüllen ... Konzentrieren Sie sich einfach und lauschen Sie aufmerksam ... Unter all diesen Tönen des tropfenden Wassers werden Sie Fragmente von Musik erkennen, vielleicht sogar ihre Lieblingsmusik. Diese wird stärker ... lauter und lauter ... bis alles verschwunden ist, alle Geräusche ... ausgenommen meine Stimme und diese Musik. Sie werden voll eintauchen in diese Musik, die Sie nicht länger nur als Fragmente hören. Es ist nun ganz die Musik ... Sie sind so umströmt davon, daß nichts mehr Sie stören kann ... so treten Sie ein in Ihren eigenen musikalischen Raum ... Ihr Finger wird sich heben, wenn Sie die Musik voll und ganz hören ..."

Während der Patient nun seine Musik hört, kann ihm auch oft beigebracht werden, daß er seinen Finger als eine Art Lautstärkeregler benutzt – je höher er ihn hebt, desto mehr Musik hört er.

Einige Klinische Bemerkungen

Die Natur positiver und negativer Halluzinationen wird von vielen Autoren beschrieben (le Cron 1962; Kroger 1963; Jencks 1977; Hartland 1971). Üblicherweise wird das Erleben akustischer Halluzinationen irgendwie für schwieriger erachtet als beispielsweise das olphaktorischer oder gustatorischer Halluzinationen. Nach meiner klinischen Erfahrung ist ein mittleres Stadium der Trance dafür jedoch durchaus ausreichend (Wikström 1978). Nur ein paar wenige Patienten berichteten, daß das Geräusch des Bohrers die Barriere aus Musik durchbrochen habe. Andere Geräusche, wie beispielsweise die des Amalgamisierers, wurden nicht gehört, auch dann nicht, wenn sie lauter waren. Es scheint, daß antizipierte Geräusche bestimmter gefürchteter Aktionen wie zum Beispiel die des Bohrens eher wahrgenommen werden als nicht antizipierte oder neue; für solche war der Patient gewissermaßen taub. Meiner Beobachtung nach kann die Barriere aus Musik auch dann durchbrochen werden, wenn das Schleifen oder Bohren zu lange anhält; dies beruht offensichtlich auf einer Art Summationsprozeß, muß aber nicht unbedingt zu einem Problem werden, denn der Zahnarzt kann ja auch in kürzeren Zeitspannen arbeiten.

Ein Bericht von Aldous Huxley (Haley 1967) ist sehr interessant. Huxley berichtet, daß es für ihn schwierig war, akustische Halluzinationen zu entwickeln; seine Trance wurde leichter. Indem er aber zwei sinnliche Erfahrungen miteinander kombinierte, hatte er dann schließlich doch noch Erfolg: Zunächst halluzinierte er, wie sein Körper sich rhythmisch bewegte, und damit erzeugte er einen Rhythmus; diesem fügte er schließlich auditive Halluzinationen hinzu.

Einmal hatte ich eine Patientin, die Musik halluzinierend erlebte. Ich mußte für einige Augenblicke aus meiner Praxis und fand sie, als ich zurückkam, ihre Händen rhythmisch bewegend vor. Sie meinte: „Oh nein, Herr Doktor, lassen Sie uns eine Pause machen." Als sie aus der Trance erwachte, berichtete sie, daß sie einen monotonen Rhythmus gespürt und auf einer mexikanischen Patio getanzt habe. Ganz außer Atem hatte sie laut um eine Pause gebeten. Ohne es zu realisieren, hatte sie ideomotorische und ideosensorische Aktivitäten miteinander kombiniert.

Zur Auswahl der Musik

Die Musik, die Patienten für sich aussuchen, ist ganz verschieden, manchmal erstaunlich verschieden. Während eines Monats kann dies von gregorianischer Kirchenmusik über griechische Zorbas-Tänze, Arien von Bach, Konzerte von Mozart und Beethovens vierter Symphonie bis hin zu einem Konzert von Jimmy Hendrix reichen. Ein Liebhaber von Chopin wählte eine Anzahl von Walzern. Voller Erstaunen sah sich ein Patient, der Stierkämpfe liebte, nach Spanien versetzt, und erlebte die Atmosphäre dort, die folkloristische Szenerie und vor allem die Musik. Die ängstigenden Töne der Zahnarztpraxis waren überdeckt durch feurige Märsche und Pasodoble.

Die Musik, die zur Trancevertiefung verwendet wird, sollte eine eher sinnliche Musik sein, um die Aufmerksamkeit des Patienten zu fokussieren und das immer tiefere Hineingleiten in die Hypnose nicht zu unterbrechen. Barockmusik ist hierfür sehr geeignet, beispielsweise Bach, Vivaldi, Boccherini oder ähnliche Musiker, am besten gespielt auf den Instrumenten ihrer Zeit, mit Flöte, Gitarre oder Cembalo. Wenn es um eher therapeutische Anliegen geht, so richtet sich die Wahl der Musik nach den Gefühlen, die ich hervorrufen möchte; Fröhlichkeit, Freude und Leichtigkeit können über den „Frühling" oder „Sommer" aus Vivaldis „Vier Jahreszeiten" hervorgerufen werden; spirituelle Erfahrungen und solche des Glaubens durch einige von Beethovens Symphonien. Wenn das Ziel Freude und innerer Friede sein soll, dann eignet sich „In einem Sommergarten" von Delius, Bruckners Erste Symphonie oder gar die „Symphonie Singulière" des Schweden Ehrwald oder der mittlere Teil von Gerschwins „Rhapsodie in Blue". Wenn wir ein starkes erfolgsorientiertes Gefühl und ein starkes Selbstbewußtsein hervorrufen wollen, dann kann ein Stück wie Grofes „Grand Canyon Suite" einfach kraftvoll, majestätisch und Barrieren überwindend oder Simon und Garfunkels „Bridge over troubled water" dem Patienten dabei helfen, in den Wachzustand zurückzukommen. Ein Modernist würde vielleicht Mahalia Jackson oder John Coltranes „A Love Supreme" wählen. Irgendwie naheliegend ist auch Debussys „Versunkene Kathedrale" mit Tiefen, die einen Zusammenhang zu Gefühlen und kosmischer Bewußtheit herstellen. Jüngere Patienten mögen vielleicht eher elektronische Musik wie zum Beispiel Kitaros „Silk Road Suite". Was immer für meine Patienten gut ist, hilft letztendlich auch mir. Die Musik kann natürlich über ganz normale Lautsprecher ertönen, hat aber viel stärkere Effekte, wenn sie über Kopfhörer gehört werden kann.

Die Verwendung von Musik in der zahnärztlichen Praxis hat also großen therapeutischen Wert. Sie kann andere therapeutische Vorgehensweisen verstärken und, in Kombination mit anderen, gleichzeitig erlebten sensorischen Erfahrungen, wie zum Beispiel visuellen oder kinästhetischen Imaginationen oder nicht-invasiver Psychotherapie, die Coping-Fähigkeiten des Patienten verbessern. Musik, so sagte der englische Komponist Benjamin Britten, ist eine Therapie, die zum Herzen geht, weil sie unnötige Umwege über das Gehirn vermeidet.

10. Die Veränderung von Orientierungs- und Informationsverarbeitungsmustern durch strategische Therapie und paradoxe Interventionen

Ortwin Meiss

Strategien und Muster

Menschen entwickeln im Laufe ihres Lebens Strategien, die ihnen helfen, sich in ihrer Umwelt zurechtzufinden. Diese Strategien entstehen in der Regel durch bestimmte Erfahrungen oder werden von Bezugspersonen übernommen. Dabei ist es ein durchaus üblicher Vorgang, daß Strategien von einem Kontext in einen anderen übertragen werden. So wird man zum Beispiel Lernstrategien, die sich beim Erlernen einer Fremdsprache bewährt haben, auch beim Erlernen einer zweiten Fremdsprache einsetzen. In gleicher Weise kommt es vor, daß eine Strategie, die in einem Bereich sehr erfolgreich war, in einem Kontext angewendet wird, in dem sie in keiner Weise paßt. Jeder kennt einige Tätigkeiten, bei denen „sich mehr anstrengen" tatsächlich zu besseren Resultaten führt. Verwendet man die gleiche Methode aber, um abends schneller einzuschlafen, erreicht man eher den gegenteiligen Effekt.

Personen, die die Hilfe eines Psychotherapeuten in Anspruch nehmen, zeichnen sich durch besonders festgefahrene Strategien zur Bewältigung bestimmter Situationen aus, die in vielen Bereichen nicht passen. Diese Strategien sind in der Regel automatisiert und laufen mit hoher Geschwindigkeit ab, weshalb sie meistens unbewußt bleiben und vom Patienten nicht wahrgenommen werden. Solche Strategien beinhalten bestimmte Informationverarbeitungs- und Orientierungsmuster. So kann beispielsweise ein Phobiker, der Angst vor Hunden hat, in der Weise reagieren, daß er auf das Erblicken eines Hundes einen internen Dialog aktiviert wie zum Beispiel „Achtung, da ist ein Hund, der beißt", um dann eine innere Vorstellung zu entwickeln, wie ein Hund über ihn herfällt, ein Hund, der in der Regel nichts mit dem tatsächlich vorhandenem zu tun hat. Daraufhin entwickelt sich die entsprechende Angst- und Fluchtreaktion. Die Orientierung eines solchen Klienten ist nach innen gerichtet, die Angstreaktion erfolgt nicht auf die Wahrnehmung des realen Hundes hin, sondern auf die der inneren Bilder, die der Klient sich macht.

Symptome als aktive Leistungen

Wir können Störungen, Symptome und Probleme, mit denen Klienten in die Therapie kommen, ebenfalls danach untersuchen, welche Strategien ihrem Problem zugrunde liegen. Dieses Vorgehen beruht auf dem Gedanken, daß es sinnvoll ist, ein Symptom, eine psychische Störung oder ein Problem als eine aktive Leistung des Organismus zu definieren. Man kann sich also fragen: Was muß jemand tun, um etwas bestimmtes, was ihn stört oder quält, überhaupt zu bekommen? Beispielsweise kann ich mich fragen, wie entwickle ich eine Angst vor Prüfungen, die so stark ist, daß die Wahrscheinlichkeit gegeben ist, daß ich tatsächlich durchfalle. Hier gibt es sicher eine ganze Reihe von effektiven Strategien, von denen ich nur einige nennen will: Ich kann mich beispielsweise an eine vorangegangene Erfahrung mit Prüfungen erinnern, die ebenfalls ungünstig verlaufen ist. Ich kann mir dann sagen: „Hoffentlich passiert mir dies nicht wieder", was in der Regel dazu führt, daß ich innerlich geradezu vor mir sehe, wie es wieder in gleicher Weise schiefläuft. Weiterhin kann ich mir vorstellen, wie ich völlig versage und die Prüfer gerade die Fragen stellen, auf die ich mich nicht vorbereitet habe. Schließlich sehe ich das genervte Gesicht des Prüfers und sehe – wie in einer Sprechblase – den in ihm ablaufenden inneren Dialog, der in etwa lauten könnte: „Oh Gott, und so jemanden soll man ins Berufsleben ent- und auf die Menschheit loslassen. Zehn Semester Studium und von nichts einen Schimmer." Die Katastrophe wird perfekt, wenn man schließlich die enttäuschten Gesichter von Eltern und Freunden sieht: „Und wir hatten Dich für intelligent gehalten." Am Ende liegt man von der Gesellschaft ausgestoßen und verachtet unter irgendeiner Brücke und fristet sein Dasein, und alles nur wegen dieser einen Prüfung. Und gab es nicht tatsächlich einen Fall, wo dies genau so geschehen ist, und wer gibt einem die Garantie, daß es nicht mit einem selbst genauso geschehen wird?

Wer all diese Strategien beachtet und wirklich ernst nimmt, hat die besten Chancen, Prüfungsängste bei sich herzustellen. Man muß sich natürlich davor hüten, eine Prüfung als eine kleine Episode im Leben zu sehen oder als Herausforderung, an der man seine Fähigkeiten trainieren kann für die wirklich wichtigen Dinge im Leben. Auch sollte man das angstvolle Verhältnis zum Prüfer nicht dadurch gefährden, daß man den Prüfer während der Prüfung in Unterhosen sieht, und sich auf keinen Fall vorstellen, wie es ist, wenn man die

Prüfung optimal bewältigt hat. Um zu gewährleisten, daß die Prüfung wirklich zur Katastrophe ausartet, sollte man zudem den Adrenalinstoß, den jeder Prüfling vor einer Prüfung bekommt, nicht als das interpretieren, was er ist, nämlich als die Art, wie sich der Körper auf eine Höchstleitung vorbereitet; vielmehr sollte man ihn als Anzeichen für eine nicht zu bewältigende Nervosität interpretieren, die anzeigt, daß die Katastrophe nun nicht mehr abzuwenden ist. Die vorgestellte Nervosität wird dann zum Beweis für die Effektivität autosuggestiver Fähigkeiten schon kommen. In diesem Beispiel wird deutlich, daß es eine aktive Leistung einer Person ist, eine Prüfungsangst zustande zu bringen, und daß eine Menge von Dingen zu tun und noch mehr Dinge zu unterlassen sind, damit dies auch funktioniert.

Wie kann man Strategien erfragen?

Strategien eines Patienten zu ermitteln, indem man zum Beispiel Augenbewegungsmuster (Bandler u. Grinder 1981) beobachtet, ist manchmal ein relativ komplizierter Weg, um zu ausreichenden Informationen zu kommen. Einfacher und eleganter ist es, den Klienten zu fragen: „Wie können sie diese Störung aktiv erzeugen, bzw. wie können sie es schaffen, diese Störung zu verschlimmern?" oder: „Wenn Sie mein Trainer wären und ich wollte diese Art von Störung von Ihnen lernen, was müßte ich tun?" Durch diese Fragestellung entdeckt der Klient oft von selbst sein problemerzeugendes Strategiemuster. Beantwortet er die gestellte Frage, so akzeptiert er zudem die in der Fragestellung enthaltene Implikation, daß er sein Symptom aktiv produziert, und übernimmt indirekt Verantwortung für das, was geschieht. Er kommt von der Beschreibung „es passiert" zu „ich tue", bzw. „ich tue nicht (das, was erfolgreich wäre)".

Fehlerorientierung versus Zielorientierung

Betrachtet man die Orientierungsmuster, die nötig sind, um ein Problem erzeugen zu können, so kann man zum einen unterscheiden zwischen einer internen, also nach innen gerichteten Orientierung und einer externen, nach außen gerichteten Orientierung. Viele Probleme, mit denen Menschen in die Psychotherapie kommen, beinhalten eine interne Orientierungen. Statt mit den realen Gegebenheiten der Situation sind die Patienten mit internen Dialogen oder inneren

Vorstellungen oder Erinnerungen oder Gefühlen beschäftigt. Untersucht man grundlegende Orientierungsmuster, also Metastrategien der Orientierung, mit denen Menschen durchs Leben gehen, so lassen sich verschiedene Muster voneinander unterscheiden.

Das erste relevante Orientierungsmuster kann man als fehlerorientierte Art, durchs Leben zu gehen, bezeichnen. Personen, die sich in dieser Weise durchs Leben bewegen, neigen dazu, sich an den Dingen festzubeißen, die ihnen oder anderen mißlingen. Ihre Gedanken sind auf die Vergangenheit gerichtet, und man könnte sie beschreiben als Menschen, die rückwärts durchs Leben gehen. Beispielhaft für diese fehlerorientierte Art zu leben, wäre eine Person, die in einer Situation unsicher wird und sich schüchtern und ungeschickt verhält, zum Beispiel wenn sie mit einer Person des anderen Geschlechts kommunizieren will, und daraufhin Angst entwickelt, daß ihr dies bei der nächsten Gelegenheit wieder passiert. Dies führt dazu, daß sie sich in der nächsten Situation wieder an das vormalige Versagen erinnert und tatsächlich wieder in Schwierigkeiten gerät. Die Vorstellung zu versagen wird zur sich selbst erfüllenden Prophezeiung. Watzlawick (1975, 1983) hat dies in seinen Büchern auf anschauliche Weise beschrieben.

Das erneute Versagen hat zur Folge, daß sich die Fehlerorientierung und in diesem Fall das schüchterne Verhalten verfestigt. Am Ende wird es integriert in das Selbstbild, wo es zum Teil der eigenen Identität wird: „ich bin schüchtern." Selbst die Einsicht in diese Zusammenhänge nützt in der Regel wenig. Dem unter Schüchternheit Leidenden ergeht es wie dem Schatzsucher, der von einer Weissagerin prophezeit bekommt, er werde einen großen Schatz finden, er dürfe nur nicht an ein gelbes Nilpferd mit rosa Punkten denken. Noch nie in seinem Leben hat er daran gedacht, doch immer, wenn er von nun an zu graben beginnt, fällt ihm doch dieses Nilpferd mit den rosa Punkten ein.

Um das Problem mit den Worten meines Kollegen Götz Rennartz auszudrücken: Der Klient befindet sich in einer Problemschleife; oder mit anderen Worten: Er umkreist das Problem wie eine Fliege die Lampe, nach dem Motto: Ich bin schüchtern – ich muß aufpassen, daß ich mich nicht wieder so schüchtern verhalte – Achtung, da kommt schon wieder so eine Situation - geht es denn schon wieder los? – ach es fängt schon wieder an – wußt' ich's doch, ich bin eben schüchtern (Beck et al. 1986).

Therapeutische Hilfe, die das Problem verschlimmert

Ein Therapeut, der zu Hilfe gerufen wird, kann versuchen, das Problem in den Griff zu bekommen, indem er nach geheimen Ursachen für die Entstehung und Aufrechterhaltung des Problems sucht. Therapeuten sind da außerordentlich erfinderisch und finden selbst in der glücklichsten Kindheit noch den sauren Tropfen (und sei es, daß die Kindheit zu glücklich war, um auf das Leben vorzubereiten), ohne daß sich dadurch das Problem in irgendeiner Weise verändert. Ein außenstehender Beobachter sieht dann nach einer Weile zwei Fliegen, die die Lampe (das Problem) umkreisen, eine Patientenfliege und eine Therapeutenfliege, mit dem Unterschied, daß sich die letztgenannte ihre Kreise teuer bezahlen läßt.

Tatsächlich habe ich im Laufe meiner therapeutischen Erfahrung eine Reihe von Klienten kennengelernt, die mit Hilfe jahrelanger Psychotherapie anscheinend alles über ihr Problem wußten, es aber immer noch hatten oder gar berichteten, die Psychotherapie habe ihr Problem verschlimmert. „Ich weiß alles über meine Störung, aber ich habe sie immer noch." Das Vorurteil, Psychotherapie bewirke doch nichts oder mache die Personen, die sich ihr unterziehen, erst richtig verrückt, erscheint mir auf Grund solcher Erfahrungen zumindest einen Teilbereich (un)therapeutischer Realität widerzuspiegeln.

Orientiert man einen Klienten ausschließlich auf die Dinge, die in seinem Leben schiefgegangen sind oder nicht funktionieren, so kann man die vorhin beschriebene Fehlerorientierung verstärken und einer Weiterentwicklung des Klienten im Wege stehen. Der Ansatz Milton Ericksons (1981) hat demgegenüber spezifiziert, wann es sinnvoll ist, aufdeckend und vergangenheitsorientiert zu arbeiten, und wann es eher angebracht ist, sich auf die Stärken und Fähigkeiten des Klienten zu konzentrieren und dem Klienten eine Orientierung auf eine bessere Zukunft zu ermöglichen.

Steve de Shazer (1989) stellt seinen Klienten die Frage: „Was sollte in ihrem Leben ihrer Meinung nach so bleiben, wie es ist?" und berichtet, daß die Klienten nach einer derartigen Intervention, die unabhängig von der Art des Problems gegeben wird, spontan davon berichten, daß sie positive Veränderungen in ihrem Leben bemerken. De Shazers Frage aktiviert eine Orientierung des Klienten auf seine Stärken und die Dinge, die ihm im Leben gelingen, und führt von einer Fehlerorientierung zu einer Zielorientierung.

Fallbeispiele

Ich möchte nun an zwei Fallbeispielen aufzeigen, wie strategische Interventionen eine spontane Veränderung von grundlegenden Mustern der Orientierung anregen können, so daß sich die Aufmerksamkeit eines Patienten in eine neue Richtung bewegt.

Keiner hat geguckt:

Ein Mann in den Vierzigern kommt in die Therapie und berichtet, sein Problem sei, daß er ständig in sozialen Situationen erröte und ihn dieses Erröten davon abhalte, ein normales Leben zu führen. Er schildert, wie er bestimmten sozialen Situationen aus dem Weg geht und, falls das nicht möglich ist und er bemerkt, daß er einer Situation nicht mehr ausweichen kann und sich das Erröten einstellt, verschiedene Ablenkungsmanöver vollzieht, um zu verhindern, daß jemand das Erröten bemerkt. Dabei beschreibt er eindrucksvoll eine Reihe von absonderlichen Verhaltensweisen, um in solchen für ihn peinlichen Situationen von sich abzulenken, die in ihrer Absurdität und Unangepaßtheit an die jeweilige Situation geradezu die Aufmerksamkeit seiner Umgebung auf ihn ziehen müssen. Auf die Frage, wo ihm das Erröten zuletzt passiert sei, schildert er eine Situation beim Arzt, in dessen Wartezimmer er plötzlich von einer zufällig anwesenden Bekannten entdeckt und angesprochen wird und – wie für ihn nicht anders zu erwarten – augenblicklich zutiefst errötet. Im Verlauf des Gesprächs erwähnt er zusätzlich, daß es ihm unmöglich sei, von jemandem Geld zu fordern, selbst wenn es sein gutes Recht sei, so zum Beispiel. wenn ihm beim Einkaufen zu wenig Geld herausgegeben wird.

Erickson hat schon daraufhin gewiesen, daß zwei Probleme manchmal besser sind als eines, da man sie unter Umständen so miteinander kombinieren kann, daß sie sich gegenseitig ausschließen und eines dann mit Sicherheit gelöst wird.

Auf meine Bemerkung, ich hätte da etwas, von dem ich glaube, daß es für die Lösung seines Problems hilfreich sein würde, fragte der Klient neugierig, was es denn sei. Ich sage, es sei eine Aufgabe, die im Prinzip nicht schwer durchzuführen sei, deren Durchführung ihn aber sicherlich einige Selbstüberwindung kosten würde, und ich sei nicht sicher, ob er sie ausführen würde. Ich gebe derartige Aufgaben grundsätzlich erst dann, wenn der Klient mir versichert hat, daß er sie auch durchführen wird (vgl. Haley 1989).

Der Klient versicherte, er sei bereit, jede Aufgabe auszuführen, wenn sie ihm nur helfen würde, sein Problem zu lösen. Ich zeigte mich zufrieden über dieses Versprechen und fragte ihn, wann er denn das nächste Mal zum Arzt müsse. Er sagte, schon in den nächsten Tagen. Auf die Frage, welche Befürchtungen in ihm hochstiegen, wenn er an diesen Arztbesuch denke, antwortete er, das Schlimmste sei, daß er in irgendeiner Weise auffallen könnte, alle ihn anschauen und er erröte. Auf die Frage, was ihm im Wartezimmer an Unangenehmem passieren könnte, so daß andere auf ihn aufmerksam würden, kam ihm der Einfall, er könne zum Beispiel mit einer Zeitung rascheln. Daraufhin sagte ich: „Gut, es ist wichtig, daß wir etwas herausbekommen über die Art, wie Sie erröten, deshalb ist die Aufgabe, die Sie durchzuführen haben, folgende: Wenn Sie das nächste Mal beim Arzt sind und im Wartezimmer sitzen, nehmen Sie sich eine Zeitung und lassen Sie sie fallen. Wenn es Ihnen gelingt zu erröten – und Sie sollen sehen, daß mir die Aufgabe wichtig ist –, dann bekommen Sie die nächste Sitzung umsonst. Gelingt es Ihnen nicht, müssen Sie leider bezahlen."

Der Klient war wie vom Donner gerührt und verließ betroffen die Praxis. Nach einer Woche kam er wieder und erzählte folgende Geschichte: „Also wissen Sie, als ich das letzte Mal von Ihnen weggegangen bin, habe ich bei mir gedacht: Warum muß das eigentlich mir passieren, daß ich an so einen Therapeuten gerate; und für einen Moment habe ich gedacht, das mache ich einfach nicht. Aber dann habe ich mich daran erinnert, daß ich Ihnen das ja hoch und heilig versprochen hatte, und so blieb mir ja nichts anderes übrig." – „Ja und, wie ist es gelaufen?" – „Ja ich war also beim Arzt, und als ich im Wartezimmer saß, habe ich mir irgendwann die Zeitung gegriffen und dann habe ich sie fallen gelassen." – „Und sind Sie errötet?" – „Nein." – „Ja wieso denn nicht?" – „Tja, keiner hat so richtig geguckt." – „Was haben sie denn dann gemacht?" – „Da habe ich die Zeitung noch einmal fallen lassen." – „Und sind Sie dann errötet?" „Nein!" – „Warum nicht?" – „Tja, da hat wieder niemand geguckt."

Das eigentlich Interessante an dieser Sequenz ist die Frage: „Was hat sich verändert, so daß diese neue Reaktion möglich wird?" Die übliche Erklärung des Vorgangs als eine „Seispontan-Paradoxie" erklärt nicht, was in der Person vorgeht, so daß die übliche Reaktion, in diesem Fall das Erröten, unterbleibt. Wenn man sich überlegt, welche Strategie nötig ist, um in bestimmten Situationen zu erröten, so ist eine wichtige Voraussetzung, um erröten zu können, daß man die Orientierung nach innen richtet und nach Anzeichen für ein bevorstehendes Erröten sucht, um dann das Erröten mit Hilfe autosuggestiver Fähigkeiten und einer intensiven Erwartungshaltung auszulösen: „Hoffentlich geht's jetzt nicht los! Spüre ich es schon oder kommt es völlig überraschend?"

Durch die Aufforderung zu erröten, „um etwas über das Symptom zu lernen", entsteht spontan eine Veränderung des Reaktionsmusters auf die anscheinend peinliche Situation. Innerhalb dieses veränderten Reaktionsmusters aber kann ein Erröten nicht erfolgen, da nicht alle Voraussetzungen gegeben sind, um einen derart komplexen Vorgang auszulösen. Interessanterweise findet man bei Errötern das Phänomen, daß Sie in Situationen, in denen Sie erröten, die anwesenden Personen oft nur dann beschreiben können, wenn Sie diese vorher schon wahrgenommen haben oder kennen. In der Situation des Errötens selbst hat der Erröter, bedingt durch seine innere Orientierung, nicht die geringste Wahrnehmung von den Reaktionen seiner Umwelt; er hat aber subjektiv den Eindruck, daß alle Blicke auf ihn gerichtet sind, auch wenn sich tatsächlich niemand mit ihm beschäftigt. Durch die Aufforderung zu erröten verlagert sich die Orientierung des Patienten von innen nach außen, und er stellt erstaunt fest: Keiner guckt.

Nachdem der Klient seine Schilderung des Vorgefallenen beendet hatte, bedauerte ich, daß er es nicht geschafft habe zu erröten, da er nun die Sitzung bezahlen müsse. Daraufhin gab ich ihm eine zweite Aufgabe und wies ihn an, in eine Apotheke zu gehen und Präservative zu kaufen und es dabei so zu arrangieren, daß ihn eine Apothekerin bediene. Er solle dabei versuchen zu erröten und mir aber auf jeden Fall beschreiben, welche Augenfarbe die Apothekerin habe und ob sie geschminkt gewesen sei oder nicht. Eine Sitzung später berichtete er, daß er die Präservative gekauft habe, aber nicht errötet sei. Er habe den Eindruck gehabt, der Apothekerin sei es richtig unangenehm gewesen, daß er sie so angestarrt habe, denn es sei nicht einfach gewesen, ihre Augenfarbe und ihre Schminke zu erkennen. Sie habe zur Seite geschaut und ihn nicht angesehen.

Auf meine Bemerkung, dies sei nun schon der zweite „Fehlschlag" bei seinem Versuch zu erröten, antwortete er, solche Fehlschläge habe er gerne, und als ich Zweifel anmeldete, ob er überhaupt noch erröten könne, denn es könne durchaus sein, daß er ganz plötzlich eine Fähigkeit verliere, die alle anderen Menschen haben, antwortete er, daß er nichts dagegen habe, nicht mehr erröten zu können, aber sicher sei, daß das Problem nicht verschwunden sei. Meine Meinung, das Erröten könne in bestimmten Situationen durchaus von Nutzen sein, quittierte er mit der Bemerkung, er könne sich keine Situation vorstellen, wo es sinnvoll sei zu erröten. Ich erzählte ihm daraufhin folgende Geschichte: Als im Hamburger Universitätskrankenhaus eine Professorin in der Ruhestand ging, wurde zu ihrem Abschied eine Laudatio veranstaltet, zu der eine sehr bekannte Psychoanalytikerin eingeladen war, um die Festrede zu halten. „Und nun stellen Sie sich vor, da sagt doch diese Frau plötzlich statt: ‚der gesunde Organismus – der gesunde Orgasmus!' Zum Glück ist sie rot geworden, puterrot ist sie geworden! Stellen Sie sich vor, sie wäre nicht rot geworden, jeder hätte doch gedacht, das sei Absicht, und ihr sei das noch nicht einmal peinlich. Glücklicherweise ist sie rot geworden – und da haben alle gelacht." Der Klient aber beharrte weiterhin darauf, daß das Erröten etwas sei, worauf er verzichten könne. Ich fragte ihn, ob er eigentlich wisse, daß Frauen es attraktiv und sexuell erregend finden, wenn Männer erröten. Es hieße ja nicht umsonst Erotik und nicht „E-blauig", und was er denken würde, wenn eine Frau, mit der er schlafe, dabei kreideweiß bleiben würde. Der Klient reagierte mit Skepsis, aber doch ein wenig irritiert.

Das Erröten trat während der Therapie nicht mehr auf, der Klient beharrte aber weiter darauf, er sei ein Erröter, es trete eben nur nicht mehr auf. Die Therapie wurde beendet, da er eine neue Arbeitsstelle gefunden und, wie er sagte, für die Therapietermine keine Zeit mehr hatte.

Eine Schwierigkeit bei dieser Art von Symptomen ist eine Alles-oder-nichts-Einstellung, mit der der Klient an sein Problem herangeht. „Entweder bin ich ein Erröter oder ich bin keiner." Dies führt dazu, daß der Klient selbst dann, wenn er eine größere symptomfreie Zeit erlebt hat, bei dem Wiederauftreten des Symptoms annimmt, „da ist es wieder" und „es hat sich nichts geändert". Ich versuche, die Klienten von diesem den Therapieerfolg torpedierenden Schluß abzuhalten, indem ich dieser Wertung von Rückfällen entgegensetze, daß die Besserung sich so vollziehen werde, daß immer häufiger das gewünschte Verhalten und die gewünschten Gefühle auftreten werden. „Es ist wie bei einer Fabrikation, wo nur noch von Zeit zu Zeit ein fehlerhaftes Produkt produziert wird, sich insgesamt die Qualität aber erheblich bessert. Oder würden Sie sagen, daß es kein Erfolg ist, wenn beispielsweise vorher zehn Produkte in einer Woche fehlerhaft waren und jetzt sind es nur noch zwei? Das ist doch fünf mal so gut wie vorher, oder etwa nicht?" Dem Klienten bleibt in der Regel nichts anderes übrig, als zu bejahen, daß es ein Erfolg ist, wenn sich die Fehlerrate in dieser Weise senkt.

Die explodierende Herdplatte:
Die zweite Klientin, von der ich berichten möchte, kam mit einem Kontrollzwang zu mir. Sie berichtet, daß sie mehrere Jahre in psychoanalytischer Behandlung gewesen sei und diese ihr auch für ihre persönliche Entwicklung einiges gebracht habe, die Zwänge habe sie aber immer noch. Sie beschreibt dann weiter, daß sie über eine Stunde brauche, um aus dem Haus zu kommen, da sie ständig damit beschäftigt sei, wieder und wieder zu kontrollieren, ob tatsächlich alles in Ordnung sei, und sie sich trotz mehrfacher Kontrollen nicht sicher werden könne. Wie bei solchen Patienten nicht unüblich, stehen die elektrischen Geräte im Mittelpunkt ihrer Aufmerksamkeit, und von diesen ist der Elektroherd von besonderer Bedeutung. Die Klientin beschreibt eindrucksvoll, wie sie wieder und wieder an ihren Elektroherd geht und immer von neuem kontrolliert, ob er auch wirklich ausgeschaltet ist. Sie berichtet, daß ihr die Unsinnigkeit ihres Verhaltens klar sei und sie auch durch die Analyse wisse, das habe mit der Erziehung durch ihre Mutter zu tun (eine durchaus plausible Erklärung); sie könne das Kontrollieren aber trotz starker Bemühungen nicht stoppen, und es sei ihr einfach unmöglich, das Haus zu verlassen, wenn sie nicht sicher sei, daß wirklich alles aus- und abgestellt sei.

„Wenn ich Sie richtig verstanden habe, haben Sie in der psychoanalytischen Therapie schon eine Menge erreicht. Es ist also fast so, als hätten Sie den richtigen Schalter noch nicht gefunden, um Ihr unsinniges Verhalten abzuschalten." Die Klientin bekräftigt, daß dies so sei. „Ich hätte eine Aufgabe für Sie, die Ihnen helfen kann, den Schalter zu finden; es könnte allerdings sein, daß diese Aufgabe Ihnen etwas schwerfällt. Wären Sie dennoch bereit, sie auszuführen?" Nachdem die Klientin dies zugesichert hatte, bekam sie folgende Aufgabe: „Gehen Sie nach Hause und gehen Sie zu Ihrem Elektroherd, und wenn Sie bei Ihrem Elektroherd sind, schalten Sie die Herdplatte auf eins und warten Sie, bis die Platte schön warm ist. Wenn die Herdplatte schön warm ist, gehen Sie zu Ihrer Wohnungstür, gehen Sie die Treppe hinunter und gehen Sie einmal um den Block." Die spontane Reaktion der Klientin: „Kann die Herdplatte nicht explodieren?"

Interessanterweise bringen solche paradoxen Interventionen häufig die latenten Befürchtungen des Patienten zu Tage. Mit der Vorstellung, die Herdplatte könne explodieren, ist es für die meisten Menschen schwierig, das Haus zu verlassen, ohne mehrfach kontrolliert zu haben, ob die Herdplatte wirklich aus ist. Diese Vorstellungen kommen dem Patienten so schnell, daß sie in der Regel jenseits des Bewußtseins registriert und verarbeitet werden. Ausgehend von der Vorstellung einer explodierenden Herdplatte bekommt das anscheinend unsinnige Verhalten der Klientin einen Sinn und wird verständlich.

Ich erwiderte, daß eine Herdplatte explodieren könne, sei ein interessanter Gedanke; ich hätte noch nie davon gehört, daß derartiges möglich sei, aber sie solle sich doch vor der Ausführung der gestellten Aufgabe im Elektrofachhandel erkundigen, was passiere, wenn sie die Herdplatte nicht nur auf eins, sondern auf drei anlassen würde, ob die dann irgendwann explodieren könne. Die Klientin versprach, dies zu tun, und man erzählte ihr, daß eine Herdplatte zwar durchbrennen könne, und dann würde die Sicherung rausfliegen, daß es aber unmöglich sei, eine Herdplatte zum Explodieren zu bringen.

Als die Klientin eine Woche später wieder in die Praxis kam, erzählte sie folgende Geschichte: „Also ich bin, wie sie es gesagt haben, nach Hause gegangen und habe die Herdplatte auf eins gestellt und gewartet, bis sie schön warm war. (Interessanterweise gebrauchte die Klientin die gleichen Worte ‚schön warm', die vorher besonders betont worden waren.) Dann bin ich ganz schnell zur Tür gerannt, bin die Treppe herunter gelaufen und bin einmal um den Block gerannt."

Wenn ich während eines Workshops diese Fallgeschichte erzähle, bitte ich die Teilnehmer, für einen Moment zu überlegen, was sich an diesem Punkt schon verändert hat. Nach Schilderung der Klientin ist sie ganz schnell zur Türe gerannt und die Treppe heruntergelaufen. Bei der Beschreibung ihrer Symptomatik berichtete sie, daß sie über eine Stunde brauche, um aus dem Haus zu kommen. Nun in dem Wissen, die Herdplatte ist auf eins, vergißt sie, alles andere zu kontrollieren.

Die Klientin berichtet weiter: „Als ich wieder vor meinem Haus stand – ich meine, es ist ja komisch, dies zu sagen – aber irgendwie habe ich mich gewundert, daß das Haus noch steht. Ich bin die Treppe hochgegangen, bin zu meiner Herdplatte gegangen, und die Herdplatte war auf eins - schön warm. Da habe ich dagestanden und gedacht: Irgendetwas stimmt nicht, und ich bin nicht darauf gekommen, was es ist. Da hab' ich gedacht: Geh ich einfach noch einmal um den Block. Als ich das zweite Mal um den Block gegangen bin, habe ich Dinge gesehen, die ich, obwohl ich dort schon seit Jahren wohne, noch nie bemerkt habe. Ich habe Menschen gesehen, die da offensichtlich wohnen. Habe in die Fenster geschaut und Dinge gesehen, die da in den Fenstern hingen. Habe Fahrräder gesehen, die da angeschlossen waren, und Bäume, die ja offensichtlich schon immer da gestanden sind, die ich mir aber noch nie richtig angesehen habe. Wissen Sie, für einen Moment habe ich völlig vergessen, warum ich um den Block gehe. Als ich wieder vor meinem Haus stand, stand das Haus immer noch. Die Wohnung war auch noch da, die Herdplatte war auf eins, schön warm. Da begann mir das irgendwie richtig Spaß zu machen, und ich hab' gedacht, ach, da bring' ich meinen Müll auch noch gleich hinunter."

In der Beschreibung der Klientin ist deutlich zu sehen, daß die Aufgabe „Gehen Sie zu Ihrem Elektroherd, stellen Sie die Herdplatte auf eins und warten Sie, bis sie schön warm ist, und gehen Sie dann einmal um den Block" nicht nur eine Veränderung des Symptomverhaltens auslöste, sondern darüber hinaus eine Veränderung in der Orientierung und der Wahrnehmung zur Folge hatte. Klienten beschreiben den plötzlichen Verlust eines Symptomverhaltens oft wie das Erwachen aus einem Trancezustand; und tatsächlich sind viele Störungen, mit denen Klienten in eine Therapie kommen, als Trancephänomene beschreibbar.

Als die Klientin eine Woche nach dieser Schilderung zur nächsten Sitzung in die Therapie kam, war ich ganz begierig zu hören, was aus ihren Zwängen geworden ist. Die Klientin erzählte statt dessen von ihren Zukunftsplänen, von dem Bedürfnis, sich endlich einen festen Partner zu suchen, und von Absichten, einen Urlaub zu planen, da sie, wie sie es ausdrückte, endlich mal heraus müsse aus Hamburg. Kein Wort über ihre Zwänge. Als sie in der nächsten Sitzung ihre Zwänge wieder nicht ansprach, konnte ich meine Neugier nicht mehr zügeln und fragte sie: „Sagen Sie einmal, was ist denn eigentlich aus Ihren Zwängen geworden?" Darauf antwortete sie : „Darüber möchte ich gar nicht mehr reden, aber eins möchte ich Ihnen noch sagen: Mir ist aufgefallen, wie sehr ich mich über die Jahre eingeschränkt habe."

Abschließende Überlegungen

Strategische Interventionen haben unter anderem dort ihren Platz, wo die Klienten motiviert sind, ihre Störung zu überwinden, sich aber bei der Lösung ihrer Probleme selbst im Wege stehen. Sind die Symptome Ausdruck einer umfassenderen Störung, können strategische Interventionen nur Teil einer psychotherapeutischen Behandlung sein. Auch Störungen wie Zwänge und Phobien sind eingebettet in einen sozialen Kontext und geben in Bezug auf diesen oft einen spezifischen Sinn. Einer Person, die mit ihrem zwanghaften Verhalten ihre Umgebung dirigiert, wird man mit der oben beschriebenen Intervention nicht immer helfen können. Sie ist meist nicht wirklich motiviert, ihre Störung zu verlieren, da ihre Symptome positive Konsequenzen nach sich ziehen. Gelingt eine Veränderung dennoch, so gibt es verschiedene mögliche Verläufe. Manche Klienten finden spontan eine bessere Alternative, um ihre Interessen zu verwirklichen. Anderen gelingt dadurch, daß ihre Störung plötzlich nicht mehr auftritt, eine Neubewertung ihrer Situation und eine Reflexion ihrer Absichten und Ziele, so daß das Symptomverhalten nicht mehr sinnvoll erscheint. Bei einem anderen Teil dieser Klienten kommt es jedoch zur Symptomverschiebung, beziehungsweise das alte Symptom tritt nach einer Weile wieder auf und erweist sich als resistent gegen weitere strategische Interventionen. Der Klient hat dazugelernt und läßt sich diesmal nicht mehr einfach etwas wegnehmen. Haley vertrat auf dem Familientherapiekongreß in Karlsruhe die Ansicht, Symptomverschiebungen gebe es nicht. Dies entspricht nicht meiner therapeutischen Erfahrung.

Da das Bewußtsein über den Sinn der beschriebenen therapeutischen Interventionen für den Klienten meist hinderlich ist und einer erfolgreichen Lösung entgegensteht, befindet sich der Therapeut in dem ethischen Konflikt, nur die halbe Wahrheit sagen zu können. „Ich gebe Ihnen diese Aufgabe, damit wir etwas lernen über das Symptom." Es stellt sich hier die Frage, ob es sinnvoll ist, den Klienten über alles zu informieren und ihm so einen gewissen Lösungsweg zu verschließen, oder ob es verantwortungsvoller ist, den Klienten im Unklaren zu lassen, ihm aber eine Möglichkeit zu eröffnen, seine Störung zu bewältigen und seine Symptome zu beseitigen.[9] Für die Arbeit mit strategischen Ansätzen gilt darüber hinaus das, was für Psychotherapie im allgemeinen gilt: Sie ist dann hilfreich, wenn sie sich in einer Atmosphäre der Achtung und Wertschätzung des Klienten vollzieht.

Die Fallbeispiele und hier insbesondere das der explodierenden Herdplatte haben, wie ich hoffe, andeuten können, daß die Veränderungen strategischer Interventionen über die reine Symptomveränderung hinausgehen und auch andere Ebenen der Organisation einer Person berühren. Als Elemente einer umfassenden Psychotherapie sind sie manchmal diejenigen, die dem Klienten auf heilsame Art aus seinen eingefahrenen Bahnen helfen.

9 Mit der Problematik des sog. Transparenzprinzips hat sich u.a. auch Kraiker (1991) auseinandergesetzt (Anm. d. Hrsg.).

11. Übertreibungen als Mittel der Psychotherapie

Manfred Prior

„... was soll einer einnehmen, den die trostlose Einsamkeit des möblierten Zimmers quält oder die naßkalten, nebelgrauen Herbstabende? Zu welchen Rezepten soll der greifen, den der Würgengel der Eifersucht gepackt hat? Womit soll ein Lebensüberdrüssiger gurgeln? Was nützen dem, dessen Ehe zerbricht, lauwarme Umschläge? Was soll er mit einem Heizkissen anfangen? Die Einsamkeit, die Enttäuschung und das übrige Herzeleid zu lindern, braucht es andre Medikamente. Einige davon heißen: Humor, Zorn, Gleichgültigkeit, Ironie, Kontemplation und Übertreibung."

Erich Kästner in seinem Vorwort zu
„Dr. Erich Kästners Lyrische Hausapotheke", Zürich 1936.

Ungefähr eine Woche vor meiner Abreise nach Heidelberg zum Erickson-Kongreß rief mich der Kollege an, der meinen Vortrag simultan ins Englische übersetzen sollte. Als er erfuhr, daß er meinen Vortrag in einer englischen Fassung zu seiner Vorbereitung zugesandt bekommen könne, war er sehr erleichtert und erzählte mir vergnügt, daß er sich schon ausgemalt habe, wie er möglicherweise mit seiner Übersetzung ins Englische hinterherhinke: „Ich hatte mir schon vorgestellt, du würdest deinen Vortrag halten, danach klatschen die deutschen Zuhörer und verlassen mit dir den Saal. Einige englische Zuhörer bleiben noch sitzen, weil ich mit der Übersetzung noch nicht fertig bin. Am Ende, wenn ich es dann nach einer halben Stunde auch schließlich geschafft habe, sitzen vielleicht noch zwei Engländer im Saal und klatschen etwas gequält ..." Ich mußte mit ihm über diese übertriebene Befürchtung herzlich lachen und wurde gleichzeitig einmal mehr in meinem Eindruck bestätigt, daß Übertreibungen eine Form natürlichen Humors sind, mit dem man sich in einer erfrischenden und gesunden Art und Weise mit sich und der Welt auseinandersetzen kann. Fast scheint es mir, als könnte man sagen: Wer viel und humorvoll übertreibt, lacht viel und lebt realistisch.

Solche Übertreibungen können bisweilen mehr sein als ein Merkmal und Motor seelischer Gesundheit. Der Kabarettist Werner Finck hatte nach der Machtergreifung durch die Nazis bald erhebliche Schwierigkeiten mit der Zensur, die sein Programm mehr und mehr einschränkte und ihm immer weniger zu sagen erlaubte. Werner Finck fand seinen eigenen Weg, sich dagegen zu wehren: Er kam auf die Bühne. Alle erwarteten, daß er mit seinem Programm beginne und etwas sage. Aber Werner Finck schwieg. Nach einer langen und effektvollen Pause (Pattern Interruption) sagte er schließlich: „Ich sage nichts." Nach einer weiteren langen Pause sagte er noch einmal bekräftigend: „Ich sage gar nichts." Und dann: „Das wird man ja wohl noch sagen dürfen!"

1938 wurde Sigmund Freud aufgefordert, quasi als Gegenleistung für die Ausreisegenehmigung, eine Erklärung zu unterschreiben, wonach er „von den deutschen Behörden und im besonderen von der Gestapo mit der meinem wissenschaftlichen Ruf gebührenden Achtung und Rücksicht behandelt wurde ..." (Jones 1962). Der Vater der Psychoanalyse konnte seine Unterschrift nicht verweigern, ohne sich selbst erheblich zu gefährden. Freud machte aber jedem seine Zwangslage deutlich, indem er übertreibend unter das Papier schrieb: „Ich kann die Gestapo jedermann aufs beste empfehlen."

Aus diesen Beispielen mag man ersehen, daß man durch übertriebene Erfüllung von Erwartungen auch unter schwierigen Umständen manchmal die Wahrheit sagen oder sich elegant wehren kann. Darüber hinaus kann man sich fragen, ob humorvolle Übertreibung nicht nur ein Merkmal und einen Motor der seelischen Gesundheit des einzelnen darstellen, sondern ob auch Gesellschaften, in denen eine große Toleranz gegenüber vielfältigen Übertreibungen herrscht und in denen diese Vielfalt geschätzt und gefördert wird, vielleicht auch eher „gesunde" Gesellschaften sind.

Übertreibungen sind ein nicht wegzudenkender Bestandteil von Witz und Humor, was manchmal vor allem Politiker trifft („Kennen Sie schon die neueste Meldung der Blindzeitung über Margret Thatchers tragischen Unfall? Sie ist auf dem Bürgersteig der Downing-Street gestürzt und hat sich das Haar gebrochen ..."). Übertreibungen, Karikatur und Überzeichnung sind in allen Bereichen der Kunst weit verbreitet: In der Karikatur gibt es die Über„zeichnung" sogar als eigenes Genre; im Tanz ist die Karikierung ebenso wie in der Literatur (man denke beispielsweise an Molières Theaterstück „Der Geizige") ein traditionelles Stilelement. In der Musik sind Übertreibungen spätestens seit Bachs Darstellung des Streites zwischen Phoebus und Pan geläufig. Es gibt Ensembles, die fast ausschließlich von Übertreibungen leben: Mancher wird sich an das „Hoffnung-Orchestra" erinnern, das beispielsweise die Haydn Sinfonie mit dem Paukenschlag so aufführte, daß der von Haydn durchaus als „Wachrüttler" gedachte unerwartete Paukenschlag zur ohrenbetäubenden Explosion vergrößert wurde, gefolgt vom zarten Hauptthema der Streicher. Und schon die Sprache der Bibel quillt über von drastischen Ausdrükken und Gleichnissen, die man – je nach Standpunkt – entweder als Übertreibung oder als treffende Formulierung christlicher Wahrheit werten kann (z.B.: „Und weiter sage ich euch, es ist leichter, daß ein Kamel durch ein Nadelöhr gehe, als daß ein Reicher ins Reich Gottes komme"; Matthäus 19, 24). Theodor W. Adorno hat es auf den Punkt gebracht: Übertreibung ist das Medium von Wahrheit.

Auch wenn es problematisch erscheint, Psychotherapie als ein gemeinsames Bemühen um „Wahrheit" zu konzipieren (der Konstruktivismus postuliert die Fiktion als Grundrealität unseres Daseins, und viele Psychotherapeuten verstehen ihre Arbeit als „Konstruktion nützlicher Wirklichkeiten"), so legt der breite Gebrauch von Übertreibungen im Alltagsleben, in Kunst und Philosophie doch die Frage nahe, ob nicht auch in der Psychotherapie Übertreibungen eine sinnvolle Form der Kommunikation sein könnten.

Übertreibungen in der Psychotherapie

Der Begriff Übertreibung impliziert, daß eine übertriebene Beschreibung weniger „richtig" sei als eine „nüchterne". Eine Übertreibung ist aber immer nur eine Übertreibung *relativ* zu einer bestimmten Sichtweise, die „richtig" oder „falsch", den jeweiligen Zwecken dienlich oder abträglich sein kann. Mit einer Übertreibung kann man diese Sichtweise mehr oder weniger treffend beschreiben oder aber auch verfehlen. Die Feststellung, daß etwas übertrieben sei, kennzeichnet die Abweichung vom bisherigen Verständnis. Unabdingbare Voraussetzungen für verstehendes und veränderungswirksames Übertreiben in der Psychotherapie sind eine von gegenseitiger Akzeptanz getragene kooperative Therapeut-Patient-Beziehung. Auf dieser Grundlage können Übertreibungen, mit denen der Therapeut die Wirklichkeit des Patienten quasi ertastet, zu einem besseren Verständnis des Problems verhelfen und Motor der (Selbst-)Erkenntnis des Patienten sein.

Aus der Sicht des Patienten ist eine therapeutische Übertreibung häufig gar keine Übertreibung sondern Ausdruck des Erfassens dessen, was man nie den Mut hatte, sich derart drastisch vor Augen zu führen. Die erste Reaktion des Patienten darauf ist nicht selten zunächst ein Erschrecken, oft verbunden mit dem Gefühl, sehr gut verstanden zu werden. Wenn der Therapeut mit dem Mut zur Übertreibung und einem freischwebenden Humor scheinbar schonungslos ausspricht, was die geheimsten, innersten Vorstellungen des Patienten treffend charakterisiert, besteht die Chance, daß das Absurde ad absurdum geführt wird. Darüber hinaus lassen sich viele Patienten dazu bewegen, ihr Problem auf ein realistisches Ausmaß zu reduzieren und damit leichter einer Lösung zugänglich zu machen, wenn der Therapeut unerschrocken das Problem mit Übertreibungen vergrößert. Dem Therapeuten nehmen Übertreibungen nicht immer den Schrecken. Aber häufig kann er mit Übertreibungen implizit vermitteln, daß er vor den vermeintlichen „Schrecklichkeiten" des Patienten keine Angst hat, sondern sie mit nüchterner Selbstverständlichkeit angehen kann.

Einer meiner Patienten, ein von seinen Kollegen sehr geschätzter Bankangestellter, empfand sich als unter Umständen psychisch gestört „wegen seiner Vergangenheit". Er vermittelte mir den Eindruck, daß in seiner Vergangenheit so viel Schreckliches passiert sei, daß es ihm unmöglich sei, darüber zu reden. Gleichzeitig wolle er „es" aber auch einmal „loswerden". Ich fragte ihn – so als wäre es für mich eine absolute Alltäglichkeit – in einem fast unbekümmerten Ton, ob seine Eltern Alkoholiker oder verrückt gewesen seien, chronisch im Ehekrieg gelegen hätten, einmal pro Woche die Wohnungseinrichtung zu Bruch gegangen oder er häufig sexuell mißbraucht worden sei. Nach einer kurzen Zeit der Irritation bekannte er mir daraufhin als erstem Menschen, daß er sich große Sorgen über Schäden mache, die er sich als Jugendlicher zugefügt haben könnte, als er mit anderen zusammen an Pattex und anderen Chemikalien „geschnüffelt" hat. Durch ein sich daran anschließendes nüchtern-sachliches Gespräch lösten sich die Befürchtungen des Patienten auf.

Unter Menschen ist es recht verbreitet, sich dadurch Probleme zu schaffen, daß man sich und/oder die „Wirklichkeit" verzerrt und in einer wenig nützlichen Art und Weise wahrnimmt. Man spürt zwar diffus, daß „irgendetwas" nicht stimmt, aber häufig mag man nicht so richtig hinschauen. Außerdem schämt man sich seiner Verzerrungen und versteckt sie lieber, so daß es einem oft nicht möglich ist, sie mit der Wahrnehmung des naiven Außenstehenden als solche zu erkennen. Wer gewohnt ist, sich in einem Zerrspiegel zu sehen, kann Verzerrungen häufig erst wahrnehmen, wenn sie durch Übertreibungen noch mehr vergrößert werden. Das Übertreiben von Verzerrungen fördert Überprüfungen an der „Realität" und erleichtert Korrekturen.

Eine Patientin klagte darüber, daß eine radikale Entschlackungskur sie um ihre angenehme Molligkeit gebracht habe, womit sie gar nicht klar käme. Ich fragte sie, was ihr solches Unbehagen bereite, ob es das Klappern ihrer Knochen sei oder die Aufmerksamkeit, die sie damit in der Öffentlichkeit errege, oder ob sie überhaupt nicht mehr wahrgenommen werde, weil sie so dünn sei und die Menschen sie ignorierten, wenn das besagte Knochenklappern nicht gerade unüberhörbar sei. Lachend verneinte sie dies alles, wußte aber auch nicht zu sagen, was sie an ihrem Schlanksein eigentlich störe. Vor dem Spiegel stellte sie dann fest, daß sie nicht mehr so schön aussehe, so gewohnt, so wie früher, und die Kleider auch so formlos an ihr herunterhingen. Ich erlaubte mir die Frage, ob es vielleicht sein könnte, daß nicht sie, sondern ihre Kleider Therapie bräuchten, weil die sich noch nicht für jedermann sichtbar an ihre neue Figur gewöhnt hätten. Sie stimmte dem nach näherer Betrachtung zu und beschloß, erst anders geschnittene, „therapierte" Kleider auszuprobieren und sich danach zu fragen, ob ihre schlanke Figur nicht vielleicht Ausdruck ihres „wahren" Gewichts sein könnte.

Wenn der Therapeut in seinen Äußerungen an der „Richtigkeit" des Übertriebenen festhält, kann der Patient in der Auseinandersetzung damit eine angemessenere, „richtigere" eigene Haltung finden. Die Übertreibung der Übertreibung von seiten des Therapeuten treibt den Patienten in die therapeutische Opposition zu den Verzerrungen seiner Haltungen und Wahrnehmungen. Der Therapeut vertritt damit also eine „konservative" Position des „bleib wie Du bist", während der Patient eher den „progressiven" Part übernimmt und Alternativen entwickelt. Danach folgt eine Phase der Überprüfung an der „Realität" bzw. eine Korrektur an gegenwärtigen und/oder vergangenen Erfahrungen. Ein therapeutischer Fortschritt ist erreicht, wenn die Übertreibung sich überlebt hat und „totgeritten" ist. Ziel einer therapeutischen Übertreibung ist, daß sie ihre literarische Richtigkeit verliert und als Verzerrung „unwahr" und Vergangenheit wird. Wenn das gelingt, tritt der Patient lachend aus sich heraus und löst so sein Symptom auf. Lachen ist die beste Therapie.

Eine Patientin mit großer Angst vor Behandlungen beim Zahnarzt schilderte einen Teil dessen, was ihre Angst ausmacht: „Wissen Sie, wenn der erst mal anfängt mit dem Bohren, dann kommt mir das vor wie eine Ewigkeit, bis der wieder aufhört." Ich beschreibe daraufhin, mich um Verständnis ihres Erlebens bemühend: „Hmm, ich kann mir das so richtig vorstellen: der bohrt und bohrt und bohrt, minutenlang, stundenlang [Patientin fängt an, irritiert zu wirken] bohrt er, die Zeit vergeht, er bohrt weiter, es wird spät, er bohrt, es wird abend, er bohrt [Patientin fängt an zu grinsen und nimmt dann meine Ausführungen immer mehr lachend auf], er bohrt die ganze Nacht durch und dann rund um die Uhr, die ganzen Wochentage, die Wochenenden ... er wird älter, er bohrt weiter, Sie wundern sich, was es da alles zu bohren gibt, aber er bohrt und bohrt, wird bohrend immer älter, bekommt graue Haare, bis irgendwann sein Sohn im fliegenden Wechsel das Bohrem übernimmt, und Sie sich fragen, wann Ihr Zahnarzt denn seinen Sohn hat zeugen können."

Man kann sich vorstellen, wie eine solche Übertreibung die alte Wahrnehmung des Zahnarztes und seines nicht-enden-wollenden Bohrens nachhaltig verändert. Wenn die Patientin sich beim Zahnarzt an das therapeutische Gespräch erinnert (und spätestens das Bohren wird mit großer Wahrscheinlichkeit die in der Therapie entworfene Szene wachrufen), eröffnen sich neue Reaktions- und Erlebnismöglichkeiten.

Dem, was man therapeutisch übertreiben kann, sind keine Grenzen gesetzt. Übertreiben kann man ein Muster, bisherige Lösungsversuche („Vielleicht haben Sie sich einfach nicht intensiv oder lange genug angestrengt? Vielleicht sollten Sie es noch einmal fünf Jahre in Ihrer bisherigen Art und Weise versuchen, um wirklich ausschließen zu können, daß das nicht vielleicht doch die Königstraße zum Erfolg ist?"), ein Verhalten, eine Haltung, eine Sichtweise, eine problematische Eigenart des Patienten, häufig eine Befürchtung oder ein anderes Gefühl. Diese Aufzählung mag jeder Therapeut und jeder Patient mit seinem eigenen Humor und seiner eigenen Kreativität erweitern. Den Wirkungsmechanismus und Anwendungsbereich von Übertreibungen in der Psychotherapie wird jeder anders und neu beschreiben. Übertreibungen können unter anderem dabei helfen:

- therapeutische Distanz zu schaffen und den Patienten vom Problem zu dissoziieren, so daß er den Wald sehen kann, den er vorher vor lauter (Problem-)Bäumen nicht erkennen konnte;
- übertriebene Ängste zu aktivieren und zu korrigieren („Impfen und Immunisieren").
- Problemsituationen anders erlebbar zu machen;
- problematische Positionen des Patienten so sehr einzunehmen, daß der Patient diese Positionen dem Therapeuten überlassen und quasi von außen betrachten kann;
- die „Ambivalenzschaukel" (Götz Renartz) zu bewegen;
- „Parts" herauszuarbeiten und zu verändern;
- den advocatus diaboli zu spielen, der schon immer auch den Weg ins Himmelreich gewiesen hat;
- den Patienten zum Lachen zu bringen.

Die Therapeut-Patient-Beziehung beim Übertreiben

Übertreibungen in der Psychotherapie sollten immer vom Therapeuten als Sonden des Verstehens angesehen werden, als Werkzeuge, die helfen können, die Perspektive des Patienten noch besser zu erfassen und auszudrücken. Unzweifelhaft muß feststehen, daß der Therapeut den Patienten schätzt, mit ihm und seinem Leiden solidarisch ist und eine mitfühlende Distanz wahrt. Eine positive, gelöst-heitere Beziehung auf der Grundlage der Annahme und des Verstehens des anderen ist die notwendige Voraussetzung dafür, daß die Übertreibungen des Therapeuten die Ressourcen des Patienten aktivieren und ihn in eine therapeutische Opposition zum Übertriebenen treiben können. Je besser die Beziehung zwischen Therapeut und Patient ist, je besser der Therapeut sich in seinen Patienten einfühlen und ihn verstehen kann, um so freier wird er sein, therapeutisch übertreibend auf den Patienten zu reagieren. Eine Kontraindikation für die Interventionsform der Übertreibung (wie für jegliche Psychotherapie) ist die Ablehnung des Patienten durch den Therapeuten. Übertreibungen in der Psychotherapie pervertieren leicht zum Zynismus, wenn sie Ausdruck davon sind, daß der Therapeut mit dem Patienten und/oder dessen Problem Probleme hat. Therapeutische Übertreibungen richten sich nicht gegen die Person des Patienten, sondern sie charakterisieren in einer Atmosphäre der humorvollen Annahme treffend einzelne seiner Züge und machen sie einer Veränderung zugänglich.

Übertreibungen in allen Sinneskanälen erfahrbar machen

Häufig ist es sinnvoll, dem Patienten eine sinnliche Erfahrung der Übertreibung zu vermitteln, ein „Significant Emotional Event", das als ein Element vieler wirksamer Formen von Psychotherapie angesehen werden kann (vgl. hierzu Yapko 1985). Drastische Schilderungen sind meist mehr als leere, nichtssagende Worte, Übertreibungen schaffen schnell lebendige Wirklichkeiten und lassen sie szenisch erfahrbar werden. Darüber hinaus kann man Übertreibungen auch noch unmittelbar sinnlich erfahrbar machen:

Ein Therapeut schilderte in einer Supervisionssitzung das Problem, daß er in seiner Arbeit so behindert sei durch sein stetes Bemühen, es seinem Chef recht zu machen und um dessen Zuneigung zu buhlen. Der Supervisor, in diesem Falle Frank Farrelly, setzte sich daraufhin mit seiner ganzen körperlichen Fülle auf den Schoß des Therapeuten und spielte ihm vor, wie er um die Gunst und Liebe seines

Chefs bemüht ist, was darin gipfelte, daß er ihm einen schmatzenden Kuß gab. Der Therapeut fühlte sich zwar in dieser Situation überhaupt nicht verstanden, berichtete aber, daß er fortan, sobald er seinen Chef sähe, an Frank Farrelly auf seinem Schoß denken müsse und den Kuß schmatzen höre. Das habe sein früheres Buhlen um Zuneigung und Anerkennung nachhaltig verändert.

Den Patienten zum Übertreiben anregen

Anders als Frank Farrelly, der es liebt, sehr aktiv seine Lust am Übertreiben therapeutisch auszuleben, ziehe ich es oft vor, den Patienten selbst zum Übertreiben anzuregen. Ich frage ihn nach Übertriebenem: „Wenn Sie übertreiben würden, was wäre das allerschlimmste, was geschehen könnte ... von dem wir wissen, daß es nicht eintreten wird, was man sich aber einfach mal erlauben kann, sich auszumalen ..." Wenn der Patient selbst übertreibt, so hat das den Vorteil, daß er sich in einer humorvoll-spielerischen Art und Weise mit inneren Realitäten auseinandersetzen kann, ohne Angst haben zu müssen, das Gesicht zu verlieren, da er und der Therapeut sich ja nicht mit dem beschäftigen, was er „wirklich" denkt oder fühlt, sondern nur mit „Übertriebenem".

Eine Patientin fühlte sich in einer Sitzung so, als ob ihre unerledigten Dinge wie kleine graue Päckchen vor ihrer „offenen" Körperseite hingen, der Körperseite, die sie als sehr lebendig empfand. Sie hatte aber Angst davor, die Päckchen abzulegen. Ich fragte sie, was schlimmstenfalls geschehen würde, wenn sie diese Päckchen ablegte. Ihre Antwort: „Chaos." – „Und wie würden Sie dieses Chaos schlimmstenfalls wahrnehmen?" Ihr Gesichtsausdruck veränderte sich. Dann sagte sie: „Das wäre unheimlich lebendig, so schön wuselig."

Ein Musikstudent hatte Angst, mit Frauen Kontakt aufzunehmen. Die Frage nach dem Schlimmsten, was passieren könnte, verbunden mit der Aufforderung: „Übertreiben Sie ruhig mal und schildern Sie das mal so, wie's eigentlich nicht ganz stimmt ..." führte zu der Befürchtung, von Frauen als einer dieser grob aufdringlichen, nicht abzuschüttelnden Anmacher und Aufreißer angesehen zu werden, nach dem Motto: „Offenes Hemd und offene Hose, nur auf Sex aus". Das war angesichts dieses blauäugigen, durch und durch zurückhaltenden und unübersehbar schüchternen Musikstudenten so grotesk, daß sich diese geheime Befürchtung im Augenblick ihres Aussprechens und Ausmalens als Übertreibung herausstellte. Ich nutzte die Gelegenheit, auch das Gegenteil auszumalen: Wie schön wäre es, wenn er sich mal einsam auf eine Parkbank setzte und eine attraktive, liebenswerte Frau hinzukäme, ihn anspräche und aus diesem Gespräch sich dann die Liebe seines Lebens entwickelte. Andererseits müsse man sich auch ausmalen, daß er vielleicht einfach noch nicht genug auf die Frau seines Lebens gewartet hätte, 10 Jahre seien vielleicht zu wenig, manche Menschen fänden erst mit 60 Jahren die Frau ihres Herzens, und vielleicht habe er ja auch

Gabriel Garcia Marquez' „Die Liebe in den Zeiten der Cholera gelesen", wo ein Mann geschildert wird, der erst kurz vor seinem Tode die Erfüllung seiner lebenslangen Liebessehnsüchte gefunden hat.

Eine Beschreibung und Diskussion dieses Vorgehens in der Diagnostik und Therapie von Patienten mit Prüfungsängsten ist zu finden in Prior (1991).

Mit Direktiven und Ordeals therapeutisch übertreiben

Abschließend möchte ich noch darauf aufmerksam machen, daß man auch mit Direktiven, paradoxen Verschreibungen und Ordeals (Haley 1989) bisherige Muster so übertreiben kann, daß sie „umkippen". Bei diesem Vorgehen wird der Patient aufgefordert, so viel „mehr desselben" (Watzlawick) zu tun, daß das alte Muster einer „Nagelprobe" unterzogen wird und in etwas qualitativ Neues umschlägt.

Beispiel:
Eine Patientin mit Akne beschrieb, daß sie manchmal gesagt bekomme: „Du siehst heute aber toll aus!" Sie könne solche Äußerungen überhaupt nicht verstehen und drücke und quetsche sich ihre Pickel dann noch mehr aus mit dem Ergebnis, daß ihre Haut noch unreiner und gereizter aussehe. Sie stimmte mir sehr zu, als ich sagte, es käme ihr dann so vor, als ob diese Menschen mit solchen Bemerkungen über ihr gutes Aussehen einen Hutzelgnom zur Schönheitskönigin machen wollten. Ich schlug ihr vor, fortan in der Handtasche immer eine Lupe bereit zu halten, damit sie im Falle solcher Bemerkungen diese Pickelblinden mit der Lupe von ihrer katastrophal schlechten Haut überzeugen könne.

Beispiel:
Eine andere Patientin klagte darüber, daß sie sich häufig so unscheinbar mache, daß sie Gefahr laufe, übersehen zu werden. Und es falle ihr sehr schwer und sei ihr immer auch sehr peinlich, sich in solchen Situationen dann bemerkbar zu machen. Es sei ihr zum Beispiel schon mehrfach passiert, daß sie stundenlang im Wartezimmer eines Arztes gesessen habe, alle seien nach und nach ins Sprechzimmer gerufen worden (auch diejenigen, die lange nach ihr gekommen seien) nur sie nicht. Als die Arzthelferin am Abend im Wartezimmer das Licht ausgemacht habe, habe sie sich notgedrungen melden müssen, um nicht eingeschlossen zu werden. Das sei ihr aber dann so peinlich gewesen, und sie hätte dann außerdem dieses ganz spezielle Bauchdrücken gehabt, das sie in solchen Situationen immer habe und worüber sie sich sehr ärgere. Als ich fragend feststellte, daß ihr das Sich-bemerkbar-Machen wohl so unangenehm sei, daß sie sich – wenn sie könnte – am liebsten bei der Arzthelferin mit einem Blumenstrauß für ihr Da-Sein entschuldigen würde, stimmte sie mir mit vollem Herzen zu. Ich sagte ihr, daß ich

ihr bei ihrem Problem helfen könne, daß sie aber genau tun müsse, was ich ihr sage, und sie mir die Ausführung meines Auftrages schon versprechen müsse, bevor sie ihn kenne. Als sie mir das nach langem Überlegen und einigem Nachfragen schließlich versprochen hatte, trug ich ihr auf, in ihrer Handtasche immer einen kleinen Trockenblumenstrauß mit sich zu tragen, den sie, sobald sie das Bauchdrücken spüre, als Unterstreichung ihrer Entschuldigungen immer demjenigen geben müsse, demgegenüber sie sich habe bemerkbar machen müssen. In der nächsten Sitzung hatte sie wie versprochen den Blumenstrauß in ihrer Handtasche und berichtete, daß mein Auftrag sie völlig überrascht habe. Sie habe erwartet, daß sie mir in irgendeiner Form eine Verringerung ihres Problemverhaltens und ihrer problematischen Gefühle hätte versprechen sollen. Sie sei völlig verwirrt und aufgewühlt nach Hause gegangen und habe auf dem ganzen Nachhauseweg nur einen Gedanken gehabt und eines ganz sicher gewußt: „Nie in meinem Leben bekommt irgend jemand diesen Blumenstrauß!"

12. Selbsthypnosetraining als Tranceinduktion
Die Löwengeschichte

Bernhard Trenkle

Die folgende Vorgehensweise des Selbsthypnosetrainings entwickelte ich erstmals im Rahmen einer Therapie mit einem Klienten, der in seiner Kindheit häufig mißhandelt wurde. Er konnte sich deshalb verständlicherweise nicht sehr weit einlassen und unterbrach die Induktion immer wieder mit Unbehagen. Über das Selbsthypnosetraining gelang es ihm dann, mehr loszulassen, zu entspannen und zu spüren, daß er trotzdem jederzeit die Kontrolle behalten kann.

Interessanterweise sehen anscheinend einige Klient(inn)en das „Hypnotisiertwerden" als Möglichkeit, Folgen von sexuellem oder aggressivem Mißbrauch zu überwinden. Eine Klientin formuliert dies direkt: „Wenn du mich mit Hypnose ‚knacken' kannst, dann kann ich mich wieder auf eine Beziehung zu einem Mann einlassen." Die Gewalt, die diesen Menschen angetan wurde, spiegelt sich hier in der Wortwahl und dem Therapieauftrag wider. Es macht aus meiner Sicht wenig Sinn, mit der hypnotischen Trickkiste die aus der Lebensgeschichte gewachsene vorsichtige Widerständigkeit auszuschalten, weil damit alte gewalttätige Muster wiederholt werden.

Die hier vorgestellt Methode des Selbsthypnosetrainings, die entsprechend der Persönlichkeit der Klienten sanft in Richtung Heterohypnose geht, bietet dagegen Möglickeiten, modellhaft neue, kooperativere Beziehungsformen zu erfahren. Das damit verbundene vertrauensvolle Sich-Einlassen auf Tranceerfahrungen in Anwesenheit und Begleitung eines anderen kann dann modellhaft für ein Sich-Einlassen in anderer und jeder Beziehung sein. Ich verwende die hier beschriebene Methode unterdessen generell als bevorzugte Vorgehensweise, um meinen Klienten eine erste Tranceerfahrung zu vermitteln. „Selbsthypnose" symbolisiert für mich die Eigenverantwortung der Klienten und die Notwendigkeit, aktiv mitzuwirken. Zudem lernen die Klienten ein rasch erlernbares Entspannungsverfahren, mit dem viele unter Zuhilfenahme von Kassetten oder Bücher selbständig weiterarbeiten.

Das Folgende entspricht über weite Strecken dem „Trance"skript der Live-Demonstration auf dem Heidelberger Kongreß 1989[10], unterbrochen durch einige kurze Erläuterungen und Kommentare. Ich begann damit, daß ich erklärte, es sollte keine Therapiedemonstration, sondern die Vorführung des Verfahrens sein. Trotzdem bat ich die Kollegin, die sich dankenswerterweise bereit erklärt hatte, vor einigen hundert Leuten Selbsthypnose zu erlernen, ein persönliches Ziel zu nennen. Als Ziel nannte sie: „Ja also, ich möchte es gerne schaffen, in gewissen Situationen einfach nein sagen zu können, ohne daß ich ein schlechtes Gewissen habe."

Ursprünglich hatte ich geplant, wenigstens einige Minuten darauf zu verwenden, das Ziel und den dazugehörigen Kontext zu explorieren. Ich entschied mich jedoch, auf dieses Ziel, „mit gutem Gewissen nein sagen können", mit „ich finde, das können wir gerade so stehen lassen" zu reagieren – frau kann nein sagen, ohne daß es dazu noch was zu sagen und zu fragen gibt.

Abklärung der Vorannahmen

Unabhängig davon, ob ich mit Heterohypnose oder Selbsthypnosetraining arbeite, kläre ich in einem ersten Schritt ab, welche Meinungen, welches Wissen, welche Vorbehalte und Vorannahmen mein Klient zum Thema Hypnose hat. Einerseits ist es oft notwendig, auf Befürchtungen wie „Werde ich auch sicher wieder aufwachen?" oder „Verliert man da völlig die Kontrolle?" einzugehen. Andererseits

10 Diese wie die anderen Videoaufzeichnungen von diesem Kongreß sind zu beziehen über: VCR, N. Böhmer, Kielstr. 10, 4600 Dortmund 1

erhalte ich auch oft wertvolle Informationen über spezielle Erwartungen und auch Fähigkeiten in bezug auf Trancephänomene, die sich entsprechend leicht oder schwer induzieren lassen werden.

BT: Aber vorher möchte ich noch fragen: Sie haben gestern auch als Ziel genannt, Sie seien einfach neugierig, Sie wollen erleben, was bei Hypnose passiert. Haben Sie dabei irgendwelche Phantasien oder irgendwelche Erwartungen? Was würden Sie gerne erleben? Was haben Sie darüber gelesen, gehört oder mit Kollegen darüber gesprochen? Was denken Sie, was passieren wird oder was Sie erleben werden?

Kl: Also ich glaube, und das ist interessant, daß Sie das im ersten Satz gesagt haben, daß ich eben sehr schwer zu hypnotisieren bin und sehr schwer in eine Trance falle, und ich erwarte eben, daß es eben doch gelingen wird, irgendwie. Und ich bin neugierig, wie sich das anfühlt.

BT: Was denken Sie, was dann anders sein wird?

Kl: Mhm ... Es ist schwer zu sagen ... Ja, also, daß man irgendwie zum Beispiel an das Problem oder an anderes nicht nur mit dem Verstand herankommt, was irgendwie so mein vorrangiges Bewältigungssystem ist.

BT: Daß Sie auf andere Art rankommen und irgendwie was anderes machen können. Haben Sie irgendwelche Phantasien: Wie wird sich der Körper anders anfühlen, oder wird irgendwie sonst in der Wahrnehmung irgendwas anders sein? Was erwarten Sie da?

Kl: Ich erwarte zum Beispiel, daß jetzt die Aufregung weggeht, in der ich bin, daß ich die Leute nicht mehr wahrnehme, daß ich einfach in mir sein kann.

Vorbereitend auf eine entspannte Haltung konzentrieren

BT: Die Haltung dabei, die man einnimmt, ist eher so, daß die Hände sich nicht berühren und auch die Beine nicht übergeschlagen sind. Es gibt Theorien darüber, daß es mit dem Gehirn zusammenhängt. Dazu gibt es auch solche Sprichwörter: Die Rechte weiß nicht, was die Linke tut. In einer anderen Kultur gibt es ein Sprichwort, die Linke soll nicht wissen, was die Rechte tut. Je nachdem, aus welchem Blickwinkel man das sieht ... Sonst schauen Sie einfach auf einen Punkt, sie können auch jederzeit die Haltung korrigieren, sich anlehnen, sich wohlfühlen dabei.

Die Selbsthypnosemethode skizzieren

BT: Ich werde Ihnen die Methode jetzt kurz beschreiben. Sie brauchen sich nicht alles zu merken. Ich kann Ihnen hinterher auch nochmal sagen, wenn sie nicht mehr alles wissen. Und dann werd' ich die Methode ein Stückweit vorführen. Die Methode hat erstmal zwei Durchgänge. Im ersten Durchgang sind die Sinne noch nach außen orientiert. Und dabei schaut man auf einen Punkt. Man kann einen Punkt auf der eigenen Hand nehmen, oder man kann einen Punkt auf dem Boden nehmen. Zuhause habe ich einen schönen Wandteppich. Das wird hier nicht so gut funktionieren mit dem hellen Licht da. Und dann sagt man sich, während man auf den Punkt schaut, viermal, was man sieht. Man sieht natürlich den Punkt, aber im peripheren Sehen sieht man ja eigentlich, wenn man so konzentriert auf einen Punkt schaut, sehr viel mehr. Also zum Beispiel: Ich seh' diesen Punkt, ich seh' diese Farben in dem Holz, ich seh' die Flecken in dem Holz, ich seh' gerade die kleine Bewegung, die Sie machen, und so weiter. Danach sagt man sich viermal, was man hört. Irgendwelche Geräusche im Raum, gerade einen hohen Ton irgendwo, jemand reißt Papier ab und so weiter. Dann viermal was Sie fühlen: alle Körpergefühle, Temperatur von den Händen, Spannungen in den Schultern, Temperatur von den Füßen, die Atmung, Schluckbewegungen, einen Schluckreiz, egal was – was Ihnen in den Sinn kommt. Dann dasselbe mit dreimal sehen, dreimal hören, dreimal fühlen; schließlich zweimal, zweimal, zweimal, einmal, einmal, einmal. An dem Punkt schließen Sie die Augen. Es gibt wenige Leute, die haben es lieber, wenn Sie die Augen offen haben und weiter konzentriert auf den Punkt schauen, aber die allermeisten können sich besser konzentrieren, wenn sie die Augen zuhaben.

Und dann nehmen Sie, im zweiten Durchgang, irgendeine Szene und, da Sie sich ja entspannt fühlen wollen, vielleicht irgendeine Situation, wo Sie sich wirklich aufgehoben und geborgen gefühlt haben – in sich – mit einer vertrauten Person, oder die letzten drei Tage von einem schönen Urlaub, wo man noch nicht an die nächste Prüfung zu Hause denkt, wo man so total entspannt ist. Und dann gehen sie diese Situation genau nach demselben Muster durch: viermal sehen, viermal hören, viermal fühlen, dreimal, zweimal, einmal. Sie machen also eine Art Livereportage, wie wenn Sie tatsächlich in der Situation wären.

Kl: Wieder laut oder in Gedanken?

BT: Nein, nur innerlich. Zu Hause können Sie es mal probieren, was für Sie besser funktioniert, leis' oder laut, weil ich werd's Ihnen vormachen ein Stückweit, und Sie versuchen dann, entsprechend ihrer Prozesse vorzugehen. Bei dem Teil, wo Sie nach außen orientiert sind wird's da ziemlich parallel laufen, also die Dinge, die ich sehe, werden sie vielleicht auch sehen, wenn hier jemand durchgeht, oder die Geräusche sind dieselben. Nur wenn es mich an der Nase juckt, muß es Sie nicht unbedingt auch jucken. Also Sie konzentieren sich auf diese Dinge, die sie sehen, hören, fühlen.

Im zweiten Durchgang habe ich natürlich keinerlei Ahnung mehr, mit wem Sie zusammen sind, ob sie da allein sind, was für Sie Geborgenheit und „Sich-aufgehoben-und-sicher-Fühlen heißt". Dann werd' ich von meinen inneren Bildern weggehen und versuchen, Ihnen zu helfen – zumindest solche Dinge sagen, daß ich Ihnen nicht unnütz im Weg rumstehe, während Sie sich konzentrieren.

Dann werde ich wahrscheinlich eine Geschichte erzählen, die erfahrungsgemäß den Leuten hilft, sich besser reinzufinden. Es wird eine Geschichte aus dem orientalischen Bereich sein. Viele Kollegen haben mich ohnehin immer wieder gefragt: „Wo gibt's die nachzulesen?" O.k., wir fangen an ...

Die Selbsthypnosemethode demonstrieren

Der erste Durchgang: Die Sinne nach außen richten

BT: Haben Sie einen Punkt, auf den Sie sich konzentrieren? Sie können auch einen Punkt auf ihren Händen nehmen. Ich seh' meinen Punkt.

Kl: Ich seh' meinen Punkt.

BT: Sie brauchen es nicht laut zu sagen; sie können es zuhause dann einmal laut probieren.

Kl.: Ich denke es nur mit.

BT: Sie sagen es innerlich und nehmen meine Aussagen sozusagen als Anregung.

BT: Also ich seh' meinen Punkt, ich seh' ihre Bewegungen. Ich seh' immer noch diesen Punkt. Ich seh' die Farben im Raum, ich hör' verschiedene Geräusche im Raum ... immer noch Geräusche, ein Krachen ... ein Baby schreit... ich füh' meine Hände ... die Temperatur von meinen Händen, die eine eine Idee wärmer als die andere, die Füße fest auf dem Boden ... ich seh' immer noch diesen Punkt ... Die Farben werden bei mir ein bisserl heller ... und noch ein bisserl heller ... Schrittgeräusche ... und wieder diesen hellen Ton ... eine Tür ... beginnende Entspannung in der Schulter ... angenehme Gefühle ... Wärmegefühle ... mehr und mehr Entspannung ... und immer noch dieser Punkt ... leichte Bewegungen ... der hohe Ton ... zunehmende Ruhe ... verschiedene Körperempfindungen ... die Schultern entspannen sich ... und dieser Punkt ... Schritte ... verschiedene Körperempfindungen ... um dann die Augen zu schließen ...

Der zweite Durchgang: Aufmerksamkeit nach innen orientieren

Hier fordere ich nun auf, die Aufmerksamkeit nach innen zu orientieren und nach dem Muster viermal sehen, viermal hören und viermal fühlen, dann dreimal, zweimal, einmal eine angenehme Situation in der Erinnerung wiederzuerleben. Durch eine Vielzahl von assoziativ miteinander verknüpften Themen wird das bewußte Denken tendenziell überbeschäftigt und „überladen". Es ist für das Wachbewußtsein unmöglich, gleichzeitig allen folgenden Assoziations- und Konzentrationsangeboten zu folgen und dazu noch gleichzeitig eine angenehme Situation in der Erinnerung nach beschriebenem Muster wiederzubeleben. Mit Dissoziationsangeboten, wie zum Beispiel: „Ihr bewußtes Denken kann X tun, während ihr Unbewußtes vielleicht eher an Y interessiert ist", wird der stufenlose Übergang vom Selbsthypnosetraining zu heterohypnotischen Induktionsmethoden, wie ich sie auch sonst benutze, gefördert. Weiterhin gebe ich die Erlaubnis, eigenen Assoziationen zu folgen, denn „meine Stimme kann wie ein Autoradio im Hintergrund sein"; gerade bei der Vielfalt von Assoziationsangeboten und -möglichkeiten ist dies wichtig. Dieses Mir-zuhören-und-doch-nicht-Zuhören greift zudem den Wunsch der

Versuchsperson auf, daß sie die Leute nicht mehr wahrnimmt und daß sie einfach nur in sich ist. Das Publikum und auch ich kann und darf in den Hintergrund treten. Suggestionen in diese Richtung werden später verstärkt aufgegriffen und angeboten, zum Beispiel an der Stelle, wo der Löwe hört und nicht hört, sieht und nicht sieht.

BT: Im richtigen Moment ... sich zu konzentrieren ... auf diese inneren Bilder ... Gefühle ... von Geborgenheit und Sicherheit und sich die Zeit lassen ... und bei manchen Leuten tauchen auch Fragmente auf ... von verschieden Situationen. Und diese Methode ist erst einmal eine Standardmethode. Sie können Ihre eigene Methode daraus entwickeln ... Vielleicht mit Fragmenten aus verschiedenen Situationen, Teile von Sicherheit, ein Bild von der einen Situation, ein Gefühl von der anderen Situation, irgendwas Gehörtes, eine vertraute Stimme von einer dritten Situation ... und meine Stimme kann wie ein Autoradio im Hintergrund sein ... oder wie wenn jemand beim Lernen nebenher gern Musik hört ... oder bei den Hausarbeiten ... sie läuft im Hintergrund, aber wenn wirklich was Wichtiges kommt im Radio ... dann können Sie's hören ... ansonsten bleibt es einfach im Hintergrund ... und sie konzentrieren sich einfach auf die Dinge, die sie sehen, hören und fühlen ... in ihrem Tempo ... soweit sie wollen ... und ich natürlich nicht weiß, ob sie im Moment beim Sehen sind oder Hören oder Fühlen ... und das ist auch nicht wichtig, weil meine Stimme im Hintergrund wie beiläufig mitläuft ... und Sie doch alles mitbekommen können, vor allem, wie im Autoradio, die wichtigen Verkehrsmeldungen ... die können Sie mitbekommen und ansonsten wieder Ihre Gedanken und Ihre Gefühle ... genauso wie Ihr bewußtes Denken eine berufliche Neugier hat ... beruflich was lernen möchte ... Ziele, Lebensziele ... ärztliche Tätigkeiten ... vielleicht bestimmte Erwartungen und Hoffnungen, während das Unbewußte all die anderen Botschaften erkennen kann ... und diese Geschichte ... weil das bewußte Denken kann immer nur eine Sache zur selben Zeit ... oder manche Leute können wenige Sachen zur selben Zeit ... aber das Unbewußte kann viele Dinge parallel ... Geborgenheit ... berufliche Ziele ... alte Erinnerungen ... gleichzeitig ... und so auch noch gleichzeitig eine Geschichte hören ... weil das bewußte Denken hat die eine Sprache und das unbewußte Denken hat eine andere Sprache ... Das Bewußte denkt eher in logischen Sätzen und das Unbewußte eher in Bildern ... und dabei auf die Bewegungen achten ... und die Neugier ... und diese Geschichte von dem Löwen ...

Die Löwengeschichte

Das Grundgerüst der folgenden Geschichte stammt aus einem Buch von Idries Shah (1978). Je nach therapeutischen Zielen und angestrebten Trancephänomenen modifiziere und erweitere ich diese Grundgeschichte. Am Anfang erzähle ich von der BBC, worauf ich am Schluß der Geschichte überraschend wieder zurückkomme. Über diese im übrigen uralte Technik des Erzählens einer Geschichte in der Geschichte in der Geschichte aus heutiger hypnotherapeutischer Sicht, kann man bei Lankton u. Lankton (1989) Näheres erfahren. Unter anderem dient dies dem Aufbau von Spannung und höherer Aufmerksamkeit, fördert jedoch auch das Auftreten von Amnesien für Teile der Geschichte.

BT: Diese orientalische Geschichte ... Als die erzählt wurde vor 20 Jahren im BBC in London im Kinderfunk ... weil ... damals dachte man ... solche Geschichten gehören in den Kinderfunk ... und diese afghanische Märchenerzählerin diese Geschichte für die Kinder erzählt hat ... Einige Tage später die Verwunderung bei der BBC ... bei den Mitarbeitern der BBC ... und diese Geschichte von dem Löwen ist eigentlich eine kurze Geschichte.

Der Löwe, der lebte im Wald; es war sein Wald ... auch wenn es manchmal unwirklich war, dieser Wald ... mit diesem ständigen Wind ... aber er wußte um seine Kraft ... er wußte um seine Stärke ... und so konnte er in diesem Wald wohnen ... in diesem Wald war es nämlich immer windig ... und so war ein beständiges Rauschen in den Blättern ... dieses beständige Rauschen in den Blättern ... was er immer hört und doch nicht hört, weil es beständig rauschte ... und da hat er dieses Wasserloch, und das war der Grund, wieso er in diesem Wald wohnte. Weil dieses herrlich frische Wasser, sein Wasser, unglaublich wohlschmeckendes Wasser ... aber da der Wald so dunkel war ... und immer windig, und das Wasser immer in Wellen, hat sich niemals irgendein Lichtstrahl in diesem Wasser gespiegelt. Und eines Tages ging er auf die Jagd ... und er kam so ins Jagen ... von einem Moment auf den anderen ... auf seiner Spur ... er sieht die Bäume ... und die Löwen, die sind so, wenn die beim Jagen sind ... Obwohl das bewußte Denken durchaus erkennen kann, daß ein realer Löwe sich anders verhält, wie ein Löwe in einer Geschichte ... das kritische, bewußte Denken kann durchaus reflektieren, genauso wie das erwachsene Denken reflektieren kann, wie diese Geschichte für einen Erwachsenen wär' ... und wie diese Geschichte für ein Kind wär' ... und so sieht der Löwe die Bäume, so sind die Löwen. Sie sehen die Bäume und sie sehen sie nicht ... Er hört das Rauschen und, so wie die Löwen sind bei der Jagd, sie hören das Rauschen und sie hören es nicht ... Und am Anfang spürt er noch die Stärke von seinem Körper ... und er genießt das Muskelspiel, die jugendliche Kraft ... und nach einiger Zeit, wie von innen heraus, er läuft und läuft auf seiner Spur, sein Ziel ... Und so, er sieht, wie er aus dem Wald rausläuft in die Wüste, aber er sieht's auch nicht ... Er riecht die anderen Gerüche von der Wüste, und er riecht sie nicht ... Er hört die Tierstimmen, die veränderten, und er hört sie nicht ... Und er spürt natürlich jeden Schritt, aber er spürt ihn eigentlich nicht ... Nur irgendwann ... die Bedürfnisse ... die Bedürfnisse ... er hat Durst ... Und so weit weg von seinem Wasserloch ... Natürlich, er hat genügend Reserven, zurückzulaufen, aber er hat jetzt Durst ... Und so weit weg ... Aber die Löwen, die können riechen über große Entfernungen ... Wasser riechen ... frisches Wasser ... gar nicht so weit weg. Und dahin laufen ... und dieser kleine See ... Windstille ... spiegelglatt ... blau ... hinlaufen ... aber, wie er den Kopf über das Wasser streckt und trinken möchte ... da ist der andere Löwe ... Und er zieht sich zurück und denkt ärgerlich, jetzt, wo ich trinken möchte, ist da dieser andere Löwe ... Und er legt sich in den Schatten ... und beschließt, einen Moment sich auszuruhen ... nach der Jagd einfach noch mal vor sich hinzudösen und zu warten. Und sie können warten, die Löwen ... weil er denkt, irgendwann wird der andere weggehen ... Und dann, dann kann ich trinken ... Dann steht er wütend auf und läuft hin. Aber, Kopf über dem Wasser ... da ist der andere wieder ... und wie er dann wieder im Schatten liegt ... dann fängt er an, sich selbst fertigzumachen ... Er ärgert sich über sich, wie er schon wieder ... schon wieder ist ihm das passiert ... so unbesonnen ... schon immer hat er sich's gesagt ... und jetzt so weit weg von seinem Wasserloch ... Und er weiß nicht genau wie's passiert ... irgendwie ... er steht auf und beschließt, den anderen zu verjagen ... er spürt den Ärger, wie Ärger sich mehr und mehr nach außen richten kann ... und er geht hin und er reißt das Maul auf und brüllt und donnert und grollt so laut er kann ... aber der andere Löwe reißt das Maul genauso weit auf ... und brüllt und donnert genauso laut zurück ... Und dann liegt er wieder auf seinem Platz ... ziemlich hilflos ... Was ihn noch mehr hilflos macht, das vierte Mal schaut ihn ein sehr ängstlicher Löwe an ... Damit kann er gar nichts anfangen ... Und er hat im Moment keine Lust, zurückzulaufen ... einfach nur daliegen ... im Schatten ... Und diese Bilder von der Jagd ... die mischen sich ... er sieht die Dinge, die er nicht gesehen hat, und er hört die Dinge, die er nicht hört ... und diese Bilder ... die mischen sich auf merkwürdige Art ... mit anderen Bildern ... mit längst vergessenen Bildern, wie eine Schmetterlingsjagd, wie er ein ganz kleiner Löwe war ... Und er duckt sich und sieht diesen Schmetterling. Er hat nie einen gefangen von diesen Schmetterlingen ... aber er hat geübt ... Immer wieder anschleichen und springen ... in der Zeit, da gibt's keine Fehler ... da gibt's nur Tun ... Neugier, Experimentieren ... immer wieder ... und diese Neugier in ihm ... die Erinnerung an seine Neugier ... und seine Experimentierfreude ... sogar damals ... wie er über diesen Stamm balanciert ist ... und in diesen Fluß fiel ... und er war naß ... Aber es gab keine Fehler ... es gab nur Ausprobieren ... und nur Experimentieren ... und sein Fell war naß ... und trotzdem die Neugier ... die Neugier ... diese vielen Bilder ... Und er erinnert sich an den Schreck, als er einmal den Stein umgedreht hat, und diese furchterregenden Ameisen hervorgekrabbelt sind ... Und er spürt, wie seine Mundwinkel sich bewegen in der Erinnerung ... wie ein kleiner Löwe ... vor so was erschrecken kann ... Und er kann sich's nicht erklären ... wie er für einen Moment die Augen aufmacht ... und das Wasser vor sich sieht ... er bewegt sich anders ... irgendwie bewegt er sich minimal anders ... wie wenn ein bißchen von der alten Neugier ... Und er geht zu dem Wasser ... und zu seinem eigenen Erstaunen hört er sich innerlich sagen ... Löwe hin und Löwe her ... Er läuft an das Wasser ... er steckt den Kopf in das Wasser ... er trinkt ... das Wasser wirft Wellen ... und da war kein anderer Löwe mehr ... Aber schon Lebenserfahrung ... Er trinkt nicht zuviel auf einmal ... nach diesem aufregenden Erlebnis ... Er legt sich wieder in den Schatten ... Und all diese Bilder von den Schmetterlingen ... und auch von einigen schwierigen Situationen damals, die können sich begegnen auf neue Art ... Und es war ihm für einen Moment, als müßt' er gar nichts tun ... keine Wünsche ... keine Interessen ... keine Bedürfnisse, einfach nur in sich ... in sich ... in sich ... in sich ... in Sicherheit ... in sich ... in sich ... und diese Bilder von dem Weg ... Er merkt, wie er neugierig wird auf seinen Heimweg ... wieder mal Steine umdrehen ... wieder mal an vertrauten Pflanzen schnuppern ... an unbekannten Pflanzen schnuppern ... die Bäume angucken im eigenen Wald, die man so lange immer wieder sieht und doch nicht sieht ... sehen, hören, fühlen, riechen und schmecken ... ganz in sich ... Und er trinkt nochmal von diesem wohlschmeckenden Wasser ... Und wie er anschließend zu Hause in seinem Wald ... das vertraute Rauschen ... da schien ihm, als wäre irgendwas Wichtiges geschehen an diesem Tag ... ohne daß er's genau erklären mußte ... Er konnte am nächsten Morgen nicht einmal mehr genau sagen, wie lange er noch einfach so da lag und einfach nur da lag ... und einfach nur da sein ... Und er wußte auch nicht ... mit welchen Nachtträumen diese ganzen Erfahrungen ... wann wo die Schmetterlinge ... wieder fliegen ... Und er hat vielleicht bewußt nur am Rande registriert ... wie die Augenlider während dieser Träume sich bewegen können ... ohne daß ein Löwe unbedingt ... auf wissenschaftlicher Basis wissen muß ... gute Zeichen ... von inneren Prozessen ... in sich ... und all diese Prozesse sich weiter fortsetzen können ... in Nachtträumen wie in Tagträumen ... auf ihre eigene Art und Weise ... Und deshalb vielleicht die Verwunderung bei den Mitarbeitern von BBC ... weil da kamen Anrufe und Briefe ... von den Eltern dieser Kinder ... die Kinderstunde gehört haben ... weil diese Kinder ... seit dieser Sendung ... bestimmte Kinder ein bestimmtes Problem nicht mehr hatten ... Und wir, die wir uns beruflich und bewußt mit Geschichten beschäftigen ... können uns manches erklären ... aber nur manches erklären ... Aber die Mitarbeiter von BBC waren wirklich verwundert ... über diese Kinderstunde ... und wenn Sie zu Hause Selbsthypnose üben ... und können Sie Ihre eigene Methode herausfinden, fünfmal sehen, dreimal hören, einmal fühlen oder fünfmal fühlen, dreimal hören, zweimal sehen oder nur hören oder nur fühlen ... und anschließend ... von 1 auf 20 zählen ... um mit jeder Zahl frischer und wacher hierher zurück ... Und bei welcher Zahl sich die Augen öffnen möchten ... und bei welcher Zahl sich der Rest vom Körper zurückorientieren möchte ... (lange Pause).

„Ich" sage Nein

Hauptziel des Selbsthypnosetrainings war es, der Probandin eine erste angenehme tiefe Tranceerfahrung zu vermitteln und ihr die Methode erfahrbar zu machen. Unmittelbar nach der Reorientierung versuche ich mit einer weiteren Geschichte, ergänzende Ideen zu ihrem Ziel „Nein sagen können" zu geben. In der Löwengeschichte waren dazu sicher auch hilfreiche Bilder, zum Beispiel wenn der Löwe vor sich selber zurückschreckt und schließlich einfach den Kopf ins Wasser streckt. Diese abschließende Geschichte gibt unter anderem indirekt die Empfehlung, das „Nein" und andere Standpunkte mittels „Ich-Formulierungen" zu vertreten.

BT: Es gäb' auch noch Löwen, denen würde ich eine weitere Geschichte erzählen ... (Lachen bei der Klientin und im Saal) ... In der Zeit, wo ich in der Uniklinik in Heidelberg gearbeitet hab', hatten wir eine Stotterergruppe. Es waren sieben Männer und eine Frau, und ich war auch interessiert, ein bisserl was zu wissen über den Kontext, in dem sie leben. Ich wollte nicht nur an dem

Symptom arbeiten, sondern ich wollte auch wissen, wo leben die, mit wem leben die, wie ist die Beziehung zu den Eltern. So hat jeder für sich eine Skulptur gestellt, wo er mit den anderen Gruppenmitgliedern seine Familie dargestellt hat. Und die Skulptur von einem 31jährigen Handwerksmeister sah so interessant aus, daß ich dachte, da machen wir gleich ein Rollenspiel mit ... Und er übernahm seine eigene Rolle. Vorher gab's überhaupt keinerlei Information, was in seinem Elternhaus abläuft. Im Rollenspiel ging es dann im Nu unheimlich rund. Also das lief etwa so ab; Vater sagt zum Sohn: „So, bist wieder mal da." Sagt der Sohn: „Wie redest denn du schon wieder mit mir?" – „Ah, wenn du kommst, gibt's jedesmal Streit". „Ah, du fängst doch an." Und da sagt die Mutter: „Wie redst denn du schon wieder mit dem Vater?" Dann herrscht der Sohn die Mutter an: „Halt du dich raus, wenn ich mit dem Vater was hab'." Und da sagt der Vater: „Hier im Haus, da bestimmen immer noch wir." Und so ging das dann sehr schnell, hat es sehr schnell eskaliert. Es war Sommer, wir hatten die Fenster offen und ich hatte eh' mit einem Professor von einer benachbarten Abteilung schon mal Ärger, weil wir so laut geschrieen haben. Und da hab' ich gedacht, stoppen wir das Ganze mal, und dann hab' ich ihn gefragt: „Wer dominiert die Situation?" Er war der einzige in der Runde, der gedacht hat, er dominiert in bezug auf die Eltern. Hab' ich zu ihm gesagt: „Vielleicht brauchst du einen Trainer." Und dann bin ich mit ihm vor die Tür und hab' ihm gesagt: „Einfach nur mal für ein Experiment. Wenn du jetzt wieder reingehst ist das Wort ,Du' völlig gestrichen. Kein Satz fängt mit dem Wort ,Du' an; statt dessen fängt jeder Satz mit dem Wort ,Ich' an. Da hat er verwundert gefragt: „Warum?" Worauf ich antwortete: „Probier's einfach mal aus. Probier' mal aus, was passiert." Und dann ging er rein. Der Vater: „So, bist wieder da." Sagt er erst: „Ja, ich hab' gedacht, ich bin gerad' auf der Durchfahrt, ich sag' mal schnell Guten Tag." Sagt der Vater: „Wenn du da bist, gibt's immer Krach." „Ja, ich bin, ich bin nicht interessiert an Krach. Ich wollt', ich wollt' echt nur mal Guten Tag sagen." Der Vater: „Ich kann dir eins sagen, solange du die Füße unter meinem Tisch hast, bestimm' hier ich." Und da sagt der Sohn: „Also ich hab' mir gerade ein Haus gekauft, also, soweit ich informiert bin, verdien' ich sogar ein bisserl mehr wie du. Mir geht's eigentlich gut. Ich wollt' nur Guten Tag sagen." Und da hat der Vater, der Vater hat die Rolle unheimlich gut gespielt, gesagt: „Ich glaub', ich bin müd'. Ich glaub', ich geh' ins Bett." (Lachen) Geht der Vater raus, mein Patient wechselt einige freundliche Worte mit seiner Mutter, dann macht der Vater die Tür wieder auf und sagt: „Daß du mir aber ja anständig zur Mama bist." Und sofort ging's dann wieder: „Jetzt geh' doch in's Bett!" – „In meinem Haus werd' ich noch, da werd' ich mir von meinem Sohn sagen lassen, wann, wann ich ins Bett zu gehen hab'." „Jetzt geh' doch!" – „Ich ..." Und dann hat's sofort wieder eskaliert, und fünf Sätze weiter flog er raus. Aber nur in diesem Rollenspiel. (Lachen) Nächste Stunde kam er und hat mir gesagt: „Ich hab' meiner Mutter gesagt, ich möcht' nimmer, ich möcht' nimmer, daß du in meinem Haus putzt. Ich würd' es gerne selbst machen." Aber was soll ich jetzt machen? Sie hat nicht nur geputzt, am nächsten Tag hat sie sogar neue Bettwäsche bezogen gehabt in meinem Bett. Dann hab' ich zu ihm gesagt: „Ja, ich weiß auch nicht." Da hat er gesagt. „Ja, und die Mutter rückt den Schlüssel nicht mehr raus. Und ich weiß nicht, sie hat den Schlüssel und geht dann einfach ins Haus." Ja, da hab' ich gesagt:

„Ich weiß auch nicht, wie man das Problem lösen kann. Ich hab' nur, ich hab' die Erinnerung, daß du im ersten Gespräch mal stolz darauf warst, daß du nicht nur in deinem eigentlichen Handwerksberuf unheimlich gut bist, sondern auch behauptest, du könntest eigentlich in vielen Handwerksberufen dich zurechtfinden. Da würd' ich mich jetzt fragen, ob das für das Schlosserhandwerk auch gelten würde." (Lachen) Und dann kam er nächste Stund' und hat gesagt, er hat ein neues Schloß eingesetzt, und die Mutter hätt' keinen Kommentar dazu gegeben. Und drei Monate später fuhr er am Heiligen Abend schon um vier Uhr zu seinen Eltern. Heiliger Abend wird in Österreich, genau wie hier, ein sehr symbolträchtiger Tag sein. Bisher wurde immer erwartet, daß er mit seinen Eltern zusammen Heiligen Abend feiert. Er war noch nie länger in einer festen Beziehung und er ging also um vier Uhr nachmittags mit den Geschenken zu seinen Eltern und hat gesagt: „Ich wollt' euch Frohe Weihnachten wünschen und euch die Geschenke jetzt schon bringen. Ich feier heut' abend ja mit jemand anders. Wir sehen uns ja vielleicht später noch in der Christmette. Und ja, ich wünsch' euch schöne Weihnachten."

2. Zur Kombination von Hypnose mit anderen Verfahren

13. Hypnose und Verhaltenstherapie am Beispiel einer Falldarstellung von Milton H. Erickson

Burkhard Peter

Erickson ist als Hypnotherapeut berühmt geworden, und nur wenige würden ihn als Verhaltenstherapeuten bezeichnen. Dennoch hat er in einer Zeit, als die Verhaltenstherapie noch lange nicht populär, geschweige denn etabliert war, einige ganz explizit verhaltenstherapeutische Behandlungen durchgeführt und in vielen anderen Fällen lerntheoretische Prinzipien auch implizit angewandt (vgl. Peter 1991; von Brehmen 1990; Weitzenhoffer 1972).

Einige von Ericksons Fallbeschreibungen bedienen sich zudem einer expliziten lerntheoretischen Terminologie. Als Beispiel will ich einen erst 1980 veröffentlichten Fall aus dem Jahre 1953 zitieren: „Man konnte das Problem als ein Versagen ansehen, das von einer psychophysiologischen Konditionierung herrührte und für das überhaupt keine therapeutische Anstrengung erfolgreich erschien. Er, der Patient, hatte zu viele unglückliche Erfahrungen, als daß er eine gegenteilige Meinung hätte annehmen können. Es wurde deshalb entschieden, die Therapie so durchzuführen, daß eine zweite psychophysiologische Konditionierung aufgebaut würde, welche der ersten traumatischen Konditionierung entgegengesetzt sei." (S. 381 L.).

Folgendes Problem lag vor:

Ein 42jähriger Arzt hatte mit 20 seine erste heterosexuelle Erfahrung in einem Bordell gemacht mit dem Ergebnis einer Impotentia coeundi. Diese versuchte er dadurch zu kurieren, daß er 22 Jahre lang diese Erfahrung in der gleichen Weise wiederholte, sie dadurch nur verstärkte und dann auch auf andere Frauen generalisierte. Er hatte sich nun in eine Frau verliebt, ohne damit allerdings an dieser generalisierten Konditionierung nur das geringste ändern zu können; jeder Versuch eines Koitus führte unweigerlich zur definitiven Erschlaffung seines vorher ordentlich erigierten Gliedes.

Nach ausführlicher Exploration ließ sich Erickson zwei Wochen Zeit, um über dieses rigide und fixierte Verhaltensmuster des Patienten nachzudenken und einen Behandlungsplan zu entwerfen. Die eigentliche Intervention zur Etablierung einer neuen Konditionierung, die die alte ersetzen sollte, dauerte nur eine einzige Sitzung unbekannter Länge und bestand aus einem langen Monolog Ericksons, der wie folgt begann: „Während Sie hier sitzen, schließen Sie Ihre Augen und horchen sehr eindringlich auf alles, was ich Ihnen zu sagen habe. Sie stellen keine Fragen, Sie haben nichts zu sagen. Welcher Grad der Trance auch immer notwendig ist, entwickeln Sie diesen Zustand der Trance; genau das ist es, was Sie die ganze Zeit tun sollen, während Sie auf mich horchen. Einzig und allein was ich zu sagen habe, ist wichtig; so horchen Sie sehr eindringlich mit Ihrem Bewußten und mit Ihrem Unbewußten, indem Sie Ihrem Unbewußten mehr und mehr erlauben, die Führung zu übernehmen." (p. 376).

Im einzelnen wurden in diesem Monolog nun folgende Instruktionen erteilt:

1. „Zunächst einmal gibt es keinerlei Diskussion, nicht einmal mit M. [der neuen Freundin]. Ich [Erickson] und nur ich allein werde mit M. darüber reden."
2. Er, der Patient, muß sich drei Monate lang die Nächte von allen beruflichen Verpflichtungen freihalten, notfalls muß er hierzu Urlaub nehmen.
3. Jeden Morgen wird er, der Patient, das Datum auf dem Kalender registrieren; und während er sich des jeweiligen Kalenderdatums bewußt wird, wird ihm klar werden, daß dieser Tag um Mitternacht zu Ende sein wird.
4. Schlag 24:00 Uhr Mitternacht für exakt und genau drei lange Monate wird er in einen tiefen physiologischen Schlaf fallen.
5. Jeden Tag genau um 19:30 Uhr wird er mit M. abendessen. Danach kann er mit M. tun, was immer er mag, solange er sich jeder sexuellen Aktivität enthält. Dann, genau um 23:00 Uhr, muß er im Bett liegen und exakt um 11 Uhr nachts das Licht löschen, keine Minute davor und keine danach.
6. Dann wird er also im Bett sein, im Dunkeln ruhig auf dem Rücken liegen, nichts sagen, nichts tun, sondern nur daliegen und auf Schlag Mitternacht warten, so daß er dann in Schlaf fallen kann, in einen ruhigen, erholsamen, physiologischen Schlaf. Und während er so daliegt und wartet, daß er um Mitternacht einschlafen kann, wird sich eine volle Erektion entwickeln und er wird wissen, es voll und ganz begreifen, daß er damit überhaupt nichts anfangen kann, daß er nicht einmal versuchen oder gar hoffen wird, damit irgendetwas anzufangen. Alles, was er tun kann, ist daliegen mit einer prachtvollen Erektion und darauf warten, Schlag Mitternacht in den Schlaf zu fallen; und genau dies wird er für drei lange Monate tun. Dann und nur dann, wenn er angenehm eingeschlafen ist, kann sein Penis erschlaffen.

Diese Anweisungen wurden wortwörtlich wieder und wieder mit zunehmender Eindringlichkeit wiederholt. Am Ende dieser Stunde ging der Patient dann in einem Zustand des Selbstversunkenseins alleine nach Hause und erinnerte sich offensichtlich gar nicht mehr, daß er auf Ericksons Bitte hin von seiner Freundin M. begleitet worden war. Erickson hatte ein solches posthypnotisch amnestisches Verhalten von Seiten des Patienten erhofft, es direkt zu suggerieren aber als unklug erachtet; daß es spontan aufgetreten war, zeigte ihm an, daß die Trance des Patienten tief und effektiv genug war. Hätte der Patient kein solches spontanes posthypnotisches Verhalten gezeigt, so würde Erickson die ganze Prozedur wiederholt haben, um eine intensivere hypnotische Reaktion sicherzustellen.

Nachdem der Patient, seine draußen wartende Freundin völlig übersehend, gegangen war, wurde diese nun hereingebeten. Ihre Verwirrung darüber, vom Patienten so offenkundig vergessen worden zu sein, nützte Erickson und offerierte ihr eine Erklärung derart, daß er gerade mit ihrem Freund bezüglich des Problems, das beide in so eindringlicher Weise betraf, hypnotisch gearbeitet habe; dann sagte er zu ihr: „Setzen Sie sich dort in den Stuhl, schließen Sie angenehm Ihre Augen und gehen Sie in einen tiefen Schlaf, in eine tiefe hypnotische Trance." In Trance gab Erickson ihr nun einige eher einfache aber sehr explizite Instruktionen: Sie solle jegliche Form sexueller Betätigung mit dem Patienten unterlassen, sogar jeden physischen Kontakt; sie dürfe keine seiner Verhaltensweisen in Frage stellen, müsse genau um 19:30 mit ihm zu Abend essen und Punkt 11 Uhr nachts fertig sein, ins Bett zu gehen, denn genau zu diesem Zeitpunkt werde der Patient fraglos das Licht ausdrehen; alle Gespräche davor und während des Tages sollten sich um Themen drehen, welche keinerlei Bezug zu dem Problem des Patienten hätten. Erickson versicherte ihr noch, daß dies alles absolut notwendig für die Korrektur des Problems ihres Freundes sei, und sie ging mit einer offensichtlichen Amnesie für dieses Gespräch davon.

Wie in den meisten Fallberichten Ericksons hat wohl auch dieser Patient zusammen mit seiner Freundin Ericksons Instruktionen wortwörtlich befolgt, allerdings keine drei Monate sondern nur 27 Tage lang, denn nach 30 Tagen erschien er unangemeldet mit seiner nun angetrauten Frau bei Erickson und berichtete: Er könne sich an die Sitzung bei Erickson nur wenig erinnern, außer daß Erickson angefangen habe, zu ihm zu reden, und daß er am Ende der Stunde vergessen hatte, seine Freundin mit nach Hause zu nehmen. Sehr gut dagegen könne er sich daran erinnern, was er danach getan habe; und er beschrieb nun, wie sie sich beide 27 Tage und Nächte lang wie zwei Marionettenpuppen verhalten hätten, die auf eine gar seltsame Art und Weise lebten und die nicht einmal daran dachten, nach dem Grund für dieses merkwürdige Verhalten zu fragen: Jede Nacht, nachdem er das Licht abgedreht hatte, habe er eine volle Erektion bekommen, habe aber nur dagelegen und überhaupt nichts damit angefangen, nur gewartet, bis es Mitternacht war, denn er wußte, daß er dann würde einschlafen und seine Erektion verlieren können. Er sei sich wie ein Zombie vorgekommen, habe bewußt überhaupt nichts gemacht, sich wie der letzte Idiot verhalten. In der 27. Nacht dann, nachdem er wieder einmal das Licht ausgedreht und wie üblich wieder eine Erektion bekommen hatte, erschien es ihm plötzlich so, als ob er diesmal ganz ungewöhnlich wach sei und so niemals würde einschlafen können. Dann dämmerte es ihm langsam, daß er ja seine Erektion nicht verlieren würde, bevor er nicht eingeschlafen sei. Während er nun darüber nachgrübelte und weiter versuchte einzuschlafen, wurde ihm schlagartig klar, daß dies tatsächlich ja hieß, daß er seine Erektion so lange nicht verlieren würde, bis er eingeschlafen sei. Daraufhin sei er dann gewissermaßen explodiert und habe begonnen, seine Freundin zu lieben. Am nächsten Tag seien sie dann nach Mexico gefahren und hätten sich trauen lassen.

Ericksons Vorgehen in diesem Fall erscheint zumindest theoretisch recht einfach:

1. Um die alte Konditionierung zu löschen bzw. um jedes neue verstärkende trial zu verhindern und um eine genügend große Reaktionsspannung aufzubauen, verbot er direkt jeden sexuellen Kontakt für drei lange Monate. Dies hätte in ähnlicher Form vermutlich auch jeder andere Verhaltenstherapeut getan.
2. Den Aufbau einer neuen Konditionierung betrieb er allerdings nicht auf übliche direkte Art und Weise; vielmehr arrangierte er Veränderungen in den externen Kontext und in den internen psychophysiologischen und kognitiven Variablen, so daß das in diesem Falle nötige One-trial-learning mit hoher Wahrscheinlichkeit stattfinden konnte.

Die direkte Veränderung der externen Kontextvariablen bestand:

1.1 zunächst im Unterbrechen von Alltagsroutinen (der Patient sollte Urlaub nehmen, zumindest aber seine Abende und die Nächte ungestört zusammen mit seiner Freundin ganz privat verbringen) und

1.2 im Verschreiben eines teilweise bis auf die Minute festgelegten ritualisierten Ablaufes dieser Abende und Nächte.

Diese beiden Interventionen dienen bekanntlich allgemein dem Zweck, alte eingefahrene Gewohnheitsmuster, in welche das symptomatische Verhalten eingebettet ist, zu unterbinden und einen Kontext für neue Reaktionsmuster zu schaffen. Später haben nach Masters und Johnson (1966, 1970) auch andere wie zum Beispiel Kockott et al. (1973) ähnliche allgemeine Interventionen bei Sexualtherapien eingeführt.

Spezifischer für eine Neukonditionierung – Erhalten der Erektion (CR neu) auf die insbesondere kinästhetischen und anderen Stimuli (CS alt) des Koitus hin – ist die Verschreibung der rituellen Verhaltensweisen in der einen Stunde vor Mitternacht zu sehen: Punkt 23:00 Uhr das Licht ausschalten, im Dunkel eine Stunde lang mit einer vollen und andauernden Erektion neben der Freundin im Bett liegen ohne physischen Kontakt, um 24:00 Uhr einschlafen und erst dann die Erektion verlieren. Hierdurch konnte

2.1 eine erste neue Konditionierung stattfinden, indem die Erektion für eine Stunde - und dies während geplanter drei Monate - an die Stimuli „in Dunkelheit wach mit einer Frau im Bett liegen" gekoppelt wurde; ferner konnte

2.2 eine Rekonditionierung stattfinden, indem die penile Erschlaffung an das physiologische Einschlafen gekoppelt wurde; das heißt natürlich auch, daß die penile Erschlaffung vom eigentlichen Koitus entkoppelt wurde; und schließlich konnte in dieser einen Stunde vor Mitternacht

2.3 eine notwendige kognitive Umstrukturierung stattfinden derart, daß durch die aufgetragene Reaktionsverhinderung, die vorgegebene Zeit und das vorgegebene situative Arrangement genügend Gelegenheit für ein eigenes verdecktes bzw. imaginatives Rekonditionieren durch den Patienten gegeben war; dies brauchte damit in der Therapiesitzung selbst gar nicht mehr durchgeführt zu werden.

3. Vor allem aber war damit ein konstruktives kognitives Drama vorprogrammiert: Wenn nämlich die penile Erschlaffung dann und

nur dann erfolgen konnte, wenn der Patient Punkt 24:00 Uhr eingeschlafen war, was würde passieren – und früher oder später mußte dies innerhalb des vorgegebenen Drei-Monate-Intervalls passieren – wenn der Patient einmal nicht einschlafen könnte? Da der Patient Arzt war, kannte er sicherlich das Symptombild des Priapismus. Die Lösung seines Dilemmas konnte mit hoher Wahrscheinlichkeit dann nur in einem spontan vollzogenen, regelrechten Koitus liegen.

So plausibel und nachvollziehbar dieses interventive Vorgehen Ericksons in der Theorie ist, so schwierig erscheint seine Umsetzung in die Praxis, und ich behaupte, es wäre ohne die Hilfe von Hypnose bzw. hypnotischen Prinzipien nur schwer oder gar nicht zu bewältigen gewesen. Ohne Hypnose kann man wohl jemanden dazu bringen, genau um 19:30 Uhr Abend zu essen, Punkt 23:00 Uhr das Licht zu löschen und keinerlei physischen Kontakt zu der daneben liegenden Frau zu haben, in welche man verliebt ist – kaum aber, genau zwischen 23:00 und 24:00 Uhr nachts eine Erektion zu haben und diese erst mit dem Einschlafen exakt um Mitternacht zu verlieren – und dies über einen Zeitraum von 27 Tagen in der gleichen stereotypen Art und Weise.

Laienhaft würde man hier von der wieder einmal bewiesenen Macht posthypnotischer Suggestionen sprechen, denn ganz offensichtlich spielten für die Auslösung dieser psychophysiologischen Reaktion posthypnotische Suggestionen eine Rolle im Sinne einer Conditio sine qua non. Nun läßt sich aber gerade an diesem Fallbeispiel Ericksons Verständnis von Hypnose ganz allgemein und insbesondere von deren Einsatz in einem elaborierten psychologischen Behandlungskonzept gut verdeutlichen.

Zunächst besteht das Darbietungsmuster des posthypnotischen Auftrages nicht einfach nur aus dem in Hypnose gegebenen Befehl „Tu dies oder das"; vielmehr ist dieser entscheidende, das unwillkürliche Verhalten betreffende posthypnotische Befehl als letzter Auftrag eingebettet in eine ganze Folge von Verschreibungen, welche willkürlich ausführbares und zudem ritualisiert durchzuführendes Verhalten betreffen: Zeigt der Patient nämlich Kooperationsbereitschaft bezüglich einer ganzen Reihe willkürlicher Reaktionen, so kann man von einer allgemein gesteigerten Reaktionsbereitschaft bzw. von einer allgemeinen Ja-Haltung (Erickson u. Rossi 1981) ausgehen und die Wahrscheinlichkeit höher einschätzen, daß er auch den posthypnotischen Anweisungen bezüglich psychophysiologischer Reaktionen folgen wird, die in dem geforderten Sinne willkürlich nicht oder nur schwer zu steuern sind. Zusätzlich war diese Reaktionsbereitschaft nicht allein dem Patienten überlassen, sondern auch an die Compliance seiner Freundin gekoppelt, eingebettet also und verstärkt durch ein besonderes soziales Netz. Die Effektivität posthypnotischer Suggestionen ist also nicht alleine den üblichen unabhängigen Variablen Trance und/oder Suggestibilität anheimgestellt, sondern motivations- und sozialpsychologisch zusätzlich fundiert.

Als Besonderheit, verglichen mit dem sogenannten klassisch-hypnotischen, aber auch mit dem klassisch-verhaltenstherapeutischen Vorgehen, ist noch zu nennen, daß die (posthypnotischen) Aufträge sich nicht unmittelbar und direkt auf die Impotentia coeundi bezogen haben, nach dem Muster „Immer wenn Du mit einer Frau schläfst, bleibt Deine Erektion erhalten," vielmehr mittelbar insofern, als die Aufträge alle notwendigen vorbereitenden externen und internen Reaktionen so vorstrukturierten, daß die Potentia coeundi hieraus natürlicherweise folgen mußte - und dies auch noch als ein Akt der Nichtbefolgung des erteilten Befehles der Enthaltsamkeit über drei Monate hinweg. Damit war gleichzeitig jegliche mögliche Reaktanz (bzw. „Widerstand") im Sinne des therapeutischen Zieles kanalisiert.

Versteht man Verhaltenstherapie nun nicht als die bloße Applizierung gewisser bekannter Standardtechniken zur Fremd- und Selbstkontrolle symptomatischen Verhaltens, sondern als die geplante Nutzung von Gesetzmäßigkeiten, welche aus der Allgemeinen und Lernpsychologie speziell für die klinische Praxis extrahiert worden sind, so ist die vorliegende Behandlung als eine Verhaltenstherapie anzusehen.

Versteht man weiters Hypnotherapie nicht lediglich als die Applizierung gewisser bekannter Standardsuggestionen zur Tranceinduktion und -utilisation, sondern als den geplanten Einsatz von Suggestionen und der resultierenden hypnotischen Phänomene in ein Behandlungskonzept, bei welchem die üblichen allgemeinpsychologischen Gesetzmäßigkeiten berücksichtigt werden, so sehen wir hier eine perfekte hypnotherapeutische Behandlung.

Der lerntheoretisch und allgemeinpsychologisch fundierte Plan dieser Behandlung wäre einerseits wohl kaum in der kurzen Zeit erfolgreich ausführbar gewesen und schon gar nicht ohne den Einsatz von Hypnose. Andererseits wäre ohne diesen Behandlungsplan wohl auch der klassisch-suggestive Einsatz von Hypnose zur direkten Symptombeseitigung erfolglos geblieben.

Hypnose ist also nicht nur als Technik eine erleichternde zusätzliche Interventionsbedingung für die Verhaltenstherapie, sondern sie nutzt als Hypnotherapie zumindest in einem Ericksonschen Verständnis auch allgemeinpsychologische Gesetzmäßigkeiten. Damit ist sie nicht ausschließlich abhängig von so schwer operationalisierbaren Variablen wie Trance oder Suggestibilität. Allerdings lassen sich diese beiden magischen Variablen durchaus entmythologisieren und in das nüchterne Inventar psychologischer Begrifflichkeit reintegrieren (vgl. hierzu Kraiker 1985; Revenstorf 1991). Nur muß man sich natürlich auch fragen, ob dies wirklich wünschenswert ist; denn wenn man den Teufel mit dem Beelzebub austreiben will, so sollte der Patient, besser noch auch der Therapeut, zumindest an den Beelzebub glauben, wo doch der Teufel in Gestalt des Symptoms so offenkundig ist.

14. Metaloge Rational-emotive Therapie und der Ericksonsche Ansatz in der Psychotherapie

Wolf-Ulrich Scholz

Der Ericksonsche Ansatz in der Psychotherapie ist zu Recht als ein einzigartiger Ansatz zur therapeutischen Veränderung bezeichnet worden (Matthews 1987). Einzigartiges aber verbindet sich normalerweise schwer mit anderem. Die von Albert Ellis begründete Rational-emotive Therapie, kurz RET, mit ihrem direkten, auf eine bewußte philosophische Umorientierung ausgerichteten therapeutischen Stil (Ellis 1977) scheint sich zudem besonders wenig für eine Verbindung mit dem typischerweise indirekten, unbewußte Prozesse hoch schätzenden und handlungs- statt einsichtsorientierten therapeutischen Stil des Ericksonschen Ansatzes (vgl. Matthews 1987, S. 5 ff.) zu eignen. Rational-emotive Therapeuten wie Golden oder Tosi, in deren Varianten der RET auch ein regelmäßigerer Gebrauch von Hypnose gemacht wird (z.B. Golden 1983, Tosi, Howard u. Gwynne 1982), als in der klassischen Form von Ellis (vgl. Ellis 1987), lassen allerdings schon gewisse Annäherungen an den Ericksonschen Ansatz erkennen (vgl. Golden, Dowd u. Friedberg 1987; Tosi u. Baisden 1984).

Im folgenden möchte ich zeigen, daß eine Variante der RET, welche logisches Denken nicht mehr als das entscheidende Agens therapeutischer Veränderung begreift, sogar Konvergenzen zum Ericksonschen Ansatz aufweist, die eine praktische Verbindung einer solchen metalogen RET mit Vorgehensweisen gemäß dem Ericksonschen Ansatz ganz natürlich machen; hinsichtlich einer spezifischen Problematik habe ich dies schon vorgestellt (Scholz 1988). Der Aufweis solcher von andersartigen Voraussetzungen aus entstandenen Konvergenzen stellt meines Erachtens dabei zugleich ein zusätzliches, unabhängiges Argument für den Wert des Ericksonschen Ansatzes in der Psychotherapie dar.

Ich gehe davon aus, daß der Ericksonsche Ansatz nicht durch einen Kanon von Methoden oder Techniken definiert ist – obgleich sich durchaus typische Strategien der therapeutischen Einflußnahme für ihn angeben lassen (Zeig 1988) –, sondern durch eine allgemeine Haltung (Havens 1985 S. 111 ff.). Stricherz hat diese allgemeine Haltung mit den Stichworten Utilisierung, Indirektheit und Achtung des Individuellen umrissen (Stricherz 1984, S. 137). Noch bündiger hat meines Erachtens Yapko das Wesen des Ericksonschen Ansatzes auf die Formel „akzeptiere und utilisiere" gebracht (Yapko 1986, S. 223).

Um die metaloge RET, die in vielen Punkten konform zu der Anfang der 80er Jahre von Wessler (1984) entwickelten Variante der RET geht, vollständig zu charakterisieren, müßte ich zumindest Eingehenderes über die Gemeinsamkeiten und Unterschiede zwischen der klassischen und der metalogen RET hinsichtlich der Rationalitätskonzeption, der Konzeptualisierung des Zusammenhangs von Kognition, Emotion und Verhalten, der Konzeptionen von psychischer Störung und therapeutischem Wandel und der Interventionsmethodologie sagen (Scholz 1987). Ich muß mich hier jedoch bezüglich der ersten Punkte auf ein paar Andeutungen beschränken und kann auch hinsichtlich der Interventionsmethodologie nur auf den Aspekt der tropologischen Disputation selbstschädigender Symbolisierungen ausführlicher eingehen.

Die Rationalitätskonzeption der metalogen RET geht über die der klassischen RET, welche sich an einer instrumentellen Vernunft im Sinn eines naiv-falsifikationistischen Rekonstruktionsmodells von logisch-empirisch verfahrender Wissenschaft orientiert (z.B. Ellis 1979a, S. 40), insofern hinaus, als sie außerinstrumentelle Modi von Rationalität (vgl. z.B. Kaulbach 1986) einschließt und im Rahmen instrumenteller Vernunft auch außerlogische Aspekte, zum Beispiel metische Aspekte (Detienne u. Vernant 1974), einbezieht. Kognition, Emotion und Verhalten werden nicht nur in einem interaktiven Zusammenhang gesehen, sondern auch weitgehend in Symbolisierungen fusioniert. Eine psychische Störung wird als rigide, unzulängliche ökologische Passung aufgrund unterentwickelter Problemstellungs- und Problemlösungskapazitäten verstanden und die therapeutische Veränderung im Sinn einer Entwicklungsförderung konzipiert (Scholz 1987).

Obwohl die Interventionsmethodologie der klassischen RET eine große Bandbreite von Interventionsformen vorsieht (Ellis 1979b), ist die für die klassische RET charakteristische Interventionsform doch die der logischen Disputation (Ellis 1973, S. 185). Gegenüber der logisches Denken in den Mittelpunkt stellenden Interventionsmethodologie der klassischen RET ist die Interventionsmethodologie der metalogen RET durch vier Hintergrundannahmen gekennzeichnet, von denen jede eine Relativierung der Bedeutung logischen Denkens für Veränderungen durch therapeutische Interaktion impliziert:

a) Außer logisch-begrifflich analysierbaren Momenten der Verarbeitung sprachlicher Äußerungen in der therapeutischen Interaktion spielen für therapeutische Veränderungen auch konditionierungstheoretisch analysierbare Momente eine wesentliche Rolle, wie dies schon von Vertretern ganz unterschiedlicher therapeutischer Richtungen beschrieben wurde (Wachtel 1981; Martin 1975; Staats 1972; Erickson u. Rossi 1981).

b) Zeitenthoben gültige Strukturen des „Logos“ gewinnen in der therapeutischen Interaktion wie in jedem sprachlichen Austausch nur reale Geltung in Abhängigkeit vom „Kairos“ – das heißt mindestens des rechten Maßes zur rechten Zeit (Kinneavy 1986) –, wofür insbesondere auch Entwicklungsstadien des Therapieverlaufs und die Entwicklungsstadien des Klienten – vor allem die Verarbeitungsstufe hinsichtlich des Störungsbereichs – eine große Rolle spielen (Tosi 1974; Tosi u. Baisden 1984; Leva 1984; Joyce-Moniz 1981, 1986; Ivey 1986).

c) Eine die Störung bewältigende Entwicklungsförderung in Richtung auf eine Optimierung von Rationalität relativ zur lebensweltlichen Einbettung des Klienten kann therapeutisch nur über Ko-Konstruktion von Symbolisierungen erreicht werden (Gonsalves u. Machado 1987), wobei diese Ko-Konstruktion über die Ebene bewußten Denkens hinausgeht.

d) Logisches Denken ist zwar ein ausgezeichnetes Mittel der kritischen Überprüfung handlungsleitender Symbolisierungen, aber kein notwendiges und in keinem Fall hinreichendes Mittel zur Erschaffung oder Veränderung handlungsleitender Symbolisierungen.

Letzteres läßt sich sogar für Extremfälle belegen, in denen die therapeutische Veränderung handlungsleitender Symbolisierungen dem Modell eines einfachen logischen Syllogismus zu folgen scheint: Wenn zum Beispiel ein von Perfektionismus gequälter Klient davon überzeugt werden kann, daß alle Menschen sich irren dürfen, weil nicht mehr als möglich rechtmäßig gefordert werden kann, so kann man ihn unter Geltung dieser Maior-Prämisse „Alle Menschen dürfen sich irren" mittels der trivialen Minor-Prämisse, daß auch er ein Mensch ist, leicht zu dem logischen Schluß zwingen, daß auch er sich irren darf; dies gewährleistet jedoch noch keine therapeutisch wirksame Umstrukturierung. Der Klient sieht vielleicht ein, daß es unlogisch ist, nicht einzusehen, daß auch er sich irren darf, aber dennoch muß er nicht wirklich einsehen, daß auch er sich irren darf. Man kann ihn höchstens zu einem Lippenbekenntnis bewegen, weil er als Perfektionist nicht unlogisch erscheinen will. Eine wirkliche Änderung seiner Überzeugung ist damit aber unmittelbar nicht verbunden.

Eine wirklich verändernde Einsicht mit Hilfe des Syllogismus erfordert zusätzlich etwas Unlogisches, nämlich einen internen Symbolbildungsprozeß derart, daß das Ganze des Syllogismus den Teil der Conclusio symbolisch ebenso vertritt wie der Teil der Conclusio das Ganze des Syllogismus symbolisch repräsentiert. Die Struktur dieser Symbolisierung entspricht damit derjenigen einer Synekdoche mit der für sie typischen repräsentationalen Konvertibilität (Burke 1969, S. 508). Geschieht diese synekdochische Symbolisierung, entsteht die entsprechende Einsicht sogar unabhängig davon, ob der Klient die Geltung der logischen Schlußregel – im obigen Fall Modus Barbara – erkennen kann. Das heißt, die wirksame Einsicht beruht hier wesentlich nicht auf einer logischen Struktur, sondern auf der Struktur einer Trope. Da also selbst in den scheinbar logisch zwingenden Fällen der Veränderung handlungsleitender Symbolisierungen nicht der Nachvollzug einer logischen, sondern der einer tropischen Struktur ausschlaggebend für die Veränderung ist, liegt es nahe, die logische Disputation selbstschädigender Symbolisierungen durch eine tropologische Disputation zu ergänzen oder sogar unter Umständen ganz zu ersetzen.

Die Veränderung des Systems problematischer Symbolisierungen wird daher in der metalogen RET nicht mehr in erster Linie über logisch bezwingendes Denken zu erreichen gesucht, sondern eher über die Suggestion tropischer Symbolisierungsstrukturen, deren Nachvollzug freilich niemals zwingend ist, auch wenn sie auf logisch einwandfreien Überlegungen fußen (Scholz 1987). Eine solche tropologische Disputation kann deshalb mit beliebigen Graden von Direktheit/Indirektheit auf beliebigen Ebenen in der Dimension Bewußt/Unbewußt Umstrukturierungen handlungsleitender Symbolisierungen anregen, ohne individuelle Voraussetzungen zugunsten logischer Allgemeingeltungsansprüche mißachten oder vernachlässigen zu müssen, so daß sie für Affinitäten zu Ericksonschem Vorgehen offen ist (vgl. die unten angeführten Beispiele).

Bei der Konzeption der tropologischen Disputation habe ich die tetradische Tropologie von Kenneth Burke (1969 S. 503 ff.) zugrunde gelegt, die sich bereits in anderen Gebieten als dem der Psychotherapie als analytisch und heuristisch produktives Ordnungssystem für Symbolisierungsstrukturen erwiesen hat (vgl. White 1986; McCloskey 1985, S. 83 ff.). Burkes System von Basistropen umfaßt außer der Synekdoche mit ihrer repräsentationalen Konvertibilität von Teil und Ganzem, Genus und Spezies, Ursache und Wirkung, usw. (Burke 1969, S. 507 f.) noch die Metapher als Mittel, etwas in der Perspektive von etwas anderem zu sehen (ebd. S. 503 f.), und die Metonymie, deren grundlegende Strategie darin besteht, Ungegenständliches oder Ungreifbares über Gegenständliches oder Greifbares zu vermitteln (ebd. S. 506), sowie die Ironie mit ihrer die Interaktion aller beteiligten Symbole für eine Entwicklung nutzenden Dialektik (ebd. S. 511 ff.). Die Basistropen von Burke spielen nach seiner eigenen Auffassung ineinander (ebd. S. 503) und treten in der tropologischen Disputation zum Teil überlappend, in der Regel aber in Kombinationen auf. Im Dienst einer übersichtlicheren Darstellung will ich jedoch hier zunächst die Verwendung der verschiedenen Basistropen in der tropologischen Disputation weitgehend anhand dekontextualisierter Beispiele illustrieren.

In bestimmten Formen finden sich solche Beispiele unbemerkt sogar schon in der herkömmlichen RET. So wird jeder RET-Therapeut eben nicht nur einfach allgemeine irrationale Grundüberzeugungen eines Klienten in ihrer Unhaltbarkeit aufdecken und sie durch ebenso allgemeine rationale Alternativen zu ersetzen suchen, sondern er wird auch eingehend situative Beispiele des selbstsabotierenden Denkens und Fühlens konkret durchsprechen. Dies geschieht in der offenbar vielfach berechtigten Hoffnung „exemplum docet", das heißt in der Annahme, daß ein solches Beispiel mehr lehrt als ein richtiger, aber allgemeiner Leitsatz allein. Funktionieren kann diese Strategie aber wieder nur unter der Voraussetzung der Fähigkeit zu einer synekdochischen Symbolisierung, durch welche das therapeutisch bearbeitete Beispiel die ganze Klasse verwandter Situationen symbolisch vertreten kann und umgekehrt einzelne neue Situationen aus dieser Klasse im Sinne der so für die Klasse gewonnenen alternativen Denkweisen symbolisch repräsentiert werden können (von den begrenzten Möglichkeiten eines direkten Transfers über Reiz- und Reaktionsgeneralisierung hier einmal abgesehen). Das ganze Vorgehen stellt also einen Versuch der Anregung zu einer Umstrukturierung über eine synekdochische Symbolisierung dar.

Eine derartige neue synekdochische Symbolisierung kann dann aber auch indirekter über das Erzählen von Fallgeschichten anderer Klienten oder anderer Beispiele der Bewältigung vergleichbarer Probleme suggeriert werden, wie dies öfters im Ericksonschen Ansatz erfolgt (z.B. Zeig 1980; Rosen 1982). Eine solche Ericksonsche Vorgehensweise hat also einen ganz natürlichen Platz in einer metalogen RET.

Außerdem sind zwar Tropen sprachliche Symbolisierungen, aber die tropischen Strukturen lassen sich auch imaginativ – wie es gut in Verbindung mit Hypnose möglich ist – oder enaktiv über symbolische Handlungen realisieren, so daß eine tropologische Disputation sich auch metaloger – im Sinne von „überverbalbegrifflicher" - Mittel zur Anregung symbolischer Umstrukturierungen bedienen kann, was ebenfalls im Ericksonschen Ansatz geläufig ist (vgl. z.B. Zeig 1980; Gordon u. Meyers-Anderson 1981).

Auch die tropische Struktur der Ironie findet nicht erst in der metalogen RET, sondern vielfach schon in der klassischen Form der RET bei der Veränderung handlungsleitender Symbolisierungen Verwendung: Was Ellis als Ad-absurdum-Führen irrationaler Ideen in humoristischer Weise bezeichnet (Ellis 1973, S. 185), greift fast immer auf eine ironische Struktur zurück. Andererseits kann die Kraft der Ironie zu symbolischer Umstrukturierung nicht einfach auf das kognitive Element einer Absurdität plus dem emotiven eines zum Lachen befreienden Humors zurückgeführt werden. Vielmehr verdankt die ironische Symbolisierung einen Teil ihrer Durchschlagskraft einer logisch nicht auflösbaren Mehrdeutigkeit, die es ermöglicht, Absurdität und in der Absurdität enthaltene Wahrheit zugleich zu symbolisieren, wie es das folgende Beispiel veranschaulicht:

Eine Klientin mit Sprechängsten, die mir erklärte, daß sie vor ihrem Schwager nicht die Auskunft anrufen könne, weil sie dann eine belegte Stimme hätte, kein Wort richtig herausbrächte und der Schwager daher dächte: „Die ist vielleicht dumm!", zeigte eine unmittelbare Umstrukturierung, gepaart mit Lachen, als ich im Tonfall scheinbarer Beipflichtung zu ihr sagte: „Und wenn er das denkt, dann werden Sie auf der Stelle dumm."

Daß dieser Satz so eine durchschlagende Wirkung bei dieser Klientin in diesem Moment hatte, liegt wohl kaum allein daran, daß meine Äußerung die Absurdität ihrer Einschätzung traf, noch war meine Äußerung so humoristisch, daß dies das Lachen meiner Klientin hätte begründen können. Aber meine ironische Äußerung greift eben nicht nur eine Absurdität auf, sondern zugleich die Wahrheit darin, daß sich meine Klientin durch ihre katastrophisierende Bewertung der mutmaßlichen Gedanken ihres Schwagers selbst verdummt, das heißt ihrer normalen intellektuellen Leistungsfähigkeit beraubt.

Außerdem akzeptierte ich mit dieser Äußerung für den Moment die Voraussetzung meiner Klientin, daß dumm sein und dumm erscheinen schrecklich wäre, und versicherte ihr zugleich über die Präsupposition des Verbs „werden", daß sie es nicht ist und von mir auch nicht dafür gehalten wird, so daß sie die Absurdität ihrer Katastrophisierung gefahrlos anerkennen konnte. Das System ihrer irrationalen Überzeugungen wird also durch diese Ironie gesprengt, während es ihr doch noch zugleich zugrunde gelegt ist. Insofern folgt meine Intervention auch der Ericksonschen Maxime „akzeptiere und utilisiere".

Natürlich ist auch eine ironische Intervention ihrer Struktur nach nicht ausschließlich an das Medium der Sprache gebunden. Paradoxe Symptomverschreibungen beispielsweise, wie sie im Ericksonschen Ansatz auf anderer konzeptueller Grundlage benutzt werden (Lustig 1985), finden in diesem Sinn nach Maßgabe des Kairosprinzips auch in der metalogen RET Anwendung.

Daß Umstrukturierungen von Symbolisierungen mit Hilfe sprachlich gefaßter metaphorischer Strukturen, wie sie im Ericksonschen Ansatz bekannt sind, auch in der tropologischen Disputation der metalogen RET vorkommem können, brauch ich wohl nicht ausführlich zu illustrieren – ich verweise summarisch z.B. auf die Utilisierung der vom Klienten selbst eingebrachten sprachlichen Metaphorik mit umzentrierender Perspektive oder das Erzählen metaphorischer Geschichten zur Veränderung der Problemdefinition oder dem Vorstrukturieren der Problemlösung (Matthews 1987; Zeig 1980; Scholz 1988).

Auch die Struktur der Metapher kann jedoch in anderer als bloß sprachlicher Einkleidung in der tropologischen Disputation für die Veränderung von Symbolisierungen herangezogen werden: Eine metaphorische Handlung, die ich zum Beispiel schon mehrfach erfolgreich eingesetzt habe, wenn jemand sich zu einem konstruktiven, für ihn neuen Vorhaben entschlossen hat, aber aus Angst vor dem ersten konkreten Schritt nichts dazu unternimmt, besteht darin, ihm anzubieten, einen ersten symbolischen Schritt sofort im Sprechzimmer zu tun. Dazu hole ich zwei Stühle ins Zimmer, stelle diese einen mittelgroßen Schritt auseinander, lasse den Klienten auf einen der Stühle steigen und lasse ihn – während er sein Ziel imaginiert, ohne nach unten zu schauen – diesen symbolischen ersten Schritt auf sein Ziel hin tun. Ich bewege den Klienten dazu, diesen ersten Schritt vom einen auf den anderen Stuhl so lange zu wiederholen, bis die Freude über das Gelingen die Angst vor dem Schritt ins nur Halbgewisse deutlich überdeckt. Dieser metaphorische Schritt ermöglicht somit, die angstbesetzte Zielannäherung aus der veränderten Perspektive der antizipierbaren Erleichterung und Freude anders zu symbolisieren. Die Angst vor dem konkreten ersten Schritt wird dabei nicht mittels logischer Argumentation als unbegründet abgewiesen, sondern akzeptiert und als Grundlage einer Umstrukturierung von Symbolisierungen nach dem Modell der Metapher utilisiert.

Metonymische Strukturen treten im Ericksonschen Ansatz in vielfacher Form auf: Ericksons berühmtes „My voice will go with you“ (Rosen 1982) ist zum Beispiel eine Metonymie im einfachsten Sinn wie das klassische „Rom hat gesprochen“ und die Ericksonsche Interventionsform, kleine, leicht faßbare Verhaltensänderungen anzuregen, die aber in übergreifenden Mustern von Verhalten und Umweltbezug des Klienten eine Weichenstellungsfunktion haben (vgl. Gordon u. Meyers-Anderson 1981), realisiert zum Beispiel im weiteren metalogen Sinn eine metonymische Struktur.

In der metalogen RET können metonymisch strukturierte Interventionen im Rahmen einer tropologischen Disputation in sprachlicher Form zum Beispiel darin bestehen, daß fragwürdige Interpretationen und Bewertungen eines Klienten mit einem veränderten Intonationsmuster rückgespiegelt werden, welches gemeinhin kognitive Prüfprozesse einleitet und begleitet; oder sie können auch darin bestehen, daß gegen selbstschädigende Überzeugungen eines Klienten enthymematisch oder sogar mit unvollständigen Sätzen argumentiert wird, deren Vervollständigung in therapeutisch sinnvoller Richtung aufgrund der Kenntnis der Hintergrundsideologie und des kognitiven Horizonts des Klienten erwartet werden kann.

Zur Illustration einer metalogen Umstrukturierung mittels einer metonymischen Symbolhandlung möchte ich ein letztes Beispiel geben, das neben dieser enaktiven metonymischen Struktur eine sprachliche Metonymie und die Kombination dieser Basistrope mit einer anderen enthält, da solche Kombinationen – wie schon oben erwähnt – in einer tropologischen Disputation eher die Regel sind:

Eine Frau, die nach dem Herzinfarkttod ihres Vaters herzneurotische Erscheinungen und in deren Folge Angst vor dem Autofahren bekam, vermied letzteres noch nach der erfolgreichen Behandlung der Herzneurose. Sie beteuerte, sie wisse, es gebe für ihre Angst vor dem Autofahren eigentlich keinen Grund mehr, aber die Angst trete überfallartig auf, sobald sie fahren wolle. Ich gab ihr folgende Hausaufgabe: Bis zur nächsten Therapiestunde solle sie nicht Auto fahren, wenn sie Angst habe; aber sie solle an mindestens zwei Tagen jeweils mindestens 15 Minuten am Steuer sitzen. Wie sie mir beim nächsten Mal erzählte, hatte sie bereits nach etwa drei Minuten des Sitzens am Steuer plötzlich ganz automatisch den Zündschlüssel umgedreht und sei losgefahren. Und seitdem fuhr sie wieder problemlos Auto.

Meine Intervention arrangierte einerseits eine metonymische Struktur auf der Handlungsebene wegen der regelmäßigen Beziehung raumzeitlicher Kontiguität, in der das Autofahren zum Sitzen am Steuer normalerweise steht; sie nutzte andererseits die konventionelle Metonymie, nach der so und so lang am Steuer sitzen qua pars pro toto bedeutet, Auto zu fahren, für eine implizite Suggestion zum Autofahren. Daß diese Suggestion in einem Kontext steht, in dem ich ausdrücklich versichere, die Klientin solle nicht Auto fahren, wenn sie Angst habe, fügt dieser metonymischen Intervention eine ironische Note hinzu: Der Klientin, die aus Angst das Autofahren vermeidet, wird der verdeckte Auftrag zum Autofahren in einer Weise gegeben, daß sie den Auftrag gerade nicht wegen ihrer Angst zurückweisen kann. Ihr bleibt als Ausweg aus dieser paradoxen Situation aber die Möglichkeit der dialektischen Entwicklung, ohne Angst

Auto zu fahren. Insofern diese metaloge Intervention erlaubt, sowohl den Wunsch der Klientin, wieder Auto zu fahren, als auch ihre Angst davor zu akzeptieren und zu utilisieren, befindet auch sie sich wieder im Einklang mit der Grundhaltung des Ericksonschen Ansatzes in der Psychotherapie.

15. Existentielle Bioenergetik und Ericksonsche Hypnotherapie

Maureen Röpke[11]

Körperarbeit in der Hypnotherapie

Vielleicht kennen Sie das Lied „There is a kind of glow all over the world". Für mich drückt dies eine Wahrheit aus, die Assoziationen von Wärme, Licht, Leben und Liebe auslöst. Meine persönlichen intensiven Tranceerlebnisse sowie der besondere strahlende Ausdruck auf den Gesichtern meiner Klienten nach einer Trance zeigten mir, daß eine Befreiung, Erleichterung und Wiedergeburt stattgefunden hat. Einmal erzählte mir ein Klient, er fühle sich nach jeder Trance ein wenig jünger. Genauso sprechen Körpertherapeuten von einer Befreiung der „Lebensenergie". So begann ich, über therapeutische Interventionen nachzudenken, die die Befreiung von Blockierungen nutzen und Ressourcen stimulieren – geistig wie körperlich.

Aber bevor ich weitermache, will ich *Existentielle Bioenergetik* definieren. Der Name, den es außerhalb von Dänemark vielleicht gar nicht gibt, besagt, daß die Therapie auf eine Integration von Körper und Geist hinarbeitet. Die Frage ist aber nun, ob man das Problem über den Körper oder mit verbaler Kommunikation angeht. Die Betonung liegt in jedem Fall auf der Anerkennung der menschlichen Möglichkeiten zur Veränderung durch bewußte und unbewußte Prozesse, ebenso auch in dem Wissen davon, daß der Körper ein großes Potential hat, Veränderungen zu bewirken bzw. zu verhindern.

Nun will ich zeigen, wie man die Existentielle Bioenergetik in der Hypnotherapie nutzen und wie die innere Kraft des Körpers zur

11 Übersetzt von Carsten Gehrke

Veränderung eingesetzt werden kann. Ich werde mich auf die folgenden vier Bereiche beschränken:

1. die Technik des Körperlesens, nützlich für die Bestimmung der Diagnose, für die Wahl der Kommunikation und für die therapeutische Intervention;
2. bioenergetische Techniken zur Energiefreisetzung, nützlich zur Tranceinduktion; ebenso das Vorbereiten von Körperveränderungen in der Trance;
3. das Gefühl des Fließens während der Energiefreisetzung, unterstützend für die Offenheit für geistige und körperliche Veränderungen.
4. Bioenergetische Methoden können das Muskelgedächnis stimulieren und so kinästhetische Assoziationen hervorrufen. Dies führt zu mehr Bewußtheit und gegebenenfalls zu einer Katharsis.

Der Kopf

Denken Sie einen Augenblick an die Kraft und Hartnäckigkeit, die ein Symptom oft zu haben scheint. Der Klient hat seine Verhaltensmuster meist sehr früh in seinem Leben gelernt und wiederholt sie seitdem. Wenn man als Kind gelernt hat, mit Angst zu reagieren und den verletzlichen Kopf zwischen den Schultern zu verstecken wie eine Schildkröte, wird man dies nicht nur in Streßsituationen tun. Es wird auch eine Muskulatur entwickelt, die die Schultern in der bestimmten Position hält bzw. dazu in der Lage ist, sie in diese Position zu bringen. So wird der ganze Körper durch die Angst und die körperliche Reaktion darauf geformt. Die Ereignisse, die diese Muster hervorrufen, sind meist vorverbal und vorintellektuell und werden im Körper, im autonomen System und in tiefer Muskelspannung gespeichert. Die Spannung stellt etwas Unabgeschlossenes dar, da die Reaktionen und die Gefühle nicht in ein harmonisches Ganzes integriert werden. Diese Disharmonie ist im Körper gespeichert und dort leicht zu erkennen. Der unharmonische Teil des Körpers wirkt oft unproportioniert oder wie abgetrennt vom restlichen Körper.

Fall 1:
Jan war ein 30 Jahre alter Architekt. Er war als präpsychotisch diagnostiziert worden und nannte als Problem sein Gefühl des Getrenntseins von anderen Menschen, auch von seiner Frau. Er konnte nicht spontan sein und war oft über längere Zeit niedergeschlagen und still. Jan hatte ein auffälliges Aussehen. Er war sehr schmal und hatte einen herausragenden Kopf. Jans Kopf, Gesicht und Augen beherrschten seine Erscheinung so sehr, daß sie im Vergleich zum restlichen

Körper riesig wirkten. Ich glaube nicht, daß Jans Kopf wirklich größer als normal war, aber er zog die Aufmerksamkeit auf sich. Es war dort viel Energie aufgestaut.

Jan war einer der Klienten, die mich dazu brachten, die Körperarbeit mehr zu betonen. Er war trotz seiner „Kopfbetontheit" gut hypnotisierbar. Ich induzierte in Trance eine Altersregression mit dem Gefühl, klein zu sein in Gegenwart einer größeren Person. Ich bemerkte leichte Kopfbewegungen bei Jan, ging darauf ein und unterstützte ihn verbal und nonverbal, sie zu verstärken. Er begann, seinen Kopf immer schneller von der einen Seite zur anderen zu werfen und ein klares nonverbales Nein auszudrücken. Die Bewegungen wurden bald unkontrollierbar und begannen, die Schultern und dann den ganzen Körper zu erfassen. Sein ganzer Körper schrie ein Nein heraus. Tränen kamen und der Körper beruhigte sich. Während Jan in Trance blieb, war es möglich, dieses Nein als gute und natürliche Reaktion auf die damalige Situation zu beziehen. Seine Erleichterung zeigte nicht nur die wahre Natur seines Problems; sie ermöglichte auch ein Nachlassen der Spannung und erleichterte die Veränderung von Jans Körperstruktur, die sein Problem – die Negation von Gefühlen, des Lebens und von Kontakt – untermauerte.

Es ist klar, daß die Körperstruktur wichtige diagnostische Hinweise für den Therapieverlauf gibt. Während der Trance können tiefe Muskelspannungen aufgelöst werden. Es war noch viel „Kopfarbeit" mit Jan notwendig, und irgendwie erschien es mir, als ob Jans Kopf kleiner wurde. (Ich will aber nicht unbedingt als Kopfschrumpfer bekannt werden.)

Noch einmal zu den Phänomenen der Trance. In meiner Arbeit mit Bioenergetik habe ich oft mit geringen nonverbalen Mitteln Trance induziert. Ich halte es aber für wichtig, Trance auch verbal zu strukturieren. Ich glaube, daß die während der Tranceinduktion verbal gesäten Ideen die Basis für die spätere Möglichkeit sind, während der Trance durch indirekte verbale Kommunikation eine Integration zu bewirken und auf die unbewußte Ebene einzuwirken. So zum Beispiel bei Jan: Hätte ich nicht auch verbal den Rahmen für eine Trance und für die Energiefreisetzung geschaffen, hätte ich auch nicht die Möglichkeit gehabt, eine passende Integration und ein relevantes Maß an Amnesie zu suggerieren.

Muskelspannung

Ich kann hier natürlich die Möglichkeiten des Körperlesens zu diagnostischen Zwecken nur andeuten. Es gibt sehr verschiedene Arten, Körpertypen zu kategorisieren. Um Beispiele bringen zu können und die Verbindung zur Ericksonschen Therapie klarer zu machen, wähle ich hier nur zwei Extremtypen: den harten, überangespannten Typus und den zum Kollaps neigenden Typus, dem Spannung fehlt. Das bedeutet nicht zwingend, daß der verhärtete rigide oder der weichere kollabiert ist. Aber die Rigidität bzw. die Laschheit ist ein Teil des Komplexes und kann Veränderung behindern: „So wie der Geist das Äußere des Körpers und der Körper das Innere des Geistes ist, genauso ist der Körper das Äußere der Seele und die Seele das Innere des Körpers." (Boadella 1987).

Fall 2:
John war 38 Jahre alt und ein gewalttätiger Frauenhasser mit einem Körper wie eine Holzpuppe, stark und rigide. Er suchte mich mehrer Male auf und warnte mich vor seiner Brutalität und Gewalttätigkeit. Aber er zeigte nach ein paar Sitzungen erste Zeichen des Aufweichens. Als er das dritte Mal ging, gaben wir uns die Hand und ich berührte ihn leicht am Arm, als ich „Wiedersehen" sagte. Ich dachte mir nichts dabei. Als er das nächste Mal wiederkam, sah ich, daß etwas nicht stimmte. Sein Blick war düster, das Gesicht zusammengezogen und die Glieder unter Spannung. Er sagte zu mir: „Das hätten Sie nicht tun sollen!" Auf meine Nachfrage, was er damit meinte, sagte er: „Mich berühren", und begann zu weinen.

So erkannte ich einerseits die enorme Wirkung einer einfachen Berührung und andererseits den Unterschied zwischen der harten Schale und dem weichen Kern. „Du kannst jemanden berühren, ohne ihn zu berühren. Das ist nicht schwer. Wir machen das dauernd. Man gibt sich die Hand, ohne den anderen zu berühren; denn um ihn zu berühren, müßtest du dich selber zu deiner Hand bewegen. Du mußt deine Hand werden, die Seele muß in deine Hand kommen. Nur dann kannst du berühren. Du kannst jemandes Hand in deine nehmen und sie wieder zurückziehen. Du ziehst dich zurück und nur die tote Hand bleibt da. Es scheint eine Berührung zu sein, aber es ist keine Berührung" (Rajneesh).

Es war noch einige Trancearbeit mit John nötig, um ihm die Qualität von Berührung, von Nähe und Abstand in Bezug auf Kontakt mit Menschen beizubringen.

Der Mund

Ich möchte noch ein paar Beispiele bringen, in denen ein hoch bzw. niedrig geladener Körperteil die Grundlage zur Tranceinduktion bzw. Kernziel der therapeutischen Intervention war.

Fall 3:

Bei Mette, 33 Jahre, kam es zu einem spontanen Fließen der Körperenergie, das Veränderungen sogar der Körperstruktur selbst ergab. Mette kam mit dem Problem, daß sie sich passiv und depressiv fühlte und oft unkontrollierbar weinte. Sie hatte lange Zeit mit ihrer „bösen" Stiefmutter gelebt. Ihre am stärksten unbalancierte Körperpartie waren Mund, Lippen und die umgebenden Muskeln. Sie hatte eine hohe Stimme, ihre Lippen hingen locker, der Mund war immer ein wenig offen und sie leckte sich ständig die Lippen. Das ist ziemlich schwer, einen offenen und lockeren Mund zu haben und gleichzeitig stark angespannte Muskeln, die ihn umgeben. Ich induzierte eine Trance mit dem Focus im Mundbereich, Lippen und Zunge. Sie erzählte mir später, sie habe dies wie ein Rotieren ihres ganzen Körpers um Mund und Lippen erlebt. Auch dies war ein Zeichen dafür, daß ihr Problem der Ausdruck von Gefühlen war. Um die Qualität der gebundenen Energie herauszufinden, gab ich ihr eine ganze Reihe von Suggestionen für orale Tätigkeiten: beißen, saugen, blasen. Während der Therapie erlebte Mette mehrere Male eine Energetisierung der Lippen, meist als unkontrollierbare Anspannung der Lippen oder als Grimassenschneiden. Es stellte sich heraus, daß Mette eine sehr eifersüchtige, aber auch sehr „nette" Stiefmutter hatte. Sie war so eifersüchtig auf ihren Mann, Mettes Vater, daß sie alles tat, um ihn von Mette zu trennen. Gleichzeitig war sie sehr nett und liebevoll zu Mette. Mettes einzige Möglichkeit zu reagieren war, ihren Ärger und die Frustration zu verstecken, indem sie den Mund zusammenzog. Gleichzeitig versuchte sie, unschuldig und süß zu wirken, indem sie die Lippen entspannte und dadurch einen Eindruck von Sanftmut und Akzeptieren vermittelte.

Die Augen

Ausdruck von Mund und Augen sind oft miteinander verbunden. Augenblockaden können auf zwei Arten geschehen. Eine Energieblockade auf Muskelebene, die die Augen tot aussehen läßt und das Gefühl vermittelt, „daß dort niemand ist". Oberflächlich wirkt es wie ein leerer Blick. Rosenberg (1985) schreibt über die Augen: „Die Augen sind expressiv und aufnehmend. Sie sind das Fenster zur Seele; sie drücken auch etwas aus, wenn sie leer scheinen. Die Augen sind ein sehr intimer Raum, und sie enthalten viele Gefühle. Die vorherrschenden Gefühle, die in den Augen ausgedrückt oder unterdrückt werden, sind Liebe, Freude, Scham, Angst, Furcht und Traurigkeit. Angst drückt sich oft in weitgeöffneten, ‚grellen' Augen aus, oder in einem zusammengezogenen Blick; Furcht ebenso, aber ohne dieses ‚Grelle'. Traurigkeit hat neblige, rote, feuchte Augen, und Scham einen nach unten gerichteten Blick. Es ist sehr viel Energie in und um die Augen, und Klienten reagieren schnell auf entsprechende kleinste, verbale und nonverbale Hinweise."

Fall 4:
Lars, 42 Jahre, war ein Mann mit feuchten, extrem hervorstehenden Augen. Sein Körper war im Vergleich zu seinen Augen sehr passiv, ungeladen und leblos. Seine Stimme war leise, er benutzte kaum Gestik. Sein ganzer Körper wirkte vorsichtig und reserviert, mit Ausnahme seiner Augen. In einer leichten Trance mit einfachen Methaphern, die die Augen in verschiedenen Situationen betonten, regredierte er in ein Alter von drei bis vier Jahren. Dort sah er, wie seine Mutter ihn verließ, nachdem er für den Sommer zu seiner Oma gebracht worden war. Zu Hause hätte es zu viele Schwierigkeiten mit seinen vier älteren Geschwistern gegeben. Das sehnsüchtige Gefühl blieb in seinen Augen gespeichert. Sein gegenwärtiges Problem war Eifersucht, und es brauchte noch einige Zeit der Trancearbeit, um die Energie in den Augen freizusetzen und in den restlichen Körper leiten zu können. Er mußte andere Arten des Gefühlsausdrucks lernen, als beispielsweise seine Frau nur anzuschauen. Er mußte lernen, andere Körperteile zum emotionalen Ausdruck und zur Kontaktaufnahme zu benützen.

Der Brustbereich

Jetzt zu Brust, Bauch und Becken: Der Brustbereich ist nicht nur für die Atmung zuständig, sondern er beherbergt auch das Herz. Die unbewußte Funktion eines Kollapses in diesem Bereich ist es, das Herz zu schützen. Der Raum für die Atmung wird knapp, die Schultern sind hochgezogen, die Ladung geht zurück. Dies kann sogar gefährlich für die Gesundheit werden. Man kann das so sehen: Der Körper tut das Beste, um das Herz abzuschließen und vor weiteren Verletzungen zu schützen. Das verhindert auch das Fließen von Wärme und Energie. Der Brustbereich ist schon immer verbunden mit Selbstgefühl und Kraft.

Fall 5:
Anni, 37 Jahre, war ein typischer Fall mit kollabiertem Brustkorb. Sie war sehr dünn und schien kaum vorhanden. Sie atmete wenig, hatte wenig Energie, und ihr Problem war es, daß sie keine Entscheidungen treffen konnte. Nach vielen Trancesitzungen, in denen ich ihr Geschichten erzählte, die die Atmung und die Entwicklung des Brustkorbes fördern sollten, hatte sie einen Traum, in dem sie von einem kleinen Jungen angegriffen wurde. Diesen Traum hatte sie schon öfters, aber diesmal sah sie sich selbst wie Popeye, den Seemann, nachdem er Spinat gegessen hatte, so daß die Pfeile, die der Junge abschoß, von ihrem Körper abprallten.

Die Atmung

Erickson benutzte manchmal Berührungen, um Tranc zu induzieren oder zu vertiefen, zum Beispiel bei der „Händedruck"-Induktion. Hier schafft das Brechen eines Musters eine nonverbale Konfusion, und ich glaube, daß auch die Erfahrung der Berührung im Gegensatz zur Nicht-Berührung eine Dissoziation schafft. Wenn Körperarbeit, Energie-Release, Berührung und Atemtechniken in der Therapie angewandt werden, muß man auch nonverbale Techniken während der Induktion benutzen. So bereiten wir den Klienten darauf vor, daß die Veränderungen, die mit ihm passieren werden (sowohl hier in diesem Raum als auch später in seinem Leben), sehr körperlich sein werden. Nutzt man die Hand als Kommunikationskanal, kann man, wenn der Klient liegt, zunächst den Atem pacen und dann langsam und schrittweise zu den eingeschränkten Gebieten lenken. Alle indirekten Kommunikationsformen können nonverbal verstärkt werden. Man sagt zum Beispiel: „Und du kannst dich frei fühlen", und drückt gleichzeitig auf den Thorax, um ein unfreies Gefühl, den Atemreflex und den Wunsch, die Hand wegzudrücken, hervorzurufen; und dann sagt man: „Einen tiefen Atemzug nehmen".

Auf diese Art und durch einen zusätzlichen Druck auf den Rücken, wo die Atemblockade liegt, kann man den Klienten physiologisch führen und oft eine Vertiefung der Atmung fördern. Während ich verbal indirekt kommuniziere, kann ich dies durch simultane nonverbale Kommunikation mit dem Körper unterstützen, beispielsweise: „Vielleicht fühlt sich meine Hand auf deinem Rücken wie eine Unterstützung für dich an." Oder man nutzt die Grenze zwischen Fühlen und Nicht-Fühlen zur Konfusion oder Trancevertiefung: „Und du kannst die Berührung noch lange spüren, nachdem ich meinen Finger schon weggenommen habe" oder: „Und du kannst darüber nachdenken, ob das ‚Nachgefühl' ein echtes Gefühl ist, und dich darüber wundern, daß es sogar echter erscheint."

Der Beckenbereich

Wir haben über den Zauber der Atmung gesprochen. Nun will ich weitergehen zu einem anderen Pfeiler der Bioenergetik, ja des Lebens selbst: das Becken. Ich weiß nicht, ob es einen Zusammenhang gibt; aber wenigstens kann ich beobachten, daß es in Dänemark eine beachtliche Offenheit für sexuelle Dinge gibt und die Menschen verbal und visuell bereit zu sein scheinen, das aufzunehmen, was jenseits des Normalen liegt. Das Neueste sind lesbische und homosexuelle Hochzeiten. Trotzdem treffe ich in meiner Praxis viele Frauen, die an einem gespannten Becken leiden, Schmerzen während des Geschlechtsverkehrs haben, anorgastisch sind, wenig Libido haben und folglich keine sexuellen Gefühle wahrnehmen wollen oder Abscheu vor Sex und ihrem Partner haben. Ich höre öfters den Satz: „Ich wäre froh, wenn es keinen Sex gäbe, dann könnte ich in Ruhe leben." Die Anspannung im Becken soll bei Frauen den Körper abschließen, „die Tür schließen". Das bewirkt eine verminderte Atmung, auch im Herzraum. Deshalb ist für Frauen das wichtigste, das Herz für Wärme und Liebe öffnen zu können, ohne penetriert werden zu müssen; und zu wissen daß es auch in Ordnung ist, sexuelle Gefühle zu haben und Erregung zu spüren, ohne sexuell aktiv zu werden.

Jeder Therapeut kennt es, daß beispielsweise eine Ehefrau sagt: „Wenn wir am Nachmittag über die Kinder gestritten haben, finde ich es schwierig, am Abend mit meinem Mann zu schlafen. Er scheint das alles vergessen zu haben und will mich wirklich." Jedesmal, wenn sie trotz ihrer Gefühle wie Ärger oder Haß Sex mit ihrem Partner hat, erlebt sie ihre Gefühle in Becken und Herz als getrennt, was den Panzer um das Herz und auch um den Genitalbereich stärkt. Je mehr sie klagt, je mehr sie sich ärgert und sich benutzt fühlt, desto mehr fühlt sie sich zum Objekt gemacht, bis sie glaubt, daß ihr Mann „nur noch das eine will".

Fall 6:
Dorte, 28 Jahre alt, war Kassiererin bei einer Bank, mit einem netten Zuhause und einem sehr netten und verständnisvollen Ehemann und mit einer völligen Abwehr gegen alle intimen Kontakte mit ihrem Partner. Ihre Abwehr war so groß und ihr Mann so verständnisvoll, daß sie sogar ausprobiert hatten, ob es mit anderen Männern anders sei. Aber es war immer das Gleiche: Abscheu. Sie hatten keine Kinder. Er wollte gerne, sie war sehr ambivalent. Ihre Mutter hatte ihr viele schockierende Geschichten über Geburten erzählt; auch über ihre eigene.

Die Therapie begann damit, daß sie lernte, in Trance zu gehen. Dann kamen wir zu einer speziellen bioenergetischen Übung: Auf der Matratze liegend, die Füße fest auf dem Boden, Knie und Beine entspannt und offen. Sie brauchte einige Zeit, um in dieser Stellung zu entspannen, da die Beine zu zittern begannen – ein Zeichen, daß Energie freigesetzt wird. In der Übung wird das Becken hochgehoben und geschüttelt; gleichzeitig werden die Füße auf die Matratze gedrückt. Dabei ist es wichtig, Gesäß und Becken nicht anzuspannen, sondern ein Gefühl der Offenheit zuzulassen. Bei dieser Übung geschehen verschiedene Dinge: Man wird desensibilisiert für die sexuell provokative Stellung und gleichzeitig kann man sein Becken spüren – in einer völlig sicheren Situation. Für Dorte war es speziell wichtig, das Gefühl zu haben, daß sie „etwas tut", um ihr Problem zu lösen. Nach der Sitzung war sie oft aufgeregt, ganz anders als zu Beginn, oft kicherte und lachte sie wie eine Teenagerin. Oft gingen die Übungen in eine tiefe Trance über. Dabei erlebte sie ihre Arme als sehr schwer, wie auf die Matratze geheftet, ohne sie heben zu können. Ich gab Suggestionen, die das Nachlassen der Wut betrafen, und bemerkte, daß sie, wenn sie aus Ärger schlug, dies sehr ruhig tat. Da ich glaubte, daß die Angst vor einer Schwangerschaft ihren Sex blockieren könnte, gab ich ihr auch Suggestionen, die das Gebären und Schaffen von neuem Leben sowie Gefühle des Wachstums im Inneren implizierten. Die Entspannung der Körperenergie während der Übung und während der Tranceinduktion öffneten den Weg für mehr Erregung. So konnten Wut und Trauer leichter verarbeitet werden und gleichzeitig unbewußtes Verstehen und ein guter Weg für sexuelle Gefühle gefunden werden.

Schlußbemerkung

Körperarbeit kann dazu genutzt werden, Bilder und Gefühle, die während der Trance auftauchen, physisch auszuagieren. Körperliche Disharmonien können für die Diagnose wichtig sein, um die Trance und die Therapie auf die ganze Person – körperlich und geistig – zuzuschneidern. Der Körper ist auf eine Art die materialisierte Spiegelung des Problems. Ferner kann man bioenergetische Übungen auch als Tranceinduktion verwenden. Es ist dennoch wichtig, auch durch verbale Kommunikation Kontakt zum Klienten zu halten und hierbei suggestive Möglichkeiten auszunutzen. Es kann wichtig sein, Berührungen, Körperbewegungen und Energieentspannung vorzubereiten; dies kann durch Berühren und Fördern von Bewegungen während der Tranceinduktion geschehen. Entspannung durch autonomes, unwillkürliches Vibrieren des Körpers kann therapeutisch wirken und mit Trance kombiniert werden, manchmal nach Übungen, manchmal spontan. Letztendlich ist es wichtig, nicht nur unbewußte emotionale Entspannung zu erreichen, sondern auch Veränderungen auf der Muskel-, Blut- und Knochenebene anzugehen, so daß der Körper den emotionalen und geistigen Veränderungen nicht im Wege steht.

16. Metaphern in der systemorientierten Skriptarbeit

Heinrich Breuer

In diesem Artikel werde ich die Hintergrundüberlegungen meiner Arbeit in Skriptkursen aufzeigen, die Themen für die Metaphern angeben, die ich benutze, und diese am Ende des Beitrages noch kurz skizzieren. Dem Leser bleibt es überlassen, zu den Themen und den vorgeschlagenen Lösungen eigene Bilder und Metaphern zu entwickeln.

1. Skriptanalyse

Die Skriptanalyse ist ursprünglich Teil der *Transaktionalen Analyse* und von Eric Berne selbst entwickelt worden. Berne hat mit der Transaktionalen Analyse den Versuch gestartet, die Theorien der drei großen Psychoanalytiker Freud, Jung und Adler in einem theoretischen System zusammenzufassen. Der Idee vom Lebensskript liegt dabei Adlers Lebensstilkonzept zugrunde, ergänzt um Märchenanalysen, die an die Jungsche Archetypenlehre erinnern. Berne versteht unter Skript den unbewußten Lebensplan, nach dem ein Mensch sein Leben gestaltet. Das Kind sammelt seine Erfahrungen mit sich und der Umwelt und ordnet neue Erfahrungen auf der Grundlage der schon gemachten. Die Welt, in der das Kind seine Erfahrungen macht, ist die Familie. In der Familie wird das Kind konfrontiert mit sich selbst als Person, mit Eltern, mit Geschwistern, Großeltern, Onkeln und Tanten etc., das heißt mit der Sippe, in die sich die Familie einfügt. Die Personen werden nicht abstrakt erfahren, sondern stehen in Beziehung zueinander, und in diesen Beziehungen lernt das Kind konkrete Vorstellungen von Vergangenheit und Zukunft, von Leben und Tod, von Ehe und Trennung, von Zugehörigkeit und Ausgeschlossensein, von Schuld und Unschuld, von Geben und Nehmen, von Gerechtigkeit und Ungerechtigkeit. Die gesamten Erfahrungen werden zusammengefaßt in einem dynamischen Bild, in dem das Kind sich selbst sieht, hört und fühlt mit seinem Schicksal in seiner Sippe. Dieses Bild dient der Orientierung in neuen Situationen und trägt so zur Struktuierung von Erfahrungen bei. Es ist unbewußt und wird auch Skript, Rollenbuch oder Lebensplan genannt. Wie in allen unbewußten Bilder sind in ihm alle Sinnesqualitäten verdichtet; zu ihm gehört ein Gefühl, gehören auditive Informationen in Form innerer Sätze und Überzeugungen, und zu ihm gehört eine vertraute visuelle Information über sich selbst in

Beziehung zu anderen. Es ist eine erste, große, zusammenfassende, kognitive und emotionale Leistung des Kindes, setzt ein gewisses Maß an Erfahrung und Begreifen voraus, ist aber auch noch ganz geprägt vom kindlichen Denken und den kindlichen Illusionen. Es ist sowohl den Illusionen und Irrtümern als auch der kindlichen Radikalität unterworfen.

Berne bezeichnet als zentrale Illusionen des kindlichen Denkens die Illusion vom guten Ende, auch Enderwartung genannt, die Illusion von der eigenen Allmacht und die von der Allmacht, der magischen Potenz der Eltern. Ich möchte dem als vierte Illusion die von Gerechtigkeit hinzufügen. Die Wirkung dieser Illusionen zeigt sich darin, daß das Kind das Skript als vorläufig in dem Sinne betrachtet, wie Weihnachten weit weg ist, irgendwann erreicht ist, und dann ist alles gut. Es traut sich mehr an Verzicht zu, als es tragen kann und bindet sich mit bedingungsloser Liebe und Treue an die Eltern und an das System. Es glaubt zudem, mit seinem Beitrag zum System zur Gerechtigkeit in diesem beitragen zu können, da es noch nicht erkennen kann, daß Gerechtigkeit an einer Stelle die Ungerechtigkeit an anderer Stelle bedeutet. Indem es nach Gerechtigkeit strebt und unschuldig bleiben will, macht es sich schuldig. Von außen betrachtet wirkt das Skript häufig wie eine äußere Hülle des Verhaltens, auf die in Zeiten von Unsicherheit zurückgegriffen wird. Der in ihm verborgene geheime Sinn und Gewinn enthüllt sich nur unzureichend im Fühlen und Handeln des Menschen, erschließt sich eher aus der Geschichte des Menschen in seiner Sippe und aus der Geschichte der Sippe. Skripts als sich fortlaufend selbstverwirklichende Programme sind deshalb in der Regel sich selbst auferlegte Begrenzungen, die als schmerzhaft, hinderlich und unnötig erfahren werden, dennoch vom einzelnen wie aus einem rätselhaften Impuls heraus gelebt werden.

2. Systemorientierte Skriptanalyse

Systemorientierte Skriptanalyse geht über die von Berne und der Transaktionalen Analyse formulierten Skriptansätze hinaus. Während bei Berne die zentralen elterlichen Botschaften, die wesentlichen Transaktionen und die wichtigen Märchen und Mythen der Kindheit die Bausteine der Skriptanalyse darstellen, rückt die systemorientierte Skriptarbeit die Familie und die Sippe ins Zentrum der Betrachtung. Von Interesse ist dabei, wie der Betreffende mit dem Platz, den er in seiner Familie einnahm, zum Gleichgewicht in Familie und Sippe beigetragen hat. Kinder wollen sich zugehörig fühlen, sie wollen beitragen zum System und einen festen Platz im System haben. Im Skript spiegelt sich der Platz, den die Kinder im System eingenommen haben. In der Regel gibt es dafür sowohl ein Vorbild in der Geschichte der Familie als auch Ereignisse in der Lebensgeschichte des einzelnen, die die Skriptwahl erklären. Systemorientierte Skriptanalyse beschäftigt sich also mit der Familienstruktur und Sippengeschichte und ihrem Einfluß auf den einzelnen. Sie kann als eine Form der Familientherapie ohne Familie betrachtet werden, denn die durch die Arbeit induzierten Veränderungen des einzelnen haben Rückwirkung auf das System. Um den Arbeitsansatz umfassender verstehen zu können, sind Ausführungen notwendig zu den im System wirkenden Kräften, zu den Untersystemen und ihrer Beziehung zueinander und zu den aus dem Zusammenwirken der Kräfte entstehenden Formen des Ungleichgewichts, oder besser zu den Formen von Schuld in Systemen.

2.1 Die in Systemen wirkenden Kräfte

Wir erleben uns immer in Beziehung zu etwas oder jemandem. Als Kinder erleben wir uns vor allem in Beziehung zur Familie und Sippe. Diese Beziehungen sind vorgegebenen Kräften und Bedingungen unterworfen, die das System zusammenhalten. Ein Teil dieser Kräfte (die ersten drei der unten genannten) ist spürbar im persönlichen Gewissen, das über Gehorsam und Verstoß gegenüber diesen Kräften befindet, das heißt über Schuld oder Unschuld urteilt. Schuld und Unschuld sind hier nicht als moralische, sondern als systemische Kategorien zu verstehen. Der zweite Teil dieser Kräfte ist nur zu erfahren über die Wirkung im System und als Sippengewissen nicht persönlich fühlbar.

Die erste Grundkraft oder Bedingung in der Familie ist die *Bindung*. Wir sind gebunden an die Familie und Sippe, die unser Überleben sichert zu den Bedingungen, die sie festlegt. Diesen Bedingungen haben wir zu folgen. Wenn wir dies tun, im Sinne der Bindung unschuldig sind, erleben wir die Bindung als Wunsch nach Nähe und Geborgenheit. Verstoßen wir gegen sie und machen uns schuldig, wird sie gefühlt als Furcht vor Ausschluß aus dem System. Die Bindungskraft ist eng verbunden mit der primären Liebe. Eltern lieben ihre Kinder, Kinder lieben ihre Eltern, auch wenn die Ausdrucksformen dieser Liebe oft seltsam sind und die Liebe als verbindende Kraft nicht spürbar ist.

Die zweite Grundkraft oder Bedingung ist die *Ordnung*. Die Ordnungskraft regelt Rang und Platz in der Familie, sie gibt vor, daß jedem der ihm gemäße Platz mit den entsprechenden Funktionen zusteht. Der Vater ist der Vater und nicht ein Bruder oder gar Partner oder Freund, die Mutter ist die Mutter und nicht Partnerin oder Freundin; die Großeltern sind die Großeltern und nicht die Eltern; das älteste Kind steht an der Stelle des/der Erstgeborenen, das zweite an zweiter Stelle etc. Erleben wir uns im Sinne dieser Kraft als unschuldig, so ist sie spürbar als Gewissenhaftigkeit und Treue. Spricht unser Gewissen uns schuldig, fühlen wir die begangene Übertretung als Furcht vor Strafe.

Die dritte Bedingung ist die des *systemischen Ausgleichs* oder die von Geben und Nehmen. Sie regelt, daß jeder zum Zuge kommt in bezug auf Nehmen, aber auch in bezug auf Geben, und sieht vor, daß der Ausgleich erfolgt. Wenn einer mehr nimmt, als ihm zukommt, entsteht ein Ungleichgewicht, das ausgeglichen werden muß. Wenn wir den Ausgleich verweigern, einen vom System geforderten Beitrag nicht erbringen, fühlen wir die dann entstehende Schuld als Pflicht und schlechtes Gewissen. Folgen wir den vom System gesetzten Bedingungen und tragen wir das Erforderte bei, dann fühlen wir uns unschuldig und frei, den Ansprüchen des Systems genügend.

Die vierte Bedingung ist die der *Ebenbürtigkeit*, die fünfte die der *vollen Zahl*. Sie sind eng miteinander verbunden und werden deshalb gemeinsam behandelt. In der Sippe hat jeder das Recht der Zugehörigkeit. Wenn dieses Recht nicht gewährt wird, wird der andere nicht als ebenbürtig behandelt, er wird in der Regel verstoßen und totgeschwiegen. So werden beide Bedingungen zur gleichen Zeit mißachtet. Um beide Bedingungen umfassend verstehen zu können, muß man sich vor Augen halten, wer alles zur Sippe gehört. Dazu zählen die Eltern, die Kinder, die Großeltern, manchmal auch ihre Eltern, unabhängig davon, ob sie leben oder tot sind. Es gehören darüber hinaus zur Sippe alle, die Platz gemacht haben für andere, zum Beispiel vorherige Partner der Eltern und alle, von denen der Sippe Vorteile gewährt wurden, aus deren Tod oder Weggehen ein Vorteil gezogen werden konnte. Wenn ein Mitglied der Sippe ausgeklammert wird, dann wird für Ausgleich gesorgt, indem ein später geborenes Kind an dessen Platz tritt und das Schicksal des Ausgeklammerten noch einmal wiederholt. Erkennbar ist diese Form der Delegation durch die Sippe nicht durch Gefühl, sondern durch Einsicht in die Dynamik.

Die sechste Bedingung ist die vom *Vorrang des Früheren*. Was im System früher kommt, muß zunächst erledigt werden, erst dann folgt das Spätere. Die Rechte des später Dazugekommenen zählen nicht, bevor nicht den Rechten des Früheren genüge getan wurde. Das bedeutet aber auch, daß der Spätere sich nicht einzumischen hat in die Rechte des Früheren; tut er dies dennoch, egal aus welchen Motiven, muß er scheitern.

Durch die siebte Bedingung, die *Vergänglichkeit*, werden die anderen relativiert. Die anderen Bedingungen erfahren hierdurch ihre Grenzen.

2.2 Grenzen in Systemen

Zu dem spezifischen Ansatz von Skriptarbeit gehört die Betrachtung von Systemen und Untersystemen, den Grenzen in und zwischen Systemen und den Formen von Grenzüberschreitungen. Jede Familie hat Grenzen und braucht Grenzen. Die Grenzen sind unterschiedlich stark durchlässig. Es gibt Familien, die sich extrem nach außen hin abschotten und damit eine extrem rigide Grenze zwischen sich und andere Systeme legen. Diese Familien geben keine Informationen nach außen, alles muß als diskret behandelt werden. Andere Familien sind extrem durchlässig; jeder kann zu jeder Zeit bis in das Zentrum der Familie vordringen, Intimität und Schutz gibt es kaum. Indem man die Grenzen von Familien betrachtet, findet man heraus, wie die Familie sich in Beziehung zu anderen Systemen definiert.

Jede Familie hat Subsysteme, und in der durchschnittlichen Familie gibt es drei. Das erste Subsystem ist das eheliche System; damit wird die Liebesbeziehung zwischen Mann und Frau in der Familie beschrieben. Dieses System erfordert eine relativ starre Grenze sowohl nach außen als auch innerhalb der Familie den Kindern gegenüber. Wenn ein Kind in das eheliche System eindringen darf, zum Beispiel als Partnersubstitut, hat dies gravierende Auswirkungen innerhalb des Systems. Das eheliche System ist das einzige Subsystem, das auflösbar ist. Störungen in diesem Subsystem bringen die Familie sofort in Probleme. Das zweite Subsystem ist das elterliche

System. Darunter versteht man die Wahrnehmung der Schutzfunktion gegenüber den Kindern, wie auch die Wahrnehmung der speziellen Aufgaben von Vater und Mutter. Dieses System kann durchlässig sein. Ältere Geschwister und andere Erwachsene können Elternaufgaben übernehmen. Das dritte Subsystem ist das System der Kinder. Dieses System ist wiederum relativ starr in bezug auf seine Grenzen und den Erwachsenen verwehrt. Wenn einer der Eltern in diesem System als Kind steht, führt dies in der Regel zu Schwierigkeiten. Bei Großfamilien gibt es unter Umständen noch das System der Großeltern, ein zweites, anderes Familiensystem und das System der noch nicht verheirateten Onkel und Tanten. Alle diese Systeme haben Beziehungen zueinander, sind aber auch abgegrenzt. Grenzüberschreitungen führen zu Konflikten und haben Auswirkungen auf das Skript.

3. Kategorien von Schuld

Systeme und Untersysteme unterliegen den vorher beschriebenen Kräften und Bedingungen. Aus ihrem Zusammenwirken lassen sich verschiedene regelhafte Formen immer wieder auftauchender Abweichungen ableiten, durch die wir im System in Schuld verstrickt werden. Im einzelnen lassen sich folgende Formen von Schuld unterscheiden.

a) Die existentielle Schuld: In die existentielle Schuld ist jemand nur durch sein Dasein verwickelt. Der Mensch ist unschuldig schuldig. Beispiel: Ein Kind wird geboren und die Mutter stirbt bei der Geburt. Das Leben dieses Menschen hat einen hohen Preis gekostet, er fühlt sich schuldig am Tod der Mutter, kann häufig deshalb die Möglichkeiten, die sein Leben ihm bietet, nicht annehmen. Die Lösung besteht darin, das Geschenk des Lebens anzunehmen und etwas daraus zu machen, um einerseits der Würde des Opfers und der Größe des Geschenkes zu genügen und um andererseits von der Anmaßung zurückzutreten, Schicksal zu spielen.

b) Die ödipale Schuld: Ödipale Schuld liegt vor, wenn ein Kind in das eheliche System gezogen wird; wenn zum Beispiel die Mutter den Sohn dem Manne vorzieht oder wenn der Vater eine sexuelle Beziehung zur Tochter hat. In diesem Fall wird die Grenze zwischen dem ehelichem und dem Kindersystem nicht respektiert und die Bedingung der Ordnung verletzt. Zwar liegt ein Mißbrauch eines Schwachen (des Kindes) durch eine Starken (den Elternteil) vor; das Kind profitiert aber von der Macht, die mit der Position an der Seite des Elternteiles verbundenen ist. Es wird unschuldig schuldig. Die Lösung besteht darin, sich dem ausgeklammerten Elternteil zuzuwenden, von ihm das anzunehmen, was dieser zu geben hat, sich der Einmischung in die ehelichen Angelegenheiten der Eltern zu enthalten und so frei zu werden für die eigenen Ziele.

c) Die notwendige Schuld: Sie entsteht zwischen Eltern und Kindern aus der Spannung zwischen der Bedingung der Ebenbürtigkeit und dem Vorrang des Früheren. Um sich von den Eltern lösen zu können, um ebenbürtige Erwachsene mit eigener Familie werden zu können, müssen die Kinder den Vorrang des Früheren ignorieren. Damit geraten sie in ein Dilemma. Folgen sie der Bedingung der Ebenbürtigkeit, verstoßen sie gegen die Bedingung des Vorranges des Früheren; folgen sie der Bedingung des Vorranges des Früheren, verstoßen sie gegen die Bedingung der Ebenbürtigkeit. Um sich lösen zu können, müssen sie sich schuldig machen. Der Prozeß der Lösung beinhaltet zwei Schritte und enthält zwei Fallen: Der erste Schritt besteht in der Rebellion und im Verstoß gegen die kindliche Pflicht zur Dankbarkeit. Der zweite besteht in der vollständigen Annahme dessen, was die Eltern gegeben haben, das heißt nicht zu unterscheiden zwischen Gutem und Bösem, sondern beides mit Dankbarkeit zu nehmen. Die beiden Fallen kann man so beschreiben: Angepaßte Kinder trauen sich erst gar nicht, die Ablösung zu versuchen; rebellische Kinder machen zwar den ersten Schritt, vergessen aber oft den zweiten und bleiben so in der Rebellion stecken.

d) Die übernommene Schuld: Schuld von einem Früheren wird von einem Nachgeborenen übernommen, wenn von der Sippe gegen die Bedingung der vollen Zahl verstoßen wurde und ein Mitglied der Sippe ausgeschlossen wurde. Sie entsteht auch, wenn einer aus einer früheren Generation auf Kosten anderer mehr genommen hat, als ihm zustand, und andere dadurch zu Schaden kamen, wenn also gegen die Bedingung des Ausgleichs verstoßen wurde. In der nächsten oder übernächsten Generation wird dies dann ausgeglichen durch ein Kind, das durch sein Schicksal den Täter oder das Opfer imitiert. Die Lösung besteht in der liebevollen Zuwendung zu dem Ausgeschlossenen, sich vor ihm und seinem Schicksal zu verneigen, seiner zu gedenken, sein Opfer in Demut anzuerkennen und der Anmaßung zu widerstehen, es ihm gleichzutun.

e) Die moralische Schuld: Moralische Schuld kann entstehen in jeder Art von Beziehungen. Jemand nimmt sich etwas gegen den Willen eines anderen und zu dessen Schaden. Der eine ist dann schuldig, der andere ist unschuldiges Opfer. Beide sind gefangen, der eine in seiner Unschuld, aus der heraus er Vergeltung fordern kann, der andere in seiner Schuld. Aus diesem Dilemma kommt keiner von beiden heraus, außer der Unschuldige verzeiht und der Schuldige gleicht aus. Wenn der Ausgleich nicht mehr beim Betroffenen möglich ist, muß man die Schuld tragen und eine andere Form des Ausgleichs finden. Wird die moralische Schuld des Täters negiert, so übernimmt die Sippe im Sinne übernommener Schuld den Ausgleich.

f) Die gerechte Schuld: Sie kann ebenfalls in allen Arten von Beziehungen entstehen. Jemand nimmt etwas mit Einwilligung eines anderen und hat es ihm dann später zurückzuerstatten, wenn der andere es braucht. Die Lösung liegt in der Zurückerstattung. Wird dem nicht Genüge getan, dann übernimmt wieder die Sippe den Ausgleich nach der Bedingung des Vorranges des Früheren.

Mit diesen Kategorien lassen sich die meisten Formen von Grenzüberschreitungen und Verstößen gegen Bedingungen in Systemen erfassen. Die Lösungen aus den schuldhaften Verstrickungen werden in der Skizzierung der Metaphern jeweils aufgeführt.

4. Metaphern zu den verschienenen Aspekten systemorientierter Skriptarbeit

Mit Hilfe von Metaphern haben wir die Möglichkeit, den Prozeß der Skriptanalyse dem Unbewußten zugänglich zu machen, die unbewußte Suche zu fördern und Lösungen unbewußt zu bahnen. Die Metaphern folgen der Richtung der Skriptarbeit, gehen vom Äußeren aus, führen nach innen, weiten die Richtung vom fokussierenden Betrachten der eigenen Probleme hin zum System, helfen bei der Identitifizierung der eigenen Position innerhalb des Systems, erleichtern die Suche nach den Ausgeschlossenen und geben Lösungsvorschläge vor.

4.1 Anfangsmetapher

In der Eingangsmetapher soll der Gesamtprozeß eingeleitet werden. Wenn wir Skript verstehen als äußere Hülle des Verhaltens, dann hat die Zielsetzung für die erste Metapher zu tun mit der Hinleitung zu

Teilen von Verhalten, die dem Bewußtsein nicht zugänglich sind. Als Metapher dafür kann man den Schatten im Sinne C.G. Jungs nehmen. Die erste Metapher handelt daher in unseren Kursen von jemandem, der sich mit seinem Schatten auseinanderzusetzen hat, das heißt mit den Teilen der Persönlichkeit, die verleugnet werden, im unbewußten Handeln sichtbar werden und zu schuldhaftem Handeln führen, obwohl die bewußte Absicht dem „Guten" dient. Gleichzeitig mit diesem Bereich empfiehlt es sich, die Illusion aufzugreifen, man könne unschuldig bleiben.

Der Themenkreis wird von uns dargestellt durch die Geschichte eines jungen Mannes, dessen Mutter bei seiner Geburt starb und dessen Vater auch schon verstorben ist. Erwachsen geworden sucht er nach seinem Weg. Er wählt den des Austeigers, der sich weigert zu nehmen, damit er zu nichts verpflichtet ist. Er kommt sich deshalb leer und unausgefüllt vor, wählt dann den Weg eines Helfers, der immer zuerst gibt, damit die anderen ihm verpflichtet sind, der selbst nicht nimmt und dessen Beziehungen notwendigerweise daran scheitern. Getrieben von Gefühlen von Leere und dem Wunsch, sich selbst zu finden, macht er sich auf in die Welt. Obwohl er es gut meint, richtet er oft Unheil an. Menschen, denen er gab, wenden sich wütend von ihm ab oder lassen ihn nicht los. Wenn eine Anforderung an ihn gerichtet wird, fühlt er sich beengt, unfrei und muß weiterziehen. Schließlich kommt er zu einem Heiler auf eine Insel und bleibt bei ihm. In der von seinem Meister arrangierten Konfrontation mit seinem Schatten lernt er seine Beschreibung von gut und böse zu hinterfragen. Ihm geht auf, daß er das Leichte als „gut" bezeichnete und das Schwere als „böse". Indem er sich seine Verweigerung des Nehmens aus der Distanz anschaut, begreift er, daß nur das sogenannte „Negative" zum Handeln zwingt, ihn voranbringt, und daß er kraftlos wird, wenn er sich davor drückt. Er erklärt sich bereit, sich mit den Schatten zu verbünden, und ist dadurch verbunden mit seiner Kraft und seinen Wurzeln. Er beginnt langsam zu verstehen, daß ein Teil des Negativen in der Welt zu ihm persönlich gehört als Teil seines Schicksals, und daß seine Versuche, unschuldig zu bleiben, ihn von seinen Zielen trennen. So geht er zurück in seine Heimat und nimmt dort in der Gemeinschaft seines Dorfes am „gewöhnlichen" Leben teil.

Thema der Eingangsmetapher ist also die Auseinandersetzung mit dem eigenen Schatten. Ein in existentielle Schuld verstrickter junger Mann erkennt die Begrenzung seines Versuches, unschuldig zu bleiben. Die vorgeschlagene Lösung besteht darin, sich den Herausforderungen des „normalen" Lebens zu stellen und damit in Kauf zu nehmen, sich schuldig zu machen.

4.2 Metapher zum Lebenszyklus

Unser Held lebt wieder in seinem Dorf und geht seiner Arbeit nach. Als eine Katastrophe über das Dorf hereinbricht, wird er von den Bewohnern des Dorfes zu einem Weisen geschickt, von dem man sagt, er wisse, wie die Katastrophe abgewendet werden könne. Auf seinem Weg kommt er zuerst zu einer alten Frau, die mit ihrer blinden Tochter zusammenlebt. Die Tochter war dem toten Vater sehr nahe, hatte häufig Streit mit der Mutter und hat alle jungen Männer, die sie heiraten wollten, weggejagt. Die Tochter bittet ihn, den Weisen um Rat zu fragen. Später kommt er zu einem alten Mann, dessen Orangenbäume keine Früchte mehr tragen. Er bekommt heraus, daß der leere Platz am Tisch dem verstoßenen Sohn gehört. Der alte Mann bittet ihn, den Weisen wegen der Bäume um Rat zu fragen. Weiter auf seinem Weg trifft er einen alten Drachen, der immer nur nach seinen Wünschen gelebt hatte und sich um andere nicht kümmerte. Seine Altersgenossen waren alle tot, die jungen Drachen waren in ein fernes Land geflogen. Weil er die Alten verachtet hatte, hatte er von ihnen nicht erfahren, wie Drachen sterben, und so war er zum ewigen Leben verdammt. Auch er bittet den jungen Mann, den Weisen um Rat zu fragen. Der junge Mann findet den Weisen, bleibt bei ihm für eine Zeit. Als die Stunde des Fragens kommt, darf er drei Fragen stellen. Er fragt für die Frau, den alten Mann und den Drachen und bekommt die Antwort. Die Lösung für den Drachen ist, daß dieser das Kostbarste, was er hat, weggeben muß. Der Drache schenkt ihm daraufhin einen Edelstein, der an der Stelle des dritten Auges sitzt, und kann sterben. Die Lösung für den alten Mann ist, daß der verstoßene Sohn wieder dazugehören darf. Der Vater bittet den Sohn um Verzeihung, dieser kommt zurück, und unser Held hilft bei der Lösung des Problems mit den Orangenbäumen und bekommt dafür seinen gerechten Lohn. Die Lösung für die junge Frau besteht in der Hinwendung zur Mutter, von ihr zu nehmen, was sie zu geben hat und damit frei zu werden für eine eigene Familie. Der junge Mann bleibt noch einige Zeit bei Mutter und Tochter, die Tochter und er verlieben sich ineinander, und sie folgt ihm in sein Dorf. Dort sind die Menschen zunächst sehr enttäuscht, aber das Geschenk des alten Drachen hilft dem jungen Mann, das Problem des Dorfes aus eigener Kraft zu lösen.

Der Zyklus der mittleren Metaphern kann beliebig durch zusätzliche Geschichten ergänzt werden. In der mittleren Metapher geht es um die verschiedenen Formen von Schuld und Lösungen aus diesen Verstrickungen. Da die Metaphern im Rahmen eines Gruppenkurses erzählt werden, ist es günstig, in dem mittleren Bogen des Kreises von Metaphern möglichst viele Kategorien von Schuld indirekt anzusprechen und Lösungen durch die Geschichte vorzugeben.

4.3 Schlußmetapher

Unser Held lebt zufrieden mit seiner Frau in seinem Dorf. Eines Tages erfährt er von ihr, daß sie ein Kind erwartet. Seine alte Unruhe fängt wieder an ihn zu plagen; er hat das Gefühl, er müsse fort, etwas Schreckliches warte auf ihn.

Andererseits freut er sich auf das Kind und weiß, daß er nicht mehr gehen kann, daß die Pflicht und die Liebe zu den Seinen ihn hält. Inzwischen ist er klug genug zu wissen, daß er sich nicht mehr Gedanken machen muß darüber, ob die Liebe oder die Pflicht stärker ist. Schließlich geht er zu einer weisen Frau, die ihn in eine Höhle in der Nähe des Dorfes schickt. Er geht hinein, immer tiefer, die Höhle weitet sich, verengt sich wieder, weitet sich, verengt sich etc. Mit jedem Schritt scheint die Außenwelt weiter wegzugehen. Schließlich kommt er an das Ende des Weges nach innen, und die Höhle, vor der er steht, trägt seinen Namen. Verwundert tritt er ein. Alles was er findet, ist ihm bekannt aus seiner Vergangenheit, Erinnerungsstücke, Lieder, Gefühle, Gerüche. Verborgen hinter einem Vorhang findet er eine Tür. Dahinter ist eine Treppe, die in die Tiefe führt. Unten ist ein Fluß, er überschreitet ihn, geht durch einen Stollen und gelangt ans Tageslicht. Er kommt in eine Landschaft, wo die helle und die dunkle Welt sich berühren.

Ein Reiter kommt auf ihn zu, hält an; er ist ihm vertraut, und schließlich erkennt er in ihm seinen eigenen Tod. Gemeinsam reiten sie zur dunklen Welt. Sein Begleiter führt ihn in die Welt der Schatten, wo die warten, die vor ihm waren und Platz gemacht haben. Aus der endlosen Reihe der Schatten treten seine Mutter und sein Vater nach vorn. In der Konfrontation mit beiden begreift er den Schmerz und die Schuldgefühle des Vaters ob des tragischen Todes seiner Frau und die Bereitschaft der Mutter, ihr Leben zu opfern, um das Leben weitergeben zu können. Er begreift seine Anmaßung, die darin besteht, daß er meint, den Tod der Mutter sühnen zu müssen; er versteht, daß ihr Opfer nur Sinn hat, wenn er sich heraushalten kann aus ihrem Schicksal und ihr Opfer annimmt. Und ihm wird deutlich, daß beide wollen, daß auf Wiederholung verzichtet wird und daß er trotz des hohen Preises, den sein Leben gekostet hat, die Erlaubnis hat, das anzunehmen, was ihm vom Schicksal gegeben wurde und wird. Zum Abschied bekommt er von der Mutter ein Geschenk, das er weitergeben soll an sein erstes Kind. Sein Begleiter führt ihn wieder hinaus. Vor dem Stollen schauen sie sich noch einmal an. In der Konfrontation mit seinem Tod wird ihm offenbar, daß alles in einer Familie vergänglich ist, und er findet Maß und Grenze für Schuld und Sühne. Dann verabschiedet er sich von seinem Begleiter, geht zurück durch den Stollen, die Treppe hinauf, zurück in die Höhle mit seinem Namen, wieder hinaus ins Freie und zurück zu seiner Frau. Ihm ist leicht zumute, er fühlt sich verbunden mit seiner Mitte.

Die dritte Geschichte enthält die Lösung für unseren Helden und konfrontiert ihn mit der Vergänglichkeit. In dieser Konfrontation kann er sein Skript akzeptieren, und indem er es akzeptiert, verliert es seine Bedrohlichkeit. Er fühlt sich verbunden mit seinen Wurzeln und denen, die vor ihm waren, und ist in dem Maße frei und verbunden, wie man frei und verbunden sein kann.

Schlußbemerkung

Die aus diesem Beitrag erwachsenen Fragen werden unter Umständen vielfältiger sein als die Antworten, die er gibt. Ich bitte, mir das nachzusehen. Allen denen, die mich persönlich fragen möchten, erzähle ich zum Schluß schon die Antwort in Form eines jüdischen Witzes: Ein junger Mann ging bei einem gelehrten Rabbi in Israel in die Schule. Er liebte den Rabbi sehr und bewunderte seine Weisheit. Nun war die Zeit gekommen, daß er sich ein wenig in der Welt umsehen sollte. Seine Eltern beschlossen, ihn zu seiner weiteren Ausbildung nach New York zu schicken. Bevor er abreiste, ging er noch einmal zu seinem Meister und bat ihn, ihm etwas mitzugeben auf den Weg, über das er meditieren könne. Der Rabbi ging in den Nebenraum, studierte lange die Thora, kam schließlich wieder und sagte ihm: „Ich sage dir: ‚Das Leben ist wie eine Quelle!' Nimm diesen Satz mit nach New York." Sie verabschiedeten sich voneinander. In New York meditierte der Schüler immer wieder über den Satz, hatte aber den Eindruck, nicht so richtig weiter zu kommen. Als die Zeit gekommen war, seine Eltern zu besuchen, hörte er von ihnen, daß der alte Rabbi sehr krank sei und wohl bald sterben müsse. Sofort eilte er zu ihm. Der Alte lag matt auf seinem Bett. Schon kurz nach der Begrüßung bat der Schüler ihn, ob er ihn etwas fragen dürfe, und als der Rabbi nickte, sagte er: „Als ich ging, sagtest du mir, ich solle über den Satz ‚Das Leben ist wie eine Quelle' nachdenken. Ich habe lange studiert an dem Satz, bin aber bisher zu keinem Ergebnis gekommen. Bitte gib mir noch eine Erläuterung, damit ich meine Überlegungen fortsetzen kann." Der Rabbi dachte lange nach. Schließlich hob er den Kopf und sagte: „Na gut, dann ist es eben nicht wie eine Quelle."

17. Direktive Gesprächsführung

Thomas J. Helle

Seitdem Beratung und Therapie die Ansätze Milton H. Ericksons und seiner Schüler aufgenommen und in die klinische Arbeit integriert haben, gibt es den Versuch, diese effektiven Techniken auch in anderen Arbeitsfeldern nutzbar zu machen. Belege dafür sind unter anderen die Arbeiten von Riebensahm (1985), Hoorwitz (1989) oder die Aufnahme der „Hypnotherapeutischen Konzepte für die Gesprächsführung“ in das Fortbildungsprogramm der M.E.G.

Diese Bestrebungen sind jedoch nach wie vor durch einen Mangel an empirischen Arbeiten zum Nachweis der Effizienz der Ausbildung gekennzeichnet. Zudem fehlen empirische Belege für die Wirksamkeit einer derartigen Gesprächsführung in sozialpsychologischen (nichtklinischen) Anwendungsfeldern.

Der vorliegende Beitrag liefert einen Baustein zur Behebung dieses Mangels, indem nicht nur der Nachweis der raschen Vermittelbarkeit Ericksonscher Techniken der Gesprächsführung erbracht wird, sondern auch die Wirkung eben dieser Techniken auf Klienten untersucht wird.

Was ist direktive Gesprächsführung?

Die direktive Gesprächsführung kommt aus dem Bereich der klinischen Hypnose. Methoden und Elemente, die im Bereich der klinischen Hypnose entwickelt wurden, werden dabei auf den allgemeinen Bereich psychosozialer Beratung adaptiert. Während in der klinischen Hypnose die Tranceinduktion als wesentlichste Voraussetzung für eine erfolgreiche Anwendung von Hypnose angesehen wird, entfällt dieser Bereich in der direktiven Gesprächsführung. Stattdessen werden Elemente des Autogenen Trainings und der Tiefenentspannung eingesetzt.

Direktive Gesprächsführung wird hier verstanden als Summe methodischer Elemente, die in allen Situationen pädagogischer und psychologischer Beratung eingesetzt werden kann. Die direktive Gesprächsführung ist keine eigenständige Beratungsmethode, sondern versteht sich als zusätzliches Element der Beratung. Die Summe der hypnotherapeutischen Elemente kann dabei als Basisvariable hypnotherapeutischen Vorgehens angesehen werden.

Im Unterschied zu nondirektiven Vorgehensweisen (zum Beispiel im Beratungsgespräch, wie es vor allem von C. Rogers postuliert wurde), geht die direktive Gesprächsführung direktiv vor. Dabei meint direktiv, daß die eingesetzten Methoden den Klienten auf ein Ziel hinführen. Die Ziele können dabei sowohl durch den Berater, durch den Klienten oder in einem gemeinsamen Prozeß definiert worden sein.

Suggestionen: Suggestionen sind verbale oder nonverbale Verhaltensweisen des Beraters, die beim Klienten eine Veränderung in Richtung auf einen erwünschten Zustand auslösen, fördern oder erleichtern können. Unter suggestiven Sprachmustern werden unter anderem auch Umdeutungen und Scheinalternativen subsumiert (Erickson u. Rossi 1981; Erickson, Rossi u. Rossi 1978; Hoppe 1985; Hoppe 1986; Zeig 1985).

Nonverbales Verhalten: Im nonverbalen Verhalten wird ein Großteil des menschlichen Denkens und Erlebens zum Ausdruck gebracht. Wenn wir darin trainiert sind, das Verhalten anderer Menschen auf die nonverbalen Verhaltensweisen hin zu beobachten, können wir daraus eine Reihe von Informationen gewinnen. Diese Informationen können zum vertieften Verständnis eines anderen beitragen, um ihm in seinem spezifischen Weltbild angemessen zu begegnen. Ein wesentlicher Aspekt dieses Elementes ist die Herstellung von Kontakt zum Gegenüber, der Rapport. Rapport wird vorzugsweise über die Spiegelung von Verhaltensweisen oder durch verbale Angleichung an die Sprache des Klienten erreicht. (Burgherr-Meier 1987; Erickson u. Rossi 1981; Erickson, Rossi u. Rossi 1978; Feldmann 1988; Grinder u. Bandler 1984, 1985).

Metaphern: Über Metaphern und Geschichten können dem Ratsuchenden wichtige Handlungsmöglichkeiten aufgezeigt werden. Durch die Einbindung der Botschaft in eine Geschichte werden entsprechende Botschaften vom Gegenüber leichter auf- und angenommen, die später im Verhalten umgesetzt werden können (Erickson u. Rossi 1981; Erickson, Rossi u. Rossi 1978; Farrelly u. Brandsma 1986; Gordon 1986; Gordon u. Meyers-Anderson 1981; Trenkle 1985).

Reaktanzfreies Verhalten: Als Reaktanz wird der motivationale Zustand eines Menschen bezeichnet, den er empfindet, wenn seine Freiheit bedroht wird oder er sie als bedroht erlebt. Reaktanz wird oft auch mit Widerstand gleichgesetzt (Brehm 1966, 1972). Im alltäglichen Umgang miteinander verwenden wir – ohne es zu merken – oft sprachliche Formen und Wendungen, die Reaktanz auslösen. Oft sind es nur scheinbar nebensächliche Wendungen, die leicht durch andere Sprachformen zu ersetzen sind. Jedes „Muß“ beispielsweise bedeutet einen Zwang und damit eine Einschränkung der Willensfreiheit (Helle 1988; Weisbach 1988a). Genauso können auch Fragen bedrängend und damit reaktanzauslösend wirken (Helle 1989a, b).

Autogenes Training und Tiefenentspannung: Die momentan nicht vorhandene Fähigkeit, sich tief zu entspannen, kennen sicher die meisten Menschen. Dabei kann durch relativ einfache Muster sehr schnell eine effektive Entspannung erreicht werden. Im Umgang mit anderen gibt es häufig Situationen, in denen vorhandene Spannung eine notwendige Entspannung verhindert. Gerade in alltäglichen Gesprächssituationen kann eine sinnvoll angewandte Entspannung viel zu einem positiven Gesprächsverlauf beitragen (Bick 1983; Fried 1979; Revenstorf 1983; Schneider 1969; Schultz 1937, 1970, 1982; Svoboda 1984).

Integratives Training: Methoden und Handwerkszeuge kennen- und anwenden zu lernen, ist das eine. Sie im richtigen Augenblick passend einzusetzen, ist das andere. Dieses „andere" ist Thema des Integrativen Trainings. Bestimmte Methoden eignen sich bei einem gegebenen Problem besser als andere. Welche Methoden zu welcher Zeit bei welchen Klienten am besten einzusetzen sind, wird über das integrative Training vermittelt.

Training der direktiven Gesprächsführung

Untersuchungsdesign:

Die vorstehend kurz benannten Elemente der direktiven Gesprächsführung wurden in ein Trainingsdesign zur Vermittlung dieser Elemente umgesetzt; die Trainingseffekte wurden an zwei Gruppe evaluiert. Die erste Untersuchung fand mit Berufstätigen und Studenten an der Universität Tübingen statt; sie bildet den Inhalt des vorliegenden Artikels. In dieser ersten Untersuchung wurde eine Gruppe mit 36 Teilnehmern in Form eines Versuchskontrollgruppen-Designs untersucht. Die Versuchsgruppe erhielt dabei ein Training mit einer Trainingsdauer von fünf Tagen à sieben Zeitstunden. Die zweite Untersuchung wurde an einer Kurklinik der LVA Schwaben durchgeführt. Sie fand als reine Versuchsgruppenstudie statt. Dabei wurde das Personal einer Kurklinik (N = 14) an drei zeitlich auseinanderliegenden Tagen trainiert. Da diese Untersuchung im wesentlichen die Ergebnisse der ersten bestätigte, wird in diesem Beitrag auf eine weitergehende Darstellung dieser zweiten Untersuchung verzichtet.

Trainingsdurchführung:

Der eigentlichen Trainingsdurchführung liegt das Microteaching bzw. Microcounseling zugrunde (Zifreund 1966, 1976; Weisbach 1988b).

Trainiert wurden die oben angeführten Inhalte in Form standardisierter Trainingsbausteine (Dauer 90 min). Der Aufbau jedes Bausteins entspricht den Prinzipien des Microteaching bzw. dem Konzept der Beratungsausbildung nach Weisbach (1988b; vgl. Helle et al. 1989).

Die einzelnen Bausteine waren folgendermaßen aufgebaut:

Einführung durch eine Übung: Durch die Einstiegsübung wurde den Teilnehmern ein unmittelbarer, sinnlicher Zugang zum Thema des Bausteins ermöglicht. So wurde etwa beim Einstieg in das Thema „Metaphern“ eine Geschichte erzählt, die metaphorisch nicht nur die Prinzipien der direktiven Gesprächsführung vermittelte, sondern auch direkt Bezug nahm auf die aktuelle Trainingssituation.

Kurze theoretische Einheit: Sie umfaßte die Grundprinzipien des Bausteinthemas sowie die praktische Anwendung.

Übung zur praktischen Anwendung: Der Inhalt der ersten Theorieeinheit wurde in Form einer Übung nachvollzogen, wobei die Teilnehmer jeweils untereinander übten.

Vertiefende Theorieeinheit: Ausgehend von den Fragen, die sich aufgrund der Übung ergeben hatten, wurden jetzt vertiefende Aspekte des Bausteinthemas referiert.

Übung zur praktischen Anwendung: Der Inhalt der vorangegangenen Theorieeinheit wurde unmittelbar in einer Übung umgesetzt. Dabei wurde die Übung so gestaltet, daß Elemente vorheriger Bausteine mit einflossen. Alternativ zur Übung war die Fallbesprechung auf Wunsch der Teilnehmer. Dabei wurde ein aktueller Fall eines Teilnehmers thematisiert und in Form eines Rollenspiels in der Trainingsgruppe bearbeitet.

Diskussion des Bausteinthemas und Erörterung des praktisch nutzbaren Anwendungsbereiches.

Untersuchungsmethoden:

In der ersten Untersuchung wurden die audiovisuellen Aufzeichnungen der Beratungsgespräche, die schriftliche Bewertung dieser Beratungsgespräche durch Berater und Klient sowie die schriftliche Lernzielkontrolle der Teilnehmer des Trainings im Anschluß an jede Einheit zur Auswertung herangezogen. Die Untersuchungsdaten wurden aus den Fragebögen sowie der Einschätzung der aufgezeichneten Gespräche durch trainierte Beobachter nach standardisierten Schätzskalen gewonnen. Eingeschätzt wurden die Klientenvariablen Selbstexploration und Bejahungen, sowie die Beratervariablen Kongruenz, Empathie, Direktivität, Sicherheit, Metaphern, Entspannung, direkte und indirekte Suggestionen, Umdeutungen, Scheinalternativen und suggestive Füllwörter. Bis auf die Skalen zur Empathie und zur Selbstexploration wurden die einzelnen Skalen für die Untersuchung entwickelt und validiert. Die Daten für die zweite Untersuchung wurden ausschließlich aus der schriftlichen Befragung der Teilnehmer gewonnen.

Ergebnisse

Ergebnisse der Hauptuntersuchung:
Die Versuchsgruppe unterschied sich in elf von 13 geprüften Hypothesen signifikant von der Kontrollgruppe (siehe die Abbildungen 1 bis 3). Die Werte beziehen sich jeweils auf den Gruppenmedian, die Signifikanz wurde mit dem t-Test berechnet.

Die Ergebnisse belegen, daß die Versuchsgruppe gegenüber der Kontrollgruppe deutliche Unterschiede im Leistungsniveau zeigt. direktive Gesprächsführung ist diesem Ergebnis zufolge innerhalb einer Woche nachweisbar zu vermitteln.

Hypothesen 1-5
Abb. 1: Die Versuchsgruppe (dunkle Balken) verwendet signifikant mehr Entspannungsverfahren, setzt suggestive Füllwörter signifikant häufiger ein, nutzt signifikant häufiger sowohl indirekte wie auch direkte Suggestionen und deutet signifikant häufiger um als die Kontrollgruppe (helle Balken).

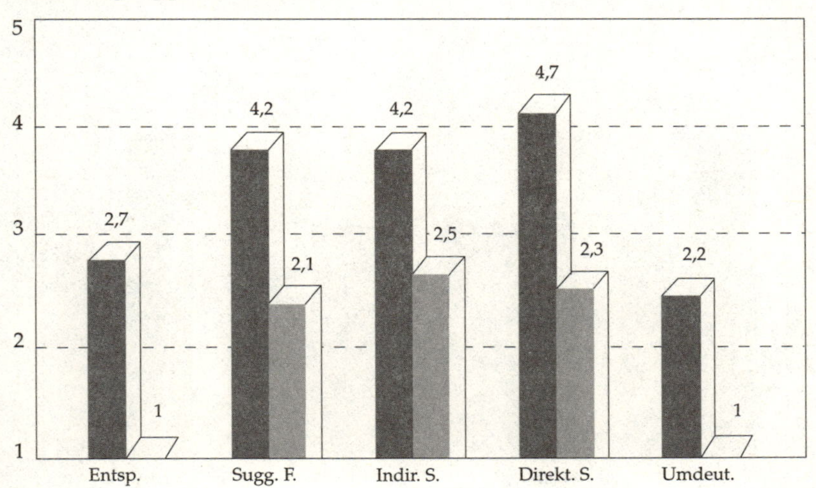

Hypothesen 6-10

Abb. 2: Die Versuchsgruppe (schwarze Balken) verwendet signifikant häufiger Metaphern, zeigt sich den Klienten gegenüber signifikant kongruenter, zeigt signifikant größeres empathisches Verhalten und geht signifikant direktiver im Beratungsgespräch vor als die Kontrollgruppe (schraffierte Balken); beide Gruppen verwenden keine Doppelbindungen.

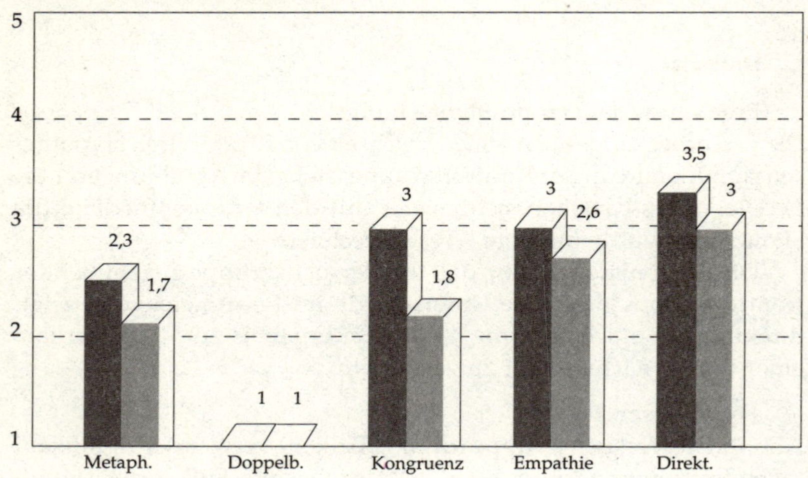

Hypothesen 11-14

Abb. 3: Die Versuchsgruppe (schwarze Balken) ist signifikant sicherer im Beratungsgespräch, hat signifikant selbstexplorativere und

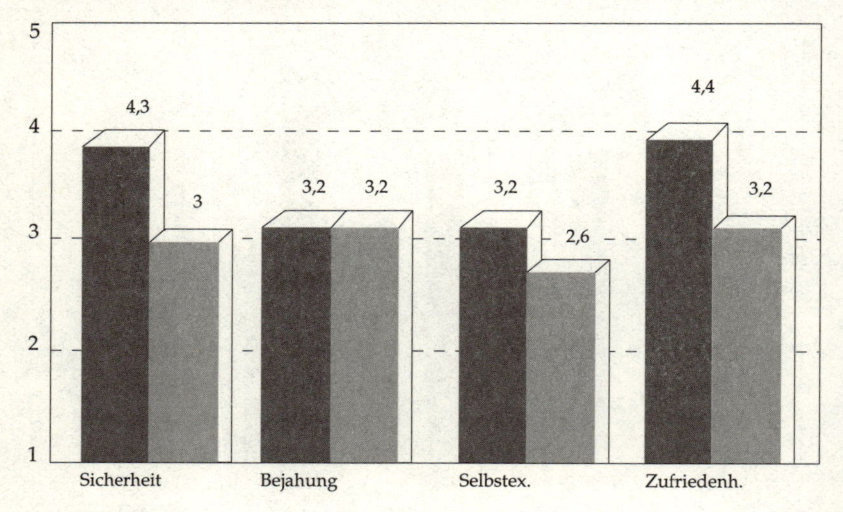

zufriedenere Klienten als die Kontrollgruppe (schraffierte Balken); keinen Unterschied gibt es in bezug auf bejahende Äußerungen.

Ergebnisse der Nebenuntersuchung:
Zwei Fragen schließen sich an: Wie wirkt die Anwendung der direktiven Gesprächsführung auf die Klienten und lassen sich aus den Untersuchungsergebnissen Faktoren extrahieren? Als Maßstab für die erste Frage wurde das Ausmaß der Selbstexploration des Klienten gewählt; Selbstexploration ist ein Faktor, der positiv signifikant mit Beratungserfolg korreliert. In einer Nebenuntersuchung wurden nun die Berater mit hoch selbstexplorativen Klienten (3.0) denen mit niedrig selbstexplorativen Klienten (2.5) gegenübergestellt. Dabei ergeben sich folgende Ergebnisse:

Berater, deren Klienten hoch selbstexplorativ eingeschätz werden, verhielten sich signifikant

kongruenter	(+ 2.6)
indirekt suggestiver	(+ 1.8)
empathischer	(+ 1.4)
bildhafter	(+ 1.3)
direktiver	(+ 1.0)
sicherer	(+ 0.9)
nutzten sugg. Füllwörter	(+ 0.9).

In der zweiten Nebenuntersuchung wurde gefragt, welche Klienten- bzw. Beratervariablen sich sinnvoll zu Faktoren hilfreichen suggestiven Verhaltens gruppieren lassen. Dazu wurden sämtliche Rohdaten in einer Faktorenanalyse weiterverrechnet. Die Voraussetzungen für die sinnvolle Anwendung dieses Instruments wurden mit dem Kaiser-Meyer-Olkins-Test sowie dem Bartlett-Test geprüft. Nach Durchführung eine Varimax Rotation ergaben sich 6 Hauptfaktoren, die zusammen 84 Prozent der Varianz erklären.

- Faktor 1: *Interaktion zwischen Klient und Berater:* Zusammenfassend beschreibt dieser Faktor die Qualität der Interaktion zwischen Berater und Klient. Je mehr Suggestionen der Berater verwendet, desto sicherer fühlt er sich selbst und desto zufriedener ist er mit seinem eigenen Vorgehen. Auf der Seite des Klienten wirkt sich dies positiv auf die Selbstexploration sowie auf die Empathie zwischen Berater und Klient aus.

- Faktor 2: *Befinden des Klienten:* In den zweiten Faktor gehen weitgehend die Variablen ein, die die Zufriedenheit des Klienten bestimmen. Der Klient fühlt sich sicher und verstanden. Die eingesetzten suggestiven Methoden werden positiv wahrgenommen. Allerdings gehen Scheinalternativen des Beraters negativ in diesen Faktor mit ein.
- Faktor 3: *Entspannung:* Die Klienten können sich um so eher entspannen, je sicherer der Berater wirkt und je indirekter die eingesetzten Entspannungsverfahren sind.
- Faktor 4: *Erfahrung:* Je höher die Vorerfahrung des Beraters in suggestiven Methoden ist, desto sparsamer und gezielter werden solche Methoden eingesetzt.
- Faktor 5: *Suggestionen:* Den fünften Faktor bildet die klare Verwendung direkter und indirekter Suggestionen.
- Faktor 6: *Lernerfolg:* Die nachgewiesene kognitve Leistung in einzelnen Methoden hat nur einen sehr geringen Einfluß auf die beobachtbare Ausprägung eben dieser Methoden im Beratungsgespräch.

Über die einzelnen Faktoren hinaus lassen sich weitere Zusammenhänge darstellen.

- Zusammenhänge zwischen den Klienten/Beratern und demographischen Variablen: Frauen verwenden weniger Suggestionen, dafür stärker entspannende Verfahren. Ältere (und erfahrenere) Berater sind empathischer und verwenden mehr direkte Suggestionen. Berufserfahrenen Beratern wird von den Klienten stärkere Verwendung suggestiver Methoden zugeschrieben.
- Ergebnisse bezüglich Berater: Berater, die mit sich selbst zufrieden sind, erreichen bei ihren Klienten eine höhere Selbstexploration und verwenden mehr indirekte Suggestionen und suggestive Füllwörter. Berater, die sicher wirken, verhalten sich gegenüber ihren Klienten empathischer.
- Ergebnisse bezüglich Klienten: Zufriedene Klienten nehmen bei ihren Beratern mehr Suggestionen wahr und sind gleichzeitig mit diesen Suggestionen zufriedener. Zufriedene Klienten lehnen die Verwendung von Scheinalternativen stärker ab.

Diskussion der Ergebnisse

Als Ergebnis der Untersuchung läßt sich die relativ schnelle Vermittelbarkeit der hypnotherapeutischen Basisvariablen festhalten. Die Lernergebnisse wurden über eine stark strukturierte Vermittlung erzielt. Die Klarheit und Eindeutigkeit der Vermittlung wurde in den Abschlußrunden des Trainings von allen Teilnehmern als positiv bewertet. Ebenfalls positiv war die kognitve Leistung der Versuchsgruppe, sie wurde über die Lernzielkontrolle im Anschluß an jede Trainingseinheit kontrolliert.

Die angehenden Berater waren nach Abschluß eines fünftägigen Trainings in der Lage, wesentliche hypnotherapeutische Elemente in einem Beratungsgepräch beobachtbar einzusetzen. Die Elemente haben dabei eine positive Auswirkung auf die beratenen Klienten. Die Trainingsergebnisse bleiben auch nach einer weiteren Woche Wartezeit in 12 von 13 untersuchten Variablen stabil. Einzige Ausnahme bildete der signifikant geringere Einsatz von Entspannungsverfahren.

Die erhobenen Daten wurden mit Hilfe einer Faktorenanalyse genauer analysiert. Dabei ergaben sich für die Verwendung hypnotherapeutischer Basisvariablen sechs eindeutige Faktoren. Sie deuten darauf hin, daß der erfolgreiche Berater eine positive Beziehung zum Klienten aufbaut, das Befinden seines Gegenübers sichtbar beachtet und insgesamt die hypnotherapeutischen Basisvariablen mit Fingerspitzengefühl einsetzt.

Aus den Ergebnissen der durchgeführten Faktorenanalyse ließen sich Fragestellungen für weitere Untersuchungen ableiten. Sie zielen darauf ab, daß Auswahl und Vermittlung der therapeutischen Elemente speziell auf die Gruppe der Berater und deren Klienten abgestimmt wird. Damit wird die Wirksamkeit der Anwendung hypnotherapeutischer Elemente in der Beratung aktiviert und insgesamt effizienter gemacht.

3. Beiträge zur Theorie

18. Zur Kommunikation zwischen Psyche und Genen in Hypnose: Eine Lösung des Körper-Psyche-Problems?

Ernest L. Rossi[12]

Zu lange war Hypnose ein Stiefkind der Medizin und Psychologie. In diesem Kapitel möchte ich eine allgemeine Sicht der Körper-Psyche-Heilungen darstellen, die die klassische Hypnose der Vergangenheit mit modernen psychobiologischen Untersuchungen über Gedächtnis, Lernen und Verhalten auf der kulturellen, transpersonalen und molekularen Ebene integriert. Moderne therapeutische Hypnose ist danach essentiell ein Prozeß, der den kybernetischen Informationsfluß zwischen Psyche, Molekülen und Genen fördert. Dies führt den Leser hoffentlich zu einer neuen Sicht bezüglich der Lösung der Kartesianischen Dichotomisierung zwischen Körper und Psyche, ebenso zu einer tieferen Einsicht in die Entwicklung von Bewußtsein und Verhalten. In dieser erweiterten Sicht sollte sich Hypnose vom Stiefkind zu einem Elternteil einer vielversprechenden Integration der zukünftigen Psychologie und Medizin entwickeln.

Die historischen Wurzeln in der Arbeit Milton H. Ericksons

Der Ursprung meiner psychobiologischen Sicht der therapeutischen Hypnose liegt in den acht Jahren intensiver Studien mit Milton H. Erickson, von 1972 bis zu seinem Tod 1980. Ich verbrachte eine Woche im Monat bei Milton, lebte bei ihm zu Hause und nahm alles auf Band auf, was wie eine gemütliche Unterhaltung mit Klienten wirkte. Diese „gemütlichen Unterhaltungen" waren in Wirklichkeit sehr subtile und indirekte Arten von Tranceerfahrung. Die Menschen, mit denen er redete, merkten gewöhnlich nicht, daß sie in Trance gingen und wieder herauskamen. Gingen diese Menschen wirklich in Trance und wieder heraus? Wenn sie selbst den veränderten Zustand nicht bemerkten, wie konnten dies andere Personen tun? Offensichtlich gibt es in diesem veränderten Zustand ein anderes Verhalten.

Viele von Ericksons Klienten zeigten ganz offensichtlich verändertes Verhalten. Sie erfuhren die klassischen hypnotischen Phäno-

12 Übersetzung aus dem Amerikanischen von Karsten Gehrke

mene wie Amnesien, Halluzinationen, Altersregression, Anästhesien, Zeitverzerrungen usw. Meistens jedoch waren die Tranceanzeichen subtiler und nur von kurzer Dauer, zum Beispiel ein kurzer starrender Blick für ein oder zwei Augenblicke, ein kurzes Augenschließen oder eine leicht verwirrte Frage des Klienten: „Was haben Sie gerade gesagt?"

Subtiles Nachfragen von Erickson ergab dann, daß die Patienten eine teilweise Amnesie für die Ereignisse der letzten halben Stunde der Sitzung hatten. Wenn man ihnen Erinnerungshilfen gab, konnten sie sich sofort an das Vergessene erinnern. Ich wußte, daß reversible Amnesie seit über hundert Jahren, seit James Braid den Begriff Hypnose geprägt hatte, als Kriterium für Trancezustände benutzt wurde. Ich war mir aber nicht der tieferen Bedeutung dieses Kriteriums für die Hypnose und für den modernen psychobiologischen Ansatz bewußt.

Die Fragen nach Ericksons Arbeit betrafen auch immer Subtilität und Indirektheit. Viele konnten seine Arbeit nicht nachvollziehen, weil sie nicht die subtilen Zeichen veränderter Zustände wahrnahmen, die die hypnotischen Amnesien und andere Psyche-Körper-Phänomene hervorriefen. Diese Anzeichen manifestierten sich in einer verwirrend großen Zahl an geistigen und körperlichen Antwortmustern. Sogar die gleiche Person zeigte verschiedene Muster zu verschiedenen Gelegenheiten. Dies flößte jenen hartgesottenen Typen, die objektive, wiederholbare Ergebnisse zu jeder Gelegenheit als wissenschaftliches Kriterium betrachten, nicht gerade Vertrauen ein.

Eine andere Schwierigkeit war, daß Ericksons Therapiesitzungen nicht wie gewöhnlich 50 Minuten dauerten, sondern eine oder anderthalb Stunden. Es war unmöglich vorherzusagen, wann er mit der „Hypnose" begann, und er weigerte sich auch, eine Zeit anzugeben. Manchmal begann er ganz am Anfang der Sitzung, so daß ich kaum meinen Rekorder anstellen konnte, manchmal in der Mitte und manchmal erst ganz zum Schluß, wenn der Klient schon fast den Raum verlassen hatte. Es war immer eine Frage der „klinischen Beobachtung und Beurteilung", wie Erickson sagte.

Auch wenn Ericksons frühe Untersuchungsberichte voll von geistreichen Arten der Manipulation waren, sah ich ihn nie etwas besonders Außergewöhnliches tun. Im Gegenteil, in der letzten Dekade seines Lebens, als ich bei ihm lernte, „förderte" er gewöhnlich die therapeutische Trance nur, wenn er beobachtet hatte, daß die physischen und psychischen Prozesse des Klienten sich beruhigt hatten. Er gab zu, daß er nur die natürlichen Perioden der Ruhe und Entspannung nutzte, die die Annahmebereitschaft für eine Trance bei Klienten optimieren.

Wir begannen bald, die Perioden der stillen Aufnahmebereitschaft als gewöhnliche *Alltagstrancen* zu bezeichnen, da sie auch im Alltagsleben auftreten. Jeder Mensch muß sich alle Stunde oder anderthalb Stunden ein bißchen strecken und sich ausruhen: „Eine Hausfrau, die am Vormitag mit leerem Blick in die Kaffeetasse schaut, ein Student mit einem Blick ins Unendliche während einer Vorlesung, ein Lastwagenfahrer, der überrascht feststellt, daß er am Ziel angekommen ist, ohne eine Erinnerung an die letzten zwanzig Minuten; all dies sind Beispiele für die Alltagstrance" (Rossi 1982, S. 22).

Über die Jahre begann ich, Listen über die geistigen und verhaltensbezogenen Anzeichen für die Alltagstrance, die Erickson benutzte, zusammenzustellen. In unseren klinischen Berichten nannte ich sie „Indikatoren der Tranceentwicklung" (Erickson, Rossi u. Rossi 1976). Ich fing an, Menschen im Alltagsleben wie im Behandlungszimmer sehr genau zu beobachten, und verbesserte meine Wahrnehmungsfähigkeit. Ich fühlte mich langsam eingeweiht in die traditionelle Bruderschaft der erfahrenen Hypnotiseure, die sich wissend zuzwinkern und lächeln, wenn sie erkennen, daß jemand in der Menge spontan in einen leichten Trancezustand gleitet, ohne es zu bemerken. Es war eine so gewöhnliche Beobachtung, daß die meisten Menschen es nicht so ernst zu nehmen schienen. Es schien eine Art Scherz zu sein, den nur Hypnotiseure verstehen.

Ich bemerkte, daß die klügsten meiner Kollegen dieses Beobachten sehr ernst nahmen. Nachdem ich fähig war, diese leicht veränderten Zustände wahrzunehmen, begann ich, all die alten philosophischen und metaphysischen Autoren mehr zu würdigen, die behaupteten, daß der Durchschnittsmensch „unbewußt", „schlafwandelnd", „seines Zustandes nicht bewußt" bzw. „im Maya verloren" sei. Auf bisher unerklärte Art erleben Menschen wirklich spontane Veränderungen ihres Bewußtseins im normalen Alltagsleben; sie gehen in Trance, ohne es zu bemerken.

Ich begann, ein ganz anderes Konzept von dem zu entwickeln, was Milton H. Erickson tat. Während viele meiner Kollegen ihn für ein „Genie der Manipulation" hielten, verstand ich ihn immer mehr als ein „Genie der Beobachtung". Die Effektivität seines innovativen therapeutischen Ansatzes beruhte weniger auf der sogenannten „Kraft der Suggestion“ als auf seiner Beobachtungsgabe und der Nutzung der Lebenserfahrung und der inneren Ressourcen der Klienten, die in der Alltagstrance zugänglich waren.

Dies wird gut gezeigt in einer Serie von Artikeln, die Erickson in dem medizinischen Journal *Psychosomatic Medicine* in den 40er Jahren veröffentlichte (Erickson 1943a, b, c, d). Nichts Vergleichbares ist je veröffentlicht worden. Der erste Satz des ersten Artikels zeigt eine ganz neue Sicht der Körper-Psyche-Beziehung: „Die Absicht dieses Artikels ist es, eine Anzahl von verschiedenen psychosomatischen Beziehungen und Interdependenzen, die gelegentlich als koinzidentielle Phänomene während der Trance bei normalen Versuchspersonen auftreten, aufzuzeigen.“ Was waren diese *koinzidentiellen Phänomene*? Dies sind persönliche Muster von psychischen und körperlichen Symptomen, die spontan während tiefer Trance auftraten. Dies bedeutet, daß sie nicht „suggeriert“ oder der Person einprogrammiert wurden; sie wurden einfach während der Hypnose aufgedeckt.

Die Bedeutung dieser Beobachtungen stellte die gesamte konventionelle Hypnosetheorie auf den Kopf. Bis dahin war angenommen worden, daß sämtliche Körper-Psyche-Phänomene, die unter Hypnose auftraten, eine Folge der Suggestionen des Therapeuten waren. Eine Person in Hypnose wurde als leere Tafel angesehen, auf die der Hypnotiseur seine Suggestionen irgendwie eingravieren und entsprechend dann ausführen lassen konnte. Ericksons Beobachtungen implizierten ganz das Gegenteil, daß nämlich die psychosomatischen Phänomene, die spontan auftraten, schon in der Person vorhanden waren. Möglicherweise existierten sie als Ergebnis von Assoziationen oder *koinzidentiellen Konditionierungen* zwischen psychischen und körperlichen Zuständen, die in der gewöhnlichen Alltagstrance auftraten. Eine „neutrale“ Art der tiefen Hypnose, in der den Klienten nicht gesagt wurde, was sie erfahren sollten, konnte diese Körper-Psyche-Beziehungen offenlegen; neutrale Hypnose konnte als Fenster dienen, durch das man die lebende Geschichte eines Menschen erfahren kann. Die Effektivität der hypnotherapeutischen Heilung realisiert sich durch die Nutzung des Repertoires der Klienten an Assoziationen und Resourcen während der Augenblicke natürlicher Kreativität in Alltagstrance. Aber warum waren Klienten während dieser Perioden so empfänglich für eine Alltagstrance? Erickson wußte es nicht, und auch sonst niemand.

Ein Ursprung individueller Unterschiede: Die utradiane/circadiane Theorie der Hypnose

Den ersten Durchbruch erlebte ich, nachdem mir Ende der 70er Jahre ultradiane Rhythmen bekannt wurden (Kripe u. Sonnenschein 1978). Den meisten von uns war ungefähr die Tatsache bekannt, daß unsere 24-Stunden-Rhythmen wichtig sind; sie regulieren zum Beispiel den täglichen Wach-Schlaf-Rhythmus. Wir wissen, daß Wachstumshormone, Sexualhormone und Streßhormone einen Höchst- und Tiefstwert im Laufe der 24 Stunden haben und so viele Psyche-Körper-Aktivitäten im zirkulären Rhythmus verändern. Im Gegensatz dazu sind Ultradianrhythmen Körper-Psyche-Aktivitäten, die mehr als einen Cyklus innerhalb von 24 Stunden haben. Während Circadianrhythmen nur *einen* Cyklus innerhalb von 24 Stunden haben, können Ultradianrhythmen zum Beispiel einen kompletten Cyklus in 12, 6, 3, oder 1,5 Stunden durchlaufen. In Tabelle 1 habe ich einige der interesantesten und wichtigsten Körper-Psyche-Aktivitäten dargestellt, die von 1,5-stündigen Ultradianrhythmen mit Indikatoren der Tranceentwicklung und klassischen hypnotischen Phänomenen beeinflußt werden.

Tab. 1: Darstellung der ultradianen/circadianen psychobiologischen Prozesse mt Indikatoren für Tranceentwicklung und klassischen hypnotische Phänomene:

ULTRADIANE/CIRCADIANE PROZESSE	TRANCEINDIKATOREN
90-minütiger Schlaf-Traum-Rhythmus Dement u. Kleitman 1957; Hobson 1988; Kleitmann 1963; Kripke 1974, 1982; Jouvet, 1973; Kales u.a., 1964	*„Spontane" /hypnoide Zustände* Breuer u. Freud 1895/1955; Charcot u. Janet (in Ellenberger, 1970); Jung 1960
Aufwach-BRAC [13] Globus 1966; Hartmann 1969a, b; Kleitmann 1969, 1970; Kripke 1982; Marquis 1941; Wada 1922	*Gewöhnliche Alltagstrance* Erickson u. Rossi 1976/1980; Fischer 1971a, b, c; Rossi 1986a, b; Rossi u. Cheek 1988
Trainierbarkeit Brown 1982; Schulz u. Lavie 1980, 1985; Winfree 1980, 1987	*Suggestibilität* Erickson 1980; Fromm u. Shor 1972; Hilgard 1965; Hul 1963
Soziale Variablen Bowden u.a. 1978; Delgado-Garcia u.a. 1976; Lavie u. Kripke 1981; Maxim u.a. 1976	*Rapport* Diamond 1974; Sarbin 1976; Spanos, Cobb u. Gorassini 1985

13 BRAC = basic rest-activity cycle

Wahrnehmung
Elsmore u. Hursch 1982; Lavie, 1976, 1977; Lavie u.a. 1974, 1980; Lovett 1976; Lovett u. Podnieks 1975

Visuelle Illusionen
Gopher u. Lavie 1980

Motorisches Verhalten
Körperaktivität: Clemens u.a. 1976; Luce 1970; Naitoh 1982

Muskeltonus
Katz 1980; Lovett u.a. 1978; Rasmussen u. Malven 1975, 1981; Tierney u.a. 1978

Antwortverzögerung
Bossom u.a. 1983; Globus, 1972; Globus u.a. 1970; Kripke, 1972; Kripke u.a. 1978; Lovett u. Podnieks 1975; Meier-Koll u.a. 1978; Orr u.a. 1974; Podnieks u. Lovett 1975

Augen
Blinkreflex und Bewegungen der Augäpfel
Krynicki 1975;
Othmer u.a. 1969; Ullner 1974

Pupillenreaktion
Lavie u. Schulz, 1978; Stevens u.a., 1971

Kognition / Gedächtnis
Folkard 1982; Graeber 1982; Klein u. Armitage 1979; Orr u.a. 1974; Tapp u. Holloway 1981

Phantasie
Cartwright u. Monroe 1968;
Wilson u. Kripke u. Sonnenschein 1978

Zeitwahrnehmung
Rose 1988; Tepas 1982;

Affektives Verhalten
Friedman 1978; Friedman u.a. 1978; Poirel 1982; Stroebel 1969; Wehr 1982

Transpersonale Wahrnehmung
Broughton 1975; Eccles 1978; Funk u. Clarke 1980; Rao, Potdar, Vinekar 1966; Werntz 1981; Werntz u.a. 1981, 1982

Illusion / Halluzination
Bowers 1977; Erickson 1980; Migaly 1987

Altersregression
Perry u.a. 1980; Pettinati 1988

Analgesie / Anästhesie
Hilgard u. Hilgard, 1983; Spanos, 1986

Ideodynamische Reaktionen
Hilgard 1965; Rossi u. Cheek 1988

Katalepsie
Erickson u. Rossi 1981; Hilgard u.Hilgard

Ideomotorische Retardierung
Erickson u. Rossi 1976/1980; Hilgard 1965

Augen
Spiegel u. Spiegel 1978; Weitzenhoffer 1971

Amnesie / Hypermnesie
Pettinati 1988; Spanos 1986

Imagination
Sheehan u. McConkey 1982; Barber 1978

Zeitverzerrung
Aaronson 1969b; Cooper u. Young 1988; Erickson 1959; Zimbardo u.a. 1972

Katharsis / Stimmung
Breuer & Freud 1895/1955; Gill u. Brenman 1959

Transpersonale Erfahrung
Aaronson 1969a; Erickson u. Rossi 1977/1980; Tart 1983; Jung 1959, 1960, 1966, 1976

Als ich dem 78jährigen Erickson in seinem letzten Lebensjahr die Ähnlichkeiten zwischen „Ruhephasenverhalten der Ultradianrhythmen" und unseren „Indikatoren der Tranceentwicklung" zeigte, war er neugierig und gab zu, daß er nie von Ultradianrhythmen gehört hatte. Wir vermuteten sofort, daß Ericksons Ruf, ein Geschick zur Erleichterung tiefer Trancen und die Effektivität im Lösen psychosomatischer Probleme zu haben, zum Teil auf seiner unwissenden Nutzung des natürlichen psychobiologischen Ultradianrhythmus beruhen könne. Dies löste die Idee für „A New State Theory of Hypnosis" bei mir aus, die ich das erste Mal wie folgt formulierte: „Individuen, die ihre Ultradianrhythmen überbeanspruchen und unterbrechen (z.B. indem sie natürliche Perioden des Ausruhens ignorieren), setzen damit die grundlegenden Mechanismen für psychosomatische Erkrankungen in Gang. Natürliche therapeutische Hypnose schafft einen angenehmen Zustand, in dem sich die Ultradianrhythmen einfach normalisieren können und so den Prozessen psychosomatischer Krankheiten die Grundlage nehmen" (Rossi 1982, S. 26).

Wie in Tabelle 1 ersichtlich, werden die meisten psychobiologischen und physiologischen Prozesse, die die natürlichen Veränderungen während der ultradianen/circadianen Rhythmen bewirken, offenbar durch Hypnose verändert. Dieser Vergleich schafft eine empirische Datenbasis für eine weitere Hypothese, die beinhaltet, daß die sogenannte „klinische Hypnose" und „therapeutische Suggestion" im wesentlichen eine Erleichterung und Nutzung natürlicher Veränderungen psychobiologischer Prozesse während der ultradianen/circadianen Rhythmen sind. So gesehen können die klassischen hypnotischen Phänomene als extreme Manifestationen und/oder Perseverationen zeitabhängiger psychobiologischer Prozesse konzipiert werden. Da die Literatur der Hypnose und die der psychobiologischen Rhythmen sich bisher unabhängig voneinander entwickelt haben, wird noch einige „Übersetzungsarbeit" geleistet werden müssen, bis die in Tabelle 1 gezeigten Daten verstanden werden.

Obwohl die Geschichte der Hypnose zeigt, daß viele wichtige Phänomene der Hypnose ursprünglich als seltsame Manifestationen normaler und abnormaler Zustände entdeckt wurden (Cooper u. Erickson 1959; Ellenberger 1970; Tinterow 1970), war das hervorragende Charakteristikum, das sie aus sozialpsychologischer Sicht teilweise interessant machte, daß diese Phänomene „suggerierbar“ waren. Zeile 1 in Tabelle 1 zeigt, was in Hypnose als „suggerierbar“ und in der ultradianen/circadianen Literatur als „antrainierbar“ bezeichnet wird.

Eine Anekdote mag verstehen helfen, wie Suggestion und Trainierbarkeit essentiell auf das gleiche psychobiologische Phänomen hinweisen. Kripke, einer der bekanntesten Forscher für Ultradiane, wandte auf meinen Vorschlag, bei seinen Untersuchungen mitzuarbeiten, ein: „Wenn auch nur das Gerücht aufkommt, daß ein Hypnotiseur in mein Labor kommt, wird mir das die ultradianen Basisratenwerte für Jahre durcheinanderbringen!“ Damit sagte Kripke ja nur, daß die Ultradianrhythmen so leicht durch jegliche sozialpsychologische Cues beeinflußt werden könnten, daß allein der Vorgang der Beobachtung hypnotischer Phänomene zu solchen Unsicherheiten und Verzerrungen der Ultradianrhythmen führen würde, daß keine deutbaren Schlußfolgerungen mehr gemacht werden könnten ohne neue experimentelle Bedingungen, die Kripke damals jedoch noch nicht anbieten konnte. Die Implikationen, die sich aus Kripkes Einwand ergaben, veranlaßten mich, weitere Äquivalenzen zwischen ultradianen/circadianen Rhythmen und hypnotischer Suggestibilität zu untersuchen.

Der wesentliche theoretische und methodologische gemeinsame Nenner zwischen ultradianer/circadianer Literatur über *Trainierbarkeit* der psychobiologischen Prozesse und der Hypnoseliteratur über die *Suggestibilität* hypnotischer Phänomene ist die gemeinsame Bemühung, den Grad der endogenen (organismischen) und exogenen (umgebungsbedingten und sozialen) Einflüsse auszudifferenzieren. Die „Zwei-Faktoren-Hypothese“ zum Beispiel wurde von Brown (1982) benutzt, um die Interaktion zwischen endogenen organismischen Zuständen und externen Einflüssen auf die Veränderung der ultradianen/circadianen Prozesse zu berechnen. Ganz ähnlich wird in der Hypnoseliteratur die „Zwei-Faktoren-Theorie“ verwendet, um die Interaktion zwischen der Hypnotisierbarkeit als innerem, organismischem Faktor versus ihrer Suggerierbarkeit und der Antwortbereitschaft auf soziale Reize zu erfassen (Fromm u. Shor 1972; Sheehan u. Perry 1976). In Tabelle 1 werden nur einige wichtige Versuche zur Interaktion zwischen organismischen und sozialen Variablen in der ultradianen/circadianen und der entsprechenden hypnotischen Literatur zitiert.

Tabelle 1 zeigt auch, wieviele Variablen der Empfindung und Wahrnehmung des Gedächtnises und der Kognition, der Motorik und des Verhaltens natürliche ultradiane/circadiane Variationen aufzeigen. Mein Anliegen in diesem Kapitel ist es, zu verdeutlichen, daß diese natürlichen Variationen die Grundlage der hypnotischen Darbietung sind (Balthazard u. Woody 1985). Man kann annehmen, daß die ultradianen/circadianen Parameter der psychobiologischen Prozesse die Stufe der Erfahrung, die durch Hypnose beeinflußt werden kann, definieren. *Sie sind die Grundlage der „individuellen Unterschiede" in der hypnotischen Erfahrung*. Dies führt zu der überprüfbaren Hypothese, daß die ultradianen/circadianen Prozesse aus Tabelle 1, die sehr beeinflußbar durch externe Cues sind („Entraining agent", „Synchronizer" oder „Zeitgeber" genannt), durch Hypnose stark beeinflußt werden können. Außerdem setzen die Parameter der ultradianen/circadianen Rhythmen die Grenzen der hypnotischen Suggestibilität. Das führt zu der überprüfbaren Hypothese, daß hypnotische Suggestion keine der sensorischen/wahrnehmenden und behavioralen Prozesse verändern kann. Dies stimmt mit der traditionellen Hypnoseliteratur völlig überein, die entgegen der landläufigen Meinung die Ansicht vertritt, daß Hypnose keine „Wunder" bewirken oder auf irgendeiner Ebene menschlichen Verhaltens signifikant erweiternd einwirken kann (Sheehan u. Perry 1976). Hypnose deckt nur verborgene Möglichkeiten auf und fördert ihr Erleben.

Tabelle 1 regt noch andere direkte Untersuchungen der ultradianen/circadianen Theorie der Hypnose an. Da in keiner der zitierten Literatur (aus Tabelle 1) berichtet wurde, daß hypnotische Phänomene wie Altersregression und Analgesie/Anästhesie mit den ultradianen/circadianen Rhythmen einhergehen, wäre das direkteste Vorgehen zur Testung der ultradianen/circadianen Hypothese der Hypnose, daß man untersuchte, ob Altersregression und Analgesie am leichtesten während einer spezifischen Phase des „basic rest-activity cycle" (BRAC, zuerst von Kleitman 1963 und 1969 beschrieben) auftreten. Intuitiv würde man annehmen, daß Altersregression und Analgesie am deutlichsten während der Ruhephasen des BRAC auftreten, wenn die Versuchsperson einige kritische Parameter des Schlafs aufweist. Dies mag bei den anderen hypnotischen Phänomenen nicht der Fall sein. Zum Beispiel stimmen experimentelle (Blum

1979; Evans 1972) und klinische Hypnose (Erickson u. Rossi 1979, 1981; Erickson, Rossi u. Rossi 1976) darin überein, daß für das optimale Erleben hypnotischer Phänomene verschiedene Aktivierungsniveaus benötigt werden. Beispielsweise wurde herausgefunden, daß einige hypnotische Phänomene wie Zeitverzerrung einfacher in der hohen Aktivierungphase des BRAC erfahrbar sind.

Die erste unabhängige experimentelle Untersuchung der ultradianen/circadianen Theorie der Hypnose diente der Beschaffung statistisch signifikanter Fakten. Aldrich und Bernstein (1987) fanden heraus, daß die Tageszeit ein signifikanter Faktor für die hypnotische Empfänglichkeit ist. Sie fanden signifikante Spitzen für hypnotische Werte um 12 Uhr und andere, breitere Spitzenwerte zwischen 17 Uhr und 18 Uhr. In dieser Untersuchung wurden die Versuchspersonen allerdings nur tagsüber und in Gruppen getestet. Die Autoren nahmen an, daß dieses Gruppentestverfahren möglicherweise die eher individuellen 90 bis 120-Minuten Ultradianrhythmen in der hypnotischen Empfänglichkeit, wie „von Rossi angenommen", hervorgehoben haben und empfahlen, weitere Untersuchungen eher individuell als in Gruppen durchzuführen.

Dies brachte mich auf eine andere Idee, um die Theorie zu testen. Wenn man Einzelpatienten so lange in einer therapeutischen Trance ließe, wie sie meinten, daß dies zum Problemlösen nötig sei, müßten sie nach der Ultradiantheorie ungefähr 20 Minuten in Trance bleiben – die typische Dauer der Ultradian-Ruhephase, die ich als identisch mit unserer Alltagstrance annehme. Eine weitere Voranname der Ultradiantheorie wäre, daß die Patienten 20 Minuten in der therapeutischen Trance blieben, egal, ob sie hohe oder niedrige Werte für hypnotische Empfänglichkeit haben. Nach der eher konventionellen „trait"-Theorie der Hypnose müßte man gegenteilig annehmen, daß Klienten mit hohen Werten für hypnotische Empfänglichkeit länger in Trance bleiben. Ich habe deshalb eine Pilotstudie mit meinen Patienten durchgeführt, bei der ich die „Wilson-Barber-Creative Imagination Scale" als Maß für hypnotische Empfänglichkeit benutzte. Ich trug die Werte meiner Patienten auf die Skala zusammen mit der Zeit, die sie in einer „neutralen" Trance blieben. Diese erreichte ich durch einen sehr freien hypnotherapeutischen Ansatz, den ich „Basic Accessing Formula" nenne (Rossi 1986b, S. 72), und Variationen davon (Rossi u. Cheek 1988). Wie leicht ersichtlich ist, verbrachten die Patienten meist zwischen 15 und 20 Minuten in „neutraler" Trance, wie nach der Ultradiantheorie angenommen wurde. Diese vorläufigen Daten benötigen noch objektive Bestätigung unter kontrollierten Laborbedingungen.

Die Zustandsabhängigkeitstheorie der therapeutischen Hypnose

Der zweite große Durchbruch in meinem Denken kam bei der Lektüre von McGaughs Artikel (1983) über neu entdeckte Streßhormone des Körpers, die bei Encodierungsprozessen bezüglich Gedächtnis, Lernen und Verhalten im Gehirn beteiligt sein könnten. Schlagartig erkannte ich, daß viele dieser Hormone zur gleichen Familie gehörten wie die Hormone, die den Ultradianrhythmus regeln, ebenso wie die Streßvermittler bei dem Allgemeinen Adaptionssyndrom. Die neue Neurobiologie des Gedächtnisses, Lernens und Verhaltens traf sich mit der Chronobiologie und psychosomatischen Medizin!

Während ich auf diesem Gebiet weiterlas, kam der Begriff „zustandsabhängiges Gedächtnis, Lernen und Verhalten" (ZAGLV)[14] auf. Gibt man in einem Experiment irgendeinem Tier irgendeine Droge, die im Gehirn Gedächtnis und Lernen beeinflußt (Alkohol, Koffein, Barbiturate, Amphetamine, Kokain, Essen usw.), erhält man ZAGLV. Seit über 40 Jahren ist es bei pharmazeutischen Firmen weltweit üblich, die Wirkung experimenteller Drogen erst bei Tieren zu testen, bevor sie beim Menschen angewandt werden. Natürlich stellen die Tests fest, welche Wirkung die Drogen auf einige Aspekte des Gedächtnisses, Lernens und Verhaltens haben. Es wurde herausgefunden, daß das Tier auf gewisse Weise und zu einem bestimmten Ausmaß im Erinnern, Lernen und Verhalten reagiert, wenn die Droge im Gehirn vorhanden ist. Wenn sie jedoch abgebaut und so nicht länger im Gehirn aktiv ist, sind auch Gedächtnis und Lernen teilweise verloren; wir sagen dann, das Tier hat eine partielle Amnesie. Führt man die Droge wieder zu, treten Gedächtnis, Lernen und Verhalten in ihrer ursprünglichen Stärke wieder auf; Gedächtnis, Lernen und Verhalten sind also *nicht zustandsunabhängig*. Gedächtnis, Lernen und Verhalten sind als Funktion von Anwesenheit und Fehlen einer Droge im Hirn *teilweise reversibel*.

Das Wichtige an den Ergebnissen des ZAGLV ist, daß wir in den letzten 15 Jahren gelernt haben, daß teilweise reversible Amnesien

14 Im Englischen SDMLB für „state dependent memory, learning and behavior"

nicht nur durch Drogen ausgelöst werden können. Duzende von körpereigenen Molekülen beeinflussen das ZAGLV; dies ist die neue molekularbiologische Basis von Gedächtnis und Lernen. Im einzelnen wissen wir jetzt, daß jene Streßhormone, die auch psychosomatische Probleme berühren, gleichzeitig Gedächtnis und Lernen beeinflussen (de Wied 1984; Izquierdo u. Dias 1984; Lydic 1987; McGaugh, Liang, Bennett u. Sternberg 1984). Allgemein ausgedrückt bedeutet dies, daß Gedächtnis, Lernen und Verhalten mit dem Ultradian/Circadianrhythmus assoziiert sind; ebenso sind Selyes „Allgemeines Adaptationssyndrom" und psychosomatische Symptome zustandsabhängige Phänomene.

Streßhormone und andere Informationssubstanzen beeinflussen Gedächtnis und Lernen. Dies impliziert Veränderungen in den Konzepten der allgemeinen Lerntheorie, der psychosomatischen Medizin und ebenso in der therapeutischen Hypnose. Ich habe die Untersuchungsergebnisse aufgelistet, die belegen, daß die meisten Arten des Lernens (nach Pawlow und Skinner) Informationssubstanzen einbeziehen; da diese klassischen Lernformen Informationssubstanzen benutzen, sind sie ipso facto zustandsabhängig (Rossi u. Cheek 1988).

In Tabelle 2 ist der Drei-Stufen-Prozeß aufgezeigt, in dem ZAGLV unter Laborbedingungen künstlich durch Drogen induziert wurde. Dieser kann mit einem ähnlichen Drei-Stufen-Prozeß verglichen werden, welcher beim natürlichen Erwerb von Gedächtnisinhalten und Verhalten durch Hormone, Ultradian/Circadianrhythmen, durch streßbedingte psychosomatische Symptome und durch klassische hypnotische Phänomene beeinflußt wird. Diese Prozesse zeigen, wie die scheinbar verschiedenen Psyche-Körper-Phänomene möglicherweise durch die gleichen Prozesse zustandekommen:

1. Alle traten unter bestimmten Psyche-Körper-Bedingungen auf (z.B. unter Vorhandensein von Streßhormonen oder während bestimmter Phasen des Ultradianrhythmus).
2. Sie sind alle dissoziiert, wenn die Psyche-Körper-Bedingungen sich verändern.
3. Sie treten alle wieder auf, wenn die ursprünglichen Psyche-Körper-Bedingungen wieder hergestellt sind.

Ich habe erörtert, wie dieser Drei-Stufen-Prozeß die Essenz des Phänomens der reversiblen Amnesie in der experimentellen und klinischen Literatur abbildet: „Das interessanteste an diesen Experimenten ist, daß sie es uns ermöglichen, die Parameter der reversiblen Amnesie, einem Kriterium für therapeutische Hypnose (Braid in Tinterow 1970; Rossi 1986b), zu untersuchen. So wie die meisten Experimente zu zustandsabhängigem Gedächtnis und Lernen zeigen, daß die reversible Amnesie nur teilweise besteht (d.h. daß ein Teil des Gedächtnisses und Lernens auch noch zugänglich ist, wenn die Droge das System verlassen hat; es wird einfach gesteigert, wenn die ursprünglichen Bedingungen durch erneute Gabe der Droge wiederhergestellt ist), so dokumentiert der größte Teil der hypnotischen Literatur, daß die hypnotische Amnesie meist empfindlich und unvollständig ist (Erickson u. Rossi 1974/1980; Hilgard 1965). Völlige Amnesie, die ganz reversibel ist, ist sowohl in den zustandsabhängigen Gedächtnis- und Lernexperimenten als auch in der therapeutische Hypnose selten". (Rossi u. Cheek 1988).

Dieses empfindliche Charakteristikum der reversiblen Amnesie ist auch für viele Phänomene der posttraumatischen Streßsyndrome (Figley u. McCubbin 1983; van der Kolk, Greenberg, Boyd u. Krystal 1985) und für psychosomatische Probleme (Selye, 1976, 1982) typisch, welche in zustandsabhängiger Weise durch streßbedingte Informationssubstanzen (z.B. ACTH, Beta-Endorphine und Epinephrine) des Allgemeinen Adaptationssyndroms von Selye encodiert werden (Izquierdo u. Dias 1984; Izquierdo et al. 1984; McGaugh 1983). Selye (1976) meinte, daß psychosomatische Probleme, die durch einen Schock hervorgerufen wurden, manchmal durch einen weiteren Schock oder ein erhöhtes Energieniveau geheilt werden können. Neue Ansätze des Psyche-Körper-Heilens und der Selbsthypnose wie die „Entspannungsreaktion" (Benson 1983a, b) und die „Ultradiane Heilungsreaktion" (Rossi 1982, 1986a, b) arbeiten mit der Reduktion der gleichen streßbedingten Substanzen, die psychosomatische Probleme auslösen.

Analog dazu berichten viele experimentelle (Blum, 1979; Fischer 1971a, b, c) und klinische Untersuchungen (Cheek 1962a, b, 1965a, b; Erickson 1980, Vol. IV), daß ein verändertes Erregungsniveau für das Wiederauftreten streßbedingter Probleme unter Hypnose verantwortlich ist. Das von Erickson (1943a, b, c, d) beschriebene sogenannte „koinzidentielle Phänomen" (spezielle individuelle und dissoziierte Muster des psychosomatischen Verhaltens, die spontan in Tieftrancezuständen auftreten) sind ein weiteres Beispiel dafür, daß sich sowohl psychosomatische Symtome als auch hypnotische Phänomene durch die gleiche Dynamik des zustandsabhängigen Gedächtnisses, Lernens und Verhaltens manifestieren. Tabelle 2 enthält eine Zusammenstellung der wichtigsten Begriffe und Prozesse des ZAGLV, der Neurobiologie von Gedächtnis und Lernen, streßinduzierter psychosomatischer Symptome, therapeutischer Hypnose und ultradianer/circadianer Rhythmen. Dies soll verdeutlichen, daß sie essentiell der gleichen Klasse von Psyche-Körper-Phänomenen angehören.

Dieser empfindliche und bruchstückhafte Charakter der reversiblen Amnesie mag auch in der historischen Hypnoseliteratur (Tinterow 1970) und in den Grundlagen der Psychoanalyse (Ellenberger 1970) verantwortlich sein für die seltsamen und paradoxen Darstellungen des Gedächtnisses, die den Ursprung der anhaltenden Kontroverse über die Validität der tiefenpsychologischen Theorien darstellt (Masson 1984). Seit den Anfängen der Psychoanalyse (Breuer u. Freud 1895/1955) ist bekannt, daß ein plötzliches Erschrekken oder ein Schock einen „hypnotischen Zustand" hervorrufen kann, der mit dissoziiertem oder neurotischem Verhalten einhergeht. Wir nehmen an, daß dieser „hypnotische Zustand" ein phänomenologischer Ausdruck eines veränderten psychobiologischen Erregungsniveaus in den IS-Rezeptorsystemen ist, welche für die Encodierung und das Freisetzen von zustandsabhängigem Gedächtnis, Lernen und Verhalten verantwortlich sind. Dies führt zu folgender Sichtweise: Die „Software" des parasynaptischen IS-Rezeptoren-Kommunikationssystems hat einen sehr individualisierten und sich kontinuierlich verändernden Charakter und beeinflußt viele phänomenologische Launen des menschlichen Gedächtnisses und Verhaltens im allgemeinen und in der therapeutischen Hypnose im speziellen.

Tab. 2: Eine Darstellung der Grundbegriffe und Prozesse des ZAGLV, der Neurobiologie, des Gedächtnisses und Lernens, hypnotischer Phänomene, streßinduzierter psychosomatischer Probleme und der ultradianen/circadianen Rhythmen:

Aquisition/ Induktion	*dissoziiertes/ zustandsabhängiges Verhalten*	*Erwerb/Abruf*	*Psyche-Körper-Verbindung*
ZAGLV	Drogen bedingt Gedächtnis und Lernen	gleiche interne und externe Hinweisreize	Drogen verursachen interne psychophysiologische Zustände, die mit dem Gedächtnis zusammenhängen
Neurobiologie von Gedächtnis und Lernen	endogen zustandsabhängiges Gedächtnis und Lernen	gleiche interne und externe Hinweisreize	Hormone verursachen interne psychophysiologische Zustände, die mit dem Gedächtnis zusammenhängen
hypnotische Induktion	hypnotische und koinzidentielle Phänomene; zustandsabhängige psychosomatische Symptome	hypnotischer Zugang zum zustandsabhängigen Gedächtnis; Schock	psycho-neurophysiologische Basis der Hypnose
Streß	zustandsabhängiges AAS [15]; kommt als psychosomatisches Symtom zum Ausdruck	Schock; unspezifische Therapien; Selbsthypnose	durch Streß ausgeschüttete Hormone des AAS produzieren Symptome
Ultradian/ Circadianrhythmen	Verschiedene Phasen der Rhytmen	Gleiche Phasen der Rhythmen	Hormone des Hypothalamus regulieren die Rhythmen

15 (AAS = Allgemeines Adaptions-Syndrom)

Tab. 3: Theorie der therapeutischen Hypnose – von der klassischen Sicht und der Psychoanalyse bis zu modernen Streßuntersuchungen und zustandsabhängiger Psychobiologie:

Theoretiker	*Psycho-biologische Prozesse*	*Zustandsabh. Psychopatho-logie*	*Behandlungs-methode*	*Theorie*
Braid	Reversible Amnesie	Dissoziation	Suggestion	klassische Hypnose
Charcot	Hypnoid	hysterisch	Suggestion	autoritäre Suggestion
Janet	Schwächung	fixe Ideen, Verlust der synthetischen Fähigkeiten	Suggestion	Erziehung
Breuer/ Freud	hypnotische Regression	Abwehr, Symptome	freie Assoziationen	Psycho-analyse (analytisch)
Jung	Schwächung	transpersonale Zustände	aktive Imagination	Psycho-analyse (synthetisch)
Erickson	Alltagstrance	gelernte Beschränkungen	indirekte Hypnose	natürliche Utilisation
Selye	Streß	streßindu-zierte psycho-somatische Symptome	Schock, Drogen	psycho-somatische Medizin
Rossi	Ultradian/ Circadian	ZAGLV	Zugang finden und reframen, abhängig vom Zustand	Informations-übertragung zwischen Psyche und Molekülen

Spalte 1 von Tabelle 2 zeigt die *Psyche-Körper-Verbindungen* und zählt Informationssubstanzen auf, die als „Boten-Moleküle" bei der Psyche-Körper-Kommunikation fungieren. Es war diese allgemeine Sicht der neuen Interrelationen zwischen Psyche und Soma durch die Boten-Moleküle, die mich 1983 spekulieren ließ, daß wir letztendlich in die Lage kommen könnten, zwischen Psyche und Genen einen Weg zu bahnen. So entwickelte ich meine allgemeine Theorie der Psyche-Körper-Kommunikation und -Heilung, die ich im folgenden zusammenfassen will.

Abb. 1: Therapeutische Hypnose als Informationsübertragung zwischen Psyche und Molekülen:

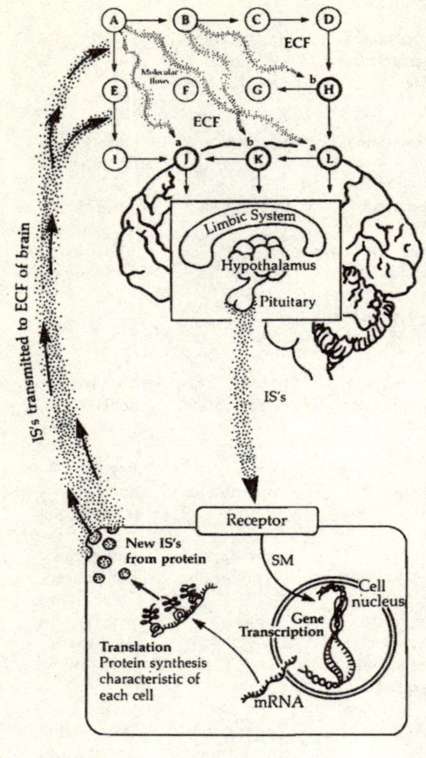

I THE MIND-BRAIN CONNECTION

1. Neural networks of the brain's cortical-limbic systems encode state-dependent memory, learning and behavior of "mind" (words, images, sensations, perceptions, etc.) with the help of cybernetic information substances from cells of the body.

II THE BRAIN-BODY CONNECTION

2. Neuroendocrinal information transduction in the limbic-hypothalamic-pituitary system of the brain. The information in neural networks of the brain is transduced into molecular (hormonal) information substances of the body.
3. Information substances (IS's) travel to cells of body with appropriate receptors.

III THE CELL-GENE CONNECTION

4. Cellular receptors binding IS's
5. Intracellular secondary messengers (SM) lead to activation of "house-keeping" genes
6. Transcription of genetic information into mRNA
7. Translation: protein synthesis characteristic of each cell.
8. New IS's from proteins flow to brain to cybernetically encode state-dependent aspects of mind and behavior.

In Abbildung 1 sind drei Ebenen der kybernetischen Psyche-Körper-Kommunikation illustriert, die nach meiner Hypothese unter therapeutischer Hypnose aktiv sind. Da die detaillierte Beschreibung von Abbildung 1 bereits anderswo veröffentlicht worden ist (Rossi u. Cheek 1988, S. 50-68), soll sie hier nur noch zusammengefaßt werden. Allgemein gesprochen ist die *Psyche-Gehirn-Verbindung* die Brücke zwischen Psyche und Soma, vermittelt durch die schon besprochenen zustandsabhängigen Phänomene. Die *Gehirn-Körper-Verbindung*, traditionellerweise Neuroendokrinologie genannt, wird durch ultradiane/circadiane Prozesse vermittelt. Die *Zelle-Gene-Verbindung* wiederum wird durch eine Reihe von Botemstoffen vermittelt, welche „Verwaltergene" an- und ausschalten, um sowohl alle Phasen des Zellenmetabolismus als auch die strukturellen und biochemischen Spezialisierungen der einzelnen Zellen zu regulieren. Die Proteine, die im Translationsprozeß (Nr. 7 in Abb. 1) ausgedrückt werden, dienen auch dazu, mehr Rezeptor- und Informationssubstanzen zu produzieren, als letztendlich zum Gehirn wandern können, um dort Gedächtnis, Lernen und Verhalten in zustandsabhängiger Weise zu enkodieren. So kann ein theoretischer Weg der kybernetischen Informationsübertragung zwischen der Psyche (bzw. ihrem Ausdruck über Worte, Bilder, Empfindungen usw.) und Genen ausgemacht werden.

Kann dies alles wirklich wahr sein? Wir haben noch keinen direkten Nachweis; die Implikationen erscheinen aber schlüssig. Ich habe 128 mögliche Untersuchungsprojekte dargestellt, die nötig wären, um einen direkten Nachweis der Psyche-Gene-Kommunikation unter normalen und psychopathologischen Bedingungen zu liefern. Da meine Überlegungen auf diesem Gebiet bereits von Weitzenhoffer (1989, Vol. 2, S. 292-293) zitiert wurden, ist es mir hier wichtig, deutlich zu machen, was ich unter Psyche-Gene-Kommunikation verstehe.

Es gibt mindestens drei Ebenen des genetischen Ausdrucks:

1. Gene sind verantwortlich für die Vererbung von Generation zu Generation. Es gibt auf dieser Ebene keine Anzeichen für eine Psyche-Gene-Verbindung.
2. Gene drücken sich in der „epigenetischen Entwicklung" aus, das heißt sie steuern die Differenzierung und Formierung der verschiedenen Formen und Gewebe, die einen Körper ausmachen. Ich habe an anderer Stelle schon erwähnt, daß es einige Anzeichen dafür gibt, daß Streß bei Müttern in der 2. bis 5. Schwangerschaftswoche die psychosexuelle Identifikation eines Jungen beeinflußt (Rossi u. Cheek 1988, S. 337-344). Bisher gibt es jedoch auf dieser Ebene nur geringe Anzeichen für streßvermittelte Psyche-Gene-Kommunikation.
3. Die sogenannten „Verwalter"-Gene werden, so lange wir leben, ständig an- und ausgeschaltet, um Metabolismus und Molekularkommunkation zu modellieren, wie in jedem modernen Lehrbuch detailiert beschrieben ist (Watson et al. 1987). Auf diesem gut dokumentierten Niveau kann nach meinen Annahmen die Psyche-Gen-Kommunikation stattfinden.

Weitzenhoffer fragte auch nach einem „Rezept, um diese Psyche-Gene-Kommunikation zu untersuchen", und ich möchte kurz an einem kleinen Beispiel darlegen, wie dies experimentell demonstriert werden kann. Kürzlich wurde herausgefunden, daß die Überproduktion des „transformierenden Wachstumsfaktors Alpha" als Botenmolekül des TGF-Alpha-Gens fungiert und für die exzessive Proliferation der Epithelzellen verantwortlich ist, bekannt als das charakteristische Krankheitsbild der Psoriasis. Seit Generationen wissen wir, daß Hypnose Psoriasis lindern und manchmal teilweise heilen kann. Ein Hypnotherapeut könnte nun ein Entscheidungsexperiment durchführen, indem er mit einer Gruppe von Psoriasis-Patienten arbeitet und dann mißt, ob die Klienten, die eine Erleichterung verspüren, auch einen veränderten TGF-Alpha-Gen Abdruck haben. Denn die Techniken der Molekulargenetik stehen ja für direkte Tests der Psyche-Körper-Kommunikation zur Verfügung!

Zusammenfassung und Überblick

Während die Ursprünge meines Denkens zwar in meiner Arbeit mit Milton H. Erickson liegen, glaube ich im nachhinein jedoch sagen zu können, daß die *historischen Wurzeln* bis zu den Vätern der Hypnose zurückverfolgt werden können (Ellenberger 1970). Braid beispielsweise hat versucht, als essentielles Charakteristikum der Hypnose die reversible Amnesie zu bestimmen; auch in meiner Sicht des zustandsabhängigen Gedächtnisses, Lernens und Verhaltens ist diese reversible Amnesie ein wesentliches hypnotisches Phänomen. Ebenso ist Charcots, Breuers und Freuds Meinung, daß ein Schock eine Person in einen hypnoiden Zustand versetzen kann, in dem sie psychopathologisch reagiert, ein zustandsabhängiges Phänomen, das mit Selyes Sicht streßinduzierter psychosomatischer Krankheiten voll übereinstimmt. Pierre Janets Sicht des Hypnoids oder, wie er es nannte, des *l'abaissement du niveau mental,* ist im wesentlichen das, was ich als die Ruhephase eines Ultradianrhythmus bezeichne, die zustandsabhängige Phänomene enkodieren kann. Ich habe schon früher die Beziehung zwischen der klassischen Sicht der therapeutischen Hypnose, moderner Streßforschung und zustandsabhängiger Psychobiologie detailliert dokumentiert.(Ross 1986b; Rossi u. Ryan 1986) Entsprechend meiner ultradianen/circadianen Hypothese haben die individuellen Unterschiede in der Hypnose dennoch eine psychobiologische Grundlage.

19. Seeding[16]

Jeffrey K. Zeig[17]

Ich möchte Sie zu einem Experiment einladen. Prägen Sie sich bitte sorgfältig die folgende fünf Paarassoziationen ein, zum Beispiel „warm – kalt“. Später werde ich Sie prüfen: Wenn ich Ihnen dann den Begriff „warm“ nenne, hieße die richtige Antwort natürlich „kalt“. Hier sind nun fünf Paarassoziationen:

1.) Red – Green (rot – grün)
2.) Baby – Cries (Baby – schreit)
3.) Light – Name*
4.) ro bin – bird (Rotkehlchen – Vogel)
5.) Apple – Glasses (Apfel – Brille)
6.) Picture – Frame (Bild – Rahmen)
7.) Ocean – *Moon* (Meer – Mond)
8.) Surf – Paper (Brandung – Papier)

Einführung

Mit seinem hypnotherapeutisch-strategischen Ansatz entwickelte Milton Erickson zahlreiche kreative Methoden zur Förderung der therapeutischen Veränderung. Als seine bekanntesten und wohl auch bedeutsamsten innovativen Beiträge zur Hypnose und Psychotherapie gelten die Einstreu- und die Konfusionstechnik (Erickson 1966).

Eine andere technische Weiterentwicklung stellt seine Methode des „Seeding“ dar[18]. Obwohl sie ein integraler Bestandteil von Ericksons

16 Das amerikanische Original dieses Beitrages erschien schon in Zeig, J.K. u. Gilligan s. (Eds.) (1990): Brief Therapy: Myths, methods and metaphors. New York: Brunner/Mazel. Übersetzung aus dem Amerikanischen von Christian Kinzel mit freundlicher Genehmigung des Verlages Brunner & Mazel und der Milton H. Erickson Foundation.

17 Der Autor dankt Brent Geary, der die Entwürfe gelesen und Kommentare gegeben hat, welche in dieses Manuskript eingegangen sind.

18 Der Begriff „Seeding“ wird soweit möglich in seiner Originalform beibehalten; Alida Iost-Peter übersetzte ihn in einem anderen Artikel von J. Zeig (Therapeutische Muster der Ericksonschen Kommunikation der Beeinflussung, *Hypnose und Kognition*, 5 (2), S. 5-18) mit „Aussäen“.

Hypnose und Psychotherapie sowie von seinen Lehrseminaren war, bedarf sie näherer Ausführungen, insbesondere da es weder Artikel noch andere Beiträge über diese kaum verstandene Methode gibt. Selbst in *The Collected Papers of Milton H. Erickson on Hypnosis* (Rossi 1980) und in den Büchern, die Erickson zusammen mit Rossi herausgab (Erickson u. Rossi 1979, 1981; Erickson, Rossi u. Rossi 1976), finden sich keine Verweise auf diese spezielle Vorgehensweise.

Der vorliegende Artikel möchte dem Leser das Konzept des Seeding vertraut machen, dessen Wurzeln bis in die Literatur, in die Sozialpsychologie und in die experimentelle Psychologie hineinreichen, und es als integralen Bestandteil des therapeutischen Prozesses nach Erickson darstellen. Anhand von Beispielen und Anwendungsvorschlägen soll es Angehörigen aller klinischen Disziplinen ermöglicht werden, diese Technik in ihr therapeutisches Rüstzeug aufzunehmen.

Was ist Seeding?

Als Seeding könnte man das Vorgehen bezeichnen, eine beabsichtigte Reaktion durch das Einflechten („Aussäen") von Hinweisreizen zu aktivieren, sie vorzubereiten, indem man bereits vor ihrem Auftreten auf sie anspielt (Zeig 1985, 1988). Das der zukünftigen Intervention (eine Direktive, Interpretation oder Trance etc.) vorausgehende Einflechten der Hinweisreize führt zu einer zusätzlichen Verstärkung der Zielreaktion, die dann einfacher und wirkungsvoller hervorgerufen werden kann. Seeding etabliert somit einen konstruktiven Rahmen, innerhalb dessen eine zukünftige Reaktion hervorgerufen werden kann.

Beispielsweise könnte ein Therapeut beabsichtigen, einem Patienten in Trance die Suggestion zu geben, daß dieser sein Eßverhalten zügeln solle; demzufolge wäre es für ihn ein einfaches, diese Suggestion dadurch vorzubereiten, daß er den Rhythmus seiner Stimme verlangsamt – wenn möglich bereits vor der Hypnoseinduktion. Der Therapeut könnte auch in einer frühen Phase der Trancearbeit betonen, welch angenehme Empfindungen während der Hypnose entstehen, wenn sich der *Rhythmus der Bewegungen wie von selbst verlangsamt.* In beiden Fällen entwickeln sich die eingeflochtenen Vorstellungen fortan weiter. Natürlich sind auch komplexere Beispiele für Seeding denkbar, doch davon später mehr.

Zur Geschichte des Seeding

Jay Haley wies in *Uncommon Therapy* (1973; dt.: *Die Psychotherapie Milton H. Ericksons*, 1976) zum ersten Mal auf das Konzept des Seeding hin. „Bei seinen hypnotischen Induktionen", schreibt Haley, „sät oder etabliert Erickson gerne gewisse Ideen, auf denen er später aufbaut. Zu Beginn der Interaktion wird er diese Vorstellungen betonen; wenn er dann später eine bestimmte Reaktion erreichen möchte, hat er bereits den Grund dafür gelegt. Bei Familien geht er ähnlich vor, wenn er in der Phase des Informationssammelns gewisse Vorstellungen einführt oder betont. Zu einem späteren Zeitpunkt kann er diese Ideen als Grundlage benutzen, wenn die Situation geeignet ist." (S. 36).

Ich habe bereits darauf hingewiesen, daß Seeding wohl eine der bedeutendsten, aber auch am wenigsten verstandenen Techniken Ericksons war und Beispiele angeführt, wie Seeding das Hervorrufen von Amnesien erleichtern kann (Zeig 1985b). An gleicher Stelle habe ich betont, wie sorgfältig Erickson den *Prozeß* des Intervenierens abstimmte: „Er würde eine Intervention nicht nur einfach ausführen, sondern bereits von Anfang an Hinweise auf diese einflechten." (S. 333). Indem im Hinblick auf die beabsichtigte Intervention nach und nach genügend Assoziationen geweckt werden, ermöglicht es die Verwendung dieser indirekten Methode, eine synchrone Einstellung hervorzurufen und Reaktionspotentiale aufzubauen, so daß auf die Intervention sogleich eine Reaktion erfolgt. Therapie, wie sie Erickson verstand, war oftmals ein Prozeß, in welchem indirekte Techniken angewandt wurden, um Assoziationen zu lenken, bzw. in welchem genügend positive Assoziationen geweckt wurden, um ein konstruktives Verhalten herbeizuführen (Zeig 1985c). Ich habe dazu ergänzt, daß „die Bedeutung dieser Art von Priming[19] [...] nicht deutlich genug betont" werden könne. „Erickson würde nicht nur seine speziellen Interventionen, sondern auch seine Geschichten durch Seeding vorbereiten, bevor er diese dann darbietet" (Zeig 1985b, S. 333). Weitere Hinweise auf Seeding finden sich in anderen meiner Arbeiten (Zeig 1980, S. 11; 1985a, S. 38f; 1987, S. 401; 1988, 366-367).

Der Sozialpsychologe Steven J. Sherman wies darauf hin, daß *Priming* „auf einer Aktivierung oder Veränderung der Zugänglich-

19 To prime (engl.) = instruieren; der Begriff „priming" wird von Experimentalpsychologen anstelle von „seeding" verwandt; als feststehender Begriff wird er in der Originalform beibehalten.

keit eines Konzeptes durch die frühere Darbietung des gleichen oder eines ähnlichen Konzeptes beruhe" (Sherman 1988, S. 65). Aufgrund einiger experimenteller Arbeiten folgert er, daß „die Auswirkungen von Priming bemerkenswert umfassend und unbestimmt sind. Die Verwendung von Seeding-Konzepten und -Techniken vermag Meinungen zu verändern, wie Menschen Ereignisse interpretieren und wie sie handeln [...] Bisher wurde erst ansatzweise erkannt, welche Verwendungsmöglichkeiten für Priming-Techniken bestehen, um Veränderungen der Gedanken und Verhaltensweisen von Klienten herbeizuführen. Das Wissen um Techniken von Priming-Konzepten sowie um deren vermutlichen Auswirkungen dürfte für Psychotherapeuten von großem Wert sein."

Seeding ist eine Technik, die meist auf der Ebene vorbewußter Assoziationen arbeitet. Durch einen vormaligen, indirekten Stimulus wird eine Assoziation, die auf ein Zielkonzept hinführt, hervorgerufen und verstärkt, wodurch sich die Zugänglichkeit zu diesem Konzept verändert. Wird die vorher induzierte Idee, Emotion oder Verhaltensweise deutlicher dargeboten, erhöht sich die Aktivierung. Die durch Seeding hervorgerufene Erregung kann sowohl bewußt und dramatisch sein, als auch auf der Ebene vorbewußter Assoziationsbildung arbeiten. Die nachfolgende Abbildung verdeutlicht den zeitlichen Prozeß des Seeding:

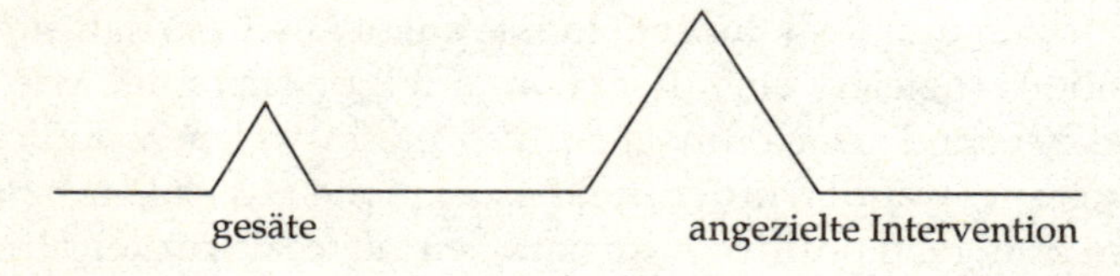

Der ursprüngliche, indirekt eingestreute Stimulus, der auf die darauffolgende Zielintervention ausgerichtet ist bzw. auf diese anspielt, regt den Patienten während der Zeit, die zwischen dem „Säen" und der Intervention vergeht, zu einer unbewußten Suche an, deren Focus Vorstellungen oder Kategorien von Vorstellungen bilden, auf die sich die eingestreuten Ideen beziehen. Psychotherapie wird somit zu einem Prozeß, der sich aus zielgerichteten Schritten zusammensetzt.

Prähypnotische Suggestionen

Seeding kann ein wesentlicher Bestandteil effektiver Psychotherapie sein. Haley betont besonders den Aspekt der Kontinuität einer Therapie, der durch Seeding erreicht werden kann, „und zwar dadurch, daß etwas Neues eingeführt wird, das aber immer mit dem, was Erickson vorher getan hat, in Zusammenhang steht" (Haley 1973, S. 36). Als ich anhand einer Erläuterung des Utilisations-Prinzips von Erickson den psychotherapeutischen Prozeß dokumentierte, wies ich insbesondere darauf hin, wie wichtig es sei, Interventionen zeitlich sorgfältig abzustimmen und sie zu *säen* (Zeig 1985a). Diese Methode nannte ich SID - eine Abkürzung, die für „Seeding und Arbeiten in kleinen Schritten, Intervenieren und Durchführen" steht.[20] Zielinterventionen sollten demgemäß nach und nach vorbereitet und sozusagen „zusammengeflochten" werden. „Als Erickson schließlich seine Hauptintervention durchführte, war sie nichts weiter als ein kleines Glied in einer Kette, der der Patient bereits zugestimmt hatte" (S. 38).

Sherman betonte ebenso wie ich die Bedeutung des Seeding als Bestandteil des therapeutischen Prozesses. „Das Vorbereiten von Klienten auf das, was noch kommen sollte, impliziert, daß Erickson immer nach vorne blickte und vorausplante [...] Er gründete sein augenblickliches Verhalten auf seine Erwartung dessen, was sich ereignen würde" (Sherman 1988, S. 67).

Wenn Therapeuten Seeding einsetzen, bedeutet dies naturgemäß, daß sie Strategische Therapie praktizieren, also eine Therapieform, die Haley dadurch kennzeichnet, daß „der Therapeut das Geschehen während der Therapie lenkt und [...] eine besondere Methode für jedes Problem ausarbeitet" (Haley 1973, S. 17). Per definitionem sind Therapeuten also dann strategisch, wenn sie eine Intervention säen, das heißt zur Erhöhung der Erfolgsaussicht vorausplanen.

Seeding läßt sich konzeptuell auch ein wenig anders definieren – nämlich als sogenannte *prähypnotische Suggestion*.[21] Diese Art von Suggestion zählt zu den Methoden, die die Bereitschaft, Direktiven und Anweisungen anzunehmen, erhöhen. Da die „Verpackung" von Anweisungen häufig darüber mitbestimmt, wie bereitwillig Patienten diese akzeptieren, ist es Teil der Ausbildung am Erickson Center, zu zeigen, wie Klienten an Intervention „gebunden" werden können.

20 Im Original SIFT (Seed and move in small steps, Intervene and Follow-Through)
21 Das Konzept der prähypnotischen Suggestionen wurde von William Cabianca und Brent Geary eingeführt und findet in der Ausbildungsklinik der Erickson Foundation und am Milton H. Erickson Center for Hypnosis and Psychotherapy Anwendung.

Prähypnotische Suggestionen schaffen für zukünftige Direktiven sozusagen ein „gemachtes Bett", in dem diese einfacher angenommen werden. Zu diesen prähypnotischen Techniken zählen unter anderem das Utilisieren der Werte und der Erfahrungen des Patienten, Pacing (d.h. dem Patienten in dessen Bezugsrahmen zu begegnen), das Arbeiten in kleinen strategischen Schritten, Psychodrama, die Konfusionstechnik (Erickson 1964) und als einer ihrer wichtigsten Vertreter – Seeding.

Obwohl auf den ersten Blick prähypnotische Suggestionen nicht der Mühe wert zu sein scheinen, hat sich paradoxerweise gezeigt, daß die zusätzliche Zeit, die man benötigt, um mit prähypnotischen Techniken zu arbeiten, die Therapiedauer letztlich dadurch verkürzt, daß die Widerstände der Patienten reduziert werden. Der Refrain eines populären Schlagers spiegelt diesen Sachverhalt wider: „You get there faster by taking it slow."

Es lohnt also die Anstrengung, mit Seeding zu arbeiten, da dieses ganz natürlicherweise geeignet ist, Dramatisches zu erzielen. Wenn die Zielintervention nämlich präsentiert wird, fügen sich die davor evozierten Assoziationen zu einem Ganzen zusammen und führen zu erhöhter Erregung und Spannung. Sobald die Patienten die Bedeutung der indirekt eingeflochtenen Vorboten erfassen, erfährt die Zielintervention eine zusätzliche Verstärkung. Diese dynamische Spannung erhöht die Wahrscheinlichkeit, daß die Therapie zu einem signifikanten emotionalen Ereignis (Significant Emotional Event – SEE) wird. In Anlehnung an Massey (1979) versuchte Yapko zu zeigen, daß „Psychotherapie als künstliches und absichtliches Herbeiführen eines signifikanten emotionalen Ereignisses gesehen werden kann, dessen Ziel es ist, das Wertsystem des Patientien in Richtung einer verbesserten Apassung zu verändern" (Yapko 1985, S. 266). Auf dieser Grundlage möchte ich Psychotherapie als wesentlichen Anstoß für ein SEE definieren, dessen Imperativ mit den Worten zum Ausdruck gebracht werden kann: „Im Erleben dieser (dramatischen) Erfahrung vollzieht sich therapeutische Veränderung."

Betrachtet man sich die großen literarischen Werke, so läßt sich dort nicht nur das Drama, sondern ebenso auch Seeding als wichtiges gestalterisches Element ausmachen.

Literarische Erscheinungsformen des Seeding

In einer meiner früheren Arbeiten zeigte ich, wie Erickson seine Schüler aufforderte, ihre Fähigkeit zu entwickeln, Verhaltensweisen vorherzusehen und Voraussagen sowohl für diagnostische als auch für therapeutische Zwecke zu nutzen (Zeig 1985a, S. 81). Er stellte mir einmal die Aufgabe, die erste Seite des Romans *Nightmare Alley* von William Gresham zu lesen, um ihm anschließend zu erzählen, was sich auf der letzten Seite ereignen würde. Damit wollte er mir zu verstehen geben, wie sehr Verhalten unbewußt vorherbestimmt sein kann.

Als ich die erste Seite las, verstand ich zunächst nicht, um was es bei dieser Aufgabe ging, aber als ich den Roman vollständig gelesen hatte, wurde mir klar, daß Gresham den Schluß bereits am Anfang „säte". Man bezeichnet diese literarische Technik als das *Erwecken von Vorahnungen* [foreshadowing] (Zeig 1988). Beispiele hierfür lassen sich beliebig aufzählen, in der Literatur, in Theaterstücken, in Filmen, im Fernsehen und sogar in der Musik, wenn etwa ein musikalisches Thema zu Beginn des Werkes eingeführt und im weiteren Verlauf entwickelt wird. Ich glaube, daß es der russische Schriftsteller Tschechow war, der einst sagte: „Wenn im ersten Akt eine Pistole auftaucht, wird im dritten Akt jemand erschossen!"

Nehmen wir als Beispiel die Kinoversion des *Zauberers von Oz*. In der Eingangsszene versucht Miss Gulch, die strenge Hausdame, Dorothys Hund Toto zu schlagen. Als sie ihn schließlich einfängt, wird sie von Dorothy als „böse, alte Hexe" beschimpft. In Oz wird Miss Gulch später tatsächlich als Hexe dargestellt.

Des weiteren werden zu Beginn des Filmes die drei Knechte, Tante Em und der Professor vorgestellt. Bumbling Huck wirft Dorothy vor: „Du strengst dich nicht an, was Miss Gulch anbelangt. Hast du denn nichts im Kopf? Er ist ja schließlich nicht aus Stroh." In Dorothys Phantasie erscheint Huck schließlich als Strohmann.

Der zögerliche Zeke, der alsdann als der ängstliche Löwe in Erscheinung tritt, sagt in seinem ersten Auftritt: „Miss Gulch scheint sich vor nichts zu fürchten. Sei ein bißchen mutig, das ist alles. Geh zu ihr und spuck' ihr ins Gesicht." Er selbst ist sehr dreist, sobald Miss Gulch *nicht* zu Hause ist.

Der emotionelle Hickory, der später zu einem starren Blechmann verkommt, prahlt vor Dorothy: „Eines Tages werden sie eine Statue von mir errichten."

Der Zauberer von Oz selbst wird eingangs als Professor Marvel vorgestellt, der als gutherziger, aber inkompetenter und grandioser Sprücheklopfer an den Zauberer in Dorothys Phantasie erinnert.

Deren Phantasie wird aber auch von Tante Em beeinflußt, die Dorothy auffordert: „Finde einen Platz, an dem du nicht in Schwierigkeiten kommst." Dorothy beginnt daraufhin, sich ihren besonderen Platz jenseits des Regenbogens vorzustellen.

Offensichtlich versuchen Schriftsteller, in ihren Stücken Vorahnungen bereits sehr früh zu erwecken, was sich natürlich positiv auf die emotionalen und dramatischen Folgen der Geschichte auswirkt.

Ein Phänomen, das dem literarischen des Erweckens von Vorahnungen ähnelt, wird in der experimentellen Psychologie als *„Priming"*[22] oder *„Cueing"* bezeichnet und ist dort ausführlich untersucht. Im nächsten Kapitel werde ich eine kurze Zusammenfassung der Literatur über dieses Phänomen geben.

Experimentelle und sozialpsychologische Arbeiten über Priming

In der experimentellen Psychologie verwendet man Priming, um Gedächtnis- und Lernmodelle (Collins u. Loftus 1975; Ratcliff u. McKoon 1988; Richardson-Klavehn u. Bjork 1988) sowie soziale Einflüsse (z.B. Higgins, Rholes u. Jones 1975) zu untersuchen. Beispielsweise findet es in der Erforschung des Spreading-activation-Modells des Gedächtnisses Anwendung. So sind Collins und Loftus der Ansicht, daß Priming zu einer Ausbreitung von neuronalen Aktivierungsspuren führt, indem zusätzliche Verbindungen im Netzwerk des Gedächtnisspeichers gebildet werden (Collins u. Loftus 1975). Inhalte, die später memoriert werden, verbinden sich mit den früheren Spuren zu Schnittstellen.

Ratcliff und McKoon definieren Priming als „eine Erhöhung der Response auf ein Testitem infolge eines vorangegangenen Items" (Ratcliff u. McKoon 1978, S. 403). Verwendet wurde dieses Konzept von den beiden Autoren vor allem im Zusammenhang mit der theoretischen Formulierung von Lern- und Gedächtnisvorgängen (Ratcliff u. McKoon 1988). Abgesehen davon wurden jedoch in keinem der mir bekannten Artikel praktische Anwendungsmöglichkei-

22 für priming siehe Fußnote 19

ten für Priming in der Psychotherapie oder in anderen Bereichen in Erwägung gezogen.

Wie auch immer, die Erforschung des Priming führte zu Entwicklungen in den der Psychotherapie nahestehenden Bereichen. Schacter unterscheidet zum Beispiel aufgrund dessen zwischen einem impliziten und einem expliziten Gedächtnis, wobei ersteres in direkter Verbindung mit Seeding steht. Schacter zufolge ist von einem impliziten Gedächtnis zu sprechen, „wenn frühere Erfahrungen die Bewältigung einer Aufgabe erleichtern, die weder eine bewußte noch eine intentionale Erinnerung jener Erfahrungen erforderlich macht" (Schacter 1987, S. 501). Die Forschung auf dem Gebiet des impliziten Gedächtnisses beschäftigte sich mit dem Phänomen des direkten oder wiederholten Primings, das Schacter als „eine Erleichterung der Verarbeitung eines Stimulus als Funktion einer früheren Auseinandersetzuung mit dem gleichen Stimulus" definierte (S. 506).

Richardson-Klevehn und Bjork stellten drei unterschiedliche Arten des Primings zusammen, die in der Literatur zur experimentellen Psychologie beschrieben werden: das *direkte oder intermittierende Priming,* das zu einer Erhöhung der Anzahl an richtigen Antworten und/oder zu einer Verkürzung der Antwortdauer bei den betreffenden Testitems führt, das *assoziative oder semantische Priming,* das Entscheidungen über lexikalische Aufgaben (ob nun eine Anzahl von Buchstaben ein Wort bilden oder nicht) beschleunigt, wenn vor den Testitems assoziativ oder semantisch ähnliche Wörter vorgegeben wurden, sowie das *indirekte Priming,* welches Schacter bezeichnet als „jede Veränderung in der Leistung infolge der Präsentation von Information, die sich in irgendeiner Weise (assoziativ, semantisch, phonetisch oder morphologisch) auf die Teststimuli bezieht" (S. 479).

Obwohl Priming ein relativ neues Forschungsgebiet in der experimentellen Psychologie darstellt, ist es nicht so modern, wie man vielleicht glauben mag. So beschäftigte sich bereits vor der Jahrhundertwende Korsakoff mit Amnesie und beschrieb, wie Patienten mit Hirnverletzungen über „schwache" Gedächtnisspuren verfügten, die ihre Affektivität unbewußt zu beeinflussen vermochten. Allerdings waren diese Spuren zu „schwach", um in das bewußte Gedächtnis einzutreten (nach Schacter 1988).

In der experimentellen Psychologie verwendete man Priming vor allem für die Untersuchung verschiedener Bereiche menschlichen Verhaltens. Im folgenden werde ich anhand von kurzen Zusammenfassungen repräsentativer Beispiele darstellen, wie Priming in verschiedenen Bereichen menschlichen Funktionierens experimentell erforscht wird. Auf diese Weise möchte ich zum einen das Konzept des Priming näher ausführen, und zum anderen hoffe ich, daß Kliniker zum Nachdenken über Anwendungsmöglichkeiten dieser Technik angeregt werden.

1. *Lexikalische Entscheidungen*: In einem Experiment über lexikalische Entscheidungen, das von Tweedy, Lapinski und Schvaneveldt durchgeführt wurde, legte man den Versuchspersonen eine Reihe von Buchstaben vor, wobei die Probanden anzeigen sollten, ob diese Buchstabenreihe ein konkretes Wort bildeten (berichtet in Ratcliff u. MacKoon 1981). Priming führte bei dieser Aufgabe zu kürzeren Entscheidungszeiten. So wurde zum Beispiel „nurse" [Krankenschwester] als Wort rascher identifiziert, wenn vorher ein Priming mit einem semantisch verwandten Wort wie etwa „Doktor" stattfand.

2. *Wiedererkennen von Items*: Die Versuchspersonen dieses Experimentes wurden aufgefordert, eine Liste von Paarassoziationen auswendig zu lernen. Danach legte man ihnen eine Liste mit einzelnen Wörtern vor und fragte sie, ob diese Wörter auf der Liste standen, die sie auswendig lernten. Jene Testwörter, die unmittelbar auf ihre Paarwörter folgten, wiesen im Vergleich zu den Testwörtern, denen ein beliebiges Wort der Lernliste voranging, eine kürzere Reaktionszeit auf (McKoon u. Ratcliff 1978). In ähnlicher Weise konnten die Versuchspersonen in einem tachsistoskopischen Test die „präparierten" Wörter eher erkennen, auch wenn sie diese nicht als bekannt erinnerten (Jacoby u. Dallas 1981, nach Druckman u. Swets 1988).

3. *Veränderungseffekte der späteren Wiedergabe*: Eich (1984) präsentierte unvorbereiteten Versuchspersonen Wortpaare wie z.B. „taxi - FARE" oder „movie - REEL" auf eine akustische Weise, die es den Probanden nicht ermöglichte, diese Wortpaare bewußt wahrzunehmen. Das anschließende Buchstabieren der Homophone zeigte, daß häufig eine nicht so geläufige Wortbedeutung zugrundegelegt und zum Beispiel das zuvor „präparierte" FARE des öfteren als FAIR interpretiert und buchstabiert wurde.

Kehren wir zu dem Experiment zurück, zu dem ich Sie eingangs eingeladen habe. Nehmen Sie bitte ein Blatt Papier und schreiben Sie Ihre Antworten auf folgende vier Fragen nieder:

Nennen Sie

1. einen Mädchennamen,
2. ein *Markenwaschmittel*,
3. den Namen eines Vogels,
4. eine Zahl zwischen eins und zehn.

Vergleichen Sie nun Ihre Antworten mit der Liste der Paarassoziationen. Haben Sie sich für das Waschmittel, den Namen, den Vogel oder die Nummer entschieden, die ich „gesät" habe? Erkennen Sie, was und wie ich „gesät" habe? Diese Vorstellungen wurden nicht nur einfach dargeboten, sondern mit einer paraverbalen Technik zusätzlich hervorgehoben. Doch davon später mehr.

4. *Die Zugänglichkeit zu einem Konzept*: Nisbett und Wilson (1977) baten im Rahmen ihrer Untersuchung Versuchspersonen, eine Liste von Wortpaaren zu lernen, von denen einige als Priming für ein späteres Experiment dienen sollten. Probanden, die beispielsweise das Wortpaar „ocean - moon" memorierten, antworteten auf die Frage nach einem Waschmittel eher mit dem Markennamen „Tide"[23] als jene Versuchspersonen, die dieses Wortpaar nicht gelernt hatten. Dieses semantische Priming erhöhte die Wahrscheinlichkeit für eine bestimmte Antwort von 10 auf 20 Prozent. Interessanterweise bestritten die Versuchspersonen in der darauffolgenden Befragung hartnäckig die Möglichkeit, daß das Priming ihr Verhalten beeinflußt hätte.

Tatsächlich könnte der Effekt auch eher als Reaktion auf indirekte Suggestionen als durch Priming erklärt werden. Da er aber die Zugänglichkeit zu einem bestimmten Konzept erhöht, wird er unter der Priming-Literatur aufgeführt.

5. *Beeinflussung von Präferenzen*: In einer anderen Studie von Nisbett und Wilson (1977) hörten Probanden über eine dichotome Vorrichtung Tonsequenzen, wobei sie auf dem von ihnen erwarteten Kanal einer menschlichen Stimme folgen konnten, während auf dem anderen Kanal Töne zu hören waren. Anschließend wurden den Versuchspersonen die vertrauten (zuvor gehörten) und auch neue Tonsequenzen vorgespielt. Obwohl sie nicht imstande waren anzugeben, ob es die Tonsequenzen waren, die sie vorher gehört hatten oder nicht, zeigten sie unterschiedliche Präferenzen für die Töne, die ihnen auf dem nicht erwarteten Kanal dargeboten worden waren. Wie zu erwarten, waren es die vertrauten Töne, die den neuen, unbekannten Tonsequenzen vorgezogen wurden.

23 tide (engl.) = Gezeiten, Flut; in den USA ein bekanntes Markenwaschmittel.

6. *Problemlösen*: Im folgenden Experiment, das bereits 1931 durchgeführt wurde, hingen in einem Raum zwei Seile von der Decke und einige andere Gegenstände wie Werkzeuge oder Verlängerungsseile lagen herum. Die Aufgabe der Versuchspersonen bestand darin, die beiden Seile zu verknüpfen; allerdings waren diese so weit voneinander aufgehängt, daß es unmöglich war, ein Seil zu halten und das andere zu ergreifen. Es gab einige einfache Lösungen wie zum Beispiel die Verlängerung eines der beiden Seile mit einem herumliegenden Seil. Falls die Probanden nicht mehr weiter wußten, versetzte der Versuchsleiter, der „ziellos" durch den Raum schlenderte, scheinbar unbeabsichtigt eines der beiden Seile in Bewegung. Innerhalb kürzester Zeit befestigten die Versuchspersonen einen der schweren Gegenstände an einem der Seile, um dieses als Pendel zu benutzen, und lösten so die Aufgabe. Als man sie fragte, wie sie denn auf die Idee mit dem Pendel gekommen seien, verneinten viele, daß der entscheidende Anstoß von dem Versuchsleiter gekommen sei (berichtet in Nisbett u. Wilson 1977).

7. *Einstellungsbildung*: Mit Priming lassen sich auch Einstellungen beeinflussen. Ein Experiment, in dem Probanden für sehr kurze Zeit Wortpaare betrachten konnten, die sich aus je einem Adjektiv und einem Substantiv zusammensetzten (z.B. *alt – Baum*), zeigte die anschließende Einstellungsbefragung (z.B.: Ist ein Baum *groß* oder *alt*?), daß die Befragten eher dazu neigten, mit den Adjektiven zu antworten, die ihnen aufgrund des vorangegangenen Priming bekannt waren (berichtet in Schacter 1987, S. 506).

8. *Eindrucksbildung*: Higgins, Rholes und Jones (1975) zeigten, daß eine Darbietung nicht bewußt wahrnehmbarer Begriffe, die sich für die Beschreibung einer Persönlichkeit eignen (z.B. leichtsinnig, hartnäckig, etc.), nachfolgende Beurteilungen zu beeinflussen vermag. Den Versuchspersonen wurden subliminal, das heißt von ihnen unbemerkt, positive oder negative Persönlichkeitsbegriffe dargeboten, die mit der Beschreibung einer Person, die sie daraufhin „lesen" sollten, übereinstimmten bzw. nicht übereinstimmten. Die kongruenten Persönlichkeitsmerkmale beeinflußten die nachfolgende Beurteilung der dargestellten Person erheblich, wobei dieser Effekt interessanterweise nach einer gewissen Zeit größer war als zu Beginn. Möglicherweise dauerte es eine Weile, bis sich die Wirkung des Priming vollständig entwickeln konnte.

9. *Soziales Verhalten*: Sogar soziales Verhalten läßt sich durch Priming beeinflussen. Wilson und Capitman (1982) gaben ihren männlichen Probanden eine Geschichte über ein Rendezvous zwischen einem Mädchen und einem Mann bzw. der Kontrollgruppe eine andere Geschichte zu lesen. Jene Probanden, die die Rendezvous-Geschichte lasen, verhielten sich anschließend einem Mädchen gegenüber freundlicher, das heißt sie blickten es öfter an, lächelten mehr, waren gesprächiger und beugten sich häufiger vor. Die beiden Autoren ziehen aus ihrer Studie den Schluß, daß das Priming von Verhaltensweisen zwar außerordentliche Auswirkungen haben kann, diese jedoch zeitlich limitiert zu sein scheinen: Bereits eine etwas längere Zeitspanne (ca. 4 Minuten) zwischen dem Lesen der Geschichte und der Begegnung mit dem Mädchen führt zu einem signifikant geringeren Ausmaß an freundlichem Verhalten.

In einem anderen Experiment bat man Hausbesitzer, eine Petition zur Erhaltung der Landschaft Kaliforniens zu unterschreiben. Zwei Wochen später fragte man die gleichen Personen, ob sie damit einverstanden seien, ein großes Schild mit der Aufschrift „Fahrt vorsichtig!" inmitten ihres Rasens aufzustellen. Das Ausmaß an Bereitschaft war bei den Personen, die vorher die Petition unterzeichnet hatten, größer; es schien, als ob sie eine Art bürgerliches Pflichtgefühl entwickelt hätten, das – nachdem es erst mal implantiert („gesät") war – leichter utilisiert werden konnte.

10. *Moral*: In einem Experiment von LaRue und Olejneck (1980) bestanden die Priming-Konzepte aus Denkaufgaben. Beispielsweise erhielt die eine Gruppe eine Reihe verbaler Aufgaben, die die Stufe des formalen Denkens testen sollten, wie zum Beispiel: „Phyllis ist glücklicher als Martha; Martha ist glücklicher als Ruth. Welche der drei Frauen ist am traurigsten?" Eine andere Gruppe sollte Aufgaben auf der Stufe des konkreten Denkens lösen: Den Versuchspersonen wurden Additions- und Subtraktionsaufgaben vorgelegt. Die Kontrollgruppe hatte keinerlei spezifisch kognitive Aufgaben zu lösen. Der anschließend absolvierte Test zur Überprüfung der Moralentwicklung ergab einen signifikanten Unterschied: Probanden, bei denen das Priming-Konzept in der Auseinandersetzung mit Aufgaben der formalen, operationalen Denkstufe bestand, erzielten signifikant höhere Punktwerte als die Kontrollgruppe bzw. die Gruppe mit konkret-logischen Denkaufgaben.

Psychotherapeutische Implikationen

Wie aus den dargestellten Beispielen hervorgeht, wurde Priming vor allem zur Erforschung von Gedächtnis- und Lernmodellen sowie von Theorien der sozialen Beeinflussung verwendet. Die Ergebnisse beweisen, wie wirkungsvoll Priming ist und wie es Verhalten und Wahrnehmung zu beeinflussen vermag. Gerade deswegen sollten Therapeuten neue Wege suchen, wie sie Priming/Seeding für die Lösung menschlicher Probleme einsetzen können. Im klinischen Bereich würde man indirektes dem intermittierenden oder semantischen Priming vorziehen. Direktes Priming wäre auch denkbar, wenn zum Beispiel der Therapeut die Patienten Aspekte beabsichtigter Veränderungen visualisieren ließe, um auf diese Weise deren Empfänglichkeit zu erhöhen.

Seeding im klinischen Bereich erweist sich möglicherweise als wirksamer, wenn der Therapeut mit kategorialen anstelle von qualitativen Konzepten arbeitet. Zur Verdeutlichung möge ein Experiment von Collins und Loftus (1975) dienen, demzufolge das Priming des Begriffes „Apfel" effektiver war, wenn es durch den Begriff „Frucht" und nicht durch den Buchstaben „A" oder das Adjektiv „rot" vorbereitet wurde. Ähnliches könnte auch für den psychotherapeutischen Bereich gelten. So würde beispielsweise das Seeding einer therapeutischen Aufgabe vereinfacht werden, wenn man während eines vorbereitenden Gespräches auf „die Erledigung von Hausaufgaben während der Schulzeit" oder „die Vorbereitung auf einen Sportwettkampf" anspielte, statt sich eindeutiger auf den Begriff „Aufgabe" zu beziehen.

Im Gegensatz zu den experimentellen Untersuchungen von Primingeffekten, in denen fast ausschließlich mit neutralen Priming-Stimuli („Primes") gearbeitet wird, um etwaige Störgrößen zu vermeiden, ist es für Therapeuten legitim, sich im Rahmen ihrer therapeutischen Arbeit, in der Standardisierungen nicht angemessen erscheinen, über derartige Beschränkungen zugunsten einer individuellen Behandlung hinwegzusetzen. Die Begriffe, die hier „gesät" werden, können idiosynkratischer Natur sein und an die persönliche Erfahrung des Patienten angepaßt sein. Eine meiner Patientinnen zum Beispiel beschrieb ihren Schmerz als „scharf". In der nächsten Sitzung führte ich während der hypnotischen Induktion ein Seeding (und Reframing) des Begriffes „scharf" durch, indem ich auf die Vorstellung einer *schärferen Wahrnehmung* bestimmter Empfindungen wie Wärme und Behaglichkeit anspielte. Es folgten einige therapeutische posthypnotische Suggestionen, die davon handelten, wie eine schärfere Wahrnehmung benutzt werden könnte, um Schmerzen zu verändern.

Um die Wirksamkeit des Priming zu erhöhen, können und sollen die Primes an bestimmte Aspekte der Individualität des Patienten angepaßt werden. So wäre es möglich, bei einem ruhigen Patienten mit Understatements zu „säen"; bei einer Person mit einer kräftigen Statur dagegen könnte man das Seeding einer Vorstellung zum Beispiel durch den Einsatz einer lauteren Stimme unterstützen.

In der klinischen Arbeit ist es von großem Vorteil, über mehrere Möglichkeiten zu verfügen, mit denen eine Vorstellung angemessen „gesät" werden kann, so daß sich Therapeuten nicht damit bescheiden müssen, ständig auf eine einzige Form des Seeding zurückzugreifen bzw. Methoden der Darbietung zu verwenden, die weder verdeckt noch subliminal einsetzbar sind. Statt dessen steht es ihnen frei, stimmliche Betonungen, Verwirrung, Stottern, ungewöhnliche Gesten, etc. in ihre Therapie einzubeziehen, in der es wie überall in der klinischen Arbeit mehr auf den Prozeß und nicht so sehr auf Zustände ankommt. Obwohl Priming unter experimentellen Bedingungen häufig als isoliertes Phänomen untersucht wird, ist es realiter mehr: Seeding ist als Bestandteil eines sich rasch vollziehenden interaktiven Prozesses zu verstehen. Gerade deshalb ist es Klinikern nicht immer ohne weiteres möglich, Verhaltensweisen zu isolieren und experimentell zu untersuchen.

In der therapeutischen Arbeit ist es möglich, Vorstellungen nach und nach zu „säen" bzw. mehrere Primes zu kombinieren, um auf diese Weise verschiedene Begriffe zu „säen". Die folgende Abbildung veranschaulicht dieses Vorgehen:

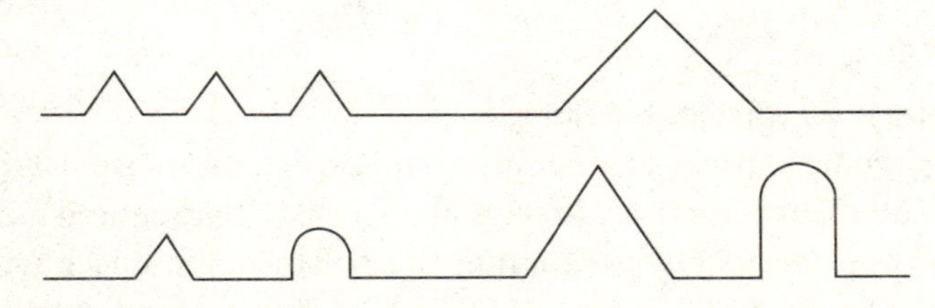

Kehren wir zu den fünf Antworten zurück, die Sie für das „Experiment" anfangs niederschrieben. Haben Sie „Robin" als Mädchen-

und/oder als Vogelnamen?[24] Lautet der Name Ihres Markenwaschmittels „Tide"?[25] Haben Sie sich für die Zahl „fünf" oder „acht" entschieden?

Das Seeding dieser Zielbegriffe fand auf der ersten Seite dieses Artikels statt. Die Wörter wurden durch eine ungewöhnliche Interpunktion, Leerstellen zwischen den Buchstaben eines Wortes oder eine kursive Schreibweise markiert; Hervorhebungen, die fortan als eine Art Konditionierung dienten, um die zuvor „gesäten" Assoziationen wieder ins Gedächtnis zu rufen. (Der Begriff „surf" [Brandung] wurde aufgrund seiner Ähnlichkeit mit dem Zielbegriff „tide" ebenfalls für das Seeding verwendet.) Die Zahlen „fünf" bzw. „acht" konnten aufgrund des Widerspruches in den Vordergrund treten, der auf der ersten Seite entstand, als ich fünf Wortpaare ankündigte, dann aber acht anführte.

Sprachliches Seeding ermöglicht zusätzliche paraverbale Markierungen. Als ich diesen Artikel auf einem Kongreß vortrug, markierte ich die Zielbegriffe mit stimmlichen Betonungen, ungewöhnlichen Gesten oder einem Räuspern. Das Ergebnis dieses Feldexperimentes war außergewöhnlich; die meisten Zuhörer antworteten mit den zuvor „gesäten" Begriffen.

Wie aber kann mit Seeding gearbeitet werden, um den größtmöglichen therapeutischen Erfolg zu erzielen? Die These dieses Artikels lautet, daß *jede therapeutische Intervention dann am wirkungsvollsten ist, wenn sie mit Seeding vorbereitet worden ist.* Dies gilt unabhängig davon, ob der Therapeut beabsichtigt, problematisches Verhalten oder eine Hierarchie zu verändern, Interpretationen oder hypnotische Suggestionen zu geben, Medikamente zu verschreiben, Motivationen zu steigern, Seeding über zwei Sitzungen hinweg durchzuführen oder eine Reihe anderer therapeutischer Ziele anzustreben.

Seeding in der Ericksonschen Therapie

Seeding ist eine logische Erscheinung des von Erickson so meisterhaft beherrschten Utilisationsansatzes. Dieser weist Therapeuten auf die Tatsache hin, daß alles, was Patienten mit sich bringen, einschließlich ihrer sozialen Systeme, ihrer persönlichen Überzeugungen, Wider-

24 Robin (engl.) = Rotkehlchen; Anm.d.Übers.
25 Siehe Fußnote 23

stände und sogar Symptome, für die psychotherapeutischen Ziele genutzt werden kann. Man könnte gleichsam sagen, daß „alles, was der Patient macht, um ein Patient zu sein, der Therapeut konstruktiv machen kann, um ein Therapeut zu sein" (Zeig 1987, S. 396). Beispielsweise können Therapeuten Konfusionen auf konstruktive Weise verwenden, wenn Patienten verwirren, um als Patienten angesehen zu werden. Falls Patienten zur Schaffung von Distanz einen schizophrenen Sprachstil verwenden, können Therapeuten diesen Stil einsetzen, um Nähe zu erzeugen (Zeig 1987).

Mit Seeding verhält es sich ähnlich. Patienten „säen" für ihre Therapeuten gewöhnlich Vorstellungen; warum sollten diese nicht umgekehrt für ihre Patienten Vorstellungen „säen" – aus Gründen der Höflichkeit, aber insbesondere auch, um die Wirksamkeit zukünftiger Interventionen zu erhöhen?

Seeding durch Patienten

Ein Patient, der vermutlich bald zu weinen beginnt, kann, noch bevor sich seine Augen zu verschleiern beginnen, mit einer unbewußten Geste auf das folgende Verhalten hinweisen, beispielsweise indem er mit einer ungewöhnlichen Bewegung mit dem Zeigefinger auf ein Auge deutet (Zeig 1988). Häufig sind es gerade solche nichtverbalen Verhaltensweisen, die als Vorboten („Seeds") auf verbales Verhalten hinweisen. So kündigt etwa der Patient, der davon spricht, daß „er sich im Kreise dreht", seine Rede gewöhnlich bereits zu Beginn des verbalen Reports mit einer gestikulierenden Kreisbewegung an.

Auch komplexere Konstrukte können von Patienten für ihre Therapeuten „gesät" werden. Eine Patientin, die sich Sorgen um eine nicht gewollte Schwangerschaft macht, könnte beispielsweise beim Betreten des Therapiezimmers eine beiläufige Bemerkung über Kinder machen oder sich ein Bild mit Kindern anschauen. Kürzlich eröffnete eine meiner Patientinnen die Stunde, indem sie sich Gedanken über die „weibliche" Seite ihres Ehemannes machte. Erst später, als sie in der Lage war, ihre Besorgnis zuzugeben, daß ihr Sohn möglicherweise homosexuell sein könnte, bemerkte ich, wie geschickt sie die Sache „gesät" hatte. Ein wachsamerer Therapeut hätte ihre Hinweise vermutlich eher erkannt, gewiß auch Milton Erickson, dessen Veröffentlichungen gespickt sind mit Beispielen von „Seeds", die er bei seinen Patienten beobachten konnte. So sagte er zum

Beispiel, daß er vom Rücksitz eines Autos aus vorhersagen könne, in welche Richtung der Fahrer jeweils lenken wird; es genüge, die Richtung der winzigen, vorbereitenden Bewegungen zu erkennen (Zeig 1985a).

Seeding in der Strategischen Therapie

Erickson bezeichnete strategische Techniken als „naturalistisch", das heißt als Hypnotherapie ohne die Notwenigkeit des Induzierens einer formalen Trance. Üblicherweise strebt der Therapeut eine Zielintervention an, etwa eine symbolische oder reale Aufgabe, eine Symptomverschreibung, ein Reframing oder eine andere Technik, die das Verhaltensmuster unterbricht. Mit Hilfe von prähypnotischen Suggestionen kann er die Kooperation und Motivation des Patienten steigern, indem er zum Beispiel dessen Sprache übernimmt, Ablenkungs- und Konfusionstechniken einsetzt oder aber mit Seeding arbeitet.

Als Beispiel möge ein Patient mit Gewichtsproblemen dienen, dessen Therapeut eine stärkere Kontrolle des Patienten über dessen Eßverhalten anstrebt. Der Therapeut ist sich im klaren, daß direkte Suggestionen kaum etwas nutzen würden. Die Anweisung an den feisten Patienten, „die Kalorienaufnahme doch zu zügeln", käme dem Versuch gleich, einen Depressiven mit einem fröhlichen „Kopf hoch!" aufmuntern zu wollen. Wie dem auch sei, die Botschaft, die der übergewichtige Patient erhalten soll, ist eindeutig: „Iß weniger!"

Seeding kann sich in solchen Fällen als nützlich erweisen. Beispielsweise setzte ich es bei einem krankhaft dicken Patienten ein, der auf die hypnotische Arbeit mit einer langsamen Reduzierung des Körpergewichtes reagierte. Während einer unserer Stunden beschrieb er erregt, wie er mit einer Frau, die ihn interessierte, ausging. Natürlich war Violet, wie wir sie bezeichnen wollen, ein weiterer guter Grund für diesen Mann, sein Gewicht zu senken. Ericksons Faible für Utilisation im Hinterkopf, kam mir eine Intervention in den Sinn, die ich „säen" wollte. Ich führte sie in sechs diskreten Schritten aus, wobei ich dramatische Elemente integrierte; Seeding kam bereits beim ersten Schritt zum Zuge.

1. Ich verwickelte den Mann in eine Diskussion über die Art und Weise, wie Menschen Gegenstände mit einem Namen versehen, zum Beispiel welche Namen sie ihren Autos, Booten oder sogar Werkzeugen (sic!) wie Schießeisen, geben.

2. Daraufhin lenkte ich seine Aufmerksamkeit auf andere Dinge und unterhielt mich mit ihm über Dissoziation, einen Begriff, der ihm nicht geläufig war. Wir besprachen, wie Dissoziation gewöhnlich beim Autofahren in Erscheinung tritt: Man macht sich keine großen Gedanken über die Bewegung des Steuerrades, über den Druck, der auf das Bremspedal ausgeübt werden muß, usw. Es scheint „wie von selbst" zu funktionieren.

3. Ich lenkte ihn erneut ab – dieses Mal mit einem Gespräch, wie ein Baby gefüttert wird und wie „magisch" es diesem vorkommen mag, wenn die Nahrung „wie von selbst" in seinem Mund erscheint.

4. Ich sprach dann über ein Paar in Therapie und erklärte, daß eine der Schwierigkeiten war, daß sich die Frau zu wenig beachtet und geschätzt fühlte. Ein Aspekt der therapeutischen Arbeit bestand darin, diese Frau erkennen zu lassen, daß ihr Mann nur über begrenzte Fähigkeiten verfüge, seine Wertschätzung zum Ausdruck zu bringen. Dieser Mann spielte Sonntags morgens des öfteren Flöte; sie könnte nun erkennen, wie sehr er die Musik zu schätzen wußte und wie anerkennend er das Instrument (sic!) hielt, mit dem er musizierte.

5. Diese Unterhaltung außer acht lassend, fragte ich ihn plötzlich, ob er sich einen Namen für seine Hand ausdenken könne. Die Frage überraschte ihn und er scheute sich, eine Antwort zu geben. Daraufhin fragte ich ihn, ob er eine Ahnung habe, welchen Namen er für seine Hand benutzen solle. Er zeigte sich erfreut über die Möglichkeit, sie als Violet zu bezeichnen.

6. Ich nahm einen Stift, zeichnete den Buchstaben „V" auf seine rechte Hand und und hielt meine Finger in Form eines V's in die Höhe. Ich sagte zu ihm, daß er jedes Mal, wenn er esse, den Eindruck habe, daß eine dissoziierte Hand die „Werkzeuge" und „Instrumente", die ihm die Nahrung geben, hält. (Er sollte die Hand mit dem V – dem Zeichen für Sieg – auch mit der Vorstellung assoziieren, daß sie auch zu seinem persönlichen Gewinn und nicht nur zu seiner Benachteiligung beitragen kann.)

Diese Intervention war nur ein Teil eines komplexen Behandlungsplanes, infolge dessen der Patient sein Gewicht drastisch reduzieren konnte. Zu betonen ist dabei die Herbeiführung eines SEE sowie der Einsatz von Seeding, um die therapeutische Wirkung zu erhöhen. So wie ich Seeding benutzte, arbeitete ich mich, beruhend auf einer naturalistischen Form der posthypnotischen Suggestion, in kleinen Schritten voran.

Die wichtigste Intervention wurde nicht nur so ohne weiteres durchgeführt; vielmehr stand ein „gemachtes Bett“ bereit, in das sie „eingebettet“ wurde. Mit diesem Vorgehen erhöht sich die Wahrscheinlichkeit, daß die Intervention greift, das heißt daß sie konstruktives Verhalten nach sich zieht. Es bedarf bei dieser Art des Intervenierens nicht immer eines dem Patienten bewußten Vorgehens. Ungeachtet dessen stellt sich bei solchen Suggestionen häufig eine spontane Amnesie ein (Zeig 1985b).

Es können jedoch nicht nur die wichtigsten Interventionen, wie beispielsweise jene oben, „gesät“ werden, sondern auch winzig kleine Elemente einer Therapie.

Seeding in der Ericksonschen Hypnose

Es ist wohl nicht übertrieben, wenn ich sage, daß Erickson Seeding in beinahe jeder formalen Tranceinduktion einsetzte. Grundsätzlich gesehen bieten sich viele Möglichkeiten, diese Technik in die Hypnotherapie zu integrieren. So kann man makrodynamische Elemente wie etwa die Hauptintervention, aber auch mikrodynamische Elemente wie kleine Etappenziele, die auf die Hauptintervention hinführen, mit Seeding vorbereiten.

Ein Therapeut beispielsweise, der eine Armlevitation durchführen möchte, um mit Hilfe dieser mikrodynamischen und sehr überzeugenden Technik die Entwicklung des Trancezustandes zu verifizieren, könnte, noch bevor er die Levitation suggeriert, die Hand des Patienten leicht berühren, um so die Vorstellung von „Leichtigkeit“ zu „säen“, die über die nachfolgenden Suggestionen weiter elaboriert wird (Zeig 1988).

Dies ist nur eine Möglichkeit von vielen. Erickson „säte“ Interventionen und Zielvorstellungen während der Hypnose anhand von nonverbalen und paraverbalen Methoden, Symbolen, Schlüsselwörtern und sogar mit Anekdoten, manchmal bereits im allerersten Satz der Tranceinduktion.

Bleiben wir noch ein wenig bei der Armlevitation und betrachten einige zusätzliche Möglichkeiten, dieses Zielverhalten zu „säen“. Der Therapeut könnte zum Beispiel einige Geschichten erzählen, denen eine dissoziierte Bewegung des Armes gemeinsam ist, etwa über das Heben einer Hand im Klassenzimmer, über das Pflücken einer Frucht von einem Baum, Kopfkratzen, etc. Geschichten dieser Art enthalten

Hinweisreize [„cues"] für die Zielreaktion der Armlevitation, die sodann mit direkten oder indirekten Suggestionen herbeigeführt werden kann.

Truismen eignen sich ebenfalls zum Hervorrufen einer Armlevitation, so unter anderem beim Pacing des gegenwärtigen Verhaltens (Erickson et al. 1976). Beispielsweise könnte der Therapeut verschiedene Truismen verwenden, bei denen das Seeding im Anspielen auf das Zielverhalten, also der Armbewegung, besteht, wie zum Beispiel :

(1) Ihre Hand liegt in ihrem Schoß.
(2) Sie können die Beschaffenheit des Stoffes ihrer Hose fühlen.
(3) Sie können nicht alle Empfindungen fühlen, die in Ihrer Hand bei einer Bewegung zu spüren wären.

Durch das Seeding der zukünftigen Suggestionen nähert sich der Therapeut in kleinen Schritten dem gewünschten Ziel. Der wesentliche Gedanke liegt dabei in der Schaffung einer therapeutischen Dynamik, indem man langsam beginnt und dann konsequent auf das Ziel hinarbeitet.

Sogar die Reorientierung nach Beendigung der Trance kann durch Truismen „gesät" werden; nicht nur aus Gründen der Höflichkeit, sondern auch der Effektivität. So kann man noch vor der Anweisung „Atmen Sie tief durch, einmal oder zweimal oder dreimal ... und orientieren Sie sich vollständig" einige Truismen anbieten, wie z.B.:

(1) Sie können die Fähigkeit ihres Körpers *erkennen*, Ihnen den Weg zu weisen.
(2) Sie können sich auf eine Weise *neu orientieren*, die es ihrem Bewußtsein erlaubt, sich mit Dingen näher zu befassen.
(3) Sie können bestimmte Empfindungen in ihrem Denken und in ihrem Körper *erwecken*.

Anschließend kann die eigentliche Anweisung zur Neuorientierung gegeben werden, zum Beispiel „Atme einmal oder zweimal oder dreimal tief durch ..."

Beim Seeding während einer formalen hypnotischen Induktion gibt es noch einen zusätzlichen Punkt zu beachten. Es handelt sich hierbei um eine globale makrodynamische Technik und nicht nur um eine mikrodynamische Methode für das Priming von Folgeinterventionen. Da es strukturell gesehen ein Bestandteil des Induktionsprozesses ist, kann man die Induktion selbst auch als ein Seeding der Therapie betrachten: Während der Induktion wird eine Ansprechbarkeit insbesondere für indirekte Suggestionen erzeugt (Zeig 1988), die man dann in der Therapie nützt. In diesem Sinne erfolgt ein Seeding des Antwortverhaltens während der Induktion, auf dem unmittelbar in der nachfolgenden Therapiephase aufgebaut wird.

Die folgenden Beispiele verdeutlichen, wie brilliant Erickson Seeding einsetzte und wie komplex seine Techniken oftmals waren.

Fallbeispiele

Fallbeispiel 1:
Die Milton H. Erickson Foundation vertreibt ein Video mit dem Titel *Symbolic Hypnotherapy*, auf dem Erickson eine Frau namens Lee in zwei aufeinanderfolgenden Sitzungen hypnotisch behandelt. Diese zwei Stunden waren Teil einer umfassenderen Therapie, in welcher Erickson über zwei Wochen hinweg fast täglich mit Lee arbeitete.

Während einer dieser Stunden fragte Erickson Lee plötzlich: „Falls Ihnen schräg gegenüber eine blonde Frau sitzen würde, wären Sie keineswegs beunruhigt, nicht wahr?" Lee, verdutzt über Ericksons offensichtliche Non sequitur, zuckte mit den Schultern und verneinte. Erickson setzte daraufhin die Trancearbeit fort. Eine Woche später führte Erickson eine blonde Frau in die Arbeit mit Lee ein, um anhand gegenseitiger Hypnose die Denkprozesse während einer tiefen Trance zu veranschaulichen (Zeig 1988).

Um eine bereitwillige Haltung in Lee zu schaffen, „säte" er bereits zu Beginn seiner Arbeit. Dieser Weitblick Ericksons zeigt, welch großes Vertrauen er in den Prozeß des Seedings hatte.

Fallbeispiel 2:
In *A Teaching Seminar with Milton H. Erickson* hypnotisiert Erickson eine Psychologiestudentin, die ich Sally nannte (Zeig 1980, S. 84-96). Sally kam 20 Minuten zu spät zur Sitzung. Erickson bat sie sogleich, sich in einen Stuhl neben ihm zu setzen, ohne dabei die Beine übereinander zu schlagen; eine symbolische Intervention, die bedeutete, daß sie Verantwortung für die Intervention übernehmen sollte, und die ganz allgemein Offenheit fördert. In seiner nächsten Intervention wollte er von ihr wissen, ob sie den Kinderreim „A Dillar, a Dollar, a Ten-O'Clock-Scholar" kenne; eine unerwartete Frage, die als eine indirekte Anspielung auf ihr Zuspätkommen zu sehen ist. (Die nächste Strophe des Reimes lautet: „What makes you come so soon? You used to come at 10 o'clock, but now you come at noon.")

Diese Direktive war mehr als nur eine indirekte Konfrontation; sie war auch ein Seeding. Nach einigen weiteren technischen Suggestionen, einschließlich des Herbeiführens von Konfusion, begann Erickson eine Induktion, während der sein

Versuch, eine Armlevitation herbeizuführen, fehlschlug. Daraufhin benutzte er ein anderes hypnotisches Phänomen. Wissen Sie schon welches? Natürlich eine Altersregression, die er zu einem früheren Zeitpunkt ihrer Interaktion „gesät" hat. Die Anspielung auf den Kinderreim diente als Priming hinsichtlich der Ansprechbarkeit auf die beabsichtigte Intervention.

Es scheint, als ob Erickson schon zu Beginn seiner Interaktion mit Sally gewußt hätte, daß er sie hypnotisieren werde. Sodann entschied er sich für eine Altersregression, die er früh mit dem Kinderreim „säte". Seeding ist eine nahezu unfehlbare Technik. Es treten keine Widerstände auf und die Chance, daß es mißlingt, ist klein. Falls jemand aber doch nicht auf das Seeding eines Begriffes ansprechen sollte, fällt es als Nebensächlichkeit unter den Tisch.

Fallbeispiel 3:
In seinen späteren Jahren induzierte Erickson Hypnose, indem er die Aufmerksamkeit seiner Patienten auf die Erinnerung lenkte, wie sie die Buchstaben des Alphabets schreiben lernten. Diese Technik ist als *Induktion der frühen Lernhaltung* bekannt (Erickson u. Rossi 1979). Häufig integrierte Erickson das Seeding von hypnotischen Phänomenen in die Tranceinduktionen. So spielte er, als er über das Schreibenlernen von Buchstaben und ähnlichen Dingen sprach, auf Dissoziation, Zeitverzerrung, Hypermnesie und Amnesie an. In der darauffolgenden Arbeit baute er dann auf die Phänomene, auf die er mittels Seeding Hinweisreize gab, auf. (Hypnotische Phänomene werden für gewöhnlich als Ressourcen für das Lösen eines Problems genutzt. So kann beispielsweise Zeitverzerrung eine geeignete Methode für Schmerzprobleme sein, um die schmerzvolle Zeit zu reduzieren und die beschwerdefreie Zeit auszudehnen. Amnesie kann hingegen eine Ressource darstellen, die es dem dafür empfänglichen Patienten ermöglicht, Aspekte seines Schmerzes zu vergessen.)

Während einer Induktion durch eine frühe Lernhaltung könnte Erickson möglicherweise gesagt haben: „Sie haben bereits eine Menge Erfahrung darin, Dinge zu vergessen, von denen man für gewöhnlich annimmt, daß man sie nie vergessen werde. Man macht Sie zum Beispiel mit einer Person bekannt, und Sie antworten mit einem höflichen ‚Freut mich, Sie kennenzulernen, Frau Jones', und zwei Sekunden später fragen sie sich, ‚Wie um Himmels willen hieß sie gleich noch?' Beinahe so rasch, wie sie ihren Namen hörten, haben sie ihn auch schon vergessen. Mit anderen Worten, Sie können all die Dinge tun, um die ich sie bitten werde." (Erickson 1968, S. 68). Der unbefangene Patient nimmt nicht bewußt wahr, daß Erickson Amnesie „sät" und daß er im späteren Verlauf der Therapie auf diese Hinweisreize aufbauen wird.

Fallbeispiel 4:
Eine Gruppe von Therapeuten kam zu Erickson, weniger um seinen Lehrseminaren beizuwohnen als um therapeutische Hilfe zu bitten. Jeder der Therapeuten brachte Erickson ein besonderes Problem vor, und dieser empfahl hypnotische oder strategische Behandlung. Gleich zu Beginn des ersten Tages sprach man über einen Mann („Jim") und dessen Ehefrau („Jane"). Jim hatte Schwierigkeiten beim Lesen und Schreiben. Er erzählte, daß er sich bei den genannten

Tätigkeiten zunehmend verkrampfe, und bat Erickson hierfür um Hilfe. Dieser fragte ihn, ob er bereits früher einmal mit ihm gearbeitet habe – was auch der Fall war; Jim war bereits zweimal bei Erickson gewesen – das erste Mal, um sich das Rauchen abzugewöhnen und das zweite Mal mit Partnerschaftsfragen, kurz bevor er Jane geheiratet hatte.

Erickson begann darauf, Jim mit Hilfe der zuvor erwähnten Induktion der frühen Lernhaltung in Trance zu versetzen, und Jim erwies sich dabei als recht gut hypnotisierbar. Auf den ersten Blick war es eindeutig dieser Induktionstypus. Da Jim bereits zweimal bei Erickson war, hatte er sie vermutlich schon einmal gehört. Eine genauere Analyse zeigt jedoch, daß Erickson dieses Mal die Induktion nicht auf die übliche Weise durchführte, sondern ein zusätzliches Design verwendete. Zu Beginn sprach er zwar über die Schwierigkeiten, die Kinder haben, wenn sie lernen, Buchstaben zu schreiben, dann aber wich er davon ab, indem er sagte: „[...] und ähnlich verhält es sich mit Ziffern. Ist die 6 eine umgekehrte 9 – die 9 eine aufrechte 6? In welche Richtung zeigen die Beine der Zahl 3? Ist die 3 ein Buchstabe ‚m', der auf nur einem Bein liegt?"

Da in den meisten Kulturen die Zahl 69 auch eine sexuelle Anspielung beinhaltet, hat dieser Satz eine entsprechend starke sexuelle Konnotation; das Sprechen über ‚drei Beine' läßt einen Mann möglicherweise auch an die eigene Sexualität denken.

Auf den ersten Blick ist nicht klar, warum Erickson auf die Sexualität anspielte. Vermutete er ein sexuelles Problem, oder war Sexualität nur eine Metapher für Stärke und Potenz? Auf jeden Fall schien Erickson Jim auf eine verdeckte Weise (angesichts der anwesenden Zuhörer, die das Gespräch mitverfolgten) darauf hinweisen zu wollen, daß er zusätzlich zu dem aktuellen Problem intimere Angelegenheiten aus Jims Leben in die Arbeit mit einbeziehen würde.

Die Tatsache, daß Erickson mit einem Patienten auf verschiedenen Ebenen arbeitete, ist allgemein bekannt. Es war Teil der stillschweigenden Vereinbarung zwischen ihm und seinen Schülern, daß er in seiner Arbeit durchaus vertrauliche Aspekte aufgreifen würde, um ihnen so zu helfen, bisher unterentwickelte physiologische und psychologische Potentiale zu fördern.

In der anschließenden hypnotischen Arbeit mit Jim führte Erickson das hypnotische Phänomen der Dissoziation herbei. Jim konnte diesen „körperlosen Bewußtseinszustand" und somit genau jene Erfahrung mühelos erreichen, die ihm helfen würde, sein Problem der extremen Spannungszustände während des Lesens und Schreibens zu lösen. Erickson verwendete indirekte Techniken, um Jim zu unterstützen, diesen Ressourcezustand der Dissoziation zu etablieren und mit seiner Hilfe das aktuelle Problem zu lösen. Nach ungefähr dreißigminütiger Arbeit mit Jim wandte sich Erickson Jane zu und sagte zu ihr: „Und nun, Jane, geh weit zurück, weit weit zurück. Vielleicht bis in die Zeit, als du noch Zöpfe hattest und etwas Lustiges erlebt hast. Langsam, Schritt für Schritt, weit zurück, und dann öffne deine Augen und erzähl mir, welch lustige Dinge du siehst; öffne sie sehr langsam."

Dies war eine hypnotische Suggestion für eine Altersregression, der keine Tranceinduktion voranging. Jane hatte die Augen geschlossen, als Erickson mit ihrem Ehemann arbeitete, und Erickson nahm dies als eine Einladung, mit ihr hypnotisch zu arbeiten. Obwohl es sich so verhielt, war es schwierig, sich vorzustellen, daß Jane ohne jegliche Induktion oder unterstützende Maßnahmen auf die komplexe Instruktion der Altersregression entsprechend reagieren würde. Es hatte den Anschein, als ob Jane weder auf die Suggestion, ihre Augen langsam zu öffnen, noch auf die Instruktion der Altersregression vollständig reagieren würde. Stattdessen stellte sich eine partielle Hypermnesie, das heißt eine partielle Revivifikation des Gedächtnisses ein, die jedoch nicht körperlich erlebt wurde. Sie erzählte, daß sie sich als Kind sah und erwähnte die Zöpfe in ihrem Haar.

Erickson setzte seine Arbeit fort, indem er Jane bat, ihre Erinnerung, wie sie als Kind aussah, neu zu beleben, in dieser Erinnerung aufzugehen und sie gemeinsam mit Erickson noch einmal zu leben. Sie schloß die Augen und schien die Regression zu erleben. Erickson bat sie erneut, ihre Augen langsam zu öffnen, woraufhin sie zum zweiten Mal *nicht* reagierte und lediglich von einem partiellen Wiedererleben berichtete.

Erickson versuchte es ein weiteres Mal mit Jane, indem er sie bat, eine Altersregression *und* zusätzlich eine negative Halluzination zu erleben. Auf die Bitte, ihre Augen langsam zu öffnen, reagierte sie erneut negativ; genausowenig gelang es ihr, die Phänomene, die Erickson hervorrufen wollte, vollständig zu erreichen. Erickson gab jedoch nicht auf: Er versuchte es ein viertes Mal, wobei er meist direkte Suggestionen verwendete. Jane hatte immer noch keine Altersregression, jedoch öffnete sie nach und nach ihre Augen. An dieser Stelle unterbrach Erickson die Hypnose, blickte auf den Boden und erzählte folgende Geschichte:

„An einem bitter kalten Tag in Wisconsin, einem Samstag, war ich in der High School. Mein Vater war damals Milchfahrer. Er holte die Milch von den verschiedenen Höfen ab und brachte sie zur *neun* Meilen entfernten Molkerei.[26] Er brauchte den ganzen Vormittag, um die Milch einzusammeln und sie bei der Molkerei abzuliefern.

Er hatte in Juno einige Vereinbarungen getroffen, die es ihm ermöglichten, seine Pferde in einem Stall unterzubringen und sie füttern zu lassen, während er in der warmen Küche eines Bewohners von Juno sein Mittagessen zu sich nahm.

An diesem besonderen Tag hatte es Null Grad. Ich übernahm seine Tour, brachte die Pferde in den Stall, fütterte sie und band sie fest. Dann ging ich rüber zum Haus, klopfte an die Tür, sagte, wer ich bin, und ging in die Küche.

Während ich meinen Mantel und meine Stiefel auszog, kam ein ungefähr *sechs*jähriges Mädchen herein, ging einmal um mich herum, musterte mich sorgfältig von Kopf bis Fuß und umkreiste mich ungefähr *drei* Mal. Dann wandte sie sich ihrer Mutter zu und fragte diese: ‚Wer ist dieser komische Mann?'

Bis zu diesem Moment wähnte ich mich als Bauernbursche, einfach nur als 16jähriger Bauernbursche. Als das Mädchen ihre Mutter fragte: ‚Wer ist dieser komische Mann?', fühlte ich, wie meine Kindheit von meinen Schultern glitt und

26 Die Hervorhebungen in dieser Geschichte stammen, soweit nicht anders vermerkt, vom Autor J.K.Z.

dem herrlichen Gefühl der Männlichkeit Platz machte. Ich würde nie wieder ein Junge sein. Ich fühlte wie ein Mann. Ich dachte wie ein Mann. Ich verhielt mich wie ein Mann. Ich *fühlte* (Betonung durch Erickson) wie ein Mann.

Diese kleine Frage des Mädchens ‚Wer ist dieser komische Mann?' hatte andauernde Auswirkungen, weil sich jeder kleine Junge sehnsüchtigst wünscht, ein Mann zu werden. Jeder kleine Junge möchte sich wohlfühlen in dem Bewußtsein, ein Mann zu sein. Er möchte die Gewißheit haben, über die Kraft eines Mannes zu verfügen, um dieses oder *jenes* (Betonung durch Erickson) zu tun und sich gut zu fühlen, während er es tut.

(Zu Jim:) Schließen Sie ihre Augen und verstehen Sie diese Geschichte wirklich.

(Zu Jane:) Und jedes kleine Mädchen möchte eines Tages eine Frau sein; schließen Sie also ihre Augen und erinnern Sie sich lebhaft an all Ihre Gefühle, an alles, was um Sie herum vorging, als Sie überzeugt waren, eine Frau zu sein. An kleine Dinge, nicht wichtiger als das, was das kleine Mädchen zu dem Jungen sagte und wodurch sie ihn zum Mann machte.

Die Frau hieß Virginia; sie hatte eine Schwester namens Della. Den Namen des kleinen Mädchens habe ich nie erfahren.

Ich stand in der Küche und blickte nach Osten. Virginia, die Mutter des Mädchens, stand einige Schritte rechts von mir. Das kleine Mädchen stand ungefähr drei Fuß entfernt vor mir, als sie ihre Mutter fragte: ‚Wer ist dieser komische Mann?' Ihr Haar war blond und sie hatte *Zöpfe*."

Abgesehen davon, daß es eine empfindsame Geschichte über ein Mädchen war, das einen Jungen zum Mann macht, war es auch eine bemerkenswerte Intervention, die dazu beitrug, eine gefühlvolle Atmosphäre zwischen Jim und Jane herzustellen. Bemerkenswert ist, daß sich Erickson nicht einfach damit begnügte, den beiden die Geschichte zu erzählen, sondern daß er sie sorgfältig vorbereitete. Er arbeitete mit Jim, der auf Hypnose ziemlich gut ansprach und half ihm, seine therapeutische Reagibilität zu erhöhen. Er „säte" die Zahlen 3, 6, und 9 und brachte sie mit der Erzählung über den männlichen Protagonisten zurück in Erinnerung, so daß sich Jim anhand „seiner" Zahlen leichter mit diesem identifizieren konnte.

Erickson arbeitete auch mit Jane, die sich durch eine größere interne Kontrollüberzeugung auszeichnete und in geringerem Maße auf Hypnose ansprach. Seine Aufgabe der Altersregression wies sie zurück, und als sie schließlich erst beim vierten Versuch auf die Suggestion, die Augen langsam zu öffnen, adäquat reagierte, schien es, als ob sie damit in Ericksons Augen einen Teil ihres „Widerstandes" aufgegeben hätte. Nur zu häufig antwortete sie mit einem „Nein"; nun aber war sie seinen Ideen gegenüber offener.

Zu einem früheren Zeitpunkt bereitete Erickson unauffällig die Vorstellung von Zöpfen vor, auf die er später wieder zurückkehren sollte. Da es angesichts des Kontextes keinen anderen Grund gibt, warum Erickson an dieser Stelle auf Zöpfe hätte anspielen sollen, handelt es sich hier eindeutig um Seeding. Als diese Vorstellung im späteren Verlauf der Geschichte wiederkehrte, erleichterte sie es Jane, sich mit der weiblichen Person zu identifizieren. So wie die Zahlen Jims Hinweisreize waren, waren es die Zöpfe für Jane.

Scheinbar hatte sich Erickson bereits vor der Tranceinduktion entschieden, daß er die Anekdote über den Jungen, der zum Mann wird, erzählen werde. Alsdann „säte" er die entsprechenden Vorstellungen, vergrößerte die Reagibilität und baute Widerstand ab. Erst als sozusagen das Bett gemacht war, erzählte er die Hauptgeschichte.

Dies ist nur eine oberflächliche Analyse einer ziemlich komplexen Therapie, die viele Facetten der Behandlung unberücksichtigt läßt. Dennoch eignet sie sich, um zu zeigen, in welchem Ausmaß Erickson das Seeding von Vorstellungen vorbereitete.

Seeding in anderen Kontexten

Erickson machte nicht nur im Zusammenhang mit strategischer Therapie oder formaler Hypnose Gebrauch von Seeding, sondern auch in seinen Lehrseminaren. Beispielsweise hält er in *A Teaching Seminar with Milton H. Erickson* seinen Studenten einen Vortrag über die Entwicklung der menschlichen Sexualität, den er mit einer Vignette einleitet. In dieser Erzählung spricht er über seinen Vater, der Hafer säte, und erwähnt so nebenbei, daß es Menschen gäbe, die „den wilden Hafer früher säen" als andere.[27] Erst nachdem er das beabsichtigte Thema durch Seeding vorbereitet hatte, begann er mit der eigentlichen Vorlesung über Sexualität.

Ebenso ist es nicht überraschend, daß Erickson auch in seinen Veröffentlichungen mit Seeding arbeitete. Die strukturelle Ähnlichkeit zwischen seiner Art der Hypnose, Therapie und Lehrweise läßt sich durch sein Bestreben erklären, auf jene besondere Weise Trance zu induzieren, Therapie durchzuführen oder zu unterrichten, die darauf abzielt, bereits vorhandene Potentiale anzusprechen und zu fördern (Zeig 1985a).

Ich verwende Seeding auch für meine privaten Zwecke. Wenn ich zum Beispiel beabsichtige, einen Artikel zu schreiben, bereite ich gedanklich das voraussichtliche Thema durch Seeding vor. Auf diese Weise fällt es mir leichter, für meinen Artikel brauchbare Beispiele in meiner Arbeit oder in meinem täglichen Leben zu erkennen. Zudem habe ich den Eindruck, als ob Seeding dazu beitrage, kreative Gedanken bezüglich des Themas meines Artikels zu fördern.

27 „to sow one's wild oats" (engl.) bedeutet soviel wie „sich die Hörner abstoßen" (Anm. d. Übers.)

Ein Wort der Vorsicht

Seeding zeigt, wie sehr Therapeuten auf die möglichen Auswirkungen von versteckten Andeutungen hinsichtlich der Konstruktion der Realität sowie des Verhaltens seitens des Patienten achten sollten. Therapeuten sollten deshalb nicht nur sorgfältig abwägen, was sie ihren Klienten „geben", sondern auch, wie sie es ihnen geben. Erickson ermahnte seine Studenten häufig, daß Patienten – und besonders jene in tiefer Hypnose – sehr empfänglich für minimale Signale ihrer Therapeuten sind. Er selbst machte wohlüberlegt Gebrauch von seinen Worten, seinem Verhalten und dessen möglichen Auswirkungen – in dem Wissen, daß Seeding sowohl positive als auch negative Resultate nach sich ziehen kann. Beispielsweise erhöhte sich nach einem Selbstmord, der für große Publizität sorgte, die Zahl der Flugzeugunglücke um 1000 Prozent; Autounfälle häuften sich und die Selbstmordrate stieg monatelang an (Cialdini 1985). Eine mögliche Erklärung hierfür lautet, daß durch Priming die Vorstellung von Selbstmord (beabsichtigt, versehentlich und/oder bewußt versehentlich) zugänglicher wird.

Schlußbemerkung

Therapeuten der unterschiedlichsten Schulen sollten ihren Ansatz durch Seeding bereichern. Dies gilt für psychoanalytische Interpretationen ebenso wie für Konfrontationen oder die Verwendung psychotroper Medikamente. Jede beabsichtigte Intervention kann durch vorbereitendes Seeding effizienter gemacht werden. Dies erfordert seitens des Therapeuten eine strategische Denkweise. Fragen wie „Was möchte ich hervorlocken?" oder „Was möchte ich mitteilen?" stehen für eine strategische Ausrichtung, die mit einiger Gewißheit Therapie effektiver und kürzer macht.

Nachtrag

Im *Zauberer von Oz* bekommt Dorothy den Rat, den Zauberer zu finden, indem sie der gelben Backsteinmauer folgt. Sie blickt mit flehenden Augen zu ihrem Mentor auf und fragt ihn: „Aber wie soll ich beginnen?" Die Antwort läßt nicht lange auf sich warten. „Es ist immer am besten, wenn man am Anfang beginnt." Erinnern Sie sich bitte an diese Worte, wenn sie ihren Patienten das nächste Mal an der Tür begrüßen.

20. Kann man dem „Unbewussten" trauen und enthält es wirklich die Antwort?

Philip Booth[28]

„Allzuleicht fällt man in die Denkgewohnheit, hinter einem Substantiv eine Substanz anzunehmen, unter ‚Bewußtsein', ‚conscience' allmählich ein Ding zu verstehen; und wenn man sich gewöhnt hat, metaphorisch Lokalbeziehungen zu verwenden, wie ‚Unterbewußtsein', so bildet sich mit der Zeit wirklich eine Vorstellung aus, in der die Metapher vergessen ist und mit der man leicht manipuliert wie mit einer realen. Dann ist die Mythologie fertig." (Breuer 1895).

Die Art und Weise, in der Ericksonianer den Begriff des Unbewußten gebrauchen, wurde vor kurzem ausführlich in *Hypnose und Kognition* diskutiert; die Aprilausgabe 1989 (Band 6, Heft 2) trug den Titel *Hypnose und das Unbewußte*. Im Leitartikel dieser Ausgabe, *Besessen vom Unbewußten*, argumentiert der Autor Christoph Kraiker, „daß der Begriff des Unbewußten, wie er üblicherweise in der Ericksonschen Psychotherapie verwendet wird, auf einer Fehlinterpretation bestimmter Tatsachen beruht; daß das Unbewußte [...] auch nicht mit den Aktivitäten der rechten Gehirnhemisphäre oder der biologischen Informationsverarbeitung identifiziert werden könne, und seine metaphorische Verwendung [...] mehr Schaden als Nutzen bringe." (S. 3).

Die Tatsachen, auf die sich Kraiker bezieht und die seiner Ansicht nach fehlinterpretiert werden, sind unter anderem in jenen Phänomenen zu finden, die seit altersher Psychologen beschäftigt und fasziniert haben:

1. das Vergessen und spätere Wiedererinnern von Erlebnissen und Informationen, von welchen angenommen wird, daß sie zumindest zeitweise unbewußt waren;
2. das Ablehnen von Gefühlen und Motiven, obwohl diese offensichtlich das Handeln beeinflussen; diese Gefühle und Motive gelten im allgemeinen als unbewußt;
3. außergewöhnliche geistige Leistungen (wie z.B. die Lösung von Problemen im Traum); es scheint, als ob diese Art des Denkens aus dem Nichts kommt und just dann auftritt, wenn sich

28 Übersetzung aus dem Englischen von Christian Kinzel

die betreffende Person nicht im Zustand vollen Bewußtseins befindet;
4. subliminale Wahrnehmung (einschließlich Wahrnehmungsabwehr); Reize werden nicht nur bewußt, sondern auch unbewußt wahrgenommen (oder abgewehrt).

Auf elegante Weise zeigt uns Kraiker, wie Hypnose diese verschiedenen Phänomene in Erscheinung zu bringen vermag:

1. durch die Herstellung und Beseitigung von Amnesien;
2. durch die Weise, in der Klienten nach der Ausführung eines posthypnotischen Auftrages versuchen, Gründe für ihr Verhalten zu fabrizieren;
3. durch die Fähigkeit, Probleme zu lösen, und insbesondere die Fähigkeit der Selbstheilung, welche oft Begleiterscheinungen der Trance sind;
4. durch die außerhalb des Bewußtseins stattfindenden Assoziationen auf Metaphern und sorgfältig ausgewählte Worte.

Ericksonianer behaupten, daß das Unbewußte verantwortlich ist für das Erscheinen dieser Phänomene, während Kraiker diesem Gebrauch des Begriffes des Unbewußten kritisch gegenübersteht. Sein Hauptargument lautet dahingehend, daß aus unbewußten Prozessen nicht die Annahme des Unbewußten abgeleitet werden könne. Mit anderen Worten: Es ist legitim zu sagen, daß sich eine Person bestimmter Erinnerungen nicht bewußt ist (siehe Punkt 1), aber dies ist nicht äquivalent zu dem Satz, daß sein Unbewußtes sie kennt. Es ist legitim zu sagen, daß wir Reize unbewußt wahrnehmen (siehe Punkt 4), aber dies ist nicht äquivalent zu dem Satz, daß unser Unbewußtes diese Reize wahrnimmt. Kraiker bezieht sich hier auf die Umwandlung von Prädikaten/Adverbien („unbewußt") in Substantive („das Unbewußte"). Er argumentiert, daß dieses Vorgehen logisch nicht haltbar sei und er behauptet, daß es keinen empirischen Beweis für die Annahme einer separaten Einheit, in diesem Sinne des „Unbewußten", in der Psyche des Menschen gebe.

Ferner legte er dar, daß die Hypostasierung eines Unbewußten – das heißt die Art, vom Unbewußten zu sprechen, so als sei es eine quasi–persönliche Substanz, ein Homunculus, oder als ob es etwas Intelligentes, also eine Art Weisheit darstelle – die Gefahr beinhalte, sich über rationale Argumente hinwegzusetzen: Man kann über die Köpfe der Leute hinweg ans Unbewußtsein appellieren, und dieses als „höhere Instanz" oder Weisheit sehen. (Kraiker erläutert diesen Punkt noch ausführlicher, aber ich möchte es mit diesen Ausführungen auf sich bewenden lassen).

Ich stimme überein mit allem, was Kraiker hier sagt. Jedoch wirft mein Beitrag, welcher einige seiner Punkte aufgreift, noch ein anderes Licht auf die vorliegende Diskussion. Zunächst möchte ich mein persönliches Interesse an dem Thema erläutern, um anschließend jene Gedanken und Phänomene zu präzisieren und zu kritisieren, gegen die sich Kraiker ausspricht, und beschreiben, wie der Begriff des Unbewußten von den Eriksonianern gebraucht worden ist, um das Problem der Manipulation zu umgehen. Ich möchte dann einen nicht-manipulativen Ansatz darstellen, der eine andere Haltung gegenüber sogenannten unbewußten Prozessen vermittelt.

Da ich Psychotherapeut in eigener Praxis bin, ist mein Interesse an diesem Thema eher pragmatischer Art: Es bezieht sich auf die Verwendung ideomotorischer Signale in der Hypnose. Zu diesem Thema gibt es einige sehr interessante Bücher von Ernest Rossi und David Cheek (Rossi 1986; Rossi u. Cheek 1988). Es sollte vielleicht vorausgeschickt werden, daß die Annahme weit verbreitet ist, daß es über die Verwendung ideomotorischer Hand-, Finger- oder anderer Signale möglich sei, auf direkte Weise mit dem Unbewußten zu kommunizieren; Fragen könnten an das Unbewußte des Klienten gestellt und durch die Vermittlung von ideomotorischen Reaktionen, die der Therapeut mit dem Klienten vereinbart, beantwortet werden.

Während der letzten zwei bis drei Jahre habe ich dieses Vorgehen (ideomotorische Signale beantworten Fragen) nicht nur an meinen Klienten erprobt, sondern auch an mir. Desweiteren untersuchte ich Beispiele von Fragen, die andere Therapeuten an das Unbewußte ihrer Klienten oder an ihr eigenes richteten. Die gestellten Fragen bezogen sich auf die zahlreichen Fähigkeiten, von denen man glaubt, daß das sogenannte Unbewußte sie besitzt. Zur Verdeutlichung möchte ich einige Beispiele für die verschiedenen Kategorien von Fragen geben. (Ich sollte hinzufügen, daß die Fragen nicht immer das Unbewußte direkt ansprechen. Da jedoch angenommen wird, daß das Unbewußte verantwortlich ist für die ideomotorischen Signale, ist jede Aufforderung nach einem ideomotorischen Signal implizit eine Frage an das Unbewußte).

a) Einblicke in die Zukunft gewinnen: „Wird Vrenis Gruppe stattfinden?" – Meine Frau Vreni war dabei, eine Feldenkrais-Gruppe zu organisieren, und zusammen mit Herb Lustig, der gerade bei uns war, konsultierten wir beide unser Unbewußtes und erhielten eine positive Antwort. (Die Gruppe fand tatsächlich statt – interpretieren Sie dieses Beispiel, wie auch immer sie es für richtig halten.)
b) Entscheidungen über zukünftiges psychisches Empfinden treffen: „Nachdem Sie dies wissen [nach der Exploration früherer traumatischer Ereignisse], kann Ihr Unbewußtes spüren, daß Sie sich wohlfühlen können?" (Rossi u. Cheek 1988, S. 28)
c) Sein eigener Therapeut sein: „Gibt es ein Ereignis in der Vergangenheit, das für Ihr Problem verantwortlich ist?"
d) Vergessene Erlebnisse vergegenwärtigen: „Wurden Sie von Ihrem Vater sexuell mißbraucht?" (An Klienten gerichtet, die keine bewußte Erinnerung, sondern nur eine Ahnung davon haben.)
e) Außergewöhnliche Informationen erhalten: „Ist das Kind in Ihrem Bauch ein Junge oder ein Mädchen?" (Oder, in Bezug auf Störungen während der intrauterinen Phase:) „Wie alt sind Sie [der Embryo/Fötus] zum Zeitpunkt der Störung? Ist die Störung am Beginn, in der Mitte oder am Ende der Schwangerschaft? Welcher Monat der Schwangerschaft ist es?" (Rossi u. Cheek 1988, S. 371) oder „Hatte ich frühere Leben?"
f) Sich selbst eine medizinische Prognose stellen oder medizinische Vorhersagen treffen: „Muß ich meine Augen untersuchen lassen?" oder „Weiß Ihr Inneres, ob Sie gesund und krebsfrei bleiben werden?" (Rossi u. Cheek 1988, S. 363).
g) So man will, kann man das Unbewußte auch mit Fragen vom selbst-reflektiven Typ testen, wie sie Philosophen so sehr lieben: „Belügt mich mein Unbewußtes?" oder: „Existiert das Unbewußte wirklich?"

Die Bandbreite an Fragen, die man stellen kann, scheint unermeßlich groß zu sein und lediglich von den Fähigkeiten abzuhängen, die man dem Unbewußten zuschreibt. Ich möchte den Leser dieses Artikels ermuntern, mit den oben aufgeführten oder mit eigenen Fragen zu experimentieren. Dies waren ja nur einige Beispiele dafür, wie und was man fragen kann.

Natürlich habe ich mich auch für die Antworten interessiert, die ich in fast jedem Fall erhalten habe. Aber inwieweit soll man ihnen Glauben schenken? In der Erickson-Literatur wird die Zuverlässigkeit der Antworten kaum jemals bezweifelt. Zwar wird mitunter über den Unterschied zwischen einer ideomotorischen Antwort, welche vom Unbewußten kommt, und einer Antwort, die bewußter gegeben wird, diskutiert, der allgemeine Tenor lautet jedoch dahingehend, daß die „unbewußte" Antwort als wahr angesehen werden kann (vgl. Rossi u. Cheek, 1988, S. 21 sowie S. 96), obwohl Cheek schreibt: „Nicht alle Geständnisse, die sich aus der Verwendung ideomotorischer Fragemethoden und der Hypnose ergeben, sind valide." (Rossi u. Cheek 1988, S. 237). Er führt dies weder näher aus, noch gibt er ein Kriterium an, das es erlaubt, zwischen falschen und wahren Antworten zu unterscheiden (im Gegensatz zu dem Unterschied zwischen unbewußt und bewußt); für den Rest seines Buches nimmt er schlichtweg an, daß alle Antworten wahr sind.

In der Literatur zur klassischen Hypnose (z.B. Petinatti 1988; Orne 1986; Diamond 1986) werden diesbezüglich eindeutig Zweifel geäußert, wenngleich auf indirekte Weise, da vor allem die Unzuverlässigkeit der Erinnerungen, die durch Hypnose hervorgeholt werden, den Schwerpunkt der Diskussion bildet (wobei es hierbei nicht immer nur um ideomotorische Techniken geht). Dennoch sind die Argumente bedeutsam, da sie die dem Unbewußten zugeschriebene Fähigkeit, Erinnerungen wahrheitsgetreu zu behalten, in Frage stellen.

Die Diskussion scheint zum einen die Gefahr der Konfabulation während des Erinnerns in der Hypnose zu betonen und zum anderen das durch nichts zu rechtfertigende größere Vertrauen des Patienten in das Material, das auf diese Weise hervorgeholt wird (Orne et al. 1988). Die Debatte hierüber konzentriert sich allerdings auf die forensische Arbeit. Man nimmt auch an, daß in der klinischen Arbeit diese Art von Erinnerungen höchst unzuverlässig sind. Dies geht meines Erachtens jedoch zu weit. Nichts wäre einfacher, als durch eine Studie herauszufinden, mit welcher Häufigkeit sich Erinnerungen, die in Hypnose wiederentdeckt werden, als wahr erweisen. Wie oft können sie durch Informationen aus anderen Quellen bestätigt werden? Die Bedeutung dieser Frage wird deutlich, wenn man zum Beispiel an Erwachsene denkt, die bestrebt sind, Erinnerungen über sexuellen Mißbrauch in ihrer Kindheit zu erlangen. Kann man sich auf das Material, das „in Hypnose" auftaucht, verlassen oder nicht?

Zu diesem Thema könnte noch einiges mehr geschrieben werden, dennoch komme ich zu dem Schluß, daß mir weder die Literatur zur Ericksonschen noch zur klassischen Hypnose geholfen haben, meine Schwierigkeit bezüglich des Stellenwertes der erhaltenen Antworten zu beseitigen. Erstere scheint mir zu unkritisch zu sein, letztere zu ablehnend.

Das Unbewußte im Sinne Ericksons

Die Frage außer acht lassend, ob dem Unbewußten nun zu trauen sei – eine Frage, die ja bereits implizit die Existenz eines Unbewußten voraussetzt –, begann ich, kritisch zu untersuchen, wie Erickson selbst und die Ericksonianer diesen Begriff verwenden. Natürlich machte Erickson in beträchtlichem Ausmaße Gebrauch von diesem Begriff. So sagte er zum Beispiel: „In der Hypnose machen wir uns das Unbewußte zunutze. Was ich mit dem Unbewußten meine? Ich meine damit die Kehrseite des Bewußtseins, ein Reservoir für Lernen. Das Unbewußte ist mit einem Vorratsraum zu vergleichen." (Erickson 1959). Als er einmal über einen Fall sprach, meinte Erickson: „Ich wußte, daß ich intelligent bin, aber mein Unbewußtes ist um einiges intelligenter als ich es bin." Demgemäß empfahl er zum Beispiel, daß der Therapeut, falls er einmal nicht mehr weiter wisse, „einfach in Trance gehen und es seinem Unbewußten überlassen solle."

Das als weise betrachtete Unbewußte muß also vor dem beschränkten und leicht-sinnigeren bewußten Denken geschützt werden – zumal es auch noch das Individuum schützt. Rossi befragte diesbezüglich Erickson, ob das Unbewußte den Menschen *immer* beschütze, worauf dieser antwortete: „Ja, aber häufig auf eine Weise, die das Bewußte nicht versteht" (Erickson u. Rossi 1979, S. 296). Da das Unbewußte so häufig als weise und beschützend angesehen wird, neigt man dazu, ihm eine gewisse Autorität zuzuschreiben. So zeigt sich zum Beispiel Rossi bereit, das Unbewußte als Schiedsrichter für den therapeutischen Fortschritt zu bezeichnen: „Der nützlichste gemeinsame Nenner, den ideodynamisches Signalisieren für Therapeuten unterschiedlichster Provenienz bereitstellt, besteht im Hervorrufen eines überzeugenden und offenkundigen Signals durch den Patienten [auch hier im Sinne des Unbewußten des Patienten; eigene Anmerkung], wann immer sich ein therapeutischer Fortschritt ergeben hat." (Rossi u. Cheek 1988, S. 35).

So wird das Unbewußte zur Autorität, zu etwas vom bewußten Denken getrenntes, etwas, auf das man sich beziehen, vor dem man sich beugen, mit dem man Freundschaft schließen kann usw., so als ob es eine eigenständige Einheit von uns wäre. (Wie ich bereits bemerkte, steht Kraiker dieser Sichtweise besonders kritisch gegenüber.) In der Geschichte der Hypnose wurden bereits die „unbewußten" Äußerungen von Somnambulen als „Stimme der Natur" gedeutet (z.B. von Marquis de Puységur zu Beginn des 19. Jahrhunderts – siehe Laurence u. Perry 1988, S. 109); die Ericksonianer sind mit dieser Idee also nicht die ersten. Eine modernere Version sieht im Unbewußten die Stimme des „realen" oder „authentischen" Selbst. Einige gehen sogar noch weiter: Ericksonianer in der Tradition Jungs sprechen von einem „individuellen" und „kollektiven Unbewußten"; Gilligan von einem „Tiefen-Selbst" jenseits des Unbewußten (Gilligan 1987, S. 22) und David Calof[29] von einem inneren Helfer, der nicht mit dem Unbewußten gleichzusetzen ist. Nicht zu vergessen sei die Bezugnahme auf „Teile der Persönlichkeit" und im Neuro-Linguistischen Programmieren die „Arbeit mit den Teilen" (parts work).

Erickson hatte maßgeblichen Anteil an dieser fragmentierenden Sichtweise des Individuums: Häufig sprach er nach Beendigung einer Trance noch einmal „bewußt" über verschiedene Dinge, so als ob er es mit zwei verschiedenen Menschen zu tun hätte. Er wollte die Zustimmung beider Teile der Persönlichkeit. „[...] Sie behandeln das Unbewußte und das Bewußte als zwei voneinander getrennte Individuen, die gemeinsam zum Wohle einer Person funktionieren" (Erickson 1985, S. 120).

Aus dieser durchwegs positiven Sichtweise des Unbewußten lassen sich die Prinzipien der Ericksonschen Therapie herleiten. Das grundlegende Prinzip, das ich an dieser Stelle diskutieren möchte, ist ein Korollarium des bisher über das Unbewußte Gesagten und könnte wie folgt umschrieben werden: „Der Klient/die Klientin hat bereits alles, was er/sie benötigt, um okay zu sein." Gilligan schreibt zum Beispiel: „[...] ein Mensch hat ausreichende Ressourcen, um ein glückliches und befriedigendes Leben zu gestalten. Unglücklicherweise stehen aber viele dieser Ressourcen nicht in Verbindung mit den alltäglichen Erfahrungen des Klienten." (Gilligan 1987, S. 16);

29 London Ericksonian Society workshop, England 1986

oder: „Der Mensch verfügt bereits über alles, was er benötigt, und Psychotherapie oder Hypnotherapie sollte der Schlüssel sein zur Verwirklichung seiner eigenen Möglichkeiten." (Zalaquett 1988, S. 298).

Für den Ericksonianer stellt sich die Frage, wie es möglich sei, diese „Ressourcen" zu aktivieren. Gilligan bemerkt hierzu: „Es besteht die Vermutung, daß diese Ressourcen nicht durch ein konzeptionelles Verstehen durch den Therapeuten (oder durch den Klienten) aktiviert werden, sondern durch das Erforschen von Selbsterfahrungen seitens des Klienten." (Gilligan 1987, S. 16). Dem Therapeuten kommt die Aufgabe zu, den Klienten bei diesem Vorgehen zu unterstützen. Die Lanktons sind der Ansicht, daß Veränderung „eine Neu-Organisation des erfahrungsmäßigen Lebens des Klienten sei. Um es einfacher auszudrücken: Es ist eine Neu-Organisation von Erfahrungen oder – noch einfacher – das Zusammenfügen von Erfahrungen." (Lankton u. Lankton 1986). Der Therapeut erleichtert dieses Bemühen.

Beide Sichtweisen minimieren die Rolle des Therapeuten. Ich möchte den Therapieprozeß, den diese Autoren anvisieren, als eine „Säuberung der psychischen Schublade" bezeichnen: Der Therapeut öffnet die Schublade, säubert und ordnet deren Inhalt und schließt sie wieder. Noch minimalistischer: Er erlaubt dem Klienten, die Säuberung selbst vorzunehmen, wobei er ihm lediglich einige Hinweise gibt, wie es vonstatten zu gehen habe. Das Wichtigste dabei ist, daß der Therapeut nichts anderes in die Schublade legt und niemals etwas aus ihr entnimmt.

Einwände gegen diese Sichtweise

Bisher wurde die Ericksonsche Sichtweise des Unbewußten sowie deren wichtigste Implikationen für die Therapie dargestellt. Mein erster Einwand wendet sich gegen die starke Betonung des therapeutischen Prozesses als Aktivierung der Ressourcen des Klienten („entlaufene Pferde" und dergleichen[30]), da daraus nicht eindeutig hervorgeht, welche Bedeutung dem Austausch zwischen dem Klienten und

30 Siehe hierzu die Geschichte, die von Gordon (1987) berichtet wird: Der junge Erickson bringt ein entlaufenes Pferd zurück, indem er es einfach auf die Straße führt. Das Pferd wußte, wann es rechts oder links zu gehen hatte, und Ericksons Aufgabe bestand lediglich darin, es auf der Straße zu halten. „Ich glaube, daß man auf eine ähnliche Weise Psychotherapie macht", meinte Erickson.

dem Therapeuten zukommt. Falls der Therapeut von seiner Sicht aus nichts hinzufügt, wird er zum bloßen Techniker reduziert, der nur veränderte Zustände ermöglicht oder, in der Arbeit mit Heilungsprozessen, zum Beispiel zu einem Aktivator von Immunsystemen wird usw. Ich denke, daß auch der Standpunkt des Therapeuten hilfreich für den Klienten sein kann.

Da dem Ericksonschen Ansatz zufolge jeder Mensch für befähigt befunden wird, eigene Ressourcen für die Bewältigung von Lebensproblemen zu finden, wird dieser Ansatz häufig als eine individualistisch-isolationistische Philosophie bezeichnet. Falls wir aber wirklich die Antwort in uns hätten (so wie es Lanktons Buchtitel vorsieht – vgl. Lankton u. Lankton 1983), gäbe es kein wirkliches Bedürfnis, miteinander zu reden – zumindest nicht aus einer anderen Absicht heraus, als unsere mentalen Zustände zu erkennen, sie in ihrem Kontext zu erweitern und in einen anderen einzubetten („reframing"), sie neu zu organisieren oder ähnliches. Was dabei verlorengeht, ist das menschliche Bedürfnis nach Beziehungen und Austausch, und zwar zwischen Gleichberechtigten (d.h., daß der eine dem anderen nichts antut). Ich werde auf diesen Punkt noch zurückkommen.

Nehmen wir ein einfaches Beispiel: Wenn der Klient via ideomotorisches Signal die Bereitschaft anzeigt, auf „unbewußte" Weise auf traumatisches Material einzugehen (d.h. ohne daß während des Erinnerns ein bewußtes Gewahrsein vorhanden wäre), kann man dann davon ausgehen, daß dies richtig ist, und dabei die Meinung des Therapeuten, ob weitergemacht werden solle, übergehen? Ich glaube nicht, daß man dem „Unbewußten" des Klienten eine unfehlbare Weisheit zuschreiben kann.

Es ist auch fragwürdig, einen Teil von uns, selbst das Unbewußte, zur Autorität über unsere gesamte Persönlichkeit zu erklären. Dies käme der Unterwerfung unter eine Fremdautorität gleich; etwas, das wir nicht akzeptieren würden. Mein Vorschlag ist es, ideomotorische Signale und andere sogenannte Manifestationen des Unbewußten als eine Hilfe zu betrachten, die es den Menschen ermöglicht herauszufinden, was sie sonst noch denken, sozusagen auf den verschiedenen „Ebenen" ihres Selbst. Etwas zu überprüfen, sowohl durch das Unbewußte als auch durch das Bewußte, könnte man als einen Weg betrachten, um herauszufinden, ob die gesamte Person zustimmt bzw. vollständig zustimmt. Daraus folgt aber nicht, daß all das, was im „Unbewußten" gedacht wird, uneingeschränkt und zwingend richtig ist. Die Resultate der Arbeit mit dem „Unbewußten" könnten mit jemand anderem diskutiert werden, so daß sich auf der Grundlage dieser Diskussion ein anderes Verständnis oder eine andere Entscheidung ergibt.

Das Problem liegt darin, daß auch das „Unbewußte" konditioniert und beschränkt ist. Jemand kann sich zum Beispiel – ohne daß es ihm bewußt ist – vor etwas fürchten, wobei diese Angst unbegründet ist. Wie zum Beispiel jene Klientin, die in Hypnose den Gedanken äußerte, daß ihre Unfähigkeit, ein Kind zu bekommen, auf ihre Angst zurückzuführen sei, durch eine Schwangerschaft unförmig zu werden und – ihrem Glauben zufolge – nicht mehr begehrenswert.

Wie intelligent ist das „Unbewußte" wirklich, wenn es die Bedeutung des nachfolgenden Satzes falsch interpretiert: „Nun, [...] wir haben alles für Sie getan, was in unserer Macht stand. Sie werden sich mit diesem Schmerz einfach abfinden müssen, oder Sie werden mit einem Sprung von der Golden Gate Brücke enden", interpretiert als: „Wenn Sie schmerzfrei sind, werden Sie tot sein." (zitiert in Rossi u. Cheek 1988, S. 244). An einer anderen Stelle spricht Cheek über eine Patientin und vom „kindischen Aberglauben ihres Unbewußten" (S. 289). Ist es nicht so, daß das „Unbewußte" in Zuständen von Anästhesien falsche Gedanken annimmt?

Cheek befreit sich aus dieser mißlichen Situation mit folgender Argumentation: „Es scheinen drei verschiedene Ebenen des Denkens zu existieren, die manchmal zueinander im Widerspruch stehen können. Zum einen reagieren menschliche Wesen auf einer bewußten Ebene entsprechend ihrer Erfahrung. Dagegen haben sie auf einer sehr tiefen Ebene ihres unbewußten Verhaltens wenig Sinn für Humor, sie verstehen die Bedeutung von Worten nur in einem sehr buchstäblichen und geradezu kindlichen Sinne und scheinen einen starken Lebens- und Genesungswillen zu haben. Verwirrung entsteht auf der mittleren Ebene des unbewußten Verhaltens, wo verbliebene Ängste die Ressourcen des Individuums schwächen und es zu einer passiven Akzeptanz von Krankheit oder zu einer aktiven Suche nach dem Tod als Erlösung von ihrem Leiden verleiten." (Rossi u. Cheek 1988, S. 282). Dies rettet zwar Cheeks Glauben an das Unbewußte – jedoch auf Kosten der Theorie.

Man kann sich weiterhin die Frage stellen, warum das Unbewußte – wenn es so clever ist – dem Bewußten stets die Bühne des Lebens überläßt? So sagte Erickson: „[...] das Unbewußte weiß eine Menge über das Problem, aber es hat Schwierigkeiten, das Bewußte dazu zu bringen, es arbeiten zu lassen." (Erickson 1985). Warum läßt das Unbewußte zu, daß wir Symptome haben? Könnte es nicht einen besseren Weg finden, um zu unserem Bewußten zu sprechen?

Eine andere Sichtweise

Ich glaube, daß wir mehr wissen, als wir glauben zu wissen. Mit anderen Worten, wir haben mehr Wissen in uns, als sich die meisten von uns vorstellen können: mehr Wissen über uns, über das, was sich in der Vergangenheit abspielte; Wissen, das wir für ein besseres Verständnis unserer gegenwärtigen Situation nützen könnten. Hypnose kann uns helfen, einen Zugang zu diesen Informationen zu finden. So bemerkenswert dies auch sein kann, so sollten wir dabei jedoch stets kritisch bleiben.

Ich denke, daß wir unsere Aufmerksamkeit nicht nur den unbewußten Prozessen zukommen lassen sollten, sondern allen Prozessen, den bewußten wie den unbewußten. Letztere werden einfach häufiger vernachlässigt.[31] Daher spreche ich anstatt von einer „Beziehung zum Unbewußten" oder von „Respektieren der Signale des Unbewußten" lieber von einer „Erweiterung unseres Aufmerksamkeitsfeldes".

Hypnose oder veränderte Bewußtseinszustände treten in der Regel dann auf, wenn sich Menschen unbewußten Prozessen zuwenden oder wenn sich jene Prozesse von sich aus einer Person aufdrän-

31 Es sollte angefügt werden, daß dies Rossi sehr nahe kommt: „Der Patient wird ermutigt, sich neue Fähigkeiten anzueignen, indem er es ausprobiert und sich auf eine neue Weise zu seinem inneren Prozeß in Bezug setzt. Der Patient lernt, ein reicheres inneres Leben zu entwickeln, in dem eine bessere Interaktion zwischen bewußten und unbewußten Prozessen stattfindet." (Rossi u. Cheek 1988, S. 40). Als die Quelle neuer Informationen betrachtet Rossi aber immer noch das Unbewußte und nicht die Realität oder den Dialog, so z.B. wenn er von einem „kreativen Unbewußten" spricht oder von „dem Neuen, das sich in jedem von uns spontan auf unbewußten Ebenen entwickelt" (S. 276). Obwohl Gilligan für gewöhnlich stärker die interaktionistische Seite der Hypnotherapie betont, hat er eine ähnliche Einstellung: „[...] wir benötigen Gelegenheiten, die es uns ermöglichen, das Sich-Bemühen aufzugeben, in einen tieferen gemeinsamen Kontext einzutauchen, sich unserem tiefen Selbst zu ergeben." (Gilligan 1987, S. 43). Siehe auch sein Zitat im Text. In beiden Fällen liegt die Antwort innerhalb des Selbst.

gen. Hypnose kann verwendet werden, um die Barriere zwischen dem Bewußten und dem Unbewußten aufzulösen – mit dem Ziel, eine völlige Aufmerksamkeit zu ermöglichen. (Dabei sollten wir aber dem Einwand Gunther Schmidts folgen, diese Barriere nicht als etwas Eindeutiges oder Starres zu betrachten; Schmidt 1989, S. 23f.).

Am Ende der Therapie wird der Klient offener und aufmerksamer gegenüber seinem eigenem Selbst sein. Sein Wissen und Verständnis über das, was ihn davon abhält, „bei sich zu sein" und aufmerksamer gegenüber bestimmten Gefühlen, Gedanken, sich selbst und anderen Menschen, wird sich durch die Therapie verändert haben. Im Vordergrund steht dieser Sichtweise zufolge der Mangel an einem „vielseitigen" Gewahrsein und nicht so sehr das angeblich privilegierte Wissen des „Unbewußten".

Das Problem besteht darin, sich seiner vollkommen gewahr zu sein („von einem Augenblick zum anderen", da das Selbst prozeßhaft und demzufolge niemals fixiert oder statisch sein kann). Es ist sinnlos, den unbekannten Teil des Selbst zu verdinglichen und auf ein Podest zu stellen. Wenn wir weiterhin vom „Bewußten" und „Unbewußten" oder von der „Arbeit mit den Teilen" sprechen, verstärken wir nur eine fragmentierende Sichtweise des Menschen. Das heißt nicht, daß wir in der Praxis nicht fragmentiert wären; wir sollten jedoch diese Fragmentierung nicht unterstützen, sondern die Möglichkeit in Betracht ziehen, auch ohne sie auszukommen.

Somit stellt sich für uns Hypnotherapeuten die Frage, wie wir diese Verdinglichung und Fragmentierung umgehen können. Hilfreich wäre es in diesem Fall, keine Jargonbegriffe wie „das Unbewußte" und „das Bewußte" zu gebrauchen, sondern natürliche.

Ein weiteres Problem sehe ich darin, daß Klienten zwar alle möglichen Skills, Ressourcen etc. aufweisen, aber immer noch verwirrt sind, weil sie kein adäquates Weltbild haben, innerhalb dessen sie ihre Ressourcen anwenden können. Anders gesagt: Was ist mit diesem Menschen, der sich nun seiner Gedanken und seiner Erfahrungen bewußter ist als zuvor? Was denkt er oder sie über die Welt? In welchem Kontext versteht er sie? Nachdem man die innere Unordnung beseitigt, „die Schublade gesäubert" hat: Wie lebt man sein Leben? Wir scheinen zu übersehen, daß Erickson in seinen Therapien immer auch Werthaltungen in Frage gestellt hat. Wofür also ist er?

Ich glaube, daß das verlorengegangene Gleichgewicht – um es bildlich auszudrücken – zwischen der Antwort, die in uns zu finden ist, und der Antwort, die von außen kommt, wiederhergestellt werden sollte. Die Antwort ist nicht tiefer und tiefer und tiefer in uns (oder sogar jenseits unseres Unbewußten in Kontakt mit irgendeiner „größeren Realität" oder einem kollektiven Unbewußten). Meines Erachtens fügt der Therapeut etwas hinzu: Die Antwort (falls es eine gibt) ergibt sich über einen Dialog, über ein gemeinsames Explorieren – sogar in Bezug auf eine gemeinsame Realität.[32]

Das Problem mit der Manipulation

Das Ericksonianische Feld weist ein großes Spektrum auf: Am einen Ende sind die Anhänger der direktiven, strategischen Gruppe, welche sich unbeschwert auf Manipulation einlassen. Sie machen den Einwand geltend, daß menschliche Beziehungen unvermeidbarerweise Manipulation beinhalten und daß wir uns deshalb gewiß sein sollten, daß wir sie auf eine menschliche Weise und zum Wohle des anderen einsetzen. Am anderen Ende sind jene Therapeuten, welche Manipulation verabscheuen und welche ich als „Reassoziierer", „Neu-Organisierer" oder auch als „Stupser am Unbewußten" bezeichnen möchte (die dem Unbewußten also lediglich einen „Anstoß" geben möchten). In diesem Sinne sind sie Minimalisten, die darauf bedacht sind, ihren eigenen Anteil an der Therapie so gering wie möglich zu halten.

Rossi kämpft mit dieser Thematik im kürzlich erschienenen Buch *The February Man*. An einer Stelle sagt Erickson: „Wenn Sie [als Hypnotherpeut] die Prozesse erst einmal evozieren, kann sie der Patient für sich nutzen. Dies führt zu einer spontanen Korrektur" (Erickson u. Rossi, S. 43). Erickson betont hier, wie bereits erwähnt, daß der Therapeut die mentalen Prozesse des Patienten nicht umzudirigieren hat.

32 Sich auf die Realität zu beziehen, ist in der gegenwärtigen philosophischen Auseinandersetzung eine heikle Angelegenheit; vergleiche hierzu meinen Artikel „Strategic Therapy Revisited" (Booth 1988). Viele Autoren sprechen z.B. von der Realität als einer „Konstruktion". Lassen Sie mich meinen Standpunkt verdeutlichen: (1) Realität existiert unabhängig von uns, objektiv; (2) wir müssen jedoch auf sie reagieren und können in diesem Prozeß nicht anders, als sie interpretieren. Jene, die von der Realität als einem Konstrukt sprechen, vergessen (Punkt 1) und beginnen mit (2). Rossi beispielsweise argumentiert rückwärts von (2) nach (1), wenn er schreibt: „Wie Erickson so bedeutungsvoll darauf hinweist, ist der Begriff einer objektiven Realität eine Illusion: Wir können nicht darauf vertrauen, daß wir das gleiche sehen, wenn wir aus zwei verschiedenen Augenpaaren auf eine Photographie blicken." (Erickson 1985, S. 261).

Kurz nach dieser Passage vermittelt der Fallbericht jedoch den Anschein, als ob Erickson während eines Reframings aktiver ist als er zuvor behauptet hat. Rossi kommentiert diese Stelle mit den Worten: „Diese Art des Reframings scheint sich mit dem vorangegangenen Abschnitt zu widersprechen, in dem sich Erickson unerbittlich zeigte bezüglich des Evozierens psychologischer Prozesse beim Patienten, solange keine neuen Einfälle oder Inhalte hinzugefügt werden." (S. 48).

Rossi fährt aus diesem Grunde mit dem Reframing der Arbeit Ericksons fort, mit dem Ziel, dessen Haltung als nicht-manipulativ aufrechtzuerhalten: „Wir baten damals Erickson nicht, diesen etwaigen Widerspruch zu klären. Wenn ich jedoch über diesen Punkt im Jahr 1987 nachdenke, so glaube ich, daß Erickson [...] vermutlich darauf hingewiesen hätte, daß er tatsächlich nur etwas auslöste und nichts hinzufügte: Er evozierte das latente Wissen des Patienten, indem er Gedanken formulierte, die bereits vorhanden, aber nicht aktiv (d.h. unbewußt) waren [...] Ihre spontane und uneingeschränkte Zustimmung läßt vermuten, daß Erickson sozusagen nur das Licht anknipste – und nicht die eigentlichen Glühbirnen einschraubte."–

Rossi unterscheidet dann zwischen „unethischen psychologischen Manipulationstechniken" und „ethisch vertretbaren psychologischen *Möglichkeiten*". Letztere beschreibt er als Prozesse, in denen „Ideen, [die] dem Individuum gegenwärtig, aber unbewußt sein können, durch therapeutische Andeutungen bewußt gemacht werden, die die Potentiale des Patienten, sich selbst zu verstehen und sein Verhalten zu bestimmen, evozieren können".

In diesem Punkt habe ich großes Verständnis für Rossis Dilemma. Ich selber habe über die Strategische Therapie geschrieben (Booth 1988). Was Manipulation betrifft, ist Rossi meines Erachtens ein Minimalist, und zwar der größte und pingeligste in bezug auf Manipulation, den ich bei der Arbeit beobachtet habe. Aber kann man wirklich sagen, daß die Minimalisten dem Patienten nichts antun? Hat nicht auch diese Therapeuten-Gruppe ein Ziel, nämlich die innere Welt des Klienten zu verändern? Sie beruhigen sich selbst mit dem Gedanken, daß sie nichts anderes bewirken als eine Neustrukturierung dessen, was bereits vorhanden ist, oder ein Evozieren des Gegebenen, um auf diese Weise den Weg für eine spontane Neustrukturierung zu ebnen (um mit Erickson zu sprechen). Gewiß unterscheiden sie sich untereinander in diesem Bemühen, auch in der Frage, wieviel sie dem Patienten überlassen und wie sehr sie selbst den Prozeß bestimmen wollen. Den Begriff des „Programmierens" lehnen sie ab, da er zu sehr nach Einmischung aussieht. Nichtsdestotrotz hat sich auch der vorsichtigste von ihnen zu entscheiden, an welcher Stelle er zu evozieren beginnt, und bereits dadurch bringt er sich bzw. seinen Standpunkt massiv mit ein.

Um zu meiner „Schubladen-Analogie" zurückzukommen: Der Therapeut ist bereits dann aktiv beteiligt, wenn er dem Patienten vorschlägt, die Schublade nach Gegenständen dieser oder jener Kategorie zu durchsuchen – noch bevor auch nur irgendeine Neustrukturierung stattfindet. Es ist nur eine Frage der Abstufung, wieviele Vorschläge der Therapeut macht, wie diese Gegenstände neu strukturiert werden könnten. Ich denke, daß Erickson in diesem Vorgehen weit weniger zurückhaltend war als es Rossi lieb ist, sogar in der oben angeführten Passage, auf die sich Rossi bezieht.[33]

Obwohl sich die „strategische Gruppe" und die „Gruppe der Minimalisten" in ihren Standpunkten bezüglich der Manipulation unterscheiden, haben sie doch eines gemeinsam: das Interesse an „sprachlicher Beeinflussung". Das Interesse der Minimalisten an diesem Thema unterstützt meine Annahme, daß sie das Element der Manipulation in ihrer Arbeit nicht gänzlich leugnen können. Sie setzen ihre Sprache subtil und wohlüberlegt ein, um einen anderen Bewußtseinszustand hervorzurufen, Zustände umzuorganisieren oder einem Reframing zugänglich zu machen. Die „Kommunikation der Beeinflussung" (Zeig 1988) wie die Manipulation greift die Tatsache auf, daß Menschen durch das, was andere sagen, beeinflußt werden, und macht aus dieser Tatsache eine Rechtfertigung für ihre Verwendung in der Praxis. Ericksonianer sind häufig sehr stolz auf ihre Verwendung der Sprache. Meiner Meinung nach sollten wir einerseits unterscheiden zwischen den Nuancen dessen, was wir sagen und was dies für eine andere Person bedeutet, und andererseits dem Versuch, unser Gegenüber auf eine mehr oder weniger subtile und indirekte Art und Weise verbal so zu beeinflussen, daß es ihm nicht bewußt ist. Gerade die bei Ericksonianern so weit verbreitete

33 Um dies zu unterstützen, möchte ich Erickson zitieren, der 1958 in einem Kommentar zu einer Trancedemonstration schrieb: „Sie könnten mit ihm psychotherapeutisch eine Menge anstellen, da er auf das hören wird, was der Therapeut sagt. Er wird es hören; er wird es verstehen; er wird es ausführen; er wird sich nicht von den störenden Einflüssen um ihn herum ablenken lassen. Dies ist die Art von Trance, die ich gerne ausführlich benutze {...}" (Erickson 1985, S.81).

letztere Vorgehensweise läßt andere Therapieschulen mißtrauisch werden. Schlimmstenfalls trägt sie zur Überlegenheit des Therapeuten bei. Ebenso kann sie den Klienten zu der Annahme verführen, daß alles, was der Ericksonianer von sich gibt, bedeutsam sei. Falls dieser Unsinn redet, dann natürlich der Konfusionstechnik wegen; erzählt er eine Geschichte, kann man mit Sicherheit davon ausgehen, daß er darüber hinaus noch etwas anderes mitzuteilen versucht, etc.

Es sind also beide Gruppen, die Kommunikation zur Beeinflussung benutzen: der strategische Therapeut, um zu führen, der Minimalist, um auszulösen. Ich werde später noch darauf zurückkommen.[34, 35]

„Dem Unbewußten vertrauen" – ein Ausweg, um Manipulation zu vermeiden?

Ich möchte auf den Titel meines Artikels zurückkommen: „Kann man dem Unbewußten trauen?" Ich glaube, daß sich insbesondere die Gruppe der Minimalisten auf die Zuverlässigkeit des Unbewußten beruft. Wenn wir dem Unbewußten des Klienten vertrauen, müssen wir nichts mehr hinzufügen und vermeiden auf diese Weise Manipulation. Falls wir dem Unbewußten des Klienten aber nicht immer vertrauen können, müssen wir als Therapeuten offensichtlich eine aktivere Rolle übernehmen.

Gerade diese Rolle des Therapeuten ist es, die mich beschäftigt. Der strategische Therapeut ist meines Erachtens für gewöhnlich zu manipulativ (oder vielmehr zu eindeutig manipulierend), das heißt ein sich aufdrängendes Element. Der „Hände-weg!"-Minimalist hält sich zu sehr aus dem Geschehen heraus, interagiert zu wenig, ist zu sehr eine Schattenfigur, vermeidet dabei aber ebensowenig Manipulation. Rossi ging in diesem Bestreben am weitesten, meiner Meinung nach sogar bis an einen Punkt, wo er sich von dem Patienten

34 Als Beispiel dafür, wie sich eine manipulative Haltung einschleichen kann, lassen sich die Lanktons zitieren: „Und wir alle glauben, daß wir uns bloß auf die Realität beziehen, während wir in Wahrheit Realität *induzieren.*" (Lankton u. Lankton 1986, S. 46). Demzufolge ist der Therapeut also aktiv involviert. Und in der Tat beschreiben sie in ihren Kapitelüberschriften vier Aktivitäten des Therapeuten: beunruhigen, entwickeln, steigern und stimulieren, allerdings in einem Zusammenhang, in welchem eigentlich der Klient die Therapie durchführt.

35 Ich glaube, daß der Eriksonianer in Gefahr ist, das indirekte Vorgehen zu gebrauchen, um seinen Standpunkt zu verbergen. Auf diese Weise geht auch eine Fähigkeit verloren, nämlich die, seine Meinung in einer liebevollen Art und Weise zu sagen.

isolierte. Isolation ist jedoch keine Lösung für das Problem der Manipulation; es bedeutet nur, daß man offensichtlich nichts mit dem Patienten teilt.

Ich glaube nicht, daß die Lösung eines Problems alleinig innerhalb des Klienten zu finden ist. Desgleichen möchte ich kein Psychotechniker sein, der mit Hilfe eines subtilen Gebrauches der Sprache und des Verhaltens geistige Veränderungen hervorkitzelt. Während Erickson selbst zwar immer wieder die Metapher des „entlaufenen Pferdes" betonte, hatte ich aber von seinen Schülern (von denen mir wohl die meisten zustimmen, wenn ich sage, daß sie von ihm auch therapiert wurden) den Eindruck, daß sie sich seiner als eines Menschen mit sehr differenzierten Einstellungen und Meinungen bewußt waren.

Die Lösung des Problems sehe ich darin, als Therapeut durchaus einen Standpunkt anzubieten. Diese Rolle impliziert mitunter zwar auch, daß dem Klienten als Teil einer möglichen Lösung einige Skills beigebracht werden, aber sie vermeidet jegliches „Programmieren" und jeglichen Versuch, den Klienten zu beeinflussen oder zu ändern. Mein Standpunkt bleibt mein Standpunkt, unabhängig davon, welcher Klient mir gegenübersitzt (obwohl er von ihm beeinflußt werden kann und ich ihn, je nachdem wo sich der Klient befindet, unterschiedlich zur Sprache bringe oder unterschiedliche Aspekte betone). Mein Standpunkt kann sich im Laufe der Zeit verändern. Dabei behaupte ich weder, daß er wahr ist noch daß er letztlich gerechtfertigt werden könnte.

Meiner Meinung nach werden Menschen durch andere Menschen beeinflußt und verändert. Lassen Sie es mich deutlicher formulieren: Die Beeinflussung und die Veränderung von Menschen ist das Ergebnis gemeinsamer Interaktion. Aber in dem Moment, in dem ich jemand anderen zu beeinflussen oder zu verändern versuche, verstärke ich diesen Prozeß und übernehme die Verantwortung für den anderen.[36] Es ist der gleiche Unterschied wie zwischen einer Diskus-

36 Manipulation wird hier als jeglicher Versuch definiert, eine andere Person zu beeinflussen oder zu verändern – diese Definition ist radikaler als jene, die ich 1988 gab. Ich vermute, daß sie für die meisten Therapeuten nicht akzeptabel ist. Worte und Definitionen sind jedoch nicht so bedeutsam; es kommt darauf an, auf was sie sich beziehen. Für mich wiederum ist dieser Gebrauch der Sprache und des Verhaltens sowie diese Art und Weise, mit Menschen umzugehen, nicht ganz annehmbar.

sion, in der eine Partei die andere überzeugen möchte, und einer Diskussion, in der beide Parteien Interessen teilen und gemeinsam zu einem besseren Verständnis gelangen wollen. Ich bin nicht darauf bedacht, jemanden überzeugen zu wollen (ich bin ebenfalls nicht interessiert an Übereinstimmung), und glaube auch nicht, daß man als Therapeut zu vorsichtig sein muß, wenn man dem Klienten etwas offeriert, denn etwas „anbieten" ist noch nicht „hinzufügen". Schließlich kann dieser ja ablehnen. Aus diesem Grunde sollten wir nicht befürchten, dem Klienten etwas gegen seinen Willen aufzudrängen.

Wie kann man den Ericksonschen Ansatz und meinen Standpunkt miteinander vereinbaren? Erickson hat die Aufmerksamkeit auf den enormen Reichtum menschlichen Verhaltens gelenkt. Wir können uns dessen gewahr sein, wenn wir in der Therapie mit unseren Klienten sprechen, wir können uns und ihnen aufmerksamer zuhören, wir können veränderte Bewußtseinszustände, so wie sie sich natürlich ergeben, beobachten, ebenso die Reaktionen der Klienten auf unser eigenes Verhalten, bzw. unsere Reaktionen auf das Verhalten der Klienten – aber wir sollten den Prozeß nicht vereinnahmen und ihn zu kommandieren versuchen. Wenn wir hellhörig sind dem gegenüber, auf was Erickson anspielte, wird sich auch unsere Konversation mit den Klienten verändern – ohne daß wir gewaltsam etwas verändern müssen.

Erickson hatte wohl mehrere Sachen im Sinne, wenn er sagte, daß man dem Unbewußten vertrauen solle: „Bemühe Dich nicht auf eine bewußte Art", „Versuche nicht auf eine bewußte Art, Dinge geschehen zu machen", „Achte auf Deine Intuition [wohlverstanden: die trainierte Intuition]", „Sei einfach nur Du selbst und versuche nicht, ein anderer zu sein", „Denke nicht zu viel". Obwohl es bis hierher klar geworden sein sollte, daß ich die Phrase „Vertraue dem Unbewußten" nicht so sehr schätze und sie auch nicht verwende, höre ich in diesem Ausdruck doch auch: „Arbeite nicht nur auf eine bewußte Art daran, Klienten zu ändern"; oder aber: „Vertraue darauf, daß sich eine Veränderung ergeben wird"; oder aber: „Achte auf den Prozeß; das Ende kommt von selbst".

21. „Indirekte" Hypnose: Ökosystemische Betrachtungen

David P. Fourie[37]

Die meisten Ericksonschen Hypnotherapeuten würden wahrscheinlich der Behauptung zustimmen, daß es möglich sei, ohne bewußte Aufmerksamkeit des Patienten Hypnose zu induzieren. Zur Untermauerung solcher Behauptungen würde man auf Fälle sogenannter „indirekter" Hypnose verweisen. Man erinnere sich zum Beispiel an jene Begebenheit, als Erickson jemanden aus dem Publikum aufforderte, Widerstand zu leisten; oder wie Erickson jemanden dazu brachte, zu ihm nach vorne auf das Podium zu kommen und in Trance zu gehen, indem er einfach nur einige Worte besonders betonte. Aber auch ganz abgesehen von Erickson könnten wahrscheinlich die meisten von uns Fälle zitieren, wo wir Personen in ähnlicher Weise „indirekt" in Trance versetzten.

Wenn die Behauptung wahr ist, daß Hypnose ohne die Aufmerksamkeit des Bewußtseins induziert werden kann, so scheinen sich daraus zwei weitere Annahmen als Voraussetzungen zu ergeben, nämlich:

1. „Trance" ist etwas real existierendes,
2. das „Unbewußte" ist etwas real existierendes.

Auch damit werden vermutlich noch die meisten Ericksonschen Hypnotherapeuten übereinstimmen.[38] Die These dieser Abhandlung jedoch ist es, daß diese Annahmen eben nur Annahmen sind und somit auch ihre Gültigkeit in Frage gestellt werden kann. Folglich ist auch die Unabhängigkeit der Trance vom Bewußtsein fraglich. Der Umgang mit dem Terminus „Trance" ist eines der klassischen Beispiele für Verselbständigung: ein beschreibendes Konzept wird gewissermaßen zu einer konkreten Entität. Whitehead (1959) nannte das „fallacy of misplaced concreteness" und Bogdan (1984) legte dar, wie durch Verselbständigung aus beschreibenden Konzepten Erklärungen für Verhaltensweisen werden, die sie eigentlich nur beschreiben sollten. So zum Beispiel bei der Handlevitation (einem „Trance - Phänomen"), deren Auftreten damit begründet wurde, daß die Person in „Trance" war.

37 Übersetzung aus dem Englischen von Tadjana Klitzen-Mrosk

38 Bzgl. dieser Behauptung von David Fourie vergleiche z.B. das Heft „Hypnose und das Unbewußte" der Zeitschrift *Hypnose und Kognition* 6 (2), 1989, bzw. den Beitrag von Philip Booth in diesem Band (Anmerkung d. Hrsg.).

Ursprünglich wurde „Trance“ als Sammelbegriff verwendet, um auf ein bestimmtes Verhalten hinzuweisen, nun werden dem Begriff kausale Eigenschaften zugeschrieben. Es wird angenommen, daß „Trance“ als eine Entität existiert in dem Sinne wie zum Beispiel bei Rittermann (1983, S. 337), nach der „Trance“ ein „State of intense focus inward“ ist.

In der Praxis wird Trance so definiert, daß eine Person sich in der Art und Weise verhält, die von allen anderen Anwesenden als hypnotisch verstanden und klassifiziert wird (Fourie u. Lifschitz 1985). Trance oder Nicht-Trance hängt somit von den Vorstellungen der Beobachter ab (einer davon ist die hypnotisierte Person selbst), inwieweit sie ein bestimmtes Verhalten als hypnotisch betrachten. Es ist durchaus bekannt, daß in der einen Situation Verhaltensweisen als hypnotisch beurteilt werden, in einem anderen Kontext hingegen völlig anders. Handlevitation im Klassenzimmer zum Beispiel wird wohl kaum als Hinweis auf „Trance“ angesehen; dort hat es eine andere Bedeutung. „Trance“ existiert nur dann, wenn man annimmt, das sie existiert.

Somit ist „Trance“ keine unabhängige Entität. Ob sie existiert, hängt vollkommen von den Vorstellungen der Beobachter und der Definition der Situation ab. Dies ist mit dem Prozeß der gemeinsamen Qualifikation verknüpft. „Trance“ kann nicht losgelöst von diesem Prozeß existieren, durch welchen sie mitkonstruiert ist (Efran Lukens u. Lukens 1988).

Das Ausmaß, in dem das Konzept des „Unbewußten“ verselbständigt wurde, wird nirgendwo so klar dargelegt, wie in einer Bemerkung von Havens (1985, S. 55): „[...] wenn Erickson sich auf das Unbewußte bezog, bezog er sich auf das real existierende, beobachtbare, demonstrierbare Phänomen. Er benutzte den Terminus nicht nur als Metapher oder als Konstrukt. Er meinte, daß Menschen tatsächlich ein Unbewußtes *haben* [...] so wie sie auch einen Arm oder ein Bein haben.“ (kursiv im Original).

Tatsächlich ist das Unbewußte weder real noch beobachtbar. Genau wie bei dem Konzept der Trance läßt sich das Unbewußte aus beobachtbarem Verhalten *schließen.* Allgemein wird angenommen, daß hypnotisches Verhalten unbewußt ist. Wenn ein Verhalten gezeigt wird, das alle als hypnotisch betrachten, so hält man es oft für eine Demonstration von unbewußtem Handeln. Der Glaube an die Realität des Unbewußten ist sehr manifest. Wenn in einer vorab als hypnotisch festgelegten Situation ein besonderes Verhalten vorkommt, nehmen die Beobachter an, daß sie tatsächlich das „Unbewußte" in Aktion erleben. Indem sie das tun, wird die Annahme des real existierenden „Unbewußten" derart verstärkt, daß es zu einem Schneeballeffekt kommt: Man neigt dazu zu vergessen, daß das „Unbewußte" ein Konzept ist und keine Entität mit selbständiger Realität.

Wenn also weder „Trance" noch das „Unbewußte" als unabhängige Realitäten existieren, wie können wir dann das Phänomen der sogenannten „indirekten" Hypnose erklären? Dies kann man durch genauere Betrachtung der definierten Situation. Zusätzlich müßte man die Vorstellungen der Parteien, welche die Geschehnisse innerhalb dieser Situation beobachten, mitberücksichtigen. Wenn die Situation als eine hypnotische verstanden wird, ist es wahrscheinlicher, daß Verhaltensweisen von allen als hypnotische erkannt werden, als wenn die Situation einen anderen Kontext hat. Ähnlich ist es, wenn ein bekannter Hypnotiseur aktiv an dieser Situation teilnimmt; das eigene Verhalten und das der anderen wird dann eher als hypnotisch klassifiziert. Daraus folgt, daß es alles andere als „indirekt" war, wenn jemand wie Erickson „indirekt" eine Person auf einem Hypnosekongreß hypnotisierte. Die Vorstellung „Hypnose" war in den Gedanken aller Anwesenden präsent und alle, eingeschlossen dem, der dann zum „Subjekt" erklärt wurde, erwarteten Verhaltensweisen, die sie gemeinsam als hypnotisch klassifizierten. Dies ist ein ökosystemischer Standpunkt, der auf der systemischen Theorie und Batesons (1971) Auffassung beruht. Man geht von einer Ökologie der Vorstellung aus, die innerhalb des menschlichen Systems existiert.

Von diesem Standpunkt aus ist die Streitfrage „direkte" versus „indirekte" Hypnose im Endeffekt keine Streitfrage mehr. Die eigentliche Dichotomie zwischen direkt/indirekt wird irrelevant und willkürlich, sobald man die Annahme bezüglich der Realität von „Trance" verwirft. „Indirekte" Hypnose hängt also genauso von der Definition des Kontextes und dem Prozeß der gemeinsamen Bewertung bzw. Qualifikation ab wie „direkte" Hypnose.

Tatsächlich könnte man folgende Annahme treffen: Je klarer die Situation als eine hypnotische definiert ist und je massiver die Erwartungen der Teilnehmer sind zu erkennen, welche der gezeigten Verhaltensweisen man als hypnotisch betrachten kann, desto weniger „direkt" müssen die Suggestionen des Hypnotiseurs sein. Wenn zum Beispiel ein Klient im Laufe einer Therapie mehrere Male hypnotisiert wurde, genügt ihm vielleicht schon ein bloßes Nicken des Hypnotherapeuten (unter diesen Umständen eine geeignete Aktion), um das eigene Verhalten als hypnotisch zu definieren (das heißt, in „Trance" zu gehen).

Die Willkürlichkeit der Unterscheidung zwischen direkt und indirekt wurde von Ferrier (1986) aufgewiesen. Er folgte der Argumentation von Maturana (1982), daß niemand irgend jemand anderen auf direktem Wege beeinflußen kann. Wenn nun aber keine direkte Beeinflussung möglich ist, so ist die Dichotomie zwischen direkt und indirekt mehr in der Konvention denn in den Tatsachen begründet. Ferrier (1986) zeigt auch, daß die Entscheidung zwischen direkt oder indirekt von der Meinung der Beobachter und dem Analyseniveau abhängig ist. Von diesem ökosystemischen Gesichtspunkt aus gesehen erscheint es klar, daß die sogenannte „indirekte" Hypnose sich nicht wirklich von der eher als „direkt" bezeichneten Hypnose unterscheidet. Beides kann man adäquat und knapp erklären, ohne auf solche Annahmen zurückgreifen zu müssen, daß „Trance" und „Unbewußtes" als verselbständigte Entitäten existieren.

Dies soll aber auf keinen Fall bedeuten, daß diese Annahmen ungültig, falsch, oder sinnlos wären. Diejenigen, die solche Annahmen aufstellten, haben damit gut gearbeitet und werden wahrscheinlich weiterhin eine Menge guter Arbeit leisten. Legt man seiner Arbeit jedoch diese Annahmen zugrunde, dann bedeutet dies, daß man mit einer Situation arbeitet, die sich von einer Position entfernt hat, die den tatsächlichen Umständen entspricht. Das ist dann so, wie wenn jemand ein Sandwich mit Messer und Gabel ißt.

Wenn man andererseits die Konzepte der Definition der Situation und der gemeinsamen Qualifikation von Verhalten verwendet (Fourie u. Lifschitz 1985, 1987, 1988, 1989), kann man sich das zunutze machen, was auch immer die Situation bietet. Dies verhält sich ebenso bezüglich der Konzepte der Teilnehmer bezüglich „hypnotischen" Verhaltens. Wenn ein naheliegendes Verhalten wie zum Beispiel Lidschluß nicht vorkommt – egal ob es nun „direkt" oder „indirekt" suggeriert wurde –, so muß ein anderes Verhalten erscheinen, in diesem Falle das Offenbleiben der Augen. Eben dieses andere Verhalten könnte dann als hypnotisch qualifiziert werden. Das heißt, die Teilnehmer könnten dazu gebracht werden zu glauben, eben diese Person hätte die seltene Fähigkeit, mit offenen Augen in Trance zu gehen. Wenn beispielsweise die Teilnehmer (sagen wir in einer Familie) Hypnose fürchten, könnte der gleiche Vorgang als Autogenes Training, als Entspannung, als Phantasiereise oder als Selbsthypnose (sogar als Nicht-Hypnose) verstanden werden. In einem besonderen Fall einer sehr religiösen Familie wurde an Stelle von Hypnose ein Gebet gesprochen. Was man sonst vielleicht als („indirekte") Hypnose betrachtet hätte, wurde hier explizit als nicht hypnotische, sondern als religiöse Prozedur definiert (Fourie 1988).

Was betrachtet man nun aber situationsadäquat als hypnotisch beziehungsweise als nicht hypnotisch? Diese Flexibilität ist schwierig zu erreichen, wenn man an „Trance" und „Unbewußtes" als Entität mit besonderen Eigenschaften denkt. Wenn man mit „Trance" als einem Zustand arbeitet, so folgt daraus, daß man sich auf bestimmte Verhaltensklassen beschränkt, die eben als typisch für „Trance" angesehen werden. Gerade der Gebrauch des Terminus „indirekte" Hypnose führt zu einer solchen Beschränkung. Er beruht nämlich auf der einengenden Annahme, daß „Trance" existieren kann, ohne sie explizit oder implizit zu definieren und als solche zu qualifizieren. Das Arbeiten mit Attributionen, Konnotationen und gemeinsamen Qualifikationen ermöglicht es auf der anderen Seite, auf kreativem Wege alle Ideen und Bedeutungen freizusetzen, welche die Teilnehmer in die Situation einbringen. Diese Ansicht ist eng angelehnt an Anderson und Goolishian (1988). Sie gehen davon aus, daß die Realität einer sozialen Konstruktion entspricht, in der sich die Bedeutung durch sprachliche Interaktion innerhalb des menschlichen Systems mitentwickelt.

Zwei Schlußfolgerungen scheinen nun berechtigt. Die erste ist, daß es keine reale Dichotomie zwischen „direkter" und „indirekter" Hypnose gibt. Verhalten kann nicht als hypnotisch qualifiziert werden, wenn die Anwesenden die Situation nicht als eine wahrnehmen, in der Hypnose auf der Tagesordnung steht oder stehen könnte. Jede Hypnose ist gleichermaßen „direkt" oder „indirekt". Die zweite Schlußfolgerung ist, daß die Verwendung des Konzepts der „indirekten" Hypnose in der Art und Weise, wie die Situation wahrgenommen wird, sowohl konzeptuell wie operational restriktiv ist.

22. Suggestion versus Rationalität Eine Wasser-Feuer-Beziehung?

Vladimir A. Gheorghiu[39]

Schon seit den Anfängen der Psychologie hat man sich bemüht, das Wesen der Suggestion zu explizieren und zu definieren (siehe hierzu bei Allport 1985; Gheorghiu 1989, a, b; Lerede 1980; Stokvis u. Pflanz 1961). Die Auffassungen sind sehr widersprüchlich. Es lassen sich jedoch Schwerpunktsetzungen erkennen. Der größte Einfluß ging und geht von der Ansicht aus, *daß unter Suggestion primär der Prozeß der Ausschaltung, Reduktion oder Umgehung der rationalen Anteile des Denkens und Urteilens zu verstehen ist, der zu unkritischen, unwillentlichen Verhaltensweisen führt* (Allport 1961; Kretschmer 1963; McDougall 1908; Stokvis u. Pflanz 1961; Young 1931). Im folgenden soll versucht werden nachzuweisen, daß das Wesen der Suggestion nicht auf nonrationale Gegebenheiten reduziert werden kann und daß zwischen Suggestion und Rationalität enge Verknüpfungen bestehen. Um dies klarer machen zu können, soll erst einmal eine Standortbestimmung der Suggestion vorgenommen werden.

Der Stellenwert der Suggestion

Eine Bestimmung des Standorts der Suggestion ist nur dann möglich, wenn dies aus einer sehr allgemeinen psychologischen Perspektive heraus erfolgt. Man kann davon ausgehen, daß sich der Mensch in einer Welt bewegt, in der Ambiguitätsverhältnisse vorherrschen. Er muß stets Urteile abgeben und Entscheidungen treffen, ohne jeweils über konsistente Anhaltspunkte für seine Bewertungen und Handlungsweisen zu verfügen. Um aber handlungsfähig zu sein, ist er aufgefordert, latente Zuweisungsmöglichkeiten zugunsten einer eindeutigen Alternative zu verdichten. Das heißt aber, daß das Individuum sein selbstorganisierendes System nur insofern erhalten kann, als es in die Lage versetzt wird, einen ihm permanent auferlegten Widerspruch zu überwinden: *den Widerspruch zwischen der Vielzahl der potentiellen Alternativen und der zwingenden Aufforderung, nur eine dieser Alternativen gelten zu lassen* (siehe auch Gheorghiu 1982a, 1989a; Gheorghiu u. Kruse 1991). Es sind möglicherweise vier Hauptstrategien, die bei der Lösung dieser Aufforderung zum Tragen kommen:

39 Die vorliegende Arbeit wurde von der DFG (AZ Ne/216/5-1) unterstützt. Mein Dank gilt Peter Kruse für anregende Diskussionen zu diesem Artikel.

(a) *Reflexartige Mechanismen*, wie zum Beispiel regelhaft fixierte Verhaltensmuster, die nicht oder nur in sehr begrenztem Ausmaß alternative Lösungen zulassen. Gemeint sind hier Reflex-handlungs- oder Bewertungsmechanismen, die in bestimmten Situationen automatisch ablaufen, ohne daß sie als Reflex dem Menschen angeboren sind; sie werden eher in vielfältiger Weise von Individuen eigens eingeübt (s. auch Schwemmer 1987). Die Entscheidung für eine Lösung gewinnt bei diesen reflexartigen Mechanismen den Charakter des Ausschließlichen und Zwingenden (wie z.B. bei Einstellungen, die stereotype Reaktionsweisen auslösen oder bei optischen Täuschungen, denen man auch dann unterliegt, wenn die Person weiß, daß sie einer täuschungsinduzierenden Reizsituation ausgesetzt ist).
(b) *Suggestive Mechanismen*, die in komplexeren Kontexten eine eindeutige Entscheidung begünstigen und das bei weiterhin virtuell vorhandenen, aber in der Regel keineswegs unmittelbar bewußtseinsmäßig gegebenen Alternativen. Die Entscheidung für eine bestimmte Lösung, gewinnt den Charakter einer „Als-ob"-Ausschließlichkeit.
(c) *Rationale Mechanismen*, bei denen eine Auseinandersetzung mit den verfügbaren Alternativen primär auf der Grundlage reflexionsartiger Entscheidungswege zustande kommt. Die Lösung gewinnt damit den Charakter einer Entscheidung für eine bewußt gewordene Aufgabe oder Problemlösesituation (was aber nicht heißt, daß sich das Individuum den Entscheidungsweg als solchen auch unbedingt vergegenwärtigt).
(d) *„Aufsgeradewohl -Reagieren" Mechanismen.* Nicht immer verfügt der Mensch über handlungsrelevante suggestive Hinweisreize oder über die notwendigen Voraussetzungen zum Einsatz reflexartiger bzw. rationaler Disambiguierungsstrategien. So ist zum Beispiel eine Situation vorstellbar, in der zwar die prinzipielle Existenz mehrer Entscheidungsmöglichkeiten erlebt wird, diese Alternativen aber nur unzureichend kognitiv erfaßt werden können. Oder eine Situation erscheint grundsätzlich unübersichtlich und mehr oder weniger chaotisch. Unter diesen Umständen kann ein „Aufs-Geradewohl "-Reagieren eine sinnvolle Verhaltensweise sein. Das Verhalten wird ohne konkrete Zielvorstellung nach dem „Versuch-und-Irrtum"-Prinzip organisiert. Genauer müßte man von einem Prinzip des einfachen Versuches sprechen, da in hochgradig ambiguen Situationen jede Handlung als Erfolg gewertet und erlebt werden kann. Das Korrektiv des Irrtums existiert dann subjektiv nicht, weil der Schritt

zum Handeln im Sinne eines Abwehrmechanismus nachträglich legitimiert werden muß. In der Praxis ist das „Aufsgeradewohl"-Handeln möglicherweise häufiger vertreten als es dem Empfinden entspricht. Allein im Management, in dem ein hoher Entscheidungsdruck häufig mit einer unübersichtlichen Informationslage zusammentrifft, kann die Fähigkeit und Bereitschaft zum unreflektierten Handeln durchaus als qualitativ positive Strategie gesehen werden. In der Sicht der Selbstorganisationstheorien entspricht das „Aufsgeradewohl"-Handeln den zufälligen Fluktuationen, die ein System autonom in Richtung auf einen Attraktorzustand organisieren.

Es handelt sich sicherlich um komplementäre, durch verschiedene Zwischenstufen charakterisierte Mechanismen. Sie tragen vermutlich in erster Linie dazu bei, Ordnungsverhältnisse durch Auflösung der situativen Ambiguität und der damit verbundenen Instabilität zu schaffen (Gheorghiu 1982; Kruse, 1989; Kruse u. Stadler 1989). Dem ist hinzuzufügen, daß sich in einer Reihe von Situationen das Individuum mit Hilfe dieser Strategien Ordnung auch andersartig verschafft, und zwar durch (a) Labilisierung rigider Gegebenheiten wie z.B. Aufbrechen eines suboptimalen, fixierten Lernstatus (Gibbons u. Wright 1981; Lazarus u. Folkman 1984), (b) Beibehaltung der situativen Ambiguität, wenn beispielsweise Personen eine Stabilisierung vermeiden oder sogar Ambiguitätsverhältnisse bevorzugen (Dörner 1989; Gheorghiu 1982a; Kruglanski 1988), bzw. durch (c) „Konservierung" stabiler Zustände wie z.B. bei Aufrechterhaltung von Hoffnung (Lazarus u. Folkman 1984) oder Stabilisierung von Einstellungen (McGuire 1964).

Eine rigorose Abgrenzung dieser Mechanismen ist nur bedingt möglich. Die Differenzierung ist insbesondere für die Strategie der Suggestion schwierig. Aufgrund der Zwischenposition nimmt sie oftmals Züge an, die zu ihrer Verwechslung mit reflexartigen bzw. mit rationalen (reflektorischen) Mechanismen führt. Man ist zum Beispiel geneigt, Vorurteile oder Aberglauben als typische Suggestionserscheinungen zu betrachten. Sie sind aber, soweit fixiert, eher als Bestandteile reflexartiger Mechanismen zu bezeichnen, denn sie lassen dem Menschen wenig Spielraum für ein diesen Einstellungskomponenten entgegengesetztes Verhalten. (Es ist natürlich etwas anderes, daß auf der Grundlage fixierter Verhaltensmuster suggestionsbedingte Einflüsse möglich sind.) Andererseits verstecken sich suggestive Erscheinungen hinter rationalen Formen. Nicht von ungefähr spricht man von einer *Magie* des Rationalen. Grenzen und Übergänge zwischen den genannten Strategien der Ambiguitätsbewältigung auszuloten ist hier jedoch nicht die Aufgabe. Ebenso erhebt die getroffene Einteilung nicht den Anspruch auf Vollständigkeit.

Mit dem bisher Gesagten ist Suggestion keineswegs als eine Randerscheinung, als eine „Panne der Natur" zu verstehen. Sie gewinnt vielmehr den Stellenwert einer zentralen kognitiven Strategie, die auf ihre Art dazu beiträgt, daß über eine Reduktion vorhandener Freiheitsgrade das Individuum zu einer eindeutigen Handlungsweise gelangt. Virtuell vorhandene Alternativen zu der Suggestionslösung werden durch den der Suggestion eigenen Unterschiebungsvorgang ausgeklammert. Auch wenn sich das Individuum die Existenz der konkurrierenden Lösungen – wie zum Beispiel in Konfliktsituationen – vergegenwärtigen kann, ist es ihm unter Suggestionseinfluß nicht möglich, von den vorhandenen Alternativen Gebrauch zu machen. Das Paradoxe der Suggestion besteht darin, daß sie zwar keinen zwingenden Charakter besitzt – damit ist gemeint, daß sie nicht reflexartig oder automatisch die „suggerierte" Verhaltensweise auslöst –, sich aber trotzdem zwangsartig durchsetzen kann (wie beim Kauf von Gegenständen, die man nicht unbedingt braucht, zu deren Anschaffung man aber verführt wird). Andererseits läßt sich das nicht „Zwingende" schon daran erkennen, daß unter annähernd gleichen Bedingungen *nicht* jede Person der suggestiven Aufforderung Folge leistet.

Durch den Prozeß der Unterschiebung wird eine „Als-ob"-Situation geschaffen. Täuschungserscheinungen werden als authentisch gedeutet und erlebt. Bloßen Annahmen wird eine Beweiskraft zugeschrieben, bzw. den nur angedeuteten oder einfach nur in den Raum gestellten Aussagen Authentizität zugesprochen etc. Im weitesten Sinne ist hier mit Unterschiebung die Tendenz gemeint, entsprechend der dargegebenen Lösung zu reagieren, *als ob* in der gegebenen Suggestionssituation keine (brauchbaren) Alternativlösungen vorhanden wären (zur detailierten Herleitung siehe Gheorghiu 1982a, b).

Die Besonderheit der suggestiven Strategie tritt deutlicher in Erscheinung, wenn man sie in Relation zu den anderen ordnungsschaffenden Strategien betrachtet. Die inner- und intersubjektive Entwicklung des Systems Mensch ist gekennzeichnet durch eine entsprechende Entwicklung der Freiheitsgrade, die dem Individuum zur Verfügung stehen, um für sich angemessene Entscheidungen treffen zu können. Die reflexartigen Mechanismen erweisen sich als zu grob für die immer komplexeren Aufforderungen zur Auflösung der Ambiguität, denen das Individuum nachkommen muß. Die Herausforderung, die Grenze reflexartiger Mechanismen zu überwinden, ergibt sich schon aus der Notwendigkeit, mehr Spielraum für die Verwirklichung der zwischenmenschlichen Einflußnahme zu gewinnen. Für das Zustandekommen der subtilen Wechselwirkungen zwischen dem Individuum und seinem sozialen Umfeld reichen regelhaft fixierte, zur Routine gewordene Verhaltensmuster nicht aus. Sicherlich spielt der rationale Mechanismus eine äußerst wichtige Rolle bei der Auflösung komplexer situativer Ambiguität. Er selbst erweist sich oftmals aber als zu unökonomisch und auch zu kompliziert für eine rapide Bewältigung instabiler Verhältnisse. Darüber hinaus kann der reflektorische Mechanismus durchaus selbstblokkierend wirken (z.B. bei Auseinandersetzungen, in denen sich das „Für“ und das „Wider“ die Waage halten und dadurch eine eindeutige Entscheidung verhindern).

Zusammenfassend läßt sich festhalten, daß durch die suggestive Strategie sowohl die Einseitigkeit reflexhaft festgelegter Verhaltensmuster als auch die Kompliziertheit zeitraubender, rationaler Mechanismen überwunden werden kann. Auf der Grundlage von Unterschiebungsprozessen, die nicht bewußtseinspflichtig und in manchen Fällen nicht einmal bewußtseinsfähig sind, ermöglicht die Suggestion eine oftmals geschmeidigere und diskretere Auflösung der Menge möglicher Bedeutungszuweisungen zugunsten einer handlungsauslösenden Entscheidung. Kommen wir nun zurück zu der Relation zwischen Suggestion und Rationalität und somit zu der Hauptproblematik dieses Beitrages.

Versteckt sich hinter einem nichtsuggestionskonformen Verhalten ein rationaler Vorgang?

Durch Hervorheben des Non-Rationalen bei einer suggestiblen Verhaltensweise läßt sich leicht die Schlußfolgerung ziehen, daß eine nichtsuggestionskonforme Reaktion mit der Beteiligung rationaler Prozesse einhergeht. Dies kann, muß aber nicht der Fall sein. Wird einer kritischen Person auf direktem Wege suggeriert, daß sie ihren Arm nicht mehr heben kann, so ist damit zu rechnen, daß sie, weil sie das Irrationale der Aufforderungssituation vergegenwärtigt, der Suggestion nicht Folge leistet. (Es soll hier aber schon darauf hingewiesen werden, daß durch das Bewußtwerden des vernunftwidrigen Charakters des Suggestionsinhaltes nicht unbedingt auch das Ausbleiben einer suggestionskonformen Reaktion gewährleistet ist.)

Bei indirekter Beeinflussung sind die Gegebenheiten komplizierter. Stellen wir uns zwei Patienten vor, denen nach einem chirurgischen Eingriff zwecks Linderung des postoperativen Schmerzes anstelle eines spezifischen Analgetikums ein Leerpräparat, also ein *Placebo* verabreicht wurde. Beide Patienten haben tatsächlich starken Schmerz empfunden, vertrauen ihrem Arzt und wissen über die Wirksamkeit des angegebenen Präparats Bescheid. Nur einer der beiden erweist sich jedoch als Placebo-Reagierer. Kann man aber daraus schließen, daß der Patient, der weiterhin Schmerz empfindet, eine kritische, durch rationale Prozesse untermauerte Einstellung an den Tag gelegt hat? Das ist für die angenommene Sachlage unwahrscheinlich. Bei plausibler Simulation weiß weder der Reagierer noch der Nicht-Reagierer, daß er mit einer suggestiven Situation konfrontiert wurde.

Das gleiche gilt für eine ganze Reihe indirekter Suggestionsverfahren, die zum Beispiel bei der Beeinflussung von Wahrnehmungsurteilen durch Vortäuschung objektiver Reizdarbietung (Gheorghiu, Netter u. Tich 1989; Seashore 1895; Sherif 1935; Stukat 1958) oder bei der Beeinflussung von Gedächtnisprozessen durch diskrektes Einblenden von Post-event-Informationen eingesetzt werden (Loftus 1979). *Hinter dem Ausbleiben einer suggestionskonformen Verhaltensweise verbirgt sich also nicht unbedingt ein rationaler Prozeß.* Nicht das Non-Rationale – es sagt uns, was nicht vorliegt –, sondern die Suche nach den situativen und innerkognitiven Faktoren, die den suggestiven Unterschiebungsprozeß einleiten und durchsetzen bzw. ihn verhindern wie z.B. bestimmte Erwartungshaltungen oder Einstellungsfaktoren (zum Beispiel demand characteristics) usw., müßte zum Gegenstand der Suggestionsforschung gemacht werden. Dies ist ein Trend, der insbesondere die Forschung der hypnotischen Suggestion kennzeichnet (für Details siehe Sheehan u. Perry 1976; Kihlstrom 1985).

Es gibt aber auch einen indirekten Beweis dafür, daß das Ausfallen einer Antwort im Sinne der intendierten Suggestion nicht unbedingt auf das Umgehen oder Ausschalten rationaler Persönlichkeitsanteile zurückzuführen ist.

Allport (1959) notiert beispielsweise, die Suggestion führe dazu, „daß ein Individuum eine Verhaltensweise oder Ansicht annimmt, ohne daß dabei die Prozesse des Denkens und Urteilens, *die eigentlich dazugehören*, ein Rolle spielen“ (Hervorhebung d. Verfassers). Man könnte hierbei unterstellen, daß, wenn die dazugehörigen rationalen Funktionen beteiligt gewesen wären, die betreffende Person nicht der suggestiven Aufforderung entsprechend reagiert hätte. Auch hierbei läßt sich festhalten, daß das der Fall sein kann, aber nicht sein muß. J.P. Das (1955) macht die Feststellung, daß die Aufforderung, kritische Einstellungen zu entwickeln, zwar sehr stark die Suggestionswirkungen vermindert, aber nicht vollständig aufhebt. Auch ließ sich nachweisen, daß die Aufdeckung indirekter Suggestionstests, die auf Täuschungsverfahren beruhen, nur einige der suggestiblen Versuchspersonen daran hinderten, bei Wiederholung der Suggestionsversuche nochmals im Sinne der Suggestion zu reagieren (Gheorghiu 1982b; Gheorghiu u. Sander 1973). Ähnliches konnte Valins (1974) feststellen, der seine Probanden völlig darüber aufgeklärt hat, daß die Rückmeldungen während des Versuches „getürkt“ worden waren. Diese Ergebnisse bestätigen die klassischen Versuche von Binet (1900). Nur bei einem Teil seiner Versuchspersonen (Volksschülern) fand Binet eine Abnahme suggestionskonformer Reaktionen nach Offenlegen der Suggestionsintention.

Alltagserfahrungen bestätigen schließlich unentwegt, daß durch das Erkennen der Absurdität einer Verhaltensweise nicht unbedingt auch die Voraussetzung geschaffen wird, diese zu vermeiden. (Mitunter unterliegen Personen sogar ihren eigenen, plausibel konzipierten Ausreden.)

Rationale Begründungen als Bestandteile suggestiver Beeinflussung

Rationale Vorgänge sind zwar nicht die Grundlage suggestiver Prozesse, können aber durchaus deren Auslösung mitbedingen. Schon McDougall (1935) weist darauf hin, daß triftige Argumente und sinnfällige Erläuterungen den Suggestionseinfluß steigern können. Am Beispiel von (a) Alltags- (Verkaufs-)situationen, (b) Suggestibilitätstests und (c) Rationalisierungstendenzen soll im folgenden die

Rolle rationaler Komponenten beim Zustandekommen suggestiver Unterschiebungsvorgänge veranschaulicht werden.

a) Angeführte Begründungen bei suggestiven Vorgehensweisen im Alltag (am Beispiel des Verkaufes)

Ein begabter Verkäufer bedient sich des öfteren auch Argumenten, um seine Ware überhaupt bzw. vorteilhafter abzusetzen. Dabei geht es ihm sicherlich nicht um Auseinandersetzungen „pro" oder „kontra" des Kaufes (sei es, er wäre daran interessiert, ein bestimmtes Warenangebot gezielt gegen ein anderes auszuspielen). Seine Erfahrungen erlauben ihm, angemessene Argumente für die Beantwortung unerwarteter Fragestellungen heranzuziehen, und wenn es darauf ankommt, sich paradoxer Strategien zu bedienen, indem er sozusagen die „Vorteile" der „Nachteile" hervorhebt (dem Klienten beispielsweise weismacht, daß es günstiger ist, schon im Sommer die begehrten Wintersachen zu kaufen). Ebenso versteht er es, die Betrachtungsweisen des Klienten geschickt in seine Argumentation miteinzubeziehen, mitunter sogar mit dem Versuch, so angeklungene Bedenken auszuklammern. Seine Behauptungen, die letztlich die Kaufbereitschaft beeinflussen sollen, müssen dabei nicht unbedingt vernunftswidrig sein (siehe auch Allport 1985; Cialdini 1987; Packard 1961).

Aus sozialpsychologischen Untersuchungen ist bekannt, daß zur Einstellungsbildung oder -änderung einfache kognitive Regeln angenommen werden, die Einfluß auf die Überzeugungskraft der Mitteilung haben. Beispiele hierfür sind „Was teuer ist, ist auch gut", „Personen, die man mag, vertreten eine passende Meinung". Diese einfachen heuristischen Regeln werden bei der Übernahme von Argumenten gewöhnlich dann eingesetzt, wenn die Person nur wenig involviert ist und nur relativ wenig über den Inhalt der Sache Bescheid weiß (für Details siehe Witte 1989).

Anbieter von Lottoscheinen versuchen sogar mit einer stringenten Logik die Kaufbereitschaft zu beeinflussen („Nicht-Spieler haben garantiert keine Chancen. Sie wollen doch ihr Glück nicht versäumen. Ein Los kostet wenig, aber es bringt Ihnen vielleicht gerade jetzt den großen Gewinn. Nur Zugreifen!"). Implizite Beweisführungen sind in Begriffen verkörpert, deren Konnotationen unmißverständlich auf eine Gelegenheitssituation verweisen. Ein typisches Beispiel hierfür ist der Begriff „Sonderangebot". Er soll als suggestives Stichwort die Aufmerksamkeit auf ein bestimmtes Produkt lenken und eine Art „Fuß-in-der-Tür-Situation" schaffen. (Der potentielle Käufer ist aufgefordert, das „Angebot" erst einmal zu berücksichtigen, es u.U. anzufassen, Vergleiche mit ähnlichen Produkten herzustellen usw.)

Zur größeren Bequemlichkeit des Kaufvorganges wurden vor längerer Zeit Scheckkarten eingeführt. In Analogie hierzu ist auch die Telefonkarte zu verstehen, die bei Bedienung öffentlicher Fernsprechapparate benutzt werden kann. Die rationale Begründung hierfür ist offenkundig. Den Leuten soll die ständige Suche nach passendem Kleingeld und die Unannehmlichkeit ungewollter Gesprächsunterbrechungen erspart bleiben. Für diese Erleichterung muß der Betroffene aber zahlen. Da er nicht mehr auf das Kontrollzeichen achtet, verliert er leichter das Zeitgefühl. Es ist anzunehmen, daß viele Personen unter diesen Bedingungen eher dazu neigen, häufiger und länger zu telefonieren.

Generell läßt sich wohl festhalten, daß mit Einführung der Scheckkarten und anderer Geldsubstitute günstige Voraussetzungen geschaffen werden, um eine rational begründete Vorgehensweise in ein suggestives Verfahren umzumünzen. Der Benutzer dieser diskreten Vehikel verliert oft den Blick für das „Unmittelbare". Als Folge dieses Entfremdungsvorganges, der mit einer Einschränkung bewußter Kontrolle und Überwachung einhergeht, vollzieht sich leichter die suggestive Unterschiebung: Man kauft gelegentlich mehr oder kauft überhaupt Sachen, die man nicht unbedingt braucht.

Der Einfluß von „Beweisführungen" läßt sich am Beispiel der Werbung zeigen. Bekanntlich werden ja in der Werbung neben vielen anderen suggestiven Vehikeln „Argumente" eingesetzt, die darauf abzielen, angebliche Vorteile des angebotenen Produktes hervorzuheben. Das häufiger gekaufte Produkt hat in der Regel einen höheren Preis als die Konkurrenzprodukte; rationalerweise müßte aber ein Konsument bei gleicher Qualität das billigere Produkt bevorzugen. Dieses ökonomische Paradoxon gilt als Beleg für den manipulativen Einfluß der Werbung (hierzu Schulz u. von Keitz 1987, S. 1215).

b) Vorgegebene oder vorgeschobene Beweisführungen bei Suggestibilitätstests

In einer Reihe von Verfahren, die der Erfassung suggestibler Verhaltensweisen dienen, werden als Suggestionsvehikel auch rationale Erklärungen herangezogen. Dies läßt sich sogar am Beispiel von Tests zeigen, die zur Messung der Suggestibilität unter hypnotischen Bedingungen bestimmt sind. In den standardisierten Induktionsverfahren der Harvard Group Scale of Hypnotic Susceptibility (Shor u. Orne 1961) werden die traditionellen persuasiven Hinweisreize mit suggestiven Erläuterungen kombiniert:

„Stellen Sie sich bitte vor, daß Ihr Kopf nach vorne fällt. Sie wissen, daß das Denken an eine Bewegung und das Ausführen einer Bewegung eng zusammenhängen. Bald nachdem Sie daran denken, daß Ihr Kopf nach vorne fällt, werden Sie eine Tendenz spüren, diese Bewegung auszuführen (...) Sie haben bemerkt, wie die „Vorstellung einer Bewegung" die Tendenz zu einer Bewegung produziert. Sie können lernen, einen Hypnosezustand zu erreichen, wenn Sie Ihren Bewegungstendenzen zum Ausdruck verhelfen (...) Falls Sie aufmerksam auf das achten, was ich Ihnen sage, können Sie leicht erfahren, wie es ist, in Hypnose zu sein. *Es ist eine vollkommen normale Konsequenz bestimmter psychologischer Prinzipien.* Es ist lediglich ein Zustand großen Interesses an einer bestimmten Sache. In gewisser Weise *sind Sie in Hypnose, wenn Sie einen guten Film sehen, dabei alles um sich herum vergessen und Teil des Stückes werden."* (Seite 2 und 4 in der Übersetzung von Bongartz; Hervorhebungen d. Verfasser).

Beweisführungen werden als Vermittler suggestiver Inhalte, insbesondere innerhalb der sogenannten Wach-Suggestibilitätstests eingesetzt. Das ist im wesentlichen darauf zurückzuführen, daß bei dieser Testkategorie, die in die psychologischen Forschung schon früh eingeführt wurde (Binet 1900; Sidis 1898), die Intention der Beeinflussung kaschiert wird. Zur Dissimulation der suggestiven Gerichtetheit werden andere Zielsetzungen genannt bzw. diese durch explizite oder implizite Beweisführungen glaubwürdig gemacht. Um Wahrnehmungsurteile auf indirektem Wege zu beeinflussen, hatte Seashore (1895) mit Reizgeneratoren gearbeitet, deren Funktionsfähigkeit er durch wiederholte Reizdarbietungen den Probanden bewies. Erst dann folgte eine simulierte Stimulation. Estabrooks (1929) versuchte, durch ähnliche Täuschungsmanöver Pendelbewegungen zu induzieren. Nachdem sich der Proband davon überzeugen konnte, daß das von ihm über einen Elektromagneten gehaltene Pendel zu schwingen beginnt, wird der Versuch unter scheinbar identischen Bedingungen wiederholt. In der Tat aber war diesmal der Elektromagnet außer Funktion.

Explizite Beweisführungen werden dagegen noch selten bei indirekten Suggestibilitätstests verwendet. Vor kurzem haben Gheorghiu und Hübner (1990) über erste Ergebnisse eines Versuchs berichtet, bei dem als Suggestionsvehikel plausibel klingende Erläuterungen eingesetzt wurden. Auf diese Art sollten motorische Reaktionsweisen gebahnt werden, die die Probanden als unwillentlich erleben sollten. Zur Induzierung einer motorischen Reaktion wurde die Versuchsperson unter anderem darauf hingewiesen, daß Bewegungen einer Körperhälfte von spontanen Gegenbewegungen der anderen Körperhälfte begleitet werden können. Der Proband wurde zum Beispiel gebeten, seine Arme in Scherenposition zu halten. Unter Anspannung in beiden Armen sollte er dann den rechten Arm langsam anheben. Dabei sollte er beobachten, ob sich der linke Arm im Sinne der erteilten Erläuterung unwillentlich nach hinten bewegt. (In der Kontrollgruppe erfolgte nur der Hinweis, den rechten Arm unter Anspannung beider Arme langsam zu heben.) Es zeigte sich, daß im Vergleich zur Kontrollgruppe die Versuchspersonen der Experimentalgruppe bei 13 von 15 Textaufgaben (zur Imitierung, Modifizierung oder Blockierung von Bewegungsabläufen) signifikant häufiger reagiert haben.

c) Rationalisierung und Suggestion

Rationalisierungsvorgänge – damit sind im Sinne Freuds die Tendenzen gemeint, an Stelle uneingestandener Motive Scheinbegründungen zu benutzen – könnten auch als suggestive Kunstgriffe verstanden werden. Um sich sozusagen „münchhausenartig" aus der Situation herauszuziehen, die sein Selbstbild zu desavouieren droht, greift das Individuum unter anderem zu Erklärungen, die zumindest dem Anschein der Plausibilität genügen. Dabei sind die Ad-hoc-Begründungen nicht unbedingt abwegig, und es stellt sich das Problem, ob der Ausdruck „Scheinbegründung" überhaupt der richtige ist. (Dies trifft übrigens auch für die Bezeichnung „Fehlattribution" zu, deren Konnotation darüber hinwegtäuscht, daß die Inhalte dieser Art von Zuschreibungen für den Betroffenen durchaus einen angemessenen Charakter haben können.) Schließlich sind ja, wie anfangs erläutert, die meisten Situationen, mit denen wir konfrontiert werden, mehrdeutig und können – je nach Kontext – in der einen oder anderen, wenn nicht sogar in gegenteiliger Richtung gedeutet werden. Die Trauben, an die man nicht heran kommt – um mit La Fontaine zu sprechen – sind vielleicht wirklich sauer bzw. die Partnerin oder der Partner, die/den man nicht erobern kann, ist vielleicht wirklich hochnäsig, oberflächlich, egozentrisch usw. Die im Rationalisierungsprozeß spontan entstandenen Erläuterungen dienen ja keiner echten rationalen Auseinandersetzung. Sie gewinnen vielmehr den Stellenwert suggestiver Argumente, die sich der Suggerendus vor- bzw. unterschiebt, um seine Bewertungen und (Vor-)Entscheidungen zu legitimieren. Wie auch immer die Argumente ausfallen, auch hierbei zählt lediglich ihre *„Als-ob"-Funktion*. Als ob sie wirklich zutreffen würden.

Am Beispiel der Rationalisierungsvorgänge – wie generell anhand von Abwehrmechanismen – läßt sich in besonderem Maße das Geschmeidige und Subtile suggestiver Unterschiebungen vergegenwärtigen. Das Individuum bedient sich permanent suggestiver Lösungen, um unbewußterweise den Einfluß von Störfaktoren in Grenzen zu halten: indem es diesen vorbeugt, sie abfängt und neutralisiert, vermeidet, ins Gegenteil umdeutet usw. Die suggestive Unterschiebung trägt im wesentlichen dazu bei, daß die instabilen Verhältnisse durch Behauptung einer eindeutigen selbstprotektiven Lösung geklärt werden (zu detailierten Ausführungen über den Zusammenhang zwischen Suggestion und Abwehrmechanismen siehe Gheorghiu 1982a).

Die Beeinflussung rationaler Geschehnisse durch suggestive Vorgänge

Verquickung zwischen Suggestion und Rationalität

Die Gleichstellung von Suggestion/Suggestibilität mit Non-Rationalität oder Irrationalität hat nicht nur dazu geführt, daß man die Rolle rationaler Momente bei der Behauptung suggestiver Strategien weitgehend ignoriert oder unterschätzt hat. Auch das Umgekehrte trifft zu. Man hat sich noch viel zu wenig mit den Auswirkungen suggestiver Aspekte auf rationale Vorgänge sowie generell mit der Verflechtung suggestiver und rationaler Prozesse befaßt. In der bekannten Suggestionsliteratur wurde diese Wirkungsweise nicht postuliert (zumindest nicht explizit). In der Sozial- und Kognitionspsychologie werden (wie noch zu zeigen sein wird), wenn auch mit anderer Terminologie, Aspekte dieser Einflußnahme berücksichtigt. Einen besonderen Stellenwert nimmt diesbezüglich die psychologische Forschung über persuasive Kommunikation ein, die sich mit Einstellungsänderungen beschäftigt und dabei unter anderem auch über den Einfluß von Scheinargumenten berichtet (siehe McGuire 1985).

Es ist durchaus vorstellbar, daß beim Herauskristallisieren von Inhalten, die Gegenstand reflexiver Vorgänge sind oder werden, sowie bei der Entwicklung von Denkabläufen (z.B. durch Ad-hoc-Vergleiche und -Bewertungen oder durch direkte oder indirekte Hinweisreize) Suggestionsprozesse beteiligt sind. Gemeint sind unter anderem Einflüsse, die dazu beitragen, daß (a) eine eindeutige Problemsituation entsteht und als solche auch erkannt wird, (b) sich eine bestimmte Alternative herauskristallisiert oder (c) der gefallene Entschluß (auch wenn die Entscheidung darin besteht, die Lösung des Problems zu verschieben oder gar zu vermeiden) gut geheißen wird.

Alltagserfahrungen belegen zur Genüge, daß implizit oder explizit nicht nur Lösungen (für bereits vorhandene Probleme), sondern auch Problemsituationen suggeriert werden können. Eine Anspielung kann ausreichen, um jemanden vor *„echte"* oder nur *„Pseudo"-Fragestellungen* zu stellen bzw. ihn nachdenklich zu stimmen (im Hinblick auf seinen Gesundheitszustand, die Bedeutung von Ereignissen oder Meinungen, die ihn beschäftigen). Allerdings wird mit dem Suggerieren eines Problems oder einer Aufgabe nicht unbedingt auch eine anzunehmende Lösung mit auf den Weg gegeben. Andererseits entwickelt der Mensch eine gewisse Trägheit gegenüber den von ihm gefundenen Lösungen und den damit verbundenen Verhaltensweisen. Er neigt dazu, diese manchmal auch dann zu verteidigen, wenn sie gegen jegliche Vernunft verstoßen. Abwehrmechanismen im Sinn von Dissonanzreduktion (Festinger 1957) werden durch suggestive Unterschiebungsvorgänge wirksam.

Zum Verständnis des Suggestionseinflusses, der sich im Prozeß der rationalen Auseinandersetzung beim Herauskristallisieren einer bestimmten Lösung bemerkbar macht, wäre unter anderem auf den suggestiven Charakter von Intuition zu verweisen. Die Intuition, ein vernachlässigtes Thema der psychologischen Forschung, wurde in der letzten Zeit wieder aufgegriffen (siehe u.a. Bastick 1982; Bowers 1984). Letzterer betrachtete Intuition „as sensitivity and responsiveness to information that is not consciously represented, but which nevertheless *guides* inquiry toward productive and sometimes profound insights [...] what is required of intuition is that in the context of a particular problem, it puts into association two or more previously unconnected ideas that the person has already had [...] that people can have a presentiment of coherence before they can explicitly identify the basis for it. Moreover, even prior to its being explicitly noticed and identified, perceived coherence seems *to guide thought and action tacitly*" (S. 256; Hervorhebung d. Verfasser). Damit rückt aber Bowers die Intuition in die Nähe suggestiver Strategien, wie sie weiter oben erläutert wurde. Das Individuum läßt sich in seinen Bewertungen oder Entscheidungen von derartigen intuitiven Lösungen leiten in der Gewißheit, daß diese auch zutreffen.

Dies sind sicherlich aber eher spekulative Überlegungen, die hier auch mehr als Anregungsmomente angeführt werden. Ausgangspunkt der Forschungsbemühungen könnten „Knotenpunkte" im Netzwerk rationaler und suggestiver Verknüpfungen sein. Durch ihren gebietsübergreifenden Charakter können derartige Verbindungsmomente dazu beitragen, allgemeine Zusammenhänge, die auch für die Alltagspsychologie relevant sind, zu erfassen (siehe in diesem Zusammenhang Dörner 1983).

Bezugnehmend auf (a) Hypothesenbildung, (b) Entscheidungsbegründung und (c) Erkenntnisbildung soll im folgenden auf verschiedene Aspekte des Suggestionseinflusses auf rationale Prozesse und der suggestiven/rationalen Verquickungen hingewiesen werden.

a) Hypothesenbildung

Die Entwicklung von Hypothesen – hier sind im weitesten Sinn Annahmen gemeint, denen innerhalb von Problemsituationen eine Wegweiserfunktion zukommt – vollzieht sich nicht nur in bewußtseinspflichtiger Auseinandersetzung und auch nicht ausschließlich im Kontext expliziter Problemstellungen. Alleine schon wegen der Schnelle, mit der die Problemsituation zu bewältigen ist, besitzen Annahmen oftmals selbst nur einen impliziten Charakter. Unter diesen Bedingungen ist davon auszugehen, daß kontextbedingte Hinweisreize an Gewicht gewinnen. Attraktive Modellsituationen,

Stimmungslagen, Erwartungshaltungen, Gruppendruck, „primacy effects", in den Raum gestellte Behauptungen oder Andeutungen usw. weisen auf Zusammenhänge hin, aus denen via Unterschiebungsprozessen implizite oder explizite Annahmen abgeleitet werden können. Damit soll keineswegs unterstellt werden, daß sich die auf dieser Grundlage geprägten Annahmen als weniger angemessene Vehikel zur Auflösung von Problemsituationen erweisen sollen als Annahmen, die überwiegend auf bewußt eingesetzten Auseinandersetzungen basieren.

Deutlicher wird möglicherweise der Zusammenhang mit suggestiven Vorgängen, wenn man das Aufrechterhalten von Hypothesen betrachtet. Das Festlegen auf eine bestimmte Annahme impliziert oft genug ein Festklammern an Zusammenhänge, die scheinbar die Vermutungen untermauern. Man läßt sich von dem Glauben verführen, die gefundenen Erklärungen würden auch zutreffen.

Aus den Arbeiten über Bestätigungsfehler (confirmation bias) ist bekannt, daß der Mensch die Tendenz aufweist, Informationen zu suchen, die sich kongruent mit seinen Annahmen erweisen, und daß er es demnach vermeidet, sich mit Beweisführungen auseinanderzusetzen, die seine Position in Frage stellen würden. Er möchte bestätigt und nicht widerlegt werden (für Details siehe Evans 1989). Durch das Festhalten an expliziten oder impliziten Hypothesen ergeben sich günstige Voraussetzungen zur Einleitung und Durchsetzung suggestiver Unterschiebungserscheinungen. Die Aufmerksamkeit ist selektiv auf bestimmte Inhalte und Zusammenhänge gerichtet, und die angenommenen Erklärungsansätze entwickeln sich gelegentlich zu Leitideen, die dazu tendieren, sich selbst zu bestätigen. Mögliche Alternativlösungen werden unter diesen Umständen leichter übersehen. Hypothesenbildung dieser Art und das Festhalten an ihrer Aussagekraft lassen sich leicht am Beispiel von Kriminalfilmen veranschaulichen. Mit Hilfe subtiler suggestiver Hinweisreize gelingt es den Drehbuchautoren und Regisseuren immer wieder, die Zuschauer in die Irre zu führen. Bis zuletzt schließen sie auf den falschen Täter. (Leider begrenzt sich der Einfluß derartiger suggestiver Hinweisreize nicht auf solch harmlose Situationen).

b) Entscheidungsbegründungen

Es gibt sicherlich lebenswichtige Entscheidungen, die kurzerhand getroffen werden. Normalerweise neigt der Mensch aber dazu, sich derartige Entscheidungen gut zu überlegen und für sich und für die Mitbetroffenen plausibel zu begründen. Er setzt also rationale Strategien ein, versucht, den Stellenwert seiner Entschlüsse für die nahe und entferntere Zukunft zu bestimmen, das Für und Wider abzuwägen. Wenn der Zeitdruck nicht zu stark ist, läßt er oftmals alles ruhen, bemüht sich in der Zwischenzeit um eine kritische Distanz, versucht, neue Informationen hinzuzuziehen und eine abwartende Haltung einzunehmen, die es ihm ermöglicht, einen günstigen Moment für das Wiederaufgreifen der anstehenden Problematik und ihrer Begründung zu finden.

Man wird dem Entscheidungsvorgang aber keineswegs gerecht, wenn man ihn ausschließlich aus der Perspektive rationaler Aspekte betrachtet. Was auch immer der Gegenstand der Entschlüsse ist, Berufswahl, Partnerschaftsschließung, Kinderplanung, Wechsel des Arbeitsplatzes, des Ortes, des Landes usw., die lebenswichtigen Entscheidungen werden in der Regel immer unter Bedingungen gefällt, die mehrere Personen implizieren, die versuchen, ihre Meinungen durchzusetzen und Einfluß zu gewinnen. Der Träger der Entscheidung ist oft auf Informationen angewiesen, die er nicht unmittelbar überprüfen kann. Er ist abhängig von Urteilen anderer, von denen er annimmt, daß sie über bessere Kenntnisse verfügen. Angesichts der Tatsache, daß bei wichtigen Ereignissen Entschlüsse schon deswegen schwer zu fällen sind, weil die konkurrierenden Alternativen quasi gleich gewichtet sind, wächst die Wahrscheinlichkeit, daß die handlungsauslösende Entscheidung durch Zufallsfaktoren bestimmt wird: Kleine Ursachen können große Wirkungen haben. Darüber hinaus ist in Betracht zu ziehen, daß die eigentlichen Beweggründe des Entschlusses als solche und die angeführten Begründungen für dessen Rechtfertigung nicht unbedingt übereinstimmen müssen. Dieses non-kongruente Verhältnis kann, muß aber nicht vom Entscheidungsträger bewußt verursacht werden.

Dies sind alles Bedingungen, die einen günstigen Nährboden für suggestive Einflußvariablen bilden. Das läßt sich bei der konkreten Analyse fast jeder Situation belegen, die das Individuum auffordert, diese zu rechtfertigen. Eine Person zum Beispiel, an die das Angebot herangetragen wurde, eine neue Stelle zu übernehmen, wird sich vermutlich erst einmal mit dem Aufgabenbereich und den damit verbundenen Risiken vertraut machen, versuchen, in Erfahrung zu bringen, warum der Vorgänger gewechselt hat und welche Faktoren das Betriebsklima beeinflussen. Sie wird sich fragen, ob es sich lohnt, mehr Verantwortung bei der angebotenen Bezahlung zu übernehmen, ob sie genügend Halt bei den zukünftigen Mitarbeitern und ihren übergeordneten Instanzen finden wird, ob es angemessen ist, Vorbedingungen zu stellen usw. Es ist aber denkbar, daß bei allen ihren Überlegungen und in der von ihr gewählten Begründungsstrategie suggestive Momente mitwirken. Alleine schon bei der Beantwortung der Frage, ob sie sich denn für die neue Arbeit überhaupt geeignet findet, kann die Beeinflussung durch suggestive Faktoren entscheidend den handlungsfähigen Entschluß mitbestimmen. Die Reaktion hierauf kann durchaus den Spielregeln suggestiver Fragen entsprechen, also Fragen, bei denen die Antwort gleich mit auf den Weg gegeben wird, so daß möglicherweise die Frage als solche gar nicht richtig vergegenwärtigt wird. Denn schließlich wurde ihr ja das Angebot gemacht, es wurden durch Wunschdenken schon längst günstige Einstellungen geschaffen und ihre Ansprüche wurden von Familie und Freundeskreis stillschweigend oder laut unterstützt. Durch die Ähnlichkeit der Argumente kann bei den anderen Mitgliedern das Vertrauen in die „Richtigkeit" der individuellen Meinung wachsen, was dann zu einer extremeren Einschätzung führt (Witte u. Lutz 1982). Mit dem Zugeständnis des Sich-Zutrauens konstruiert sich der Entscheidungsträger ein eigenes Rechtfertigungssystem, das sich in seinen impliziten und expliziten Begründungen niederschlägt. Die Inhalte dieses Systems entziehen sich mehr und mehr seinen bewußten Kontrollinstanzen und entwickeln ihre eigene Logik, die sich verselbständigt. Es kommt zu einer Vorentscheidung, die sich bei der Beantwortung aller möglicher Fragen aufzwingt.

Ergebnisse der Kognitionspsychologie machen in letzter Zeit deutlich, daß in Entscheidungssituationen logische Denkweisen eher die Ausnahme als die Regel rationaler Geschehnisse sind (für Details siehe Gardner 1989; Kahnemann, Slovic u. Tversky 1982). Deduktionsregeln und statistische Prinzipien, so folgern Kahnemann und Tversky (1982) anhand verschiedener Versuche, werden nicht einfach ins Alltagsdenken übernommen. Sie weisen unter anderem nach, daß Aufgaben mit gleicher formaler Struktur, logischem Denken zum Trotz, häufig völlig verschieden gelöst werden. Versuchspersonen wurden zum Beispiel gebeten sich vorzustellen, daß sie bei der Absicht, ein Theater zu besuchen, die Feststellung machen, a) daß sie die zwei Eintrittskarten verloren haben bzw. b) daß sie ein Äquivalent der Summe in bar, die sie für die Karte ausgegeben haben, verloren haben. Am Theater angekommen, sollen sie nun entscheiden, ob sie nochmals die Karten für die Vorstellung kaufen würden. Obwohl sie in beiden Situationen die gleiche Summe verloren haben, behaupten die meisten Probanden, daß sie eher dann neue Karten kaufen würden, wenn sie das Bargeld und nicht die Karten verloren haben. Die Autoren fügen dazu an, daß der gleiche Verlust in verschiedenen Kontexten („mentale Kontos") eingeordnet wird. Das verlorene Bargeld wird aus der Sicht eines vom Theaterbesuch getrennten Bezugssystems gedeutet, dagegen wird der Wert der verlorenen Karten aus dem gleichen Bezugssystem betrachtet. Der Betroffene gewinnt hierdurch das Gefühl, daß er im zweiten Fall die doppelte Summe für den Theaterbesuch ausgeben müßte, und verzichtet daher auf diese Lösung.

Entscheidungen dieser Art gehorchen weder den Wahrscheinlichkeitsgesetzen, noch erweisen sie sich als logisch stimmig. Sie sind dadurch aber auch nicht als unlogische bzw. irrationale Verhaltensweisen abzustempeln oder als unerklärbare Geschehnisse zu betrachten. Vielmehr decken sie eine eigene Psychologie der Präferenzen auf, die nicht streng aus einer ökonomischen Gewinn- und Verlustrechnung folgt, sondern sich statt dessen darauf konzentriert, in welchem Rahmen man Wahlmöglichkeiten einbettet (siehe hierzu Gardner 1989, S. 390, der Kahnemans u. Tverskys Untersuchungen ausführlich analysiert hat).

An dieser Stelle ist auf die Ähnlichkeiten mit suggestiven Mechanismen hinzuweisen. Denn diese Wahlmöglichkeiten werden nicht unbedingt im Rahmen bewußter Auseinandersetzungen vollzogen. Die implizierte Person vergegenwärtigt dementsprechend auch nicht, daß sie die gewählte Lösung einer anderen vorgezogen hat. Sie wird ihr im Kontext der situativen Ambiguität sozusagen „suggeriert".

Für die hier angesprochene Problematik der Entscheidungsbegründungen ist insbesondere auf die Schlußfolgerung von Kahneman u. Tversky zu verweisen, die anhand ihrer Ergebnisse zur Psychologie der Präferenzen auch die *Theorie rationaler Entscheidungen* (theory of rational choices) in Zweifel stellen und darauf hinweisen, wie schwierig es ist, in diesem Bereich stimmig zu sein: „Denn oft ist es alles andere als klar, ob man die Wirkungen von Entscheidungsgewichtungen, von Referenzpunkten, Rahmenbedingungen und Verlusten als Fehler oder Verzerrungen erachten oder als valide Elemente menschlicher Erfahrungen akzeptieren sollte." (S. 142; übersetzt in Gardner 1989, S. 390).

c) Erkenntnisbildung

Bei Entscheidungsbegründungen aus dem Bereich alltäglicher Erfahrungen läßt sich leichter der Einfluß suggestiver Aspekte transparent machen. Anders ist es wahrscheinlich für Bereiche, die traditionsgemäß noch stärker der rationalen Domäne zugeordnet werden wie zum Beispiel der Bereich der Aneignung wissenschaftlicher Kenntnisse. Folgende exemplarische Darstellung soll veranschaulichen, wie groß der Spielraum für suggestive Einflüsse auch innerhalb dieser Kategorie der Erkenntnisbildung sein kann.

Stellen wir uns einen Leser vor, der in einem Buch eine wissenschaftliche Auseinandersetzung verfolgt. Nehmen wir weiterhin an, daß wir es mit einer der Materie vertrauten Person zu tun haben, die der Sache durchaus kritisch gegenübersteht. Es ist dabei gut möglich, daß der beschriebene Leser am Ende seiner Lektüre eine Reihe der vorgefundenen Überlegungen als glaubwürdig und brauchbar betrachten wird. Dies schließt aber keineswegs aus, daß er beim Studium eines anderen Werkes, in dem zum Teil konträre Auffassungen vertreten werden, ebenfalls Gefallen an den geäußerten Positionen finden wird. Beide Autoren können sicherlich aus den von ihnen gewählten Bezugssystemen überzeugende Argumente beigesteuert haben. Hier sollen aber nicht epistemische, sondern vorwiegend psychologische Aspekte beleuchtet werden.

Während der Lektüre werden neben rationalen Argumenten auch eine ganze Reihe anderer Einflußfaktoren wirksam. Diese basieren unter anderem (a) auf den eigentlichen Beweggründen des Studiums, (b) den Erwartungen entsprechend des Zeitgeistes und den eigenen Vorstellungen, (c) auf einer gewissen Bequemlichkeit des Lesers – denn klar dargestellte Überlegungen „schleichen" sich leichter ein – und (d) auf dem Bekanntheitsgefühl – was familär erscheint, betont die Vertrautheit mit der Materie und begünstigt das Festhalten. Stimmt der Leser sowieso dem Kern der Sache zu, fühlt er sich durch den Autor bestätigt und verleiht ihm bei seinen diskreten Einschätzungen zusätzliche Pluspunkte. Unbewußt wird er von der Eleganz der Ausdrucksweise und von der suggestiven Kraft der Beispiele, die eine abstrakte Idee verdeutlichen sollen, verführt. Die Freude, den Verfasser verstanden zu haben, kann mit dazu beitragen, daß sich persönliche Meinungen herauskristallisieren und festigen. Aus dem Prozeß des Verstehens entwickelt sich möglicherweise ein Akt der Akzeptanz. Erscheint ihm die Darstellung sowieso glaubwürdig, dann internalisiert er die vorgefundenen Auffassungen und übernimmt das Meinungsspektrum als die eigene Ansicht (siehe Kelman 1961).

Eine wichtige Rolle bei der Aufnahme und dem Einordnen der vorgefundenen Ideen spielen sicherlich die Denkschemata des Lesers. Wie stark hierbei Suggestionseffekte mit im Spiel sind, läßt sich einem Kommentar des Philosophen Thomas Kuhn entnehmen. Kuhn hatte sehr viele positive Kritiken zu seinem Buch „Struktur wissenschaftlicher Revolutionen" bekommen. Er machte aber die Feststellung, daß die Meinungen derart divergierten, daß er sich fragen mußte, ob sich die geäußerten Interpretationen denn auch auf ein und dasselbe Buch bezögen. Kuhn notierte mit Ironie, er habe mit Bedauern feststellen müssen, daß der Erfolg seines Buches zumindest zum Teil auf den Tatbestand zurückzuführen sei, daß jeder in dem Text das gefunden habe, was er darin finden wollte (1977). Fügen wir hinzu, daß der Leser Schritt für Schritt von der inneren Struktur des Textes, also von dem vorgefundenen Raster des Buches gelenkt wird, das sich jeder Autor normalerweise gut überlegt, um seine Konzeption glaubhaft darzustellen, und zu diesem Zweck zu lapidaren und suggestiven Titeln, Untertiteln und Mottos greift. Der Leser wird hin und wieder mit apodiktischen Behauptungen und Argumenten der Autorität bedient, bekommt Daten und Zitate vorgeführt, die nach Kriterien selegiert werden, die ihm meistens unbekannt bleiben. Der Einfluß von Prestige-Suggestion, in diesem Fall die Auswirkungen prestigehaltiger Quellen auf Meinungsbildung oder -änderung, wurde längst in der Suggestionsliteratur auch empirisch belegt (siehe Asch 1948).

Es wirken dabei auch eine Reihe kollateraler Faktoren mit, wie zum Beispiel der bekannte Einfluß des „Gedruckten", das Prestige der Person, die das Buch empfohlen hat, das Prestige des Autors selbst, vorgefundene Randbemerkungen, Unterstreichungen im Text, Frage- und Ausrufezeichen, die von früheren Lesern stammen. (In einem Experiment, das mit Schülern durchgeführt wurde, die einen Text zu resumieren hatten, ließ sich eindeutig nachweisen, daß willkürliche Unterstreichungen im Text die Qualität des Resumees sehr stark beeinflußten; siehe Gheorghiu 1982a.)

Es können sicherlich noch viele andere Aspekte hinzugefügt werden, um darauf aufmerksam zu machen, daß im Prozeß des Aneignens von Kenntnissen nicht allein rationale Elemente wirksam werden. Auch könnte man die Analyse weiter ausdehnen, um hervorzuheben, daß der Suggestionseinfluß viel komplexer, subtiler und versteckter ist als allgemein angenommen wird. Ebenso läßt sich zeigen, daß auch reflexartige Verhaltensweisen bei der Lektüre eine Rolle spielen, zum Beispiel wenn der Leser sich nach einer vorgefaßten Meinung richtet und somit erst gar nicht bereit ist, eine Auseinandersetzung zu verfolgen, die sich auf Autoren bezieht, deren Sichtweise er grundsätzlich ablehnt.

An Stelle von Schlussfolgerungen

Hauptanliegen der angeführten Erläuterungen war, darauf hinzuweisen, daß die im Laufe der Zeit postulierte oder stillschweigend angenommene Demarkationslinie zwischen Suggestion und Rationalität nicht aufrechtzuerhalten ist. Rationale Geschehnisse erweisen sich durchaus als Bestandteile der suggestiven Beeinflussung et vice versa.

Für eine angemessene Analyse der Verflechtungen zwischen Suggestion und Rationalität – sie wurde hier überwiegend deskriptiv vorgenommen – wäre sicherlich eine tiefgreifende Auseinandersetzung mit den beiden Konzepten bzw. Problemen vonnöten. Dies ist aber ein schwieriges Unterfangen. Nicht nur Suggestion läßt sich schwer explizieren (siehe Gheorghiu 1989b), sondern auch Rationalität erweist sich als kompliziertes, nicht leicht zu charakterisierendes Problem (siehe Gardner 1989; Kyburg 1983; Simon 1983). Angesichts der Tatsache, daß der Begriff „Rationalität" für sehr verschiedene Inhalte verwendet wird, wurde sogar die Überlegung geäußert, die Anwendung dieses Terminus in der Psychologie zu vermeiden (siehe hierzu Jungermann 1983).

In der letzten Zeit wurden in Zusammenhang mit Heuristiken und Bias-Effekten bei der Urteilsbildung unter Unbestimmtheit neue kognitions- und sozialpsychologische Ansätze im Hinblick auf Besonderheiten rationaler Vorgänge entwickelt (siehe Gardner 1989; Kahnemann, Slovic u. Tversky 1982; Scholz 1983). Diese Ansätze wurden im wesentlichen aus der Theorie Simons (1955, 1983) über „bounded or limited rationality" abgeleitet. Simon (1983) unterscheidet grundsätzlich zwischen einem sogenannten Olympischen und einem Verhaltens- (behavior) Modell der Rationalität. (Ein drittes intuitives Modell betrachtet Simons mehr als eine Komponente des Verhaltensmodells.) „The Olympian model postulates a heroic man making comprehensive choices in an integrated univers. The Olympian view serves, perhaps, as a model of the mind of God, but certainly not as a model of the mind of man [...] the behavioral model, postulates that human rationality is very limited, very much bounded by the situations and by human computational abilities." (S. 112). Letzteres Modell, das durch eine Vielzahl empirischer Befunde untermauert wurde, bezieht sich auf die Art, in der „the organisms, including man, possesing limited computational abilities make adaptive choices and sometimes survive in a complex, but mostly empty world" (S. 113).

Aus dieser Sichtweise können die Verknüpfungen zwischen Rationalität und Suggestion besser verstanden werden.

Im Sinne der weiter oben zitierten sozial- und kognitionspsychologischen Literatur wird Rationalität dem Olymp stark idealisierter Denkschemata entrissen und dabei sozusagen einem Humanisierungsprozeß unterzogen. Als rational wird mehr ein Alltagsgeschehen bezeichnet, das den Menschen dazu verhilft, eine Problemsituation vorwiegend auf Grund *psycho-logischer* und nicht *logischer* Spielregeln zu bewältigen. Der Mensch, bemerkt Gardner 1989, hat sich entwickelt, um in bestimmten biologischen und sozialen Umgebungen überleben zu können und nicht, um irgendwelchen abstrakten Vorstellung von Logik zu genügen. Bereits Nisbett u. Ross (1980) heben hervor, daß der Mensch in erster Linie Probleme zu lösen und nicht Wahrheiten zu entdecken hat. Mit dieser Position geht keineswegs eine Abwertung logischer Denkmodelle einher. Diese werden schließlich als Bezugssystem herangezogen, um Denkfehler, willkürliche Entscheidungen, unangemessene Planung usw. aufdecken zu können (siehe in diesem Zusammenhang u.a. Dörner 1989;

Evans1989; Gardner1989; Fischer1989; Johnson-Laird 1983). Bei der Suggestion, deren Stellenwert in der letzten Zeit aus theoretischer, experimenteller und praxisbezogener Perspektive neu durchdacht wurde (siehe diesbezüglich die Beiträge in dem Band *Suggestion and Suggestibility: Theory and Research* von Gheorghiu, Netter, Eysenck u. Rosenthal 1989), verläuft der „Humanisierungsprozeß" in der entgegengesetzten Richtung. Es wird versucht nachzuweisen, daß Suggestion und Suggestibilität (wie anfangs schon erwähnt) keineswegs bizarre, sondern ganz normale alltagspsychologische Geschehnissen sind, die neben reflexartigen und rationalen Mechanismen dem Individuum dazu verhelfen, handlungsfähige Entscheidungen zu treffen. Gemessen an konventionellen Maßstäben haben dabei die suggestiven Gegebenheiten wie alle psychischen Geschehniss (die rationalen also mit einbezogen) auch ihre ungewöhnlichen und negativen Seiten.

Wie weiter oben bereits erläutert, basiert die Suggestion auf einem Unterschiebungsvorgang, der eine *„Als-ob"*-Situation impliziert. Wenn überhaupt rechenschaftsbedürftig, handelt das Individuum beim Durchsetzen der suggestiven Unterschiebung *„als ob"* es dabei mehr oder weniger um normale, selbstverständliche, nachvollziehbare, plausible Geschehnisse ginge. Aufgrund dieser subjektiven Erfahrungskategorien, die seine Wirklichkeitskriterien (im Sinne von James 1896) ausmachen, sanktioniert es seine *„Als-ob"*-Zuordnungen (z.B. daß es seine Entscheidungen ganz allein getroffen hat, ohne sich von Fremden beeinflussen zu lassen).

Betrachtet man nun die verschiedenen Heuristiken und Bias-Effekte, die im Zusammenhang mit der Urteilsbildung unter Unbestimmtheit (siehe z.B. Tversky u. Kahneman 1974) beschrieben wurden, gewinnt man schnell den Eindruck, daß diese auch als Unterschiebungsvorgänge zu begreifen sind. Unter Heuristiken verstehen Tversky u. Kahneman (1974) Urteilstechniken, die spontan von Individuen eingesetzt werden, um eine Reduktion der Komplexität der Urteilsaufgabe zu erzielen. Unter anderem verweisen sie auf die Heuristik der *Repräsentativität*, nach der die Zuordnung eines Ereignisses zu einer Klasse von Ähnlichkeitsverhältnissen abhängt, die der Beurteiler zwischen dem Ereignis und der Zuordnungsklasse feststellt. Die beurteilende Person hegt zum Beispiel den Glauben, die Meinungen seines Bekanntenkreises im Hinblick auf ein bestimmtes

Ereignis seien repräsentativ, um daraus eine Verallgemeinerung dieser Sichtweise zu deduzieren.

Die Tendenz, Einzelfälle als repräsentativ für eine ganze Klasse von Objekten oder Ereignissen zu betrachten und somit falsche Generalisierungen abzuleiten, bzw. die Tendenz, durch Hervorhebung eines Teilaspektes auf Besonderheiten des Ganzen zu schließen, sind Vorgänge, die schon in den Anfängen der psychologischen Forschung Suggestionsphänomenen zugeschrieben wurden (s. z.B. Binet 1900; Sidis 1898).[40]

Es lassen sich auch viele andere Beispiele anführen, um auf Analogien der Heuristiken und Bias-Phänomene mit den Fragestellungen der Suggestionsproblematik hinzuweisen. Das ist aber nicht Zweck dieses Beitrages. Hier sollte vielmehr allgemein darauf aufmerksam gemacht werden, daß die sozial- und kognitionspsychologische Forschung wichtige Anhaltspunkte liefert, um die Verknüpfungen zwischen Rationalität und Suggestion besser verstehen zu können.

Es erscheint denkbar, verschiedene Zwischenstufen der Verknüpfungen zwischen Suggestion und Rationalität ausfindig zu machen. Die Extreme wären dann gekennzeichnet durch Urteils- und Entscheidungsaufgaben, deren Lösungen ausschließlich (a) auf Suggestionsmechanismen beruhen – weil nicht bewußtseinspflichtig und primär auf der Grundlage eines Unterschiebungsvorganges entstehend – und (b) auf rationalen Mechanismen im Sinne des „Olympischen Modell" Simons, das suggestiven Einflüssen keine oder nur geringe Freiheitsgrade einräumt.

40 Im Zusammenhang mit seiner Auffassung über die Wirkung von Leitideen (les idées directrice), hatte Binet seinerzeit die *Tests der progressiven Linien bzw. Gewichte* entwickelt, die auch heute als Verfahren zur Erfassung von Suggestibilität angewendet werden. Er ist hierbei davon ausgegangen, daß suggestible Personen, die z.B. die Länge sukzessiv dargebotener Linien zu beurteilen hatten - die ursprünglich in der Tat immer länger waren –, auch dann die Linien als jeweils länger einschätzen werden, wenn die tatsächliche Länge unverändert bleibt. Das wäre im Sinne von Tversky und Kahneman ein Irrtum, dem die Tendenz der Verabsolutierung der Repräsentativität und eines Ankereffektes zugrunde liegt.

23. Die prähistorischen Wurzeln der Trance

Walter Bongartz

Die Beschäftigung mit Trance aus anthropologischer Sicht läßt sich von zwei Standpunkten aus motivieren: zum einen aus der Sicht des Anthropologen, der sich fragt, wie weit Trancerituale in den sogenannten traditionellen Kulturen verbreitet sind, wie man sie klassifizieren kann und welche Funktion sie innerhalb dieser Kulturen haben. Zum anderen kann man aus der Sicht des heutigen Therapeuten fragen, ob wir von den Trancerituale n der verschiedenen Kulturen etwas für unsere therapeutische Praxis lernen können. In diesem Artikel werde ich auf beide Gesichtspunkte eingehen, der Schwerpunkt wird aber auf dem ersten – Trance aus der Sicht des Anthropologen – liegen.

Die moderne Hypnoseforschung und -therapie schaut in der Regel nur zurück bis in die Zeit, in der Franz Anton Mesmer (1734 - 1815; Bongartz 1988a) lebte, der Entdecker oder besser ‚Erfinder' des animalischen Magnetismus und vernachlässigt gewöhnlich die Entwicklung der Trancenutzung, die Jahrtausende zuvor stattgefunden hat. Vermutlich bleibt man bei Mesmer stehen, weil er der erste war, der versuchte, Trancephänomene wissenschaftlich zu erklären, obwohl sich sein Erklärungsansatz – wie wir heute wissen – als falsch erwiesen hat. Vertreter der „harten", grundlagenwissenschaftlich orientierten Richtung in der Hypnoseforschung gehen zumeist nur zurück bis Clark Hull, dem bedeutenden Behavioristen, der durch seine Arbeiten zum operanten Konditionieren bekannt wurde, der aber auch experimentalpsychologische Forschungen zur Hypnose durchführte und darüber 1933 ein Buch veröffentlichte (Hull 1933).

Ist es – aus der Sicht des heutigen Psychotherapeuten – lohnenswert, sich mit den prähistorischen Wurzeln der Trance zu beschäftigen und weiter in die Vergangenheit zurückzuschauen als nur bis zur Zeit Mesmers oder Hulls?

Die Anthropologie hat diese Frage zunächst stiefmütterlich behandelt. Bis in die 60er Jahre hinein war man der Auffassung, daß es sich bei der im Schamanismus verwendeten Trance nur um pathologische Erscheinungen oder reine Simulation handele. Anfang der 60er Jahre jedoch, als in den USA die Drogenkultur auflebte und zum Beispiel Timothy Leary an der Harvard Medical School die Wirkungen von LSD als Mittel der Persönlichkeitsentwicklung propagierte, änderte sich diese Überzeugung grundlegend. Der Schamanismus rückte in das Licht der Öffentlichkeit und wurde zunehmend populär. Sicherlich trugen hierzu auch die Bücher von Carlos Castaneda bei, obgleich heute bekannt ist, daß es sich bei seinen Darstellungen um reine Fiktionen handelt (Mille 1976). Immerhin trugen seine Bücher dazu bei, den Schamanismus und die Schamanentrance, insbesondere die drogeninduzierte, einem breiten Publikum bekannt zu machen.

Sprechen die Anthropologen von Trance, gehen sie von einer breiteren Basis aus, als wir es heute für gewöhnlich tun. Der Anthropologe Arnold Ludwig zum Beispiel beschreibt fünf Typen von Tranceinduktionen, zum Beispiel die *Reduktion von Außenreizen* und körperlichen Bewegungen (Ludwig 1968). Dies ist eine Art der Tranceinduktion, die wir etwa bei den Sioux-Indianern finden, wo die jungen Männer des Stammes bei den Mannbarkeitsriten zum ersten Mal in ihrem Leben vollkommen alleine sind, nackt in einer Höhle fasten und darauf warten, daß ein Totemtier erscheint, welches sie den Rest ihres Lebens begleiten wird (Lame Deer & Erdoes 1972). Eine Tranceinduktion kann auch über die *Steigerung von Außenreizen* und der motorischen Aktivität bewirkt werden, etwa durch Tanzen. Dies finden wir zum Beispiel im Voodoo-Kult, wo die Medien so lange ekstatisch tanzen, bis sie schließlich von einem Geist besessen sind, der durch das Medium zu den anderen Anwesenden spricht. Ein weiteres wichtiges Mittel bei der Tranceinduktion in traditionellen Kulturen sind *Drogen*, wie sie im Amazonasgebiet weit verbreitet sind. So etwa bei den Amahuaca-Indios, die sich durch die Einnahme einer Droge namens Ayahuasca (banisteriopsis caapi) in Trance versetzen und mit bestimmten Geistern, den Yoshis, Kontakt aufnehmen, um sie über die Zukunft und andere Dinge zu befragen (Carneiro 1964). Neben der Reduktion bzw. Steigerung von Außenreizen sowie der Verwendung von Drogen verweist Ludwig noch auf die *Steigerung bzw. Reduktion der mentalen Aktivität* als Tranceinduktion. Mit diesen insgesamt fünf Typen der Tranceinduktion kann eine Vielfalt von unterschiedlichsten *Tranceinhalten* erzeugt werden, die aber letzlich eines gemeinsam haben, nämlich Veränderungen im Denken, eine Veränderung der Zeitwahrnehmung, des Körperschemas, Kontrollverlust, Verzerrung der Wahrnehmung und Änderung im Ausdruck von Emotionen. Diese *strukturellen Veränderungen* sind aber auch die Veränderungen, die bei der Tranceinduktion mittels Hypnose berichtet werden.

Die erlebten Tranceinhalte, die wir bei den traditionellen Kulturen finden, sind nicht durch die Art der Induktion (z.B. Drogen oder Tänze), sondern durch den soziokulturellen Kontext bestimmt. Die Kinder und die Heranwachsenden eines Stammes oder Volkes lernen, was sie in der Trance zu erleben haben. Während der Sozialisation werden die Erwartungen über die Art der Tranceerfahrungen und -inhalte gelernt. Der Siouxjunge wird sich schon als Kind damit beschäftigen, was sein Totemtier sein wird. Er wird immer wieder hören, was die älteren erlebt haben, wenn sie von ihrer Initiation zurückkehren, und wird dadurch einen Erwartungshorizont bekommen, der ihm schließlich hilft, die Veränderungen in der Trance in einer Form wahrzunehmen, die seinem kulturellen Kontext entspricht. Nach langem Fasten und sensorischer Deprivation, die zu einem Trancezustand mit der Disposition zu kognitiver Verzerrung führen, wirkt die Erwartung, seinem Totemtier zu begegnen, wie eine intensive Suggestion, ein auftretendes Naturereignis (z.B. einen Windhauch) als „die" Begegnung (z.B. mit dem Adler) zu interpretieren. Die Mitglieder traditioneller Kulturen lernen also nicht nur, wie man in Trance gelangt, sondern auch, was Trance in ihrer Kultur bedeutet und wie man mit Tranceerfahrungen umzugehen hat.

Wie wichtig eine solche langjährige Sozialisation ist, zeigt die Untersuchung von Wallace (1959), der bei Weißen und Indianern die Reaktion auf den Verzehr des halluzinogenen Peyote-Kaktus (lophophora diffusa) beobachtet hat. Bei den Weißen wurden Gefühle beobachtet, die von Depression über Angst bis zur Euphorie reichten, nicht selten begleitet von sozialer Enthemmung. Dies alles ließ sich bei den Indianern nicht feststellen, insbesondere keine soziale Enthemmung. Bei den Indianern stand die Tranceerfahrung im Zeichen eines religiösen Empfindens, das von Demut geprägt war. Für Weiße genügt es nicht, einige Male bei einem Stamm oder Volk gewesen zu sein, sondern man muß dort mit dem entsprechenden Erfahrungshorizont aufgewachsen sein, um erleben zu können, was Trance und Tranceinhalte in einer gegebenen traditionellen Kultur bedeuten.

Trancerituale in traditionellen Kulturen sind weit verbreitet. Erika Bourguignon hat 1973 eine Studie durchgeführt, in der sie 488 verschiedene Kulturen untersucht hat, die über die ganze Welt verstreut sind, im Pazifik, in Afrika, Südamerika, Nordamerika, im mediterranen Raum und in Asien. Dabei stellte sie fest, daß bei 90 Prozent dieser Kulturen Trancerituale institutionalisiert sind bzw.

waren, also einen festen Platz im sozialen Leben dieser Kulturen haben bzw. hatten.

Warum haben sich im Laufe der Jahrtausende diese Trancerituale auf der ganzen Welt herausgebildet, auch bei Kulturen, die – aufgrund der geographischen Gegebenheiten – niemals Kontakt miteinander hatten? Die Antwort auf diese Frage ergab sich aus einer überraschenden Regelmäßigkeit bezüglich der Beziehung zwischen Trancetyp, Kulturstufe und Geschlecht der Teilnehmer an Tranceritualen.

Zunächst einige Bemerkungen zum *Trancetyp*: Wie Bourguignon aufgrund ihrer Untersuchungen herausfand, lassen sich weltweit zwei Grundtypen von Trance unterscheiden. Zum einen die sogenannte Besessenheitstrance, in der ein Medium von einem Geist besessen ist, wobei die Persönlichkeit des Mediums in Trance vollkommen in den Hintergrund tritt. Diese Trance wird in der Regel vor einem Publikum erlebt und ist gewöhnlich von einer völligen Amnesie begleitet. Der andere Trancetyp ist dadurch gekennzeichnet, daß der in Trance Befindliche nicht seine Persönlichkeit verliert, sondern er selbst bleibt. Er hat jedoch die Möglichkeit, in der Trance Kontakt zu einer spirituellen Ebene aufzunehmen, zu den Geistern, Göttern oder Dämonen. Eine Amnesie tritt in der Regel nicht auf. Bei dieser Tranceart ist die Person, die die Trance erlebt, häufig allein und muß sich deshalb selbst an alles erinnern, was in der Trance passierte. Bei der Besessenheitstrance ist es nicht notwendig, sich an alles zu erinnern, denn die Zuschauer, die von dem Geist, der über das in Trance befindliche Medium spricht, Auskunft haben wollen, können dem Medium nachher sagen, was geschehen ist.

Mit „Kulturstufe" ist in diesem Zusammenhang die ökonomische Basis einer Kultur gemeint, wobei wir für unsere Zwecke grob unterscheiden wollen zwischen Jäger- und Sammlerkulturen einerseits und Ackerbau und Viehzucht treibenden Kulturen andererseits.

Welches sind nun die überraschenden Regelmäßigkeiten zwischen Trancetyp, Kulturstufe und Geschlecht der Teilnehmer am Trancеritual? In den Jäger- und Sammlerkulturen sind es in der Regel die Männer, die an den Tranceritualen teilnehmen, in denen Tranceinhalte des zweiten Typs auftreten, das heißt, in Trance behält man seine Perönlichkeit bei und erinnert sich daran, was in der Trance erlebt wurde. Diese Zuordnung läßt sich über alle Kontinente verstreut beobachten, sei es bei den Buschmännern in der Kalahari-

Wüste, bei den Amazonasindios, den nordamerikanischen Indianern oder den Fischern in der Südsee. Bei den Ackerbau und Viehzucht treibenden Kulturen sind es in der Regel die Frauen, die an Trance-ritualen teilnehmen, bei denen ein Geist Besitz von dem Medium ergreift, das sich in Trance befindet und sich nach der Trance an nichts mehr erinnert. Auf der einen Seite haben wir also die Jäger- und Sammlerkulturen, bei denen die Männer nach dem Muster des Trance-typs zwei in Trance gehen (keine Persönlichkeitsveränderung, keine Amnesie), und auf der anderen die Ackerbau und Viehzucht treibenden Kulturen, bei denen die Frauen in Besessenheitstrance mit folgender Amnesie geraten. Warum haben sich über die Jahrtausende hinweg in den verschiedenen Kontinenten, die niemals miteinander in Kontakt gewesen sind, diese Regelmäßigkeiten herausgebildet?

Die Anthropologen sind der Ansicht, daß sich im Verlauf der Menschheitsentwicklung Trance als Mittel zur Reduktion seelischer Belastungen und damit zur Verhütung psychischer Erkrankungen sozusagen im Sinne einer psychohygienischen Prophylaxe herausgebildet hat. Bei den Jägern und Sammlern sind es die Männer, die alleine jagen müssen, die Krieg führen müssen, was heute noch am Amazonas zwischen den Indiostämmen der Fall ist. Weil sie Furcht und Angst verspüren, brauchen sie eine Entlastung. Nun verfügen sie nicht über Beruhigungstabletten, Antidepressiva oder Neuroleptika, haben aber dafür andere, sicherlich gesündere Möglichkeiten, deren Nutzung sie von Kindesbeinen an gelernt haben. In der Trance holen sie sich Schutz bzw. einen Begleiter, auf den sie sich voll und ganz verlassen können und der ihnen als Totemtier oder als Yoshi hilft, mit den Belastungen fertig zu werden.

Gemeinsame Trancerituale sind aber auch wichtig, um die Rivalität und die Spannung zwischen den Männern eines Stammes zu mindern, da die Rivalität zwischen den Männern für den Stamm – zum Beispiel im Kriegsfall – bedrohlich werden kann. Gerade in matrilokalen Kulturen sind Rivalitäten zwischen den Männern besonders ausgeprägt. Da in einer solchen Familie alle Männer aus einer anderen Familie kommen, entstehen große Rivalitäten, die durch gemeinsame Trancerituale reduziert werden können. Wenn man an das moderne Japan denkt, findet man etwas Ähnliches in den Firmen, wo es geradezu gefördert wird, daß die männlichen Angestellten nach der Arbeit Alkohol trinken; vermutlich werden dadurch Spannungen und Rivalitäten gemindert und damit die Effektivität eines Teams erhöht.

Bei den Frauen in den Ackerbau- und Viehzuchtgesellschaften werden ebenfalls seelische Spannungen in den Tranceritualen, den Besessenheitstrancen vermindert. In diesen Kulturen haben Frauen einen sehr geringen sozialen Status. Sie können für ein paar Stück Vieh gekauft werden. Ihre Lebensplanung ist vollkommen abhängig von ihrem Ehemann; es wird Gewicht auf Gehorsam und Mitarbeit gelegt. Sie müssen sich gegen die Schwiegermutter und Nebenfrauen durchsetzen, wobei extreme Eifersucht auftreten kann. Wo bleiben die Wut, die Enttäuschung, der Zorn und der Haß bei diesen Frauen?

In unserer Gesellschaft, wo keine Trancerituale institutionalisiert sind, richtet sich die Aggression, die keinen Ausdruck findet, oft gegen den Betroffenen selbst, was sich in der Folge als Depression äußern kann. Entprechende Psychopharmaka gegen die Depression müssen dann helfen; Psychopharmaka gegen verdrängte Wut und unausgelebten Haß gibt es allerdings nicht. In den Ackerbau- und Viehzucht-Kulturen hingegen ist dafür ein Ventil vorgesehen. Es gibt die Möglichkeit, Wut und Haß im Tranceritual auszudrücken, ohne daß man dafür belangt wird. Denn dem Geist, der von dem Medium Besitz ergreift, ist es erlaubt, voll Haß und Wut zu sein, Verwünschungen und Flüche auszustoßen, nicht aber der Frau, die den „Geist" während der Trance beherbergt.

Im übrigen ist das Medium während der Trance ‚eigentlich' ja auch gar nicht da, denn in ihrem Bewußtsein nistet der Geist, was durch die Amnesie unterstrichen wird. Sie kann daher nicht für die Aktionen des Geistes verantwortlich gemacht werden. Die Befreiung von verdrängten Gefühlen über den Geist hat im übrigen noch einen weiteren Vorteil: Frauen, die von den Dämonen und Geistern als Medium gewählt werden, gewinnen an Ansehen und verbessern dadurch ihren sozialen Status.

Fassen wir zusammen: In den traditionellen Kulturen dienen Trancerituale in den Jäger- und Sammlerkulturen bei den Männern dazu, ihre Leistung zu steigern, bzw. einen Schutz zu erhalten, der ihre Ängste bekämpft. Und in der Gefahr ist es gut, sich an den Schutz erinnern zu können; daher keine Amnesie. Bei den Frauen in den Ackerbau und Viehzucht betreibenden Gesellschaften dient die Trance als Rahmen für eine Katharsis zum Abbau psychischer Spannungen. An die zum Ausdruck gebrachten verdrängten Gefühle muß man sich nicht erinnern und sollte man sich besser auch nicht erinnern. Zum Schutz vor Sanktionen der Gemeinschaft ist es gut, keinen

Bezug zur eigenen Persönlichkeit über eine persönliche Erinnerung an die Tranceinhalte herzustellen; daher die Amnesie bei der Besessenheitstrance.

Auch wenn man von den prähistorischen Wurzeln der Trance spricht, kann man sich dennoch fragen, ab wann die Verwendung von Tranceritualen begann. Clements (1932) ist der Auffassung, daß schon vor etwa 40 000 Jahren mit Auftreten des ersten Krankheits- und Behandlungsmodells, dem symbolischen Heraussaugen eines krankmachenden Objekts aus dem Körper, Trance eine Rolle spielte. Bei diesem Heilungsritual ging der Schamane in Trance.

Meine Frau und ich hatten 1989 die Möglichkeit, ein solches prähistorisches Heilungsritual bei den Yanomami-Indios am Oberlauf des Orinoko zu beobachten. Es fand abends in einer Hütte statt und betraf einen Patienten, der wegen Angst von einem Schamanenschüler behandelt wurde. Zunächst ließ der Schamane sich Yopo (anadenanthera peregrina), ein Halluzinogen, in die Nase blasen und sog dann dem Patienten in Trance das krankmachende Objekt aus dem Körper. Dabei hielt er beide Hände trichterförmig vor den Mund – etwa im Abstand von 50 Zentimetern vom Körper des Patienten entfernt – und sog geräuschvoll die Luft ein. Daß es ihm tatsächlich gelungen war, das krankmachende Agens herauszusaugen, bewies er durch Glassplitter, die er auf den Boden spuckte.

Nach der Heilungszeremonie kam der Schamanenmeister, der sich auch in der Hütte befand, aus dem Hintergrund der Hütte auf uns zu und ließ uns über die Dolmetscher mitteilen, daß er starke Rückenschmerzen hätte und wir ihm helfen sollten. Vermutlich hatte er davon gehört, daß wir unten am Fluß unseren Bootsmann, der unter Rückenschmerzen litt, behandelt hatten (wir hatten ihn massiert). Da die Yanomamis nicht über unser Heilungskonzept verfügen, das heißt „Medikament einnehmen und danach geht es besser", versuchten wir eine Hypnoseintervention. Wir wußten von einem Besuch in einem anderen Yanomami-Dorf, in dem Fälle von Malaria aufgetreten waren, daß die Indios keine Malariatabletten einnahmen – nach ihrem Heilungskonzept muß Krankheit eben raus und nicht rein.

Die Anwendung von Hypnose war auch aus folgendem Grund von Interesse: Falls unsere heutige Verwendung von Trance wirklich schon in der „steinzeitlichen Psychotherapie" verwendet wurde, sollte sie auch bei dem Schamanen verwendbar sein, der noch auf einer steinzeitlichen Kulturstufe lebt und von dem wir bezüglich unserer Konzeption von Krankheit und Heilung kulturell Jahrzehntausende entfernt waren.

In der Regel durchläuft eine Hypnoseinduktion drei Stufen: Einengung der Aufmerksamkeit, Veränderung der Körperwahrnehmung (gewöhnlich durch Herbeiführung einer Entspannung), Aktivieren des Vorstellungsraumes mit Bildern oder anderen sensorischen Erfahrungen. Genauso führten wir mit ihm eine Hypnose durch. Zunächst unterstrichen wir unsere Autorität, indem ich auf deutsch laut „Ruhe" schrie, wodurch die etwa vierzig Personen, die sich um drei Feuerstellen in der Hütte versammelt hatten, ruhig waren (sogar die Hunde) und danach nahmen wir – wie es die Schamanen vor einem Heilungsritual zu tun pflegen – eine Prise Jopo zu uns.

Nachdem der Schamane sich vor mich hingesetzt hatte, setzte sich meine Frau hinter ihn und ich saß vor ihm (unsere Augen befanden sich in gleicher Höhe). Um ihn zu bewegen, mir in die Augen zu schauen, zeigte ich mit meinen Zeigefingern abwechselnd auf meine und dann auf seine Augen. Es gelang mir allerdings nicht, eine Augenfixation zu bewirken. Stattdessen verfolgte er mit seinen Augen stetig meine Zeigefinger. Immerhin fokussierte er dadurch meine sich hin und her bewegenden Zeigefinger. Während dieser Phase begann meine Frau auf Deutsch ruhig eine Tranceinduktion zu sprechen, wobei sie mit ihrer Stimme auf den Vokalen verweilte. Ich begann ebenfalls eine Tranceinduktion auf Deutsch zu sprechen. Einige Zeit nach dieser „Doppelinduktion" sagte ich über die Dolmetscher (Englisch-Spanisch, Spanisch-Yekuana, Yekuana-Yanomami), daß der Schamane daran denken solle, wie er als Jaguar durch den Wald geht. Dies praktizieren die Yanomami-Schamanen fast jeden Tag, wie wir aus der Literatur wußten, nämlich sich nach Einnahme von Jopo in einen Jaguar zu verwandeln. Nachdem er dies verstanden hatte, gingen sofort seine Augen „in die Weite" und nach einer Weile schlossen sie sich. Nach etwa zehn Minuten, während wir ruhig weiter gesprochen hatten, meine Frau seinen Rücken massierte und ich seine Schläfen, bemerkte meine Frau, daß seine Rückenmuskulatur völlig entspannt war. Die Rückführung aus der Hypnose geschah, indem ich einfach die Augenlider des Schamanen mit meinen Fingern hochzog. Auf die Frage, was er spüre, antwortete er, daß die Schmerzen verschwunden seien. In der Nacht darauf träumte er von zwei Jaguaren. Nach einer Untersuchung des Schamanen im

Kreis der Dorfältesten, die meine Frau am nächsten Tag durchführte, stellte sie fest, daß er offensichtlich Nierensteine hatte, die natürlich mit Hypnose nicht behandelbar sind. Was wir beseitigt hatten, waren die Schmerzen, die durch starke Verspannungen infolge einer permanente Schutzhaltung entstanden waren.

Vor etwa 15 000 Jahren – wie Clements (1932) annimmt – entwikkelte sich ein Krankheitsmodell, das Krankheit damit erklärt, daß ein böser Geist die Seele des Patienten raubt. Ein entsprechendes Heilungsritual erlebten wir in Borneo bei den Iban in der Provinz Sarawak/Malaysia, nahe der indonesischen Grenze. Die Iban, zu denen wir einen sehr guten Kontakt bekamen, da wir bei ihnen nach ihrem Hochzeitsritual heirateten, leben dort in Langhäusern entlang der Flüsse des riesigen Regenwaldes und sind Anhänger einer animistischen Religion. Hier konnten wir ebenfalls ein Heilungsritual beobachten. Der Schamane ging während des Rituals über rhythmische Schaukelbewegungen des Oberkörpers in Trance und sah dann mit Hilfe eines verbündeten guten Geistes, wohin die Seele des Patienten verschleppt worden war (Bongartz u. Bongartz 1989). Mit Hilfe des verbündeten Geistes gelang es ihm, dem bösen Geist die Seele des Patienten abzujagen und dem Patienten wiederzugeben. Der Leiter des Urwaldhospitals in der Nähe sagte uns, daß er viele Patienten zu diesem Schamanen schicken würde, der sehr großen Erfolg habe, und der seinerseits Patienten, die mit Knochenbrüchen zu ihm kommen würden, an das Urwaldhospital weiterverweisen würde.

Mit Mesmer, einem Kenner der zeitgenössischen Physik und einem Bewunderer Newtons, wurden Trancephänomene zum ersten Mal wissenschaftlich, quasi-physikalisch erklärt. Und das hatte weitreichende Folgen für das Verständnis von Therapie mit Trance. Die persönliche Autorität des Heilers wurde durch die Autorität wissenschaftlicher Prinzipien und Techniken ersetzt; die Persönlichkeit des Heilers ist nicht mehr so wichtig. Und mit diesem Verständnis wurde auch der Erfahrungshintergrund des Patienten unwichtig – physikalische Gesetzmäßigkeiten wirken nun einmal unabhängig von der Persönlichkeit des Patienten.

Genau dieser Erfahrungshintergrund des Patienten ist aber so wichtig in der traditionellen Heilkunde. Hier hat der Patient sein Leben lang gelernt, die Welt genau so zu verstehen, wie dies seit Jahrhunderten oder Jahrtausenden in dieser Kultur der Fall ist. Für ihn ist alles vollkommen erklärt, auch der Sinn des Lebens. Es gibt keine Skepsis und keine Zweifel, sondern nur völlige Überzeugung und tiefen Glauben. Dies betrifft auch die Heilung von Krankheiten. Er weiß genau, daß er krank ist, weil ihm jemand die Seele gestohlen hat, und er weiß ebenso genau, daß es einen besonderen Menschen gibt, den Schamanen, der über den Zugang zu einer spirituellen Ebene so mächtig ist, daß er ihm die Seele zurückholen kann. Daran gibt es absolut keinen Zweifel. Ich glaube, wir können uns gar nicht vorstellen, was es bedeutet, wieder in einer Welt zu leben, in der alles erklärt ist und in der alles einen Sinn hat. Wie stark damit der Einfluß eines traditionellen Heilers ist, wird uns vielleicht klar, wenn wir uns daran erinnern, daß das Verdikt eines Medizinmannes oder Schamanen ausreicht, um den Betroffenen sterben zu lassen (Cannon 1942; Richter 1957).

Seit der Aufklärung sind wir darauf gedrillt worden, skeptisch zu sein, kritisch abzuwägen und verschiedene Meinungen einzuholen. Dabei ist aber etwas verlorengegangen, nämlich ein tiefes Gefühl von Sicherheit und Vertrauen in unsere Überzeugungen. Es bewerben sich nicht nur eine Vielfalt von politischen Ideologien oder Weltanschauungen um uns. Auch was die Heilung psychischer Störungen betrifft, zerren die verschiedensten Psychotherapieschulen, die von der harten Pharmakologie bis hin zu esoterischem Heilungsgeschehen reichen, an uns. Anders als die Patienten in traditionellen Kulturen wachsen unsere Patienten nicht mit einem Wissen über die Heilung psychischer Störungen auf, das in ihrem Weltbild eingebettet ist. In der Regel erwirbt der Patient Wissen über das Heilungsverfahren erst, wenn er erkrankt und zum Therapeuten geht.

Ich glaube, daß mit Erickson bei der therapeutischen Verwendung von Trance wieder eine Tradition fortgeführt wird, die mit Mesmer aufgehört hat, das heißt, es wird wieder ein Heilungskontext geschaffen, der den Erfahrungshintergrund des Patienten verwendet, anstelle der Anwendung einer Technik, die alle Patienten über denselben Leisten schlägt. Der Patient muß nicht zuerst akzeptieren, daß er ein Bündel von Reiz-Reaktionsverknüpfungen ist wie in der Verhaltenstherapie oder aus drei „Teilen" besteht wie in der Analyse, um therapiert werden zu können. Der Ericksonsche Therapeut arbeitet statt dessen mit der individuellen Weltsicht des Patienten, utilisiert seine individuellen Überzeugungen und zwingt ihm nicht seine, die Weltsicht des Therapeuten, auf. Und hier läßt sich die

Brücke zur Verwendung von Trance in den traditionellen Kulturen schlagen, wo ebenfalls der Erfahrungshintergrund des Patienten verwendet wird. Allerdings ist dieser Erfahrungshintergrund des Patienten kulturell vorgeformt und muß nicht erst vom Schamanen individuell erarbeitet werden. Während der Schamane kulturell vorgeformte Werte und Erfahrungen utilisiert, utilisiert die moderne Form der Hypnosetherapie die individuell bestehenden Werte und Erfahrungen des Patienten. Diese individuellen Ressourcen müssen wir heute bei jedem Patienten neu herausarbeiten, weil wir eben nicht mehr in einer Kultur leben, in der wir auf Werte und Glaubenssysteme zurückgreifen können, die für alle Mitglieder der Kultur gleichermaßen verbindlich sind.

Ich bin der Auffassung, daß wir über die Analogie zwischen der Ericksonschen Hypnosetherapie und der Verwendung von kulturell vorgeformten Heilungskontexten in den traditionellen Kulturen noch hinausgehen und bestimmte Konzepte direkt in unsere Kultur übertragen können. Wenn ich dabei von Übertragen spreche, bedeutet dies nicht, daß wir uns nun eine Rassel zulegen müssen und genau die Tänze und Rituale, die zum Beispiel bei den Sioux-Indianern oder den Buschmännern durchgeführt werden, in unseren kulturellen Kontext übertragen sollen. Dies hielte ich für falsch, weil wir einfach nicht über den entsprechenden Erfahrungshintergrund verfügen, um die Rituale in einem therapeutischen Sinn bedeutsam erfahren zu können.

Was hingegen möglich ist, ist die Übersetzung der „Idee", die den einzelnen Ritualen zugrunde liegt und die seit Jahrtausenden geholfen hat, in unsere Kultur. Wählen wir zur Verdeutlichung beispielhaft die Vorstellung, daß eine psychische Störung (z.B. Angst, Depression) durch den Raub der Seele durch einen bösen Geist entsteht. Der Patient erlebt dabei, daß er gar nicht die Verantwortung für seine Angst oder Depression hat, sondern daß die Angst etc. ihm „angetan" wurde. Die mit den negativen Emotionen zusammenhängenden Teile des Selbstbildes des Patienten werden durch den vom Schamanen erzeugten und in der betreffenden Kultur gelernten Kontext als Ich-fremd markiert und damit aus dem Selbstbild des Patienten ausgegrenzt. Damit fallen schon einmal solche Gedanken fort, die wir bei unseren Patienten oft finden: „Immer wenn ich darüber nachdenke, wo das herkommt, dann meine ich, ich bin verrückt, ich bin wahnsinnig, dann bekomme ich noch mehr Angst."

Wie können wir die „Ideen" der traditionellen Krankheits- und Behandlungsmodelle auch in unseren heutigen Kontext übersetzen? Bleiben wir einmal bei der „Idee" des eben genannten Krankheits- und Behandlungsmodells, psychische Störungen als „Ich-fremd" zu markieren. Eine Patientin, die unter extremen familiären Bedingungen aufwuchs und bei Züchtigungen durch die Eltern häufig blutig geschlagen wurde, hatte in der Folge starke Minderwertigkeitsgefühle und extreme soziale Ängste entwickelt. Unter anderem konnte sie sich nur mit größter Überwindung im Spiegel betrachten, weil sie ihr „häßliches" Aussehen einfach nicht ertragen konnte.

Wie kann man das geringe Selbstwertgefühl und die negativen Teile des Selbstbildes als „Ich-fremd" markieren? In der Trance, die die Patientin als außergewöhnlich hypnosebegabte Person sehr gut erfahren konnte, ließ ich sie die Verbalisierungen bezüglich ihrer erlebten Minderwertigkeit wieder hören, aber diesmal nicht mit ihrer Stimme, sondern mit den „Stimmen der Vergangenheit", das heißt den Stimmen ihrer Mutter, ihres Vaters und der Geschwister, die wieder riefen: „Du bist häßlich. Du gehörst nicht zur Familie. Es wäre besser, Du wärst gar nicht geboren worden." Diese Stimmen sollte sie hören, während sie sich gleichzeitig stark und sicher fühlte. Als Ressource für die positiven Gefühle dienten Erfahrungen, die sie als sehr gute Skifahrerin kannte, nämlich leicht und ohne Anstrengung Hindernisse durch elegantes Umfahren nicht an sich heranzulassen. Innerhalb dieses Gefühlsrahmens konnte sie das, was die Stimmen zu ihr sagten, verfolgen und aushalten, und damit wurde die Botschaft „Du bist nichts wert" dorthin zurückgeschickt, wohin sie gehörte, nämlich in die Vergangenheit, womit der Teil der Seele, der durch die Botschaft „geraubt" worden war, wieder frei wurde.

Oft werden die aus den traditionellen Kulturen überlieferten Therapiekonzepte unkritisch als das Non plus ultra betrachtet und gleichsam a priori unseren modernen Vorstellungen von Krankheit und Heilung für überlegen gehalten. Aber was macht ein Schamane bei einer Patientin, deren Depression auf permanente Demütigung durch Familienmitglieder beruht und die nach jeder Zeremonie rückfällig wird? In unserer psychotherapeutischen Kultur sucht man in der individuellen Lebenssituation, der aktuellen (in diesem Beispiel in der Familie der Patientin) oder der frühkindlichen, nach Ursachen für die Erkrankung und nicht in einer überzeitlichen, der aktuellen Lebensituation des Patienten fernen Ebene. Inwieweit individuelle Krankheitsfaktoren in die schamanistische Behandlung eingehen bzw. inwieweit das Verhältnis von kulturell vorgeformten Krankheits- und Heilungsüberzeugungen (z.B. Depression als Reaktion auf die Verletzung eines Tabus) und individuellen Ursachen (z.B. Demütigung durch Familienmitglieder) in den traditionellen Kulturen Berücksichtigung findet, bleibt noch zu beantworten. In der Ericksonschen Therapie jedenfalls ist eine solche Synthese möglich, zum Beispiel die Überzeugung eines Schmerzpatienten zu übernehmen, er werde mit animalischem Magnetismus behandelt, und in diesem Rahmen auch die lebensgeschichtlichen Ursachen zu behandeln bzw. familientherapeutisch zu arbeiten (Bongartz 1988 b).

Die Beschäftigung mit der prähistorischen Verwendung von Trance und die damit verknüpften Modelle von Krankheit und Therapie können unsere Vorstellungen von Krankheit und Heilung nicht ersetzen, aber sicherlich unsere Konzeption vom therapeutischen Prozeß und dessen Wirkvariablen wesentlich ergänzen. Wir sollten daher nicht nur die letzten 50 Jahren experimenteller Hypnoseforschung, sondern auch die 40 000 Jahre Erfahrung der Menschheit mit Trance berücksichtigen.

24. Das Paradox der Selbstwahrnehmung als therapeutisches und spirituelles Potential

Eva Madelung

Über die Frage, ob es Menschen gibt, die sich in ihrem Leben noch nie bewußt selbst wahrgenommen haben, kann man längere Zeit nachdenken, ohne sich der Antwort, die eigentlich auf der Hand liegt, ganz sicher zu werden. Mir jedenfalls ist es so ergangen. Denn die auf der Hand liegende Antwort ist, daß es einen solchen Menschen nicht geben kann. Aber um sich dieser Antwort wirklich sicher zu sein, müßte man eine Befragung zumindesten aller heutzutage lebenden Menschen durchführen. Und man weiß ohne viel Nachdenken, daß eine solche Befragung aus den verschiedensten Gründen nicht möglich ist. Und selbst wenn man sie in kleinerem Rahmen durchführte, würde das Ergebnis nicht die erwünschte Aussagekraft besitzen.

Denn es ist einem Menschen nicht möglich, eine Antwort zu geben, ohne sich dabei bewußt selbst wahrzunehmen. – Wer eine feine Witterung für paradoxe Tatbestände hat, wird hier aufmerksam. – Will man sich aber doch über das eigene Nachdenken hinaus Sicherheit verschaffen, so kann man zum Beispiel auf den biblischen Schöpfungsmythos hören. Hier erfährt man, daß die beiden ersten Menschenkinder begannen, sich selbst bewußt wahrzunehmen, sobald sie den Apfel gegessen hatten: Sie wurden sich ihrer Nacktheit bewußt, schämten sich und versteckten sich vor dem nach ihnen rufenden Herrn Jahwe.

Tieren dagegen traut man eine bewußte Selbstwahrnehmung eigentlich nicht zu. Allerdings tauchten auch hier bei längerem Nachdenken Zweifel bei mir auf: Ich bin mir in keiner Weise sicher, ob es zum Beispiel bei Schimpansen oder Gorillas so etwas wie eine bewußte Selbstwahrnehmung nicht doch gibt. Aber selbst wenn sich im Tierreich hier und da Anzeichen dieser Fähigkeit finden ließen, ist sie trotz alledem als eine spezifisch menschliche zu bezeichnen. Sie gehört zum Menschen, wie der aufrechte Gang.

Und so kennen wir uralte paradoxe Befehle, die darauf hinweisen, daß sich die Menschheit schon seit eh und je der besonderen Möglichkeiten bewußt ist, die in der Entwicklung dieser Fähigkeit liegt. Das „gnoti se auton“ (erkenne dich selbst) der Griechen ist ein Beispiel dafür. – Das wahrscheinlich noch sehr viel ältere „tat tuam asi“ (das bist du) der Inder aber ist ein Zeugnis, daß sich Menschen vor einigen tausend Jahren schon des paradoxen Charakters dieser Fähigkeit bedienten. Sie hatten offenbar schon erfahren, daß es möglich ist, sich selbst als etwas anderes wahrzunehmen. Sie waren sich offensichtlich dessen bewußt, daß *Selbstwahrnehmung und Fremdwahrnehmung* sich „komplementär ergänzen“.

Man kann von drei Ebenen sprechen, auf denen Selbstwahrnehmung möglich ist: die geistige, die seelische und die körperliche Ebene. Ich beschränke mich in diesem Rahmen auf letztere. Dabei wird sich allerdings zeigen, daß sich die Ebenen nicht so recht trennen lassen. Das heißt, daß man sich plötzlich auf der anderen Ebene wiederfindet, wenn man auf einer Ebene beginnt.

Beginnend mit Reich ist körperliche Selbstwahrnehmung in der humanistischen und transpersonalen Szene zwar zu Ansehen gelangt. Ansonsten genießt sie in unserer Kultur keinen sehr guten Ruf. In der Schulmedizin wird häufig nur der negative Aspekt gesehen: die Hypochondrie etwa, oder das Fixiertsein auf bestimmte Segmente der Körperwahrnehmung als Begleiterscheinung geistiger Störungen.

Auch die Sinnespsychologie hat sich mit dem Phänomen Selbstwahrnehmung kaum beschäftigt. Die Diskussion um das Phänomen der Wahrnehmung ist zwar in der letzten Zeit lebhafter geworden. Und neben den Forschungen und Thesen von Maturana und Varela, in denen Wahrnehmung als aktiv „konstruierender" Prozeß verstanden wird, gibt es neuerdings Forschungsergebnisse des Münchner Teams um Ernst Pöppel, das eine „radikale Dynamisierung der Wahrnehmung" vertritt.

Obwohl sich diese Forschung nach meiner Information nicht speziell mit dem Phänomen der Propriozeption beschäftigt, erfahren wir doch Entscheidendes. Zum Beispiel über die wichtige Rolle, die die Selbstwahrnehmung beim Vorgang der Fremdwahrnehmung spielt. Dabei ist allerdings die *unbewußt* ablaufende Selbstwahrnehmung gemeint. Lynn Segal formuliert es in seinem Buch über Heinz von Foersters Konstruktivismus so: „Wir sind weitgehend auf unser eigenes System eingestimmt. Das Verhältnis von internen zu externen Sensoren beträgt 1 : 1 000 000. Das bedeutet, daß auf jedes Stäbchen oder jeden Zapfen in der Netzhaut des Auges, die die Funktion haben, externe Stimuli wahrzunehmen, eine Million Reizpunkte kommen, die auf interne Stimuli reagieren." (Segal 1986).

Liegt es dann eigentlich nicht nahe, sich auch für die *bewußte* Selbstwahrnehmung zu interessieren? Müssen nicht große Möglichkeiten in einer Veränderung oder Weiterentwicklung der inneren Wahrnehmungsfähigkeit stecken?

Im vorwissenschaftlichen Zeitalter haben die Menschen sich in hohem Maße auf diese Fähigkeit gestützt, gerade wenn es sich um die Entwicklung von Heilverfahren handelte. Das System des Hatha-Joga zum Beispiel, aber auch das der Akupunktur sind Zeugnisse davon. Meridiane, Nadis und Chakren sind anatomisch nicht nachprüfbar, das heißt. durch Sezieren gar nicht und durch Messungen höchstens vage festzustellen. Sie können nur aus einer hochentwickelten inneren Wahrnehmung heraus festgelegt worden sein.

Wie schon oben erwähnt, hat die therapeutische Gemeinschaft nach Reich begonnen, das heilerische Potential dieser menschlichen Fähigkeit wieder zu sehen und zu nutzen. Körpertherapien, die sich im Reich-Lowenschen Gefolge entwickelt haben, setzen sie ein, um körperliche Dauerspannung aufzuspüren. Die intensive Wahrnehmung dieser Spannungen im Kontext der Therapie führt häufig zu Erinnerungen vergangener Traumen, die zur Abreaktion genutzt werden können. Daraus hat sich ein Gebrauch körperlicher Selbstwahrnehmung entwickelt, den ich den *abreaktiven* nennen möchte. Demgegenüber kann man von einem *konzentrativen* Gebrauch dieser Fähigkeit in therapeutischen Richtungen wie zum Beispiel im Autogenen Training, in der Atemtherapie, bei Feldenkrais und verwandten Methoden sprechen.

In der Hypnotherapie nach Milton Erickson dient die Propriozeption im wesentlichen dem Gewahrwerden unwillkürlicher Bewegungen, die eine Kommunikation mit dem Unbewußten ermöglichen.

Vier Paradoxien

Befaßt man sich eingehender mit dem Phänomen dieser Fähigkeit, so stößt man sehr bald auf mehrere Paradoxien.

Die erste besteht in der nicht entscheidbaren Alternative: Ist körperliche Selbstwahrnehmung eine *Aktivität*, das heißt, tut man etwas, wenn man sich mit ihr beschäftigt, oder ist man dabei *passiv*? Der sogenannte unreflektierte Mensch, als der wir alle zuerst einmal geboren werden und aufwachsen, nimmt sich zwar körperlich wahr, sonst wäre er gar nicht lebensfähig; denn dies gehört zu jeder körperlichen Bewegung. Aber er nimmt nicht wahr, daß er wahrnimmt. Für ihn ist Selbstwahrnehmung eine passive Funktion. Es sind eingangs schon Zweifel aufgetaucht, ob es Menschen geben kann, die ausschließlich in diesem Zustand der unbewußten Selbstwahrnehmung verharren.

Für Menschen allerdings, die sich aus therapeutischen oder spirituellen Gründen der Selbstwahrnehmung zuwenden, ist dies ganz klar eine Aktivität, selbst dann, wenn sie eine therapeutische oder meditative Technik vom Typ „sei spontan" oder „nur geschehen lassen" anwenden. Über paradoxe Befehle dieser Art ist schon viel gesagt und geschrieben worden. Und jeder, der sich etwa mit Zen-Meditation schon befaßt hat, weiß, was für eine höchste Konzentration fordernde Tätigkeit es ist, dem Atem passiv zu folgen. Und hier blitzt das Paradox schon auf: Was ist es eigentlich, was man dabei benötigt? Höchste Konzentration im Sinne von geistiger *Anspannung* oder tiefste *Entspannung* im Sinne von geistiger Ruhe? Muß man aktiv sein oder passiv? Was heißt hier Aktivität, was Passivität?

Die zweite Paradoxie besteht in der Frage: ist der körperlich sich selbst Wahrnehmende auf *sich selbst* oder auf *etwas anderes* bezogen? Nimmt er den Körper als eine Art von Umwelt und sich selbst als unkörperlich wahr; nimmt er den Körper mit sich selbst oder sich selbst mit dem Körper wahr? Wer nimmt wen oder was wahr? Nimmt der Körper uns wahr, oder nimmt er unsere Wahrnehmung wahr? Wenn dem nicht so wäre, würde der Körper antworten? Außerdem: Ist Proprioperzeption sinnliche Wahrnehmung im eigentlichen Sinn oder was sonst? Kann Sinn Sinn wahrnehmen - wirklich-nehmen?

Das dritte Paradox ist, daß körperliche Selbstwahrnehmung als bewußte Schulung *Identifizierung* und *Distanz* zugleich bewirkt. Denn es ist die Frage, ob ich mich mit dem Körper in meiner Wahrnehmung identifiziere oder ob ich ihn mir gegenüberstelle. Oder etwa beides? Damit hängt eng zusammen, daß wir nicht eindeutig entscheiden können, was wir dabei mehr benötigen: *Beherrschung* oder *Einfühlung*? Willensmäßiges Ausgerichtetsein oder Hingabe an eine Führung?

Das vierte Paradox habe ich das „quantenphysikalische" genannt. Denn genaugenommen müßten wir uns heutzutage nicht nur als psychotherapeutisch Gebildete, sondern einfach als einigermaßen bewußt lebende Menschen ständig klar machen, daß wir, wenn wir etwas wahrnehmen, uns selbst immer mitwahrnehmen. Denn die Konsequenz der quantenphysikalischen Erkenntnisse besteht – so weiß man – in der Tatsache, daß Beobachter und Beobachtetes nicht zu trennen sind; daß Beobachten einen Eingriff in die Umwelt darstellt, daß Wahrnehmen eine die Umwelt verändernde Aktivität ist. Man hört dies mit Staunen oder auch Befriedigung als eine Theorie, die Menschen, die sich mit den kleinsten Bausteinen unserer Welt befassen, offenbar hilft, die Reaktion dieser Teilchen vorauszusagen und zu beeinflussen. Und wie wir alle wissen, konfrontiert uns diese Möglichkeit in nie dagewesenem Ausmaß sowohl mit unseren schöpferischen als auch mit unseren selbstzerstörerischen Möglichkeiten.

Im Alltag allerdings kann man zunächst wenig damit anfangen, daß das Wahrnehmen eines Tisches ein handelnder Eingriff sein soll. Oder daß dieser Tisch ohne uns als Beobachter womöglich gar nicht existiert. Ganz so, meint man, könne es ja doch nicht sein.

Nun sollten Hypnotherapeuten, die sich auch nur ein wenig um die philosophischen Grundlagen dieser Richtung kümmern, darüber in keiner Weise erstaunt sein. Denn der als theoretische Fundierung des hypnotherapeutischen und systemischen Ansatzes immer wieder zitierte Konstruktivismus stützt sich auf eben diese physikalischen Erkenntnisse. Und wir wissen aus der Praxis, welch fruchtbarer Ansatz die konstruktivistische Sicht für den therapeutischen Alltag sein kann. Aber wir wissen auch, daß es nicht nur für Klienten, sondern auch für uns selbst in manchen Situationen einer erheblichen geistig-seelischen Entschlossenheit bedarf, diese Sicht konsequent zu verfolgen, als „wirklich" zu akzeptieren und damit wirksam werden zu lassen.

Im Grunde genommen ist dies jedoch nichts Neues. Schon Freud und vor allem Jung haben sich ausführlich mit der Tatsache der „Projektion" beschäftigt. In andere Begriffe gefaßt, ist damit etwas ganz ähnliches gemeint. Man kann die Jungschen Archetypen als eine Art „innere Landkarten" sehen, die das Erleben „konstelliert." Dazu gehört allerdings, daß man bereit ist, die geistig-seelische Arbeit auf sich zu nehmen, die notwendig ist, sich die analytische Sicht anzueignen.

Um wieder auf die oben erwähnten quantenphysikalischen Erkenntnisse und die Möglichkeit einer Übertragung in die unmittelbare Erfahrung zurückzukommen: Im Verlauf einer intensiven Schulung mit körperbezogener Visualisation, die ich bei der Holländerin Hetty Draayer (1984) in den letzten Jahren erfahren habe, ist mir der Gedanke gekommen, daß das Paradox der körperlichen Selbstwahrnehmung eine Möglichkeit darstellt, diese quantenpysikalischen Erkenntnisse hautnah – oder besser „nervennah" – an sich selbst zu erfahren. Denn wir können dabei erleben, wie wir das uns am nächsten liegende Stück Natur, unseren Körper, durch die Art und Weise, wie wir ihn wahrnehmen, beeinflussen und über die Zeit hin wirklich verändern.

Wenn, wie oben erwähnt, eine Million interne Reizpunkte auf einen externen Reizpunkt kommen, so muß die Veränderung der körperlichen Selbstwahrnehmung eine starke Veränderung des Erlebens der Umwelt nach sich ziehen. Denn „wir sind weitgehend auf unser eigenes System eingestimmt". Es handelt sich darum, die Sicht der uns am nächsten liegenden „Umwelt", unseren Körper, zu verändern und Projektionen, mit denen wir ihn negativ beeinflussen, zurückzunehmen. Es handelt sich dabei aber auch um eine Veränderung der Außenwahrnehmung. Denn wir sind – ob wir es nun als wirklich wahrnehmen oder nicht – nur über unseren Körper mit der Außenwelt in Verbindung (s. z.B. Apel 1985).

Die Propriozeption als therapeutisches und spirituelles Potential

Durch meine persönlichen Erfahrungen mit Hypnotherapie nach Milton Erickson einerseits und mit einer meditativen Schulungs- und Heilmethode (Atem-Meditation nach Draayer) wurde mir einerseits das Ineinanderfließen von therapeutischer und meditativer Trance immer offensichtlicher. Andererseits drängt sich mir die wichtige Rolle der körperlichen Selbstwahrnehmung immer mehr auf.

Dem systemisch Geschulten wird sofort klar sein, daß ein in so vieler Hinsicht paradoxer Zustand ein hohes therapeutisches Potential besitzen muß. Denn das Spannungsfeld der Paradoxie spielt seit Erickson im hypnotherapeutischen und systemischen Ansatz eine entscheidende Rolle.

Darüber hinaus ruft die Fokussierung auf eine bestimmte Region des Körpers einen mehr oder weniger tiefen Trancezustand hervor, in dem sich wie von selbst Veränderungen ergeben oder bewußt angestrebt werden können.

Geht man dabei jedoch der Frage nach: „Wer nimmt wen wahr?", so befindet man sich in der fließenden Übergangszone zwischen therapeutischer und meditativer Trance, in einem Feld, auf dem in den letzten Jahren durch Methoden sehr unterschiedlicher Herkunft ständig Neues erschlossen oder Altes wieder zugänglich gemacht wurde.

Und dies mit gutem Grund. Denn es ist ein Feld, in dem sich Bewußtes und Unbewußtes begegnen. Und in dieser Begegnung wird Veränderung möglich.

25. Die Grenzen des Gewissens

Bert Hellinger

Das Gewissen kennen wir, so wie ein Pferd den Reiter, der es reitet, kennt und wie ein Steuermann die Sterne, an denen er den Standort mißt und Richtung nimmt. Doch ach! Es reiten leider viele Reiter auf dem Pferd, und auf dem Schiff schauen viele Steuerleute auch nach vielen Sternen. Die Frage ist, wem fügen sich vielleicht die Reiter, und welche Richtung weist dem Schiff der Kapitän.

Die Antwort

Ein Jünger wandte sich an seinen Meister: „Sage mir, was Freiheit ist!"
„Welche Freiheit?" fragte ihn der Meister.
„Die erste Freiheit ist die Torheit. Sie gleicht dem Roß, das seinen Reiter wiehernd abwirft. Doch um so fester spürt es nachher seinen Griff.
Die zweite Freiheit ist die Reue. Sie gleicht dem Steuermann, der nach dem Schiffbruch auf dem Wrack zurückbleibt, statt daß er in die Rettungsboote steigt.
Die dritte Freiheit ist die Einsicht. Sie kommt nach der Torheit und der Reue. Sie gleicht dem Halm, der sich im Winde wiegt und – weil er, wo er schwach ist, nachgibt – steht."
Der Jünger fragte: „Ist das alles?"
Darauf der Meister: „Manche meinen, sie selber suchten nach der Wahrheit ihrer Seele. Doch die große Seele denkt und sucht durch sie. Wie die Natur kann sie sich sehr viel Irrtum leisten, denn falsche Spieler ersetzt sie laufend mühelos durch neue. Dem aber, der sie denken läßt, gewährt sie manchmal etwas Spielraum, und wie ein Fluß dem Schwimmer, der sich treiben läßt, hilft sie ihm mit vereinter Kraft ans Ufer."

Das Gewissen erfahren wir nur in Beziehungen, und es hat immer mit Beziehungen zu tun. Denn das Gewissen begleitet jedes Handeln, das auf andere wirkt, mit einem wissenden Gefühl der Unschuld und der Schuld, und wie das Auge, wenn es sieht, das Helle und das Dunkle dauernd unterscheidet, so unterscheidet dieses wissende Gefühl in jedem Augenblick, ob unser Handeln der Beziehung schadet oder dient. Was der Beziehung schadet, fühlen wir als Schuld, und was ihr dient, als Unschuld.

Durch das Gefühl der Schuld zieht das Gewissen uns die Zügel an, und es steuert uns auf einen Gegenkurs. Durch das Gefühl der Unschuld läßt es uns die Zügel schießen, und ein frischer Wind treibt unser Schiff geradeaus.

Doch nun sind unsere Beziehungen verschieden, und ihre Interessen widersprechen sich. Wenn wir der einen dienen, kann es der anderen schaden, und was uns in der einen Unschuld bringt, stürzt uns in einer anderen in Schuld. Dann stehen wir vielleicht für *eine* Tat vor vielen Richtern, und während einer uns verurteilt, spricht ein anderer uns frei.

Die einzelnen Beziehungen gelingen nach Bedingungen, die uns im wesentlichen vorgegeben sind wie oben oder unten und wie rechts oder links. Zwar können wir nach vorne oder hinten fallen, wenn wir wollen, doch ein uns angeborener Reflex erzwingt den Ausgleich vor der Katastrophe, und so fallen wir zur rechten Zeit zurück ins Lot.

Auch über unsere Beziehungen wacht ein uns angeborener innerer Sinn und wirkt wie ein Reflex auf Korrektur und Ausgleich hin, wenn wir von den Bedingungen für ihr Gelingen abgewichen sind und die Beziehungen gefährden. Wie unser Sinn für Gleichgewicht, so nimmt auch dieser Sinn den Einzelnen zusammen mit dem Umfeld wahr, erkennt den Freiraum und die Grenze und steuert ihn durch ein Gefühl der Unlust und der Lust. Seine Unlust fühlen wir als Schuld, und seine Lust als Unschuld.

Wie ein Kutscher seine Pferde zwingt er die Unschuld und die Schuld vor *einen* Wagen, lenkt sie in *eine* Richtung, und so ziehen sie als ein Gespann an *einem* Strick. Sie bringen die Beziehung weiter und halten sie durch ihre Wechselwirkung in der Spur. Zwar möchten wir die Zügel manchmal selber nehmen, doch der Kutscher läßt sie nicht aus seiner Hand. Wir fahren auf dem Wagen als Gefangene und Gäste. Des Kutschers Name aber heißt Gewissen.

Zu den uns vorgegebenen Bedingungen für menschliche Beziehungen gehören die Bindung, der Ausgleich und die Ordnung, und wir erfüllen sie, wie die Bedingungen für unser Gleichgewicht, auch gegen anderes Wünschen oder Wollen unter der Not von Trieb, Bedürfnis und Reflex. Die Bindung und der Ausgleich und die Ordnung bedingen und ergänzen sich, und ihr Zusammenspiel erleben wir als das Gewissen. Doch wie die Bindung und der Ausgleich und die Ordnung, so erfahren wir auch das Gewissen zunächst als Trieb, Bedürfnis und Reflex und im Grund mit den Bedürfnissen nach Bindung und nach Ausgleich und nach Ordnung eins.

Obwohl nun die Bedürfnisse nach Bindung und nach Ausgleich und nach Ordnung stets zusammenwirken, so sucht doch jedes seine eigenen Ziele gegen die der anderen mit einem Gefühl der eigenen Schuld und Unschuld durchzusetzen. Und daher fühlen wir die Schuld und Unschuld anders, je nach dem Ziel und dem Bedürfnis, dem sie dienen: Wenn sie der Bindung dienen, fühlen wir die Schuld als Furcht vor Ausschluß und als Ferne und die Unschuld als Geborgenheit und Nähe; wenn sie dem Ausgleich dienen, fühlen wir die Schuld als Pflicht, und die Unschuld fühlen wir als Freiheit oder Anspruch; wenn sie der Ordnung dienen, fühlen wir die Schuld als Übertretung und als Furcht vor Strafe und die Unschuld als Gewissenhaftigkeit und Treue.

Das Gewissen aber dient dem einen und dem anderen Ziel. Daher fordert es im Dienst des einen, was es im Dienst des anderen vielleicht verbietet, und was es uns mit Rücksicht auf das eine Ziel erlaubt, will es mit Rücksicht auf ein anderes vielleicht verwehren. Wie immer wir dann dem Gewissen folgen, es spricht uns sowohl schuldig als auch frei.

Schuld und Unschuld treten also meist gemeinsam auf. Wer nach der Unschuld greift, der langt auch nach der Schuld, und wer im Haus der Schuld zur Miete wohnt, entdeckt als seine Untermieterin die Unschuld. Auch tauschen Schuld und Unschuld öfters das Gewand, so daß die Schuld im Kleid der Unschuld kommt, und Unschuld kommt im Kleid der Schuld. Dann trügt der Schein, und erst die Wirkung zeigt, was wirklich war.

Die Spieler

Sie stellen sich als Gegner vor.
Dann sitzen sie sich gegenüber
und spielen
auf dem gleichen Brett
mit vielerlei Figuren
nach komplizierten Regeln,
Zug um Zug,
das gleiche königliche Spiel.
Sie opfern beide ihrem Spiel
verschiedene Figuren
und halten sich gespannt in Schach,
bis die Bewegung endet.

Wenn nichts mehr geht,
ist die Partie vorbei.
Dann wechseln sie die Seite
und die Farbe,
und es beginnt vom gleichen Spiel
nur wieder eine andere Partie.
Wer aber lange spielt
und oft gewinnt
und oft verliert,
der wird auf beiden Seiten
Meister.

Wer die Rätsel des Gewissens lösen will, der wagt sich in ein Labyrinth, und er braucht viele Orientierungsfäden, um im Gewirr der Pfade sich zurechtzufinden, und um die Wege, die zusammenlaufen und nach draußen führen, von denen, die im Abseits sich verästeln, abzugrenzen. Und er muß, im Dunkeln tappend, sich auf Schritt und Tritt, wie einem Fabeltier, den Mythen und Geschichten stellen, die sich um Schuld und Unschuld ranken und uns den Sinn betören und die Schritte lähmen, wenn wir es wagen wollen, nachzuforschen, was geheim geschieht. Kindern ergeht es so, wenn man vom Klapperstorch erzählt, und Gefangenen mag es so ergangen sein, als sie am Tor zum Todeslager lasen: „Arbeit macht frei!" Doch manchmal kommt dann einer, der den Mut hat, hinzuschauen und den Bann zu brechen. Wie etwas jenes Kind, das in der außer sich geratenen Menge auf den umjubelten Diktator schaut und laut und deutlich sagt, was alle wissen, doch keiner sich zuzugeben oder auszusprechen traut: „Der ist ja nackt!" Oder auch wie jener Spielmann, der sich an den Rand der Straße stellt, auf der ein Rattenfänger mit seiner Kinderschar vorbeiziehen muß. Er spielt ihm eine Gegenmelodie, die einige aus dem Gleichschritt bringt.

Das Gewissen bindet uns an die für unser Überleben wichtige Gruppe, was immer die Bedingungen sind, die sie uns setzt. Es steht nicht über dieser Gruppe und nicht über ihrem Glauben oder Aberglauben. Es steht in ihren Diensten. Denn wie ein Baum den Standort nicht bestimmt, auf dem er wächst, und wie er sich auf freiem Feld anders als im Wald entwickelt und im geschützten Tal anders als auf ungeschützter Höhe, so fügt ein Kind sich fraglos in die Ursprungsgruppe und hängt ihr an mit einer Kraft und Konsequenz, die nur mit einer Prägung zu vergleichen sind. Die Bindung wird vom Kind als Liebe und als Glück erlebt, wie immer es in dieser Gruppe wird gedeihen können und wie es auch verkümmern muß. Das Gewissen reagiert auf alles, was die Bindung fördert und gefährdet. Daher haben wir ein gutes Gewissen, wenn wir uns so verhalten, daß wir uns sicher sind, wir dürfen noch dazugehören. Und wir haben ein schlechtes Gewissen, wenn wir von den Bedingungen der Gruppe in einer Weise abgewichen sind, daß wir befürchten müssen, wir hätten unser Recht auf Zugehörigkeit teilweise oder ganz verspielt. Doch beide Seiten des Gewissens, das gute und das böse, dienen *einem* Ziel. Wie Zuckerbrot und Peitsche ziehen sie und treiben sie uns in die gleiche Richtung. Sie sichern unsere Bindung an die Wurzel und den Stamm.

Maßstab für das Gewissen also ist, was in der Gruppe, der wir angehören, gilt. Daher haben Menschen, die aus unterschiedlichen Gruppen kommen, auch verschiedene Gewissen, und wer mehreren Gruppen angehört, der hat für jede Gruppe auch ein anderes Gewissen. Das Gewissen hält uns bei der Gruppe wie ein Hund die Schafe bei der Herde, doch wenn die Umgebung wechselt, wechselt es wie ein Chamäleon zu unserem Schutz die Färbung. Daher haben wir ein anderes Gewissen bei der Mutter und ein anderes beim Vater, ein anderes in der Familie und ein anderes im Beruf, ein anderes in der Kirche und ein anderes am Stammtisch. Immer aber geht es beim Gewissen um die Bindung und die Bindungsliebe und um die Furcht vor Trennung und Verlust. Was aber machen wir, wenn Bindung gegen Bindung steht? Dann suchen wir, so gut es geht, den Ausgleich und die Ordnung.

Ein Mann und eine Frau fragten einen Lehrer, was sie mit ihrer Tochter machen sollten, denn die Frau mußte ihr jetzt öfters Grenzen setzen und fühlte sich dabei vom Mann zu wenig unterstützt. Als erstes erklärte der Lehrer ihnen in drei Sätzen die Regeln für die richtige Erziehung: (1) In der Erziehung ihrer Kinder halten der Vater und die Mutter unterschiedlich das für richtig, was in ihrer eigenen Familie entweder wichtig war oder gefehlt hat. (2) Das Kind befolgt und anerkennt als richtig, was seinen beiden Eltern entweder wichtig ist oder fehlt. (3) Wenn sich einer der Eltern gegen den anderen in der Erziehung durchsetzt, verbündet sich das Kind mit dem, der unterliegt. Als nächstes schlug der Lehrer ihnen vor, sie sollten sich erlauben wahrzunehmen, wo und wie ihr Kind sie liebt. Da blickten sie sich in die Augen, und ein Leuchten ging über beider Gesicht. Als letztes riet der Lehrer noch dem Vater, er möge seine Tochter manchmal spüren lassen, wie sehr er sich darüber freut, wenn sie zu ihrer Mutter gut ist.

Einen Versuch des Ausgleichs sehen wir auch bei der Bulimie. Denn die Mutter der bulimischen Patientin hat gesagt: „Nur was von mir kommt, ist gut; was vom Vater kommt, darfst du nicht nehmen.“ Daher nimmt die Patientin das Essen und spuckt es wieder aus. Bei der Sucht finden wir eine ähnliche Problematik und einen ähnlichen Lösungsversuch. Denn auch dem Süchtigen hat die Mutter gesagt: „Nur was von mir kommt, ist gut; was vom Vater kommt, taugt nichts. Das darfst du nicht nehmen.“ Und dann sagt das Kind: „Wenn ich nur von dir nehmen darf, dann nehme ich so viel, daß es mir schadet.“

Das Gewissen bindet uns am stärksten, wenn wir in einer Gruppe unten stehen und ihr ausgeliefert sind. Sobald wir aber in der Gruppe Macht gewinnen oder von ihr unabhängig werden, lockert sich die Bindung, und mit ihr lockert sich auch das Gewissen. Die Schwachen aber sind gewissenhaft und bleiben treu, weil sie gebunden sind. In einer Familie sind es die Kinder, in einem Betrieb die unteren Arbeitnehmer, in einer Armee die gemeinen Soldaten, und in einer Kirche das gläubige Volk. Zum Wohl der Starken in der Gruppe riskieren sie gewissenhaft Gesundheit, Unschuld, Glück und Leben, auch wenn die Starken sie vielleicht für das, was sie die höheren Ziele nennen, gewissenlos mißbrauchen. Das sind dann die Kleinen, die für die Großen ihren Kopf hinhalten, die Henker, die die schmutzige Arbeit tun, die Helden auf verlorenem Posten, die Schafe hinter ihrem Hirten, wenn er sie zur Schlachtbank führt, und die Opfer, die die Zeche zahlen. Und es sind die Kinder, die für ihre Eltern oder Ahnen in die Bresche springen und vollbringen, was sie nicht geplant, sühnen, was sie nicht getan, und tragen, was sie nicht verschuldet haben.

Ein Vater hatte seinen Sohn, als dieser trotzig war, bestraft, und in der Nacht darauf hat sich das Kind erhängt. Nun war der Mann schon alt, und noch immer trug er schwer an seiner Schuld. Dann, im Gespräch mit einem Freund, erinnerte er sich, daß dieses Kind nur wenige Tage vor dem Selbstmord, als seine Mutter am Tisch erzählte, daß sie wieder schwanger war, wie außer sich gerufen hatte: „Um Gottes willen, wir haben doch keinen Platz!“ Und er begriff: Das Kind hat sich erhängt, um seinen Eltern ihre Sorgen abzunehmen. Es hat für das andere Platz gemacht.

Eine ähnlich starke Bindungsliebe offenbart sich in der Magersucht, denn die Magersüchtige sagt in ihrer Kinderseele: „Lieber verschwinde ich, als du (mein lieber Papa)!" Auch andere persönliche Probleme lassen sich vielleicht nur deshalb so schwer lösen, weil sie für unsere Kinderseele ein Beweis der Unschuld sind und wir mit ihnen unser Recht auf Zugehörigkeit zu sichern und zu wahren hoffen. Daher verbindet sich mit ihnen das Gefühl der Treue. Ihre Lösung aber wird von uns, trotz gegenteiliger Beteuerungen, gefürchtet und vermieden, denn mit ihr verbindet sich die Furcht vor dem Verlust der Bindung und das Gefühl von Schuld und von Verrat.

Der Esel

Ein Herr kaufte einen jungen Esel und gewöhnte ihn schon früh an die Härte des Lebens. Er lud ihm schwere Lasten auf, ließ ihn den ganzen Tag arbeiten und gab ihm nur das Nötigste zu fressen. Und so wurde aus dem kleinen Esel bald ein richtiger Esel. Wenn sein Herr kam, ging er in die Knie, neigte tief sein Haupt und ließ sich willig jede schwere Last aufbürden, auch wenn er manchmal fast zusammenbrach. Andere, die das sahen, hatten Mitleid. Sie sagten: „So ein armer Esel!" und wollten ihm etwas Gutes tun. Der eine wollte ihm ein Stück Zucker geben, der andere ein Stück Brot, und ein dritter wollte ihn sogar auf seine grüne Weide locken. Doch er zeigte ihnen, was für ein Esel er war. Den einen biß er in die Hand, den anderen trat er ans Schienbein, und dem dritten gegenüber war er störrisch wie ein Esel. Da sagten sie: „So ein Esel!" und ließen ihn fortan in Ruhe. Seinem Herrn aber fraß er aus der Hand, und wenn es leeres Stroh war. Der aber lobte ihn überall und sagte: „Das ist der größte Esel, den ich je gesehen habe!" Und er gab ihm den Namen Iah. Später war man sich über die Aussprache dieses Namens nicht mehr einig, bis ein Dialektiker aus Bayern meinte, sie müsse lauten: I..(ch) a..(uch).

Wo das Gewissen bindet, grenzt es auch ein und aus. Oft müssen wir daher, wenn wir bei einer Gruppe bleiben wollen, dem anderen, der anders ist, die Zugehörigkeit, die wir für uns in Anspruch nehmen, verweigern oder aberkennen. Dann werden wir durch das Gewissen für den anderen furchtbar, denn was wir für uns selbst als schlimmste Folge einer Schuld und als die äußerste Bedrohung fürchten, das müssen wir im Namen des Gewissens dem anderen, der von ihm abweicht, wünschen oder antun: den Ausschluß aus der Gruppe. Doch so, wie wir mit ihnen, verfahren andere im Namen des Gewissens auch mit uns. Dann setzen wir uns gegenseitig für das Gute eine Grenze, und für das Böse heben wir, im Namen des Gewissens, diese Grenze auf. Daher muß das Gute, das versöhnt und Frieden stiftet, die Grenzen überwinden, die uns das Gewissen durch die Bindung an die Einzelgruppen setzt. Es folgt einem anderen, verborgenen Gesetz, das in den Dingen wirkt, nur weil sie sind. Im Gegensatz zur Art und Weise des Gewissens wirkt es still und unauffällig, wie Wasser, das verborgen fließt. Wir nehmen seine Gegenwart nur an der Wirkung wahr. Das Gewissen aber redet, wo die Dinge sind. Ein Kind, zum Beispiel, kommt in einen Garten, staunt über das, was wächst, lauscht einem Vogel im Gebüsch. Dann sagt die Mutter: „Das ist schön." Nun muß das Kind, statt daß es staunt und lauscht, auf die Worte hören, und der Bezug zu dem, was ist, wird jetzt ersetzt durch Stellungnahmen.

Die Erkenntnis

Jemand will es endlich wissen. Er schwingt sich auf sein Fahrrad, fährt in die offene Landschaft und findet, abseits vom Gewohnten, einen anderen Pfad. Hier gibt es keine Schilder, und so verläßt er sich auf das, was er mit seinen Augen vor sich sieht und was sein Schritt durchmessen kann. Ihn treibt so etwas wie Entdeckerfreude, und was ihm vorher eher Ahnung war, wird jetzt Gewißheit.

Doch dann endet dieser Pfad an einem breiten Strom, und er steigt ab. Er weiß, wenn er noch weiter will, dann muß er alles, was er bei sich hat, am Ufer lassen. Dann wird er seinen festen Grund verlieren und wird von einer Kraft getragen und getrieben werden, die mehr vermag als er, so daß er sich ihr anvertrauen muß. Und daher zögert er und weicht zurück.

Als er dann wieder heimwärts fährt, da wird ihm klar, daß er nur wenig weiß, was hilft, und daß er es den anderen nur schwer vermitteln kann. Zu oft schon war es ihm wie jenem Mann ergangen, der einem anderen auf dem Fahrrad hinterherfährt, weil dessen Schutzblech klappert. Er ruft ihm zu: „He, du, dein Schutzblech klappert!" – „Was?" – „Dein Schutzblech klappert!" – „Ich kann dich nicht verstehen", ruft der andere zurück, „mein Schutzblech klappert!"

Ein wenig später trifft er einen alten Lehrer und fragt: „Wie machst denn du das, wenn du anderen hilfst? Oft kommen zu dir Leute und fragen dich um Rat in Dingen, von denen du nur wenig weißt. Doch nachher geht es ihnen besser." Der Lehrer sagt ihm: „Nicht am Wissen liegt es, wenn einer auf dem Wege stehenbleibt und nicht mehr weiter will. Denn er sucht Sicherheit, wo Mut verlangt wird, und Freiheit, wo das Richtige ihm keine Wahl mehr läßt. Und so dreht er sich im Kreis. Der Lehrer aber widersteht dem Vorwand und dem Schein. Er sucht die Mitte, und dort gesammelt wartet er – wie einer, der die Segel ausspannt vor den Wind –, ob ihn vielleicht ein Wort erreicht, das wirkt. Wenn dann der andere zu ihm kommt, findet er ihn dort, wohin er selber muß, und die Antwort ist für beide. Beide sind Hörer." Und er fügte hinzu: „Die Mitte fühlt sich leicht an."

Das Gewissen bindet uns so folgenschwer an eine Gruppe, daß wir, was andere in ihr erlitten und verschuldet haben, im eigenen Gewissen als Anspruch und Verpflichtung spüren, und so werden wir durch das Gewissen in fremde Schuld und fremde Unschuld, in fremdes Denken, Sorgen, Fühlen, in fremden Streit und fremde Folgen, in fremdes Ziel und fremdes Ende blind verstrickt.

Wenn zum Beispiel eine Tochter, weil sie die alten Eltern pflegt, auf eigenes Familienglück verzichtet und von den übrigen Geschwistern dafür belächelt und verachtet wird, dann ahmt später eine Nichte das Leben dieser Tante nach und, ohne daß sie den Zusammenhang erkennt und ohne daß sie sich dagegen wehren kann, erleidet sie das gleiche Schicksal.

Eine junge Frau spürte eine unstillbare Sehnsucht, die sie sich nicht erklären konnte. Dann wurde ihr auf einmal klar, daß sie nicht ihre eigene Sehnsucht spürte, sondern die Sehnsucht ihrer Schwester aus der ersten Ehe ihres Vaters. Denn als der Vater eine zweite Ehe eingegangen war, durfte sie ihn nie mehr wiedersehen und ihre Halbgeschwister nie besuchen. Inzwischen war sie nach Australien ausgewandert und alle Brücken schienen abgebrochen. Die junge Frau nahm dennoch die Verbindung zu ihr auf, lud sie zu sich nach Deutschland ein und schickte ihr sogar das Ticket. Doch das Schicksal ließ sich nicht mehr wenden. Auf dem Weg zum Flughafen ist sie verschollen.

In einer Gruppe fing eine Frau am ganzen Körper an zu zittern, und als der Gruppenleiter den Vorgang auf sich wirken ließ, sah er, daß dieses Zittern einer anderen Person gehören mußte. Er fragte sie:

„Wessen Zittern ist es?“ Sie sagte ihm: „Ich weiß es nicht“. Er fragte weiter: „Ist es vielleicht ein Jude?“ Sie sagte: „Es ist eine Jüdin.“ Als sie geboren wurde, kam ein SA-Mann in das Haus, um der Mutter im Namen der Partei zu gratulieren, doch hinter einer Tür stand eine Jüdin, die in dem Haus versteckt war. Sie zitterte.

Ein Ehepaar war noch nie zusammengezogen, denn der Mann behauptete, er könne nur in einer fernen Stadt die ihm gemäße Arbeit finden. Als er in einer Gruppe darauf hingewiesen wurde, daß er am Ort der Frau die gleiche Arbeit haben konnte, hatte er auf alles einen Einwand, und so wurde offenbar, daß es noch einen anderen, verborgenen Grund für sein Verhalten gab. Sein Vater hatte viele Jahre in einem weit entfernten Sanatorium verbracht, denn er war schwer an Tbc erkrankt, und wenn er manchmal zu Besuch nach Hause kam, waren Frau und Kind durch seine Gegenwart gefährdet. Die Gefahr war längst gebannt. Doch nun übernahm sein Sohn die gleiche Angst, das gleiche Schicksal, und so, als sei auch er gefährlich, hielt er sich fern von seiner Frau.

Ein junger Mann, selbstmordgefährdet, erzählt in einer Gruppe, er habe, als er noch ein Kind war, seinen Opa mütterlicherseits gefragt: „Wann stirbst du endlich und machst Platz?“ Der Opa habe laut gelacht, doch ihm sei dieser Satz sein Leben lang nicht aus dem Kopf gegangen. Der Gruppenleiter meinte, der Satz habe sich in einem Kind zu Wort gemeldet, weil er in einem anderen Zusammenhang nicht ausgesprochen werden durfte. Und sie wurden fündig. Der andere Opa, väterlicherseits, hatte vor vielen Jahren mit seiner Sekretärin ein Verhältnis angefangen, und daraufhin war seine Frau an Tbc erkrankt. Hierher gehörte dieser Satz: „Wann stirbst du endlich und machst Platz.“ Der Wunsch ging in Erfüllung, die Frau starb. Doch nun nahmen ahnungslose Nachgeborene die Schuld und Sühne unschuldig schuldig in die Hand. Als erstes verhinderte ein Sohn, daß sein Vater aus dem Tod der Mutter Nutzen zog. Er brannte mit der Sekretärin durch. Und dann bot sich ein Enkel an, den unheilvollen Satz auf sich zu nehmen und seine Schuld gewissenhaft zu sühnen. Er war selbstmordgefährdet.

Es gibt also neben einem vordergründigen, persönlichen Gewissen, bei dem wir uns als Handelnde und frei erfahren, noch ein anderes, verborgenes Gewissen, das im Dienst der Sippe steht und über unser Wohl und Wehe im Interesse dieser Sippe wie das Ganze über einen Teil verfügt. Wenn wir beiden folgen, werden wir, noch während wir zu handeln meinen, Opfer.

Das Urteil

Ein Reicher starb, und als er vor die Himmelspforte kam, klopfte er und bat um Einlaß. Petrus schloß ihm auf und fragte, was er wolle. Der Reiche sagte: „Ich hätte gern ein Zimmer erster Klasse, mit schöner Aussicht auf die Erde, und dazu täglich meine Lieblingsspeise und die neueste Zeitung." Petrus sträubte sich zuerst, doch als der Reiche ungeduldig wurde, führte er ihn in ein Zimmer erster Klasse, brachte ihm die Lieblingsspeise und die neueste Zeitung, drehte sich noch einmal um und sagte: „In tausend Jahren komme ich wieder!" und schloß dann hinter sich die Tür. Nach tausend Jahren kam er wieder und schaute durch die Luke in der Tür. „Da bist du endlich" rief der Reiche. „Dieser Himmel hier ist schrecklich!" Petrus schüttelte den Kopf. „Du irrst dich," sagte er, „hier ist die Hölle".

26. Die Psychotherapie des „Als ob"

Paul Watzlawick

Wir stehen in unserem Fach auf um so unsichererem Boden, je fester wir von der Richtigkeit unserer theoretischen Fundamente überzeugt sind. Hierzu gleich ein praktisches Beispiel: Vor einigen Jahren wurde ich aufgefordert, an der Abteilung für Psychiatrie der Stanford-Universität an einer kleinen Untersuchung teilzunehmen. Wir waren zu viert eingeladen worden, uns zwei Videoaufnahmen anzusehen. Die eine war das Erstinterview mit einem Studenten, der in seinem ersten Jahr an der Universität war und der an einer schon laufenden Gruppentherapie teilnehmen wollte. In diesem Interview legte er seine Gründe dar, weshalb er glaubte, Therapie zu brauchen. Dann sahen wir wieder ein einstündiges Interview mit demselben Mann, acht Monate später. Daran anschließend wurden wir gefragt, ob wir einen Wandel, eine Änderung, eine Besserung feststellen könnten. Zwei der Kollegen sagten: „Ohne weiteres, ganz klar, der Mann hat offensichtlich von dieser Therapie enorm profitiert." Der dritte Kollege und ich selbst sagten: „Nein, er spricht immer noch in derselben Weise von seinem Unglücklichsein, das heißt, der Inhalt ist immer noch derselbe, er hat sich noch nicht an sein neues Milieu gewöhnt, er hat noch keine Bekanntschaften, noch keine Freundschaften geschlossen, er fühlt sich vereinsamt, und er hat große Zweifel, ob er die richtige Studienrichtung gewählt hat." Die beiden anderen Kollegen sagten darauf: „Aber nein, hören Sie doch zu, wie der Mann sich jetzt ausdrückt." Das heißt, vom Standpunkt der beiden Kollegen hatte der Mann dadurch, daß er die Sprache der Gruppentherapie erlernt hatte, einen offensichtlichen Fortschritt gemacht.

Sie sehen also, daß nicht einmal über den Erfolg einer Therapie notwendigerweise Einstimmigkeit herrscht. Wenn dem aber so ist, dann ist auch die Definition der Therapie selbst und mit ihr auch die Frage der Pathologie eine reine Deutungssache.

Ein anderes Beispiel: Ende Mai 1988 wurde in der toskanischen Lokalpresse ein interessanter Fall gemeldet. In der Stadt Grosseto war eine Frau offensichtlich mit einem akuten schizophrenen Schub in das dortige städtische Krankenhaus eingewiesen worden. Die dortigen Behandlungsmöglichkeiten waren nicht ausreichend, und man entschloß sich daher, die Frau in eine Klinik in ihre Heimatstadt Neapel zu bringen. Als die Männer vom Krankenwagen kommen und fragen, „wo ist die Signora So-und-so", da sagt man ihnen, „sie ist da drinnen". Sie gehen hinein; die Patientin sitzt auf ihrem Bett, voll angezogen, ihre Handtasche bereit, und als sie zu ihr sagen: „Bitte kommen Sie mit, wir sind fertig zur Abfahrt", da wird sie wieder total psychotisch, beginnt sich zu wehren, sie wird aggressiv, sie wird äußerst emotional, sie depersonalisiert und muß daher erst mit einer Beruhigungsspritze versehen werden, dann in den Krankenwagen hinuntergebracht werden und auf gehts nach Neapel. Auf der Autobahn in der Höhe von Rom wird der Krankenwagen von einem Polizeiwagen angehalten und nach Grosseto zurückgeschickt. Es war eine Verwechslung eingetreten. Die Frau war tatsächlich, wie sie sagte, eine Einwohnerin von Grosseto, sie war an jenem Morgen in das Krankenhaus gekommen, um einen Verwandten zu besuchen, der sich einer kleineren Operation hatte unterziehen müssen.

Ich will mich nicht darüber lustig machen, daß hier ein sicherlich vermeidbarer Fehler eingetreten war. Der Grund, weshalb ich dieses Ereignis erwähne, ist der, daß in der durch diesen Irrtum geschaffenen Wirklichkeit nun jedes Verhalten der Betreffenden, auch das angepaßteste, offensichtlichste Verhalten, ein weiterer Beweis für ihre Geistesgestörtheit war. Sie wehrte sich; sie wollte nicht mitkommen; sie depersonalisierte, indem sie behauptete, jemand anderes zu sein etc.

Ein anderes Beispiel: In dem Buch über die Scham von Hans-Peter Duerr finden wir, ganz kurz erwähnt, eine hochinteressante Geschichte aus der kleinasiatischen Stadt Milet, die von Plutarch berichtet worden sein soll. Nach dieser

Geschichte wurde eine Selbstmordepidemie unter jungen Frauen dadurch abrupt zum Stillstand gebracht, daß die Behörden anordneten, die nackten Körper der Selbstmörderinnen seien auf dem Marktplatz öffentlich auszustellen. Auch hier die Frage: Ist das Therapie? Der Erfolg zweifellos muß ein hundertprozentiger gewesen sein.

Also was liegt hier vor? Für uns Therapeuten, die wir leider nicht auch als Wissenschaftsphilosophen und Epistemologen ausgebildet sind, ergeben sich da wichtige Fragen. Es können sich sehr schwerwiegende Fehler in der Art und Weise ergeben, wie wir an die Wirklichkeit herangehen; Fehler, die zweifellos, wenn man der philosophischen Fakultät einer Universität angehörte, zum baldigen Hinausschmiß führen würde. Durch die Geistesgeschichte der westlichen Welt zieht sich eine Auffassung, die Objektivismus heißt und die annimmt, daß es da draußen eine objektive, das heißt menschenunabhängige Wirklichkeit gibt und daß der Mensch im Stande ist, diese Wirklichkeit zu erfassen. Die Grundsätze des Zeitalters der Aufklärung vor 200 Jahren, die unter anderem zur französischen Revolution führten, basierten auf derselben Annahme. Die Welt ist von rationalen Prinzipien durchdrungen, der menschliche Geist ist imstande, diese Prinzipien zu erfassen, und der menschliche Wille ist imstande, diesen Prinzipien gemäß zu leben. Klingt herrlich, nicht wahr? Der Objektivismus dieser Art ist spätestens seit Kant und vor allem seit Schopenhauer (denken Sie an sein Hauptwerk „Die Welt als Wille und Vorstellung") unhaltbar geworden. Der Einwand, der meist dagegen geführt wird, ist: „Ja, ja, das mag schon so sein, gilt aber nur für die Philosophie, nicht aber für die exakten Naturwissenschaften, denn dort ist man wirklich konfrontiert mit Tatsachen, wie sie tatsächlich sind."

Dazu wäre aus einer Unzahl von möglichen Zitaten Werner Heisenberg zu zitieren, der an einer Stelle seiner Gesammelten Werke sagt: „Die Wirklichkeit, von der wir sprechen können, ist nie die Wirklichkeit an sich, sondern eine gewußte Wirklichkeit, oder sogar in vielen Fällen eine von uns gestaltete Wirklichkeit. Wenn gegen diese letzte Formulierung eingewandt wird, daß es schließlich doch eine objektive, von uns und unserem Denken völlig unabhängige Welt gäbe, die ohne unser Zutun abläuft oder ablaufen kann, und die wir eigentlich mit der Forschung meinen, so muß diesem zunächst so einleuchtenden Einwand entgegengehalten werden, daß doch schon das Wort ‚es gibt' aus der menschlichen Sprache stammt, und daher nicht gut etwas bedeuten kann, das gar nicht auf unser Erkenntnisvermögen bezogen wäre. Für uns ‚gibt' es eben nur die Welt, in der das Wort ‚es gibt' einen Sinn hat."

Wie gesagt, der Objektivismus ist eine unhaltbare Ansicht. Ihm gegenüber steht eigentlich schon seit den Vorsokratikern – auf lange Zeit im Untergrund verschwunden – eine andere Auffassung, eben jene, die zum Beispiel der Physiker Werner Heisenberg in dem erwähnten Zitat ausdrückt. Und es bestätigt wieder einmal den schönen Ausspruch: „Es gibt nichts Neues unter der Sonne, außer dem Vergessenen."

Mit der pseudowirklichkeitsschaffenden Macht der Sprache hat sich vor allem der Gründer der allgemeinen Semantik, Graf Alfred Korzybski befaßt. 1933 gab er sein Buch „Science and Sanity" heraus. Es hatte einen enormen Einfluß auf das Denken jener Zeit, da es sich mit den Pathologien der Wirklichkeiten befaßt, die sich rein aus der Verwendung der Sprache ergeben. Ich zitiere: „Wenn wir auf Grund einer semantisch-pathologischen Störung [er nennt das Objektivierung, ich hätte vorgezogen, er hätte es Reifizierung bzw. Reifikation genannt; Anmerkung des Autors] irgendwelchen sprachlichen Ausdrücken eine wahnhafte, objektive Existenz zuschreiben, dann können wir über alles mögliche sprechen, aber derartige Gespräche haben keinen größeren Wert als die Delirien der geistig Kranken." Und dazu kommt einem wieder der alte Witz vom Schizophrenen in den Sinn, der die Speisekarte ißt, statt die auf ihr verzeichneten Speisen, sich über den schlechten Geschmack beschwert und möglicherweise zur Schlußfolgerung kommt, daß man ihn vergiften wolle. Korzybskis Buch gipfelt in der These: „Der Name ist nicht das damit benannte Ding, die Landkarte ist nicht das Land."

Es passiert uns das in unserer Arbeit aber immer wieder, speziell wenn wir uns theoretisch darüber klar werden wollen, was wir tun können. Die Benennung einer Sache führt unweigerlich zu der Schaffung einer Wirklichkeit. Im Augenblick, wo ich Instinkt sage, Persönlichkeit, Motivation und dergleichen mehr, scheint damit ein wissenschaftlicher Terminus für etwas wirklich Existierendes eingeführt zu sein. In einem seiner Metaloge, das sind fiktive Gespräche, die Gregory Bateson mit seiner kleinen Tochter hatte, sagt die Kleine zu ihm: „Vati, was ist ein Instinkt?" Bateson antwortet darauf nicht mit „ein Instinkt ist ein komplexes, genetisch vererbtes Reiz-Reaktionsmuster, etc.", sondern er sagt: „Ein Instinkt ist ein Erklärungsprinzip." Das ist uns leider nicht immer klar. Wir nehmen zum Beispiel an, der Mensch habe eine Seele, und allein aus dieser Annahme ergeben sich dann scheinbar konkrete, feststellbare Tatsachen, Fakten. Nur, das Wort „Faktum" kommt leider von *facere*, was „etwas machen, tun" bedeutet, und Tatsachen sind nun einmal getane Sachen. Die Annahme, der Mensch habe eine Seele, führt genauso gut zu merkwürdigen Reifikationen, wie das Gegenteil, die Annahme, der Mensch habe keine Seele. Auch das führt dann unweigerlich zu ganz bestimmten, scheinbar unweigerlich richtigen Annahmen.

Es gibt sogar sehr interessante Experimente, mit denen diese Erzeugung von Wirklichkeiten aufgezeigt werden kann. Sie stammen von dem amerikanischen Psychologen Alex Bavelas, der jetzt an der kanadischen Universität von Victoria lehrt. Er bezeichnet sie mit dem schwer übersetzbaren Namen „noncontingent reward experiments". In diesen Experimenten besteht zwischen der Reaktion der Versuchsperson auf den Stimulus des Versuchsleiters und der auf die Reaktion folgenden Verstärkung seitens des Versuchsleiters keinerlei Zusammenhang. Das aber weiß die Versuchsperson nicht. In einem dieser Experimente sagt der Versuchsleiter zum Beispiel: „Ich werde Ihnen jetzt eine lange Reihe von zweistelligen Zahlenpaaren vorlesen, und nach Nennung jedes dieser Zahlenpaare sagen Sie mir bitte, ob die Zahlen zusammenpassen oder nicht." Fast unweigerlich sagt die Versuchsperson darauf: „Moment, was verstehen Sie unter ‚zusammenpassen'?" und der Versuchsleiter sagt, „das eben sollen Sie herausfinden." Die Sache geht los, und der Versuchsleiter sagt: „48 und 12." Bitte, versetzen Sie sich in die Lage der Versuchsperson: Passen diese beiden Zahlen? Es gibt einige offensichtliche Annahmen, daß die beiden Zahlen passen. Sie sind beide gerade Zahlen; 12 ist ein Viertel von 48; wenn es sich um Sekunden handeln würde, so gäben sie zusammen eine Minute; und das ist doch sehr bedeutungsvoll, werden Sie sagen. Also sagen Sie: „Passen" und der Versuchsleiter sagt „Falsch". Dann sagt er: „17 und 83." Passen sie? 17 und 83 sind beide ungerade Zahlen, aber vielleicht haben einige unter Ihnen schon das Wesentliche, das Bedeutungsvolle entdeckt: Es sind zwei Primzahlen. Zusammengezählt ergeben sie hundert. Ich bitte Sie, wenn das nicht bedeutungsvoll ist! Sie sagen also: „Passen" und der Versuchsleiter sagt: „Falsch". Und so geht es eine Zeitlang weiter, bis sich Ihre Antworten zu bessern beginnen und der Versuchsleiter ihre Antworten für richtig erklärt. Und wenn Sie eine fast hieb- und stichfeste, komplizierte Hypothese über die dieser Zahlenwelt zugrundeliegenden Wirklichkeit erarbeitet haben, bricht der Versuchsleiter das Experiment ab und sagt Ihnen erst jetzt, daß zwischen Ihren Antworten und seinen Richtig- oder Falsch-Erklärungen überhaupt kein Zusammenhang bestand. Er gab seine Antworten auf der Basis des aufsteigenden Astes einer Gausschen Glockenkurve. Auf diese Weise hat er in Ihnen die Überzeugung oder die Konstruktion bewirkt, was die Wirklichkeit dieser kleinen Zahlenwelt betrifft. Das Hochinteressante nun ist, daß die Versuchspersonen Schwierigkeiten haben, das zu akzeptieren. Wer unter großer Anstrengung und vielen Fehlschlägen endlich zu einer Sicht der Wirklichkeit gelangt ist, die fast paßt, der hat große Schwierigkeit, Sie dann aufzugeben. Wäre dem nicht so, dann gäbe es unseren Beruf nicht – sehr zum Wohle der Menschheit. Auf diese Weise kommen wir also zu Annahmen über die Welt.

Ich komme zu Korzybski zurück und zitiere: „Wenn eine solche Annahme sich nicht bewahrheitet, kommt es zu ernsten affektiven und semantischen Schockwirkungen. Wenn solche Schocks sich immer wieder ergeben, stören sie das normale Funktionieren des Nervensystems und führen oft zu krankhaften Zuständen." Was Korzybski meines Wissens nicht erwähnt, ist die ebenfalls mögliche heilende Wirkung solcher Schocks oder solcher Annahmen. Ich erinnere mich an einen Kollegen, der Hypnotiseur ist und oft von Ärzten zur Mitarbeit gebeten wird. Er erzählte mir, daß er eines Tages in das Privathaus eines dieser Ärzte eingeladen worden war, um dort eine Demonstration zu geben. Er betrat das Haus und mußte feststellen, daß – wie er sich mir gegenüber ausdrückte – „jede horizontale Fläche in dem Haus mit Vasen mit Schnittblumen bestückt war". Er hat eine Allergie gegen Schnittblumen und bemerkte sofort, wie die wohlbekannten Symptome seiner Allergie einzutreten begannen. Er sagte zu seinem Gastgeber: „Es tut mir sehr leid, aber ich fürchte, ich werde die Sache hier nicht tun können – wegen der Blumen", und erklärte seine Allergie. Der Arzt sagte zu ihm: „Das ist aber merkwürdig, denn es sind alles künstliche Blumen." Er geht hin und stellt fest, daß es tatsächlich alles Plastikblumen waren und innerhalb einer Minute war die Allergie bereits im Abklingen. Für uns, die wir uns für die Hypnotherapie interessieren, ist das nicht überraschend, wir wissen um solche Möglichkeiten. Aber die Frage ist die: Können wir derartige Prozesse umdrehen? Könnte dieser überaus tüchtige Hypnotiseur vielleicht auf wirkliche Blumen ebenso reagieren, als wären sie

Plastikblumen? Das wäre natürlich dann ein äußerst bedeutendes, nützliches Ergebnis.

In meinem letzten Satz waren die beiden schicksalsträchtigen Wörtchen „als ob" bereits enthalten: Könnte er sich benehmen, *als ob* die Blumen Plastikblumen wären? Diese beiden Wörtchen sind mit dem Monumentalwerk des deutschen Philosophen Hans Vaihinger verknüpft, der, ein Kantforscher, 1911 seine Arbeit der letzten 35 Jahre in seinem Werk „Die Philosophie des *Als-ob*" zusammenfaßte. Auf 800 Seiten bringt er unzählige praktische Beispiele dafür, daß wir in allen Sparten unseres Lebens immer schon und unvermeidlicherweise damit arbeiten, was er Fiktionen nennt, das heißt fiktive Annahmen über die Welt. Er faßt das in seinem Vorwort so zusammen: „Ein Problem zum ersten Mal richtig und scharf zu stellen, das ist bekanntlich in der Geschichte der Wissenschaften oft von größerem Nutzen gewesen, als immer neue Lösungsversuche alter Probleme vorzunehmen. So sei denn auch hier gleich zum Eingang die Frage klar und scharf formuliert, welche in diesem Buch aufgeworfen wird. Wie kommt es, daß wir mit bewußt falschen Vorstellungen doch Richtiges erreichen?" Und aus demselben Buch noch ein anderes Zitat: „Wir operieren mit Atomen, obgleich wir wissen, daß unser Atombegriff willkürlich und falsch ist; und was eben das Merkwürdige ist, wir operieren glücklich und erfolgreich mit diesem falschen Begriff, wir kämen ohne ihn nicht so gut, ja überhaupt nicht zum Ziele. Wir rechnen mit dem unendlich Kleinen in der Mathematik, obwohl wir wissen, daß dies ein widerspruchsvoller, also gänzlich falscher Begriff ist. Aber wir wissen auch, daß wir ohne diesen falschen Begriff in der höheren Mathematik nicht vorwärtskommen könnten. Wir finden, daß er selbst in der Elementarmathematik unentbehrlich ist. Wir machen in den verschiedensten Wissenschaften sehr viele derartige bewußt falsche Annahmen und rechtfertigen sie damit, daß sie nützlich sind. Auch im praktischen Leben verfahren wir so. Die Annahme der Willensfreiheit ist die notwendige Grundlage unserer sozialen und juristischen Ordnungen. Und doch sagt uns unser logisches Gewissen, daß die Annahme der Willensfreiheit ein logischer Nonsense ist." Die Willensfreiheit ist, genau wie alle anderen dieser Begriffe, ja unbeweisbar und unbewiesen. Aber können Sie sich eine menschliche Gesellschaft, Kultur und Zivilisation vorstellen, die nicht dieser Annahme, dieser Fiktion bedürfte, eine menschliche Gesellschaft also, in der man nicht an die Willensfreiheit glaubt? Vaihingers Werk gipfelt in der vielleicht schockierenden Feststellung: „Auch daß die Grenze zwischen Wahrheit und Irrtum keine starre ist, ist uns mehrfach nahegelegt worden. Schließlich hat sich gezeigt, daß das, was wir gewöhnlich Wahrheit nennen, nämlich eine, wie man sagt, mit der Außenwelt zusammenstimmende Vorstellungswelt, daß diese Wahrheit nur der zweckmäßigste Irrtum ist." Von Wichtigkeit für unsere Arbeit ist auch Vaihingers Begriff des „Herausfallens" der Fiktion nach Erreichung des praktischen, konkreten Resultats.

Die Schlußfolgerung, die wir daraus ziehen können, ist wohl die: Wirklich ist in dieser Sicht das, was wirklich genannt wird. Dies wird ganz besonders offensichtlich im Phänomen der sich selbst erfüllenden Prophezeiungen. Wie Sie wissen, sind das Strukturen, die dem klassischen Wissenschaftsbild von der kausal genetischen Erfassung des gegenwärtigen Augenblickes auf Grund der vergangenen Ursachen diametral gegenüberstehen. In einer selbsterfüllenden Prophezeiung glauben wir, Grund zur festen Annahme zu haben, daß etwas bevorstehe – also uns nicht aus der Vergangenheit, sondern von der Zukunft her beeinflußt. Und, das ist das Wichtige, daß das, was wir dann auf Grund dieser felsenfesten Annahme tun, erst überhaupt das Eintreten dieser Voraussage herbeiführt. Die Prophezeiung des Ereignisses führt zum Ereignis der Prophezeiung. Es soll da in Los Angeles, vor etwa 15 Jahren einen Fernsehveranstalter gegeben haben, der jeden Sonntagabend ein humoristisches Programm aussendete. In einer dieser Sendungen soll er gesagt haben, daß eine unmittelbare Knappheit an Toillettenpapier bevorstehe. Es konnte nachgewiesen werden, daß am Montagmorgen sich die Leute in die Läden stürzten und kartonweise Toilettenpapier aufkauften und so die vorausgesagte Knappheit bewirkten.

Wirklich sind also für mich meine Fiktionen; meine Wirklichkeit wird geschaffen in der Art und Weise, in der ich sie konstruiert habe. Es ist also nicht so, daß ich zuerst erfasse, wie die Welt „wirklich" ist, sondern ich habe ihr eine Deutung zugeschrieben, ich bin in einer Fiktion gefangen, halte meine Wirklichkeitskonstruktion für richtig und wahr, solange sie nirgends aneckt. Erst im Zusammenbruch meiner Wirklichkeitskonstruktionen kommt es zu jenen Zuständen, für deren Behandlungen wir uns kompetent erachten, das heißt die Verzweiflung, die Angst, die Panik, die Suizididee und dergleichen mehr. Auch Tiere kommen in ähnliche Situationen. Einer meiner

Leser hat mir einen reizenden Fall geschildert. Sein Dobermann schläft nachts im Hause und wird von seinem Herrn morgens in den Garten hinausgelassen. Er stürmt zu einem Baum, an dem er sein Geschäft verrichtet, und in der Zwischenzeit füllt sein Herr ihm die Schüssel mit Milch. Der Hund kommt vom Garten in die Küche hereingestürmt und trinkt die Milch. Eines Tages ist keine Milch da, der Hund kommt herein und steht verdattert vor der leeren Schüssel. Was glauben Sie, tat er als nächstes? Er rannte zurück in den Garten, hob das Bein wieder, obwohl nichts mehr dabei herauskam, und rannte zurück. Ich glaube, es besteht Grund zur Annahme, daß der Hund auch mit einer Wirklichkeitskonstruktion arbeitete, und im Zusammenbrechen dieser Konstruktion stimmte seine Welt nicht mehr.

In dieser Sicht ist Psychotherapie also eine Änderung von Fiktionen, vor allem in der Hypnose. Nehmen Sie zum Beispiel das Phänomen der Illusion der Alternativen. Der Ausdruck stammt zwar von Weakland und Jackson, aber schon Erickson berichtet, daß sein Vater eine sehr wirksame Methode hatte, um ihn als kleinen Jungen zur Arbeit zu motivieren. Der Vater fragte den kleinen Milton zum Beispiel: „Willst du die Hühner oder die Schweine zuerst füttern?" Damit war die Illusion einer freien Willensentscheidung geschaffen. Beide Arbeiten mußte er natürlich machen, aber die scheinbare Freiheit lag in der Entscheidung, welche der beiden er zuerst tun wollte. Die Werbung und vor allem auch die Propaganda benutzen derartige Mechanismen. Das ist einer der höchst bedauernswerten Mißbräuche. Sie kennen vielleicht auch die Illusion der Alternativen, die in dem Witz vom Richter steckt, der den Angeklagten andonnert: „Haben Sie endlich aufgehört, Ihre Frau zu mißhandeln? Antworten Sie mit Ja oder Nein", und der ihn dann mit einer weiteren Anklage wegen Mißachtung des Gerichts bedroht, weil der Angeklagte versucht zu erklären, daß er weder Ja noch Nein sagen kann, weil er seine Frau nie mißhandelt hat. Das ist ein Witz; was aber kein Witz ist, ist ein Buch, das Graf Friedrich von Spee vor etwa vier Jahrhunderten schrieb. Der Titel des Buches ist „Cautio criminalis". Von Spee war Priester und hatte sich in dieser Eigenschaft mit Menschen zu befassen, die der Hexerei angeklagt waren. Er versuchte, den Behörden klarzumachen, daß auf Grund der damals bestehenden Prozeßordnung niemand, aber auch niemand jemals für unschuldig befunden werden konnte. Die Richter stützten sich auf Überlegungen wie etwa: Gott in seiner Güte würde es nie zulassen, daß ein Unschuldiger angeklagt werde. Rettet Gott also diesen Verdächtigen nicht, so ist das bereits für sich Beweis seiner Schuld. Menschen leben entweder rechtschaffene oder nicht rechtschaffene Leben. Wenn das Leben des Angeklagten nicht rechtschaffen gewesen war, dann ist das bereits Beweis seiner Schuld oder zumindest ein Verdacht der Schuld. War er oder sie (meistens handelte es sich ja um Frauen) dagegen ein rechtschaffener Mensch, dann war das ein weiterer Verdachtsgrund, denn wie wir wissen, sind Hexen besonders fähig, nach außen hin den Eindruck der Rechtschaffenheit zu geben. So geht es weiter, Seite um Seite. Doch zurück zu unserem Thema.

Die Hypnose kann also in dieser Sicht als Aufforderung gesehen werden: Verhalte Dich, *als ob* etwas der Fall wäre, und schließlich „fällt" die Suggestion „heraus", wie Vaihinger sagen würde. Wenn ich also zum Beispiel bei meinem Klienten eine Handlevitation zustande bringe, dann suggeriere ich ihm, sich so zu verhalten, *als ob* seine Hand plötzlich leichter als Luft würde. Damit kann etwas Nützliches erreicht werden, und nach Abschluß des Trancezustandes ist die Fiktion unnotwendig geworden.

Gegen die Annahme, die Welt sei relativ, gibt es seit der Antike verurteilende Kritiken, so zum Beispiel Platons Verwerfen der Mimesis, also der bildlichen Darstellung des „zum Schlechteren in uns Gehörenden". Für Platon ist alle bildliche Darstellung – wir würden heute vielleicht sagen, alles rechtshemisphärische – inferior, und zwar seiner Unmeßbarkeit, Unwägbarkeit und Unvernunft wegen. Ganz anders dagegen Blaise Pascal. In seinen „Pensées" wirft er die Frage auf, wie ein ungläubiger Mensch von sich aus zum Glauben kommen kann. Ich nehme an, daß Pascal sich damit theologische Schwierigkeiten verursachte. In der christlichen Theologie ist der Glaube ja eine Gnade Gottes, wobei freilich ungeklärt bleibt, wieso Gott dann einigen Menschen diese Gnade nicht erteilt und wie diese Menschen dann zum Glauben kommen können. Vielleicht war das das Motiv dieser Frage Pascals. Die Antwort scheint verblüffend einfach. Er sagt, der Ungläubige sollte sich so verhalten, als glaubte er bereits: also Weihwasser verwenden, zur Messe gehen, beten, usw. Aus dieser *Als-ob*-Haltung heraus würde dann der Glaube folgen. Es bestehen leider keine Nachuntersuchungen über den Erfolg dieser Intervention. Zweifel daran werden vom norwegischen Philosophen Elster angemeldet. Er sagt: „Der Entschluß zu glauben kann nur dann erfolgreich sein, wenn er mit dem Entschluß einhergeht zu vergessen, nämlich mit dem Entschluß, den Entschluß zu vergessen, daß man sich zum Glauben entschloß." Hier leider läßt uns auch Vaihinger im Stich. Er und der von ihm so oft zitierte Nietzsche befassen sich fast ausschließlich mit dem Sosein der Fiktionen und ihrer Unabwendbarkeit, nicht aber mit der absichtlichen Anwendung, also eben der Aufforderung: „Verhalte dich so, *als ob* ..."

Shakespeare dagegen schien davon zu wissen. Hamlet fühlt sich schuldig, nicht genug rachsüchtig zu sein. Sie wissen, der Geist des Vaters erschien und erzählte ihm, wie er, der Vater, ermordet worden war, wie die Mutter den Mörder geheiratet hatte, und er erwartet nun von Hamlet, daß er ihn, den Vater, räche. Im zweiten Akt kommt es zu jener Theatervorstellung im Theater, und nach Ende der Vorstellung kommt Hamlet in jenen fürchterlichen Zustand: Er fühlt sich schuldig, nicht genügend rachsüchtig zu sein, in sich nicht die notwendige Wut auf den zweiten Mann seiner Mutter erwecken zu können. Und er sagt: „O welch ein Schurk' und niedrer Sklav' bin ich! Ist's nicht erstaunlich, daß der Spieler hier / bei einer bloßen Dichtung, einem Traum / der Leidenschaft vermochte seine Seele / nach eignen Vorstellungen so zu zwingen, / daß sein Gesicht von ihrer Erregung blaßte, / sein Auge naß, Bestürzungen in Mienen, / gebrochne Stimm' und seine ganze Haltung / gefügt nach seinem Sinn. / Und alles das um nichts! / Um Hekuba! / Was ist ihm Hekuba? Was ist er ihr? / daß er um sie soll weinen? Hätte er das Merkwort und den Ruf zur Leidenschaft / wie ich: was würd' er tun?" Hier ist also die Lage anders: Dem Schauspieler ist es möglich, von sich aus in eine *Als-ob*-Haltung einzutreten. Das ist übrigens auch der Kernpunkt des sogenannten Systems des berühmten russischen Regisseurs und Schauspielers Konstantin Stanislavsky. Er vertrat die Meinung, der Schauspieler wisse zwar, daß die gesamte Bühnensituation fiktiv ist, daß er sich selbst aber sagt: Wenn sie wahr wäre, dann würde ich dies oder jenes tun, dann würde ich in dieser Art und Weise an dies oder jenes herangehen. Ein weiteres Zitat: Stanislavsky betonte, daß für den Schauspieler Wissen lediglich Tun bedeute und daß man etwas nur dann tun kann, wenn man seinen eigenen Willen, seine Vorstellung, Aufmerksamkeit und Energie beherrscht. Wie aber kam Stanislavsky über die Pascalsche Paradoxie hinweg, das heißt absichtlich zu vergessen, daß man sich zu einer bestimmten Verhaltensweise entschloß; sich so zu verhalten, *als ob* man bereits glaube?

Wie schon erwähnt, kann Hypnose als die Aufforderung, „verhalte dich, *als ob* etwas der Fall wäre", gesehen werden. Unser Stanislavsky war Milton Erickson. Die verblüffendsten Erfolge in der zweiten Hälfte seines beruflichen Lebens wurden erzielt durch direkte Verhaltensverschreibungen ohne Trance. Wie Sie wissen dürften, hat Erickson sehr oft darauf verzichtet, einen Klienten zuerst in eine Trance zu versetzen und ihm dann die Suggestion zu geben. Oft sagte er: „Ich möchte, daß Sie einmal am Tage dies und jenes tun." Und hier nun scheint mir die Lösung der Pascalschen Paradoxie zu liegen. Die Verschreibung kommt von außen. Ein absichtliches Vergessen, daß man sich entschloß, in dieser oder jener Weise zu handeln, wird daher unnötig. Die Verschreibung kommt von außen, man akzeptiert sie. Oder nehmen wir die Wirksamkeit des Rollenspiels. Camillo Loriedo hat uns heute wieder einmal gezeigt, daß es im Rollenspiel, vor allem in den simulierten Familien, zu scheinbar „wirklichen" Erlebnissen in den Simulanten kommt. In der *Psychotherapie des Als-ob* wird also eine neue Wirklichkeit dadurch herbeigeführt, daß der Klient dazu gebracht wird, sich in der Problemsituation anders zu verhalten, als er das bisher tat; also nicht mehr die ewig versuchte und ewig scheiternde Lösung nochmals zu versuchen, sondern sich einfach anders zu verhalten. Es ist ganz klar, daß diese Verhaltensverschreibungen reine Fiktionen sind, ganz im Sinne Vaihingers. Doch wenn sie erfolgreich sind, dann fällt die Fiktion zum Schluß heraus, und wird nicht mehr gebraucht. Daß zur Schmackhaftmachung einer solchen Verschreibung, die ja meist den bisherigen Lösungsversuchen diametral gegenübersteht, alle jene Regeln anzuwenden sind, die uns in der Hypnotherapie bekannt sind, ist wohl klar. Man kann da vieles aus der Hypnotherapie in die allgemeine Therapie übernehmen. Ich habe in letzter Zeit sogar Erfolg dadurch gehabt, daß ich einigen Klienten, bei denen das indiziert erschien, den Auftrag gab, sich einmal täglich so zu verhalten, als ob ihr Problem bereits gelöst wäre. So unwahrscheinlich das klingt, man kommt auch damit gelegentlich an.

Auf die Gefahr, mich zu wiederholen, möchte ich diese hübsche orientalische Geschichte vom Vater erwähnen, der bei seinem Tode seinen drei Söhnen 17 Kamele hinterläßt mit der Anweisung, daß der Älteste die Hälfte, der zweite Sohn ein Drittel und der Jüngste ein Neuntel der Tiere erhält. Wie die Söhne es nun auch drehen und wenden, sie finden es unmöglich, dem letzten Willen des Vaters zu entsprechen. Ein Wanderprediger kommt dahergeritten, sie halten ihn an, er steigt ab und fragt, was sie wünschen, und sie erklären ihm das Problem. Der Prediger sagt: „Das ist ganz einfach. Hier, ich gebe mein Kamel zu den Euren dazu, das macht 18. Nun erhältst du, der Älteste, die Hälfte, das sind also 9. Du, der zweite, bekommst ein Drittel, das sind 6, und du, der Jüngste, bekommst ein Neuntel, also zwei. Hier sind sie, neun und sechs ist 15 und zwei ist 17 – das läßt ein Kamel übrig, nämlich meines." Sagt's, besteigt sein Kamel und reitet davon.

27. Zur Familienpsychosomatik heute

Helm Stierlin

Familienpsychosomatik – systemische Psychosomatik?

Der Begriff Familiensomatik (bzw. Familienpsychosomatik) ist etwa 30 Jahre alt. Er stammt von John Weakland, einem Mitglied der ursprünglichen Palo-Alto-Gruppe. Das war damals, so ließ er sich noch unlängst vernehmen, eine Idee und ein Programm, aber noch keine Theorie. Bei einer Bestandsaufnahme im Jahr 1977 sah er die Lage kaum anders. Heute läßt sich fragen: Wie weit wurde dieses Programm verwirklicht? Und: Zeichnen sich inzwischen Ansätze einer umfassenderen Theorie ab? Diesen Fragen möchte ich mich im folgenden zuwenden.

Zunächst läßt sich festhalten: Es gibt heute eine kaum mehr überschaubare Literatur zum Thema Familiensomatik, und diese beschert uns auch nicht wenige Informationen. Aber diese Informationen scheinen oft wenig praxisrelevant, und sie erscheinen auch weniger dazu angetan, gesichertes Wissen zu vermitteln, als Vorannahmen in Frage zu stellen und Reflexionsprozesse anzustoßen.

Und das beginnt bei dem Begriff „Familiensomatik" selbst. Denn wie gerade die Praxis zeigt, greift dieser Begriff zu kurz. Es geht hier ja nicht (nur) um die Familie im engeren Sinne, sondern um das jeweils als existentiell bedeutsam erachtete, affektiv besetzte und sich daher auf Gesundheit oder Krankheit eines Betroffenen auswirkende soziale System oder Netzwerk. Wir sprechen auch von dem Problemsystem bzw. dem durch das Problem definierten System. Dies ist zwar häufig die Familie oder ein Teil derselben, aber oft sind es auch

Freunde bzw. Gleichaltrige (Peers), Arbeitskollegen, Vorgesetzte, Lehrer, Mitpatienten (wie etwa in Fällen stationär behandelter psychiatrischer Patienten) und vor allem auch professionelle Helfer: Haus- und Fachärzte, Psychotherapeuten, Sozialarbeiter, Heilpädagogen und was auch immer. Somit stellt sich die Frage: Wäre heute ein Begriff „systemische Psychosomatik" nicht eher angezeigt als „Familienpsychosomatik"? Ich neige dazu, sie zu bejahen.

Diese Frage leitet zu einer weiteren, bereits vor Jahren von verschiedensten Forschern formulierten Erkenntnis: Der Erkenntnis, daß sich sogenannte psychosomatische von rein somatischen („organischen" bzw. „richtigen") Krankheiten immer schwerer trennen lassen und daß es immer weniger Sinn macht, eine solche Trennung zu versuchen. Vielmehr läßt sich bei allen Krankheiten, wenn auch in unterschiedlicher Weise und Gewichtung, ein Aufeinanderwirken psychosozialer und biologischer bzw. somatischer Faktoren erkennen. Das gilt für bislang überwiegend als psychosomatisch angesehene Störungen wie Herzphobien, Magenulcera, essentielle Hypertonien etc., wie auch für die große Gruppe der Krebsleiden, der Herz-Kreislauf-Krankheiten, der diversen rheumatischen und Stoffwechselkrankheiten, die heute das Gros der chronischen und oft zum Tode führenden Krankheiten ausmachen. Besonders neuere Erkenntnisse der Neuro-Immuno-Psychologie legen hier ein psycho-sozio-biologisches Wirkungsgefüge und Wechselspiel von kaum vorstellbarer Komplexität nahe.

Hier stellt sich dann – gerade auch im Lichte der Forderungen der Praxis – die Frage: Wie läßt sich solche Komplexität mittels der uns zugänglichen Sprach- und Denkwerkzeuge und der uns vertrauten Sprach- und Denkgewohnheiten erfassen? Wie läßt sich hier Komplexität reduzieren, ohne daß sich der Zugang zu Komplexität verbaut? Wie finden wir die angemessenen Modi und Ebenen der Beschreibung sowie die jeweils praxisrelevanten Kategorien und Modelle?

Eine Antwort zu finden, fällt oft nicht leicht. So zeigt sich etwa, daß wir, wie immer wir uns auch zu diesen Fragen einstellen, Unterscheidungen einführen müssen; zum Beispiel Unterscheidungen zwischen einem Element und einem anderen Element, zwischen Teil und Ganzem, Selbst und Nicht-Selbst, System und Umwelt, Beobachter und Beobachtetem, Seele und Körper bzw. Psyche und Soma. Aber solche Unterscheidungen können sich, so unverzichtbar sie sind, schnell verhärten. Sie blenden andere mögliche Unterscheidungen aus und verschließen Horizonte, und sie können, falls wir sie nicht kritisch reflektieren, zu Fallen werden, die uns in schwer lösbare Paradoxien und Dilemmata verstricken. Daher müssen wir auch bereit sein, Beobachterposition und Kontext von Fall zu Fall zu ändern und dabei auch grundlegende Unterscheidungen immer wieder in Frage zu stellen, ja einzuschmelzen.

Das läßt sich bereits an dem Begriff „Psychosomatik" verdeutlichen. Vor kurzem sagte mir ein psychosomatisch arbeitender Internist: Der größte Feind der Psychosomatik ist heute der Begriff der Psycho-Somatik. Denn dieser Begriff verbindet nicht nur bislang zu Unrecht Getrenntes, eben Körper und Seele, er reißt auch auseinander, was ursprünglich und innig zusammengehört. Er schafft Barrieren, die sich nunmehr durch den einzelnen Patienten, durch seine Familie, ja durch die ganze ärztliche Profession hindurchziehen und nun gleichsam einem (sei es innerpsychischen, sei es innerfamiliären, sei es interdisziplinären) Bürgerkrieg den Boden bereiten. So entstand etwa im Bereich des Gesundheitswesens, einhergehend mit dem Begriff Psychosomatik, eine medizinische Spezialität Psychosomatik mit eigener Fachsprache, eigenen Institutionen, Standesorganisationen, und eigenem elitärem Bewußtsein etc.; eine Spezialität, die – so zeigt es sich zumindest nicht wenigen Außenstehenden wie auch Betroffenen – sich von anderen medizinischen Spezialitäten abschottet, sich in einer eigenen Wirklichkeit beheimatet, ja eine eigene Wirklichkeit schafft, die sich immer schwerer mit anderen Wirklichkeiten des Gesundheitswesens zu arrangieren vermag.

Unterschiedliche Wirklichkeitskonstruktionen

Auch in der Familie als dem zentralsten System innerhalb einer systemischen Psychosomatik interessieren uns nun zuallererst die vorherrschenden Wirklichkeiten oder vielleicht genauer: Wirklichkeitskonstruktionen bzw. Bedeutungsgebungen. Diese lassen sich, nicht unähnlich der inzwischen obsolet gewordenen Berliner Mauer, aufbauen oder abbauen, erhalten oder dem Verfall preisgeben, erhärten oder erweichen. Und je nachdem, ob wir eine Innen- oder Außenperspektive anlegen, stellen sie sich anders dar. Das heißt, Ereignisse, Systeme und Beziehungsstrukturen, die sich von einer Außenperspektive als ähnlich darstellen, können aus der Innenperspektive der Betroffenen als höchst unähnlich erlebt werden. Ein Ereignis wie ein

Verkehrsunfall kann daher, auch wenn die Betroffenen von außen gesehen gleichermaßen stark oder wenig geschädigt erscheinen, bei diesen doch die unterschiedlichsten Reaktionen wie unflätiges Schimpfen, Erleichterung („Es ist ja nichts Schlimmeres passiert, die Versicherung zahlt."), gezwungene Höflichkeit, selbstanklägerische Verdrucktheit und vieles andere auslösen.

Entsprechendes gilt für Bedeutungszuweisungen in Beziehungen: Einem Ehepartner etwa läßt sich der Charakter bzw. die Bedeutung eines Beschützers, eines Freundes in der Not, eines entbehrlichen oder unentbehrlichen Sexualpartners, eines Rivalen um die Gunst der Kinder, eines Ausbeuters, eines Macho-Unterdrückers und vieles andere mehr zuschreiben. Und solche Zuschreibungen lassen sich qualifizieren oder unqualifiziert beibehalten, sie lassen sich nach Zeit, Ort und Kontext variieren oder nicht variieren und sie können akzeptiert oder zurückgewiesen werden. Immer aber gehen sie mit Gefühlen, Stimmungslagen, Einstellungen, Erwartungen einher, die (mehr oder weniger) das körperliche Befinden der Betroffenen beeinflussen, und immer wirken sie sich daher auch (wiederum mehr oder weniger) psychosomatisch aus. Und immer kommen dabei auch Rückkopplungs- bzw. Regulationsprozesse zur Wirkung, die dazu führen können, daß sich eine (im weitesten Sinne zu verstehende) psycho-sozio-somatische Störung ausbildet, verschlimmert bzw. chronisch wird oder auch sich rückbildet bzw. ausheilt.

In unserem Heidelberger Team hatten wir im Laufe der letzten 15 Jahre Gelegenheit, Systeme mit vielfältigen somatischen Störungen – es ließe sich auch von psycho-somato-präsenten Familien bzw. Systemen sprechen – zu beobachten und darin zu intervenieren. Dazu rechnen nicht wenige Familien mit Krebsleiden, Herz-Kreislauf-Krankheiten, atopischen Leiden, chronischen Entzündungen des Magen-Darm-Traktes wie Morbus Crohn und Colitis ulcerosa sowie auch Anorexia nervosa. In all diesen Systemen beeindruckte uns immer wieder ein Tatbestand: Die hier so häufig vorherrschende harte, ja, ich bin versucht zu sagen, felsharte familiäre Wirklichkeitskonstruktion bzw. felsharte familiäre Beziehungswirklichkeit. Meine Teammitglieder und ich haben anderenorts (Stierlin 1981, 1989; Simon 1988) ausführlich beschrieben, was eine solche harte Beziehungsrealität von einer weichen Beziehungsrealität, wie wir sie häufig bei Familien mit als schizophren diagnostiziertem Verhalten antreffen, unterscheidet. Daher hier nur soviel: Beide Male handelt es sich um extreme Szenarien: Liegt eine harte Realität vor, zeigt sich die Welt in straffer Ordnung. Was richtig oder falsch, gut oder böse ist, war schon immer so und liegt jeweils klar zu Tage. Das Moralische versteht sich von selbst. Es gibt kein Sowohl-Als-auch, keine dritten Wege. Für Widersprüchlichkeit, Paradoxien, Ambivalenz und Mehrdeutigkeit ist kein Platz. Diese dürfen bestenfalls – ja müssen zwangsläufig – im Familienuntergrund rumoren. Im Falle einer extrem weichen Realität bestimmen dagegen Widersprüchlichkeit, Paradoxien, Ambivalenz, Mehrdeutigkeit das Geschehen an der Oberfläche. Sie verhindern dann das Artikulieren und damit auch Lösen von Konflikten und das Teilen eines gemeinsamen Aufmerksamkeitsfokus.

Aspekte einer harten Realität

Eine – und um diese geht es uns im folgenden – harte Beziehungswirklichkeit läßt sich auch mit einem Mauer- bzw. einem Gefängnisbau vergleichen. Aber die Bauelemente einschließlich Gitter dieses Gefängnisses sind nun eben die von den Systemmitgliedern eingebrachten und unterhaltenen bzw. unreflektiert übernommenen und verinnerlichten Vorannahmen und Regeln, bzw. die sich aus solchen Vorannahmen und Regeln ergebenden Handlungsanleitungen und Interaktionsmuster, die dann wiederum dazu tendieren, die Vorannahmen und Regeln nahtlos zu bestätigen. Es zeigt sich ein Wirkungsgefüge bzw. ein Kreisgeschehen, dessen wesentliche Elemente sich ebenfalls durch Bilder erhellen lassen, die uns durch die dramatischen politischen Ereignisse der letzten Jahre nahegebracht wurden.

Da wäre zunächst wieder das Bild der Mauer bzw. des Gitters. Es vermittelt Einengung, Bewegungseinschränkung, eben eine Gefangenenexistenz. Es läßt uns einmal an einen Tiger denken, der wild und unaufhörlich gegen die Gitterstäbe anrennt. Dieses Bild wurde schon vor Jahren von Franz Alexander, einem Pionier der psychoanalytischen Psychosomatik verwendet, um den an einem essentiellen Hochdruck leidenden Patienten zu charakterisieren. Das Bild bietet sich auch heute noch, insbesondere aufgrund der prospektiven Studien von Grossarth-Maticek (1986) an, um die Situation vieler Hochdruck- und Herzinfarktpatienten zu kennzeichnen. Diese rennen, so scheint es, unaufhörlich gegen das an, was sie sich als ihr Gefängnis bzw. ihren Gefängniswärter konstruieren, so etwa gegen den (zum Gefängniswärter stilisierten) Ehepartner, den als Auftrag verinnerlichten und doch von ihnen abgelehnten elterlichen Berufswunsch, gegen die Zwänge ihres Jobs oder die Erwartungen ihres Vorgesetzten. Sie rennen an, bringen sich und ihren Körper immer wieder in einen Alarm- und Erregungszustand, aber hören mit dem Anrennen nicht auf. Das unterscheidet sie von anderen Zootieren und meinetwegen auch Tigern, die solches Anrennen vermeiden oder aufgegeben haben und nun anscheinend resigniert und wie gelähmt und doch brav und bemüht in den Tag hineinleben. Dieses Bild dürfte, ebenfalls nicht zuletzt aufgrund der prospektiven Studien Grossarth-Maticeks und anderer Autoren, auf viele Krebspatienten zutreffen. Auch diese haben sich, so scheint es, ihre Spielart eines Gefängnisses oder einer Fronschaft gezimmert, indem sie ständig nach etwas verlangen – so etwa der Liebe der Mutter oder des Ehepartners, nach der Zugehörigkeit zu einer bestimmten als erstrebenswert angesehenen Gruppe (wie etwa der der C-4-Professoren), nach einer bestimmten Art der gesellschaftlichen und beruflichen Anerkennung etc. – jedoch stets nach etwas, das sich ihnen auch immer wieder entzieht. Statt einem Anrennen gegen Mauern ließe sich also hier eher von einem (immer wieder frustrierenden) Hinterherrennen hinter einem sich ständig entziehenden Objekt sprechen. Aber ob sie nun anrennen oder hinterherrennen (oder vielleicht besser: sich hinterhersehnen), der selbstgeschaffenen Fronschaft vermögen sie nicht zu entrinnen.

Doch weiter: Gerade das Bild einer nicht übersteigbaren, nicht zu durchbrechenden Mauer bringt einen weiteren Aspekt einer harten Realität, wie sie uns häufig in psycho-somato-präsenten Systemen begegnet, ins Blickfeld. Das ist ein Denken, Fühlen und Werten in harten, Trennungen zementierenden und sich gegenseitig ausschließenden Gegensätzen. Bei der einstigen Berliner Mauer wäre dies in erster Linie die Trennungslinie bzw. der Gegensatz zwischen drinnen und draußen. Auf psychosomatische Systeme bzw. Familien angewandt, könnte dies heißen: Man ist entweder in der Familie oder in dem System drinnen und darin eingebunden und gefangen, aber auch aufgehoben, geborgen, versorgt, behaust oder man ist draußen und damit ausgestoßen, ungebunden, verloren, ungeborgen, unbehaust. Das heißt dann auch: Man hält sich alleine, ohne enge Verbundenheit mit der Familie, für nicht überlebensfähig; und es heißt auch: Man ist gut, wenn man in der Familie, böse, wenn man draußen ist. Damit sind jedoch massivste Trennungsangst und Ausbruchsschuld programmiert.

Die Härte einer Beziehungswirklichkeit bezeugt sich insbesondere in dem Primat der Ideologie, die festlegt, was jeweils wahr oder falsch, gut oder böse ist, was den Menschen nützt oder ihnen schadet. Eine derartige Ideologie bedarf dann auch der Wächter bzw. Verwalter, also derjenigen, die sich die Legitimation und Macht aneignen oder anmaßen, zu bestimmen und durchzusetzen, was jeweils wahr oder falsch, gut oder böse ist, was den Menschen nützt oder ihnen schadet. Es läßt sich auch von den Hütern der harten Realität sprechen. Es liegt, wie sie meinen, nunmehr an ihnen – sei dies im Makrokosmos der Gesellschaft, sei dies im Mikrokosmos der Familie –, darüber zu wachen, daß die Beziehungsrealität hart bleibt und daß dementsprechend auch Widersprüche, Paradoxien, Ambivalenzen, Mehrdeutigkeiten aus dem gesellschaftlichen bzw. familiären Diskurs verbannt bleiben.

Gerade Erfahrungen mit dem real existierenden Sozialismus zeigen indessen, daß solche Realitätshüter kaum anders können, als am Bedarf der Menschen vorbei zu planen, auch und gerade dort, wo sie Idealismus und Einsatzbereitschaft zeigen. Ja, ihr Idealismus und Einsatz bringen nun zwangsläufig das Gegenteil des Gewünschten hervor. Und Entsprechendes scheint auch für psycho-somato-präsente Familien zu gelten. Auch hier finden wir viele selbsternannte oder auch delegierte Hüter und auch hier finden wir, daß diese am Lebens- und Gesundheitsbedarf derer, für die sie sich zuständig fühlen und für die sie sich einsetzen, vorbeiplanen. Damit ist nun aber auch das Terrain für einen Kampf der Realitätshüter um die Durchsetzung ihrer Definition und Auslegung der Realität bereitet. Oder anders ausgedrückt: Ein Kampf um die Definitionsmacht bzw. um die Kontrolle der Beziehung ist programmiert.

Die familientherapeutische Erfahrung zeigt, daß solch ein Kampf um die Definitionsmacht sich sowohl im Szenarium einer harten wie einer weichen Realität abspielen kann. Jedesmal treten dabei andere Merkmale bzw. Strategien in den Vordergrund. Hier beschäftigt uns der Kampf im Szenarium einer harten Realität, wie sie eben für viele psycho-somato-präsente Familien typisch zu sein scheint. Darin begegnet uns bei den Protagonisten oft zweierlei: Einmal die verinnerlichte Verpflichtung, für den anderen dazusein, und das heißt nun auch: ihn oder sie ganz zu verstehen, sich voll und ganz empathisch in sie oder ihn einzufühlen, zum anderen aber das Bemühen, sich selbst gegen ein solch totales empathisches Verstandenwerden (welches nun als Eindringen in die eigene Intimsphäre und Bedrohung der eigenen Identität erlebt wird) abzuschotten.

Als Ausdruck und Folge eines solchen Geschehens zeigt sich dann häufig ein Opferspiel bzw. ein Untergrundsmachtkampf, der leicht alle Zeichen dessen annimmt, was ich als malignen Clinch beschrieben habe: eine sich eskalierende und immer streßvoller gestaltende gegenseitige Verstrickung, bei der einerseits – früher oder später, je nach somatischer oder psychischer Schwachstelle – somatische und/oder psychische Symptome bzw. Zusammenbrüche zu erwarten sind, sich diese Symptome aber andererseits oft schnell wieder einsetzen lassen, um im (verdeckten) Machtkampf Punkte zu sammeln, also den Hebel der Schuldauslösung zu bedienen und den/die anderen moralisch auszutrumpfen.

Es kennzeichnet nun solch malignen Clinch – ich habe dies anderenorts beschrieben (Stierlin 1979, 1982) –, daß er bei allem Streß und allem Leid für die Beteiligten auch (zumindest aus ihrer Sicht) Gutes mit sich bringt: Der Kampf tritt auf der Stelle, es gibt (vorläufig) keinen Gewinner oder Verlierer, und die Frage, wer die Beziehung kontrolliert und wer die Definitionsmacht hat, bleibt unentschieden.

Aber weiter: Nicht selten erweisen sich die Symptome, die sich auf der einen, auf der anderen oder auf beiden Seiten als Ausdruck und Folge von Clinch, Dauerstreß und Selbstverleugnung eingestellt haben, unvermittelt noch in weiterer Weise nützlich: Die Migräne etwa gibt der Frau einen guten Grund, sich von ihrem Mann zu distanzieren und statt dessen von einer Freundin trösten zu lassen. Ihre Blasenentzündung erlaubt ihr, sich ihm sexuell zu verweigern. Seine Herz-Rhythmus-Störungen definieren ihn als krank und damit für sein unflätiges impulsives Benehmen nicht verantwortlich, etc., etc. Es entsteht eine neue – und oft auch entspanntere – Situation mit neuen Bedeutungsgebungen.

Schließlich kann sich das Symptom bzw. das symptomatische Verhalten auch außerhalb der Familie als nützlich erweisen: Es führt zu einer Berentung, ermöglicht einen Kuraufenthalt, gibt einen guten Grund ab, die zugleich gewünschte und gefürchtete Beförderung auszuschlagen und damit einem Ambivalenzkonflikt zu entgehen etc. Kurzum, auf verschiedensten Ebenen und in verschiedenster Weise wird nun das Symptom in das System eingebaut und damit zu einem integralen Bestandteil desselben gemacht.

Was aber dabei immer auf der Strecke bleibt, ist die Autonomie des oder der Betroffenen, ist ihre Fähigkeit, Bereitschaft und Möglichkeit, neue Optionen, Alternativen, dritte Wege zu erkennen und zu beschreiten und damit ihrer psycho-sozio-biologischen Selbstregulation und Heilung eine neue Chance zu geben. Das zu ermöglichen, könnte dann die Aufgabe einer Therapie sein.

Ausblicke auf die Therapie

Was wäre bei solcher Therapie zu beachten? Der Rahmen dieses Beitrages erlaubt es lediglich, einige Leitideen zu reflektieren. Vielleicht am wichtigsten: Was immer wir als Therapeuten tun, sollte ein doppeltes Ziel haben; einmal das Ziel, eine Veränderung, einen Wandel anzuregen, und zum anderen das Ziel, Konsequenzen und mögliche Gefahren solchen Wandels und diesem Wandel gegensteuernde Kräfte möglichst vorwegzunehmen und anzusprechen. Die beiden Zielrichtungen verschränken sich, sind zusammengehörende Elemente einer einzigen Interventionspackung. Nur aus didaktischen Gründen behandle ich sie im folgenden getrennt. Für beide Zielsetzungen gilt jedoch, daß sie in erster Linie zu Fragen Anlaß geben sollten, und zwar zum einen zu Fragen, die sich der Therapeut selbst stellt, und zum anderen zu Fragen, die er auf die eine oder andere Weise (v.a. mit Hilfe des systemischen Fragens) in das Patientensystem einbringt. Und in jedem Falle sollten die Fragen dazu dienen, eine als sich zu hart erweisende Realität zu erweichen.

Ich beginne mit der ersten Zielsetzung und den sich damit verbindenden Ideen bzw. Fragen: Wie lassen sich Veränderungen anregen?

Eine erste Antwort darauf lautet: Indem man nach Ausnahmen sucht. Man fragt also die Patienten und deren Angehörige: Kam es in der Vergangenheit vor, daß sich der/die Leidende weniger eingeschränkt, vielleicht weniger schmerzgeplagt, weniger belastet gezeigt hat? Läßt sich ein solches Ausnahmeereignis entdecken und im Bewußtsein der Beteiligten verankern und lassen sich dessen Rahmenbedingungen erhellen, dann läßt sich dies – beim Leidenden selbst wie bei seinen Angehörigen – häufig auch zur Keimzelle einer veränderten Einstellung zum Leiden selbst machen, die wiederum neue Interaktionen und damit auch neue Bewertungen nach sich zieht. In neuerer Zeit haben vor allem Steve de Shazer (1989) und Michael White (1989) mit ihren Mitarbeitern dargestellt, wie sich solches Suchen, Finden und Ausbauen von Ausnahmen (Michael White spricht von einmaligen Ereignis-Folgen) im einzelnen gestalten kann.

Der Therapeut sollte sich auch fragen, welche musterdurchbrechenden Rituale und Aufgaben jeweils angezeigt sein und verschrieben werden können. Solche Aufgaben und Rituale bieten sich insbesondere dann an, wenn es darum geht, längere Intervalle zwischen den Sitzungen zu nutzen. Evan Imber-Black (1987) und andere haben solche Rituale beschrieben. Man verordnet etwa eine feierliche Sitzung, während derer man im Beisein aller Betroffenen bestimmte, an die schuldbeladene Vergangenheit erinnernde Bilder oder Schriftstücke verbrennt oder beerdigt, oder man verschließt diese symbolisch im Schrank des Therapeuten etc. Hier eröffnet sich ein weiter Spielraum für kreative Interventionen.

Schließlich erweist es sich oft als nützlich, wenn der Therapeut einfach kraftvoll und stetig die Erwartung einbringt, daß sich etwas zum Positiven verändern wird. Gunthard Weber von unserem Heidelberger Team hätte darüber mehr zu sagen. Der Therapeut kann zum Beispiel sagen: „Dies ist eine Übergangsphase mit ihren unvermeidlichen Hochs und Tiefs. Tiefs werden sicherlich auch den Hochs folgen. Aber im ganzen ist ein positiver Veränderungsprozeß im Gange, und dieser ist irreversibel." Verfolgt man diese Strategie, ist es zweckmäßig, nach selbst kleinsten Veränderungen Ausschau zu halten und diese dann beharrlich zu betonen und in den Vordergrund zu rücken. Man könnte fast sagen: Hier kokreieren Therapeut und Patientensystem eine neue, zu mehr Hoffnung Anlaß gebende Wirklichkeit.

Nun zur zweiten Zielsetzung: Die Vorwegnahme möglicher negativ bewerteter oder erlebter Auswirkungen einer Veränderung. Man kann sagen: Immer dann, wenn der systemische Therapeut – wie auch immer – Informationen einführt, die im System etwas verändern könnten, muß er sich fragen, ob diese Veränderungen nicht auch Ängste, Befürchtungen und Gegensteuerung bewirken könnten. Und das um so eher, je stärker man sich in Chronizität und Stagnation beheimatet und alle Gedanken an Veränderung gebannt hat. In der Regel gilt ja: Man möchte wohl von dem Leiden befreit werden, möchte aber auch nichts ändern. Auch eine kleinste Veränderung erscheint in vielen sozio-psycho-somato-präsenten Familien oft zu groß und der Gedanke daran löst entsprechende Ängste aus.

Hier sind also Fragen an die Familie angezeigt, die etwaige Befürchtungen und negative Konsequenzen einer Veränderung – für den Leidenden selbst wie seine Angehörigen und die beteiligten Helfer – vorwegnehmen. Dazu gehören etwa Veränderungen in der beruflichen Situation. Der Betroffene könnte, zeigte er sich „gesünder", seine Rente verlieren, im Konkurrenzkampf mit anderen, jüngeren Mitarbeitern blamiert dastehen, den kürzeren ziehen etc. Dazu gehören aber vor allem Veränderungen in der familiären Situation, zum Beispiel der Situation der Angehörigen, die sich bislang für den Leidenden eingesetzt, ja vielleicht aufgeopfert haben und nun gleichsam arbeitslos werden. Was würden/könnten sie mit ihrer freiwerdenden Energie anfangen? Könnten sie diese in der ehelichen Beziehung so investieren, daß alle mehr Spaß und Lebensfreude hätten? Oder würde es dann zu dicht werden, würde es möglicherweise zu mehr Auseinandersetzung kommen? Würde dann der Machtkampf eskalieren? Würde nun der Dritte fehlen, der die eheliche Beziehung stabilisiert? Wie würden dann Nähe und Distanz reguliert werden? Wer könnte unter diesen Umständen am ehesten mit einem neuen Symptom einspringen? Und wer würde, falls der Machtkampf eskalieren sollte, am ehesten auf der Strecke bleiben? Wie würde das aussehen? Unter welchen psychischen und/oder körperlichen Symptomen?

Weiter muß sich der Therapeut fragen, wie sich mögliche positive Veränderungen im Hinblick auf bisherige Bewertungen und Schuldzuschreibungen auswirken könnten. Sollte sich der sogenannte identifizierte Patient plötzlich von seinem Leiden befreien können, könnte das ja bedeuten, daß jemand in dem vorliegenden (verdeckten) Machtkampf recht bekommt (z.B.: „Ich wußte ja immer schon, daß hinter deinen Symptomen nicht viel steckte, daß du dich da hineingesteigert hast." etc). Es könnte auch bedeuten, daß die Familie nun in einer kleinen dörflichen Gemeinschaft, in der Scham und konventionelle Vorstellungen wichtige Zwänge darstellen, plötzlich das Gesicht verliert („Jetzt zeigt es sich, der Bub ist ja ganz normal, die Eltern haben ihn nur falsch behandelt." etc.). Kurzum, was sich als überraschender Erfolg zeigt, kann nun – offen oder verdeckt – neue oder vermehrte Anklagen oder Schuldzuweisungen nach sich ziehen.

Aber weiter: Besonders chronisch Leidende und deren Familien werden häufig von mehreren Helfern und Institutionen betreut. Zu diesen bestehen oft stärkste Bindungen und Loyalitäten. Nicht selten können aber gerade diese Bindungen und Loyalitäten zur Chronifizierung beitragen. Lynn Hoffman, eine amerikanische systemische Therapeutin, sprach hier vom Doktor Homöostat. Oft hängen dessen Selbstwert, Sinnfindung und auch finanzielle Sicherung vom Weiterbestehen eines chronischen, Hilfe erheischenden Zustandes beim Patienten ab. Nicht selten stellt sich dann dem systemischen Therapeuten als Hauptaufgabe, diesen Helfern (Ärzten, Sozialarbeitern, Psychoanalytikern und was auch immer) einen guten Abgang zu ermöglichen.

Ich möchte zum Schluß zwei Mißverständnissen entgegentreten, die sich aus dem Gesagten ergeben könnten. Ein Mißverständnis könnte darin bestehen, daß immer dann, wenn ich von psychosomatischen beziehungsweise sozio-psycho-somato-präsenten Familien oder Systemen spreche, bestimmte dauerhafte, dem System inhärente Wesensmerkmale angenommen werden. Das ist jedoch nicht der Fall. Was sich als Wesensmerkmal zeigen könnte, ist jeweils Ausdruck und Folge bestimmter Vorannahmen, Regeln und Wirklichkeitskonstruktionen und der sich mit diesen verbindenden Interaktionsmuster. Diese können sich jedoch, so zeigt nun die familientherapeutische Erfahrung, unter Umständen sehr schnell, möglicherweise schon in einer oder mehreren Sitzungen, ändern.

Das zweite Mißverständnis könnte sich vom Bild des Machtkampfes herleiten, wie ich dies mehrfach verwendet habe. Dieses Bild wäre unangemessen, legte es nahe, Machtstreben sei als die jeweils hauptsächliche motivierende Kraft zu sehen. Das ist nicht der Fall oder – vielleicht genauer – lediglich Folge einer bestimmten Beschreibung. Viel häufiger beeindrucken hier die Sorge für den anderen, der Wunsch, das Richtige und Gute zu tun, auch wenn dies größten Einsatz und größte Opfer verlangen sollte. Aber gerade hier zeigt sich, daß bestimmte, als unzweifelbar, eben hart verinnerlichte Regeln das, was sich im einen Kontext als größte Ressource darstellt – eben als Sorge für den anderen, Solidarität, Selbstdisziplin, Einsatz, Opfer -und Kooperationsbereitschaft –, in einem veränderten Kontext zur Quelle größter Belastung (für alle Beteiligten) zu werden vermag. Wie das geschehen kann, belegen wohl am eindrucksvollsten die Studien von David Reiss und seinen Mitarbeitern (1986), die diese an Dialysepatienten mit einer terminalen Niereninsuffizienz durchführten. Es zeigte sich, daß die Patienten gerade in den Familien länger überlebten, deren Mitglieder es mit ihrer Fürsorgepflicht anscheinend nicht so ernst nahmen, worin diese sich also weniger diszipliniert, weniger anhaltend opferbereit, weniger dauernd einsatzwillig zeigten. Es zeigte sich auch, daß die Patienten, die die Compliance nicht so ernst nahmen, die ab und zu den Vorschriften der Ärzte zuwiderhandelten und aufmotzten, also auch mal die verordneten Medikamente und die verordnete Diät beiseite schoben, länger überlebten als die, die alles, was die Ärzte verordnet hatten, gewissenhaft einnahmen bzw. befolgten.

Für David Reiss und seine Mitarbeiter kamen diese Resultate völlig unerwartet. Für unser Heidelberger Team, das inzwischen viele Jahre mit an schweren Psychosomatosen leidenden Familien arbeitet, kommen sie jedoch nicht überraschend. Sie zeigen sich uns vielmehr als Ausdruck und Folge einer bestimmten familienweit bezeugten Einstellung und, wenn man so will, Beziehungsethik, die in akuten Situationen enorm hilfreich, in chronischen jedoch gerade das Gegenteil dessen, was man sich wünscht, bewirken kann.

Auch hier zeigt sich also: Was richtig oder falsch, angemessen oder unangemessen, nützlich oder schädlich ist, läßt sich nicht losgelöst von einem Beobachter von Lebenssituation und Kontext beschreiben. Das macht es dem Theoretiker nicht gerade leicht, könnte aber insgesamt auch als befreiend erlebt werden.

Literatur

Aaronson, B. (1969a): The hypnotic induction of the void. Paper presented at the American Society of Clinical Hypnosis, San Francisco, California.

Aaronson, B. (1969b): Time, time stance, and existence. Paper presented at the meetings of the International Society for the Study of Time, Freiburg, West-Germany.

Alberts, H. (1990): Psychosen. In: D. Revenstorf (Hrsg.) (1990): Klinische Hypnose, Heidelberg-Berlin-New York (Springer) S. 201-217.

Aldrich, K. a. D. Bernstein (1987): The effect of time of day on hypnotizability. *International Journal of Clinical and Experimental Hypnosis 35*, 141-145.

Allport, G.W. (1959): Persönlichkeit: Entwicklung, Struktur und Erfassung (2. Aufl.). Meisenheim/Glan (Hain).

Allport, G.W. (1961): Pattern and growth in personality. New York (Holt, Rinehardt Winston).

Allport, G.W. (1985): The historical background of social psychology. In: G. Lindzey a. E. Aronson (eds.): The handbook of social psychology (3. Aufl.). New York (Random) (Vol. 1).

Amati, S. (1977): Reflexionen über die Folter. *Psyche, 31*.

American Psychiatric Association (1987): Diagnostic and statistical manual of mental disorders (3rd rev. ed., DSM III): Washington (American Psychiatric Association).

Anderson, H. a. H.A. Goolishian (1988): Human systems as linguistic systems: Preliminary and evolving ideas about the implications for clinical theory. *Family Process, 27*, 371-393.

Antonovsky, A. (1979): Health, Stress and Coping. San Franzisco (Jossey-Bass).

Antonovsky, A. (1989): Die salutogenetische Perspektive. Universität Bern (Meducs).

Apel, O. (1985): Das Leibapriori der Erkenntnis. In: H. Petzold (Hrsg.): *Leiblichkeit*. Paderborn (Junfermann).

Araoz, D.L. a. E. Negley-Parker (1988): The new hypnosis in family therapy. New York (Bruner & Mazel).

Asch, S.E. (1948): The doctrine of suggestion, prestige and imitation. In: Social psychology. *Psychological Review, 55*, 250-276.

Balthazard, C. a. E. Woody (1985): The „stuff" of hypnotic performance: A review of psychometric approaches. *Psychological Bulletin, 98*, 283-296.

Bandler, R. a. J. Grinder (1975): The structure of magic (Vol I). Palo Alto (Science and Behavior). (dt.: 1981): Metasprache und Psychotherapie: *Struktur der Magie I.* Paderborn (Junfermann).

Bandler, R. u. J. Grinder (1981b): Neue Wege der Kurzzeit-Therapie: Neurolinguistische Programme. Paderborn (Junfermann). [Frogs into Princes, übers. von Thies Stahl]

Bandler, R. u. J. Grinder (1982): Reframing. Moab (Real People Press).

Bandler, R. u. J. Grinder (1985): Reframing: Ein ökologischer Ansatz in der Psychotherapie. Stuttgart (Klett-Cotta).

Bandler, R. (1990): Veränderung des subjektiven Erlebens. Paderborn (Junfermann).

Barber, T.X. (1972): Suggested („hypnotic") behavior: The trance paradigm versus an alternative paradigm. In: E. Fromm a. R.E. Shor (eds..), *Hypnosis: Research Developments and Perspectives* (2nd ed.): Chicago (Aldine), p. 115-182.

Bartis, S.P. a. H.S. Zamansky (1990): Cognitive strategies in hypnosis: Toward resolving the hypnotic conflict. *International Journal of Clinical and Experimental Hypnosis, 38,* 168-183.

Bastick, T. (1982): Intuition: How we think and act. New York (Wiley).

Bateson, G. (1971): Ökologie des Geistes. Frankfurt/M. (Suhrkamp).

Bateson, G., D.D. Jackson, J. Haley, u. J. Weakland (1969): Auf dem Weg zu einer Schizophrenietheorie. In: G. Bateson et al (Hrsg.): Schizophrenie und Familie. Frankfurt (Suhrkamp) (S. 11-43).

Beck, A.T., A.J. Rush, B.F. Shaw u. G. Emery (1986): Kognitive Therapie der Depression. München (Urban & Schwarzenberg).

Becker, D. (1989): Psychoanalytische Sozialarbeit mit Gefolterten in Chile. *Psychosozial, 12,* 37.

Benson, H. a. M.Z. Klipper (1976): The relaxation response. New York (Avon).

Benson, H. (1983a): The relaxation response: Its subjective and objective historical precedents and physiology. *Trends in Neuroscience, July,* 281-284.

Benson, H. (1983b): The relaxation response and norepinephrine: A new study illuminates mechanisms. *Integrative Psychiatry, 1,* 15- 18.

Bick, K. (1985): Neurohypnose, Skalpell der Seele: Tatsache und Wahrheit über Hypnose und Hypnoanalyse. Frankfurt (Ullstein).

Binet, A. (1900): La suggestibilité. Paris (Schleicher Fères).

Black, S. (1964): Effects on anterior brain responses of variation in the probability of association between stimuli. *Journal of Psychosomatic Research, 9.*

Black, S. (1969): Mind and Body. London (Kimber).

Blum, G.S. (1979): Hypnotic programming techniques in psychological experiments. In: E. Fromm a. R. Shor (eds.): *Hypnosis: Research Developments and Perspectives* (2nd ed.) Chicago (Aldine), p. 359- 385.

Boadella, D. (1987): Lifestreams: An introduction to biosynthesis. New York (Routldge & Kegan).

Bogdan, J.L. (1984): Family organization as an ecology of ideas: An alternative to the reification of family systems. *Family Process, 23,* 375-388.

Bongartz, B. a. W. Bongartz (1989): „Nyangkap Semengat" or How to capture the souls: Trance as done by the shamans of the iban district in north Bormeo. *Hypnos, 16,* 108-111.

Bongartz, W. (1988a): Behandlung von Phantomschmerz mit „animalischem Magnetismus“: Fallbericht. *Experimentelle und Klinische Hypnose, 4*, 1-10.

Bongartz, W. (1988b): Das Erbe des Mesmerismus: Die Hypnose. In: G. Wolters (Hrsg.): Franz Anton Mesmer und der Mesmerismus: Wissenschaft, Scharlatanerie, Poesie. Konstanz (Universitätsverlag).

Booth, P.J. (1988): Strategic therapy revisited. In: J.K. Zeig a. S.R. Lankton (eds.): Developing Ericksonian therapy: The state of the art . New York (Brunner/Mazel) (p. 39-58).

Bourguignon, E. (1973): Introduction: A framwork for the comparative study of altered states of consciousness. In: E. Bourguignon (ed.): Religion, altered states of consciousness and social change. Columbus (Ohio State University Press).

Bowers, K.S. (1984): On being unconsciously influenced and informed. In: K.S. Bowers a. D. Meichenbaum (eds.): *The unconscious reconsidered*. New York (John Wiley & Sons). (p. 227-272).

Brehm, J.W. (1966): A theory of psychological reactance. New York (Academic Press).

Brehm, J.W. (1972): Responses to the loss of freedom: A theory of psychological reactance. New York (Morristown).

Brown, F. a. R. Graeber (eds.) (1982): Rhythmic aspects of behavior. Hillsdale, N.J. (Lawrence Erlbaum).

Burgherr-Meier, C. (1987): Nonverbale Elemente der Kommunikation in Therapie und Pädagogik. Frankfurt (Lang).

Burian, W. (1985): Das Alexithymiekonzept in der Suchtforschung. *Wiener Zeitschrift für Suchtforschung, 8* (1/2), 33-37.

Burke, K. (1969): A grammar of motives. Berkely (University of California Press).

Cannon, W.E. (1942): „Vodoo“ death. *American Anthropologist, 44*, 169-182.

Carneiro, R.L. (1964): The Amahuaca and the spirit world. *Ethology, 3*, 6-11.

Cheek, D.B. (1962): Ideomotor questioning for investigation of subconscious pain and target organ vulnerability. *American Journal of Clinical Hypnosis, 5*, 30-41.

Cheek, D.B. (1962): Importance of recognizing that surgical patients behave as though hypnotized. *American Journal of Clinical Hypnosis, 4*, 227-236.

Cheek, D.B. (1965): Emotional factors in persistent pain states. *American Journal of Clinical Hypnosis, 8*, 100-110.

Cheek, D.B. (1965): Some newer understandings of dreams in relation to threatened abortion and premature labor. *Pacific Medical and Surgical, Nov-Dec*, 379-384.

Cialdini, R.B. (1985): Influence: Science and practice. Illinois (Scott, Foresman & Co.).

Cialdini, R.B. (1987): Einfluß: Wie und warum sich Menschen überzeugen lassen. Landsberg (MVG).

Clements, F.E. (1932): Primitive concepts of disease. *University of California Publications in American Archeology and Ethnology, 32*, 185-252.

Clevenger, S.V. (1989): Spinal concussion. London (F.A. Davies).

Collins, A.M. a. E.F. Loftus (1975): A spreading-activation theory of semantic processing. *Psychological Review, 83*, 407-428.

Cooper, L.F. a. M.H. Erickson (1959): Time distortion in hypnosis: An experimental and clinical investigation. Baltimore (Williams & Wilkins).

Cresham, W.L. (1946): Nightmare alley. New York (Rinehart).

Danieli, Y. (1982): Group project for Holocaust survivors and their children. Washington (Children Today).

Danieli, Y. (1985): Treatment and prevention of long term effects and intergenerational transmission of victimization. In: C.R. Figley (ed.): Trauma and its wake. New York (Brunner & Mazel).

Das, J.P. (1955): Understanding versus suggestion in the judgement of literary passages. *Journal of Abnormal and Social Psychology, 51*, 624-628.

Dement, W. a. N. Kleitman (1957): Cyclic variations in EEG readings during sleep and their relation to eye movements, body motility, and dreaming. *Electroencephalography and Clinical Neurophysiology, 9*, 673-690.

De Shazer, S. (1985): Keys to solution in brief therapy. New York (Norton).

De Shazer, S. (1989): *Der Dreh*. Heidelberg (Carl Auer).

De Shazer, S. (1989): Wege der erfolgreichen Kurztherapie. Stuttgart (Klett-Cotta).

De Wied, D. (1984): Neurohypophyseal hormone influences on learning and memory processes. In: G. Lynch, J. McGaugh a. N. Weinberger (eds.): *Neurobiology of learning and memory*. New York (The Guilford Press) (pp. 289-312).

Detienne, M. a. J.P. Vernant (1974): Les ruses de l'intelligence: La metis des grècs. Paris (Flammarion).

Diamond, M.J. (1986): The veracity of ideomotor signals. In: B. Zilbergeld, M.G. Edelstien a. D.L. Aaroz (Hrsg.): Hypnosis: Questions and answers. New York (Norton).

Dörner, D. (1983): Empirische Psychologie und Alltagsrelevanz. In: G. Jüttemann (Hrsg.): *Psychologie in der Veränderung*. Weinheim (Beltz) (S. 13- 29).

Dörner, D. (1989): Die Logik des Mißlingens. Hamburg (Rowohlt).

Dolan, Y. (1985): A path with a heart; Ericksonian utilization with resistant and chronic clients. New York (Brunner & Mazel).

Draayer, H. (1984): Finde dich selbst durch Meditation. Stuttgart (Kösel).

Druckman, D. a. J.A. Swets (1988): Enhancing human performance. Washington, DC (National Academy Press).

Ebrahim, D. (1986): Meditative techniques. In: L.E. Unestahl (ed.): *Hypnos i teori och praktik*. Örebro, Schweden (Veje) (S. 75).

Efran, J.S., R.J. Lukens a. M.D. Lukens (1988): Constructivism: What's in it for you? *The Family Therapy Networker, 12*, 27-35.

Eich, E. (1984): Memory for unattended events: Remembering with and without awareness. *Memory and Cognition, 12*, 105-111.

Ellenberger, H.F. (1970): The discovery of the unconscious: The history and evolution of dynamic psychiatry. New York (Basic Books). [dt. (1985): Die Entdeckung des Unbewußten: Geschichte und Entwicklung der dynamischen Psychiatrie von ihren Anfängen bis zu Janet, Freud, Adler und Jung. Zürich (Diogenes)]

Ellis, A. (1973): Rational-emotive therapy. In: R.J. Corsini (ed.): Current psychotherapies. Itasca, Ill. (Peacock).

Ellis, A. (1977): Rational-emotive therapy. Das innere Selbstgespräch bei seelischen Problemen und seineVeränderung. München (J. Pfeiffer) [engl. Orig.: Reason and Emotion in Psychotherapy. Secaucus, NJ (1962) (Lyle Stuart)].

Ellis, A. (1979a): The theory of rational-emotive therapy. In: A. Ellis a. J.M. Whiteley (eds.): Theoretical and empirical foundations of rational-emotive therapy. Monterey, Cal. (Brooks & Cole).

Ellis, A. (1979b): The practice of rational-emotive therapy. In: A. Ellis a. J.M. Whiteley (eds.): Theoretical and empirical foundations of rational-emotive therapy. Monterey, California (Brooks & Cole).

Ellis, A. (1987): Angst vor der Angst – Die Verwendung von Hypnose mit rational-emotiver Therapie. *Hypnose und Kognition*, *4*, 64-71.

Epstein, H. (1979): Children of Holocaust. New York.

Erichsen, J.E. (1882): On concussion of the spine. London (Longmans, Green & Co.).

Erickson, M.H. (1939): The application of hypnosis to psychiatry. In: The Collected Papers of Milton H. Erickson on Hypnosis IV, New York (Irvington) (p. 3-13).

Erickson, M.H. (1943): Experimentally elicited salivary and related responses to hypnotic visual hallucinations confirmed by personality reactions. In: E.L. Rossi (ed.): *The collected papers of Milton H. Erickson on hypnosis. Vol. II (1980), Hypnotic alteration of sensory, perceptual, and psychophysical processes* . New York (Irvington) (pp. 175-178).

Erickson, M.H. (1943): Hypnotic investigation of psychosomatic phenomena: A controlled experimental use of hypnotic regression in the therapy of an acquired food intolerance. In: E.L. Rossi (ed.) (1980): *The collected papers of Milton H. Erickson. (Vol II: Hypnotic alteration of sensory, perceptual, and psychophysiological processes*, pp. 157-168). New York (Irvington). (Original in Psychosomatic Medicine, 1943, 5, 67-70)

Erickson, M.H. (1943): Hypnotic investigation of psychosomatic phenomena: Psychosomatic interrelationships studied by experimental hypnosis. In: E.L. Rossi (ed.) (1980): *The collected papers of Milton H. Erickson on Hypnosis. Vol. II: Hypnotic alteration of sensory, perceptual, and psychophysical processes* (pp. 145-156). New York (Irvington).

Erickson, M.H. (1943): Investigation of psychosomatic phenomena: The development of aphasia like reactions from hypnotically induced amnesia. In: E.L. Rossi (ed.) (1980): *The collected papers of Milton H. Erickson on hypnosis. Vol. II: Hypnotic alteration of sensory, perceptual, and psychophysical processes* (pp. 157-168). New York (Irvington).

Erickson, M.H. (1948): Hypnotic psychotherapy. In: E.L. Rossi (ed.) (1980): *The collected papers of Milton H. Erickson on hypnosis. Vol. IV. Innovative hypnotherapy* . New York (Irvington). [Orig. in: *The Medical Clinics of North America,* May 1948] (p. 35-48).

Erickson, M.H. (1953): Impotence: Facilitating unconscious reconditioning. In: E.L. Rossi (ed.) (1980): *The collected papers of Milton H. Erickson on hypnosis. Vol: IV. Innovative hypnotherapy.* New York (Irvington) (unpublished manuscript, 1953) (p. 374-382).

Erickson, M.H.(1954): Pseudo-orientation in time as a hypnotherapeutic procedure. In: E.L. Rossi (ed.) (1980): The Collected Papers of Milton H. Erickson on Hypnosis IV, New York (Irvington) (p. 39-423).

Erickson, M.H. (1959): Further clinical techniques of hypnosis: utilization techniques. In: E.L. Rossi (ed.)(1980): The Collected Papers of Milton H. Erickson on Hypnosis I, New York (Irvington) (p. 17 7- 205).

Erickson, M.H. (1964): The confusion technique in hypnosis. In: E.L. Rossi (ed.) (1980): The Collected Papers of Milton H. Erickson on Hypnosis I, New York (Irvington) (p. 258-291).

Erickson, M.H. (1964): The confusion technique in hypnosis. *American Journal of Clinical Hypnosis, 6,* 183-207.

Erickson, M.H. (1966): The interspersal hypnotic technique for symptom correction and pain control. *American Journal of Clinical Hypnosis,* 198-209.

Erickson, M.H. (1966): The interspersal hypnotic technique for symptom correction and pain control. In: E.L. Rossi (ed.) (1980): The Collected Papers of Milton H. Erickson on Hypnosis IV, New York (Irvington) (p. 262-278).

Erickson, M.H. (1973): An induction technique. In American Society of Clinical Hypnosis (ed.): *A Syllabus on Hypnosis and a Handbook of Therapeutic Suggestions (Special issue).* Des Plaines, Il, (p. 68- 69).

Erickson, M.H. (1980a): The basis of hypnosis: panel discussion on hypnosis. In: E.L. Rossi (ed.): *The collected papers of Milton H. Erickson on hypnosis vol. III.* New York (Irvington) (p. 26-33).

Erickson, M.H. (1980b): *The collected papers of Milton H. Erickson on hypnosis, Vol. I - IV,* E.L. Rossi (ed.). New York (Irvington).

Erickson, M.H. (1980): Hypnotherapy with a psychotic. In: E.L. Rossi (ed.) (1980): The Collected Papers of Milton H. Erickson on Hypnosis IV, New York (Irvington) (p. 331-334).

Erickson, M.H. (1980): Symptom prescription for expanding the psychotic's world view. In: E.L. Rossi: The Collected Papers of Milton H. Erickson on Hypnosis IV, New York (Irvington) (p.335-339).

Erickson, M.H. (1985): Life reframing in hypnosis. The seminars, workshops, and lectures of Milton H. Erickson, Vol. II (ed. by E.L. Rossi a. M.O. Ryan). New York (Irvington).

Erickson, M.H. a. E.L. Rossi (1979): Hypnotherapy: An exploratory casebook. New York (Irvington).

Erickson, M.H. u. E.L. Rossi (1981): Hypnotherapie. München (Pfeiffer).

Erickson, M.H. a. E.L. Rossi (1981a): Experiencing hypnosis: Therapeutic approaches to altered states. New York (Irvington).

Erickson, M.H. u. E.L. Rossi (1981b): Hypnotherapie: Aufbau, Beispiele, Forschungen. München: Pfeiffer. [Orig. (1979): Hypnotherapy: An exploratory casebook. New York (Irvington)]

Erickson, M.H. a. E.L. Rossi (1989): The February man: Evolving consciousness and identity in hypnotherapy. New York (Brunner & Mazel).

Erickson, M.H., E.L. Rossi a. S.L. Rossi (1976): Hypnotic realities: The induction of clinical hypnosis and forms of indirect suggestion. New York (Irvington).

Erickson, M.H., E.L. Rossi a. S.L. Rossi (1978): Hypnose: Induktion, psychotherapeutische Anwendung, Beispiele. München: Pfeiffer. [Orig. (1976): Hypnotic realities: The induction of clinical hypnosis and forms of indirect suggestion. New York (Irvington)]

Esdaile, J. (1850): Mesmerism in India and its practical application in surgery medicine. In: J. Esdaile (ed.): Hypnosis in medicine and surgery. New York (Julian Press).

Estabrooks, G.H. (1929): Experimental studies in suggestion. *Journal of Genetic Psychology*, *36*, 120-139.

Evans, F.J. (1989): Bias in human reasoning: causes and consequences. Hillsdale (Lawrence Erlbaum Association).

Falloon, R.H. (1985): Family management of schizophrenia: A controlled study of clinical, social, family and economic benefits. Baltimore.

Farelly, F. u. B. Brandsman (1986): Provokative Therapie. Paderborn (Junfermann).

Ferrier, M.J. (1986): Circular methods – inirect methods: The interview as an indirect technique. *Family Therapy Collections*, *19*, 25-34.

Feselmayer, S., W. Beiglböck, W. Burian u. S. Lentner (1988): Psychologische Charakteristika jugendlicher Abhängiger in Langzeit- und Kurzzeiteinrichtungen. In: D. Ladewig (Hrsg.): Drogen und Alkohol – Aids bei Drogenabhängigkeit . Lausanne (ISPA-Press) (S. 84-101).

Feselmayer, S., R. Marx, I. Hofleitner u. W. Beiglböck (1983): Kritische Untersuchung zum organischen Psychosyndrom. *Wiener Zeitschrift für Suchtforschung*, *6*, 3-14.

Festinger, L. (1957): A theory of cognitive dissonance. Evanston, Ill. (Stanford University).

Figley, C. a. H. McCubbin (1983): Stress and the family. Vol. II: Coping with catastrophies. New York (Brunner & Mazel).

Figley, C.R. (1978): Stress disorders among Vietnam veterans: Theory, research and treatment. New York (Brunner & Mazel).

Figley, C.R. (1985): From victim to survivor. In: C.R. Figley (ed.): Trauma and its wake. New York (Brunner & Mazel).

Fischer, E.P. (1986): Toward a neuroscience of slef-experience and states of self-awareness and Interpreting Interpretations. In: B.B. Wolman a. M. Ullman (Eds.): Handbook of States of Consciousness. New York (Van Nostrand Reinhold).

Fischer, E.P. (1989): Kritik des gesunden Menschenverstandes. Hamburg (Rasch & Röhring).

Fischer, R. (1971a): Arousal-statebound recall of experience. *Diseases of the Nervous System*, *32*, 373-382.

Fischer, R. (1971b): The „flashback": Arouse-statebound recall of experience. *Journal of Psychedelic Drugs*, *3*, 31-39.

Fischer, R. (1971c): A cartography of ecstatic and meditative states. *Science*, *174*, 897-904.

Folkard, S. (1982): Circadian rhythms and human memory. In: F. Brown a. R. Graeber (eds.): *Rhythmic Aspects of Behavior* . Hillsdale, Jersey (Erlbaum) (p. 313- 344).

Fourie, D.P. (1988): Hypnosis in dental practice: From awkward add-on to smooth integration. *Journal of the Dental Association of South Africa, 43,* 141-146.

Fourie, D.P. (1989): Hypnotherapie: Eine ökosystemische Annäherung. *Experimentelle und Klinische Hypnose, 5,* 161-180.

Fourie, D.P. a. S. Lifschitz (1985): Hypnotic behavior: Mutual qualification. *South Africa Journal of Psychology, 15,* 77-80.

Fourie, D.P. u. S. Lifschitz (1987): Ein ökosystemischer Ansatz der Hypnose. *Experimentelle und klinische Hypnose, 3,* 1- 12.

Fourie, D.P. a. S. Lifschitz (1988): Not seeing the wood for the trees: Implications of susceptibility testing. *American Journal of Clinical Hypnosis, 30,* 166-177.

Fourie, D.P. a. S. Lifschitz (1989): Ecosystemic hypnosis: Ideas and therapeutic applications. *British Journal of Experimental and Clinical Hypnosis, 6,* 99-108.

Freud, A. (1980): Das Ich und die Abwehrmechanismen. Schriften Bd. 1. München (Kindler).

Freud, S. (1915-1917): Vorlesungen zur Einführung (GW 11). Frankfurt/M. (S. Fischer).

Freud, S. (1919): Zur Psychoanalyse der Kriegsneurosen (GW 12). Frankfurt/M. (S. Fischer).

Freud, S. (1920): Jenseits des Lustprinzips (GW 13). Frankfurt/M. (S. Fischer).

Freud, S. u. J. Breuer (1895): Studien über Hysterie (GW I). Neuaufl. 1952. Frankfurt (Fischer).

Fried, A. (1979): Unterschiede der Schmerzverarbeitung durch die modifizierte Hypno-Suggestivtherapie in der Zahnheilkunde. Med. Institut, Tübingen. [unveröff. Diss.]

Friedman, S. (1978): A psychophysiological model for the chemotherapy of psychosomatic illness. *Journal of Nervous and Mental Diseases, 166,* 110-116.

Friedman, S., I. Kantor, S. Sobel a. R. Miller (1978): On the treatment of neurodermatitis with a monomine oxidase inhibitor. *Journal of Nervous and Mental Diseases, 166,* 117-125.

Fromm, E. a. R.E. Shor (1972): Hypnosis: Research developments and new perspectives. Chicago (Aldine).

Funk, F. a. J. Clarke (1980): The nasal cycle observations over prolonged periods of time. *Research Bulletin of the Himalayan International Institute, Winter, 1-4.*

Gabai, M. (1968): Psychosophrologie et musique. *Information Dentaire, 50,* 862-864.

Gabai, M. (1969): Therapie par les sons et sophrologie. *Information detaire, 51,* 2443-2455.

Gabai, M. (1971): La detente psycho-musicale. *Revue Francaise d'Odonto-Stomatologie, 18,* 961-967.

Gardner, H. (1989): Dem Denken auf der Spur. Stuttgart (Klett-Cotta).

Garrison, W.E. (1986): Neurolinguistic programming: An optional intervention to post traumatic stress incident counseling. Washington.

Gheorghiu, V.A. (1972): On suggestion and suggestibility. *Scientia, 107,* 811-860.

Gheorghiu, V.A. (1982a): Aspecte psihologice ale sugestiei si sugestibilitatii. In: V. A. Gheorghiu a. I. Ciofu (eds.): *Sugestie si sugestibilitate: Aspecte psihologice si psihofiziologice.* Bucharest (Editura Academiei) (p. 11-148).

Gheorghiu, V.A. (1982b): Testing stability of suggested behavior by means of a „forcing" system. In: A. Kossakowski a. K. Obuchowski (eds.): Progress in psychology of personality. o.O. (Deutscher Verlag der Wissenschaften).

Gheorghiu, V.A. (1989b): The difficulty in explaining suggestion. Some conceivable solutions. In: V.A. Gheorghiu, P. Netter, H.J. Eysenck a. R. Rosenthal (eds.): Suggestion and suggestibility. Berlin (Springer).

Gheorghiu, V.A. u. M. Hübner (1990): „Argumente" als suggestive Vehikel der Beeinflussung motorischer Verhaltensweisen (Paper presented at the 5th European Congress of Hypnosis, August 1990, Konstanz).

Gheorghiu, V.A. a. P. Kruse (1991): The psychology of suggestion: An integrative perspective. In: J. Schumaker (eds.): Human suggestibility. New York (Routledge).

Gheorghiu, V.A., P. Netter a. H.J. Tichi (1989): A test of sensory suggestibility, its dependence on experimental context, and its relation to other tests of deception. In: K. McConkey a. H. Bennet (eds.): *Proceedings of the 24th International Congress of Psychology* Voll III. o.O..

Gheorghiu, V.A. u. D. Sander (1973): Untersuchungen zur Änderung der Suggestibilität unter bestimmten Einstellungen. In: V.A. Gheorghiu (Hrsg.): *Bericht über den 27. Kongreß der Deutschen Gesellschaft für Psychologie in Kiel 1970*. o.O. (S. 420-427).

Gibbons, F.X. a. R.A. Wright (1981): Motivational biases in causal attributions of arousal. *Journal of Personality and Social Psychology, 40*, 588-600.

Gill, M.M. a. M. Brenman (1959): Hypnosis and related states: Psychoanalytic studies in regression. New York (International Universities Press).

Gilligan, S.G. (1987): Therapeutic trances: The cooperation principle in Ericksonian hypnotherapy. New York (Brunner & Mazel).

Gilligan, S. (1991): Therapeutische Trance. Heidelberg (Carl-Auer-Systeme).

Globus, G. (1966): Rapid eye movement cycle in real time. *Archives of General Psychophysiology, 15*, 654-669.

Globus, G. (1970): REM „sleep" manifestations during waking. *Psychophysiology, 7*, 308.

Globus, G. (1972): Periodicity in sleep and in waking states. In: M. Chase (ed.): The Sleeping Brain. Los Angeles (Brain Research Institute).

Golden, W.L. (1983): Rational-emotive hypnotherapy: Principles and techniques. *British Journal of Cognitive Psychotherapy, 1*, 47- 56.

Golden, W.L., E.T. Dowd a. F. Friedberg (1987): Hypnotherapy - a modern approach. New York (Pergamon).

Goncalves, O. F. a. P.P. Machado (1987): A terapia como co-construcao: Das metaforas do cliente as metaforas do terapeuta. *Jornal de Psicologia, 6*, 14-20.

Gopher, D. a. P. Lavie (1980): Short-term rhythms in the perfomance of a simple motor task. *Journal of Motor Behavior, 12*, 207-221.

Gordon, D. (1978): Therapeutic metaphors: Helping others through the looking glass. Cupertino, CA (Meta Publications).

Gordon, D. (1986): Therapeutische Metaphern. Paderborn (Junferman).

Gordon, D. a. A. Meyers-Anderson (1981): Phoenix: Therapeutische Strategien von Milton H. Erickson. Hamburg (Isko-Press).

Gordon, D. a. M. Meyers-Anderson (1981): Phoenix - therapeutic patterns of Milton H. Erickson (Meta Publications). Cupertino (California).

Graeber, R. (1982): Alterations in performance following rapid transmeridian flight. In: F. Brown a. R. Graeber (eds.): *Rhythmic Aspects of Behavior*. Hillsdale, NJ (Erlbaum Associates) (p. 173-212).

Grinder, J. a. R. Bandler (1982): Kommunikation und Veränderung: Die Struktur der Magie II. Paderborn (Junferman).

Grinder, J. u. R. Bandler (1984): Therapie in Trance. Stuttgart (Klett-Cotta).

Grossarth-Maticek, R. (1986): Psychosoziale Verhaltenstypen und chronische Erkrankungen. *Der Kassenarzt, 39,* 26-35.

Haley, J. (1967): Advanced techniques of hypnosis and therapy. Selected papers of Milton Erickson, M.D. New York (Grune & Stratton).

Haley, J. (1973): Uncommon therapy: The psychiatric techniques of Milton H. Erickson, M.D. New York (W.W.Norton).

Haley, J. (1978): Gemeinsamer Nenner Interaktionstrategien der Psychotherapie. München (Pfeiffer).

Haley, J. (1989): Ordeal Therapie: Ungewöhnliche Wege der Verhaltensänderung. Hamburg (Isko-Press).

Halker, J. (1986): Rapid induction technique. In: L.E. Unestahl (ed.): *Hypnos i teori och praktik*. Örebro, Schweden (Veje) (p. 74-75).

Hartland, J. (1966): Medical and dental hypnosis and its clinical applications. London (Balliere).

Hartland, J. (1971): Medical and dental hypnosis. London (Balliere).

Hartmann, E. (1968a): Dauerschlaf. A polygraphic study. *Archives of General Psychiatry, 18,* 99.

Hartmann, E. (1968b): The 90-minute-sleep-dream cycle. *Archives of General Psychiatry, 18,* 280.

Hauk, E. u. W. Beiglböck (1989): Neue Perspektiven der Alkoholismusforschung – Psychodiagnostik unter Belastung. *Wiener Zeitschrift für Suchtforschung, 12,* 11-20.

Havens, R. A. (1985): The wisdom of Milton H. Erickson. New York (Irvington).

Heckhausen, H. (1980): Motivation und Handeln. Berlin (Springer).

Helle, T.J. (1988): Die Wirkung der Frage. In: A. Leuteritz, C.W. Weisbach, u. T. J. Helle (Hrsg.): Konkrete Pädagogik. Festschrift für Walther Zifreund zum 60. Geburtstag). Tübingen (Attempto) (S. 61-72).

Helle, T.J. (1989a): Direktive Gesprächsführung. *Unterrichtswissenschaft, 17,* 36-46.

Helle, T.J. (1989b): Ein vergessenes Phänomen in Gespräch und Beratung: Reaktanz. *Zeitschrift für Pädagogische Psychologie, 3,* 9-16.

Helle, T.J. (1990): Hypnose in der Gesprächsführung. Tübingen (Attempto).

Helle, T.J., S. Pregler u. C.R. Weisbach (1989): Universitäre Ausbildung in Beratung: Chance oder Risiko? *GwG Zeitschrift, 20,* 201-204.

Higgins, E.T., W.S. Rholes a. C.R. Jones (1975): Category accessibility and impression formation. *Journal of Experimental Social Psychology, 13,* 141-154.

Hilgard, E.R. (1965): Hypnotic susceptibility. New York (Harcourt).

Hilgard, E.R. a. J.R. Hilgard (1975): Hypnosis in the relief of pain. Los Altos, Calif. (William Kaufmann).

Hobson, J. (1988): The dreaming brain. New York (Basic Books).
Hoffman, L. (1981): Foundations of family therapy. New York (Basic Books)
Hoorwitz, A.N. (1989): *Hypnotic methods in nonhypnotic therapies.* New York (Irvington).
Hoppe, F. (1985a): Direkte und indirekte Suggestionen in der hypnotischen Beeinflussung chronischer Schmerzen. Frankfurt (Lang).
Hoppe, F. (1985b): Direkte und indirekte Suggestionen in der hypnotischen Beeinflussung chronischer Schmerzen: Empirische Untersuchungen. In: B. Peter (Hrsg.): Hypnose und Hypnotherapie nach Milton H. Erickson . München (Pfeiffer) (S. 58-75).
Hull, C.L. (1963): Hypnosis and suggestibility: An experimental approach. New York (Appleton).
Imber-Black, E. (1987): Idiosyncratic life cycle transitions and therapeutic rituals. In: B. Carter a. M. McGoldrick (eds.): The family life cycle: A framework for family therapy (2. ed.). New York (Gardner Press).
Ivey, A. (1986): Developmental therapy. San Francisco, Calif. (Jossey Bass).
Izquierdo, I. a. R. Dias (1984): Involvement of a-adrenergic receptors in the amnestic and anti-amnestic action of ACTH, B-endorphin and epinephrine. *Psychoneuroendocrinology, 9,* 77-81.
Izquierdo, I., D. Souza, R. Dias, M. Perry, M. Carrasco, N. Volkmer a. C. Netto (1984): Effect of various behavioral training and testing procedures on brain B-endorphin-like immunoreactivity and the possible role of B-endorphin in behavioral regulation. *Psychoneuroendocrinology, 9,* 381-389.
Jacobson, E. (1974): Depersonalisation. *Psyche, 13.*
James, W. (1896): The principles of psychology (Vol. 2). New York (Holt).
Jencks, B. (1977): Your body-biofeedback at its best. Chicago (Nelson Hall).
Johnson-Laird, P.N. (1982): Propositional representations, procedureal semantics, and mental models. In: J. Meehler, E.C.T. Walker a. M. Garrett, (eds.): Perspectives on mental representation: Experimental and theoretical studies in cognitive processes and capacities. N.J. (Hillsdale).
Jones, E. (1962): Das Leben und Werk von Sigmund Freud (Bd. I - III). Bern (Huber).
Jouvet, M. (1973): Teleencephalic and rhonbencephalic sleep in the car. In: W. Webb (ed.): *Sleep: An Active Process* . Glenview, Ill. (Scott Foresman & Co) (p. 12-32).
Joyce-Moniz, L. (1981): Perspectives constructivistes dans le mouvement therapeutique cognitiviste. *Revue de modification du comportement, 11,* 83-90.
Joyce-Moniz, L. (1986): Perspectivas desenvolvimentistas em terapias cognitivas. *Psiquiatria Clinica, 7,* 117-125.
Jung, C.G. (1960): The structure and dynamics of the psyche. In: (ed.): The Collected Work of C.G. Jung; Vol III (R.F.C. Hull Transl.). Princeton, NJ (University Press).
Jung, C.G. (1966): Two essays on analytical psycology. In: (ed.): The Collected Work of C.G. Jung, Vol. III (R.F.C. Hull Transl.). Princeton, NJ (University Press).

Jung, C.G. (1976): The symbolic life. In: (ed.): The Collected Work of C.G. Jung; Vol XVIII (R.F.C. Hull Transl.). Princeton, NJ (University Press).

Jungermann, H. (1973): The two camps on rationality. In: R.W. Scholz (1983) (ed.): Decision making under uncertainty. o.O. (Elsevier Science Publishers B.V.).

Kahneman, D., P. Slovic a. A. Tversky (eds.): (1982): Judgement under uncertainty, heuretics and biases. New York.

Kahneman, D. a. A. Tversky (1982): The psychology of preferences. *Scientific American, 246,* 136-142.

Kales, A., F. Hoedemaker a. A. Jacobson (1964): Dream deprivation: An experimental reappraisal. *Nature, 204,* 1337.

Kardiner, A. (1941): In: A. (ed.): The traumatic neurosis of war (Psychosomatic Medicine Monographs, Vol. 2-3). New York (Paul B. Hoeber).

Katz, R. (1980): The temporal structure of motivation. III. Identification and ecological significance of ultraidian rhythms of intracranial reinforcement. *Behavioral and Neural Biology, 30,* 148-159.

Kaufmann, E. a. P. Kaufmann (1983): Familientherapie bei Alkohol- und Drogenabhängigkeit. Freiburg (Lambertus).

Kaulbach, F. (1986): Einführung in die Philosophie des Handelns. Darmstadt (Wissenschaftliche Buchgesellschaft).

Keeney, B. (1983): Aesthetics of Change. New York (Guilford).

Kelman, H.C. (1961): Processes of opinion change. *Public Opinion Quarterly, 25,* 57-78.

Kihlstrom, J.F. (1985): Hypnosis. *Annual Review of Psychology, 36,* 385-418.

Kinneavy, J.L. (1986): Kairos: A neglected concept in classical rhetoric. In: J.D. Moss (ed.): Rhetoric and praxis – the contribution of classical rhetoric to practical reasoning. Washington D.C. (The Catholic University of America Press).

Klein, H. (1974): Delayed affects and after affects of severe traumatization. *Israel Annals of Psychiatry, 12: 293.*

Klein, R. a. R. Armitage (1979): Rhythms in human performance: 1 1/2 hour oscillations in cognitive style. *Science, 204,* 1326- 1328.

Kleitman, N. (1969): Basic rest-activity cycle in relation to sleep and wakefullness. In: A. Kales (ed.): *Sleep: Physiology a. Pathology* . Philadelphia (Lippincott) (p. 33-38).

Kleitman, N. (1970): Implications of the rest-activity cycle: Implications for organizing activity. In: E. Hartmann (ed.): Sleep and Dreaming. Boston (Little & Brown).

Kockott, G., F. Dittmar u. L. Nusselt (1973): Klinische Erfahrungen zur Verhaltenstherapie von Potenzstörungen. In: J.C. Brengelmann u. W. Tunner (Hrsg.): Behavior Therapy - Verhaltenstherapie. München (Urban & Schwarzenberg).

Kösten, M. u. G. Pernhaupt (1980): Drogenabhängigkeit bei Jugendlichen – Zur Genese und Behandlung. *Österreichische Ärztezeitung, 35.*

Kraiker, C. (1985): Kognitive Modelle hypnotischer Phänomene. In: B. Peter (Hrsg.): Hypnose und Hypnotherapie nach Milton H. Erickson: Grundlagen und Anwendungsfelder . München (Pfeiffer) (S. 20-30).

Kraiker, C. (1989): Besessen vom Unbewußten. *Hypnose und Kognition, 6*, 3-12.

Kraiker, C. (1991): Hypnose und Verhaltenstherapie: Was kann die Verhaltenstherapie von der Hypnose lernen? In: B. Peter, C. Kraiker u. D. Revenstorf (Hrsg.): *Hypnose und Verhaltenstherapie* . Bern (Huber) (S. 188-212).

Kretschmer, E. (1963): Medizinische Psychologie. Stuttgart (Thieme).

Kripke, D., D. Mullaney, V. Wyborney a. S. Messin (1978): There's no basic rest-activity cycle. In: F. Scott et al. (eds.): *ISAM 1977: Proceedings of the Second International Symposium on Ambulatory Monitoring* . London (Academic Press) (p. 105-113).

Kripke, D. (1972): An ultraidian biological rhythm associated with perceptual deprivation and REM sleep. *Psychosomatic Medicine, 34*, 221-234.

Kripke, D. (1974): Ultradian rhythms in sleep and wakefullness. In: E. Weitzman (Hrsg.): *Advances in Sleep Research, Vol.I* . New York (Spectrum) (p. 305- 325).

Kripke, D. (1982): Ultradian rhythms in behavior and physiology. In: F. Brown a. R. Graeber (eds.): *Rhythmic aspects of behavior* . Hillsdale, N.J. (Erlbaum & Associates) (p. 313-344).

Kripke, D. a. D. Sonnenschein (1978): A biological rhythm in waking fantasy. In: K. Pope a. J. Stringer (eds.): *The Stream of Conciousness* . New York (Plenum) (p. 321-332).

Kroger, W.S. (1963): Clinical and experimental hypnosis. Philadelphia (Lippincott).

Kruglanski, A.W. (1988): Knowledge as a social psychological construct. In: D. Bar-Tal a. A.W. Kruglanski (eds.): The social psychology of knowledge. Cambridge (University Press).

Kruse, P. (1989): Stabilität – Instabilität – Multistabilität: Selbstorganisation und Selbstreferentialität in kognitiven Systemen. *Delfin, 6*, 35-73.

Kruse, P. a. M. Stadler (1989): Stability and instability in cognitive systems: multistability, suggestion and psychosomatic interaction. In: H. Hatzen a. M. Stadler (eds.): Synergetics of cognition. Berlin (Springer).

Krynicki, V. (1975): Time trends and periodic cycles in REM sleep eye movements. *Electroencephalography a. Clinical Neurophysiology*, 507-513.

Krystal, H. (1968): Massive psychic trauma. New York.

Kuhn, T. (1977): The essential tension. Chicago (Univ. of Chicago Press).

Kuriyama, K. (1968): Clinical applications of prolonged hypnosis in psychosomatic medicine. *American Journal of Clinical Hypnosis, 11*, 101-111.

Kyburg, H.E. (1983): Rational beliefs. *The Behavioral and Brain Sciences, 6*, 231-273.

Labelle, L., M.C. Lamarche a. J.R. Laurence (1990): Potential Juror's opinions on the effects of hypnosis on eyewitness identification: A brief communication. *International Journal of Clinical and Experimental Hypnosis, 38*, 315-319.

Ladewig, D. (1986): Drogen und Alkohol: Der aktuelle Stand in der Behandlung Drogen- und Alkoholabhängiger. Lausanne (ISPA-Press).

Ladewig, D. (1988): Drogen und Alkohol: Aids bei Drogenabhängigkeit. Lausanne (ISPA-Press).

Laing, R.A. a. A. Esterson (1964): Sanity, madness and the family. London (Tavistock Publications).

Lame Deer, J. a. R. Erdoes (1972): Lame Deer, speeker of visions. New York (Simon & Schuster).

Langen, D. (1972): Kompendium der medizinischen Hypnose. Basel/München/ Paris (Karger).

Lankton, S.R. a. C.H. Lankton (1983): The answer within: A clinical framework of Ericksonian hypnotherapie. New York (Brunner & Mazel).

Lankton, S. a. C. Lankton (1989): Tales of enchantment. New York (Brunner & Mazel). [dt: (1991) A. Jost-Peter. München (Peiffer)]

Lankton, S.R. a. C.H. Lankton (1986): Enchantment and intervention in family therapy. New York (Brunner & Mazel).

LaRue, A. a. A.B. Olejnik (1980): Cognitive priming of principled moral thought. *Personality and Social Psychology Bulletin*, 6, 413-416.

Laurence, J.R. a. C. Perry (1988): Hypnosis, will, and memory: A psycho-legal history. New York (The Guilford Press).

Lavie, P. (1976): Ultradian rhythms in the perception of two apparent motions. *Chronobiologia*, 3, 214-218.

Lavie, P. (1977): Nonstationarity in human perceptual ultradian rhythms. *Chronobiologia*, 4, 34-38.

Lavie, P. a. D. Kripke (1981): Ultraidian circa 1 1/2 hour rhythms: A multioscillatory system. *Life siences*, 29, 2445-2450.

Lavie, P., J. Lord a. R. Frank (1974): Basic rest-activity cycle in the perception of the spiral after-effect: A sensitve detector of a basic biological rhythm. *Behaviroal Biology*, 11, 373-379.

Lavie, P. a. H. Schulz (1978): Ultradian rhythms in the pupil. *Sleep Research*, 7, 307.

Lazarus, R.S. a. S. Folkman (1984): Stress, appraisal and coping. New York (Springer).

LeCron (1952): Experimental Hypnosis. New York (Citadel).

Lerede, J. (1980): Qu'est-ce que la suggestologie? Toulouse (privat editeur).

Leva, L.M. (1984): Cognitive behavioral therapy in the light of Piagetian theory. In: M.A. Reda a. M.J. Mahoney (eds.): Cognitive psychotherapies - recent developments in theory, research and practice. Cambridge, Mass. (Ballinger).

Loftus, E.F. (1979): Eyewitness, testimony. Cambridge, MA (Harvard University).

Lovett, J. (1976): Two biological rhythms of perception distinguishing between intact and relatively damaged brain function in man. *International Journal of Chronobiologia*, 4, 39- 49.

Lovett, J., W. Payne a. I. Podnieks (1978): An ultradian rhythm of reaction time measurements in man. *Neuropsychobiology*, 4, 93- 98.

Lovett, J. a. I. Podnieks (1975): Comparison between some biological clocks regulating sensory and psychomotor aspects of perception in man. *Neuropsychobiology*, 1, 261-266.

Lowen, A. (1975): Bioenergetics. New York (Penguin).

Luce, G. (1970): Biological Rhythms in Psychiatry and Medicine. o.O.: (U.S. Dept. of Health, Education and Welfare, NIMH).

Ludwig, D. (1968): Altered states of consciousness. In: R. Prince (ed.): Trance and possession states. Montreal (R.M. Bucke Memorial Society).

Lunde, I., G. Boysen a. B. Ortmann (1989): Rehabilitation of torture victims. In: P. Thorvaldsen (ed.): Health hazards of organized violence. The Hague (Gvt: Publishing Offices).

Lustig, H.S. (1985): The enigma of Erickson's therapeutic paradoxes. In: J.K. Zeig (ed.): Ericksonian psychotherapy Vol. II: Clinical applications. New York (Brunner & Mazel).

Lydic, R. (1987): State-dependent aspects of regulatory physiology. *FASEB Journal, 1*, 6-15.

Marquis, D. (1941): Learning in the neonate: Modification of behavior under three feeding schedules. *Journal of Experimental Psychology, 29*, 263.

Martin, D.G. (1975): Gesprächspsychotherapie als Lernprozeß. Salzburg (O. Barth).

Massey, M. (1979): The people puzzle: Understanding yourself and others. Reston, V.A. (Reston Publishing).

Masson, J. (1984): The assault on truth: Freud's suppression of the seduction theory. New York (Penguin).

Masters, W.H. a. V.E. Johnson (1966): Human sexual response. London (Churchill).

Masters, W.H. a. V.E. Johnson (1970): Human *sexual inadequacy*. London (Churchill).

Matthews, W.J. (1987): A psicoterapia de Milton Erickson: Uma abordagem unica da mudanca. *Jornal de Psicologia, 6*, 3-8.

Maturana, H.R. (1982): Erkennen: Die Organisation und Verkörperung von Wirklichkeit. Braunschweig (Vieweg).

Maxim, P., D. Bowden a. G. Sackett (1976): Ultradian rhythms of solitary and social behavior in rhesus monkeys. *Physiology and Behavior, 17*, 337-344.

McCloskey, D.N. (1985): The rhetoric of economics. Madison, Wisconsin (The University of Wisconsin Press).

McDougall, W. (1908): Introduction to social psychology. London (Methuen).

McDougall, W. (1935): The energy of men: A study of fundamental dynamic psychology (3. Aufl.). London (Methuen).

McGaugh, J. (1983): Preserving the presence of the past: Hormonal influences on memory storage. *American Psychologist, 38*, 161-173.

McGaugh, J., K. Liang, C. Bennett a. D. Sternberg (1984): Adrenergic influences on memory storage: Interaction of peripheral and central systems. In: G. Lynch, J. McGaugh a. N. Weinberger (eds.): *Neurobiology of Learning and Memory* . New York (Guilford) (p. 313-332).

McGuire, W.J. (1964): Inducing resistance to persuasion. In: L. Berkowitz (ed.): Advances in experimental *social psychology* (Band 1). New York (Academic Press).

McGuire, W.J. (1985): Attitude and attitide change. In: G. Linzay a. E. Aronson (eds.): *Handbook of social psychology* (3. Aufl., Band 2). New York (Random House) (p. 233-346).

Meares, A. (1960): A system of medical hypnosis. Philadelphia (Sounders).

Meier-Koll, A., P. Pohl, C. Schaff, u. C. Stankiewitz (1978): Ein chronobiologischer Aspekt stereotypen Verhaltens. *Archiv für Psychiatrie und Nervenkrankheiten (Archives of Psychiatry a. Neurobiogical Sciences), 225*, 179-191.

Migaly, P. (1987): Integrated approach of hypnotic theories and hallucinatory states. Paper presented at Fourth European Congress of Hypnosis and Psychotherapy.

Mille, R.d. (1976): Castaneda's journey: The power and the allegory. Santa Barbara, Cal. (Capra).

Mott, F.W. (1919): War neuroses and shell shock. London (Oxford Medical Publicating).

Nadel, C. a. B. Vollhardt (1979): Coping with illness by a concentration camp survivor. *General Hospital Psychiatry, 175.*

Naitoh, P. (1982): Chronbiological approach for optimizing human performance. In: F. Brown a. R. Graeber (eds.): Rhythmic Aspects of Behavior. Hillsdale, NJ (Lawrence Erlbaum).

Niederland, W.G. (1964): Psychiatric disorders among persecution victims. *Journal of Mental Diseases, 139,458.*

Niederland, W.G. (1981): Survivor syndrome. *Journal of the American Psychoanalytic Association, 2,413.*

Nissbett, R.E. a. T.D. Wilson (1977): Telling more than we can know: Verbal reports on mental processes. *Psychological Review, 84*, 231-259.

Nissbett, R.E. a. L. Ross (1980): Human inference: Strategies and shortcomings of social judgement. Englewood Cliffs, N.Y. (Prentice Hall).

O'Hanlon, J.W. (1987): Shifting contexts. New York (Guilford).

O'Hanlon. W.H. (1990): Uncommon Case-Book. New York/London (Norton).

Orne, M.T. (1972): On the stimulating subject as a quasi- control group in hypnosis research: What, why, and how. In: E. Fromm a. R.E. Shor (eds.): *Hypnosis: Research Developments and Perspectives* . Chicago (Aldine) (p. 399-443).

Orne, M.T. (1986): The validity of memories retrieved in hypnosis. In: B. Zilbergeld, M.G. Edelstien a. D.L. Aaroz (eds.): Hypnosis: Questions and answers. New York (Norton).

Orne, M.T., W.G. Whitehouse, D.F. Dinges a. E.C. Orne (1988): Reconstructing memory through hypnosis: forensic and clinical implications. In: H.M. Petinatti (ed.): Hypnosis and memory. New York (The Guilford Press).

Orr, W., H. Hoffmann a. F. Hegge (1974): Ultradian rhythms in extended performance. *Aerospace Medicine, 45*, 995-1000.

Othmer, E., M. Hayden a. R. Segelbaum (1969): Encephalic cycles during sleep and wakefullness in humans: A 24-hour pattern. *Science, 164*, 447-449.

Packard, V. (1961): The hidden persuaders. New York (McKay).

Penn, P. (1986): „Feed-Forward"– Vorwärtskopplung: Zukunftsfragen, Zukunftspläne. *Familiendynamik,* 11, 206-222.

Perry, C., J. Laurence, J. D'Eon a. B. Tallant (1988): Hypnotic age regression techniques in the elicitation of memories: Applied uses and abuses. In: H. Pettinati (ed.): *Hypnosis and Memory.* New York (Guilford Press) (p. 128-154).

Peter, B. (Hrsg.) (1985): Hypnose und Hypnotherapie nach Milton H. Erickson: Grundlagen und Anwendungsfelder. München (Pfeiffer).

Peter, B. (1990): Hypnotische Phänomene. In: D. Revenstorf (Hrsg.): *Klinische Hypnose* . Berlin (Springer) (S. 24-64).

Peter, B. (1991): Hypnose und Verhaltenstherapie: Was Hypnotherapeuten von der Verhaltenstherapie lernen können. In: B. Peter, C. Kraiker u. D. Revenstorf (Hrsg.): *Hypnose und Verhaltenstherapie* . Bern (Huber) (S. 143-187).

Peter, B. u. W. Gerl (1991): Entspannungstraining (3. Aufl.). München (Orbis). [Erstauflage 1977, München: Mosaik]

Peter, B., C. Kraiker u. D. Revenstorf (Hrsg.) (1991): Hypnose und Verhaltenstherapie. Bern (Huber).

Petinatti, H.M. (Hrsg.) (1988): Hypnosis and memory. New York (Guilford).

Platonov, K. (1955): The world as a physiological and therapeutic factor (Transl. by D.A. Mishne from the 2nd Russian ed.). Moscow (Foreign Languages Publishing House).

Podnieks, I. a. J. Lovett (1975): Spontaneous rhythms of perceptual motor performance in intact and damaged brain of man. *Biological Psychology, 3*, 201-212.

Prior, M. (in Druck): Ericksonian approaches in the treatment of clients with examination panics. In: S. Lankton (ed.): Ericksonian Monographs (Nr. 8). New York (Brunner & Mazel).

Rao, S. a. A. Potdar (1970): Nasal airflow with body in various positions. *Journal of Applied Psychology, 28*, 162-165.

Rasmussen, D. a. P. Malven (1981): Relationship between rhythmic motor activity and plasma luteinizing hormone in ovariectomized sheep. *Neuroendocrinology, 32*, 364-369.

Ratcliff, R. a. G. McKoon (1978): Priming in item recognition: Evidence for the prepositional structure of sentences. *Journal of Verbal Learning and Verbal Behavior, 17*, 403-417.

Ratcliff, R. a. G. McKoon (1981): Automatic and strategic priming in recognition. *Journal of Verbal Learning and Verbal Behavior, 20*, 204-215.

Ratcliff, R. a. G. McKoon (1988): A retrieval theory of priming in memory. *Psychological Review, 95*, 385-408.

Reiss, D., S. Gonzales a. N. Kramer (1986): Family process, chronic illness, and death: On the weakness of strong bonds. *Archives of General Psychiatry, 43*, 795-804.

Retzer, A., F.B. Simon, G. Weber, H. Stierlin, G. Schmidt (1989): Eine Katamnese manisch-depressiver und schizo-affektiver Psychosen nach systemischer Familientherapie. *Familiendynamik* 14, 214-235.

Retzer, A. (Hrsg.) (1991): Die Behandlung psychotischen Verhaltens. Psychoedukative versus sytemische Ansätze. Heidelberg (Carl-Auer-Systeme).

Revenstorf, D. (Hrsg.) (1983): Psychotherapeutische Verfahren Bd. 3: Humanistische Therapien. Stuttgart (Kohlhammer).

Revenstorf, D. (1987): Hypnose und Verhaltenstherapie. Hypnose und Kognition, 4, 10-21.

Revenstorf, D. (Hrsg.) (1990): Klinische Hypnose. Berlin (Springer).

Revenstorf, D. (1991): Hypnose als Kognitive Therapie. In: B. Peter, C. Kraiker u. D. Revenstorf (Hrsg.): Hypnose und Verhaltenstherapie. Bern (Huber).

Richardson-Klavehn, A. a. R.A. Bjork (1988): Measures of memory. *Annual Reviews of Psychology, 39*, 475-543.

Richter, C.P. (1957): On the phenomenon of sudden death in animals and man. *Psychosomatic Medicine, 19*, 191-198.

Riebensahm, H. (1985): Anwendung Ericksonscher Sprachmuster als rhetorische Strategien in Lerngruppen. *Hypnose und Kognition*, 2, 44-56.

Ritterman, M. (1983): Using hypnosis in family therapy. San Francisco (Jossey Bass).

Ritterman, M. (1985): Family context, symptom induction and therapeutic counterinduction: Breaking the spell of a dysfunctional rapport. In: J.K. Zeig (ed.): Ericksonian Psychotherapy. Vol.II: Clinical Applications. New York (Brunner & Mazel).

Rose, K. (1988): The body in time. New York (Wiley & Sons).

Rosen, S. (1982): My voice will go with you – the teaching tales of Milton H. Erickson. New York (Norton).

Rosen, S. (Hrsg.) (1985): Die Lehrgeschichten von Milton H. Erickson. Hamburg (Isko-Press).

Rosenberg, J.L. (1985): Body, self and soul. Georgia (Humanics).

Rossi, E.L. (1980): The collected papers of Milton H. Erickson, M.D. Vol. I-IV. New York (Irvington).

Rossi, E.L. (1982): Hypnosis and ultradian cycles: A new state(s) theory of hypnosis? *American Journal of Clinical Hypnosis*, *25*, 21-32.

Rossi, E.L. (1986a): Altered states of consciousness in everyday life: The ultradian rhythms. In: B. Wolman (ed.): *Handbook of altered states of consciousness*. New York (Van Nostrand) (p. 97-132).

Rossi, E.L. (1986b): The psychobiology of mind-body healing: New concepts of therapeutic hypnosis. New York (Norton).

Rossi, E.L. a. D.B. Cheek (1988): Mind-body therapy: Ideodynamic healing in hypnosis. New York (Norton).

Rossi, E.L. a. M. Ryan (eds.) (1986): Mind-body communication in hypnosis. Vol. III: The seminars, workshops, and lectures of Milton H. Erickson. New York (Irvington).

Rothenberg, S. (1928): Theories of hypnosis and its use. *New York State Journal of Medicine*, *28*, 372.

Sabetti, S. (1986): Wholeness principle: Exploring life energy processes. California (Life Energy Media).

Sarbin, T. (1976): Hypnosis as role enactment: The model of T.R. Sarbin. In: P. Sheehan a. C. Perry (eds.): *Methodologies of Hypnosis*. Hillsdale, NJ (Lawrence Erlbaum) (p. 123-152).

Schacter, D.L. (1987): Implicit memory: History and current status. *Journal of Experimental Psychology: Learning, Memory and Cognition*, *13*, 501-518.

Schmidt, G. (1984): Systematik der Interventionsgestaltung in der systemischen Therapie. (Unveröffentl. Manuskript f. d. Ausbildungsteilnehmer in Systemischer Therapie.)

Schmidt, G. (1985): Systemische Familientherapie als zirkuläre Hypnotherapie. Familiendynamik 10,3.

Schmidt, G. (1986): Eigenschaften verflüssigen. (Arbeitsmaterialen für Teilnehmer der systemischen Ausbildung.)

Schmidt, G. (1986): Motivationsaufbau durch Utilisierung des Wertsystems mittels therapeutischer Double-binds. Hypnose und Kognition 3, 8-15.
Schmidt, G. (1987): Symptome als Trancephänomene. (Unveröffentl. Manuskript f. d. Ausbildungsteilnehmer in Klinischer Hypnose.)
Schmidt, G. (1988): Schritte einer lösungsorientierten Interviewführung. (Unveröffentl. Mansukript f.d. Ausbildungsteilnehmer in Systemischer Therapie.)
Schmidt, G. (1989): Wenn Sie Ihr Unbewußtes treffen, grüßen Sie es von mir! Einige Anmerkungen zum Phänomen einer Verdinglichung. *Hypnose und Kognition*, *6*, 19-32.
Schmidt, G. (1992): Interviews mit der „inneren Familie" und andere metaphorische Begegnungen. In Vorbereitung.
Schmierer, A. (1991): Zahnärztliche Hypnose. Berlin (Quintessenz).
Schmierer, A. (1992): Beim Zahnarzt ohne Streß. Entspannte Zahnbehandlung. Tonbandkassette und Anwendungsbroschüre, Salzhausen (Isko-Press).
Schmierer, A. (1992): Die Hypnoseassistentin – Eine neue Möglichkeit der Zusammenarbeit in der zahnärztlichen Praxis, *Zahnarztmagazin*, 2, 1988, S. 17-18.
Schneider, G. (1969): Untersuchungen zur Erlernbarkeit des Autogenen Trainings. Med. Instit. Tübingen. (unveröff. Diss.)
Scholz, R.W. (1983): Decision making under uncertainty. Amsterdam (Elsevier).
Scholz, W.U. (1987): Metaloge rational-emotive Therapie – ein Ansatz integrativer kognitiver Therapie. (Unveröff. Manuskript als Grundlage für Kurs 4 der Fortbildungsreihe „Kognitive Therapie und Hypnose" des Bildungswerkes des Berufsverbandes Deutscher Psychologen (BDP)).
Scholz, W.U. (1988): Counseling persons with unconscious fear of further development. (Paper presented at the First International Conference on Counseling Psychology, 11-15 July 1988, University of Porto, Portugal).
Schultz, J.H. (1937/1970/1982): Das Autogene Training: Konzentrative Selbstentspannung. Versuch einer klinisch-praktischen Darstellung. (13./17./32. Aufl.). Stuttgart (Thieme).
Schulz, B. u. W. von Keitz (1987): Werbung. In: S. Grubitsch u. G. Rexilius (Hrsg.): Psychologische Grundbegriffe. Hamburg (Rowohlt).
Schultz, J.H. (1979): Hypnose-Technik. Stuttgart/New York.
Schulz, H. a. P. Lavie (1985): Ultradian Rhythms in Physiology and Behavior. New York (Springer).
Schwemmer, O. (1987): Handlung und Struktur. Frankfurt (Suhrkamp).
Scott, R.D. (1976): „Closure" in family relationships and the first official diagnosis. In: J. Jorstadt a. E. Ugelstad (eds.): Schizophrenia 1975. Oslo 1975 (S. 265-282).
Seashore, C.E. (1895): Measurement of illusions and hallucinations in normal life. *Studies from the Yale Psychological Laboratory*, *2*, 1-67.
Segal, S.L. (1986): Das 18. Kamel oder Die Welt als Erfindung. München (Pieper).
Selvini-Palazzoli, M., G. Cecchin, L. Boscolo, G. Prata (1978): Paradoxon und Gegenparadoxon. Stuttgart (Klett-Cotta).
Selvini-Palazzoli, M., L. Boscolo, G. Cecchin, G. Prata (1981): Hypothetisieren – Zirkularität – Neutralität: drei Richtlinien für den Leiter der Sitzung. *Familiendynamik*, 6, 123-139.
Selvini-Palazzoli, M., G. Cecchin, L. Boscolo, G. Prata (1983): Das Problem der Zuweisenden. *Zeitschrift für Systemische Therapie*, 1, 11-20.

Selvini-Palazzoli, M. (1986): Towards a general model of psychotic family games. *Journal of Marital and Family Therapy*, 12, 339-349.
Selye, H. (1976): The stress of life. New York (McGraw-Hill).
Selye, H. (1982): History and present status of the stress concept. In: L. Goldberger a. S. Breznitz (eds.): *Handbook of stress* . New York (MacMillan) (p. 7-20).
Shah, I. (1978): A perfumed scorpion. London (Octagon Press).
Sheehan, P.W. a. K.M. McConkey (1982): Hypnosis and experience: The exploration of phenomena and process. Hillsdale, NJ (Lawrence Erlbaum).
Sheehan, P.W. a. C.W. Perry (1976): Methodologies of hypnosis: A critical appraisal of contemporary paradigms of hypnosis. Hillsdale, NJ (Erlbaum).
Sherif, M. (1935): A study of some social factors in perception. *Archives of Psychology, 187*, 60.
Sherman, S.J. (1988): Ericksonian psychotherapy and social psychology. In: J.K. Zeig a. S.R. Lankton (eds.): Developing Ericksonian therapy: State of the art . New York (Brunner & Mazel) (p. 59-90).
Shor, R.E. a. E.C. Orne (1962): *Harvard Group Scale of Hypnotic Susceptibility, Form A*. Palo Alto, CA (Consulting Psychologists Press). [dt. Fassung 1982 von Walter Bongartz, Universität Konstanz]
Sidis, B. (1898): The psychology of suggestion. New York (Appleton).
Simon, F.B. u. G. Weber (1987): Vom Navigieren beim Driften. Die Bedeutung des Kontextes der Therapie. *Familiendynamik* 12, 355-362.
Simon, F.B. (1988): Unterschiede, die Unterschiede machen. Klinische Epistemologie. Grundlagen einer systemischen Psychiatrie und Psychosomatik. Berlin/ Heidelberg/New York (Springer).
Simon, F.B. u. G. Weber (1988): Das Ding an sich. Wie man „Krankheit erweicht, verflüssigt, entdinglicht. *Familiendynamik,* 12, 57-61.
Simon, F.B. (1988): Unterschiede, die Unterschiede machen. Berlin (Springer).
Simon, F.B. (1989): Das deterministische Chaos schizophrenen Denkens. *Familiendynamik*, 14, 236-258.
Simon, F.B., G. Weber, H. Stierlin, A. Retzer, G. Schmidt (1989): Schizo-affektive Muster: Eine systemische Beschreibung. *Familiendynamik* 14: 190-213
Simon, H. (1955): Models of man. New York (Wiley).
Simon, H. (1983): Alternative visions of rationality. In: H. Simon (ed.): Reason in human affairs . Stanford (University Press) (p. 7-35).
Spanos, N.P. (1986): Hypnotic behavior: A social-psychological interpretation of amnesia, analgesia, and „trance logic". *Behavioral and Brain Sciences*, 9, 449-467.
Spanos, N.P., P. Cobb a. D. Gorassini (1985): Failing to resist hypnotic test suggestions: A strategy for self-presenting as deeply hypnotized. *Psychiatry*, *48*, 282-292.
Spiegel, H. a. D. Spiegel (1978): Trance and treatment: Clinical uses of hypnosis. New York (Basic Books).
Springer, A. (1986): Die Bedeutung der Tiefenpsychologie für den Umgang mit dem modernen Suchtphänomen. In: D. Ladewig (Hrsg.): Drogen und Alkohol: Der aktuelle Stand in der Behandlung Drogen- und Alkoholabhängiger Lausanne (ISPA-Press) (S. 58-85).

Staats, A.W. (1972): Language behavior therapy: A derivative of social behaviorism. *Behavior Therapy, 3*, 165-192.

Stevens, J., H. Kodama, B. Lonsbury a. L. Mills (1971): Ultradian characteristics of spontaneous seizure discharges recorded by radio telemetry in man. *Electroenceiphalgraphy and Clinical Neurophysiology, 31*, 313-325.

Stierlin, H. (1978): Delegation und Familie. Frankfurt (Suhrkamp).

Stierlin, H. (1979): Status der Gegenseitigkeit: Die fünfte Perspektive des Heidelberger familiendynamischen Konzepts. *Familiendynamik, 4*, 106-116.

Stierlin, H. (1980): Eltern und Kinder: Das Drama von Trennung und Versöhnung. Frankfurt (Suhrkamp).

Stierlin, H. (1981): Die Beziehungsrealität Schizophrener. Psyche, 35, 49-65.

Stierlin, H. (1982): Delegation und Familie. Frankfurt (Suhrkamp).

Stierlin, H., F.B. Simon u. G. Schmidt (1986): Familiäre Wirklichkeiten. Stuttgart (Klett-Cotta).

Stierlin, H. (1989): Individuation und Familie. Frankfurt (Suhrkamp).

Stokvis, B. a. M. Pflanz (1961): Suggestion. Stuttgart (Hippokrates).

Storm, J.O. (1986): The nature of the orgasm (Paper presented at the 8th Intern. Confernce of the International Institut for Bioenergetic Analysis).

Stricherz, M.E. (1984): Ericksonian theories of hypnosis and induction. In: W.C. II. Wester a. A.H. Jr. Smith (eds.): Clinical hypnosis – a multidisciplinary approach. Philadelphia (Lippincott).

Stroebel, C. (1969): Biologic rhythm correlates of disturbed behavior and Rhesus monkey. In: F. Rohles (ed.): Circadian Rhythms in Non-Human Primates. New York (S. Karger).

Stukat, K.G. (1958): Suggestibility: A factorial and experimental analysis. Stockholm (Almqvist & Wiksell).

Tapp, W. a. F. Holloway (1981): Phase shifting circadian rhythms produces retrograde amnesia. *Science, 211*, 1056.

Tart, C. (1983): States of Conciousness. El Cerrito, CA (Psychological Processes).

Tepas, D. (1982): Work/sleep time schedules and performance. In: W. Webb (ed.): *Biological Rhythms, Sleep and Performance* . New York (John Wiley & Sons) (p. 175-187).

Thorvaldsen, P. (1989): Health effects of torture. In: P. Thorvaldsen (ed.): Health hazards of organized violence. The Hague (Gvt. Publishing Offices).

Tierney, I., R. McGuire a. H. Walton (1978): Distributions of body-rocking manifested by severely mentally deficient adults in ward environments. *Journal of Mental Defiency Research*, 22, 243-254.

Tinterow, M.M. (1970): Foundations of hypnosis: From Mesmer to Freud. Springfield, Ill. (C.C. Thomas).

Tomm, K. (1988): Das systemische Interview als Intervention. Teil III: Reflexive Fragen als Mittel zur Selbstheilung. *System Familie*, 1, 220-243.

Tomm, K. (1989): Das Problem externalisieren und die persönlichen Mittel und Möglichkeiten internalisieren. *Zeitschrift für systemische Therapie*, 7, 3, 200-205.

Tosi, D.J. (1974): Youth toward personal growth: A rational-emotive approach. Columbus, Ohio (Ch.E. Merril).

Tosi, D.J. a. B.S. Balsden (1984): Cognitive-experiential therapy and hypnosis. In: W.C.I. Wester a. A.H. Jr. Smith (eds.): Clinical hypnosis – a multidisciplinary approach. Philadelphia (Lippincott).

Tosi, D.J., L. Howard a. P. Gwynne (1982). The treatment of anxiety neurosis through rational stage directed hypnotherapy: A cognitive-experiential perspective. *Psychotherapy: Theory, Research and Practice, 19*, 95-109.

Trautman, E.C. (1971): Violence and victims in Nazi concentration camps and the psychopathology of the survivors. *International Journal of Psychiatric Clinics, 115.*

Trenkle, B. (1985): Anekdoten und Metaphern: Indirekte Ericksonsche Techniken in Psychotherapie, Medizin und Familientherapie. In: B. Peter (Hrsg.): Hypnose und Hypnotherapie nach Milton H. Erickson . München (Pfeiffer) (S. 128-144).

Trenkle, B. u. G. Schmidt (1985): Ericksonsche Psychotherapie und Familientherapie: Möglichkeiten der Integration. *Hypnose und Kognition, 2*, 5-26.

Tversky, A. a. D. Kahnemann (1974): Judgement under uncertainty, heuristics and biases. *Science, 185*, 1124-1131.

Ullner, R. (1974): On the development of ultradian rhythms: The rapid eye movement activity in premature children. In: L. Scheving et al. (eds.): *Chronobiology* . Tokyo (Igaku Shoin) (p. 478-481).

Valins, S. (1974): Persistent effects of information about internal reactions: Ineffectiveness of debriefing. In: H. London a. R.E. Nisbett (eds.): Thought and feeling. Chicago (Aldine).

B. van der Kolk, M. Greenberg, H. Boyd a. J. Krystal (1985): Inescapable shock, neurotransmitters, and addiction to trauma: Toward a psychobiology of post-traumatic stress. *Biological Psychiatry, 20*, 314-325.

Vaughn, C.E. a. J.P. Leff (1976): The influence of family and social factors on the course of psychiatric illness: A comparison of schizophrenic and depressed neurotic patients. *British Journal of Psychiatry*, 129, 125-137.

Vaughn, C.E., K.S. Snyder, S. Jones, W. Freeman a. R.H. Falloon (1984): Family factors in schizophrenic relapse: A California replication of the British research on expressed emotions. *Archives for General Psychiatry*, 41, 1169-1177.

Vinekar, S. (1966): Electro-nasagraphy. *Neurology India, 14*, 75- 79.

S. von Brehmen (1990): Milton H. Erickson: Seine Interventionsstrategien und seine theoretischen Positionen im Vergleich zu einem verhaltenstherapeutischen Ansatz. Psycholog. Institut, Tübingen. (unveröff. Diplomarbeit)

Wachtel, P. (1981): Psychoanalyse und Verhaltenstherapie – Ein Plädoyer für ihre Integration. Stuttgart (Klett-Cotta).

Wada, T. (1922): An experimental study of hunger and its relation to activity. Archives of Psychological Monographs, 8.

Watson, J., N. Hopkins, J. Roberts, J. Steitz a. A. Weiner (1987): Molecular Biology of the Gene (ed.). Menlo Park, Cal. (Benjamin Cummings).

Watzlawick, P. (1983): Anleitung zum Unglücklichsein. Bern (Huber).

Watzlawick, P., J. H. Weakland u. R. Fisch (1975): Lösungen: Zur Theorie und Praxis menschlichen Wandels. Bern (Huber).

Weakland, J. (1977): Familiensomatik: Eine vernachlässigte Chance. In: P. Watzlawick u. J. Weakland (Hrsg.): Interaktion . Bern (Huber) (S. 487-504).

Weber, G., F. B. Simon, H. Stierlin u. G. Schmidt (1987): Die Therapie der Familien mit manisch-depressivem Verhalten. *Familiendynamik*, 12, 139-161.

Weber, G. u. A. Retzer (1991): Praxis der systemischen Therapie psychotischen Verhaltens. In: A. Retzer (Hrsg.) (1991): Die Behandlung psychotischen Verhaltens. Psychoedukative versus systemische Ansätze. Heidelberg (Carl-Auer-Systeme).

Wehr, T. (1982): Circadian rhythm disturbances in depression and mania. In: F. Brown a. R. Graeber (eds.): Rhythmic Aspects of Behavior. Hillsdale, NJ (Lawrence Erlbaum).

Weisbach, C.W. (1988a): Konzepte eines reaktanzfreien Umgangs. In: A. Leuteritz, C.W. Weisbach, u. T.J. Helle (Hrsg.). Konkrete Pädagogik. Festschrift für Walther Zifreund zum 60. Geburtstag). Tübingen (Attempto) (S. 272-287).

Weisbach, C.W. (1988b): Training des Beraterverhaltens. Bad Heilbrunn (Klinkhardt).

Weitzenhoffer, A.M. (1971): Ocular changes associated with passive hypnotic behavior. *American Journal of Clinical Hypnosis, 14*, 102-121.

Weitzenhoffer, A.M. (1976): Behavior therapeutic techniques and hypnotherapeutic methods. In: E. Dengrove (ed.): Hypnosis and behavior therapy . Springfield, Ill. (C.C. Thomas). (p. 288-306). [Orig. (1972) in: *American Journal of Clinical Hypnosis*, 15,2, 71-82]

Weitzenhoffer, A.M. (1989): The Practice of Hypnotism, Vol. 2. New York (John Wiley).

Werntz, D. (1981): Cerebral hemispheric activity and autonomic nervous function (Doctoral dissertation). San Diego (University of California).

Werntz, D., R. Bickford, F. Bloom a. D. Shannahoff-Khalsa (1981): Selective cortical activation by aeternating autonomic function. (Paper presented at the Western EEG Society Meeting, February 12, Reno, Nevada.)

Wessler, R.L. (1984): Alternative conceptions of rational-emotive therapy: Towards a philosophically neutral psychotherapy. In: M.A. Reda a. M.J. Mahoney (eds.): Cognitive psychotherapies – recent developments in theory research and practice. Cambridge, Mass. (Ballinger).

Wetterstrand, O.G. (1897): Über den künstlich verlängerten Schlaf, besonders bei der Behandlung von Hysterie. In: b. b. d. B. v. H. (ed.): Dritter Internationaler Congress für Psychologie (München, 4.-7. August 1896). München (J.F. Lehmann) (S. 361-363).

White, H. (1986): Auch Klio dichtet oder Die Fiktion des Faktischen – Studien zur Tropologie des historischen Diskurses. Stuttgart (Klett-Cotta).

White, M. u. D. Epston (1990): Die Zähmung der Monster: Literarische Mittel zu therapeutischen Zwecken. Heidelberg (Carl-Auer-Systeme).

Wikström, P. (1978): The use of auditory distraction and music hallucinations in dental practice. In: Frankel and Zamansky (eds.): *Hypnosis at its biocentennial: Selected Papers* . New York (Plenum Press) (S. 289- 298).

Wilson, T.D. a. J.A. Capitman (1982): Effects of script availability and social behavior. *Journal of Personality and Social Psychology, 8*, 11-20.

Witte, E.H. (1989): Sozialpsychologie. München (Psychologische Verlags Union).
Witte, E.H. a. D.H. Lutz (1982): Choice-shift as a cognitive change. In: H. Brandstätter, J.H. Davis a. G. Stocker-Kreichgauer (eds.): Group decision making. London (Academic Press).
Wynne, L., I.M. Rykoff, J. Day, S. Hirsch (1958): Pseudo-Gemeinschaft in den Familienbeziehungen von Schizophrenen. In: G. Bateson et. al. (1969): Schizophrenie und Familie. Frankfurt (Suhrkamp).
Wynne, L., M.T. Singer (1965): Denkstörung und Familienbeziehung bei Schizophrenen. *Psyche*, 19, 81-160.
Yapko, M. (1985): The Erickson hook: Values in Ericksonian approaches. In: J.K. Zeig (ed.): Ericksonian psychotherapy . New York (Brunner & Mazel), Vol. I (p. 266 ff).
Yapko, M.D. (1986): What is Ericksonian hypnosis? In: B. Zilbergeld, M.G. Edelstien a. D.L. Araoz (eds.): Hypnosis – *questions and answers*. New York (Norton).
Young, P.C. (1931): Suggestion as indirection. *Journal of Abnormal and Social Psychology*, *26*, 69-90.
Zalaquett (1988): Becoming an Ericksonian, becoming yourself: A personal perspective on becoming an Ericksonian. In: J.K. Zeig a. S. R. Lankton (eds.): Developing Ericksonian therapy: The state of the art . New York (Brunner & Mazel) (p. 203-221).
Zeig, J.K. (1980a): A teaching seminar with Milton H. Erickson, M.D. New York (Brunner & Mazel).
Zeig, J.K. (1985a): Ethical issues in hypnosis: Informal consent and training standards. In: J.K. Zeig (ed.): *Ericksonian Psychotherapy* . New York (Brunner & Mazel), Vol.I: (p. 317-337).
Zeig, J.K. (1985b): Experiencing Erickson: An introduction to the man and his work. New York (Brunner & Mazel).
Zeig, J.K. (1985c): Meine Stimme begleitet Sie überallhin. Stuttgart (Klett-Cotta). [engl.: A teaching seminar with Milton H. Erickson]
Zeig, J.K. (1985d): The clinical use of amnesia: Ericksonian methods. In: J.K. Zeig (ed.): Ericksonian Psychotherapy, Vol I: Structures . New York (Brunner & Mazel) (p. 317-337).
Zeig, J.K. (1987): Therapeutic patterns of Ericksonian influence communication. In: J.K. Zeig (ed.): The Evolution of psychotherapy . New York (Brunner & Mazel) (p. 392-406). [dt. (1988): Therapeutische Muster der Ericksonschen Kommunikation der Beeinflussung. *Hypnose und Kognition*, 5, 2, 5-8]
Zeig, J.K. (1988a): An Ericksonian phenomenological approach to therapeutic hypnotic induction and symptom utilization. In: J.K. Zeig a. S.R. Lankton (eds.): Developing Ericksonian therapy: State of the art . New York (Brunner & Mazel) (p. 353-375).
Zeig, J.K. (1988b): Therapeutische Muster der Ericksonschen Kommunikation der Beeinflussung. *Hypnose und Kognition*, *5*, 5-18.
Zifreund, W. (1966): Konzept für ein Training des Lehrverhaltens mit Fernsehaufzeichnungen. Berlin (Cornelsen).
Zifreund, W. (Hrsg.) (1976): Training des Lehrverhaltens und Interaktionsanalyse. Weinheim (Beltz).

Neuerscheinungen:

Managerie
1. Jahrbuch für systemisches Denken und Handeln im Management
Christof Schmitz/Peter.-W. Gester /Barbara Heitger (Hrsg.)
264 S., DM 58,-

Das Spiel mit Unterschieden
Wie therapeutische Lösungen lösen
Steve de Shazer
193 Seiten, DM 36.-

Balanceakte
Familientherapie und Geschlechterrollen
I. Rücker-Embden-Jonasch/ Andrea Ebbecke-Nohlen (Hrsg.)
312 S., DM 46.-

Radikale Marktwirtschaft
Verhalten als Ware oder:
Wer handelt, der handelt
Fritz B. Simon und C/O/N/E/C/T/A
ca. 165 S., geb. Ausgabe, ca. DM 68,-
erscheint August 1992

Die systemische Therapie Bert Hellingers
Gunthard Weber (Hrsg.)
ca. 300 Seiten, DM 44.-
erscheint November 1992

Liebe und Spiel
Die vergessenen Grundlagen des Menschseins
H. R. Maturana/G. Verden-Zöller
ca. 220 S., ca. DM 48.-
erscheint September 1992

Rituale in der Familientherapie
E. Imber-Black/J. Roberts/ R. Whiting (Hrsg.)
ca. 290 S., DM 46.-
erscheint November 1992

Autobahnuniversität©:

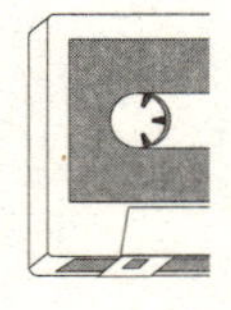

Außerdem erscheint bei Carl-Auer-Systeme die **„Autobahnuniversität©"**.
Das Programm der Autobahnuniversität bietet herausragende Vorlesungen, Vorträge und Seminare aus Theorie und Praxis auf **Audiocassetten**. Das aktuelle Gesamtprogramm ist beim Verlag erhältlich.

Einführung in die Systemtheorie
Vorlesung Wintersemester 91/92
Niklas Luhmann
14 Audiocassetten, DM 185.-

Bestellungen an: Carl-Auer-Systeme
Kussmaulstrasse 10
6900 Heidelberg
Tel.: 06221/40 64 12
Fax: 06221/40 64 22